日本文化の源流を探る

佐々木高明

海青社

スマトラ島北部のトバ湖を望むバタク人の稲田にて
(1991年：インドネシア北スマトラ州／撮影：吉本 忍)

刊行にあたって

国立民族学博物館長
須藤　健一

ヒマラヤから日本にいたるアジアを視野に入れた壮大な農耕文化論が佐々木高明先生の研究の真髄である。先生は日本山村の焼畑調査から、ネパール、インド、インドネシア、タイ、台湾そして中国などでフィールドワークをおこなった。農耕基層文化の研究一筋に半世紀、まさに「一徹な研究者」であった。

一九七一年に名著『稲作以前』(日本放送出版協会)を上梓され、縄文時代の西日本に雑穀やイモを栽培する農耕文化が存在したと提唱された。これは中尾佐助先生の照葉樹林文化論を発展させた説である。当時、日本列島の農耕は、弥生時代の水田稲作にはじまるという説が主流で「異端の学説」と批判された。その後、縄文遺跡で穀類の発掘が相次ぎ、佐々木仮説は見直されたのである。

照葉樹林文化の「南の道」の文化とともに、北東アジアを起源とする「ナラ林文化」の存在、さらに南島や北方アイヌの文化なども視野に入れ、日本の基層文化はさまざまな文化を受容し、重なり合って形成されたことを実証した。これが日本文化重層論である。この重厚な研究により、二〇〇四年に「第十四回南方熊楠賞」を受賞された。

佐々木先生は「やー」と手を挙げて誰にでも話しかける学者だった。そのお人柄が、文系だけでなく、分子生物学や遺伝学など理系の研究者を巻き込んでアジアを俯瞰する農耕文化論の第一人者ならしめた源であったに違いない。

亡くなられるまで日本の農耕文化を描き続けられた。未完のまま残された本論集が、後輩とお弟子さんの手によって世に出ることになった。

本書は広い視野と深い読みからうまれた、佐々木農耕文化論の金字塔である。

平成二十五年七月

日本文化の源流を探る――目次

序論　研究の原点と日本民族文化起源論

第一章　『稲作以前』からの出発――研究の原点をふり返る

第一節　『稲作以前』を再考する

(1)　『稲作以前』で訴えたもの

私のデビュー作『稲作以前』

私は一九七一年に『稲作以前』(NHKブックス)を出版しました。そこでは水田稲作農耕が日本列島に伝来してくる以前に、アワなどの雑穀類やイモなどを主作物とする焼畑農耕とそれに支えられた文化が、主として西日本の山地や丘陵に展開していたことを強く主張したのです。この書物は刊行当時、学界でもかなりの反応があり、その後も多数の版を重ねたという意味で、少し気恥ずかしい表現ですが、私のデビュー作といえる著作だと思います。この書の刊行当時のことを回想し、『東京新聞』(二〇〇四年五月二日)の紙上で私は次のように述べたことがあります(原文の一部を改変・補筆)。

水田稲作農耕が伝来する以前に、焼畑農耕を主体とした農耕が、西日本の山地を中心に展開していたに違いないと主張したこの書は、日本文化は稲作文化そのものであり、稲作以前の縄文時代は採集・狩猟の時代であり、農耕は存在しなかったと信じていた当時の「学界の常識」に大きく反するものであった。

地理学者として研究を始めた私の最初の研究テーマは焼畑農耕の研究であった。一九六三～六四年には初めて海外に出かけ、インド中部の焼畑農耕民サウリア・パーリア族の調査を行ったほか、その頃、国内では南九州の五木村や四国山地の村々あるいは北陸の白山麓の村々など日本各地の山村を訪ね、私は焼畑農耕の実態を調査するのに夢中になっていた。その成果は『熱帯の焼畑——その文化地理学的比較研究』（一九七〇）『日本の焼畑——その地域的比較研究』（一九七二）という二冊の著書として刊行したが、何かそれだけでは物足りない気がしていた。

この本を執筆した頃は、いわゆる大学紛争の最盛期であって、当時、立命館大学の助教授として学生との交渉の第一線に立っていた私は、自らの研究についても、その原点は何かを問う機会が少なくなかった。その結果、私自身を含む日本人を日本人たらしめている日本文化の形成過程を追求することが、私の研究の原点だと考えるようになった。今からみればやや青臭い発想だったようにも思うが、日本文化の源流を探求するという、その後の私の研究の出発点は、このとき出来上がったということができる。

こうして『稲作以前』の執筆にかかったのだが、当時は今と違って縄文時代に栽培植物が存在したという考古学的な証拠は全くなかった。そのため稲作以前に農耕が存在したという証明は状況証拠に頼らざるを得なかった。私自身のフィールド・ワークの諸成果をはじめ、民族学や民俗学、生態学や農学などの成果をフルに使ってその論証を試みたが、その頃、中尾佐助氏が提唱し始めた照葉樹林文化論が立論の枠組みとして非常に有効なことがわかり、それを仮説の枠組として使うこととした。

このようにして刊行された『稲作以前』に対しては、案の定、考古学者たちはこぞって強く反対した。縄文時代は採集狩猟の時代で農耕があるはずはないという「学界の常識」に反する、いわば「異端の説」だったから、とくに考古学からの攻撃は烈しいものであった。しかし、それは私の学際的な視点からする立論の全体に及ぶものではなかったようです。しかもその後、例えば一九七五年に福井県の鳥浜貝塚の縄文前期の地層から、ヒョウタンやエゴマや豆類などの栽培植物が発見されたのをはじめ、各地の縄文遺跡から栽培植物が次々と発見され、縄文時代にも栽培植物の存在が広く知られるようになった。その結果、今日ではある種の農耕が、縄文時代の前期頃以降に存在していたことは、日本の考古学の常識になったといえる。私を烈しく批判していた考古学者たちは黙って転向したようである。

私はその後も、この『稲作以前』で提出した日本文化形成論の問題を追いつづけて今日に至っている。そこでは日本文化を単一・同質のものでなく、多元的な起源をもち、多重な構造を有するものとしてとらえる見方をより闡《せん》明にしている。『日本文化の多重構造』(一九九七)は、そうした私の研究の到達点の一つといえるが、『稲作以前』は、このような意味で、私の研究の原点をつくったものとして位置付けることができるのである。

引用がかなり長くなりましたが、新聞に掲載された原文に少し手を加えたもので、三十数年前に出版し、私の研究の原点ともなった『稲作以前』について、私の思い出を綴ったものです。

『稲作以前』が提起した問題とその意味

この『稲作以前』が提起した問題をめぐっては、『季刊東北学』第二号が「稲作以前再考」という特集号を二〇〇五年一月に編集し、そこで『稲作以前』が提起した問題の意義とその後の研究の展開のあとがフォローされていますが[佐々木、二〇〇五(a)]、その冒頭で編集者は「特集によせて」として、次のような一文をのせています。

「日本文化論の多くは、稲作中心史観の呪縛に喘いできた。弥生という時代が幕を開け、水田による稲作農耕が行われるようになったとき、いわゆる日本文化は始まったのか。もはや、それほどに牧歌的な語り口は見られなくなったが、依然として、その呪縛はかぎりなく強いものとして存在する。〈稲作以前〉とは、そこに投げかけられた大いなる問題提起であった。水田稲作の渡来以前に存在したかもしれぬ、いくつもの農耕文化の痕跡を辿りながら、それを起点として、稲作文化の以前、あるいは、その周縁や外部に転がっている列島の歴史的・文化的な多様性にたいしてのアプローチを試みる。それがいわば、方法としての〈稲作以前〉ということだ。ここでは焼畑農耕がテーマとしてくりかえし登場してくるが、それはあくまで、はじまりの問いのひとつにすぎないことを記憶しておきたい。……」

大へん含蓄の深い文章ですが、要するに日本文化を稲作中心の視点からのみ見ようとする考え方に対し、『稲作以前』はそれに対抗する立場からの問題提起であった。この点に大きな意義を認めて下さったわけで、少し面映ゆい思いで、私はこの文章を受けとめています。

より具体的な問題点の指摘としては、同じ『季刊東北学』の中の「日本の田畑と焼畑について」という論文の中で、原田信男氏は次のように指摘しています〔原田、二〇〇五〕。

『稲作以前』は「日本の農耕が水田稲作として始まったという《常識》を根底から否定する仮説」であり、それは「水田稲作農耕以前の農耕のもつ意味を問い直させた。……そのことは歴史的には、日本における畠作や焼畑をどのように評価するのか、という問題に帰着する」というのです。確かに『稲作以前』で提起した問題というのは、水田稲作農耕の伝来以前から存在していたと考えられる非稲作農耕――焼畑や常畑を含む畑作農耕――とその文化のもつ意味を、改めて問い直すことになったということができます。

要するに、日本文化を象徴するとされる稲作文化の基層に非稲作文化がひろく存在すること、その「基層としての非稲作文化」の特色を究明するとともに、その非稲作文化と稲作文化との関係を解明することも、日本の農耕文化の特質を理解する上では欠くことのできない問題です。こうした問題意識を生み出したことが『稲作以前』の提起した最も重要な論点といえるのではないかということです。

ところで、そうした本質的な問いかけをする前に、『稲作以前』の発想が、どのような背景のもとに形成されたのか。『稲作以前』が生み出される諸条件について少しみておきたいと思います。

(2)　『稲作以前』を生み出したもの①――焼畑農耕の研究

『稲作以前』という著作を生み出した背景には、次に述べる三つの事実が大きく関係していたと思われます。まず、その一つは、私が早くから焼畑農耕とその文化を研究のテーマとし、その分野でのフィールド・ワークなどで得た資料が比較的豊かであったこと。その二は、岡正雄氏によって提起された日本民族文化の形成論の影響を大きく受けたこと、第三には中尾佐助氏により提唱され、後に私もその研究の当事者となった照葉樹林文化論が理論的支柱として利用できたことなどです。この三つの条件の稲作以前論へのかかわり方には少しずつ違いがありますが、それぞれ稲作以前論の成立にどうかかわったのか。少し具体的に述べてみることにしましょう。

焼畑を研究テーマに選ぶ

一九五五(昭和三〇)年の春、私は京都大学の新設の大学院(地理学専攻)の博士課程の第一期の院生となりました。そのとき主任教授の織田武雄先生から「研究課題は何にするのか」と問われ、「はい、焼畑農業の研究をやってみたいと思います」と答えたようです。それに対して先生から「焼畑研究で問題の展開がよくできるのか」と問われ、「はい、いろいろ問題はあります」と、今から思うと余り確たる根拠もなくお答えして、これが私の焼畑農耕研究の第一歩となったわけです。

だが、どうして焼畑を研究テーマとして選んだのか。いまになって問われると、あまりはっきりした答えは見出せません。あえて考えますと、私は卒業論文(立命館大学地理学科)では、北米南西部に居住する先住民ホピ族の農耕生活［佐々木、一九五三］を、修士論文では南米の土着農耕文化の比較研究［佐々木、一九五七など］をテーマとして選んでいました。その関係からアメリカの地理学者C・O・サウアーの『農耕の起源とその伝播』[Sauer, 1952]を、その刊行直後に取り寄せて読んだりして、プリミティブな農耕への関心が強かったことは事実です。そのうえ、生来、山歩きが好きなこともあり、焼畑の研究なら国内でのフィールド・ワークによって、比較的プリミティブな農耕とそれを基礎にする生活文化の研究ができて面白いのではないか。そのようなことを考えて、焼畑を研究のテーマに選んだようです。研究のテーマ選びというものは、もともとそれほど論理的なものではなく、むしろテーマを選んだあと、その調査・研究に如何に集中するかが大切なように思います。

日本の焼畑の実態調査

では、テーマは決まったが、その焼畑研究をめぐるフィールド・ワークは、どのように展開したのか。『日本の焼畑』の「あとがき」の中で、私はその焼畑調査のあとをふり返って、次のように述べています。

一九五五（昭和三〇）年の春、残雪を踏みしめて北但馬の山村（鉢伏山南麓の兵庫県能次村・以下地名の表示は調査当時のもの）へ調査に入ったのが、私にとって焼畑の実態調査のはじめての経験であった［その調査報告は、佐々木、一九五九(c)］。もともと理論的な研究よりもフィールド・ワークが好きだった私は、その後、中部地方の山村地帯（一九五六年、静岡県の井川村など）や、四国山地の焼畑の村むらを訪ね（一九五六〜五八年・高知県の池川町椿山《つばやま》や梼原《ゆすはら》村など）、さらに東北地方の焼畑経営村へも赴き（一九六二年・青森県田子町、山形県西川村その他）、焼畑農業の具体的な姿を見聞し、その経営方式の特色を調査することができた［佐々木、一九六八(d)・(f)など］。また一九五八年から六〇年にかけては南九州の熊本県・五木村の梶原地区を中心に、当時、まだ残存していた《主穀生産型》の大規模な焼畑の実態をつぶさに調査することができた［佐々木、一九六二(b)、一九六三(b)、一九六四(b)］。そうして一九六二年には東京都立大学社会人類学教室を中心とする「沖縄学術調査団」に加えて頂き、沖縄本島北部で土地割替制度を伴う伝統的な焼畑経営の実態にふれ、さらに一九六五年には対馬において、当時すでにほとんど消滅していた、わが国では特異な《ムギ作型の焼畑》についての調査をおこなうことができた［佐々木、一九七一(e)］。また、一九六四年から六七年ごろにかけては石川県の白峰村をはじめ白山山麓の出作りでよく知られる焼畑の村むらをたびたび訪ね、詳しい資料を得ることができた［佐々木、一九六八(d)・(f)、一九八一(e)など］。

一九五五年以来、このように日本各地の焼畑の実態調査を行うとともに、私は日本の焼畑の全国的な分布とその動態を把握するために戦前の資料（農林省山林局『焼畑及切替畑に関する調査』昭和十一年）と戦後の資料（『一九五〇年の世界農業センサス市町村別統計表』）をとりあげ、とくに後者のデータを統計的に処理して詳細な地図を作製することにしました。と、簡単に述べましたが、コピー機が普及していなかった当時のこと、山林局の資料は、京大農学部の農林経済学専攻の図書室にあったので、毎日そこに通って分厚い大学ノート一冊に全文を筆写しました。

また『一九五〇年センサス』のデータは、一九四七年当時の市町村毎に示されているため、その市町村を単位に焼畑面積率や焼畑農家率などを計算し、それを当時の市町村界の入った東北地方、中部地方、中・四国地方、九州地方の四つの地域図に書き入れ、詳細な焼畑の分布図を作成したほか、各地域の焼畑経営の特徴をとりまとめました。この場合、農業センサスのほか、一九五八～五九年度には焼畑に関するアンケート調査を実施し、全国約七五カ所から回答を得たので、その諸資料なども参考にして、焼畑の経営形態やその地域的特色などの解明につとめました。

このようにして、全国のおもな焼畑地域について比較検討を行うための資料を整備することができましたが、戦後の日本経済の急速な発展は、一九五五年に私が焼畑の調査を始めた頃には想像もできないほどの速さで、わが国の山村の経済と社会を変貌させることになりました。このため日本の焼畑は一九六〇年頃を境に急速に衰退してゆき、一九六五年頃には一部の例外を除いて、その姿をほとんど消してしまったといえます。一九五〇年の『世界農業センサス』の中にみられた「焼畑及び切替畑」の調査項目が『一九六〇年センサス』の中にはもはや見られなくなったことはこの間の事情を象徴的に物語るということができます。

このようにして一九五五年からの焼畑が生き生きと営まれた時代の具体的な姿を、私は期せずして、その消滅寸前の時点で記録することになったといえます。

モンスーン・アジアの焼畑

私の焼畑研究は、前にもふれたように、もともと日本のそれだけでなく、熱帯・亜熱帯地域の原住民による焼畑の研究が視野に入っていました。しかし、一九五〇年代は今日と異なり、海外の学術調査に自由に出られる状況ではなく、当時はまず文献研究によるほかない状態でした。この面でも戦後間もなく刊行されたベルナツィークの *Akha und Meau* [Bernatzik, 1947] をはじめとし、一九五〇年代になると、ようやく東南アジアその他の地域におけるすぐれた焼畑民族誌が次々と公刊されるようになりました。イジコヴィッツの北西ラオスのラメットの研究 [Izikowitz, 1951] をはじめ、ゲデスによるサラワクのダヤク [Geddes, 1954]、フリーマンによる同地のイバンの詳しい調査 [Freeman, 1955]、さらにはコンクリンのミンドロ島のハヌノーの研究 [Conklin, 1957] などすばらしい焼畑民族誌を手にすることができるようになりました。また、バロウのメラネシアの自給的農耕についての統括的研究 [Barrau, 1958] やシュリップによるアフリカ・南スーダンのザンデの焼畑についての詳細な調査研究 [Schlippe, 1956] などもあらわれました。こうした戦後の新しい資料とともに、戦前の数多くの民族誌的資料、例えばハットンのセマ・ナガの詳しい民族誌 [Hutton, 1921]、カウフマンのアッサムや北ビルマ山地民の農耕についての論考 [Kauffman, 1934] などをもとに、私は東南アジア・南アジアの焼畑についての文献研究をすすめていきました［佐々木、一九六一、一九六五(f)、一九六六(b)など］。

その私にとって、はじめての海外学術調査の機会がめぐってきたのは一九六三年のことでした。

初めての海外学術調査

これより先、一九五八年には日本民族学協会が企画・立案した「東南アジア稲作民族文化総合調査団」(団長松本信広氏)が組織され、岩田慶治・綾部恒雄氏らが参加して、主としてタイやラオスで調査が行われました。一九六〇年にはその第二次調査団が編成され、主としてインドネシアで石川栄吉氏らが参加して調査が行われ、一九六二年には第三次の調査団の派遣が決定されました。この第三次隊は川喜田二郎氏(東京工大・いずれも当時)を隊長に、山田隆治氏(南山大)、杉山晃一氏(東大大学院)と私(立命館大)が隊員として選ばれ、当初はアッサムとインド(ムンダ族)で調査を行う予定でした。しかし、アッサムについてはインド当局の調査許可が下りず、急遽調査地を変更し、中部ネパールとインド(ビハール州)へ向かうこととなりました。

出発した一九六三年は、文部省科学研究費の枠内ではじめて海外学術調査にも支出が認められた年で、この調査用にも必要経費の一部が、補助金として交付されました。しかし、残りの大半の資金は、自己調達しなければならないわけで、私も関西地区を中心に隊長が口きされた十大紡績や百貨店協会などを構成する個々の企業を一つずつ訪ねて、資金集めに走り廻った覚えがあります。また当時は国内に外貨の準備が十分でなく、その持ち出しには面倒な許可が必要で、しかもその額が厳しく制限されていました。ということで当時は今と異なり、海外調査に出ることは、その手続きと準備が今日では想像できないほど本当に大変でした。

調査団の装備も特別注文した大型のテント三張りや組立ベットをはじめ、調査用の器具や食糧その他の荷物もかなりの量になり、船便でカルカッタへ送ることになりました。その梱包・積み出しも大変な仕事で、六三年七月の出発の少し前まで、それらの準備に追われたように思います。大型テントは、その後、インドの焼畑民の村に三カ月ほど滞在して調査を行った際に、山田氏と私のそれぞれの住居として非常に役立ちました。

ネパールからインド――《稲作以前を体験する》

私にとって初めての、この海外でのフィールド・ワークは、さまざまな点で忘れ得ぬ経験でした。調査の前半は川喜田二郎氏および取材班として参加して下さった、当時、毎日放送の有能なディレクターとカメラマンだった原田進・手代木寿雄の両氏とともに中部ネパールの村落に住み込み調査を行いました。私は稲作の高距限界に位置するインド系農民(チェットリ)の村で水田稲作経営の実態を調べ、特有の刈跡放牧慣行を有し、中・大型家畜の多頭飼育を伴う特有の農牧経営の特色を明らかにしました。「モラウニの慣行とその背景――中部ネパールの水田村における農業経営と刈跡放牧慣行」(一九七九ⓑ)は、その詳しい報告です。

調査の後半(一九六三年末頃以降)はネパールからインドに移動し、私はビハール州北部のラジマハール高原で焼畑農耕を営むサウリア・パーリア族の村に住みつき、焼畑農耕の実態とその生活文化の調査を行いました。『熱帯の焼畑』に掲載した「パーリア族の焼畑耕地とその造成技術」(一九六五ⓕ)、「パーリア族の焼畑作物とその栽培技術」(一九六六ⓓ)、「パーリア族の精霊(ゴサイン)と焼畑農耕儀礼」(一九六七)などがその報告論文ですが、そのほか、『インド高原の未開人――パーリア族調査の記録』(一九六八ⓐ)は、そのときの調査記録を一冊にまとめたものです。調査したダパニ村は戸数二五戸、一二〇人の小さな村でしたが、そこでは食糧生産の大半を焼畑に依存するとともに、森に住む精霊ゴサインへの篤い信仰が生きており、この信仰と焼畑農耕が密接に結びつく生活文化の実態をつぶさに知ることができました。この村々の焼畑農耕調査の経験は、その後の私自身が、焼畑農耕とそれが生み出す文化の特色を理解する上で、原点の一つを形成したということができると思います。

また、このダパニ村でも、谷間に小さな水もれのひどい水田が二筆だけ村人によって造成され、ささやかながら稲作が営まれていました。つまり焼畑から天水田への小さな一歩が踏み出されていたのです。

一般に東南アジアや南アジアの焼畑民のもとでは、収穫の不安定な焼畑から収穫がより多くなり安定的な水田稲作へ移行したいとする強い欲求があり、古くから機会あるごとに、その移行がすすめられてきました。この「焼畑から水田稲作への移行」という文化史的プロセスの進行については、すでに戦前の時期から、ハイネ・ゲルデルンをはじめ、東南アジアの伝統的農耕について論じた多くの人たちによって指摘されてきたところです。私は後に「東南アジアにおける農耕形態の展開」（一九八二ⓔ）で、この地域における焼畑から水田稲作への展開・移行には四つの類型のあることを指摘しましたが、モンスーン・アジアでは、このような焼畑から水田稲作への変遷が広く認められるという事実が、私の稲作以前論を支える認識の基礎に横たわっていたことは間違いありません。それはモンスーン・アジアにおける農耕文化の発展の道程にみられ大きな特色の一つだということができるのです。

(3)『稲作以前』を生み出したもの②——岡学説と照葉樹林文化論

岡正雄の日本民族文化起源論

このような農耕形態の文化史的発展のプロセスを民俗学的に把握するに当たって、私が大きな影響を受けたのは、岡正雄氏による日本民族文化の形態をめぐる壮大な仮説でした。それは戦後間もない一九四九年に、民族学会の機関紙『民族学研究』に発表された石田英一郎氏が司会し、岡正雄・江上波夫・八幡一郎氏らによる討論の記録「日本民族＝文化の源流と日本国家の形成」（一九四九）の中で示されたものです。

岡氏は、すでに留学先のウィーンで「古日本の文化層」（独文）という大論文を完成させていましたが、その後、民族学や民俗学、考古学や言語学などからの検証を加え、一九五八年の「日本文化の基礎構造」で、その学説が最終的にまとめられました。そこでは日本文化は次の五つの《種族文化複合》によって構成されていることが明らかになったというのです。

①母系的・秘密結社的・芋栽培―狩猟民文化
②母系的・陸稲栽培―狩猟民文化
③父系的・「ハラ」氏族的・畑作―狩猟・飼畜民文化
④男性的・年齢階梯《かいてい》制的・水稲栽培―漁撈民文化
⑤父権的・「ウジ」氏族的・支配者文化

岡氏によると、このうち①の文化は縄文時代中期頃に、②の文化は縄文時代末頃に、アウストロアジア系の言語とともに南シナや東南アジアあたりから日本列島に伝来し、③の文化は弥生時代の初期に満州・朝鮮方面からツングース系の種族文化の流入によってもたらされたと思われる。さらに④は「弥生文化を構成する重要な文化で、……進んだ水稲栽培を行うとともに漁撈技術を将来した」。この文化複合がいわゆる倭人《わじん》の文化で、双系的な社会構成原理をもち、アウストロネシア系の種族文化のひとつと考えられる。さらには⑤は天皇氏を中心とし、四～五世紀頃に日本に国家体制を持ち込んだ文化で「本質的には騎馬遊牧民族の文化的特性と一致するとみてよい」と指摘しています。後に注目されるようになる江上波夫氏の《騎馬民族征服王朝説》は、岡氏のこの文脈の中から提起されたもので、戦後のわが国の古代国家形成論に大きな影響を与えたことはよく知られる通りです。

岡学説の与えた影響

敗戦によって、天皇制を中心とした従来の国家観が崩壊し、方向性を見失っていた当時の日本の学界――民族学のみではなく、民俗学・歴史学・考古学その他を含む――にとって、岡学説とそれをめぐる論説の内容とその方向性は、きわめて刺激的であり、その影響は測り知れぬほど大きなものでした。とくにその頃、研究を初めたばかりの、私を含む昭和初期生まれの戦後第一世代の者たちに与えた影響は本当に大きなものだったといえます。

私自身は、④の水稲栽培＝漁撈民文化の伝来以前の、つまり稲作以前に①②③の芋や陸稲などを栽培する畑作文化の伝来を想定するこの岡学説に大きな魅力を感じました。なかでも古い焼畑文化とイモ栽培の結びつきに大きな興味を抱き、その文化の解明を志して、わが国の古い民俗の中にイモ栽培文化の痕跡を求め、焼畑におけるイモ栽培の実態を確かめようとつとめました。「焼畑におけるイモ栽培に就いての覚書」（一九六一）などはその成果の一つです。とくに集中的なフィールド・ワークを行った南九州の五木村における正月や小正月の儀礼において、サトイモが重要な役割を演じている事実を確かめることができました。そのことを人類学・民族学連合大会で報告し、岡氏御自身から激励の言葉を受け、大いに感動したのも一九六〇年頃だったと記憶しています。

このイモ栽培文化についてては、その後の研究の進展の中で、イモ栽培の重要性が、かつてはより大きかったことは事実としても、「イモ栽培文化」といえるような文化のまとまり、現在の用語例で言えば「根栽農耕文化」といえる文化クラスターが、かつて日本列島にまとまって存在していた可能性は、きわめて小さいということがわかってきました。そのため、わが国の古い文化の中に、まとまった形のイモ栽培文化を追求する試みは終止符を打つことになったのですが、岡学説によりそって、日本文化の基層を復元する歴史民族学的な方向で努力を試みたことは、その後の『稲作以前』を含む、私の日本文化形成論の展開にとって、きわめて有意義だったと思っています。

照葉樹林文化論をとり入れる

この岡学説のほかにも、もう一つ私の稲作以前論の形成に大きな影響を与えたのは、中尾佐助氏によって提唱された「照葉樹林文化論」でした。照葉樹林文化（論）についてては、近著の『照葉樹林文化とは何か』（二〇〇七、中公新書）の中で、その文化的特色の実態と学説の成立・展開のプロセスについてかなり詳しく紹介しています。したがって、ここでは詳細な解説は省略しますが、ちょうど『稲作以前』を執筆中だった一九六九年に刊行された上山春平編の『照葉樹林文化――日本文化の深層』（中公新書）の中で、中尾さんが提出された《照葉樹林文化複合》

の考え方が、私の稲作以前論に有力な理論的枠組を与えたことは事実です。

この本の討論のなかで中尾さんは、照葉樹林文化には、採集活動と半栽培植物の利用に依存する《照葉樹林前期複合》と、ヒエ・アワ・キビ・シコクビエなどの雑穀類やダイズ・アズキなどの豆類を焼畑で栽培する、農耕段階を特色づける《照葉樹林文化複合》の存在することを指摘し、「水さらし」の技術をはじめ、飲茶の慣行、絹や漆の製造、竹細工、麹酒、柑橘とシソ類の栽培などを、照葉樹林文化の共通の文化的特色として指摘しています。また『栽培植物と農耕の起源』（一九六六）の中で「この文化複合は、石器時代の採集経済の段階から、栽培農業、そしてたぶん青銅器使用の段階まで連続してきたが、鉄器時代に入る頃には照葉樹林文化の独立性は死滅してしまったと考えている」とも述べ、その時代の下限を推定しています。

私は、このような照葉樹林文化複合の考え方を受け入れることによって「（鉄器とともに水田稲作が伝来する）弥生時代よりも前の時期、すなわち稲作以前に何らかの農耕文化が日本（列島）に存在したことをみとめることが可能になる」（『稲作以前』三二頁）と結論づけることになりました。中尾さんによって提唱された照葉樹林文化の考え方は、このように稲作以前を考察する際の一つの理論的枠組としてきわめて有効だったということができるのです。

『稲作以前』は私の研究の原点をなす

このように私の稲作以前論の有力な支柱となったのが、岡正雄氏によるユニークな日本民族文化起源論であり、また当時、提唱されたばかりの照葉樹林文化論でした。このうち照葉樹林文化論については、その後、私自身も、中尾さんとご一緒にその研究を展開する当事者となり、その文化論の進展に深くかかわることになりました。

照葉樹林文化論が、その内容と体系を一応整えるようになったのは『続・照葉樹林文化――東アジア文化の源流』［上山・中尾・佐々木、一九七六］における共同討議であったと考えられますが、その後『照葉樹林文化の道――

―ブータン・雲南から日本へ』(一九八二)、『縄文文化と日本人――日本基層文化の形成と継承』(一九八六、二〇〇一に増補版)、『日本史誕生(集英社版日本の歴史①)』(一九九一)、『日本文化の基層を探る――ナラ林文化と照葉樹林文化』(一九九三)をへて、『日本文化の多重構造――アジア的視野から日本文化を再考する』(一九九七)に至る私の著作が展開してきた道は、「照葉樹林文化」とともに「ナラ林文化」「稲作文化」など、東アジアにおける農耕文化の大類型を分析の枠組として用い、日本列島における基層文化の形成過程を、さまざまな角度から論じてきたものでした。

そこではアジアの東縁に位置する日本列島には、古くから北からの道・南からの道をへて、さまざまな文化が伝来し、それらが列島内に堆積し、融合することによって独自の日本文化が生み出されてきた。言葉を換えれば、日本文化はもともと多元的な起源を有するいくつかの文化が複合し、多重な構造をもつものであること、それ故に、日本文化には受容・集積型の柔軟な特質をもつものであることを明らかにしてきたということができます。この結論は、すでに『稲作以前』(一九七一)において方向づけられた考え方を、その後に大きく発展させたものとみることができます。そうした意味で『稲作以前』はやはり私の研究の原点に当たるといっても過言ではないのです。

第二節　稲作以前の農耕の検証

(1)　縄文時代の栽培植物の発見

縄文時代における栽培植物の痕跡は『稲作以前』が刊行された段階(一九七一)では、まだ知られていませんでした。しかし、その後、多くの人たちの努力によって、その実態が次第に明らかになり、今日では縄文時代にある種の作物栽培が行われていたことを疑う者はいなくなったと思われます。『稲作以前』執筆の頃に較べれば、まさに昔日の感に堪えないというところですが、ここに至るまでには、それなりのさまざまな経緯がありました。思い出すままにしばらくその経緯を追ってみましょう。

一九七〇年代のいくつかの発見

まず、一九七〇年代の情報としては、当時、植物遺体の同定の第一人者で大阪市立大学におられた粉河昭平氏が「縄文時代の栽培植物」（一九七九）という論文で、一九七〇年代までの縄文時代における栽培植物の発見例をまとめています。その主なものは、縄文中期の高山市ツルネ遺跡や鳥取市桂見遺跡などから豆類が、埼玉県の上野遺跡からオオムギ（カワムギ）が出土し、縄文後期では千葉県八日市場多古遺跡や福岡県の四箇遺跡などからヒョウタンや豆類が、縄文晩期では熊本県の上ノ原遺跡からイネ、オオムギ、ヤブツルアズキが、佐賀県の宇木汲田、福岡県の板付あるいは熊本県ワクド石その他の遺跡からは炭化米や籾圧痕土器が出土し、さらに福岡県の四箇東遺跡や熊本県の東鍋田遺跡などでもイネのプラント・オパールが発見されていることがわかっています。

しかし、ここに遺跡名を挙げなかったものを含めても、一九七〇年代の作物遺体の発見例は、縄文晩期のイネを除けば全体として僅か十数例にしか過ぎません。しかも、その発見例の報告時期は、上ノ原遺跡の一九七一年というのを除けば、いずれも一九七七～七八年頃であっていわゆる縄文農耕の確実な痕跡を証明する作業は一九七〇年代にはほとんど進んでいなかったといえます。そうした状況の中で二つの発掘事例が注目されるようになり、縄文時代に栽培植物の存在が次第に明らかになっていきました。

大石・荒神山遺跡と鳥浜貝塚での発見

その一つは、長野県諏訪郡大石遺跡および荒神山遺跡のいくつかの住居址からタール状の炭化種子塊が一九七四年に発見され、それらが「アワ類似炭化種子」として報告され注目を集めたことです〔松永、一九七七、松本、一九七七〕。長野県は藤森栄一氏が主唱されて以来、いわゆる「縄文中期農耕論」が根強く主張されてきた地域で、そこで発見された炭化種子塊が「アワの類似種子が炭化する過程で生じたもの」とされたことで、地元の考古学者たちは色めきたちました。

しかし、この種子塊を東京大学の松谷暁子氏が、まず灰像法によって精査し、さらに当時、岡山大学におられた笠原安夫氏とともに走査型電子顕微鏡を用いて詳細に観察したところ、検体にはアワなどのイネ科特有の構造は見当たらず、むしろエゴマなどシソ科に特有の〝わらじ状細胞〟が認められたようです。そのためこの炭化種子は「（アワではなく）エゴマの可能性が高い」と結論づけられることになりました〔松谷、一九八一〕。

もう一つの発見は、福井県の三方湖南岸の鳥浜貝塚からもたらされました。この遺跡は縄文遺跡にしては珍しい低湿地遺跡で膨大な植物性遺物が良好な状態で出土しました。とくに一九七五年の発掘では縄文時代前期の堆積層から見事な漆塗りの櫛をはじめ、丸木弓、石斧の柄、各種の木器や編み物などが出土したほか、ヒョウタンの種子や果皮、リョクトウと思われる豆類などが出土し注目を集めました〔鳥浜貝塚研究グループ（編）、一九七九〕。さらに一九八〇年からは前述の笠原安夫氏が埋蔵種子分析の作業に加わり、新たにシソとエゴマが三十三粒ほど検出されました。また、その後の調査ではマメ類やシソ・エゴマのほか、ゴボウやアサなどの種子（各三粒）それにアブラナ類の発見などが加わり、ヒョウタンの果皮が縄文早期の層準から発見されたりもしました〔鳥浜貝塚研究グループ（編）、一九八〇〜八七〕。

このうちリョクトウについては、種レベルの同定が難しく、後に「*Vigna*属の種子」、あるいは「アズキの仲間」としておくのがよいということになったようですが（文部省「古文化財」総括班、『シンポジウム縄文農耕の実証性』、一九八二）、いずれにしても、鳥浜貝塚の縄文時代前期の層からは、ヒョウタンをはじめ豆類、エゴマ・シソ、ゴボウ、アサなどの栽培植物の確実な遺体がいくつも発見されたわけです。しかも、これらの作物は日本列島に原産するものではなく、ヒョウタン、エゴマ・シソ、豆類（アズキの仲間）は南方の起源で、おそらく大陸の照葉樹林帯を経由して、ゴボウやアサなどはアブラナ類とともに北方に起源し、東北アジアのナラ林帯を経由して伝来したと想定される作物です。

なお、鳥浜貝塚の発掘調査では、安田喜憲氏が花粉分析を担当し、縄文前期頃を境に気候の変動があり、この地域にも照葉樹林が拡大し、それに伴い前述の栽培植物が実現し始めたことを明快に論証しています［安田、一九七九］。

このように一九七〇年代中頃からは、走査型電子顕微鏡などを使う埋蔵種子分析や花粉分析、あるいはプラント・オパール分析など、自然科学的手法による植物遺体の検出が次第に盛んになり、それが縄文時代の栽培作物の発見・同定に大きく寄与するようになったことはまぎれもない事実です。そうした自然科学的手法の研究を促進し、それらを考古学的研究と結びつける上で、大きな意義があったのが、文部省科学研究費による二つの特定研究であったと思います。

(2) 生物考古学《バイオ・アーケオロジー》の展開

自然科学的手法による研究の展開とそれへの対応

一九七六年から七八年までの三年間実施された「自然科学の手法による遺跡・古文化財等の研究」［古文化財編集委員会（編）、一九八〇］と一九八〇年から三年間実施の「古文化財に関する保存科学と人文・自然科学」［古文化財編集委員会（編）、一九八四］の二つの特定研究のプロジェクトは、保存科学や年代測定、古環境の復元、遺跡調査法その他、かなり広汎な領域をカバーするものでした。その報告書の中の植物考古学に関する分野では中村純・安田喜憲氏らの花粉分析、粉河昭平・笠原安夫・松谷暁子・藤下典之氏らの埋蔵種子分析、藤原宏志・佐々木章氏らのプラント・オパール分析などの諸成果が報告され、考古学との間に学際的な交流が図られました。

そうした状況を背景にして、この特定研究「古文化財」の統括班が主催して「縄文農耕の実証性」というシンポジウムが一九八一年一月に実施されたことは、今から思うときわめて画期的なことでした。そこでの収穫の一つは長野県の大石遺跡などで出土したいわゆる「アワ類似炭化種子」が、松谷暁子氏らの走査型電子顕微鏡による精査の結果にもとづいて、アワではなくエゴマであることが広く確認されたことです。発見以来、いわゆる縄文中期農耕論を信奉する地元研究者たちの期待と希望によって強く支持されてきた「アワ説」が、発見以来数年を経て科学的根拠にもとづいてやっと否定されるに至ったのです。同時にそれは、自然科学的手法による栽培植物の同定の信頼度を考古学者もようやく認めるようになったことを意味します。

このシンポジウムには中尾さんとともに私も招待されて発言しましたが、それより少し以前の一九七七年の秋頃に、当時、考古学界の若き俊秀であった佐原眞・小林達雄氏の二人と「農耕のはじまりをめぐって」という鼎談（座談会「農耕のはじまりをめぐって」『歴史公論』4－3、一九七八）を行ったことがあります。

その席で二人とも「縄文農耕論には意識的に反対してきたけれど、縄文農耕の存在した可能性はある」と発言し、佐原氏に至っては「縄文時代に食糧採集とならんで原初的な農耕がおこなわれたとすれば、それは縄文前期からだろうと思います」とさえ述べています。にも拘わらず、縄文農耕論に反対するのは、その段階で十分な証拠がないことと農耕が存在した場合、縄文時代の生業構造の中で、それをどのように位置づけられるのかが明瞭でない。などの問題があるからだということでした。いずれにしても、その頃になって『稲作以前』の考え方が及び腰の考古学者たちの間にも、ようやく浸透しはじめたということができるようです。

民博における農耕文化の源流をめぐる討論

そうした動きと相前後して、一九七四年には、わが国における民族学の研究センターとして国立民族学博物館（民博）が創設されました。私は創設準備室次長として、民博の設立に深くかかわりましたが、その後、建物の建設・展示の準備を行い、一九七七年には展示場ができ上がり、十一月に開館するに至りました。その翌年から、私は「日本民族文化の源流の比較研究」という大型の研究プロジェクトを立ち上げ、日本民族文化の形成過程を学際的な広い視野から研究を行うことにしました。

この共同研究の最初の共同討論は一九七八年に「日本農耕文化の源流」をテーマとして行われましたが、その討論には中尾佐助氏をはじめ、稲作研究の第一人者であった渡部忠世氏、雑穀研究の阪本寧男氏、イモ研究の堀田満氏をはじめ、民族学の大林太良氏や民俗学の宮本常一氏らも参加して頂き、文字通り学際的な議論が活発にくり広げられました。そこでは稲作のほかアワをはじめとする雑穀やサトイモなどを栽培する非稲作文化の研究が積極的にとりあげられ、稲作以前の時期を含め、それが広く存在したという想定が、討論者のほぼ全員に受け入れられました。それとともに、稲についても、ごく初期には整った水田ではなく、原初的天水田とでも言うべき不安定な耕地で陸稲的あるいは雑穀的な状態で、稲が栽培されていたことなども強く主張されました。全体として稲作以前論が学際的な討論の中で、認められていったということができます。

またその討論の中で、中国大陸南部の照葉樹林帯に由来する農耕文化とは別に、北東アジアの落葉広葉樹林帯に成立した「ナラ林文化」の概念もあらためて提出されました。ナラ林文化というのは、中国東北部からシベリア南部、朝鮮半島や日本列島の東北部には、ナラやシナノキ・カバノキ・カエデなどで構成される落葉広葉樹林（ナラ林）が広がっており、その自然を背景に成立した狩猟・採集や漁撈、あるいは畑作農耕などに依存する文化です。縄文文化も、その人口の大半が日本列島東北部のナラ林帯に集中しており、定住的で豊かな食料採集民文化の特徴を有する点など、典型的なナラ林文化の特色を有していたと考えられます。

これらの討論をまとめた大冊の報告書『日本農耕文化の源流』は一九八三年に刊行され、学術書としては珍しく版を重ねることができました。

『縄文文化と日本人』で考えたこと

こうして一九八〇年頃になると、民族学や民俗学あるいは作物学や遺伝学など、さまざまな分野における研究が展開しはじめてきて、稲作以前の農耕の存在が次第に明瞭になってきます。一九八三年に私は小学館から刊行された『日本民俗文化大系第三巻』の第一回配本の『稲と鉄』に「稲作以前の生業と生活」と題するかなりまとまった論考を執筆することになり、『稲作以前』（一九七一）以後の新しい研究の成果の多くをそこに盛り込みました。

さらにこの論考をもとに加筆・増補して一九八六年には『縄文文化と日本人――日本基層文化の形成と継承』（二〇〇一、講談社学術文庫に増補復刊）を刊行し、一九八四～八五年頃までにすでに縄文遺跡から発見されたヒョウタン、豆類（アズキの仲間など）、シソ、エゴマ、ゴボウ、アサ、オオムギ、アワ、イネ、ウリ、ソバなどの栽培植物の出土例の多くを紹介するとともに、縄文文化の特質について考えをまとめることができました。

縄文文化は弥生文化とともに日本文化の基層を構成する重要な文化であり、その生業・生活の特色は基本的に定住的で食糧備蓄の豊富な「成熟せる採集民文化」とよびうる特色を有すること、それとともにその一部には前述の作物群を栽培する小規模な農耕も併せて営まれていたことを民族学的な資料なども援用しながら確かめることができました。この場合、弥生時代以後の稲作文化が、水田稲作という比較的単一な生業に収斂する構造を有するのに対し、縄文文化は狩猟・採集・漁撈など多様な生業に依存することが特徴的で、このような生業構造の特色――人類学者のフラナリーの言葉を借りればブロード・スペクトラムとよばれるようなもの――は、縄文時代以後も、わが国の伝統的な山村文化の中に長く継承されてきたことを、各種の資料により論証することができました。

稲作以前の農耕形態をめぐって

このように日本の基層文化を構成する縄文文化の特色が明らかになるとともに、そこで営まれる稲作以前の農耕――焼畑を含む畑作農耕――の具体的な形態を一層追求する動きがでてくることになります。国立民族学博物館ではさきの「日本農耕文化の源流」をめぐる共同研究のあとを受けて一九八三年から私と松山利夫氏らが中心になり、「日本における畑作農耕文化の総合的研究」という共同研究を組成しました。一九八五年にそのまとめの共同討議を行い、その結果を『畑作文化の誕生――縄文農耕のアプローチ』(松山利夫と共編、一九八八)として刊行することになります。その共同討議の冒頭で私は「日本における畑作農耕の成立をめぐって」(本書第三章第二節)という基調報告を行い、動・植物を中心とする自然遺物の精細な分析をもとに先史時代の環境や生活の復元を行うバイオ・アーケオロジーの最新の諸成果に注目すべきことを説き、また、従来考えられてきた南からの農耕文化の伝播とともに、日本列島の北からもいくつかの重要な農耕要素が伝播してきた事実を重視すべきだということを強調しました。

さらに稲作以前の農耕の存在形態をめぐっては、少なくとも原初的農耕と初期的農耕というべき二つの類型概念を用いるのが有効であるということを、G・P・マードック[Murdock, 1959]の意見などを参考にして提唱しました。

「原初的農耕」というのは、採集(半栽培を含む)、狩猟、漁撈が主たる生業活動として営まれ、それらの活動によって支えられている社会において、ごく小規模に行われる農耕を指します。マードックはブラジル北東部のサバンナに住むジェー族の営む焼畑農耕などをその典型例としてあげていますが、近世アイヌの営む小規模な農耕もその一例だし、縄文時代前期・中期にみられるヒョウタンやエゴマや豆類その他を栽培する、ごく小規模な農耕も原初的農耕の事例の一つとみることができるようです。

これに対し、「初期的農耕」というのは、主食糧の生産の大半を焼畑や原初的天水田（原初的な踏耕を伴うような湿地の水田や雨の多い年には水田になり、少ない年には畑地になるような粗放な耕地）などの農業生産でまかなっているが、その生産の安定性が必ずしも十分でないような農耕のことを指します。そこでは採集（半栽培）や漁撈活動などの比重がなお高く、年によっては農耕と他の生業活動の比重が逆転することもあるような農耕形態を指します。焼畑農耕に依存する農耕民の少なからぬものが、この初期的農耕民として分類できると思われますが、具体的には私の調査した北インドの雑穀栽培型の焼畑農耕民パーリア族やハルマヘラ島のバナナを主作物とする根栽型の焼畑を営むガレラ族などの農耕は、この種の初期的農耕の典型例ということができます。おそらく縄文時代の後晩期に西日本の山地・丘陵地帯に展開した焼畑農耕は、この種の初期的農耕の特色を備えたものであったとみることができると思われます。

考古学者の中には、縄文時代に栽培植物の存在を認めても、「農耕」の存在を認めたがらない人が少なくないようです。何の修飾語も付さない「農耕」という言葉には、安定した社会を生み出す生産力の豊かな農耕のイメージが伴うことの多いことは確かです。そのことが縄文時代に栽培植物はあっても「農耕」はなかったという訳のわからない発言になるのではないかと私は思っています。

私が稲作以前の農耕に「原初的」「初期的」という修飾語を敢えて付して、その概念を明確にすることを提唱したのは、そうすることによって稲作以前の農耕の内容やイメージをより鮮明にし、理解しやすくしておきたいと思ったからにほかなりません。なお、水田稲作農耕や畝立てした畠地をもつ常畑農耕など、初期的農耕に較べてより安定度が大きく、発展段階の一層高いと思われる農耕については、必要に応じて「成熟農耕」とでも呼べばよいと考えています。

(3)　北方系作物群と縄文の稲

北方系作物群の確認

『稲作以前』を執筆した段階で私は、大陸の照葉樹林帯に由来する作物群のほかに、W型のオオムギや洋種系のカブなどに代表される北方系の作物群に代表される「北からの農耕の流れ」の存在することを予測してはいました。しかし、当時の研究状況では、その具体的な姿を十分にフォローすることはできませんでした。その北方系農耕の研究が大きく展開したのも一九八〇年代以後のことと考えられます。

このうちW型のオオムギについては、岡山大学におられた高橋隆平氏が、戦後間もない一九五一年に長年の研究の成果を発表されました［高橋・山本、一九五一］。一般にオオムギには脱粒に関係する二対の遺伝子(Bt_1bt_1とBt_2bt_2)があり、そのうち二つの優性遺伝子(Bt_1Bt_2)が共存すると脱粒し(野生のオオムギ)、いずれかが劣性遺伝子だと脱粒しないことが明らかにされました。世界の栽培種のオオムギはbt_1Bt_2の遺伝子をもつ西方型(W型)とBt_1bt_2の遺伝子をもつ東方型(E型)の二大群に分けられること、そのうちE型は主としてチベットから中国本土、朝鮮半島南部をへて西日本に分布し、W型は西アジア、ヨーロッパからシベリア、旧満州、朝鮮半島北部をへて東北日本に分布することなども明らかになりました。またE型のオオムギは成熟すると穎《えい》(籾殻)が落ちる裸《はだか》性のものが多く(E型の九十三%が裸性)、W型は穎を包んだままの皮ムギが多いということもわかってきました。

カブについては、野菜研究の第一人者である山形大学の青葉高氏が『野菜——在来品種の系譜』(一九八一)を発表されましたが、それによると、種子の表皮細胞の形態や葉の特性などによって、日本の在来種のカブは洋種系と和種系に大別される。洋種系のカブは主として東日本に、和種系は主に西日本に分布し、その境界は富山・石川両県の県境付近から伊勢湾に至る線がほぼそれに当たることが明らかになりました。また、この洋種系のカブは、山形県の温海《あつみ》蕪《かぶ》のように、焼畑で古くから栽培されていたものが多く、その系統は朝鮮半島北部・中国東北部(旧満州)からシベリアに連なること、さらに縄文時代前期の遺跡からも出土しているゴボウやアサ、あるいはネギやカラシナなど、東日本の在来野菜の中には、洋種系のカブと同様に、北東アジアやシベリアに系統的に連なるものが少なくないということもわかってきました。

このほか、中尾佐助氏などによると、もともと中国雲南省北部から四川省南西部の彝《い》族のもとで栽培され、内蒙古から中国東北部をへて朝鮮半島まで分布し、日本列島にも「日向燕麦」として、その痕跡をとどめている莜《ゆう》麦《まい》とよばれる特有の裸性のエンバク、あるいは春蒔きのコムギに伴う脱粒性の大きい雑草性のライムギやムギの随伴雑草であるムギセンノウなど、日本列島に古くから存在する在来種のムギ類やそれに伴う雑草の中には、朝鮮半島北部や中国東北部、さらにはシベリアに系統のつながるものが少なくないことも指摘されています［中尾、一九八三］。

さらにアワやキビについても、従来は華北の黄土台地が、その起源地とされてきました。しかし、インドから西アジアにかけて広く現地調査《フィールド・ワーク》を行った京都大学の阪本寧男氏らの多年の研究によると［阪本、一九八八］、その起源地は中央アジアからアフガニスタンをへて北西インドに至る地域で、そこからアワやキビは、シベリア南部経由の北回りの道とインド経由の南回りの道の両方のルートをへて、東アジアに伝わったと考えられています。例えばアイヌの人たちが古くから栽培しているキビは、阪本氏によると、本州のものと較べてきわめて早生で草丈が低く、護頴《ごえい》の色が紫で、最上簡が有毛だという特色を有している。これは中央アジアやヨーロッパのキビにみられる特徴と共通するもので、この種のキビは北方ルートで伝播した可能性が強いと考えられるというのです［阪本、一九八九］。

このように北方系農耕の一部を構成するアワやキビは明らかに北回りの系統のもので、本来、それはW型のオオムギや洋種系のカブをはじめ、一群の北方系作物とセットになって特色ある農耕複合体を構成していたと考えることができます。

北方系農耕の考古学

このように、一九八〇年代に入って民族植物学の立場などからする「北方系農耕」についての資料が急速に充実してきました。他方、考古学の側からも、北方系農耕の存在とその伝来を示唆する研究が積み上げられてきました。

先述の『畑作文化の誕生』のシンポジウム（一九八五年三月）において、ユーラシア考古学に詳しい加藤晋平氏が、出土種子遺体などの詳細な分析から、沿海州・沿アムール流域ではウリル文化・ヤンコフスキー文化の時期に農耕段階に入ったものと思われるという報告を行っています。沿海州では紀元前二〇〇〇年紀末以降の遺跡からアワ・キビ・オオムギの栽培種が発見され、沿アムール地域ではウリル文化につづくポリツェ文化期（紀元前六～一世紀）の遺跡からは確実な栽培植物の種子（キビ・アワなど）が出土しているようです。さらに中国東北部の資料なども参照して「中国東北部・ソ連邦沿海州区・沿アムール区においては、紀元前一〇〇〇年ごろにはアワ・キビを主体とする雑穀農耕が確実に行われていた」［加藤、一九八八］というのです。さらに同書にはポリツェ文化期クケレヴォ遺跡出土の炭化粒を走査型電子顕微鏡で精査した結果「アワと判断される」という松谷暁子氏の報告［松谷、一九八八］もあり、東北アジアのナラ林帯における稲作以前の時期における農耕の実態が、この頃になってようやく明らかになってきたということができます。

このような状況のもとで、北方農耕を含む先史農耕の復原に大きく貢献したのは北海道大学におられた吉崎昌一氏を中心とするグループでした。同氏は〇・四二五ミリという精細なメッシュを用いるフローテーション（浮遊水洗別法）によって、発掘された土壌の中に含まれる微細な植物遺体を検出するという非常に精緻な研究を進めてきました。

その結果、縄文期の雑穀の確実な出土例として、八戸市の風張《かざはり》遺跡の縄文後期の住居址の床面からコメやキビが七粒ずつとキビの頴の一部が検出されました。また北海道南部のハマナス野遺跡の縄文前期の層からソバの種子が発見されたほか、やや不確実なものだが、同遺跡や臼尻遺跡の縄文前・中期の層からヒエ属の種子やアワが検出されたようです。さらに北海道の縄文後期から晩期の七つの遺跡からはアサ・ゴボウ・シソなどの種子やソバ花粉などが検出され、北日本における縄文農耕の姿が少しずつ明らかになってきました［吉崎、一九九二、一九九五］。

縄文ビエの発見

しかし、吉崎氏の発見の中で、最も注目されるのは、数多くのヒエ属の種子を遺跡から検出し、その進化の姿を跡づけたことです。同氏は一九九〇年に発掘された青森県六ケ所村富沢⑵遺跡の縄文中期末の住居の床面から二〇〇〇粒ほどのヒエ属の種子を検出しましたが、その多くは胴部が膨らんだ栽培種に近いものだったといいます。

それ以前の、函館市中野遺跡（縄文早期）や前述のハマナス野遺跡（前期）、臼尻遺跡（中期）、フゴッペ貝塚（中期初頭）などからも、同氏はヒエ属の種子を発見していますが、それらの種子を比較すると、①野生のイヌビエに類するタイプ、②栽培ヒエに近い小型のもの、③栽培ヒエとほぼ同じ形態のもの、に分類することができるようで、縄文時代の前期から中期にかけては②のタイプが多く、それ以降は③が卓越するらしいというのです。吉崎氏は②と③のタイプをとくに「縄文ビエ」と呼び、その時代的な形態変化からみて「北海道西南部から東北地方においては……縄文時代前期後半にはかなり広い地域でヒエ属の粗放な農耕が始まっていた可能性がある」［吉崎、一九九七」と結論づけています。

ヒエについては縄文時代前期頃には、日本列島の北部で栽培化された可能性が、ようやくみえてきたようです。

縄文イネの検出とその栽培条件

ところで一九九〇年代に入ると、それ以前に調査された土器片を精細に再観察することなどによって、縄文時代の稲の存在が次第に明らかになってきました。まず一九九三年にはノートルダム清心女子大学の高橋護氏らによって岡山県総社市南溝手遺跡の縄文後期後半の土器片から稲の籾圧痕とプラント・オパールが検出され、岡山市の津島岡大遺跡の縄文後期中葉の土器の胎土の中からもやはり稲のプラント・オパールが多数発見され、さらに同じ岡山県の福田貝塚からも稲のプラント・オパールが検出されました。

一九九四年には、同じ高橋氏により同県真庭郡美甘《みかも》村の姫笹原遺跡の縄文中期中葉の土器片の胎土の中から稲のプラント・オパールと籾殻の圧痕が数個検出され、縄文の稲作が中期にまで及ぶことがわかってきました。さらに一九九九年には岡山市の朝寝鼻《あさねばな》貝塚の縄文前期の地層の中からも稲のプラント・オパールが発見され、縄文の稲作がその前期にまで遡る可能性がでてきたのです。このほか、縄文後期・晩期のイネについては、九州はじめ西日本の各地における籾圧痕やプラント・オパールの出土例はかなりの数に上っています。

このうち、とくに縄文晩期前半以前のイネの痕跡を示す遺跡は、南溝手や福田貝塚のように沖積低地に立地するものもありますが、その大半は、火山山麓や火山灰台地、あるいは丘陵や段丘縁辺などに立地するようです。したがって、これらの遺跡で水田が営まれていた可能性は小さく、焼畑を含む畑作、あるいは私のいう原初的天水田のような不安定な耕地で、小規模な稲作が営まれていたと考えざるを得ません。縄文の稲作について、私はこの点をとくに強調しておきたいと思うのです。

縄文農耕の西（南）と東（北）

さらに縄文時代の栽培植物の検出例を総括して比較研究を行った外山秀一氏の『遺跡の環境復原』（二〇〇六）によると、前述の青森県風張遺跡の縄文後期の炭化米と福井県の一事例を除き、稲の痕跡が検出された遺跡は、すべて九州地方と近畿以西の西日本の地域に限られている。それに対して、中部地方以東の東日本の地域では、エゴマ・シソ・マメ類・ソバ・オオムギなどのほか、前述のように、ヒエ属の出土する例が少なくないことに注目しています。

この点については、先に引用した吉崎氏も指摘していたところですが、縄文前・中期頃すでに東日本の縄文ヒエと西日本の縄文イネに代表されるような、東・西の地域性が形成されていたことが注目されます。考古学者の寺澤薫氏が、その著書『王権誕生』（二〇〇〇）で、縄文晩期前半頃までに発見された穀類はイネ、ヒエ、アワ、キビ、オオムギ、シコクビエ、エンバクなどで、「水稲農耕の伝来以前の、日本列島のイネをふくむ畑作雑穀農耕の始まりには、西（南ともいえる）からと北からの二つの系譜のあったことが予測される」と述べているのも、稲作以前の農耕が南（西）と北（東）の二系統の文化の流れのもとに形成されたことを認めるものということができます。

このように、少なくとも縄文時代の前期頃以降に、日本列島の東・西を代表する作物の存在が確認されるとともに、その他の作物遺体の発見の事例も数多くみられ、そうした事例が多数蓄積されることによって、稲作以前にある種の畑作農耕が日本列島に存在したことを疑うものは、ほとんどいなくなったと思われます。

こうして私の稲作以前論は、学界における「異端の学説」から「学界の常識」へと転換したことになるのですが、そのことは日本列島の農耕文化が、少なくとも南・北二系統（照葉樹林文化とナラ林文化）の畑作文化（非稲作文化）を基礎とし、その上に稲作文化を受け入れて成立したという事実を認めることになります。さらにこの事実を認知することは、その後の歴史のプロセスにおいて、基層にある畑作文化と後に伝来してきた水田稲作文化が、かなり長期に亘って、この列島社会の中で共存し、相互にせめぎ合う動きがつづいたこと、さらに両者のそうした動きの中から日本の農耕文化の特色が形成されてきたことを認めることにもなります。それは『日本文化の多重構造』(一九九七)やさらに最近の『日本文化の多様性——稲作以前を再考する』(二〇〇九)などにおいて、私がくり返し主張した学説を基本的に認めることにもなると思うのです。

『稲作以前』において、その第一歩を踏み出した私の研究は、今日に至るまでその方向性を失わず継承されてきたとみて間違いありません。その意味で『稲作以前』は、やはり私の研究の原点に当たるものであったということができるのです。

(二〇〇八年四月)

[補　説]　先史焼畑農耕の検証——考古学による焼畑の痕跡の発見

私の「稲作以前論」は、前述のように、縄文時代晩期の西日本の山地・丘陵地域に根栽・雑穀型の焼畑が存在していたと想定するものであった。一九七五年頃以降、バイオ・アーケオロジーの発達によって縄文時代に作物の存在が次々と認められ、ある種の農耕の存在したことは、疑い得ない事実として確認されるようになった。しかし、その農耕が焼畑であったことは推測されはしたが、資料的に確認されることは、わが国ではごく最近までなかったのである。

ヨーロッパでは、戦前の段階から花粉分析による環境の復原が盛んに行われ、例えばJ.IversenはデンマークのOrdrupの湿地遺跡において、森林型の花粉が急に消失する地層に明確な炭化物の拡がりが広く認められ、その層の上に穀物と雑草の花粉の出土する層が現れる。さらにそのまた上層には別の森林のポーレンが出土するという、焼畑の存在をみごとに示す事例を一九四〇年にすでに示している[Darby, 1956]。また、J・クラークは名著『先史ヨーロッパ』[Clark, 1952:とくに第四章 Farming: Clearance and Cultivation]の中で、花粉分析による森林環境の復元とその分布の追跡が先史焼畑農耕の復元の前提として重要であることを強調し、先史農耕遺跡として著名なドイツのKöln-LindenthalやポーランドのBrześc Kujawskiなどでも、住民が森林を開墾して農耕を営み、短期間そこに居住したのち、農地を放棄して他に移動し、その後に森林が再生したという、焼畑の典型的な事例が認められることを指摘している。

これに対し、わが国の場合には、一九七〇年代の後半になって笠原安夫氏が、雑草学の立場から焼畑の存在を指摘している。すなわち、岡山県中北部のいくつかの遺跡（久米町宮尾遺跡の弥生前期の堆積層、落合町宮の前遺跡の縄文晩期の貯蔵穴、北房町の谷尻遺跡の縄文晩期の粘土層など）から同氏は六種の野生イチゴをはじめ、ヤマグワ、カジノキ、マタタビ、ヤマブドウなどの野生食（利）用植物のほか、カラムシ、タデ、カタバミやニワトコ、ヒサカキ、カラスザンショウなどの畑雑草や樹木の種子が大量に出土することを確認している。その多くが四国や九州の現在の焼畑でもよくみられる雑草だという。

ところが、弥生時代の中期以降になると、これらの畑雑草や樹木の類が遺跡から急に消失し、コナギやハリイ、ホタルイなどの水田雑草に代わってしまうという。このような事実にもとづき、稲作の伝来する以前には、これらの遺跡の周辺には「焼畑のような原始農耕があった」が、弥生時代中期頃を境に、この岡山県中北部の山間地帯では、焼畑から水田への転移がみられたものと笠原氏は推定している。

また、福岡県の四箇《しか》遺跡では、花粉分析を行った安田喜憲氏によると［安田、一九八〇］、縄文時代の古い地層からはアカガシ亜属やシイノキ属などの花粉が出土し、その付近が照葉樹林でおおわれていたことがわかる。ところが、それより新しい縄文後期の地層からは森林を示す花粉が激減し、代わって炭化物片が急増するという。森林が伐採され、焼き払われたことがわかるのである。しかも、笠原氏によると、同遺跡の縄文後期の特殊泥炭層の中からはヒョウタンやマメのほか少量のハダカムギとアズキの炭化粒が検出され、同時にノイチゴ、ヤマグワ、カタバミやニワトコ、カラスザンショウなどの畑雑草や樹木の種子も大量に検出されたという。これらの事実をつなぎ合わせて考えると、縄文時代の後・晩期に四箇遺跡の周辺で焼畑農耕が営まれていた可能性はきわめて高いと考えられるのである。

このような埋蔵種子分析や花粉分析の手法によって、焼畑の存在を推定した事例は、岡山県中北部や四箇遺跡などごく僅かに過ぎず、考古学の側からする焼畑農耕の復元は、ほとんど見られない状況がかなり長期間つづいた。

ところが、最近になって、北部九州で焼畑農耕の存在が考古学の側からやっと実証されるようになった。それは福岡県教育委員会の山崎純男氏の研究〔山崎、二〇〇七〕によるものだが、まず、縄文土器に残された作物などの圧痕資料を再調査することから始められた。圧痕の正確なレプリカを製作し、それを電子顕微鏡などで詳しく調べ直した結果、イネ・オオムギ・アワ・ヒエ・ハトムギ・マメ類・ゴボウ・シソ・エゴマなどの栽培植物の存在があらためて確認されることになった。このほか貯蔵された穀類につく昆虫のコクゾウムシの圧痕も発見されて注目を集めた。これらの作物やコクゾウムシの圧痕の発見は、北部九州では縄文時代中期の後半頃にまでさかのぼるというが、なかでも資料がふえてくるのは縄文時代の後期中頃から晩期頃だとされ、その頃にはかなりの規模の農耕が営まれていたと思われる。

また、縄文時代の晩期後半の福岡市早良平野では、遺跡分布をみると、平野の中心部と谷奥の二カ所に拠点集落があり、その周囲の海抜二〇〜一〇〇メートルほどの丘陵斜面にはわずかな土器と石器を出土する小規模遺跡が五〇カ所ほど散在している。そのなかには出作小屋と思われる掘立柱建物の遺構や竪穴を伴うものもあるという。民族学の事例などでは焼畑には出作（作業）小屋を伴うものが多いことから、山崎氏は「これらの小規模遺跡は出作小屋の存在を示唆し、その周囲が焼畑耕地であったと推察できる」と述べている。実際に拠点集落から少し離れた福岡市大原D-16地区遺跡の丘陵斜面では、その耕作土の中に大量の炭が含まれ、焼畑が営まれていたことがよくわかる例も発見されている。

このような事実から、縄文時代の晩期、水稲耕作が開始される直前の頃まで、北部九州の地域では焼畑農耕が継続して行われていたことが明らかになった。おそらく北部九州だけではなく西日本各地の丘陵斜面においては少なくとも縄文時代の後・晩期頃には、同じような焼畑農耕がかなり広く営まれていたことは間違いないと思われるのである。

この山崎氏の研究によって、わが国でも縄文時代における焼畑農耕の痕跡が、考古学の立場からやっと認知されることとなった。山崎氏から『稲作以前』で予言された事実がやっと明らかになった」という私信を頂き、私は本当に嬉しく思った。このような発見例が報告されるようになって、『稲作以前』にはじまる「一つの時代がようやく終わった」という感に耐えないところである。

第二章　戦後の日本民族文化起源論——その回顧と展望

本稿は岡正雄・柳田國男の所説に始まり、民博の「日本民族文化の源流の比較研究」をへて、日文研を中心とした「日本人及び日本文化の起源の研究」に至る、戦後の日本民族文化起源論の展開の大要とその間にみられた諸学説の変遷を大観し、あわせてこの種の起源論の直面するいくつかの問題点を指摘したものである。結論として次の4点を摘記することができる。

1．日本文化を単一・同質の稲作文化だとするのではなく、それは起源を異にするいくつかの文化が複合した多元的で多重な構造をもつものだという認識が一連の研究を通じて共有されるようになった。

2．考古学・人類学・遺伝学その他の隣諸科学の発達とそれらとの協業の成果が、起源論の研究に格段の発展をもたらした。その傾向は今後も一層顕著になると思われるが、この種の学際的総合的研究を推進するには、すぐれた研究プロデューサーとそれを支える大型の研究組織が必要である。

3．日本民族文化起源論の展開は、わが国では日本人のアイデンティティを問うという問題意識に支えられて展開してきたが、最近の国際化の進展などの状況のもとで、この種の問題意識とその理解を求める社会的要請は一層拡大してきている。それに応じることが学界としても必要である。

4．だが、現下の最大の問題は、組織の問題ではなく人の問題である。大林太良が指摘した如く「最近の若い世代の民族学者に日本民族文化形成論の研究が低調なこと」が今日の難問である。日本民族文化起源論を含め、歴史民族学的課題の克服に、日本の民族学（文化人類学）界は、今後どのように対応するのだろうか。

本稿は、ヨーゼフ・クライナー教授の退官記念論文集 H. D. Olschleger（ed.）*Theories and Methods in Japanese Studies:*

Current State and Future Developments, Papers in Honor of Josef Kreiner, 2008. に収録された論文 The Origins of Japanese Ethnic Culture: Looking Back and Forward の和文原稿（二〇〇六年三月脱稿）に、その後（二〇〇八年）、いくつかの修訂を加え、補筆したものである。

はじめに

ヨーゼフ・クライナーは、日本の民族学の特色とその動向をとりまとめた『日本民族学の現在』（一九九六）の巻頭論文「日本民族学・文化人類学の歴史」のなかで、次のような指摘を行っている。

「日本における民族学ないし文化人類学的関心の方向が、明治期以来の趨勢として、日本民族の起源の問題に絶えず収斂する傾向が強くみられること」、また「日本人ないし日本民族のアイデンティティを問うという問題意識が（日本の民族学的研究の中に）通奏低音のように存在すること」などが、日本の民族学ないし文化人類学研究に顕著にみられる動向だというのである。さらに「欧米の民族学が民族の起源問題について、自国よりも他国のそれに大きな関心を示す傾向がみられるのに対して、自国の民族起源の問題に強い関心を有するのは、ひとり日本の民族学にみられる特徴であるといえるのではなかろうか」とも述べている〔クライナー、一九九六〕。日本の民族学界の実情を熟知するこのクライナーの発言は、日本民族学の有してきた研究傾向の大きな特色の一つをみごとに指摘したものということができる。

確かに一九四五年、第二次大戦の敗北により、戦前の天皇を中心とした国家観が崩壊し、目標を見失った日本の民族学界や歴史学界などに強烈な刺激を与え、その蘇生に大きな役割を果したのも、やはり新しい日本民族文化起源論の提唱であった。それは従来のものとは異る新たな起源論として、戦後の日本民族学の再出発を象徴するものでもあった。

第一節　岡正雄と柳田國男の日本文化起源論

その新しい日本民族文化起源論の提唱者は、ウィーンで学び、すでに「古日本の文化層」[＊1]という大論文を書いていた岡正雄であった。その内容が具体的に示されたのは、一九四八年五月に、岡を中心に石田英一郎が司会し、江上波夫・八幡一郎らが参加した「日本民族＝文化の源流と日本国家の形成」という画期的な座談会であった。その記録が翌一九四九年九月に日本民族学会の機関誌『民族学研究』に掲載された［石田・岡・江上・八幡、一九四九］。この座談会は大きく二部で構成されている。第一部は「日本国家の形成と皇室の種族的＝文化的系統」、第二部は「日本民族の源流とその基盤」が、それぞれテーマとされ、民族学者の岡正雄の学説を中心に、歴史学・考古学に詳しい江上・八幡の二人の意見がそれを補い、活発な議論が展開された[＊2]。

天皇制を中心とするいわゆる「皇国史観」から解放されたばかりで、研究の方向性がまだよく定まっていなかった戦後の日本の学界――民族学ばかりでなく、民俗学・歴史学・考古学その他を含む――に与えた、この座談会の影響は計り知れないほど大きなものであった。そこでの討論、とくに第一部のそれを基礎にして江上波夫のいわゆる《騎馬民族による征服王朝論》が生み出され［江上、一九六七］、日本古代の国家形成論に大きな影響を与えたことはよく知られている。

岡自身は、この座談会のあと、その構想を整理して一九五六年には「日本民族文化の形成」をまとめ、さらにそれを修正して一九五八年には「日本文化の基礎構造」を発表し、これが岡学説の最終の決定版という形になっている。そこでは民俗学＝民族学的方法と先史学的方法によって検証が行われた結果、日本の民族文化は、五つの《種族文化複合》[前出二三頁]によって構成されていることが明らかになったという。

この岡学説についての解説や批判については、大林太良やその他によるいくつかの論考がある[大林、一九七九、大林(編)、一九九四、蒲生正男ほか、一九七〇]。詳しくはそれらに譲るが、岡自身が一九三〇年代にウィーンで学んだこともあって、この学説にはウィーン学派的なやや図式的なとらえ方といえるような点が少なくない。また、その仮説の立証に用いられた資料などが、今日の視点からみて問題になる個所も少なくない。こうした点からみて、現在の時点で、この岡学説をそのまま認めることは、いう迄もなく不可能である。しかし、相互に関係するいくつかの社会的・文化的特色を「種族文化」という文化の担い手を明確にした一種の文化クラスターとしてとりまとめ、その存在を立証するため、民族学をはじめ民俗学・考古学・言語学などの諸成果を総合的に用いたことなど、その後の日本民族文化起源論の展開に与えた影響は少なくない。そういう点で、同学説の登場は、戦後の日本民族学の出発点を形したものと言っても過言ではない。

このほか戦前から戦後の時期に民族学の分野において、日本民族文化起源論に大きく寄与した研究者としては、朝鮮半島を主な研究領域として神話や文化史のすぐれた研究を行った三品彰英[三品、一九七〇〜一九七四]や東南アジア民族誌や神話研究に大きな業績のあった松本信広[松本、一九七一、一九七八〜一九七九]などをあげることができる。だが、日本民族文化起源論の大きな流れを追う本稿では、それぞれの詳しい紹介は割愛する。

他方、「日本民俗学の父」といわれた柳田國男は、一九六一年にその最後の著作となった『海上の道』(一九六一)を著わし、日本文化の基礎となる稲作が南島(南西諸島)を経由して伝来したとするユニークな仮説を発表した。この海上の道についての紹介と批判は、私の近著『南からの日本文化(上)』(二〇〇三)で述べているので詳細はそれに譲るが、柳田が、この時期(そこに掲載された論文の初出の多くは一九五〇〜一九五三年頃で、柳田の「海上の道」の構想は、この時期にまとめられた)に日本文化＝稲作文化の起源論の発表を急いだのには、大きく二つの理由があったと思われる。

その一つは、一九五一年に文化勲章を受章し、学界の最高の指導者となった柳田は、戦後の日本国民の心のあり方、換言すればナショナル・アイデンティティの回復に強い関心を示すようになった。そのアイデンティティの回復のためには「日本民族の起源の解明」が緊急の課題であり、それと関連して日本民族と不可分な関係にある「稲作の伝来」の問題が解決されねばならないと柳田は考えたのである。しかも、先述の「日本民族＝文化の源流と日本国家の形成」の座談会で示された学説、なかでも江上波夫のいわゆる騎馬民族征服王朝説に対し、柳田は強い反発を感じたようである。北からではなく、南からの路をへて、遠い先祖が稲をたずさえてこの国にやってきたことを、柳田はその詩人的な直感と信仰に近い強い信念をもって主張したのである。

だが、この「海上の道」の学説に対しては、考古学・言語学・歴史学その他の諸分野から、その仮説を実証するに足る事実は認め難いという厳しい批判が続出し、この碩学が提唱された学説は、残念ながら学界から十分な支持をうることはできなかった。しかし、柳田が示した日本文化をイコールで稲作文化とみる考え方は、柳田のもつ学界の権威としての位置づけとも結びつき、その後、日本の学界や言論界に広く根を下ろし、支配的な思潮となったことは確かである。

この岡・柳田二人の学説を批判的に継承しつつ、日本文化起源論をさらに展開させようと試みたのが、この二人とも関係の深かった石田英一郎であった。石田は、民族学・考古学・歴史学などの研究者による共同研究を組織し、『シンポジウム　日本国家の起源』（一九六六）、『シンポジウム　日本農耕文化の起源』（一九六八）を手固くまとめたほか、自らも『日本文化論』（一九六九）を世に問い、そこでは日本語と稲作文化の成立が確実な弥生時代を日本文化の起源の時期として確認できることを強調している。

このような動きを背景に、日本民族学会でも機関誌『民族学研究』第三〇巻四号（一九六六）を「日本民族文化の起源」の特集にあて、民族学(大林太良・竹村卓二)、人類学(金関丈夫)、考古学(国分直一)、言語学(村山七郎)からの論考を掲載したのち、それを総括して、大林はいくつかの新しい視点の導入を指摘した上で、日本民族＝文化起源論は一つの専門分野からではなく、学際的な広い視野から研究をすすめる必要性を強調している。この大林の指摘は、一九七〇年代末以降の国立民族学博物館や国際日本文化研究センターを中心とする共同研究の中で実現されていくことになる。

第二節　日本文化形成論へのいくつかのアプローチ

岡・柳田二人の碩学の問題提起によってはじまった戦後の日本民族文化起源論に大きな前進がみられたのは、一九五〇年代末から一九七〇年代にかけての時期である。それは東南アジアやインド・ヒマラヤ地域へのフィールド・ワークの開始と軌を一にしている。なかでも、日本民族学協会が主催し、一九五七年度から一九六三年度にかけて三次にわたって東南アジアおよびインド・ネパールへ若手の研究者を派遣した「東南アジア稲作民族文化総合調査団」は、ほぼ同時期に活動した「大阪市立大学東南アジア学術調査隊」などとともに、この種の海外学術調査の嚆矢をなすものであった[＊3]。

第一次東南アジア稲作民族文化調査団(団長　松本信広)のメンバーであった岩田慶治は、タイ・ラオス・カンボジアなどでの調査資料をもとにして『日本文化のふるさと』(一九六六)を著わした。そこでは、東南アジアの諸民族の衣・食・住を中心とする物質文化や稲作農耕の技術や儀礼、あるいは年中行事やカミ信仰などの諸特色に日本文化と類似する多くの特徴のみられることを指摘し、「日本文化の基礎的部分は、いちじるしく南方的なものである」と結論づけている。

岩田が主としてフィールド・ワークの成果にもとづいて日本民族文化の起源を論じたのに対し、主として浩瀚な文献研究によって、日本民族文化起源論を終始リードしてきたのが大林太良であった。その業績は膨大なもので、『日本神話の起源』(一九六一)にはじまり『稲作の神話』(一九七三)、『東アジアの王権神話』(一九八四)、『日本神話の系譜』(一九八六ⓐ)などとつづく日本神話の起源や系譜をめぐる比較民族学的研究をはじめ、儀礼や習俗、さらには物質文化などの比較研究も行い、『邪馬台国』(一九七七)や『東と西、山と海』(一九九〇)、『北方の民族と文化』(一九九一)、『正月の来た道』(一九九二)そのほか、数多くの著作を刊行し、東北アジアや東南アジアを含めた東アジアの文化史を緻密に再構築し、その中に日本民族文化起源論を位置づけようと試みた。

その学説の大要は、中国南部の照葉樹林帯から縄文時代の後期頃に「焼畑耕作民文化」が伝来し、その基礎の上に弥生時代の初期頃に「水稲耕作民文化」が渡来して、いわゆる倭人の文化が形成された。その後、主として朝鮮半島から「支配者文化」が渡来して古代国家が成立した。その頃が日本民族の形成に決定的な時期だったというものである。その考えは、比較的初期の論考である「民族学より見た日本人」(『稲作の神話』の第一章)の中にすでに示されているが、その後の多彩な研究の成果をとりまとめ、彼自身の日本民族文化起源論が体系的に示されることはついになかった。

しかし、J・クライナー編『日本民族学の現在』(一九九六)の中に収められた「日本民族の起源」は、きわめて短い論説だが、岡学説と対比しつつ、その後の日本民族文化起源論の展開のあとを、大林自身の学説の変更も含めて述べたものであるが、むしろ同一の主題を、より詳細に東方学会の機関誌上で論じたThe Ethnological Study of Japan's Ethnic Cultures: A Historical Survey (1991 *Acta Asiatica* 61)が、もっともまとまった形で示された大林の日本民族文化起源論となっている。

また、先述の岡正雄の学説を基礎にして、日本の婚姻や社会組織について比較民族学的研究を展開してきたのが江守五夫である。彼は年令階梯制や寝宿、「よばい」や歌垣を伴う《一時的妻訪婚》あるいは双系的社会の特色などは、江南や華南の民族文化に連る南方系の文化的要素だと指摘する。それに対し、《嫁入婚》に伴う多くの婚姻習俗や各種の呪術的婚姻儀礼、さらには「カマド分け」を伴う分家習俗や各種の家族慣行などが、中国東北部の諸民族のそれとよく類似する点などをあげ、北方系の文化要素として父系的親族組織が、日本の基層文化の中に存在したことを主張している［江守、一九八六、一九九〇など］。

さらに民俗学の分野では、坪井洋文が『イモと日本人』（一九七九）を著わし、日本全土に分布する正月に餅を食べない「餅なし正月」（「イモ正月」）の習俗やその背景、あるいは各地の畑作儀礼などの詳細な分析を行った。その結果、日本文化には「稲作を基軸とする文化類型」のほかに、稲と等価値のイモで象徴される「畑作を基軸とする文化類型」の存在することを見出し、そのことを強く主張した。これは日本文化を単一・同質の稲作文化と規定した柳田國男の考えを否定するものであり、日本の民族文化の特質を、どう捉えるかという点をめぐり、この坪井の主張は学界に大きな影響を与えた。

また、考古学者の国分直一は民族学・民俗学的研究にも高い関心を示し、『日本民族文化の研究』（一九七〇）や『環シナ海民族文化考』（一九七六）、『日本文化の古層』（一九九二）はじめ多くの著書を世に送り、日本の基層文化の形成を環シナ海文化の動態の中で把握しようと試みた。

以上述べたいくつかのアプローチのほかに、大林太良によると日本文化形成論に「大きな刺激を与え、新しい展開を促進させたのが農学者の中尾佐助が提唱した、照葉樹林文化論であった」という［大林、一九八六(b)］。それは「学界ばかりでなく、一般読者の関心も惹いた」といわれている。この照葉樹林文化論というのは［＊4］、ヒマラヤの中腹から雲南高地・江南の山地をへて西南日本に連る照葉樹林帯には、さまざまな共通の文化要素が存在する。それによって特徴づけられる「照葉樹林文化」とよぶ特有の文化クラスターの存在に注目し、それを手掛りにして東アジアの文化史を分析しようとする学説で、日本の基層文化の形成にも江南や華南の照葉樹林文化の影響が少なくないと考えるものである。

一九六六年に中尾により『栽培植物と農耕の起源』で提唱されて以後、佐々木もその共同研究に加わり、『続・照葉樹林文化』(一九七六)、さらにそれを受けた『照葉樹林文化の道』(一九八二)などの著作で、照葉樹林文化論の大綱を示している。また佐々木は『稲作以前』(一九七一)を著わし、自らの東南アジア・インドでのフィールド・ワークの成果と照葉樹林文化論の枠組などを用いて、水田稲作の伝来以前に日本列島に焼畑を基軸とする農耕とその文化が存在したことを推論した。この照葉樹林文化を基調とする日本文化形成論の論点は、先述の大林や江守、あるいは坪井らの日本文化起源論と照応するところが少なくない。一九七〇年代後半になって日本民族文化起源論に一つの方向が見られるようになってきたといえる。

第三節　日本文化の源流の比較研究——民博を中心とした学際的研究

一九五〇年代から開始された九学会連合による国内各地の総合調査や前述の民族学協会による東南アジアの稲作民族文化の総合調査など、一九六〇年代から一九七〇年代にかけて国内外における調査研究が次第に盛んになった。それに伴い、民族学や人類学・考古学を中心に、関係諸科学の分野における資料の蓄積と学説の整備がすすめられた。これらの資料の蓄積と学説のとりまとめに、一定の役割を演じたのが国立民族学博物館(民博)における日本民族文化源流の研究プロジェクトであったということができる。

民博は、一九七四年に日本万国博覧会の跡地に創設された国立大学共同利用機関で、わが国における唯一の大規模な民族学の研究・情報センターである。創設後、建築を行い、展示の準備をすすめ、一九七七年一一月に開

表1　国立民族学博物館における日本民族文化の源流の比較研究プロジェクト

年度	研究テーマ	責任者と刊行物*
1978	研究の方法と計画	館内の覚書き
79	農耕文化	佐々木高明(編)、1983
80	シャマニズム	加藤九祚(編)、1984
81	音楽と芸能	藤井知昭(編)、1985
82	すまい	杉本尚次(編)、1984
83	社会組織――イエ・ムラ・ウジ	竹村卓二(編)、1986
84	民間伝承	君島久子(編)、1989
85	狩りと漁撈	小山修三(編)、1992
86	日本語の形成	崎山　理(編)、1990
87	まとめ(補遺)	佐々木高明・大林太良(共編)、1991

*具体的な書名、出版社などは引用文献の項に詳細を示した。

館することができた。その翌一九七八年から、民博では学界における重要な研究テーマを選び、長期にわたり総合的計画的に研究を行う「特別研究」のプロジェクトを発足させたが、その一つが一〇年計画の「日本民族文化の源流の比較研究」のプロジェクト(代表　佐々木高明)であった。

まさに日本民族文化の起源の研究を指向するプロジェクトで、まず初年度に全体の構想と計画が検討された。それは第二年度(一九七九年度)から毎年、研究のテーマとその責任者を決め、国内外の専門家によるタイトな共同研究を組織し、年度末に四日間にわたるシンポジウムを開催して、その成果を各責任者が編集して単行本として出版するというものであった。各年度の研究テーマと研究責任者・研究成果の刊行物は表1に示した通りである。

いま、その報告の一つひとつについて詳論することはできないが、例えば一九七九年度の「農耕文化」の研究では、イモ類、雑穀類、北方系作物、稲作、家畜などについて作物学や遺伝学の立場からの詳しい報告があり、ついで稲作文化、人口、食事文化、神話などについての民族学からの報告があった。それらを受けて、考古学者や民俗学者なども加わり、日本農耕文化の源流をめぐって総合的な討論が行われている。このような自然科学の諸分野も含めた学際的な研究の展開が、このプロジェクトの全体を通ずる大きな特色となったということができる。

「シャマニズム」の研究では北と南の文化的系統が問題になり、「音楽と芸能」では律音階や民族音階、多声性など音楽文化の基層にみられる特色と民族学が復元する文化クラスター（例えば照葉樹林文化など）との関係が問題になった。「すまい」の研究では、民家研究にはすでに大きなデータの集積があったので、それをもとに地理学や考古学、とくに建築学との共同研究の成果が注目された。また「社会組織」の研究では、日本民俗社会の特色を東アジア社会との社会人類学的な比較研究から明らかにする第一部と日本史学の立場から「ウジからイエへ」を論ずる第二部および考古学を中心に先史社会の復元を行う第三部から成り、イエを基調とする日本民俗社会の特質とその形成が終始問題とされた。

さらに「民間伝承」では神話・昔話・伝説等を対象に、北アジアから東南アジアに至る広い地域の比較研究とその系譜の追求が試みられた。また「狩りと漁撈」では生態学のほか民族学や民俗学、さらには考古学からの情報提供も生かして、縄文社会の復元とその源流を見定めようとし、「日本語の形成」では民族学者のほか、日本列島周辺の諸言語の専門家に、国語学者も混じえての討論が展開された。その結果「日本列島においては縄文時代を通じ、長期間にわたる複数の言語の併存と言語接触の結果、遅くとも弥生時代に日本語は混合語として成立した」ということが、全体として了解されたようである。この点は、この民博プロジェクトにおける貴重な結論の一つということができる。

一九八八年一月に実施された最終のシンポジウムでは「まとめ」のほか、補遺として「日本人の成立」や「日本の中の異族」の問題などがとりあげられ、総括討論では日本民族文化の形成過程において、三つの大きな画期――①縄文時代前～中期、②弥生時代初期、③古墳時代（支配者文化形成期）――のあることが指摘され、その意義が論ぜられた。

全体として、この民博を中心とした日本民族文化の源流を追求する研究プロジェクトにおいては、民族学を中心に民俗学・考古学・歴史学・言語学・音楽学などをはじめ、生態学・人類学・作物学・遺伝学など自然科学の分野まで広くカバーする学際的な研究の展開が、その研究上の大きな特色となった。また、時間軸としては縄文時代が源流論の一つの原点として捉えられるとともに、先述の三つの画期とともに、テーマによっては中世・近世にまで、その視野が拡大された。また空間的には北東アジアから東南アジアに至る東アジアの地域が主な比較研究の対象地域となり、「北からの道・南からの道」をへて、日本列島に到達したいくつもの文化の流れが重層して日本民族文化が形成されたとみる見方が、全体として定着したとみて差し支えない。

このプロジェクトは一九八〇年代から一九九〇年代にかけて日本民族文化の起源論の形成に大きな影響を与えた。プロジェクトを主宰した佐々木は『日本史誕生』（一九九一）で旧石器時代から稲作の伝来までの日本の基層文化の形成過程を大観し、さらに『日本文化の多重構造』（一九九七）では《照葉樹林文化》《ナラ林文化》《稲作文化》という文化の大類型の概念を駆使して、主として民族学の立場から、日本文化が多元的で多重な構造をもつことを強く主張した。

第四節　日本人及び日本文化の起源の研究――人類学を中心としたプロジェクト

一九八七年、国立民族学博物館と同じ大学共同利用機関の一つとして、京都に国際日本文化研究センター（日文研）が創設された。同センターは「日本文化の学際的・総合的な研究と世界の日本研究者への研究協力」を目的として設置されたもので、発足の時から人文・社会科学系の研究者のみではなく、自然科学系の研究者もメンバーに加え、文字通り学際的・総合的な日本文化研究をめざしていた。

その中心の一人が人類学者の埴原和郎で、日文研創設の直後から「日本文化の基本構造とその自然的背景」と

表2　日本人および日本文化の起源に関する学際的研究の組織

研究班の名称(代表者)	研究テーマ
自然環境(小泉　格)	日本先史時代の自然と文化的環境の研究
人 類 学(馬場悠男)	形態と分子からみる日本人の起源と形成に関する研究
考 古 学(春成秀爾)	先史時代の生活と文化
日本文化(千田　稔)	日本文化の源流と形成に関するアジア諸地域との比較研究
総　　括(尾本恵市)	研究の計画・活動の企画調整、成果の評価

いう共同研究を立ち上げ、その成果は『日本人と日本文化の形成』(一九九三)という報告書にまとめられた。自然人類学を中心に歴史学・日本文学・言語学・考古学・民族学・民俗学・遺伝学・生態学など、学際的できわめて多彩な研究の成果がまとめられた。こうした研究動向を背景に、一九九七年度から当時、日文研の教授であった人類学者の尾本恵市を代表者とする文部省科学研究費重点領域研究「日本人および日本文化の起源に関する学際的研究」のプロジェクトが発足し、二〇〇〇年度まで四年にわたって研究がつづけられた。その研究の概要を、このプロジェクトの総括班の一人であった私は、成果報告書の中で、ほぼ次のように述べている〔佐々木、二〇〇二(a)〕。

この研究では、当初から「自然環境」「人類学」「考古学」「日本文化」の四つの研究班が編成され(表2参照)、各班単位で研究活動をすすめるとともに、随時、横断的な研究集会やシンポジウムが実施され、学際的な研究交流を行う形で進められた。自然環境班では日本海の海底堆積物や有孔虫殻の酸素同位体分析、その他などにより、古環境の復元を行うとともに、古人骨の炭素・窒素同位体分析や栽培植物のDNA分析などを通じて、古代人の食性あるいは栽培化や家畜化の時期およびそのプロセスや渡来のルートなどについて、各種の新しい資料を提供した。人類学班では、埴原和郎の提唱した「二重構造モデル」の検証を中心に、形態研究と分子レベルの研究の双方から縄文人と渡来弥生人の分析を行い、日本列島における基層集団と渡来集団の二重構造は認められるが、基層集団の起源については、なお不明な点が少なくないという結論に達している。

考古学班では、旧石器〜縄文時代、縄文〜弥生時代、弥生〜古墳時代の各変革期の生活と文化を明らかにするため、全国から代表的な遺跡十三カ所を選び、その発掘調査を行うとともに、資料集二九冊、論文集『先史時代の生活と文化』一冊を刊行した。組織的な調査にもとづく実証的資料の蓄積がすすむとともに、日本文化の形成をめぐるいくつかの新しい視点も見出された。日本文化班では、表2に示した共通テーマのもとに中国西南部地域や長江流域の民俗文化、あるいは東北アジアやアイヌの文化、さらには南西諸島の伝統文化などとの比較研究を行うとともに、渡来文化や日本文化の自律性についての分析を行い、きわめて多様な視点から日本文化の多重性に迫ったということができる。

全体として、自然科学系の研究では、例えばＤＮＡ分析など、最新の研究方法による新しい研究の成果の多くが、人文科学系の研究者にも利用できる形で提供された。この点が、さきの民博の源流プロジェクトと比べ大きく進歩した点のひとつである。他方、考古学の分野では最近の発掘調査の諸成果の報告と検証が丹念に行われ、日本文化の研究では中国や韓国など東アジア地域との比較民俗学的研究の報告が目をひいた。アジア的視野に立つ、日本人及び日本文化の研究が、ようやく本格的に展開しはじめたという感が深い。

だが、この研究プロジェクトの成果に問題がないわけではない。学際的・国際的な総合研究をめざしながら、当初から四つの研究班構成で始めたこの研究は、さまざまな配慮にもかかわらず、日本人・日本文化の起源について、必ずしも学際的・総合的な視点からまとまった結論を出すことはできなかった。さらに残念なことは、総合的な研究をまとめた書冊の出版が実現せず、今日に至っていることである。

だが、そこには特殊な事情も存在する。この「日本人・日本文化の起源に関する研究」のプロジェクトが終了した直後から、ＮＨＫスペシャル『日本人はるかな旅』という大型企画が動き出し、五回の長時間連続番組としてテレビで放映され人気を博した。さらに、その各回に対応する全五冊のシリーズ『日本人はるかな旅』（二〇〇一〜二〇〇二）（第一巻「マンモスハンター・シベリアからの旅立ち」、第二巻「巨大噴火に消えた黒潮の民」、第三巻「海が育てた森の王国」、第四巻「イネ・知られざる一万年の旅」、第五巻「そして〝日本人〟が生まれた」）がつづけて刊行された。「日本人・日本文化の起源に関する研究」のプロジェクトに参加した主要メンバーの多くが、この番組の編成と出演に加わり、さらに書籍の刊行にも関係して、『日本人はるかな旅』の五冊のシリーズは、実際にはこの研究プロジェクトの成果を、わかりやすい形で社会に提供する場となったのである。

この事実は「日本人と日本文化の起源」をめぐる問題が、アカデミックな世界だけではなく、もっと広く世間一般の興味をひく問題であり、したがって、ジャーナリズムが積極的にとりあげる課題にもなったことをよく示している。「日本人・日本文化の起源に関する研究」プロジェクトの成果をとりまとめた、独自の書冊の出版が実現しなかった背景には、こうした事情が存在している。

このような問題点を含め、日本民族文化起源論をめぐる今日的な課題および今後についての若干の展望を、次に示す四点ほどにまとめ、本稿のささやかな結びとすることにしたい。

第五節　日本民族文化起源論の課題と展望

第二次大戦直後の岡正雄らによる問題提起にはじまり、最近の日文研を中心とした「日本人・日本文化の起源に関する研究」プロジェクトに至るまで、戦後における日本民族文化起源論の経て来た道の大筋を概観してきたが、そこにはいくつかの特色と問題が存在するようである。

①このような一連の研究を通じ、日本文化が多元的で多重な構造をもつという認識が広く共有されるようになったことがまずあげられる。前述のように、柳田國男は、一国民俗学の立場に立ち、日本文化を単一・同質の稲作文化だと想定してきた。石田英一郎はじめ、この見解をサポートしてきた研究者は少なくない。それに対

し、岡学説にはじまる民族学を中心とする日本民族文化の起源論は、アジア諸地域の民族文化との比較研究の成果を背景として、日本列島へは北や南からのいくつものルートを経てさまざまな文化が流入し、それらが重なり合って日本文化が形成されたと考えるようになった。それに伴い、日本の基層文化の形成についても、少なくとも縄文時代までは視野に入れて考察することが一般的になったということができる。日本語が混合語の一種として捉えられ、その形成が論じられるようになったのも、日本文化の多元的起源論に照応する研究の進展だということができる。

②前述の民族学を中心とした日本文化の多元的起源論の展開を支えたのは、考古学、人類学などの隣接諸科学の研究成果の蓄積が重要であるが、さらにその研究の展開を助長したのは、遺伝学や生態学、地球化学や分子生物学その他の自然科学の分野における研究の著しい進歩があり、そうした先端科学の諸成果の文化起源論への応用がある。なかでもＤＮＡ分析による研究の展開は、人類の進化や拡散、作物や家畜などの起源や伝播の問題などの解明に寄与するところが少なくない。しかし、こうした自然科学系の研究が進展すればするほど、研究分野が細分化され精緻化されて、人文・社会科学系の研究者との会話が難しくなる傾向がある。日本文化の起源を学際的・総合的に論じようとする場合、この点が今後ますます難しくなることが想定されるのである。

佐々木高明・森島啓子編『日本文化の起源――民族学と遺伝学の対話』(一九九三)は、総合研究大学院大学の共同研究の成果報告の一部として刊行されたものだが、そこでは民族学と遺伝学の対話の中から日本文化の起源の問題への具体的なアプローチがいくつか試みられた。しかし、それ以後、こうした試みが継続的に展開された事例は、ほとんどみられないようである。

③本章の冒頭で、日本の民族学的研究の中には「日本人ないし日本民族のアイデンティティを問うという問題意識が通奏低音のように存在する」ことを、Ｊ・クライナーが指摘していることを述べた。だが、最近では、そ

れが通奏低音ではなく主題の一つとして演奏されるようになってきたようである。前述のように、尾本を代表者とした「日本人と日本文化の起源に関する研究」プロジェクトの成果が、NHKの長時間番組の基礎になり、その番組をもとに編集された『日本人はるかな旅』(全五冊)が、日文研プロジェクトの実質的な報告書になったという事実は、そのことをよく示している。おそらくその背景には、最近における知的大衆の成長と国際化や多文化社会の進展によって、日本人や日本文化のアイデンティティを問うという意識が巷間に著しく拡がったことがある。それをうけてジャーナリズムが、この種の問題に強い関心を示し始めたということであろう。その構造は「邪馬台国問題」を中心とした古代史ブームの展開と類似したところが少なくない。学界として、こうした社会的要請に対し、何らかの形でそれに応ずる必要性があるのではなかろうか。

④最後にもう一つ考慮すべき点は、自然科学分野の研究の進展に伴い、各種の新しい研究の成果が数多く出現し始めると、それらを総合的に理解し、わかりやすくまとめていくには、かなりの知識とテクニックを必要とし、それにはある種のプロデューサーを必要とすることである。日本人と日本文化の起源の問題を、学際的・国際的・総合的に進めていくためには、それなりのすぐれたプロデューサーが必要だということであろう。

さらに、このような総合的な研究を実質的に進展させるためには、すぐれたプロデューサーだけでなく、大型の共同研究を十全の形で進めていくための研究体制の整備が何よりも必要なことは言うまでもない。現代は戦前の鳥居龍蔵や岡正雄のように、個人の力で日本文化起源論を展開させるという時代ではなくなっている。今までにくり返し述べてきたように、最近では自然科学や人文・社会科学のさまざまな分野の精細な研究成果を持ち寄り、それらを総合して日本文化の起源論が構成されるようになってきている。したがって、この種の起源論のより一層の発展のためには、しっかりした研究の協業のシステムの構築が必要である。そのためにはすぐれたリーダーあるいはプロデューサーがまず必要であり、それをバックアップするしっかりした研究組織が必要である。

わが国における現在の状況では、二〇〇四年に国立歴史民俗博物館・国文学研究資料館・国際日本文化研究センター・総合地球環境学研究所および国立民族学博物館の五つの研究機関によって、新しく構成されることになった巨大な研究組織である大学共同利用機関法人・人間文化研究機構が、この種の専門分野を超える大型の研究プロジェクトを組織し、学際的・総合的に「日本民族文化の起源」の問題に取り組むことが、もっとも適当なのではないかと私は考えている。

ところが、この種の大型の研究プロジェクトが、例え立ち上げられたとしても、なお、大きな問題点として残るものがある。それは大林太良がすでに指摘したように「この第三期の研究（大林・江守・坪井・佐々木らに代表される戦後第一世代の研究のこと）を受けつぐ、より若い世代の民族学者による日本民族文化形成論の研究が低調なことが、今日の難問になっている」［大林、一九九六］ことである。

最近の若い民族学の研究者たちの間で、この種の問題の研究への関心がきわめて低く、日本民族文化起源論というような歴史民族学的な課題はほとんど無視されているといっても過言ではない。隣接の人類学や考古学の分野などでは、日本人や日本文化の起源に関心を抱く若い研究者の数は少なくない。それに対し、民族学の分野におけるこのような状態はきわめて深刻である。

歴史民族学的な研究が、古い手垢のついた研究として、それへの関心が著しく低下したこと、さらにこの点もすでにJ・クライナーが指摘した「民族学の対象がエトノス＝民族から遠く離れ、かなり一般的・普遍的な概念である文化に向かって大きく推移してきた」［クライナー、一九九六］という日本民族学（文化人類学）界の現状が、こうした問題を生み出す大きな要因だと考えられるのである。

この点を、今後、どのように克服していくのか。日本民族文化の起源、その形成過程の解明の問題にかかわって、あるいはもう少し一般化してエトノス＝民族にかかわる文化史の問題をどのようにとり扱い、その研究の展開をどのように図ろうとするのか。日本の民族学（文化人類学）界は、今後に大きな課題を残しているようである。このような課題の解決に向け、積極的で具体的な方向性が一日も早く見い出せることを、本稿を終わるに当って私は強く望むところである。

注

＊1　岡は「25年の後に」［岡、一九五八(a)］という回想録の中で、この論文が一九三三年にウィーンですでに出来上がっていたという。その目次は、岡の主要論文を集成した『異人その他』（一九七九）に収録されており、この論文の内容その他については住谷が詳しく述べている［住谷、一九七九］。

＊2　この座談会の記録は、詳しい注を付して、その後『日本民族の起源』として刊行され、一般市民にも広く知られるようになった［石田・岡・江上・八幡、一九五八］。

＊3　戦後の日本経済の発展と外貨事情の好転とともに、文部省は一九六三年に「科学研究費補助金」に「海外学術調査」の枠を設けることに踏み切ったが、初期の補助金の規模は小さいものであった（一九六三年に最初に海外学術調査の補助金を交付された七隊のうちの一つに「東南アジア稲作民族文化総合調査団」の第三次隊がある。そのときの記憶では補効率は全経費の五〇％にはるかに満たない程度であった）。しかし、その後、日本経済の発展とともに、この種の補助金の額は急激に増加し、一九七〇年代以降のわが国の海外学術調査の盛行を担保することとなった（海外学術調査に開する総合調査研究班『海外学術調査・最近一〇年間の成果と動向』一九八八による）。

＊4　照葉樹林文化論については、私の最近の著作『照葉樹林文化とは何か——東アジアの森が生み出した文明』（二〇〇七）において、その文化の特色を概説するとともに、中尾を中心にして照葉樹林文化論が成立・展開してきたプロセスを詳しく論じている。

第一部　日本農耕文化の形成

第三章　日本農耕文化の源流をさぐる

［解　説］

「序論」でも触れたが、一九七四年に組織として創設された国立民族学博物館は、その後、建物の建築を行い、収集・展示の作業をすすめて、一九七七年十一月にようやく開館の運びとなった。それを機会に、長期に亘り計画的・総合的な研究プロジェクトを「特別研究」として展開させることとし、「日本民族文化の源流の比較研究」が十年に及ぶ長期計画プロジェクトとして発足した。私はこのプロジェクトの代表者として計画を主宰することとなった。

第一回目（一九七九年度）の研究テーマが「農耕文化」であり、一九八〇年一月二十八日から三十一日まで四日間に亘りシンポジウムを開催した。ここに収録した「日本農耕文化源流論の視点」は、そのシンポジウムの冒頭で行った「問題提起」をもとにしたものである。このシンポジウムは民族学（文化人類学）をはじめ、作物学や植物学・家畜学、さらに考古学や民俗学、地理学や歴史学など、さまざまな分野の研究者が参加し、文字通り学際的な発表と討論が行われた。

その成果は『日本農耕文化の源流——日本文化の原像を求めて(1)』（一九八三）として刊行されたが、その「あとがき」の中で「こうした学際的にも多彩なメンバーを擁した本シンポジウムは、民族学を中心に、これに隣接諸科学の学者が加わった研究としては、少なくともこの問題をめぐる現在の日本の学界の水準を示し得たものであったと私は考えている。今後しばらくの間、この種の研究が行われる際には、このシンポジウムとその報告書である本書が、研究の出発点の一つとなりうるのではなかろうか。」と述べているのは、この研究の成果の一端をよく示しているといえよう。

ところで、このプロジェクトの研究成果のうち、より具体的な問題提起は、本稿の「要約」のところで示したように（七六頁）、従来のように《稲作》の視点からのみ、日本農耕文化の特色を論ずるのではなく、《非稲作農耕》の重要性にも着目し、「《稲作》と《非稲作》の二つの形態の農耕を対置して、その特色と系統を論ずるところに、新しい日本農耕源流論の視座が生み出されている」とした点であろう。

この一九八〇年シンポジウムの成果を継承し、《非稲作農耕》の問題に焦点をあてて展開したのが、民博での共同研究「日本における畑作農耕文化の総合的研究」（一九八三〜八五年）であり、その総括シンポジウムの成果をまとめたのが『畑作文化の誕生――縄文農耕論へのアプローチ』（佐々木高明・松山利夫（共編）、一九八八）であった。第二節としてとりあげた「日本における畑作農耕の成立をめぐって」は、一九八五年三月、国立民族学博物館において行われた総括シンポジウムでの「問題提起」、また編著書の序章として執筆したものである。

そこでは一九八〇年シンポジウムから継承・発展すべき問題点を整理したのち、前回のシンポジウムでは十分触れられなかった考古学の側からのアプローチ、なかでも一九七〇年代後半以後に大きく発展したバイオ・アーケロオジー（埋蔵炭化種子分析、花粉分析、プラント・オパール分析など）の展開の一端を辿るとともに、日本農耕文化には南と北の二つの系統のあることを改めて指摘した。さらに先史農耕の存在形態を考える場合、「原初的農耕」と「初期的農耕」の二つを区別する必要性を強調した。

原初的農耕というのは、採集（半栽培を含む）・狩猟・漁撈が主たる生業活動として営まれている社会において、ごく小規模に営まれる農耕形態を指す。それに対し、初期的農耕というのは、主食料の生産の大半を焼畑や原初的天水田などでまかなっているが、その生産の安定性が十分でないような農耕をさし、そこでは採集（半栽培を含む）や漁撈活動の比重がなお高く、年によっては農耕とその他の生業の比重が逆転するような農耕形態をさす。この種の農耕形態の違いを比較民族学の視点から最初に指摘したのはG・P・マードックだが、これら二つの農耕形態の特徴の差異は、われわれのフィールドワークの結果からみても明白で、稲作以前を含む先史農耕を、一括して「農耕」という言葉で表現することにさまざまな問題のあることを、私は強く主張した。その考えは今も変わらない。

（二〇一〇年一月）

第一節　日本農耕文化源流論の視点

日本文化の源流を、主として民族学の側から探るに当たっては、さまざまな問題が存在する。なかでも重要な問題の一つは、この日本列島に古くから展開した農耕文化の特色とその来歴を探ることであろう。そうした問題の解決への緒につくため国立民族学博物館は、一九八〇年一月、日本農耕文化の源流をめぐるシンポジウムを開催した。問題を探る上で重要な課題を摘出し、現段階における研究の問題点を明らかにするとともに、今後の研究への展望を得たいと考え、討論を重ねた。本書はその結果に基づき新たに書き下ろされた論文と討論の記録を編集したものである。民族学及び隣接諸科学の研究者によるフィールド・ワークの成果に基づく最新の論考と広い視野からの討論によって構成された本論は、日本農耕文化の起源をめぐる研究の、現段階における一つのホライゾンを示し得たのではないかと思うのである。

では、これらの日本農耕文化の源流をめぐる研究は、現在、どのような視点から研究がすすめられようとしているのだろうか。私なりに研究の展望を手短かに行ない、最近の研究のめざす方向を指摘して、第一部の序とすることにしたい。

(1)　戦後の先駆的研究——岡・柳田学説とその展開

さて、日本文化の源流の探求というテーマとかかわって、日本の農耕文化の形成の問題を、民族学の立場から、戦後はじめて体系的に述べたのは、おそらく岡正雄であろう。周知のように、岡は戦後間もない時期に、考古学の八幡一郎、東洋史学の江上波夫とともに石田英一郎の司会のもとに「日本民族＝文化の源流と日本国家の形成」〔『民族学研究』一三巻三号、一九四九〕という討論を行ない、その中でいくつかの種族文化の複合という形で日本文化の形成を捉える仮説を提出した。そのコンテクストの中で、岡は原初的なイモ栽培文化が縄文時代中期ごろに、ついで陸稲を焼畑で栽培する文化が縄文時代末期ごろに南シナや東南アジア方面から伝わり、さらに弥生時代初期ごろには中国東北部、朝鮮方面から雑穀を焼畑で栽培する文化が到来し、それに前後し、あるいはややおくれて江南の地域から水稲耕作文化が日本に伝来したと想定した〔石田・岡・江上・八幡、一九五八、岡、一九五八(b)〕。

だが、この岡仮説は種族文化複合の渡来というやや古典的・図式的な捉え方の上に立ち、また個々の種族文化複合の復元については、必ずしも実証データに裏付けられているわけではなかった。このため、戦後の日本民族学がその第一歩を踏み出す時期に当たって、この岡学説は日本の民族文化の源流を考える、ひとつの大きな仮説として学界に強い刺激を与えたが、そのままの形ではうけ容れられるには至らなかった。

岡仮説がいくつかの系統の異なる農耕文化のわが国への渡来を想定したのに対し、柳田國男は、稲作の渡来と日本文化の形成の二つは切り離しては考えられないという立場を強調した。もっとも坪井洋文の最近の論考〔坪井、一九七九〕によると、柳田にもかつては稲作民のほかに稲作を伴わない山民の存在することを指摘し、日本の基層文化の構成の中で稲作以外の要素を考えようとしていた時期があったようである。しかし、昭和一〇年前後にはその説を放棄し、日本文化と稲作をアプリオリ(先験的)に結びつけて考える方向に変わってきたといえる。

いずれにしても晩年の柳田は、日本民族の起源と日本への稲作農耕の伝来を離れ難いものと考える立場をとることになった。その結果、「稲が来なければ今の(日本)民族は成立しないと思い」、「日本民族は稲といふものと不可分な民族だと確信する」〔『故郷七十年』四〇五頁〕ようになるのである。しかも、この稲は「南の方の道」すなわち、南島の島々を経由して九州に至ったことを、柳田はくり返しきわめて強く主張した［柳田、一九五二など］（柳田は同年五月、九学会連合大会の特別講演の際にも「海上生活の話」という題で同じ内容を話している）。のちにこの学説は、柳田國男『海上の道』（一九六一）としてまとめられた。

この柳田の《海上の道》に関する最初の発表が行なわれた昭和二十七年の前年には、安藤広太郎の名著『日本古代稲作史雑考』（一九五一）が刊行され、揚子江下流域の地域から、わが国へ稲作の伝来を主張する学説が公表された。それを契機に安藤・柳田両碩学を中心に、盛永俊太郎、松本信広ら関連諸分野の多くの学者が加わり、昭和二十七年六月に稲作史研究会が発足した。そこでは農学、民俗学、考古学、民族学、言語学、海洋学など、広範な分野から稲の文化史が論ぜられ、その成果は『稲の日本史㈠～㈥』（一九五五～六三）としてまとめられ、学界に大きな影響を与えた。

こうした趨勢の中で日本文化を何の疑いもなく「稲作文化」と規定し、日本の農耕文化の特色や起源を論ずる場合にも、稲作の問題に終始するという傾向が、わが国の学界に深く定着していったと思うのである。

(2)　日本農耕文化＝弥生文化学説とその限界

ところで、戦後のもっともはやい時期に公表された日本文化起源論であった岡、柳田両学説についで、日本文化の起源の問題を民族学の分野でとり上げたのは石田英一郎の日本文化論であった。そこで石田は、岡、柳田両氏の壮大でロマンに満ちた日本民族文化の起源についての仮説を鋭く批判し［石田、一九六三、一九六七など］、より厳密な立場から日本文化起源論を試みようとしたのである。石田は、この場合、民族文化の形成に当たり、固有の民族言語と生活様式の成立を重視するかなり厳格な理論粋をまず設けて議論を展開した。その結果、民族の結びつきのきずなとして重要な役割を果たす日本語の形成、水田農耕を基盤とする村落社会の成立、機織りや金属加工(とくに鉄器)などの生産技術の発達、さらには稲作をめぐる新しい宗教観や世界観の創造など、日本民族文化の核心部を構成する諸事実が、弥生時代にセットとして完成したことに注目して、日本文化の原型が弥生時代に形成されたことを強く主張したのである［石田、一九六二］。その結果、「日本民族としてわれわれが識別しうる民族集団」があらわれるのは弥生時代であると断定するようになり［石田、一九六九］、弥生時代よりも前の文化を、日本民族の形成を論ずる場合には一応切りはなして考えるという立場をとるに至っている。

だが、岡、柳田両説の批判から出発した石田の学説は、理論の枠組みを少しリジッドに規定しすぎたようである。このため、日本文化起源論を弥生文化成立論の枠の中に限定することになってしまったということができる。後に石田が企画し、一九六六年三月に泉靖一の司会で行なわれた《日本農耕文化の起源》についてのシンポジウム［石田・泉、一九六八］においても、縄文農耕についての問題意識をはらみながら結局は、稲作農耕の起源と系統を内外の六人の考古学者によって論ずるという形式をとるに至っているのである。そこでは日本農耕文化の起源は、わが国における弥生文化の成立と同列に捉えられているといっても過言ではない。

確かに日本における農耕文化の源流を探索するという問題は、稲作の技術や文化の伝来と関連し、それはまた考古学の領域と深くかかわり合うことは否定できない。事実、戦後、板付や登呂などをはじめ、重要な弥生時代の農耕遺跡がつぎつぎに発掘されるにおよび、弥生時代の初頭から立派な水田をもつ稲作農耕が、西日本を中心に営まれていたことが明らかになってきた。その結果、日本考古学協会は昭和三十六年に『日本農耕文化の生成』の大冊を編み、その時点における資料の集大成を試みたのである。

さらにその後、農耕文化の起源をめぐる論議はますます盛んになり、新しい発掘調査もつぎつぎに行なわれ、弥生時代における農耕の実態もかなりよく知られるようになってきた。しかし他方では、わが国の農耕がすべて弥生時代に大陸から伝えられたとする一般的な説に対し、縄文時代にも何らかの農耕——雑穀やイモの畑作——

が存在したことを仮定する学説もあらわれてきているのである。

しかし、わが国の場合、現在までのところ遺跡から出土、発見された栽培植物の証拠の大部分はイネ(籾)であり、その時代的上限も縄文時代晩期(主として北九州)を越えるものはきわめて少ない。また、古い時代には、当然のことながら、稲作以外の雑穀作やイモ作なども行なわれていた(それが稲作と併行的に行なわれたか、あるいは稲作以前から行なわれていたかは別として)と考えられるが、その証拠となるべき作物遺体の検出も、まだきわめて少ないのである。おそらく雑穀類(millets)の場合は穀粒が非常に小さいこと、イモの場合には遺体の残存が難しいことなどが発見を困難にしている理由かと思われる。だが、最近では縄文時代の遺跡から少量ながらヒョウタン、リョクトウ、それにエゴマやソバなどが検出されたという報告が出るようになり、イネ以外の古い作物の発見は今後に大いに期待される状況である。このような非稲作農耕の起源の追求は、稲作のそれに較べ勝るとも劣らないほどたいせつなものであり、今後は考古学的にもその追求がある程度まで可能になってきたと思えるのである。

しかしながら、日本との比較という視点に立って、わが国周辺の諸地域に目を転ずると、とくに中国の辺境地域や東南アジアなどの諸地域では、科学的に発掘された遺跡の数そのものがきわめて少なく、わが国のように精緻なデータが多数集積されているという状況にはない。したがって、これらの地域では考古学の成果のみによって農耕文化の起源や伝播を論ずることは、きわめて難しい状況にあるといわねばならない。とくに稲作以外の農耕については、それに関係する遺物が残存しにくいということもあって、考古学の立場からのみ論ずるには限界のあることは否定できないのである。となると、東アジア地域における農耕の起源と伝播、とくに稲作以外のそれについては、現段階においては比較民族学的な研究が、とくに重要な役割を演ずることになるのは明らかである。

いずれにしても、日本農耕文化の源流の探求を、石田英一郎が企図したように考古学的考察に収斂させ、弥生文化の起源を探るという方向で考えるには限界がある。それとは異なった方向でわれわれは考えてみなければならない。その新しい方向というのは、考古学の成果を無視するのではなく、むしろその成果をふまえながら、現存の民族文化の事例のなかにみられる諸事象を比較分析する比較民族学的な方法によって研究を行なう方向がきわめて有力なものとして浮び上かってくる。それは日本および周辺地域の諸民族の農耕文化についてのフィールド・ワークの諸成果を比較検討し、それを緻密に分析する中から、日本の農耕文化の源流を探ろうとするものなのである。

(3)　比較民族学的研究の展開――南の道と北の道・その問題点

戦後の日本では、一九五七年ごろを境に海外の民族学的調査が軌道にのるようになり、とくに東南アジア、ヒマラヤ方面をフィールドとする学術調査隊が多数現地に派遣された。この学術調査の結果が蓄積されてくるのは、六〇年代に入ってからで、六〇年代の後半にはしだいに研究の成果が公刊されるようになってくる。なかでも一九五七〜五八年に実施された日本民族学協会主催の「第一次稲作民族文化総合調査団」(団長松本信広)は、戦後最初の東南アジア地域に対する民族学的な総合調査であった。その名称が示すように、この調査団は稲作文化の比較研究をめざすものであり、東南アジア北部の山地帯にジャポニカ型のイネが広く分布することが確認されたのも、この調査の成果のひとつであった。

この調査にも参加した岩田慶治は、それ以後の調査の結果も含め『日本文化のふるさと――東南アジアの稲作民族をたずねて』(一九六六)を出版し、東南アジアと日本という二つの稲作地域の文化を比較し、その文化に類似点の少なくないことを指摘した。これは日本と東南アジアの稲作文化の類似を、フィールド・ワークによる実証的データに基づいて指摘した最初の業績ということができる。

また同じ年、すでにヒマラヤやブータンの調査を重ねていた中尾佐助は『栽培植物と農耕の起源』（一九六六）を出版し、農耕の起源を論ずるとともに、その中で《照葉樹林文化》の概念を示し、照葉樹林文化論をはじめて提唱したのである。今その詳細を紹介することはできないが、要するに、ヒマラヤの南麓から東南アジア北部、雲南高地、江南山地をへて西南日本に至る照葉樹林帯では、さまざまの物質文化や食事文化の要素に著しい類似がみとめられることを指摘したものである。また神話や儀礼や社会的習俗の面においても、この地帯の文化には類似の少なくないことが、中尾とは別に、その後、大林太良らによっても指摘されている［大林、一九七三］。

このような点から、日本文化を構成する数多くの要素が、系譜的に照葉樹林帯の伝統的文化に連なる可能性の大きいことが想定されるようになってきた。とくに農耕文化についてみれば、照葉樹林帯には、アワをはじめとする雑穀類を中心に、これにサトイモなどが加わった特有の作物構成をもつ焼畑が広く分布しており、これと同型の焼畑農耕がわが国の山地にもかつて数多くみられたところから、おそらく水稲耕作が導入される前に、そうした農耕がわが国にも影響を与えた、という仮説も提出されている［佐々木、一九七一(a)］。また、この照葉樹林文化の中心地は、最近では雲南、アッサム山地を中心とする地域であると推定されるようになったが［上山・佐々木・中尾、一九七六］、この地域は渡部忠世が、一九六五年以来のフィールド・ワークと緻密な比較研究によって想定したアジアの栽培稲の起源地とも一致することが注目されるのである［渡部、一九七七］。

しかし、この照葉樹林文化については、肝心の雲南やアッサム地域の詳しい現地調査がいまだに困難なため、推定の域を出ない点が少なくない。さらに照葉樹林文化の存在を一応の仮説としてみとめたとしても、それとイモ類やバナナなどの栄養繁殖作物を主作物とする根栽農耕文化との関係、あるいは稲作文化そのものとの関係、さらにはアッサム・雲南地域をはじめ照葉樹林帯に分布する数多くの民族との関係、あるいは石寨山をはじめとする各地の遺跡が示す先史文化との関連性など、照葉樹林文化とその周辺をめぐる問題の詳細については、必ずしも明確にはなっていない。いずれも今後の研究のなかで明らかにしてゆかねばならない問題である。

また、ブタ、ニワトリ、水牛、ウシ、ウマなどの家畜類が、こうした東南アジアから華南・華中に及ぶ地域の古い農耕文化の中で、どのようにして家畜化され、これらの家畜は古い農耕文化とどのような関係をもっていたものか。あるいはこれらの家畜の日本への伝来にはどのような特色がみられるのかといった点についても、必ずしも従来の研究ではよくわかっているとはいい得ない。こうした問題の完全な解決は今後の研究に待たねばならないが、解決への緒をひとつでも本書の中に見出すことができればよいと考えているのである。

いずれにしても、われわれは、日本および周辺地域のフィールド・ワークの成果の上に立ち、その資料を精細に比較分析し、その結果を総合的に考察する中から、日本民族文化の源流を探る方向を求めてきたのである。だが、さきにも述べたように、現時点では基本的なデータに不足するものが少なくない。不足するデータについては、その充実を将来に期するほかないが、とにかく一九五〇年代以来、われわれが積み重ねてきたフィールド・ワークの諸成果をこのあたりで一度整理し、日本の農耕文化の起源にかかわる問題について、従来の成果を総括してみることに大きな意義があるのではないかと考えたのである。国立民族学博物館においてシンポジウムを開催し、その成果をこのような形で世に問いたいと考えたのも、このような点と深くかかわっているということができる。

ところで、わが国の農耕文化の諸要素の中には、今まで述べてきたような、系譜的に南方に連なるようなものだけではなく、例えば、本書の中では中尾佐助が論ずるようなW型のオオムギやエンバクをはじめ、カブやゴボウなどのいわゆる北方系の野菜を含め、朝鮮、中国東北部を経てシベリア南部に連なる要素も少なくないといわれている。こうした北方系の農耕文化、中尾はそれを「ナラ林文化」という形で捉えたことを本書で紹介しているが、その文化の特色や歴史をどのように考えるかも、きわめて重要な問題だと考えられる。こうした問題の追求は、当然のことながらシベリア考古学の成果と関連して論ずべきものである。加藤晋平はこの点をめぐって「縄文農耕・北の視点」という副題を付した「北方農耕覚え書」という長篇の論文を雄誌『季刊どるめん』(一九七六〜)に連載し、主として東北アジアを中心に、いわゆる北方の先史農耕の特色を丹念に紹介している。だが、この北方の農耕が、日本の農耕文化の起源と展開にかなり重要な影響を与えたことは予想されるが、それが具体的にどのようなものだったかは、必ずしも明確にはなっていない。日本農耕文化の源流を考えるうえで、この点も残された大きな問題であり、今後の研究の展開がのぞまれるものである。

そういえば、かつて柳田國男が稲作の北上を想定した南島の島々を連ねる《海上の道》についても、イネではなく、(あるいはイネもあったかもしれないが)、アワやイモを主作物とする別種の、いわば《雑穀・根栽型》とでもいえる形態の農耕が北上したと考えることは可能なのではなかろうか。金関丈夫の「八重山の古代文化」(一九五五)は、この点を鋭く指摘した論考であり、国分直一も『日本民族文化の研究』(一九七〇)や、『環シナ海民族文化考』(一九七六)の中で、アワやタロイモ、ヤムイモを栽培する文化が、南島の島々を北上したことを想定しているし、筆者も同様の仮説を有しているが[国分・佐々木(編)、一九七三]、この南島を経由する農耕文化の流れについても、まだ論じ残された問題が少なくないようである。

さらに水田稲作そのものについても、大勢としては揚子江・淮河下流部あたりから朝鮮半島南部を経由して北九州へ伝播したものと一応は推定されている。しかし、他のルートについての可能性はどうか、あるいはその伝来の時期やどのような品種群がまず伝わったのか、というような問題、またどれだけの文化要素が水田稲作とセットになってやってきたものか、それはいつ、どこでセットを形成したものなのか、といった点についても詳しいことはよくわかっていない。稲作をめぐる比較民族学的研究は、その他の形態の農耕に較べれば、かなり研究はすすんでいるといえるが、それでもなお不明な点がきわめて多いのである。稲作以外の農耕文化の研究が今後大いにすすみ、その諸成果との比較考察か進展すれば、稲作文化それ自体の研究にもおそらく今後より大きな展開がのぞまれるのではなかろうか。

(4)　要　約

最近の研究の動向を要約すれば、次のような点が指摘できるようである。

①　まずフィールド・ワークに基づくファースト・ハンドの資料が近年、急速に増加してきたことがあげられる。それに伴い新しい調査資料に基づく、新しい仮説の構成と新しい理論の組み立てが、すすめられる条件が整い、そうした作業が推進されてきたことである。

②　次に、作物学・生態学などの自然科学の分野の研究がすすみ、またその成果が、農耕技術論などを媒介にして、物質文化論や社会人類学あるいは神話学など民族学の諸分野の研究と結びつき、さらには民俗学、考古学の研究などとの間にも深い関連が見出され、相互の研究の交流が非常に盛んになってきたことがあげられる。いわゆる学際的な研究の興隆が、日本農耕文化の源流の探求という問題をめぐって、近時、大きな意味をもつに至ったということができるのである。

③　なかでも最近の顕著な研究の動向としては、従来は、《稲作》でもって日本の農耕文化の特徴を語ろうとする傾向が強かったのに対し、最近では稲作以外の雑穀やイモなどを主作物とする《畑作》をめぐる問題が注目されはじめた点だといえる［坪井、一九七九］。本書においても、稲作をめぐる問題のほかに、イモ類や雑穀類その他を中心とする《非稲作農耕》にかかわる問題を大きく取り上げることにしたが、それはこうした最近の学界の傾向を反映したからである。

いずれにしても、従来のように《稲作》の視点からのみ日本の農耕文化を論じようとする時代はすでにすぎ去ったと思うのである。稲作以前か否かは別として、稲作以外の農耕（適当な用語がないのでとりあえず《非稲作農耕》とよぶ）の諸側面から、稲作農耕の問題を照射するとともに、《稲作》と《非稲作》の二つの形態の農耕を対置して、その特色と系統を論ずるところに、新しい日本農耕文化源流の視座が生み出されてくるように思うのである。

こうしたいくつかの最新の研究動向をふまえて、本報告では、まず根栽作物（イモ）、雑穀、ムギ、イネの四つの作物を中心とする農耕の特色を、それぞれ日本とその周辺地域の調査研究に基づいて考察することからはじめる。この四つの作物群は、すでに述べたように、《稲作》と《非稲作》のそれぞれの農耕の主作物をなすものであり、農学あるいは作物学の立場から、それらの農耕のもつ基本的な問題が論ぜられる。次いで家畜系統論の立場を中心に日本と東南アジアの家畜を比較検討する問題を展開したあと、採集・狩猟経済から農耕へのうつり変わりを主に定量的方法でアプローチする問題や東・南アジア世界における焼畑から水田稲作農耕への農耕形態の変化をめぐる問題、さらには《稲作》と《非稲作》の二つの視点からする食事文化あるいは神話や儀礼の特色の検討など、主として民族学の立場から、日本農耕文化の源流を探る上で重要な問題が論ぜられる。そうして最後に、それらを総合して、広い視野からの討論を行ない終章としたのである。

いずれにしても、このような幅広い学際的シンポジウムを開催し、その結果をまとめ得るようになったのは、さきにも述べたように、最近の学界の趨勢に負うところが大きい。今後もこうした多角的な視点から日本農耕文化の源流を探る研究があらわれてくるものと期待されるが、本報告がそうした新しい研究が展開される際の、一つの礎石となることができれば、この共同研究を企画したものにとり望外の幸せと思うのである。

第二節　日本における畑作農耕の成立をめぐって

(1)　研究の基本的視点

一九八〇年シンポジウムにおいて、日本農耕文化の源流を論じた際、基本的に問題とした点は次の三つの点であった。その第一は周辺諸民族文化との比較民族学的な研究を基本的な視座としてもつこと。その二は関連諸科学の成果を十分にとり入れ、学際的な総合研究を推進すること。さらにその三としては稲作文化とともに、あるいはそれにもまして非稲作文化を研究する視点を定め、その視点から日本農耕文化の源流を探求しようとしたことである。

このうちまず第三の非稲作文化研究に視点を定めるということから、すこし説明を加えると、従来の日本文化論においては、柳田國男をはじめ多くの人たちが、稲作文化をイコールで日本農耕文化だとする考え方に立ち、その論を展開してきたといえる。そのことについては、『日本農耕文化の源流』(一九八三)の序章をはじめ、すでにくり返し述べたことがあるので、ここでは詳述しない。だが、そのような伝統的な稲作農耕(水田稲作)のみを中心に日本の農耕文化をみる考え方に対して、「非稲作農耕」(主として畑作)の存在を重視して、日本農耕文化の形成や起源の問題を追究する立場がある。稲作とともに、この非稲作農耕研究の視点を重視することの必要性が、最近とくに強調されてきたことは、よく知られるとおりである。一九八〇年シンポジウムにおいても、われわれはこの視点を貫いてきたつもりである。今回のシンポジウムにおいても、非稲作農耕の系統や系譜を明らかにする作業のなかから日本農耕文化の形成を考える視点は、ぜひ継承し、展開させねばならないと私は考えている。もちろん、そうだからといって稲作の問題を決して軽視するわけではない。しかし、従来のように稲作に固執するのではなく、非稲作農耕からのアプローチを確立することによって、日本農耕文化の形成や源流の探求は、より広い視野からのそれが可能になると思うのである。

ところで、さきに述べた第一と第二の問題点、つまり、比較研究と学際的研究の推進という点をめぐっては、一九八〇年シンポジウムでは、まず、イモ類、稲、雑穀、ムギなどの主要作物の問題にはじまり、家畜、人口、農耕技術、食事文化、神話などの諸問題を、それぞれサブ・テーマとしてとりあげた。そうして各テーマごとに、日本と周辺地域の諸民族の資料との比較分析を行ない、主として作物学、家畜学、生態学、神話学、考古学、民族学などの間で広範な学際的討論を行なった。しかし、報告書である『日本農耕文化の源流』をみていただいてもわかるように、一九八〇年シンポジウムにおける報告や討論の中心は、比較民族学的や比較作物学的な研究が主であり、考古学的あるいは発掘資料を中心とした報告や討論が比較的乏しかったことは否定できない。前回の場合には、同時代的な資料の比較分析のなかから、文化の系統や系譜を考えるという見方を強調したことが、考古学や発掘資料についての報告や討論を不十分にした一つの原因ではなかったかと考えている。

今回のシンポジウムにおいて、新たに展開しなければならない問題点の一つは、この点とかかわっている。バイオ・アーケオロジーに関する報告と討論が今回のシンポジウムの一つの柱になっているのはこのためである。

つぎに「比較」という問題そのものをめぐっても、一九八〇年シンポジウムにおける比較研究の資料は、中国、東南アジア、インドなどの諸地域のものが多く、北からの視点にもとづく比較研究は必ずしも十分ではなかった。それは戦後における日本の研究者のフィールド・ワークが、どうしても東南アジア、インドなど南方の諸地域に偏っていたことと深く関係する。とくに北朝鮮から中国東北部（旧満州）、沿海州、シベリアなどの北方の地域へは、国際事情その他の理由により、研究の展開がきわめて困難であったことは周知のとおりである。しかし、一九八〇年シンポジウムにおいて、北への視点がまったく欠落していたわけではない。報告書『日本農耕文化の源流』をみてもわかるように、シンポジウム最終の「総合討論」の場において、中尾佐助氏による「ナラ林文化の提唱」が行なわれ、北からの文化的影響を考える場合のきわめて有力な仮説の枠組みが与えられた。また、討論の他の箇所では、加藤晋平氏などにより、シベリア考古学の最近の成果が手際よく紹介されている。このように北への視点が、まったく欠落していたわけではないが、前回のシンポジウムでは、その視点が十分でなかったことは確かである。

以上のような検討から、前回の一九八〇年シンポジウムの諸成果のうち、今回もひきつづいて継承すべき視点と今後、新しく展開させるべき問題点が明らかになったと思う。継承すべき視点としては、稲作農耕とともに非稲作農耕の存在を重視し、非稲作農耕の系統や系譜を探るという視点から、日本農耕文化の形成を考えるという立場が何よりも重要である。

また、新たな展開を必要とする領域の問題としては、さし当たって、次の三つが考えられる。その第一は、最新の技術によって得られた発掘資料の分析結果を重要視し、それにもとづく新しい日本農耕文化起源論を構築してゆくという問題。第二は、従来考えられてきた南からの伝播とともに、北からの農耕要素の伝播も考慮して日本農耕文化の形成のプロセスを考える必要性が明確になってきたということである。さらに第三の問題は、非稲作（畑作）農耕成立のプロセスにかかわるもので、雑草の役割や半栽培のあり方の検討など、プレ農耕段階から農耕段階への移行過程の理論的検討を含む問題である。

これらの問題点が比較的闡明になってきたのは最近のことである。このような新しい問題点の解明を志向しながら、方法論に関する各種の検討も加えて、日本農耕文化起源論への新しいアプローチを試みることが、今回の研究討論の大きな目的だということができる。

(2) バイオ・アーケオロジーの展開

最近の科学技術の発達は、考古学研究のさまざまな面に新しい局面を切り開いたように考えられる。たとえばわが国の場合、一九七〇年代になって電子顕微鏡などの装置・技術が急速に普及し、その結果、人間の目では捉え得ない極微の世界から情報をとり出し、それをもとに生活環境を復元し、生業や文化の実態を復元する研究がさかんに行なわれるようになった。後に述べる化石花粉やプラント・オパールの分析、炭化種子の同定、あるいは貝類や歯牙の微細構造の分析、さらには各種の使用痕の研究など、極微の世界から得られる情報によって新たな研究の視野が広がったところが少なくない。私はかつて、こうした新しい研究の分野を、仮にマイクロ・アーケオロジーと名づけ、それへの期待を述べたことがある［佐々木、一九八一(h)］。

だが、このような動・植物を中心とする自然遺物の精細な分析研究をもとに、先史時代の環境や生活の復元を行なう考古学の領域を、環境考古学の一部とみなし、バイオ・アーケオロジーと名づけることは、イギリスなどを中心にある程度慣行化されてきたようである。花粉分析や微細植物遺物の分析を中心とするアーケオ・ボタニー、あるいは貝類や歯牙・骨格はじめ各種の動物遺物の分析を行なうアニマル・アーケオロジー、さらに先史時代の資源や生業、栽培植物などを扱う研究分野などが、その主な内容ということができる。日本の農耕文化の形成を論ずるに当たっても、このような新しい分野での研究の展開を必要とすることはいうまでもない。

わが国においても、一九七六年から七八年、さらに一九八〇年から八二年のそれぞれ三か年にわたり、文部省科学研究費による古文化財の自然科学的研究をめざす特定研究が実施され、そのなかでバイオ・アーケオロジーの分野に属するいくつかのすぐれた研究が展開された。ことに一九八二年三月に実施されたシンポジウム「縄文農耕の実証性」［「古文化財」総括班、一九八二］においては、自然科学の側からのすぐれた発言が多く、わが国においても、ようやく「籾痕の考古学」から脱却し、極微の世界をも対象に含めたバイオ・アーケオロジーの領域が確立しはじめたことを感じさせるものであった。

さて、このような生物考古学的な研究のなかで、最近大きな展開をみせたものの一つは埋蔵された炭化種子の研究にかかわる分野である。粉川昭平［粉川、一九七九］、笠原安夫［笠原、一九七九、一九八〇、一九八二、一九八四(a)］氏らをはじめ、西田正規［西田、一九八〇］、松谷暁子［松谷、一九八四］、藤下典之［藤下、一九八四］氏、その他数多くの業績がある。

従来は炭化種子片のような微細植物遺物は、考古学者のほとんど注目するところではなかったが、水洗選別法などを用いて遺物を選別し、それを高倍率の電子顕微鏡などを用いて観察することにより、最近はその研究が著しく精緻なものとなってきた。こうした方法による炭化種子の発見と同定により、少なくとも一九八五年の春現在、縄文時代前期の鳥浜貝塚をはじめ、縄文時代の諸遺跡から発見された栽培作物の種類は、ヒョウタン、リョクトウ、ヤブツルアズキ、アズキ、シソ、エゴマ、ゴボウ、アサ、オオムギ、アワ、イネなどの各種に及んでおり、その分析がすすめられている。

雑草の種子についても、水田雑草と畑雑草、さらにそのなかでも焼畑雑草が区別され、雑草学の立場から先史時代における焼畑の存在が確認されるようになったことが注目される。また、遺跡から出土する雑草種子の種類を比較することにより、焼畑から水田稲作への農耕形態の変化も追跡されはじめている。さらに、出土した雑草種子のなかにはかなりの人里植物のそれがみられるようで、この種の人里植物の存在により、農耕以前にかなり長期の半栽培の期間のあったことが想定できるようになった。また、特定の栽培植物に伴って出現するいわゆる随伴雑草の種類を確認することにより、作物や農耕の伝播経路を推定することも行なわれている。

このような出土炭化種子の分析とならんで、大きな研究成果をあげているものに花粉分析の研究がある。中村純［中村、一九六七］、塚田松雄［塚田、一九七四］、安田喜憲［安田、一九八〇］、前田保夫［前田、一九八〇］、藤則雄［藤、一九八四］諸氏その他の人たちが中心で、なかでも中村氏は、最近では花粉分析による稲作史の研究に力を注ぎ、イネ花粉の出土比率などから推定し、縄文時代の後・晩期には稲作水田が西日本から中部地方の西部にまで達していたことを明らかにしている［中村、一九八〇、一九八二、一九八四］。また、花粉分析による過去の環境（植生）の復元はバイオ・アーケオロジーの重要な問題だが、それについても安田氏や前田氏らの努力により、後氷期以降の日本列島の植生の変遷がほぼ明らかにされている。西日本一帯に照葉樹林が定着するのは縄文時代の前期ごろ以降であり、この間、東日本の地域では落葉広葉樹林（ナラ林）の形成と変遷がみられたことも、花粉分析の結果からわかるようになった。そのほか、那須孝悌氏ら［那須、一九八一］はソバ花粉の出土を詳しく追跡し、縄文時代の後・晩期に主として東日本を中心にその栽培が行なわれていたことを明確にしている。

このようなバイオ・アーケオロジーの諸分野のほか、とくにわが国でユニークな展開をみせているのが、プラント・オパールの研究であろう。藤原宏志氏らがその研究の中心で、土器の胎土の中や土壌中からイネのプラント・オパールを検出し、それにより先史時代の稲作の存在がかなり正確に推定できるようになった［藤原・松谷・梅本・佐々木章、一九八〇、藤原、一九八二］。このほか最近では、イネ科の他の雑穀類（たとえばヒエ）のプラント・オパールを土壌中から検出して畑作の存在を復元する研究もはじめられている［佐々木章、一九八四］。非稲作農耕の特質の解明という視点からみて、この種の新しい研究の動向には期待するところが少なくない。

以上のほか、バイオ・アーケオロジーの領域に含まれるものとしては、前述のように、先史時代の獣骨（角）や獣歯の分析、あるいは出土した魚類や貝類の分析などを主とする動物考古学の分野が存在する。この分野においても最近はきわめて精緻な研究が現われてきているが、本稿のテーマと直接関係するところがやや少ないので、紹介は省略することとしたい。また、西田正規氏は鳥浜貝塚の調査結果を中心に、その環境復元と生業形態の総合的な考察を行なっている［西田、一九八一］。このような生物考古学の立場から先史時代の生活文化の全体像を復元する試みも、今後の展開が期待されるものである。

いずれにしても、バイオ・アーケオロジー関係の研究が、わが国では最近、著しい進展をみせ、それにより先史時代——とくに縄文時代——の生業形態、なかでも農耕の痕跡、あるいは古い時代におけるその存在形態がしだいに明らかになってきた。かつては稲作以前の農耕（作物栽培）については、状況証拠のみであったが、バイオ・アーケオロジーの急速な展開により、その直接的な証拠があらわれてきたわけである。

だが、ここで問題になるのは、そうして明らかになった稲作以前の作物栽培の実態とその意義づけである。当時の環境と生業形態の特色を慎重に復元し、そのなかで作物栽培がどのような形で行なわれ、その役割はどのようなものであったか。それらの点を正しく把握しておかねばならない。作物が存在したといっても「農耕」がその社会を支えるものになっていたとは限らない。作物の存在あるいは農耕の実態が、その社会生活全体のなかで占める意味を確かめておくことが必要である。

また、先史時代に栽培されていたことが確認されている作物についてみると、その大部分は日本列島内で起源したとは考えられない。したがって、それらの作物の多くは海外から伝来したものであり、その伝来の系譜はどのようなものか。この点を確かめることも、バイオ・アーケオロジーの成果を、日本農耕文化起源論の文脈のなかに位置づけるためにはぜひ必要な作業である。その際、伝来の系譜とともに、その作物がどのような文化的背景をもち、どのような条件のもとで受け入れられたか、というようなことも問題にすべき重要な点の一つといえるのではなかろうか。

(3) 南からの道・北からの道

さて、日本列島において農耕文化が形成されるに当たっては、アジア大陸から、いくつかの道を辿って作物や農耕技術、その他さまざまな文化要素が伝来したものと考えられる。その道はユーラシア大陸に形成された、いくつかの農耕文化のセンターから発したものであり、大陸の東端に位置する日本列島は、それらの道の一種のターミナルになったと考えられる。このため系統の異なる農耕文化の流れが日本列島に到達し、そこで交錯した。その長い歴史の経過のなかで、これらの農耕文化の諸特色が一つ一つ列島のなかで堆積してきたものと考えられる。

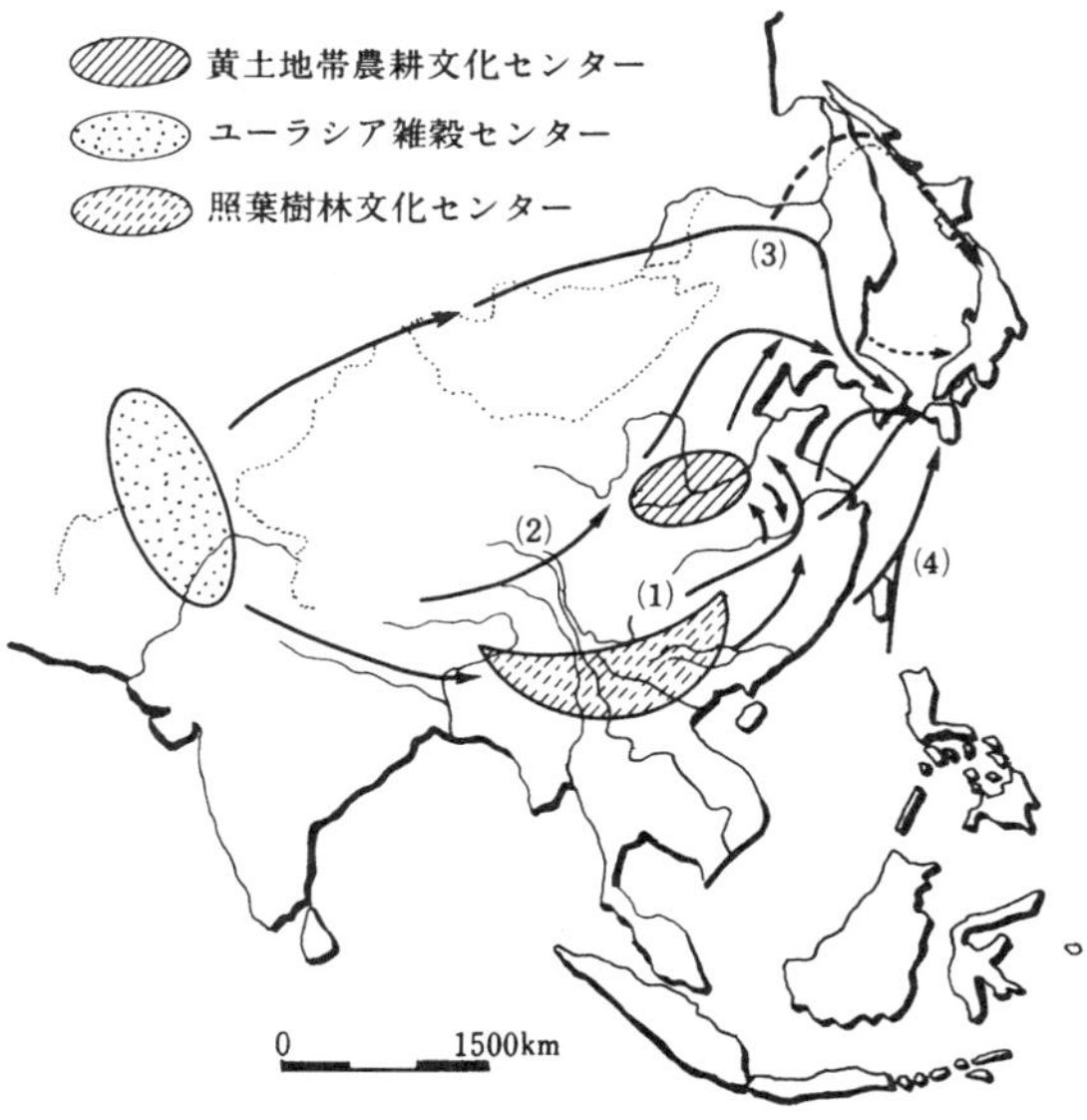

図1　ユーラシア東部における農耕文化の展開と日本への伝播ルート（模式図）

図1は、ユーラシア大陸における主要農耕文化センターとそれから日本に至る伝播ルートの概要を模式的に示したものである。その詳細は別稿［佐々木、一九八六(a)］に記したので、詳しい説明は省略するが、江南地域および南島の島々を経由する(1)、(4)のルートは「南からの道」、華北および中国東北部（旧満州）から朝鮮半島を南下する(2)、(3)のルートは「北からの道」とよぶことができる。このうち前者のなかでは、照葉樹林文化のセンターといえる雲南からアッサムに至る「東亜

半月弧」の地帯から発して、江南の照葉樹林帯をへて、揚子江下流から南朝鮮と西日本に至るルートが重要である。このルートは「照葉樹林文化の道」ともよべるもので［佐々木、一九八二(a)］、農耕文化についていえば、アワ、ヒエ、ハトムギなどの雑穀類と三倍体――つまり温帯系のサトイモやヤマノイモ（ナガイモ）などを主作物とする《雑穀・根栽型》の焼畑農耕とそれに伴ういわゆる照葉樹林文化の諸要素を、わが国に将来したものといえる。

この照葉樹林文化については、プレ農耕段階（狩猟・漁撈、採集と半栽培を中心とし、ごく小規模な原初的農耕を伴うことがある）のものが、すでに縄文時代の前期ごろには西日本に達し、また縄文時代の後・晩期のころには、焼畑農耕によって支えられた照葉樹林焼畑農耕文化といえるものが、西日本一帯にひろまったものと私は推定している［佐々木、一九七一(a)］。この照葉樹林文化の伝来により、非稲作的な農耕文化のかなり重要な部分が、日本列島にもたらされたと考えられる。しかし、この照葉樹林文化の問題については、すでにいろいろなところで所論を展開しているので［佐々木、一九八二(a)、上山・佐々木・中尾、一九七六(a)、佐々木、一九八四(g)］、本稿では詳しく論ずることは避けておきたい。

また、もともと照葉樹林文化の構成要素の一つであった雑穀の複合体のなかにはイネが含まれていたと考えられるが、イネはすぐれた性質をもつため、やがて雑穀の複合体のなかから分離し、比較的早い時期に水田稲作農耕という独立の農耕形態をつくり出すに至った。東アジアの場合には、紀元前三〇〇〇年紀頃の良渚文化や屈家嶺文化のころには、揚子江流域において水田稲作農耕が営まれるようになり、「稲作文化」とよぶべきものが、その頃までには成立していたと考えられるのである［佐々木、一九八三(a)］。縄文時代の末頃に北九州などに伝来した稲作文化は、この種の水田稲作農耕に若干の他の要素（たとえば沿岸の漁撈民文化の特色や朝鮮半島を経由した青銅器文化の流れなど）が加わった形で伝来したものと考えられる。

その詳細について論ずることは本章の主題と離れるし、また、第六章でくわしい議論を展開しているので、ここでは省略したい。さし当たって必要なことは、稲作農耕文化にかかわる諸要素も、それ以前に照葉樹林文化が伝播した主として(1)のルートを経由して日本列島に達したということを確認しておくことである。このように「南からの道」は照葉樹林文化と水田稲作文化という日本農耕文化にとって、きわめて重要な構成要素の伝播路となったわけだが、それ以外にも「北からの道」、主として(3)のルートを経由する重要な農耕要素の存在することが、最近、明らかになってきた。中尾佐助氏とともに、この東北アジアの落葉広葉樹林帯（ナラ林帯）を経由して日本へ伝来した文化を「ナラ林文化」とよぶことにすると［佐々木、一九八四(g)］、この文化を特色づける共通の文化要素として、まずあげられるのは、いわゆる北方系の作物群の存在だということができる。

　この点に関係し、青葉高氏が日本の在来野菜のなかにシベリアに系譜的に連なるような北方系統のものの存在することを明らかにしたのは貴重な研究であった［青葉、一九八一］。同氏によると、日本の在来種のカブは大別すると洋種系と和種系に分けられる。洋種系のカブは主として東日本に、和種系は西日本に分布する。このうち洋種系のカブには、日本海沿岸の焼畑で古くから栽培されているものが多く、しかも、その系統は明らかに北朝鮮、中国東北部（旧満州）からシベリアに連なるものだというのである。このほか、ゴボウやネギ、カラシナなど東日本に分布する幾種類かの在来野菜のなかには、洋種系のカブと同様に東北アジアやシベリアに系統的に連なるものが少なくないという。

　また、高橋隆平氏によると［高橋、一九七七］、世界のオオムギは脱粒を阻止する遺伝子の組み合わせから、E型とW型の二大群に分けられる。このうちE型のオオムギはチベットから中国をへて日本の中南部に分布し、W型は西アジア、ヨーロッパからシベリア、中国東北部、北朝鮮をへて日本の東北部に分布することが明らかになった。つまり、東日本の在来オオムギの主力をなすこのW型のオオムギは、シベリアから中国東北部、北朝鮮などをへて東日本に伝わったとみられるのである。このほか中尾佐助氏によると莜麦《ユーマイ》型のエンバクや雑草性のライムギ、ムギの随伴雑草であるムギセンノウなど、中国東北部からシベリアへと系統を辿りうる作物や雑草は少なくないといわれている［佐々木（編）、一九八三(a)］。

このように中国東北部からシベリアへと明確に系統を辿りうる一群の北方系作物群（随伴雑草も含む）の存在は、東アジア北部のナラ林帯を経由して、日本列島に強い影響を与えた農耕文化の流れがあったことを確実に示すものと考えられる。このナラ林帯に連なる北方からの農耕文化の流れと関係し、後にもう一度ふれるように、ソバの栽培が注目されるようになったし、また、アイヌの社会に伝承されてきた農耕の再検討も迫られることになった。このシンポジウムにおいても、これらの問題点について討論が重ねられることになっている。

このほか、東アジアのナラ林帯に連なる重要な文化要素としては、竪穴式住居によって特徴づけられる特有の居住様式をはじめ、ブタの飼育や馬鞍型《サドルカーン》の石臼の使用などいくつかのものをあげることができる。深い竪穴に居住し、ブタを飼い、ムギや雑穀類を栽培するとともに、狩猟や漁撈を盛んに営む生活様式の特色は、『後漢書』挹《ゆう》婁《ろう》伝や『魏書』勿吉《もっきつ》伝その他の史書に記されたアムール川流域から沿海州付近に居住していたツングース系諸民族の生活のなかによくみられるようである。

だが、このような特色をもつナラ林文化の成立・展開のプロセスやその詳しい内容、あるいは日本との関連を辿ろうとすると、やはりシベリア考古学と日本の考古学の諸成果を照応させ、議論をすすめてゆかねばならない。おそらく、その最適任者は加藤晋平氏［加藤、一九七八〜一九八〇、一九八〇］であろう。同氏によると、少なくとも紀元前一〇〇〇年紀ごろまでに、ブタを飼育し、キビやソバ、ムギ、アワなどを栽培する文化が、沿アムール地方、沿海州、中国東北部、北朝鮮など、東北アジアのナラ林地帯で成立し、その文化の影響が縄文時代の後半の時期に東日本に及んだのではないかというのである。また、その文化の伝播ルートについては、朝鮮半島を南下するほか、アムール河口部付近からサハリンをへて北海道に至るルートや日本海を直接横断するルートなどが考えられるが、現在の研究状況では、その詳細を確定するには至っていない。

いずれにしても、照葉樹林文化とともにこのナラ林文化の伝来が、わが国における畑作農耕の成立に大きな影響を与えたことは間違いない事実のようである。その際、わが国の伝統的畑作物のなかで、もっとも重要な役割を果たしてきたアワおよびキビの起源地について、最近、阪本寧男氏が新しい仮説を提唱しているのが注目される〔阪本、一九八四〕。それによると、アワが栽培化されたのは「インド北西部、アフガニスタン、中央アジアである可能性が高い」ということであり、キビもほぼ同様だとされている。前掲の図1に「ユーラシア雑穀センター」として示したのは、この新しい阪本学説によったものである。

こうして北西インドから中央アジアの地域に雑穀センターを設定すると、当然のことながら、東アジアのアワ（雑穀）の伝播経路には「北まわりの道」と「南まわりの道」の二つが想定されることになる。「南の道」はインドを経由するもので、照葉樹林文化の構成要素となっている雑穀類は、主としてこのルートを経由したものであろう。これに対し、「北の道」を経由した雑穀類は南シベリアを経由し、ナラ林文化を構成する農耕要素の一つとして、日本列島に達したのではないかと考えられる。

日本列島における畑作農耕の成立の背景には、このようなユーラシア大陸を舞台にする壮大な歴史のドラマが存在することを注意しておきたい。

(4)　原初的農耕と初期的農耕――稲作以前の農耕の存在形態

日本における非稲作農耕の成立と展開についての研究の大きな枠組みについては、以上に述べてきたとおりである。だが、ここでもういちど問題にしておかねばならないのは、稲作以前におけるこの種の非稲作農耕の存在形態の問題である。

縄文時代の末頃に、すでに大陸で完成されていた水田稲作農耕が、大陸から西日本に伝来してくるわけだが、私は少なくとも、それ以前により生産性の低い非稲作農耕が日本に伝来していたと考えるのである。その非稲作農耕は、具体的には焼畑の形をとって農耕を営むことが多かったと思われるが、そのほかにも、畑地で作物を栽培することも、原初的な天水田（踏耕を伴うような湿地の水田や、雨の多い年には水田になり、少ない年には畑になるような粗放な耕地）や小規模な庭畑（キチンガーデン）で作物栽培を行なうことも少なくなかったと想像される。とにかく最近では、各地の縄文時代の前期以後の遺跡で栽培植物の痕跡が数多く発見されるようになり、縄文時代においても、何らかの形で作物栽培――つまり何らかの農耕が営まれていたことは疑えなくなった。問題はその作物栽培のあり方である。

従来、わが国では先史時代の作物栽培を「農耕」という一語で一括し、その有無を無限定に議論するというかなり乱暴なケースが少なくなかった。だが、先史時代の作物栽培の形態は、「農耕」という一語で無限定に一括できるほど単純・同質ではないのである。なかでも畦畔で区画され、水路や堰などの取排水設備を完備する、「整った水田」はきわめて安定した生産を保障するものである。したがって、この種の整った水田の構築と、その展開の上に成立した水田稲作農耕は、耕地条件が整備されれば、人口支持力もかなり大きく、複雑な社会を維持するに足る安定した食料の供給が可能であった。それに対し、稲作以前の非稲作農耕は、水田稲作農耕に較べればその生産の安定性が著しく低いものが多かった。そのうえ、農耕がその社会の生業体系のなかで占める比重や役割もさまざまであったと考えられる。したがって、畑作農耕の成立と展開を考えるに当たっては、この種の非稲作農耕の存在形態について若干の類型を設定し、農耕のもつ意義の違いやその変化を明確にする必要があると考えられる。

というような前提に立ち、私は稲作以前の農耕について「原初的農耕」と「初期的農耕」という少なくとも二つの類型概念を用いることをここで提唱したい。

原初的農耕というのは、採集（半栽培も含む）、狩猟、漁撈が主たる生業活動として営まれ、それらの活動によって支えられている社会において、ごく小規模に行なわれる農耕をさしている。G・P・マードックは、世界の採集・狩猟民のなかには、一般の原始的なものとは異なり、かなり高い文化の統合度をもつ特別の採集・狩猟民の存在することに注目し、それには三つの類型のあることを指摘している［Murdock, 1968］。

その一はMounted Hunters（騎乗狩猟民——たとえば北アメリカの平原インディアンなど）とよばれるもの、その二はSedentary Fishermen（定着的漁撈民——北アメリカの北西海岸インディアンや北海道のアイヌなど）、第三がIncipient Tillers（原初的農耕民）とよぶべきものである。この原初的農耕民というのは、技術段階の低い原始的な農耕を営むが、食糧供給の大部分は採集・狩猟・漁撈などの活動に依存するような人たちをさす。マードックは、ブラジル東北部のサバンナで、原初的な焼畑を営むジェー族をその典型例としてあげている。

この種の原初的農耕民は、民族誌的にみれば必ずしも珍しい存在ではない。生業活動として、採集・狩猟・漁撈と原初的な農耕が並存し、むしろ後者のウェイトがかなり小さいという民族誌的事例は少なくないのである（熱帯森林地域の採集・狩猟民のなかには小規模な焼畑を営むものも少なくない。近世以降のアイヌも原初的農耕を伴う採集・漁撈民ということができる）。既述のように、縄文時代の前期や中期の遺跡から、最近、ヒョウタンや豆類、エゴマなど幾種類かの栽培植物が検出されているが、それらはおそらく集落近傍に営まれた小さな畑地や庭畑で、ごく小規模に栽培されていたものと推定される。この段階では食糧の大部分は採集（半栽培も含む）、狩猟、漁撈に依存し、農耕の占める役割はきわめて小さかったと考えられる。そういう意味で原初的農耕は、食糧供給という点からみれば、採集（半栽培）、狩猟、漁撈活動のごく一部を補う程度のものであったとみてよい。

これに対し、初期的農耕というのは、主食糧の生産の大半を焼畑や原初的天水田などの農耕でまかなってはいるが、その生産の安定性が十分でないような農耕のことである。そこでは採集（半栽培）や漁撈活動の比重がなお高く、年によっては農耕とその他の生業活動の比重が逆転することもあるような農耕の形態をさす。一般にこのような初期的農耕に支えられた社会では余剰生産は十分ではなく、したがって社会の階層分化や職業分化はすすんでいないのが通例である。この種の初期的農耕とそれによって支えられた社会の民族誌的モデルは、東・南アジアの各地に現存する焼畑農耕民のなかにいくつも求めることができる。たとえば筆者の調査した事例のなかでは、北インドのラジマハール高地に居住するパーリア族［佐々木、一九六八(a)――ここでは《雑穀栽培型》の焼畑が生業の中心をなすが、森林を舞台とする狩猟と採集の役割が大きい］やハルマヘラ島北部のガレラ族［佐々木、一九七九(b)――ここでは《根栽型》の焼畑が生業の中心となっているが、サゴヤシ澱粉の採集や漁撈の占める地位が大きい］の農耕や社会は、その典型例ということができる。

縄文時代の後・晩期に西日本の山地に展開した文化は、照葉樹林文化の特色をよく伝えたものと考えられる。たぶん、その社会を支えたものは、東アジアの照葉樹林帯に特有の《雑穀・根栽型》の焼畑農耕であり、それは初期的農耕とよぶにふさわしい特色を備えていたと推定される。おそらく、その社会においては、西南中国や東南アジアの照葉樹林帯に現存する焼畑農耕民の社会と同様に、村落を超える大きな社会集団は発達せず、社会階層も未分化な特色を有していたと推定されるのである。

ここで、とくに注目すべき点は、これらの初期的農耕の人口支持力は一般にあまり高くないという事実である。A・L・クローバーが、北アメリカの土着人口の復元を行なった研究によっても［Kroeber, 1939］、北アメリカ東岸に居住していた焼畑農耕民（初期的農耕社会）と、採集・漁撈民ではあるが食糧供給量のきわめて豊かな北西海岸インディアンやカリフォルニア・インディアン（成熟した採集民社会）の人口密度を比較すると、後者のそれが前者よりはるかに高いことが明らかになっている。クローバー自身もこの事実を重視し、「原住民社会のある状態のもとでは、農耕社会は、うまく自然に適応した非農耕社会に較べて、いつも人口密度が高いとは限らない」と注意を喚起しているほどである。

縄文時代の後・晩期、西日本の照葉樹林帯に展開した「初期的農耕社会」は、東日本のナラ林帯を舞台に発展した「成熟せる採集民社会」に較べて、人口密度が著しく低く、文化の統合度もかなり劣っていた可能性が少なくないのである。だが、このような非稲作（畑作）農耕に基礎をおく初期的農耕社会も、縄文時代の末に新しく大陸から伝来した水田稲作農耕を受け入れ、それが西日本へ急速に展開するためのプレコンディションをつくったことは間違いない。また、この西日本の初期的農耕社会のなかに蓄積されていた照葉樹林文化の諸要素が、水田稲作農耕社会のなかへひきつがれ、そのなかで再生産されることにより、日本の基層文化のなかにひろく拡散していったことも見逃すことができない。その限りにおいて、西日本に成立した初期的農耕社会の果たした役割はきわめて大きいものであったということができる。

また、原初的農耕と初期的農耕との関係については、原初的な農耕がある条件のもとで規模を拡大し、内容を充実させて初期的農耕へ進化したことも考えられる。しかし、日本列島の場合には、ある時期に大陸から初期的農耕文化（筆者は具体的にこの文化を「照葉樹林焼畑農耕文化」と名づけている）が伝来し、原初的農耕の基礎の上に、それが展開した可能性が少なくないと私は考えている。つまり、この場合は原初的農耕がそのまま進化して初期的農耕に転化したのではなく、新しい農耕要素が大陸から伝来することにより、初期的農耕が成立したとみるのである。したがって、両者の関係はやや非連続で、この場合には原初的農耕は、初期的農耕が展開するためのプレコンディションの一部をつくったにすぎないと考えられるのである。

いずれにせよ、原初的農耕と初期的農耕、さらに水田稲作農耕のそれぞれの成立過程やそれらが展開し、継承されていく過程のなかには、連続する面と非連続の面のみられることは間違いない。こうした連続・非連続の問題を含め、日本列島における非稲作文化と稲作文化の成立・展開のプロセスの詳細な分析、あるいはその背景となるプレ農耕社会から農耕社会への移行過程の理論的検討などは、今後に残された重要な研究課題だと考えられるのである。

『畑作文化の誕生――縄文農耕論へのアプローチ』（松山利夫と共編、一九八八）は、こうした重要な研究課題を解決するための試みの一つとして行なわれたシンポジウムの結果をとりまとめたものである。われわれはこのシンポジウムにおける発表と討論を通じ、この種の問題の考察に関していちおうの成果を示すことができたのではないかと考えている。日本列島における非稲作農耕の成立とその系譜をめぐる諸問題についての、現時点における学際的研究の水準を御理解いただければ幸いに思う次第である。

第四章　東アジアの基層文化と日本

〔解　説〕

国立民族学博物館における特別研究「日本民族文化の源流の比較研究」は一九七八年に始まり、以後各年毎に個別テーマを中心とする研究を展開してきた。その最終年度に当たる一九八八年一月十九日から二十二日の四日間に亘り、「日本民族文化源流論の課題と展望」という総括的なシンポジウムを開催し、十年に亘るこの研究のまとめを行った。その成果は、佐々木高明・大林太良（共編）『日本文化の源流――北からの道・南からの道』（一九九一）として刊行されたが、ここに再録した「東アジアの基層文化と日本」は、その冒頭（第一章）に序論的意味をこめて掲載したものである。

そこでは東アジア全体を視野に、自然や文化のおおまかな位置づけとその変動、あるいは日本の基層文化の形成を考える場合に想定される文化クラスターの確認、及び東アジアの農耕文化を最終的に特色づける稲作文化の問題などを総括的にとりあげた。

但し、本論のもとになったシンポジウムの開催時点が一九八八年であったため、そこでは一九八〇年代前半までの資料に基づいて所論が組み立てられ、叙述が行われている。そのため東アジアにおける稲作の起源とその伝播については旧来の「雲南・アッサム起源論」の立場に立ち、その後に展開された「長江中・下流域起源論」には全くふれられていない。しかし、その点を除く大きな研究の枠組としては有効な点が多く、その後の私の研究を方向づけるフレーム・ワークが、この論文の中で作り上げられた点が少なくない。

私の日本文化論の代表作となった『日本文化の多重構造』（一九九七）の第一章・第二章は、この論文を基礎にして、それを発展させたものということができる。

はじめに

日本民族文化の源流を比較民族学の視角から探究しようとする際、日本列島とそれを取り巻く東アジアの地域を、まず研究の視野におさめねばならないことはいうまでもない。この場合、どのような視角からこの地域の問題をとらえ、日本民族文化の源流の考察に結びつけるのかが問題になる。この章では序論的な意味も兼ね、やや大きなスケールで概括的に問題を考えてみることにしたい。

そこで、私はおおよそ次の三つの視点を定めて問題を考えてみることにする。

その第一は、東アジアにおける自然と文化のおおまかな配置とその変動を考えるという問題である。その第二は、そうした東アジアにおける自然と文化の配置の中で、日本の基層文化の形成を考えるとき、どのような文化クラスターが問題になるのか、その文化類型の確認と、それらと日本の基層文化との関係を考えることである。そして、このような稲作以前の基層文化のうえに稲作文化が展開するわけであるが、第三の問題は、この稲作文化の形成と伝来をめぐるものである。そこにはいくつかの問題点があるが、それらについて、私が最近考えている点を述べ、大方の批判を仰ぎたいと考えている。

ところで、私はいま日本の《基層文化》という言葉を用いたが、この語は本稿のなかでも重要なキーワードの一つとして用いられるので、簡単にその意味を定めておきたい。ここで《基層文化》という語は、〝古代国家とその文明を生み出す基礎になったような伝統的文化〟というほどの意味に用いたい。日本についていえば、四世紀から五世紀ごろにかけて各地で巨大古墳が築造される時期をもって古代国家の形成期と考えると、それ以前の伝統的文化ということになる。だが、その場合にも、日本の基層文化については、古代国家とその文明を生み出す直接的基礎になった《稲作文化》とさらにその基層を構成する《稲作以前の基層文化》の二つを区別しておくのがよいかもしれない。稲作文化については、後に詳しく述べるように、私は少なくとも紀元前五～四世紀ごろまでに主として朝鮮半島を経由して日本へ伝来したと考えている。その原型となった文化は、紀元前二〇〇〇年紀末から紀元前一〇〇〇年紀ごろに中国大陸の江南地方に展開していた稲作文化であったことは間違いない。その稲作文化の背景を稲作以前にまでさかのぼって考えるとすれば、かなりのタイム・デプスを用意しなければならない。私はいちおう紀元前五〇〇〇年～四〇〇〇年ごろまでを視野におさめて考えたいと思っているが、問題によって考察の年代幅が異なってくることはいうまでもない。

以下、このような前提に立って、前述の三つの問題について順次に考察を加えることにする。

第一節　東アジアにおける自然と文化の配置とその変動

(1)　東アジアの自然とその変動

現在の東アジアの植生は、南北二つの異なった森林帯とその西部の乾燥(半乾燥)地帯に大別することができる。図1は中国科学院が編纂した大冊『中国植被』[中国植被編輯委員会(編著)、一九八〇]におもに依拠して描いた植生概要図であるが、江淮地域(長江と淮河の中間地域)を境にして南・北二つの森林帯が区別できる。

南側の森林帯は常緑広葉樹林で、常緑のカシの類(*Cyclobolamopsis*)を中心に、シイ(クリガシ)類(*Castanopsis*, *Pasania* あるいは *Lithocarps*)、タブ類(*Machilus*)やクス類(*Cinnamonum*)の仲間、ツバキやヤマチャの類(*Camellia*)

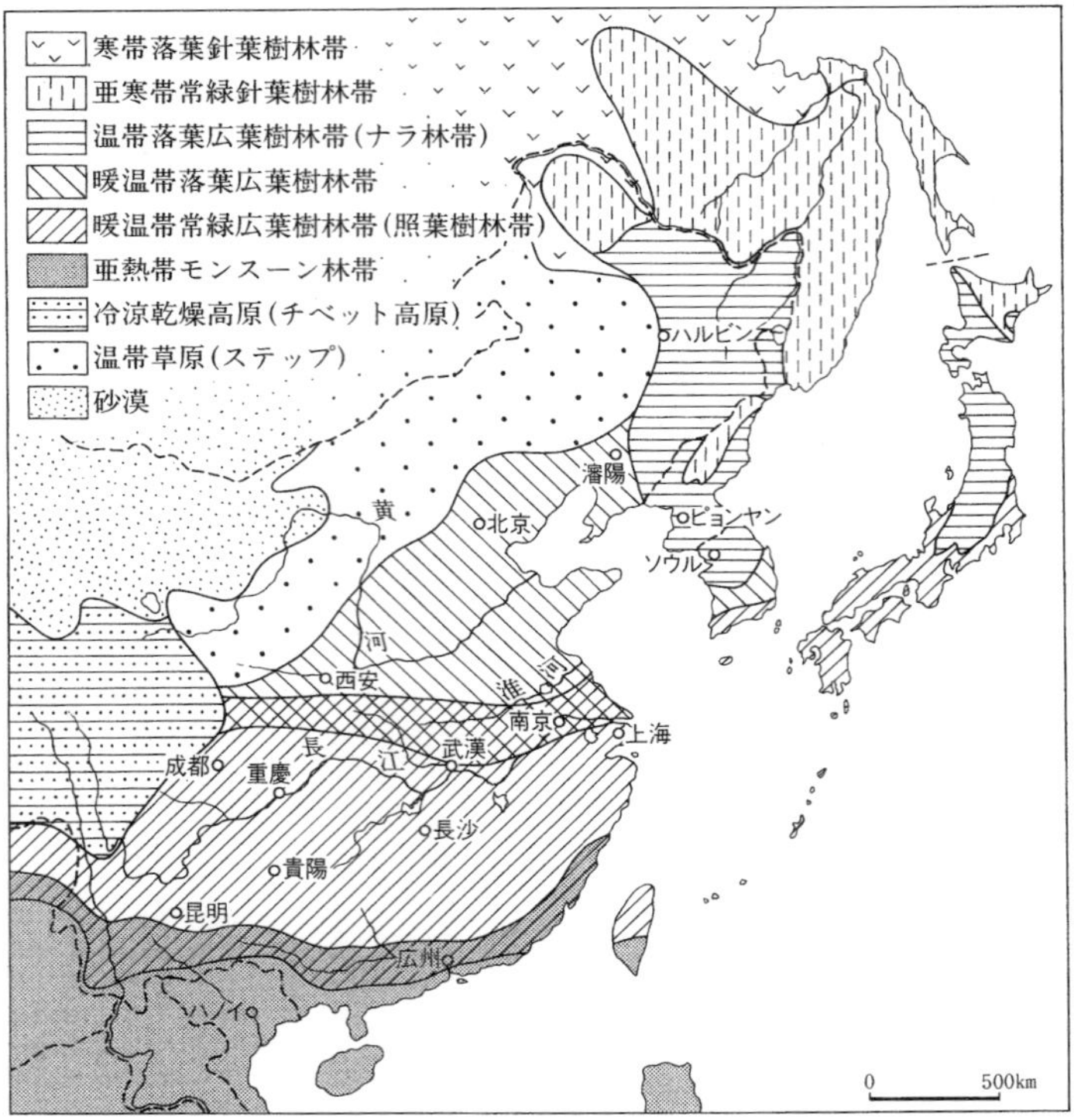

図1　東アジアの植生と文化領域（おもに中国植被編輯委員会、1980による）

などをおもな構成樹種とし、この森林帯は照葉樹林帯とよばれている。この照葉樹林帯は、ネパール・ヒマラヤの中腹からブータン・ヒマラヤ、東部ヒマラヤ、東南アジアの北部山地を経て、中国の雲貴高原から江南地方に至り、朝鮮半島南部や西南日本に達し、東アジアの暖温帯を東西に連ねる顕著な生態系を構成していることは、つとに指摘されたとおりである［上山（編）、一九六九］。この森林帯の南には亜熱帯モンスーン林帯が東南アジアにまでひろがっている。

　これに対し、北側の森林帯は落葉広葉樹林帯で、コナラ属（*Quercus*）の樹木が指標となるので、ナラ林帯とよんでいる。しかし、その南部に当たる淮河から遼東半島に至る地域は、早く開拓によって本来の植生を失ってしまったが、そこにはリョウトウナラ（*Q. mongolica* var. *liaotungensis*）を中心としたナラ＝クリ型の暖温帯落葉広葉樹林がもともと分布していたと考えられる。これに対し、中国東北部（旧満州）の東部から朝鮮半島北中部に

表1　日本列島における古気候の変遷（吉野、1983を一部改変）

年 B.P	デンマークの古気候	海水準の変動	日本海の暖流	日本における海進・海退の期間と古気候	時代
1000 2000	サブアトランティック			弥生時代中期に小さな温暖期 全国的に冷涼（ヒプシーサーマル期にくらべ年平均温度2～3℃低い）日本海側で多雪 ―稲作文化の伝来―	歴史時代 弥生時代
3000 4000	サブボレアル	海面小低下		冷涼気候のピーク(3500年～1500年BP) 縄文中期の小海進(4000年～2500年BP)	縄文時代　晩期 後期
5000 6000 7000	アトランティック	海面最高 +2～3m	海面水温17～18℃ 暖流が本格的に日本海に流入	小さい温暖のピーク(5200年～4000年BP) （年平均気温東日本で2℃、西日本で1～1.5℃現在より高い） ヒプシーサーマル(6500年BPごろ)。全国的に温暖、西日本では湿潤 縄文海進の最大期(7500～5900年BP)	中期 前期 早期
8000 9000 10000	ボレアル	海面急上昇中の小低下		小さい寒冷期(9000～8800年BP)	早期
12000 14000	サブアークティック	海面上昇開始	海水面の上昇に伴い暖流の流入がはじまる	後氷期 気候がしだいに温暖化に向う　縄文土器あらわれる	草創期
18000 20000	アークティック	最終氷期最大の海面低下 −85m～−120m	海面水温8～12℃	日本全体に低温、乾燥 最終氷期のうちの最後の寒冷期（東日本で現在より−7～−8℃低く、西日本で現在より−5～−6℃低い）	旧石器時代

至る地域には、日本のミズナラとよく似たモンゴリナラ（*Q. mongolica* var. *mongolica*）を中心とするナラ類を中心に、シナノキ類（*Tilia*）、カバノキ類（*Betula*）、ニレ類（*Ulmus*）、カエデ類（*Acer*）などで構成された典型的な温帯落葉広葉樹林が分布している。ただし、温帯落葉樹林の指標となるブナ類（*Fagus*）は、乾燥度（正確には大陸度）の大きいこの地域では優占種になっていないことに注意しておかねばならない［今西・吉良、一九五三］。

いずれにしても、このナラ林帯（落葉広葉樹林帯）は、東アジアの北東部を特色づける生態系を構成しており、その北側には亜寒帯常緑針葉樹林帯がひろがっている。日本列島についても、中部地方を境にその東北部はナラ林帯に属し、西南部は照葉樹林帯に属して

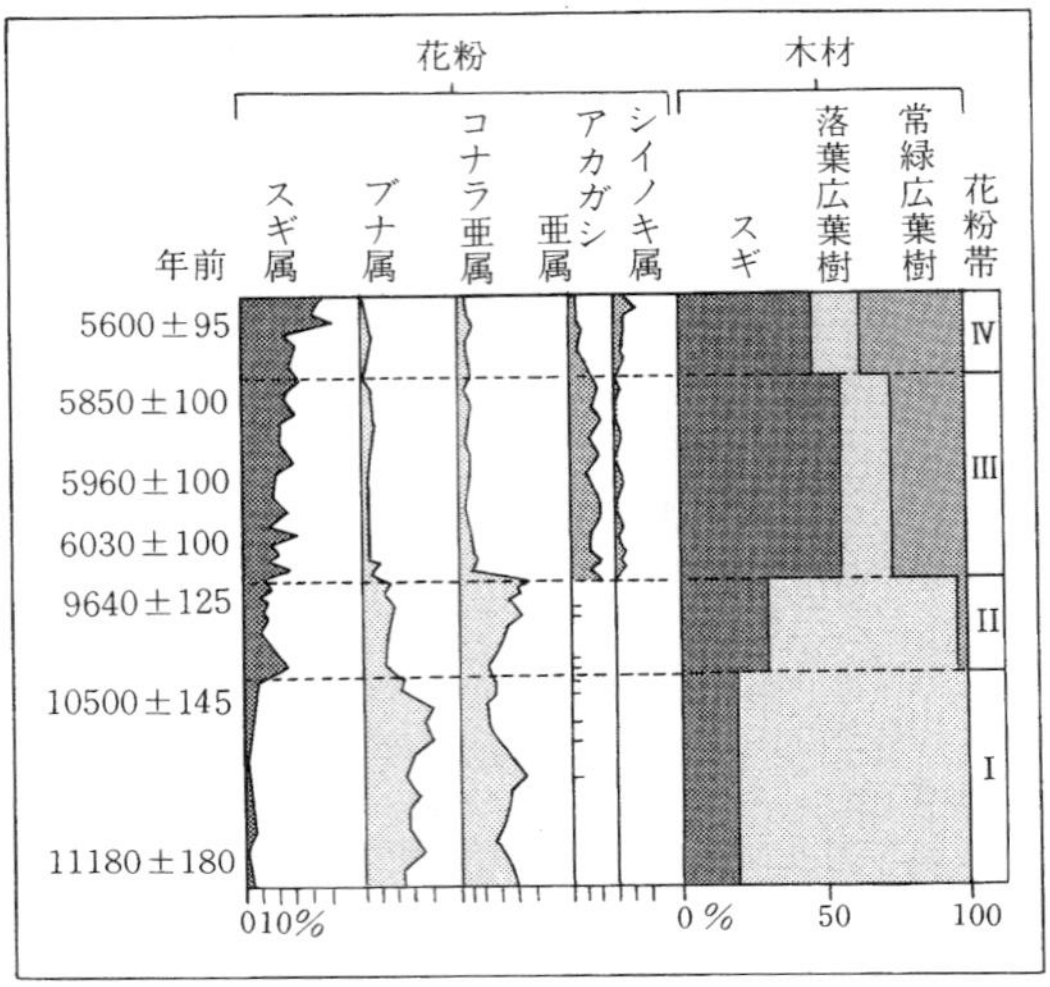

図2　鳥浜貝塚1975年Ⅲ区の花粉ダイヤグラム
花粉の出現率は、ハンノキ属を除く樹木花粉を基数とするパーセント(安田、1988による)

いる。このことは、すでにくり返し他の箇所でも指摘したところであるが、東アジアの大きな生態系の中に、日本列島のそれを正確に位置づけて理解しておくことが必要である。

ところで、このような東アジアにおける生態系の分布(配置)は、気候の変動によって過去数千年間にかなりの変化を被ったようである。日本およびその周辺地域における気候変動については、最近多くの業績が積み重ねられてきているが、吉野正敏らの総括的研究によると[吉野(編)、一九八三]、およそ表1に示したように要約できるようである。すなわち、最終氷期の最後の寒冷期(約一万八〇〇〇~一万一〇〇〇年前)が終わった後、約一万二〇〇〇年前ごろからいわゆる後氷期に入り、気候はしだいに温暖化に向かう。そのころ、日本列島では、はじめて縄文土器が出現し、縄文時代になるが、気候は寒暖の波動をくり返しながら全般的に温暖化の傾向をたどり、縄文時代早期の末ごろから前期にかけてもっとも温暖な時期を迎える。いわゆるヒプシサーマルあるいは気候最適期とよばれる時期である。日本列島の場合には、六五〇〇~五五〇〇年前ごろ

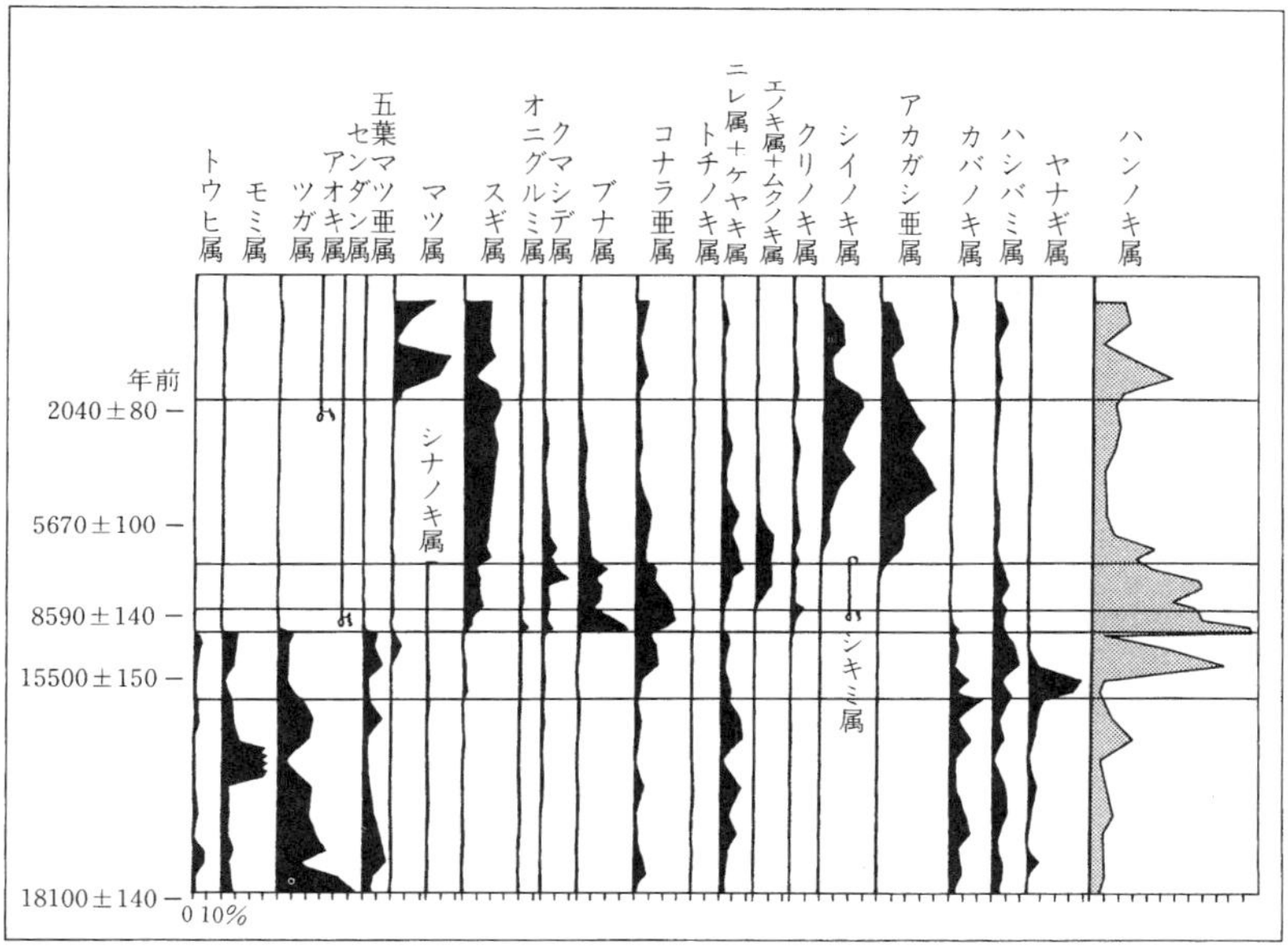

図3　三方湖の花粉ダイヤグラム
花粉の出現率は、ハンノキ属を除く樹木花粉を基数とするパーセント（安田、1988による）

がそれに当たるとされ、年平均気温が東日本で約二℃、西日本で約一℃〜一・五℃現在よりも高かったとされている。このような気候の温暖化は、当然のことながら植生の分布に大きな影響を及ぼす。

図2、図3は、安田喜憲が調査した福井県の鳥浜貝塚およびその北方の三方湖の湖底から採取した花粉のダイアグラムである［安田、一九八八］。これによると、後氷期の約一万年前ごろになると、氷河期の寒冷な気候を代表するトウヒ類、モミ類、ツガ類、カバノキ類などの樹木が消滅あるいは出現率を著しく低下させる。これに代わってコナラ類やブナ類、ハンノキ類、少しおくれてニレ類などの落葉広葉樹が増加し、同時にスギも増加しはじめる。ところが、六五〇〇年前ごろ以後の気候の温暖期になると、コナラやブナなどの落葉広葉樹が減少し、こんどはアカガシ亜属、つまり常緑のカシの仲間が急激に増加し、さらにシイの類も増加する。その結果、この三方湖周辺の地域では落葉広葉樹林（ナラ林）に代わって典型的な照葉樹林が出現したことがわかる

のである。その後、気候の冷涼化や人の手による環境破壊の影響などを受け、植生はかなりの変化がみられるが、ふたたび常緑樹が落葉樹と入れ替わるような大きな変化はみられない。

ここでふたたび表1に戻ると、ヒプシサーマル以後、日本列島の気候はふたたび冷涼化に向かい、三五〇〇年前ごろから一五〇〇年前ごろ、つまり縄文時代後・晩期から弥生時代には——弥生時代中期には小さな温暖期を挟んだようだが——気候は一般に冷涼で、ヒプシサーマルにくらべ年平均気温で二℃～三℃ほども低かったと推定されている。つまり、温度条件としては縄文時代早期の中ごろとよく似た状態であったと考えられるが、乾湿条件については、すでに日本海への暖流の流入があったため日本海岸を中心に湿潤な条件が保持され、冬季に多量の降雪がみられたことが注目される。

以上、日本列島において基層文化が形成された時期の気候変動の概要をみてきたが、問題は中国大陸の状況である。ただし、さきの表1にも記しておいたように、右に述べた気候変動の大要は北ヨーロッパのそれともよく照応し、基本的には地球的規模での気候変動を示しているといえる。したがって、中国大陸においてもこれと大差ない変動がみられると予想される。だが、中国における後氷期以降の気候と植生の変動の詳細については、資料的に不十分で、最近になってようやくすぐれた報告が出はじめたようである。その一つ、遼東半島南部の六地点での堆積物の詳しい分析を行った中国科学院貴陽地球化学研究所第四紀孢粉組・^{14}C組の報告によると[Laboratory of Quaternary Palynology and Laboratory of Radiocarbon. Kweiyang Institute of Geochemistry Academia. 1978]、後氷期以後の遼東半島南部の気候と植生の変化は、おおよそ図4に示したように四つの時期に分けて考えることができるという。すなわち、一万年～八〇〇〇年前の時期は寒冷なボレアルの時期に相当し、この地にはカバノキ類を中心にニレの類が混淆した森林が卓越していた。ところが約八〇〇〇年前から、この地では気候の温暖化が急速に進み、ヒプシサーマルとなり、それは五〇〇〇年前ごろまでつづく。植生の面ではカバノキ類の花粉が急激に減少し、代わってコナラ類とハンノキ類を中心とした（他にニレ類、シナノキ類、オニグルミ類その他）落葉広葉樹の花粉が急増して典型的な落葉広葉樹林（いわゆるナラ林）がこの地に形成されたことがわかる。報告によると、この時期の遼東半島南部の気候は現在の山東半島のそれにほぼ相当したものだという。五〇〇〇年前ごろ以後、気候は全般的には温暖だが、やや冷涼化する傾向をたどり、落葉広葉樹が少しずつ減少するのに対してマツの類が増加し、三〇〇〇年前ごろには冷涼化の一つのピークがあらわれる。さらに二〇〇〇年前ごろと一五〇〇年前ごろにも冷涼化のピークがあらわれ、植生は種々変化しながら現在みられるような落葉広葉樹とマツの混淆林という景観がつくり出されたとしている。

このような遼東半島における気候と植生の変化は、日本のそれと比較してヒプシサーマルの出現期がやや早いという点など若干の差異はあるが、全体的にはよく一致しているといってよい。とくに注目すべきは、遼東半島南部においては、気候の最温暖期においても、典型的なナラ林が生育しており、現在の山東半島と同じような気候

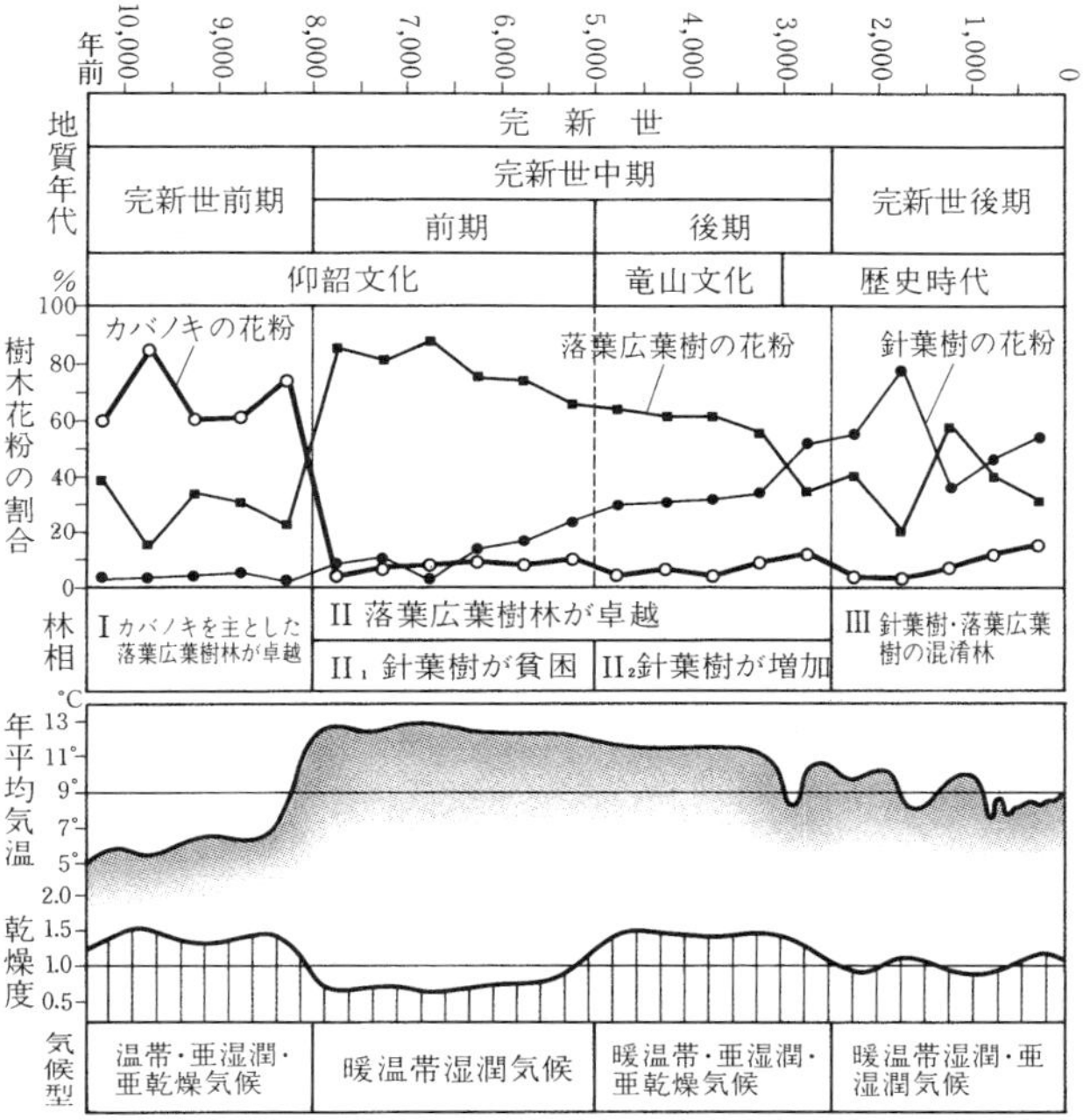

図4　遼東半島南部の気候と植生の変化
（中国科学院貴陽地球化学研究所、1978による）

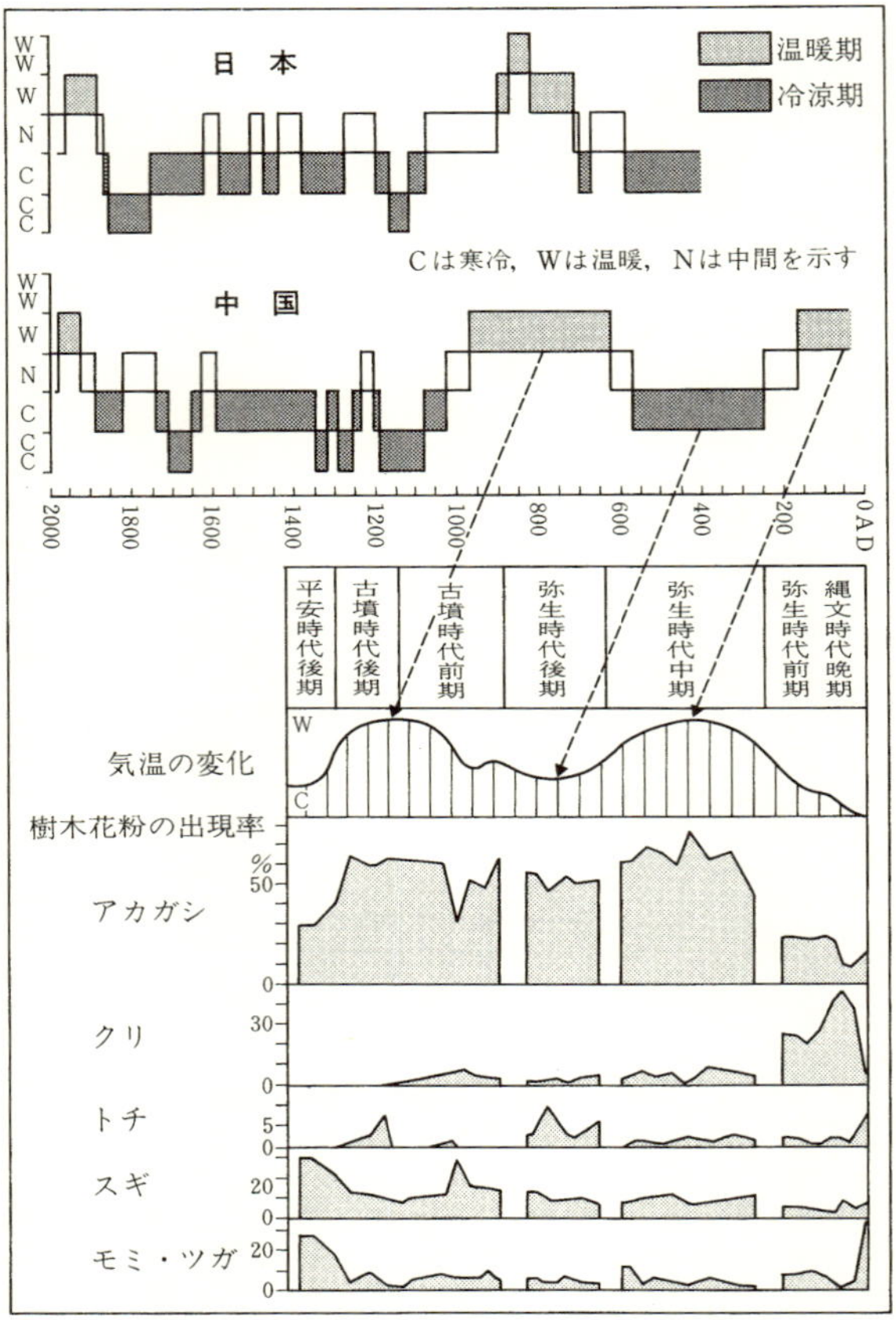

図5　日本と中国の気温変化と北堀池遺跡の花粉分析の対応
（気温変化は吉野、1983　花粉分析は安田、1983による）

を呈していたと想定されることである。このことから、中国大陸においては気候の最温暖期においても、現在の植生分布とそれほど大きな相違はなかったのではないかと考えられる。気候(植生)帯の移動は、現在のそれにくらべ南北でせいぜい二〇〇～三〇〇キロメートル程度にすぎなかったのではなかろうか。

いままでの分析ではタイムスケールが大きく、紀元前後およびそれ以後の環境についてのデータが十分でなかった。そこでこの項の最後に、吉野正敏による歴史時代(西暦紀元以後)の気候変動と安田喜憲による三重県上野市北堀池遺跡の弥生時代から古墳時代に至る花粉分析の結果[安田、一九八三]を対応させたものを図5として掲げておく。この図によって日本列島と中国大陸の気候変動がほぼ対応していること、とくに紀元後一〇〇年～二〇〇年ごろ、つまり日本では弥生時代の中期ごろに温暖気候の一つのピークがあり、その前後にかなり明瞭な冷涼気候のピークがあったことがよくわかる。このような、弥生時代における冷涼気候と温暖気候の交代は、稲作農耕の受容とその展開を考える際、その基礎条件の中でもかなり重要な部分を構成すると考えられる。ただし、この点について、各地域の微気候の変動と稲作の展開を詳しく跡づけた研究はまだあらわれていない。今後の研究が期待されるテーマの一つである。

(2)　農耕センターの形成と農耕の展開

東アジアの地域においては、前述のように、後氷期以後、気候や植生の変動がみられたが、ヒプシサーマル以後は現状にかなり近い状態であったとみることができる。このような点を考慮して、現在の植生の上に先史時代以来の生業(農牧業)の分布を重ね合わせてみると、東アジアにおいては次のような地域的な特色が指摘できる。すなわち、北部の落葉広葉樹林帯(ナラ林帯)では狩猟活動がかなり後までみられたが、農耕としては雑穀類を主作物とする畑作農耕が営まれてきた。これに対し南部の常緑広葉樹林帯(照葉樹林帯)では焼畑農耕とともに水田稲作農耕が主要な生業形態として営まれてきた。両者のおおよその境界は、すでにL・バック教授らによって指摘されたように、秦嶺—淮河の線あたりと考えて間違いない。また、これらの森林地帯の西方の内陸部は、乾燥あるいは半乾燥地帯となり、灌漑＝ムギ作農耕や牧畜がおもな生業形態をなしてきた。森林地帯と乾燥地帯の漸移地域では農牧的生活様式が展開しているところもあるが、これは一種の中間形式と考えられる。

これらの東アジアの主要な生業形態の中で、日本の基層文化の形成との関連を考えると、やはり南北二つの農耕地帯が重要だと思われる。西方の牧畜地帯あるいは農牧地帯からの影響も決して無視はできないが、たとえばオルドスの青銅器文化の影響を考えても、それはいったん中国東北部のナラ林地帯で栄えた遼寧青銅器文化に受けつがれ、それが朝鮮半島を通じてわが国にも影響を及ぼしたとみることができる。つまり、半乾燥地域のオルドスの文化は、ナラ林帯を通じて日本に影響を与えたわけである。内陸アジアの文化の多くは、このようにナラ林帯や照葉樹林帯を通じて日本列島に影響を及ぼしたといえる。したがって、日本における基層文化の形成を考える場合には、ナラ林帯と照葉樹林帯の二つの地域を、いちおう視野におさめて考察を進めていけばよいのではないかと考えられるのである。

ところで、このナラ林帯と照葉樹林帯における農耕文化の形成と展開を問題にする場合、ユーラシアの中部および東部に、相互に性格のかなり異なる三つばかりの農耕センターを考え、その間に文化の流れの存在を仮定することが便利である（前掲の第三章八五頁図1参照）。その一つは華北の黄土地帯、いわゆる「中原の地」に形成された農耕センターで「黄土地帯農耕文化センター」と名づけたものである。このセンターは、かつてはアワ、キビなどの起源地と考えられていた。しかし、最近では、後述のごとくその起源地とは考えられないが、少なくともアワやキビ栽培の二次的中心であることはたしかである。そこではアワ、キビを中心とする雑穀の栽培技術が完成され、たいへん集約的な農耕形態がつくり上げられた。それにともない農耕社会の統合も早くから進み、その影響を東方や南方に及ぼした農耕センターだと考えられる。

現在までの発掘調査で明らかになっているところでは、河北省武安県磁山遺跡や河南省新鄭県裴李崗《ハイリコウ》遺跡、あるいはごく最近では同じ河南省密県莪溝北崗《ガコウホッコウ》遺跡など、いずれもたいへん古い畑作農耕をともなったと思われる遺跡が発見されている。たとえば磁山遺跡の第三層（第一期文化層）からは一八六に及ぶ貯蔵穴が発掘されたが、そのうち六二の貯蔵穴からは底部に粮食（穀物）が堆積した状態で発見されている。H三四六とよばれる貯蔵穴の例では貯蔵穴の口から一六五センチのところに黄色硬土（黄土）の層があり、その下に穀物が詰め込まれていたと思われる。だが腐食して体積が小さくなったため、黄色硬土と穴底の穀物の堆積層（厚さ約八〇センチ）の間には約六〇センチの空隙ができている。これと同じような穀物貯蔵穴は他にもいくつか発見されており、穴の底にブタの骨を置いたものや穀物の中から完形土器が見つかったものなどが幾例かあるという〔河北省文物管理処・邯鄲市文物保管所、一九八一]。

当時すでに穀物の栽培と貯蔵が行われていたことは疑い得ないが、その穀物の種類について、報告書は「粮食」と記すのみで不明である。たぶんアワあるいはキビである可能性が高いと思われるが、その種類を確定するには至っていない。またこの磁山をはじめ、斐李崗、莪溝北崗などの各遺跡からは耕作具と思われる石の鋤先や製粉用の馬鞍型石臼と石杵(石製の磨盤と磨棒)が数多く発見され、狩猟や漁撈活動などとともに農耕がかなり営まれていたことが推定されている。

これらの遺跡の年代については、磁山遺跡において^{14}C年代で7335±100BPと7235±105BPの二つが得られ、莪溝北崗遺跡は7335±105BP、莪斐李の場合もほぼ同じ年代のものと考えられている。要するに、紀元前六〇〇〇年紀の後半には華北の黄土地帯の一角でアワ、キビなどを主作物とし、ブタやイヌなどを飼育した畑作農耕文化が誕生していたことはたしかな事実である。この文化は、さまざまの点で後にでてくる仰韶《ヤンシャオ》文化と類似点を有している[李、一九八〇]。このため磁山・斐李崗の文化は、大勢としては仰韶文化にひきつがれたことは間違いないが、両者の間に約一〇〇〇年の時代的な空隙があり、これがどのように埋められるかは将来の課題だとされている。

いずれにしても、紀元前四〇〇〇年ごろに花開いた仰詔文化あるいは大紋口文化の時期に展開をみせた華北の畑作農耕文化は、その後、竜山文化を経て殷(商)文化へと連なり、紀元前二〇〇〇年紀の中ごろには、黄土地帯の一角に古代的な都市国家を生み出すに至ったことは周知の事実である。

このようにして黄土地帯の農耕センターにおいては典型的な雑穀栽培型の農耕文化が形成されるが、ちょうどその形成期に当たる七〇〇〇年前から五〇〇〇年前ごろにかけての時期は、前にも説明したように中国大陸において気候が著しく温暖化したヒプシサーマルに当たっている。華北の黄土台地に形成されたこの農耕センターは、現在よりもかなり良好な自然条件を背景に、その文化を展開させたのである。私はそのことを、ここではとくに注意しておきたいと思うのである。

さて、東アジアにおける第二の農耕センターは「照葉樹林文化センター」とでもいうべきもので、アッサムから雲南を経て湖南に至る筆者らのいう《東亜半月弧》[上山・佐々木・中尾、一九七六]とその周辺をさしている。渡部忠世がアジアの栽培稲(*Oryza sativa*)の起源地と考え、「原農耕圏」とよんだ地域[渡部、一九八三]もこのセンターの南半に含まれるものと考えてよい。ここでは照葉樹林文化とそれを支える《雑穀・根栽型》の焼畑農耕が生み出されるとともに、アジアの栽培稲が起源したことが重要である。このほか、サトイモやヤマノイモの中で温帯に適応した三倍体の系統や品種群(たとえば *Dioscorea batatas* など)が、この地域で生み出されたのをはじめ、アジアの栽培ビエ(*Echinochloa utilis*)やハトムギ(*Coix lachryma-jobi* var. *ma-yuen*)なども、この地域あるいはその付近で起源したのではないかと考えられている。またシソやエゴマの栽培、茶葉を加工して食べたり飲んだりする慣行、麹を用いて酒を醸造する技術、さまざまな絹糸虫(とくに桑を食べない絹糸虫)の繭から糸をとる養蚕・製糸の技法、ウルシあるいはその近縁の植物の樹液を利用する漆工の技術、さらには納豆のようなダイズの発酵食品や雑穀や稲のモチ種を開発し、それを広範に利用する慣行、その他、照葉樹林文化を特徴づけるさまざまの文化的特色の多くが、この地域あるいはその周辺で起源したものと考えられる。そういう意味で、東アジアの基層文化の特色の形成に当たって、この農耕文化センターの果した役割は決して小さなものではないと思われる。

なかでも、その後の東アジアの歴史を考えると、この地帯は稲作の起源地だということが、きわめて重要な事実として強調されねばならない。渡部忠世の最近の研究によると、稲作の起源の初期の段階においては、陸稲とも水稲ともいえない未分化な稲が栽培され、その稲は他の雑穀類とともに畑地的な環境条件下で栽培されていたと推定されている[渡部、一九八三]。だが、その稲が雑穀の複合体の中から分離、独立し、水稲として水田で単作されるようになり、水田稲作農耕の形態が確立するようになるのはかなり後のことではないかと考えている。東アジアにおける水田稲作農耕の成立と稲作文化の形成の問題は、後にもう一度詳しく論ずることとし、ここではさしあたってのところ、この照葉樹林文化センターの南部で稲作が起源し、西方に向かってはブラマプトラの河谷を経てインドの平原へ向かい、南に向かってはメコンやサルウィンの河谷などを経て東南アジアへ、東に向かっては長江の河谷を経てその中・下流域に稲作が展開したこと、およびこの長江系列の稲作の流れが、やがては日本列島に稲作農耕とその文化をもたらすに至ったことを指摘するにとどめておきたい。

さらに第三の農耕センターとして、北西インドからアフガニスタンを経て中央アジアに至る地域に「ユーラシア雑穀センター」というべきものを設定したいと私は考えている。これはアジアにおける雑穀農耕の主作物であるアワとキビについての、最近の阪本寧男の学説にもとづいたものである。阪本は長年のユーラシア各地のフィールド・ワークによって数多くの種類のアワを収集し、その交配実験をくり返し行った。その結果、アフガニスタンおよびインドには遺伝的にあまり分化の進んでいない系統のアワが存在することが明らかになった。また各地のアワの形態の比較研究を行い、アフガニスタンのアワには祖先野生種であるエノコログサのようによく分蘖し、多くの小穂の着生する原始的な特徴がよく保存されていることを発見した[Sakamoto, 1987]。またキビについてもアワとほぼ並行するものと考え、次のような結論に達したのである。すなわち、

「キビとアワは東アジアにおいて起源したと考えるよりも、中央アジア—アフガニスタン—インド西北部を含む地域で、おそらく紀元前五〇〇〇年以前に栽培化され、この地域よりユーラシア大陸を東と西へ漸次伝播し、その過程で各地域に適応した地方品種群が成立した可能性が高いと考えるのが、より妥当である」[阪本、一九八八]というのである。

この新しい学説は、アワ、キビの起源地を華北の黄土地帯としてきた従来の学説を完全に否定するものであ

る。むしろ、ユーラシア中央部に位置するセンターから東西にアワやキビが伝播したと考えるもので、中国東北部とヨーロッパの新石器時代のかなり古い時期に、これらの雑穀がそれぞれ出土している事実を統一的に説明できる。この場合、アワ、キビの品種分化が著しい東アジアの地域は、その二次的センターと考えればよいというわけである。私はこの新しい阪本学説を全面的に受け入れたいと考えている。

このように三つの農耕センターの存在を考え、そこからの作物の移動を考えると、ユーラシアの少なくとも東半分を舞台とする壮大な農耕(作物)の伝播ルートの概要が復元されてくる。

第三章八五頁図1に(1)で示されたルートは、照葉樹林文化のセンターから長江沿いに東へ農耕が伝播するルートで、照葉樹林文化を特徴づける作物や文化的特色が伝播した道と考えられる。南回りのアワやキビをはじめ、各種の雑穀類や稲、あるいはダイズ、ササゲなどの豆類、エゴマやシソなどのほか、温帯に適応した三倍体のサトイモやヤマノイモ(ナガイモ)などが、このルートを通って伝播したと考えられる。なかでも重要なのが稲と稲作の伝播で、ジャポニカ型の稲と水田稲作農耕技術が日本列島にまで達するメインルートは、この照葉樹林帯の道であったことはほぼ間違いない。

(2)のルートはチベット高原から北東にのびるもので、莜麦《ユーマイ》型のエンバクが伝わった道と考えられる。また、オオムギには脱粒を阻止する遺伝子の組み合わせから、大別してE型とW型に分けられることは高橋隆平の研究によって明らかにされているが、そのうちE型のオオムギは、このルートを通って東方に展開した可能性が高いと考えられる。

(3)の伝播ルートは、さきの「ユーラシア雑穀センター」からシベリア南部を経て中国東北部のナラ林地帯に入り、朝鮮半島に至るものである。その途中で、北側のアムール川沿いから沿海州やサハリンを経て北海道や日本海沿岸に影響を及ぼした可能性も考えられる。いずれにしても、この(3)のルートを通って伝播した作物はかなりの数とみられるが、そのうち主要なものに北回りのアワやキビがまず挙げられる。加藤晋平が最近の考古学的業績にもとづいてすでに指摘しているように［加藤、一九八八］、中国東北部や沿海州、沿アムール地域などでは少なくとも紀元前一〇〇〇年ごろまでにアワ、キビを主作物とする雑穀農耕が確実に営まれ、ブタの飼育もすでに行われていたことが明らかになっている。このほかこれらの地域においてはオオムギやコムギの栽培の痕跡も認められるようで、W型のオオムギや洋種型のカブやネギ、カラシナ、ゴボウ、オオアサなど、いわゆる北方系作物群に属する作物や農耕が、このシベリアルートを通り、東アジアのナラ林帯に達したことは間違いない事実だと考えられる。

以上述べた三つのルートのほか、(4)のルートは、かつて柳田國男の唱えた「海上の道」に当たるものである。柳田が想定したほど重要な道であったか否かは別にして、この南島を経由するルートに沿って、熱帯系の二倍体のサトイモやダイジョなどの熱帯系のヤマノイモ［堀田、一九八三］、あるいはインドネシアの在来稲に近いブルー系（ジャバニカ型）の稲などが伝播した［渡部、一九八四］。その時期は正確には不明だが、北九州に稲作文化が伝来する時期に相前後して、南九州に達したのではないかと考えられるのである。

日本の基層文化の形成に関係すると考えられるおもな農耕文化の伝来の経路、および伝来したと思われる主要な農耕要素は右に述べたとおりである。各伝播ルート相互の関係や各時代によるその役割の意味づけなど、詳細な点については多くの議論が残されているが、大局的にみて、日本の基層文化の形成を考えるに当たっては、この四つのルートを視野に入れておけばよいのではないかと、私は考えている。さらにその中で(1)と(3)のルートが日本文化の形成に当たって、とくに重要だったと考えられる。(1)と(3)のルートはそれぞれ、私のいう《照葉樹林文化》と《ナラ林文化》が形成され、伝播した跡を示すと考えられるからである。

ところで、前述のように、農学あるいは作物学の立場からは、アワ、キビの起源地は、北西インドから中央アジアにかけての半乾燥地域、稲の起源地はアッサムから東南アジア北部や中国西南部に至る湿潤地帯に求めざるをえない。しかし、考古学の立場からみれば、それらの起源地の付近には古い遺跡は発見されておらず、既述の磁山遺跡にしても、斐李崗遺跡にしても、また、もっとも古い稲作遺跡として知られる河姆渡《かぼと》遺跡にしても、中国大陸の東部沿岸あるいはそれに近いところに位置している。その年代は紀元前六〇〇〇～五〇〇〇年紀とされているから、もし、西方の起源地でアワ、キビや稲が栽培化され、東方のこれらの遺跡にまで伝播したとすると、起源地での栽培化の年代は少なくとも紀元前八〇〇〇年紀ごろにまではさかのぼるとしなければならない。果してこのような年代観でよいのかどうか、農学の立場からする起源論と考古学の立場からする年代論の間には、なお多くの問題が残されているようである。今後、実証的なデータを少しでも多く積み上げるとともに、文字どおりの学際的な討議を深めて問題の検討をつづけねばならない。本稿ではそうした意味での問題点を指摘し、将来の検討を期待することにしたい。

(3)　民族と言語の分布と変動をめぐる問題

次に、東アジアにおける民族文化の分布をめぐる問題の中でもっとも重要なものの一つは、「漢族の形成」とその展開の問題であろう。それにともなう周辺諸民族の動きは、東アジアにおける諸民族のダイナミズムの中心になる問題であり、日本列島における基層文化の形成も、中国大陸におけるこの動きと無関係ではありえなかったと考えられる。

まず、漢族の形成については、最新の諸説を総合して橋本萬太郎は次のように述べている。

「漢民族は、いま確実に知られているかぎりでは、西暦紀元前一〇世紀ごろ、おそらく西北方の中央アジアから〈中原地方〉といわれる、大陸の中心部に入ってきた周という部族が黄河流域に定着し、徐々に周辺の

諸部族を同化してゆく過程のなかで、できあがってきたものである。」［橋本・鈴木、一九八三］

中原地方というのは黄河の中・下流域の一帯で、筆者がさきに「黄土地帯農耕文化センター」と名づけた地域とほぼ重なるとみてよい。この中原の農耕地帯へ西北方から南下してきた周は、もとはおそらく牧民であったと思われるが、ヒプシサーマル以後の気候の冷涼化が、こうした牧民の南下を促した一つの要因であったと考えられる。

ところで、周が中原地方に侵入する以前の先住民については、その言語は現在の華南の少数民族の言語に近い形をしていた可能性が高いと橋本萬太郎はみている［橋本、一九八三］。事実、甲骨文などの周初以前の古い言語資料によると、「猷大（〝大いなる道〟のこと）」「中谷（〝谷の中〟のこと）」「丘商（〝商の丘〟のこと）」「祖甲（〝甲という祖先〟のこと）」のようないい方が多く、これは当時の言語が順行構造（修飾語句を被修飾語の後に重ねていく構造）を有していた証拠だとみている。この順行構造はタイ語やカンボジア語、マレー語など、東南アジア方面に多く分布し、それゆえに南方系といいうる言語の特色といえる。そればかりでなく、広東語や福建語のような中国語の南方方言にもその特色がみられるものだという。つまり、周初以前には中原地方まで、順行構造をもつ南方系の言語がひろく分布していたということになる。ところが、春秋時代以後になると「猷大」「祖甲」「父乙」という表現ではなく、「大道」「乙父」「葵公」などと文献に記されるようになる。ということは、少なくとも中原地方で統辞構造が順行構造から逆行構造へ変化したとみられるわけである。その時期については、さまざまの証拠から橋本萬太郎は「中国語の名詞句が問題の変化を決定的にうけたのは紀元前一〇世紀末とせざるをえない」と結論づけている［橋本、一九七八］。

この橋本説によると、北方化の影響を受ける以前、つまり紀元前一〇世紀以前には中国大陸の東・南部一帯から中原地方にかけては、南方的な言語を話す人たちによって占居されていたということになる。もしそうだとすると、その影響が東シナ海を挟んだ西日本の地域に及んだ可能性も否定できない。後に詳述するように、私は、縄文時代の後・晩期に照葉樹林焼畑農耕文化が西日本の地域へ伝来したと考えている。そのころ、中国大陸の東・南海岸一帯に南方系の言語がひろがっていたとすれば、その言語集団の一部が照葉樹林文化の諸要素をともなって西日本へ展開してきたと考えることも可能になるわけである。

これを日本語の形成という視点からみると、照葉樹林文化の諸要素をともなって伝来してきたと考えられることの南方的な言語は、日本列島においてもとから分布していた言語と混合し、日本語の基礎を形成したと考えることができるのではなかろうか。この場合、もとから日本列島に分布していた言語がどのようなものだったかということについては不明としかいいようがない。が、あえて想像をめぐらせば広義の「古アジア語」（たとえばギリヤーク語のような言語）のような特色をもつものではなかったかと思われる。縄文文化は、もともと北方に連なる深鉢型の土器を主体とし、竪穴を住居の基本型となし、弓矢や犬など北方に連なる多くの文化要素を中心にして成立していることを考えると、いわゆる縄文語が北アジアに連なる系統の言語であった可能性はきわめて高いとみてよいのではなかろうか。最近、韓国においても、朝鮮語の基層語として「原始韓半島語」を想定し、半島の中・南部にひろがっていたそれは古アジア語に近いものではなかったかという仮説が提唱されている［金、一九八五］。私はこの仮説に魅力を感じている。

いずれにしても、日本列島においては、このような北方的な言語の基層の上に、照葉樹林文化の要素をともなった南方的な言語が伝来し、重層化したと考えられる。だが、その南方的な言語が、具体的にどのようなものであったかについてもよくわからない。紀元前二〇〇〇年紀ごろを中心に、中国大陸の東南海岸地方から江南地方に分布していた民族集団は呉・越の人たちであったと考えられる。したがって、日本列島に伝来した南方的な言語は、たぶんこの呉・越の言語に近いものであったと考えるのが常識的であるが、問題の呉の言語についてはチベット・ビルマ系と考える説があり、越の言語についてはオーストロネシア系あるいはタイ系の言語であった可能性が考えられ、それにしたがってさまざまな検討が試みられた。だが、いずれもその言語の所属を確定するまでには至っていない〔崎山(編)、一九八六〕。したがって呉・越の言語系統は現段階では不明というほかはない。

また、西田龍雄は日本語の中核を構成する有力な言語として、チベット・ビルマ語系の言語が縄文時代に伝来したと考えているが〔西田、一九七八、一九八〇など〕、それについても学界の同意は必ずしも得られていないようである。この日本語の形成という問題をめぐっては、国立民族学博物館において内外の専門家を集めて総合的なシンポジウムを行い、その結果が『日本語の形成』〔崎山(編)、一九九〇〕としてまとめられた。この問題についての現時点での研究総括が行われたわけだが、そこでも日本語の形成について、意見の一致をみるまでには至っていないのが現状である。

ただ、日本語形成論のいずれの説をとるにしろ、日本列島においては、北アジアに連なるような古い言語が基層語として存在し、その後、照葉樹林文化の要素とともに南方的な言語が到来して基層語と混合し、日本語の基礎がつくられた。そうして弥生時代以後になると、支配者の言語としてアルタイ系の言語が、おそらく朝鮮半島を経て入りこみ、その影響も受けて日本語が形成されたという大きな枠組は、この際認めてもよいのではなかろうか。

少なくとも、日本の基層文化の形成を比較民族学の視点からとらえるかぎり、日本語の形成を右に述べたような大きな枠組で考えるのが、もっとも整合的だといえるのではないかと私は考えている。

さて、ここでもう一度、話を東アジアの大陸部に戻そう。

(4) 地方的民族文化の分布と変動——エバーハルトの仮説をめぐって

前述のように、紀元前一〇世紀ごろ、西北方から牧民の周が中原地方へ侵入し、周辺の諸民族と同化して、漢族が形成された。その後、紀元前一〇〇〇年紀の末ごろには、いわゆる秦漢帝国が成立し、その版図を拡大した。それにともなって漢族の文化が大きく展開したわけである。しかし、その基層には、漢族文化が形成され、拡大する以前からの古い文化的伝統をもつ民族的色彩の強い数多くの地方文化が、東アジアの地域には存在していたと考えられる。

この種の基層的な地方文化について、東アジア全体を見渡すひろい視野に立つまとまった研究はほとんどみられない。わずかにW・エバーハルトによる『古代中国の地方文化——華南・華東』[Eberhard, 1968, エバーハルト・白鳥(監訳)、一九八七]が唯一の研究といってよい。エバーハルトは、膨大な文献資料の検討によって、中国古代には顕著な民族的特色によって彩られたいくつかの地方文化が存在していたことを明らかにし、それらが相互に影響し合い、多くの混合文化が形成される長い歴史の過程のあったことに注目した。その結果、紀元前一〇世紀には東アジアにおける最初の大きな政治勢力である周国家が形成され、「中国社会」というべきものがそこで成立するとともに、中国高文化もこのとき誕生したと見なしたのである。周国家(文化)の成立期をもって中国社会や中国高文化の誕生期と見なす、このエバーハルトの考え方は、前述のように、ほぼその時期に漢族と漢文化の成立を考えるわれわれの考え方と一致するものとして、きわめて示唆的だということができる。

ところで、中国高文化が形成される以前から存在していた地方諸文化の主要なものについては、中国北部および西部には北方(テュルク・モンゴル)文化とチベット文化、南部にはタイ文化、瑶《ヤオ》文化、獠《リャオ》文化があり、東部および東北部方面には先ツングース文化があった。エバーハルトによると、「これらの地方文化は、概ね紀元前三〇〇〇年紀の終りまでに、多かれ少なかれ分離していたが、その頃にはそれらの文化的特徴の大部分、とりわけ最も特徴的な部分はすでに備えていた」というのである。その後、タイ文化の要素と若干のツングース文化、チベット文化の要素が混合して山西南部と河南の地で仰韶文化が形成されたのをはじめ、仰韶文化の消滅後には山西南西部に北方文化の影響も加わって夏文化がおこり、また北方文化とツングース文化の混成によって先モンゴル文化が生れ（紀元前三〇〇〇年紀）、四川東部の瑶文化にチベット文化が強い影響を与えて巴《パ》文化が形成された（紀元前二〇〇〇年紀）という。さらに紀元前二〇〇〇年紀のはじめか、それ以前に中国東部で竜山文化が形成された。それにはタイ文化とツングース文化の要素の影響が顕著であり、瑤文化の影響も受けている。また、少しおくれ紀元前二〇〇〇年紀の末ごろに長江下流域を中心に越文化が形成されてくる。この越文化は焼畑を営む瑤文化と水田稲作を生業とするタイ文化の混成によって生じた文化だとしている。

このようにエバーハルトは、中国古代における地方文化として、文献（漢籍）資料をもとに比較民族学的な手法を使って六つの文化を再構成し、紀元前三〇〇〇年紀以降、これらの六つの主要な地方文化が相互に影響し合い、さらにいくつもの地方文化を二次的に形成したと考えたのである。しかし、この二次的な地方文化の中には、モンゴル文化、巴文化、越文化のように、彼自身の方法論によって資料操作が行われ、文化の特色が再構成されたため、文化の特徴が明示されるものが存在するほか、仰韶文化、竜山文化などのように、考古学の側ですでに構築された文化類型を、彼の再構成した地方文化によって解釈しようとしたものがある。しかも、その両者の関係が必ずしも整合的ではないようである。そのうえエバーハルトは仰韶文化の年代をほぼ紀元前二〇〇〇年ごろ、古くても紀元前二四〇〇年を少しさかのぼる程度と考えていた。だが、最近の中国考古学の成果によると、仰韶文化の年代は、紀元前四〇〇〇年ごろにまでさかのぼることが明らかになっている。また、前述のように磁山・裴李崗文化は、それをさらに約一〇〇〇年もさかのぼることが確かめられている。つまり、エバーハル

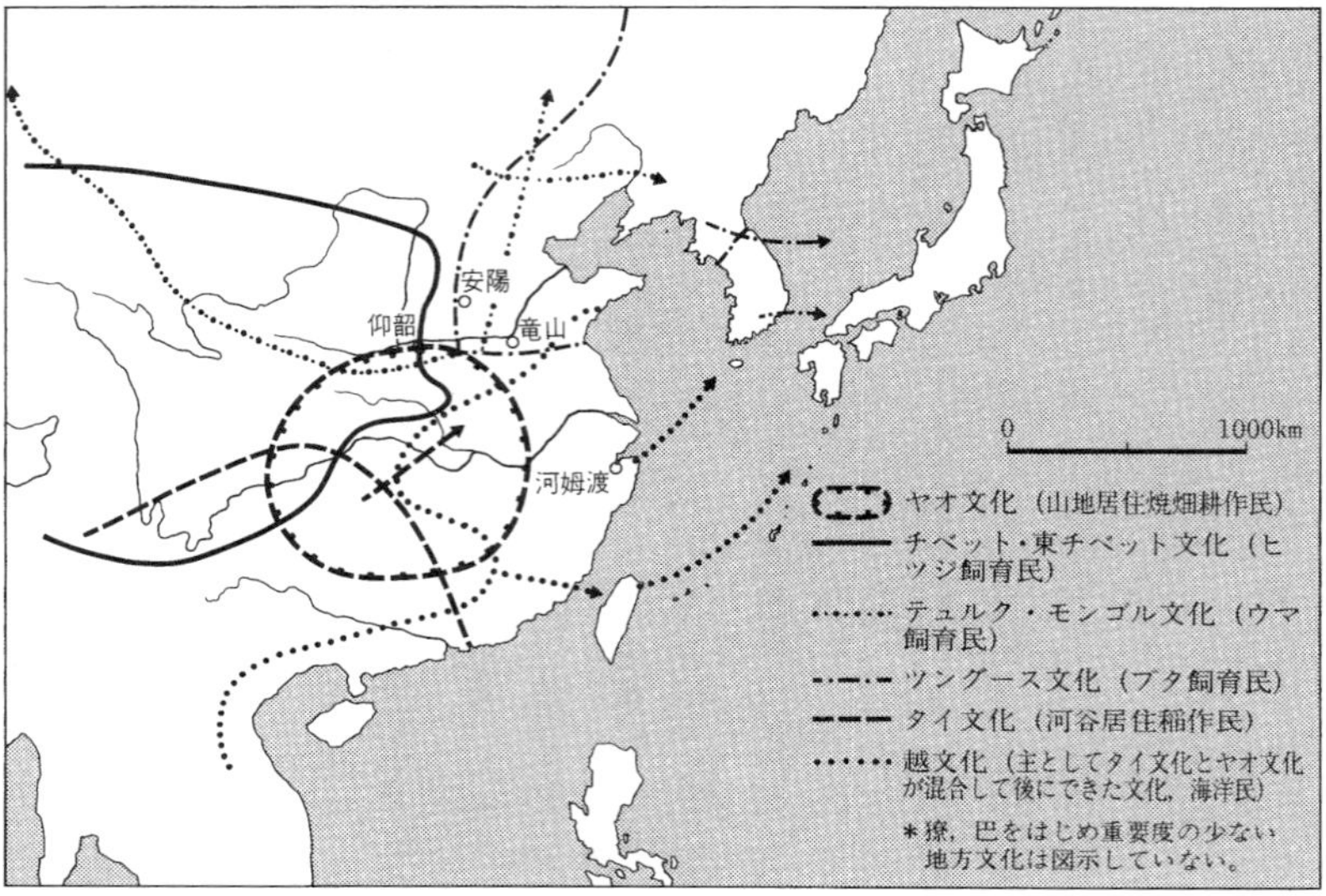

図６　先史時代のおもな地方文化の領域（Eberhard, 1987 による）

トの中国古代の地方文化に関する年代観や地方文化と考古学的に復元された文化類型との対比などについては、今日では基本的に再検討しなければならない状態になっていることは間違いない。

しかし、それにもかかわらずエバーハルトが膨大な文献資料の中から数多くの文化要素を抽出し、その比較検討を試みることによって再構成した中国古代の地方文化は、比較民族学の立場から、東アジアの基層文化の特色を追究するに当たって、きわめて有力な手がかりを与えてくれるものだということはたしかである。図６は、エバーハルトが、前述のような比較民族(俗)学的手法によって再構成した八つの主要な地方文化のうち、獠文化と巴文化を除く六つの地方文化の大まかな配置を示したものである。これによって古代の東アジアにおける基層的地方文化の分布の概況を容易に把握することができる。ただし、この図を最初に掲載した『古代中国の地方文化』に記された説明によると、同図は紀元前三〇〇〇年紀の中ごろを念頭において描いたとされている。だが、前述のように、このような年代は現段階ではそのまま受け入れることはできない。むしろ紀元前数千年紀から二〇〇〇年紀ごろまでに至るかなり大きな時間幅の中で、民族的色彩の濃厚な基層的地方文化が、東アジアの各地でどのように展開したかを、この図は明快に示していると考えたほうがよいのではなかろうか。問題点はいくつかあるにしても、エバーハルトの示した東アジアの基層的地方文化に関する大きな仮説的枠組は、この種の問題を考える際の有効な理論枠の一つとして、現在もなお大きな意義を有しているというべきであろう。

第二節　東アジアの基層文化と日本

(1)　東アジアの基層文化を考える二つの枠組――「ナラ林文化」と「照葉樹林文化」

日本列島における基層文化の形成の問題を視野にとどめながら東アジアの生態学的地域をながめると、江淮《コウワイ》地域あたりを境にして、その北方の華北の黄土地帯から中国東北部を経て沿海州やアムール河流域に及ぶナラ林帯(落葉広葉樹林帯)とその南の江南地方から雲貴高原を経て東南アジア北部からヒマラヤに至る照葉樹林帯(常緑広葉樹林帯)が、もっとも重要な地域になることは、すでに前節でも指摘したとおりである。西北方の乾燥地帯の文化や南方の熱帯・亜熱帯地方の文化は、いずれもこのナラ林帯や照葉樹林帯の文化をフィルターにして日本の基層文化の形成に影響を及ぼしたとみることができるのである。

さて、このナラ林地帯と照葉樹林地帯においては、それぞれ共通の文化的特色によって特徴づけられる特有の文化が古くから展開している。われわれはそれらの文化を、それぞれ「ナラ林文化」「照葉樹林文化」とよび、その文化のもつ諸特徴については、すでにさまざまな機会に解説してきた［その主なものとして、上山・佐々木・中尾、

一九七六、佐々木、一九八二(a)、一九八四(g)〕。したがって、ここでは詳細には論じないが、これらの文化を特徴づける数多くの文化的特色の中には、日本の伝統的民俗文化のそれとの間に、きわめて強い文化的共通性と類似性を示すものの少なくないことが、最近の研究でしだいに明らかになってきた。その結果、わが国の古い民俗慣行の中に深くその痕跡を刻みこんでいるような伝統的な文化要素の多くが、これらの地域の民族文化と深い関係をもつことが注目されるようになったのである。そうした意味で、「ナラ林文化」と「照葉樹林文化」という二つの文化クラスターは、東アジアの諸文化の中で日本の基層文化の形成を考えるに当たって、もっとも重要な意味をもつ文化の枠組だということがかなり明確になったと私は考えている。

しかも、これらの文化と、さきに紹介したエバーハルトの設定した中国古代の地方文化との関係を考えてみると、エバーハルトのいうツングース文化は、われわれのいう「ナラ林文化」に照応する点が少なくない。また、いわゆる「照葉樹林文化」に対しては、彼のいう瑶文化と越文化の一部が対応するとみることができる。われわれとエバーハルトの場合、文化の指標のとり方や文化の比較の方法など、いくつかの重要な点が異なるので厳密な意味での対比はできないが、両者の間にある種の対応がみられることは間違いない。このことは「ナラ林文化」「照葉樹林文化」という枠組が、東アジアにおける基層文化の形成を考えるに当たって、かなり有効な分析の枠組になりうることを示唆するものとみてさしつかえないのではなかろうか。

では、「ナラ林文化」と「照葉樹林文化」という二つの枠組を用い、東アジア的な視野の中で日本における基層文化の形成の問題を考えるとすれば、どのような点が具体的な問題になるだろうか。まず、資料のより多い、照葉樹林文化をめぐる問題を取り上げ、考えてみることにしよう。

表２　照葉樹林文化の発展段階と文化的特色

発展段階(その文化)	おもな文化的特色
プレ農耕段階 (照葉樹林採集・半栽培文化)	採集・漁撈・狩猟活動が生業の中心。 水さらしによるアク抜き技法、ウルシの利用、食べ茶の慣行、堅果類を産する樹木やクズ、ワラビ、ヤマノイモ、ヒガンバナなどの半栽培植物の広範な利用、野蚕の利用などが特徴的。 一部でエゴマ、ヒョウタン、リョクトウその他を栽培し、原初的農耕を営む。
雑穀栽培を主とした焼畑農耕段階 (照葉樹林焼畑農耕文化)	《雑穀・根栽型》の焼畑農耕が生業の中心。 飲む茶の慣行、ウルシを用いる漆器製作、マユから絹をつくつ技法、麹を用いるツブ酒の醸造、ミソ・ナットウなどの大豆の発酵食品、コンニャクの食用慣行などが行われ、モチ種の穀物の開発とその儀礼的使用が盛んになる。 オオゲツヒメ型神話、羽衣伝説その他の神話・説話がひろがる。 歌垣、山上他界、八月十五夜、儀礼的狩猟、粟の新嘗、その他の習俗がひろがる。
稲作ドミナントの段階 (水田稲作文化)	水田稲作農耕が生業の中心。 上記の諸特色に加え、ナレズシづくりの慣行、鵜飼いの習俗、焼米の製作と利用、高床家屋その他の文化的特色が加わる。

(2)　照葉樹林文化と日本の基層文化

照葉樹林文化の発展段階を、われわれはきわめて大まかに、次の三つの段階に区分して考えている(表2)。

①　プレ農耕段階(採集・狩猟・漁撈活動とともに半栽培植物の利用がさかん。一部では小規模な原初的農耕も営む)

②　雑穀栽培を主とした焼畑農耕段階(典型的な照葉樹林型の生活文化を形成。《雑穀・根栽型》の焼畑農耕が生業の中心をなすが、採集・半栽培も行われる。主として山地に展開)

③　稲作ドミナントの段階(水田で水稲を単作する水田稲作農耕が生業の中心となる。「稲作文化」を形成。主として平野に展開)

この三つの発展段階に応じて、照葉樹林文化を特徴づけるおもな文化的特色を、試みに整理してみたのが表2である。必ずしも確定的なものではなく、暫定的なところも少なくないが、いちおうこの表をもとにしながら、考えてみることにしたい。

まず、第一のプレ農耕段階。そこでは狩猟・漁撈に加え採集と半栽培植物の利用を行う「照葉樹林採集・半栽培文化」とよびうる文化が設定される。この文化は、典型的な照葉樹林文化が成立する以前に、東アジアの照葉樹林帯にひろく存在していたと想定される文化のタイプである。

この段階の照葉樹林文化を特徴づける文化的特色としては、まず水さらしによるアク抜き技術が挙げられる。カシやナラやトチの実などの堅果類、あるいはヒガンバナ、マムシグサ、クズ、ワラビ、ヤマノイモ、クワズイモなどの野生のイモ類などを食用に供するためには水さらしを行い、有毒成分を水に溶かして洗脱し、澱粉を沈澱させて濃縮しなければならない。その具体的方法の詳細は、松山利夫らの詳しい研究［松山、一九七二、一九七七］があるので紹介は省略するが、この水さらしによるアク抜きの技法は、ネパール・ヒマラヤや西南中国をはじめ、東・南アジアの亜熱帯地域から照葉樹林帯にかけてひろく分布する技術である。とくに日本列島内においては、水さらしに加熱処理をともなうアク抜きの技法がおもにナラ林帯に分布し、水さらしのみの技法が主として照葉樹林帯に分布する傾向が顕著だとされている。水さらしの技法が照葉樹林帯と強く結びつくことは、このような事実によっても確かめることができる。

また、わが国の縄文時代にすでにこの水さらしをともなうアク抜きの技術が存在していたことは、ナラ、カシ、トチの実などの堅果類が貯蔵されたピットが、数多く発見されていることによっても明らかである。その年代に関しては、少なくとも縄文時代前期ごろまではさかのぼりうることは間違いないようである［佐々木、一九八六(b)］。

ところで、右に述べた堅果類や野生のイモ類の中には、単なる野生ではなく、有用植物としてそれらをより有効に利用するため、人間の側から何らかの「保護」や「管理」が加えられたいわゆる「半栽培植物」が少なくなかったと考えられる。たとえばヒガンバナを取り上げてみても、その分布は、垣根の周りや耕地の周辺、道路沿いなど人間の住居の付近がとくに多い。いわゆる人里植物の典型的な特徴を示している。おそらくこのような分布状態が生み出されたのは、古い時代からヒガンバナの採集と利用がよく行われ、採集した鱗茎などを捨てたりする機会がたびたび重なったため、しだいに人家の周辺にその分布が集中するようになったと考えられるのである。

前川文夫によると、ヒガンバナの原産地に当たる中国のものは二倍体の品種が多いのに対し、日本のヒガンバナは大部分が三倍体のもので、三倍体のものが二倍体のものを圧倒している。そのことから「二倍体のヒガンバナのあとから三倍体のものがひろがったに違いない」としている。しかも、その三倍体のヒガンバナは「中国大陸から人間が多分に（救荒用として）意識して持ち込んだのではないか」と前川は結論づけている［前川、一九七三］。つまり、日本にひろがっている三倍体のヒガンバナは一種の半栽培植物であり、中国の江南地方の照葉樹林地帯から人の手によってもたらされた史前帰化植物だというのである。

このヒガンバナのほか、日本には一群の三倍体の半栽培植物があり、それらが農耕以前の段階で重要な役割を演じたらしいということを指摘したのは中尾佐助である。サトイモ、オニユリ、ヒガンバナ、ヤブカンゾウ、ミョウガ、それにクログワイ、クワイ、ヤマノイモなどがそれで、五倍体のミョウガを除けば、いずれも三倍体で栄養繁殖を行うものである。さらにこれにウルシ、カジノキ、ツタなどの半栽培植物を加え、中尾は「日本の縄文時代には三倍体植物を主とする半栽培文化が伝播・成立したのではないか」という大胆な仮説を述べている［中尾、一九八三］。

この意見に対し、私は「三倍体を主とする」という点については必ずしも肯定的ではないが、縄文時代にこれらの三倍体の有用植物を含めて、各種の半栽培植物の利用がひろくみられたということは認めねばならないと考えている［佐々木、一九八六(b)］。しかも、ヒガンバナやヤマノイモ、サトイモをはじめ、これらの半栽培植物の

表3　1985年頃までに発見されたおもな栽培植物

		遺跡名	和　名	学　　名	数　　量	備　考
縄文時代前期	福井	鳥浜貝塚	ヒョウタン	*Lagenaria siceraria* Standl.	種子・果皮多数	
			リョクトウ	*Vigna radiatus* (L.) Wilczek		
			ケツルアズキ	*Vigna mungo* (L.) Hepper		
			エゴマ	*Perilla frutescens* Britt. var. *japonica* Hara		
			シソ	*P. frutescens* Britt. var. *acuia* Kudo		
			ゴボウ	*Arcium lappa* L.		
			オオアサ	*Cannabis sativa* L.	3	炭化種子・縄状遺物の繊維
			アブラナ類	*Brassicase*	34	
	千葉	富津市大坪	ヒョウタン	*Lagenaria* sp.	種子3　果皮4	
	滋賀	粟津湖底	ヒョウタン	*Lagenaria* sp.		
中期	長野	大石	エゴマ	*P. frutescens* Britt. var. *japonica* Hara		
		荒神山	エゴマ	*P. frutescens* Britt. var. *japonica* Hara		
	埼玉	岩槻上野	オオムギ	*Hordeum vulgare* L.		
	岐阜	高山ツルネ	マメ(エンドウ或はダイズ)	*Phaseolus sativum* L. or *Glycine max* (L.) Merr.		
後期	鳥取	桂見	リョクトウ	*Vigna radiatus* (L.) Wilczek	200粒程	
	京都	桑飼下	アズキ(?)	*Phaseolus angularis* (Willd.) Wight	40粒	
			ダイズ(?)	*Glycine max* (L.) Merr.	14粒	
	福岡	四箇	ヒョウタン	*Lagenaria* sp.		そのほか焼畑雑草の炭化種子多数
			オオムギ	*Hordeum vulgare* L.		
			アズキ	*Phaseolus angularis* (Willd.) Wight		
			マメ	種類不明		
晩期	熊本	上原	イネ	*Oryza sativa* L.		
			オオムギ	*Hordeum vulgare* L.		
		菜畑	イネ	*Oryza sativa* L.		
			アワ	*Setaria italica* Beauv.		
			シソ	*P. frutescens* Britt. var. *acuia* Kudo.		
			マクワウリ	*Cucumis melo* L.		
			ヒョウタン	*Lagenaria siceraria* Standl.		
			アズキ	*Phaseolus angularis* (Willd.) Wight		
			ゴボウ	*Arcium lappa* L.		

○イネについては、炭化種子のほか、その化石花粉、プラント・オパール、籾痕圧痕などの調査により九州各地の後期、晩期の多くの遺跡および東海地方以西の晩期のいくつかの遺跡で存在。

○ソバ(*Fagopyrum esculentum* Moench.)についてはその花粉が青森県石亀、亀ヶ岡、福井県浜島その他の縄文時代晩期の遺跡から発見されている。

多くが、中国大陸の照葉樹林帯に系譜的に連なるものであることも注目しなければならない。縄文時代のヒプシサーマル以後に、日本列島に展開したであろう稲作以前の基層文化は、水さらしの技法を有し、中国大陸の照葉樹林帯に連なる半栽培植物を高度に利用する文化であった可能性が高いと考えられるのである［佐々木、一九八八(a)］。

さらにこの稲作以前の基層文化には、小規模ではあるが、原初的農耕がともなっていたことを指摘しておかねばならない。最近の日本の考古学の調査技術は著しく進歩し、微細な植物遺体の検出、同定が可能になった。このため、バイオ・アーケオロジーの面で多くの新しい業績が生み出されてきた［佐々木・松山、一九八八(a)］。その一つが縄文遺跡から多数の作物遺体が検出されたことである。表3は、その主要なものを示したものであるが、縄文時代前期の鳥浜貝塚（福井県三方湖畔）で、ヒョウタン、リョクトウ、ケツルアズキ、エゴマ、シソなどの作物遺体が発見されているのをはじめ、縄文時代中期の大石遺跡、荒神山遺跡（長野県八ヶ岳山麓）などでエゴマが検出され、岐阜県高山ツルネ遺跡でもエンドウあるいはダイズの遺体がわずかであるが発見されている。これらの作物はいずれも、アフリカあるいは南アジア原産と考えられるもので、南アジアの地域や東アジアの照葉樹林帯を経て日本に伝播したものと考えられる。

つまり、少なくとも縄文時代前期にまでさかのぼりうる稲作以前の基層文化の中には、採集・狩猟・漁撈という基本的な生業活動のほかに、半栽培植物の高度な利用とともに、一部でごく小規模な原初的農耕をともなっていたことが注目されるのである。この場合、ひろく利用された半栽培植物や原初的農耕の作物の多くが中国大陸の照葉樹林帯と深い関係をもつものだということも注意しておかねばならない。縄文時代前期以降のいわゆるヒプシサーマルの時期に、アジア大陸の照葉樹林帯からプレ農耕段階の文化のかなり強いインパクトが、日本列島の少なくとも西半分に及んだことは間違いないようである。最近、鳥浜貝塚をはじめいくつかの縄文時代前期の遺跡から発見されているみごとな漆製品は、プレ農耕段階の照葉樹林文化の影響を示す、きわめて象徴的な遺物だということができるのではなかろうか。

さて、プレ農耕段階につづく照葉樹林文化の第二の発展段階は、焼畑段階の「典型的な照葉樹林文化」あるいは「照葉樹林焼畑農耕文化」といわれるものである。その主要な文化的特色は、さきの表2に示したとおりである。プレ農耕段階のそれと異なり、絹の製作、漆器の技法、飲茶の慣行、麹酒の醸造、納豆などの大豆の発酵食品、コンニャク、エゴマの利用およびモチ種とモチ製品の加工・利用など物質文化にかかわる文化的特色をはじめ、歌垣や山上他界（山地埋葬）、八月十五夜や儀礼的狩猟の慣行など儀礼や習俗にかかわる特色、さらには羽衣伝説やオオゲツヒメ型神話その他の神話や説話にかかわる特色など、きわめて数多くの文化的特色が、この段階の典型的な照葉樹林文化の特徴として指摘することができる。その多くが日本の伝統文化の中に深く根を下ろしているものであることはいうまでもない。

なかでも、もっとも重要な特徴は《雑穀・根栽型》の焼畑農耕が生業の中心をなすことであろう。現在、中国西南部や東南アジア北部、あるいは台湾山地などに居住する山地焼畑民のもとでは、さきに掲げたような照葉樹林文化の諸特色が、いまもセットになってよく保持されている例が少なくない。その民族誌的な比較研究についてはすでに筆者は、『照葉樹林文化の道』（一九八二）や『照葉樹林文化と日本』（中尾佐助と共著、一九九二）の中などで詳しく記述したことがあるので、ここではくり返さない。

またエバーハルトの中国古代地方文化との対比では、彼のいう「瑶文化」と「越文化」の一部が照葉樹林文化に対応することは、すでに記したとおりである。とくに「瑶文化」の中には、焼畑農耕やイモ栽培をはじめ、八月十五夜の祭り、山ノ神、山上他界、歌垣の慣行などが、その要素として含まれることをエバーハルトは指摘している。このような点からも、照葉樹林文化との対応の少なくないことが知られるのである。

ところで、この焼畑農耕に支えられた典型的な照葉樹林文化は、少なくとも縄文時代の後・晩期ごろには西日本の山地へ、中国大陸の江南地方の山地から伝播したものと筆者は推定している。一般にわが国の学界では、農耕的な要素はすべて弥生時代以後、稲作とともに伝来したとみるのが従来からの定説であった。にもかかわらず、私が稲作以前に照葉樹林焼畑農耕文化が伝来したと考えるにはいくつかの理由がある。

まず、日本列島にはかつては二〇万町歩をはるかに上回る焼畑が営まれていた。その伝統的な主作物は、アワ、ヒエ、ソバ、ダイス、アズキ、それにサトイモ、ムギなどを加えた典型的な《雑穀・根栽型》のものである［佐々木、一九七二(a)］。この作物構成の特色は、中国西南部から東南アジア北部地域の山地の照葉樹林帯で営まれていた伝統的な焼畑の作物構成とよく類似するものである。とくにこの照葉樹林帯の焼畑では、一般に陸稲が焼畑の主作物の中にみられないことが大きな特色となっている［佐々木、一九八三(a)］。東南アジアの熱帯地域においては、歴史時代になって水田稲作地帯からの文化的・社会的影響などを受け、焼畑における陸稲化現象が著しく進行し、《陸稲卓越型》というべき焼畑の類型が形成された［佐々木、一九八八(b)］。これに対し、照葉樹林帯においては焼畑の主作物の中に陸稲を欠く《雑穀栽培型》ないし《雑穀・根栽型》の焼畑が伝統的に営まれてきたのである。この種の焼畑は、湖南山地の苗族（たとえば一八二四年の『鳳凰庁誌巻十一』）や台湾山地の高山族［佐々木・深野、一九七六(f)］の焼畑などに、そのよい例を見出すことができるが、それらはいずれも稲作文化の影響により焼畑の作物構成を変化せしめる以前の古い特色を伝えているものとみることができる。日本の焼畑は、前述のように、《雑穀・根栽型》の特色を示すものであり、それは系譜的には照葉樹林帯の稲作以前の古いタイプの焼畑に連なるものと考えることができる。この種の照葉樹林型の焼畑農耕は、水田稲作農耕が日本列島の平野部に展開する以前に伝来し、西日本の山地を中心にひろがったものと考えられるのである。

作物構成の問題だけではない。焼畑に生産の基礎をおくわが国の山民文化の伝統的な体系を精査すると、そこには水田農耕に支えられる稲作農民文化のそれと著しく異なる生活文化の体系が見出される。しかも、この山民文化の諸特色の中には、アジア大陸の照葉樹林帯のそれとの間に照応するようなものが少なくないようである。その詳細については『稲作以前』（一九七一）や『縄文文化と日本人』（一九八六、とくに第五章）などの中で詳述したので、ここでは詳しく述べないが、たとえば東南アジアの焼畑民の間でよくみられる、春の焼畑の火入れ前に村の男たちが共同で儀礼的狩猟に出かける慣行やその痕跡（たとえばシシウチ神事などのような狩り祭り）が、南九州や奥三河の山地など、西日本の山村にひろくみることができる。

また、日本の山民が信仰してきた山ノ神は、田ノ神としてヤマとサトの間を去来する稲作農民の信仰する山ノ神と異なり、山地世界の全体を支配する力強いカミであり、時に応じて儀礼の場に来臨すると考えられていた。これと酷似したカミ観念が、アジア大陸の照葉樹林帯の焼畑民の間にひろくみられるのである。

さらに周知のように、『常陸国風土記』には、筑波山の歌垣の起源に関係して「粟の新嘗」のことが語られているが、焼畑の主作物であるアワの収穫祭に当たり、全村が一〇日間以上も「家内諱忌《やぬちものいみ》」し、そのとき「祖神巡行」も行われるという、『風土記』に記されたと同様の慣行が、最近まで台湾山地南部の焼畑民たちのもとで行われていたことを筆者はたしかめている。

このように、日本の伝統的な焼畑農耕とそれに支えられた文化は、水田稲作農耕のそれとは異なる独自のカミ観念や儀礼の体系、習俗などを保有し、別個の生活文化の体系をつくり上げていたと考えられる。しかも、その文化の諸特色の多くが、アジア大陸の照葉樹林帯のそれに対応するのである。

従来、日本の考古学者が主張していたように、弥生時代になって稲作農耕が伝来し、平野部にひろがった後、山地に展開し、そこで焼畑農耕を生み出したという解釈では、いま述べたような日本の焼畑文化の特徴をとうてい説明することはできない。おそらく、水田稲作農耕が伝来する以前に、江南の山地から《雑穀・根栽型》の焼畑農耕とそれに支えられた文化が伝来し、西日本の山地に展開したと考えたほうがはるかに合理的である。

その証拠を考古学の側から追跡することはきわめて困難だが、最近のバイオ・アーケオロジーの成果は、この問題についても曙光を与えるようになってきた。

たとえば、炭化種子の詳しい調査を行ってきた笠原安夫は、福岡県四箇《しか》遺跡の縄文時代後期の特殊泥炭層の中からヒョウタンとマメ、それに少量だがハダカムギとアズキの炭化粒を発見した。そのほか、多量の人里植物や畑雑草、さらに焼畑やその周辺にみられる雑草や樹木の種子などを多数検出した〔笠原、一九八〇〕。他方、この遺跡の花粉分析を行った安田喜憲によると、古い地層からはアカガシ亜属やシイノキ属、エノキ属、ムクノキ属などの花粉が高い比率で出土し、照葉樹林があったことを示している。ところが、それより新しい縄文時代後期の層になると、森林の存在を示す花粉が激減し、代わって炭化物片が急増してくるという〔安田、一九八〇〕。つまり照葉樹林が伐採され、焼き払われたことがわかるのである。

この両者の分析結果を総合すると、縄文時代の後・晩期ごろに、四箇遺跡の付近で焼畑農耕が営まれていたことはほぼ間違いないと考えられる。このほか笠原は岡山県中北部のいくつかの遺跡を調査し、縄文時代晩期の堆積層中から大量の人里植物と焼畑雑草の種子を検出した。しかし、弥生時代中期ごろを境に、これらの焼畑雑草の種子は減少し、水田雑草が急増しはじめるという〔笠原・武田、一九七九〕。おそらく岡山県北部の山間部でも、そのころを境に焼畑から水田への転移が進行したと考えられるのである。このように最近では、炭化種子や化石花粉の分析が進み、その結果から縄文時代の少なくとも後・晩期には、西日本の各地で焼畑農耕が営まれていたことが推定されるようになってきた。

さらに縄文時代晩期から弥生時代にかけての水田遺構が発見された唐津市の菜畑遺跡でも、晩期後半の山ノ寺式土器を出土する層からイネ、アワ、アズキ、ヒョウタンなどの作物の種子とカタバミ、イヌホウズキなどの畑雑草が大量に出土した。それに対し、晩期終末の夜臼《ゆうす》式土器を出土する層からは畑雑草が減少し、代わってコナギ、オモダカなどの水田雑草が急増することがたしかめられている〔笠原、一九八四(a)〕。つまり、ここでは水田化が進む以前の縄文時代晩期後半（山ノ寺式期）のころには、畑作が営まれるとともに、雨の多い年には水田になり、少ない年には畑地になるような《原初的天水田》が営まれていたと考えられる。

照葉樹林文化を支える稲作以前の農耕は、焼畑のほかに、この種の畑作や原初的天水田を営み、そこではアワやモロコシなどの雑穀類とともに、水稲的性格と陸稲的性格の未分化な比較的古いタイプの稲が栽培されていたと考えられるのである。

いずれにしても、最近になってバイオ・アーケオロジーの分野の諸研究が進展した結果、稲作以前に、アワをはじめ各種の雑穀類やウリ類、豆類などを混作する畑作（焼畑を含む）農耕が展開していたことがようやく明らかになってきた。この畑作（焼畑）には、たぶん原初的天水田が随伴していたと思われるが、文化的にはモチ、納豆、麹酒、ウルシ、絹などや歌垣、儀礼的狩猟その他の照葉樹林文化を特徴づける諸特色がともなっていたこともたしかであろう。

日本の伝統文化の中に深く刻みこまれている照葉樹林文化の特色の多くは、この種の照葉樹林型の焼畑農耕などとともに、縄文時代後・晩期ごろにおそらく江南の地方から日本列島に持ちこまれたものと考えられる。それらの文化的諸特色は、後に展開してきた水田稲作文化の中へ継承され、その中で再生産されて、今日に至るまで伝承されてきたとみられるのである。

ところで、この照葉樹林文化とともに日本の基層文化の形成に大きな影響を与えたのがナラ林文化だということは、すでに指摘したとおりである。ここで項を改め、その考察に進むことにしよう。

表4　ナラ林文化の発展段階と文化的特色

発展段階（その文化）	おもな文化的特色
プレ農耕段階（ナラ林漁撈・採集・狩猟文化）	サケ・マスの漁撈をはじめ、堅果類（クルミ・クリ・トチ・ドングリなど）、球根類（ウバユリなど）、その他の有用植物の採集。トナカイ・シカ・海獣・その他の狩猟などが生業の中心となる。 加熱によるアク抜きの技法、深鉢型の土器、馬鞍型石臼の使用、魚油や獣脂の広範な利用、竪穴住居ときわめて定着的な村落の存在などが特徴的。
農耕段階（ナラ林雑穀畑作文化）	上記の諸特色のほか、アワ、キビ、ソバなどの栽培、北方系作物群（W型オオムギ、攸麦型エンバク、洋種系カブ、ゴボウ、ネギ、オオアサなど）の栽培、ブタ飼育などが特徴的。
崩壊段階	12～13世紀頃か

(3)　ナラ林文化をめぐる問題

照葉樹林文化とともに、日本の基層文化の形成に深くかかわると考えられる「ナラ林文化」については、実態調査が十分でなく、照葉樹林文化にくらべてもさらにわかっていない点が多い。したがって、現段階ではある種の見通しを述べる程度で、十分な分析的研究はむずかしい。また、その文化の発展段階についても、現在はきわめて暫定的なものしか提示しえないが、私は一応次のような段階を想定している。

①　プレ農耕段階（クルミ・クリ・ドングリなどの大型堅果類やウバユリなどの球根類の採集、サケ・マスその他の漁撈、海獣狩りや狩猟などで食料供給が比較的安定し、定着的村落を営む）

②　雑穀栽培を行う農耕段階（典型的なナラ林文化。北回りのアワ・キビや北方系作物群を中心にする農耕とブタ飼育を生業の中心とする。採集・狩猟・漁撈の比重も小さくない）

③　崩壊段階（この段階の設定はもっとも仮説的。ナラ林文化の崩壊は、狩猟民、牧畜民その他の侵入によると思われるが、必ずしも明確ではない）

この三段階の設定は、くり返し述べるが、きわめて暫定的なものにすぎない。とくに③の段階はアジア大陸の東北部で歴史時代に起った現象で、日本の基層文化との関係では③の段階は考慮の外においてもよいと考えられる。ということは、日本の基層文化の形成プロセスとの関連においては、さしあたってのところ①、②の二つの段階を考えればよいことになる。

そこで右に述べた①、②の発展段階に応じ、ナラ林文化を特色づけると思われるおもな文化的特色を、試みに整理したのが表4である。照葉樹林文化の場合と同様に、この表によりながら考えてみると、次のような点が指摘できる。

まず、プレ農耕段階のナラ林文化の大きな特色は、河川を遡上してくるサケ・マスを大量に捕獲し、貯蔵食料としているのをはじめ、堅果類や球根類、その他の食用有用植物の採集、シカやクマ、海獣類などの狩猟を営み、これらの多様な食料獲得手段の組み合わせにより、その食料供給が比較的安定していることである。その結果、漁撈・採集民であるにもかかわらず、ナラ林帯では定着的な村落とそれを基盤にした生活が展開する。このようなプレ農耕段階のナラ林文化の民族誌的モデルとしては、典型例か否かについては疑問の余地もあるが、さしあたってのところ、アムール川下流域の漁撈・採集民ニヴヒ（ギリヤーク）や北海道に居住するアイヌの伝統的生活様式などを挙げることができる。

ところで、日本の縄文文化については、周知のように、その遺跡の大部分が東日本のナラ林帯に集中し、基本的にナラ林帯の自然に適応した文化であったことは明らかである。しかも、そこでは堅果類、球根類などの植物性食料を中心に、魚類、獣類をはじめ多様な食料をきわめて安定的に供給するシステムが完成していたようである。そのため縄文時代の人口は、採集・狩猟・漁撈民としては他に例をみないほど高い人口密度を有していたことが、すでに明らかにされている［Koyama, 1978］。私はこの点に注目して、縄文時代の社会を《成熟した採集民社会》とよんだことがある［佐々木、一九八六(a)］。大型で華麗な装飾を施した深鉢型の土器の数々、太い木柱をもつ大型の建築物、巨大な貝層をもつ貝塚、それに竪穴式の住居等々。そのいずれをとっても、縄文時代の人々が、きわめて定着性の高い生活を営んでいたことをよく示すものである。

このようにみてくると、縄文文化は類型的にみて、プレ農耕段階のナラ林文化の特徴をよく備えていることは間違いない。むしろ、その人口密度の高さなどから判断して縄文文化はプレ農耕段階のナラ林文化としては、発展のクライマックスに達したものとしてとらえることができるように思うのである。ヒプシサーマル以後、日本海側に暖流が流れこみ、日本列島全体が海洋的な気候に支配され、東アジアのナラ林帯の中でもブナが生育するような、とくに良好な自然が形成されたことが、このような文化的クライマックスを生み出した一つの要因と考えられるのである。

いずれにしても、縄文文化を東北アジアにひろく展開したプレ農耕段階のナラ林文化の中に位置づけ、その特色を考えてみることは、きわめて意義の深いことだと思われる。こうしたひろいアジア的視野の中に立って、縄文文化を構成する個々の文化的特色の組織的な比較検討を、今後、試みる必要があるのではなかろうか。

ところで、東アジアのナラ林帯と日本に分布する共通の文化要素としては、竪穴住居や深鉢型土器その他いくつかのものが挙げられるが、現時点ではその数は必ずしも多くない。そのなかでナラ林帯に共通する文化要素として、比較的確実なものとして挙げられるのは、いわゆる北方系の作物群である。

ここで視点を②の農耕段階のナラ林文化の問題に移し、その考察を進めることにしよう。

日本の在来野菜の研究を長くつづけてきた青葉高によると、日本の在来種のカブは大別すると、洋種系と和種系に分けられる。洋種系のカブは主として東日本に、和種系は西日本に分布し、その境界線は富山と石川の県境付近から伊勢湾に至る線だという。このうち洋種系のカブには、日本海沿岸の焼畑で古くから栽培されているものが多く、しかもその系統は明らかに北朝鮮、中国東北部からシベリアに連なるものだというのである。このほか、ゴボウやネギ、カラシナなど東日本に分布する幾種類かの在来野菜の中には、洋種系のカブと同様に東北アジアやシベリアに系統的に連なるものが少なくないという［青葉、一九八八］。

また高橋隆平によると、世界のオオムギは脱粒を阻止する遺伝子の組み合わせから、E型とW型の二大群に分けられる［高橋、一九七七］。このうちE型のオオムギはチベットから中国を経て日本の中南部に分布し、W型は西アジア、ヨーロッパからシベリア、中国東北部、北朝鮮を経て日本の東北部に分布することがすでに明らかにされている。つまり東日本の在来オオムギの主力をなすこのW型のオオムギは、シベリアから中国東北部、北朝鮮などを経て東日本に伝わったとみられるのである。このほか莜麦型のエンバクや雑草性のライムギ、ムギの随伴雑草であるムギセンノウなど、中国東北部からシベリアへと系統をたどりうる作物や雑草は少なくないといわれている。

このような北方系の作物群は、前にも説明したように、北回りのアワ、キビなどとともに、系統的には東アジア北部のナラ林帯に連なるものだということがまず注目される。それはイネやアワ（南回り）、ヒエその他の雑穀類、あるいはサトイモ、ヤマノイモなどのような照葉樹林帯に連なる南方系の作物とはっきり系統を異にするものだということができる。さらにこの北方系作物群と関係の深い文化要素としては、ソバの栽培やブタの飼育を挙げることができるし、また、いわゆる馬鞍型石臼の使用や竪穴式住居の様式も、北方系作物群と同じように、東アジアのナラ林帯に連なる重要な文化要素ではないかと私は考えている。

このような文化的特色によって特徴づけられる文化のクラスターをわれわれは農耕段階の《ナラ林文化》とよび、日本の基層文化の形成に影響を与えた北からの文化を考える際の一つの枠組としたいと考えている［佐々木、一九八四(g)］。そのことは前にも述べたとおりである。

この種のナラ林文化を代表するような生活様式の特色は、挹婁《ゆうす》（粛慎《しゅくしん》）、勿吉《もっきつ》あるいは靺鞨《まっかつ》などと称して中国の史書に登場する松花江流域から沿海州付近に居住していたツングース系あるいは古アジア系と考えられる諸民族によくみられるようである。たとえば『後漢書』「挹婁伝」には「挹婁は古えの粛慎の国である。……五穀・麻布を産出し、……気候はきわめて寒く、いつも穴居生活をしている。〔その穴は〕深いほど好いとされる。……よく豚を養い、その肉を食べ、その皮を着る。冬は豚の膏を身体に厚さ数分も塗って風の寒を禦ぐ。……弓矢に長じ、弓の長さは四尺で、その力は弩《いしゆみ》のようである。」(平凡社、東洋文庫本による)とある。

また、時代は少し下るが『魏書』「勿吉伝」にもその土地は卑湿で穴居し、梯《はしご》で出入りすること。粟、麦、穄《うるきび》を栽培し、豚が多く、羊がいないこと。射猟が上手で石の鏃をつくることなどを記している。

抱婁あるいは勿吉とよばれたナラ林帯の原住民たちは、深い竪穴住居をつくって居住し、ムギと雑穀を栽培し、ブタの飼育をさかんに行うとともに、後代まで狩猟をよく営んでいたらしい。おそらく水辺では漁撈もさかんに行っていたと考えられるのである。

いずれにしても、このような農耕段階の文化的特色を有するナラ林文化が、少なくとも歴史時代の初期には、中国東北部から沿海州・沿アムール地域に成立していたと考えられる。その文化を担っていた人たちは、おそらくツングースあるいは古アジア族の祖先に当たるような人たちではなかったかと考えることができる。

だが、このナラ林文化の成立の正確な時期やその詳しい内容、あるいは日本への伝播の時代やその経路など肝心な点についての詳細はまだよくわかっていない。しかし、東北アジアの考古学に詳しい加藤晋平によると、沿アムール・沿海州地方から中国東北部(黒龍江省、遼寧省など)や北部朝鮮の地域では、紀元前二〇〇〇年紀末から紀元前一〇〇〇年紀のいくつかの遺跡でアワ、キビ、オオムギなどが出土し、それらが栽培されていた可能性が大きいとしている。このような事実にもとづき、加藤は前記の諸地域では「紀元前一〇〇〇年ごろには、アワ・キビを主体とする雑穀農耕が確実に行われていたとすることができる」と一応の結論づけを行っている〔加藤、一九八八」。この加藤説に従えば、農耕段階のナラ林文化の成立の時期を、このあたりに設定することができるのではなかろうか。

さらに加藤によると、沿アムール・沿海州・中国東北部・朝鮮半島北部の紀元前一〇〇〇年紀ごろの遺跡から飼育ブタと思われる土製品が出土するが、これとよく似たイノシシの土製品は、北海道から近畿に至る東日本の縄文後・晩期の遺跡からいくつも発見されている。おそらく縄文時代の後・晩期にブタを飼育し、ソバや雑穀類などの栽培を行う北アジアの文化が、東日本のナラ林帯の人たちやその文化に強い影響をもたらした可能性が考えられるのである。今後の研究の展開が期待されるところである。

いずれにしても、この種のナラ林文化の日本への伝来の経路に関しては①朝鮮半島経由、②日本海横断、③沿海州→サハリン→北海道→本州の三つが考えられるが、どのルートについても、確実に文化伝播の跡が証明されたわけではない。しかし、この三ルートのすべてが、縄文時代以来、ナラ林文化の伝来の道として現実に機能してきたと考えられる。かつて岡正雄は、日本文化の起源を論じた際、南方に起源するいくつかの種族文化の波を想定するとともに、「父系的・ハラ氏族的・畑作＝狩猟文化」という文化層を別に想定し、ツングース系の文化の流入を考えた「岡、一九五八(b)」。その内容の中には、結果として、筆者のいうナラ林文化のそれと重なる部分が少なくないことも事実である。東北アジアに起源したナラ林文化の諸要素は、幾度かの波に分かれて、東日本のナラ林帯に伝来し、日本の基層文化の形成に影響を及ぼしたことは間違いない事実のようである。

以上、照葉樹林文化とナラ林文化をめぐる問題点の概要について略説してきたが、日本列島についていえば、北方系の深鉢型の土器をもち、竪穴住居に住むような人たちがまず展開し、後氷期以後の気候の温暖化にともない、彼らの中でプレ農耕段階のナラ林文化の特色が、しだいに形成されてきたと考えられる。とくにヒプシサーマル以後、日本海への暖流の本格的流入にともない、日本列島全体が海洋的気候に支配されるようになり、東日本にはブナ、ナラ、カエデ、シナノキなどを中心とする大へん豊かな落葉広葉樹林が発達した。この森林のもつ豊かな植物資源と河川や海洋の豊富な動物資源によって、縄文時代の前期以降東日本を中心に、人口密度が高くなり、安定した《成熟した採集民社会》が生み出された。縄文時代の後・晩期に東北日本を中心に展開した亀ヶ岡文化などは、プレ農耕段階のナラ林文化のクライマックスを示したものとみてさしつかえないであろう。

他方、西日本ではヒプシサーマル以後、照葉樹林がしだいにひろがり、縄文時代の前期以降、大陸の照葉樹林帯からとくにエスノボタニカルな面でさまざまな影響を受けたと考えられる。縄文時代の後・晩期には、西日本には照葉樹林型の焼畑農耕が導入され、一部で初期的農耕社会が成立したと考えられる。また、紀元前一〇〇〇年ごろには東北アジアで形成された農耕段階のナラ林文化の影響も縄文社会に及んだと想定されるが、この点については現段階では詳細は明らかにされていない。

さらに重要な問題は、これらのナラ林文化と照葉樹林文化が、日本列島において併存していたとすれば、その両者が接触・混合した可能性が少なくないことである。縄文時代にはナラ林文化の側が圧倒的に優位に立っていたことは間違いないと思われるが、両文化の接触・混合の過程で大きな影響を残したと思われるのは言語接触の問題ではなかろうか。双方の文化の担い手たちの言語が混合する過程の中から、一種の混合言語として日本語が形成されてきた可能性のあることは、さきにも指摘したとおりである。

右にみたような二つの文化の接触・混合の過程が進行する状況の中で、紀元前一〇〇〇年紀の中ごろに、日本列島へ水田稲作農耕が伝来するという画期的なできごとが起る。この稲作の伝来とそれをめぐる問題については、次に改めて論ずることとしたい。

第三節　稲作と稲作文化の展開と伝来

日本の基層文化の形成に水田稲作とそれを中核とした文化のクラスター、すなわち稲作文化の伝来が大きな意義を有したことは誰しも指摘するところである。それでは、その稲作と稲作文化は、いつ、どのような人たちによって、どのような経路を経て、どのような文化的内容をともなって伝播し、どのように展開したのか、ということになると、必ずしも明快な答えが用意されているわけではない。このような問題が、アジア的視野のもとで、ひとつひとつ克明に分析されて、はじめて「稲作文化の伝来」の意義が明確になると思うが、ここでは紙数の制約もあるので、これらの問題についての筆者の考えの要点を摘記することとしたい。

(1)　東アジアにおける稲作の展開——縄文水田とその祖型の探求

最近、福岡市の板付遺跡や唐津市の菜畑遺跡など、北九州の遺跡で、縄文時代晩期の文化層の中から水田遺構が発見され、学界の注目を集めた。それらの水田遺構は、いずれも畦畔をもち、水路によって灌漑・排水される、きわめてよく整備された水田であることが明らかになっている。たとえば板付遺跡の縄文水田では、矢板や杭で保護された立派な畦畔があり、付属した水路には、多数の杭を打ちこんだ井堰や水量調節用の「しがらみ」をもつ取排水口もつくられていた。また、水田面や溝からは炭化籾をはじめ、諸手鍬、エブリ、鍬(あるいは鋤)の柄など各種の木製農具や石庖丁などがいくつも出土している。

つまり、縄文時代晩期に北九州に伝えられた水田農耕文化は、その初期の状態を示す遺跡の状況から判断しても、機能的にも分化した農具類のセットが完備し、畦畔をもち、灌漑・排水用の水路や井堰あるいは取排水口を備えた立派な水田をもつものであったことは間違いない。しかも、そのような整備された水田が、九州をはじめ日本列島の内部で徐々に形成されたという証拠はまったく見当たらない。とすれば、この種の整った水田をもつ農耕は、でき上がったものが外部地域から日本へ持ちこまれたものと考えざるをえないのである。

では、それはどこから、どのようにして伝えられたのだろうか。また、水田稲作文化そのものについても、その起源と伝来はどのように考えられるのだろうか。

アジアの栽培稲（*Oryza sativa*）の起源地については、従来はインド東部の低地と考えられてきた。しかし、最近では、ヒマラヤから中国西南部にかけての地域に、その起源地をもとめる説が有力になってきている。なかでも渡部忠世は、稲の作物史的な研究を丹念に積み重ねた結果、古代の稲の伝播路はすべて、インド東北部のアッサムとそれに隣接する雲南の地に収斂することを発見した。また、その地では栽培稲も野生稲も、その品種の分化が著しく、栽培種の中には水陸未分化な原始的な品種のあることをたしかめた。これらの事実をもとに、アッサムから雲南にかけての高地が稲作の起源地だとする学説を提唱した［渡部、一九七七、一九八三］。また、中川原捷洋はエステラーゼ・アイソザイム分析をくり返し行った結果、栽培稲の起源地に当たる稲の《遺伝子中心》が、「西は上ビルマから東はラオスに至る地域で、北は中国雲南省南部地域、南はタイ北部のなかに含まれる地域」にあることを明らかにしている［中川原、一九八五］。稲作の起源地は、このようにアッサム・雲南を中心に東南アジア北部の一角を含む地域とする考え方が、最近では一般化してきたということができるようである。

ここで注意すべきは、すでに渡部も指摘しているように、初期の稲は水陸未分化な稲あるいは陸稲的な性格をもつ稲であったということである。おそらくそのような稲は、雑穀の一種として、当初は他の雑穀類と混作されていたに違いない［渡部、一九八三］。この段階の稲作を私は《雑穀栽培型》の稲作とよぶことにするが、それは雑穀栽培を主とした照葉樹林文化の生業体系の一部を構成するものと考えられる。ところが、稲は他のイネ科作物にくらべ、いろいろな点ですぐれている。その詳細は別稿［佐々木、一九八三(a)］で述べたが、稲は他の雑穀類にくらべ、まず味がよいことと、穀粒が大きくて調理しやすいことなどとともに、それは水田で栽培することが可能で、そのため収穫の安定性が大きく、収量も高い。こうしたすぐれた性格をもつため、稲はやがて雑穀の複合体の中から選び出されて、水田で集中的に栽培されるようになる。とくに照葉樹林文化が、山地から平野へと展開するにともない、水田稲作の比重は著しく高くなり、水田稲作農耕技術が確立したと想定される。このような段階の稲作を、私は《水稲栽培型》の稲作とよぶことにしているが、この《水稲栽培型》の稲作に支えられて、稲作社会が生み出され、やがて稲作文化が形成されてくるのである。

ところで、アッサム・雲南センターから各地へ伝播した稲のうち、南へ向かったものは、ホン川(紅河)やメコン川、サルウィン川などの河谷を経て、東南アジアの地域へ展開した。そのもっとも早い例としては、北部タイのノンノクターで紀元前四〇〇〇年紀とされる文化層から稲籾が発見されている［Bayard, 1970、佐々木、一九八二(a)］。しかし、インドシナ半島の北部で水田稲作農耕が本格化するのは、紀元前一〇〇〇年紀の中ごろ、つまり雲南から北部ベトナム、北部タイにかけて初期青銅器文化(広義のドンソン文化)が発展するころだとされているのである。

他方、日本の基層文化の形成にとって重要な意義をもつのは、いうまでもなく東方へ向かう稲の伝播である。それは揚子江およびその支流の河谷を伝ってひろがっていった。この揚子江流域における稲作の展開については、この研究の第一回のシンポジウムの報告書『日本農耕文化の源流』の中ですでに論じたことがあるので、ここでは詳しい説明は省略する。

要するに、揚子江流域におけるもっとも古い稲作遺跡としては、紀元前五〇〇〇年前後といわれる浙江省余姚県の河姆渡遺跡が挙げられる。だが、そこでの稲作の技術水準はかなり低いとみられること、またその文化は全体として狩猟・採集への依存度が大きかったと考えられることなどから、当時の稲作は《水稲栽培型》ではなく、《雑穀栽培型》の段階にとどまる比較的原始的なものであったと、私は考えている。揚子江の中・下流域で、稲作のウェイトが増し、水稲栽培がさかんになりはじめるのは、紀元前三〇〇〇年紀の屈家嶺文化や良渚文化のころからだと考えられる［佐々木、一九八二(a)、一九八三(a)］。

この点について、中村慎一は最近の論考で、長江下流域の新石器文化の詳細な比較分析を行った結果、「河姆渡文化期から馬家浜文化期は、栽培、狩猟、漁撈、採集が相互補完的に共存する広範囲経済に立脚した園耕文化（社会）であり、搭沢文化期から良渚文化期は水田稲作専一の専業経済である」という結論を示している［中村、一九八六］。中村の場合、やや特殊な用語を用いているので、わかりにくい点もあるが、要するに河姆渡文化期から馬家浜文化期までの間は、稲栽培は行われていたが、それは生業として独立したものではなく、他のさまざまの生業活動と補い合って文化（社会）を維持していた。これに対し、崧沢文化期から良渚文化期になると、水田稲作農耕は主たる生業形態として独立し、それを基礎とする稲作社会（文化）が生み出されたというのである。この中村の研究によって、さきに筆者が提出しておいた屈家嶺文化・良渚文化のころから《水稲栽培型》の稲作の段階になるという、おおまかな見通しに裏づけを得ることができたようである。

事実、良渚文化を代表する銭山漾遺跡（浙江省呉興県）では［浙江省文物管理委員会、一九六〇］、短粒型の粳稲（ジャポニカ型）や長粒型の粳稲（インディカ型）の稲籾が、かなりの量発見されたほか、石犂や石鎌、石庖丁、木製の杵や陶製の大型臼、それに大量の竹製品と苧麻や絹織物の断片、玉管などの玉器の類などが多数出土している。当時、すでに水田稲作を基礎とする定着的な農耕生活が営まれていたことがよくわかるのである。

しかし、日本への稲作の伝来を問題とするかぎり、紀元前三〇〇〇年紀後半の良渚文化では年代が古すぎる。少なくとも紀元前一〇〇〇年紀の江南の水稲文化を問題にしなければならない。

(2) 江南・朝鮮半島の稲作と日本への伝来

従来、日本への稲作文化の伝来については、かつて岡正雄が提出した「紀元前四～五世紀ごろに起った呉・越の動乱にともない、江南の非漢民族の社会に大きな動揺が起り、その影響を受けて江南の稲作文化が日本へ渡来した」という古典的な学説が大筋として受け入れられてきた。考古学の立場からも、たとえば樋口隆康は「秦漢帝国の南方への伸展にともない、土地の住民がしだいに圧迫され、海上に押し出された」と考え、その時期は「湖熟文化（西周から戦国時代に並行）のころ」だとしている［樋口、一九七一］。

いずれも紀元前四～五世紀あるいは戦国時代中期ごろという時期を想定し、江南地方からの稲作文化の伝来が考えられている。私も、最近までこうした意見に従ってきたが、ここではその見解にかなりの変更を加え、江南・江淮地域からの稲作文化の移動の時期をかなりさかのぼらせる必要があると考えるに至った。その理由は、一つには日本（北部九州）や朝鮮半島における初期稲作遺跡の年代が、最近の発見により、かなりさかのぼらせる必要がでてきたこと、二つには江南地域における最近の発掘調査の進展により、先史文化（とくに幾何学印文陶文化）の実態が明らかになり、その状況からしても、江南・江淮地域から朝鮮半島や北部九州への稲作伝播の年代を、さかのぼらせることが必要だと考えるに至ったからである。

日本の初期稲作遺跡については、さきにも紹介したように、菜畑遺跡などでは水田址が縄文時代晩期後半（山ノ寺式期）にまでさかのぼって確認されている。『報告書』によると晩期終末の夜臼式期とされる第八下層出土の木片の^{14}C年代が2630±30BPとされ、第一〇～一一層の山ノ寺式期のそれが2680±80BPとされている［唐津市教育委員会、一九八二〈分析・考察編〉］。ほかにも類似のデータがあり、少なくとも、従来いわれていた紀元前三世紀ごろに稲作農耕が日本へ伝来したという説には修正を加える必要がある。

ところで、日本への稲作の伝来という点と関係し、まず、検討しておかねばならないのは朝鮮半島の状況である。これについては後藤直のまとまった報告があるが［後藤、一九八二、一九八四］、主要な遺跡としては、次の三つを挙げることができる。

その一つは南京遺跡（平壌市三石区）で、三六号住居址の床面から炭化米（約二五〇粒）が検出されたほか、アワ、キビ、モロコシ、ダイズなどが出土した。年代は紀元前五世紀前後という。その二は欣岩里遺跡（京畿道驪州郡）で、一二号、一四号住居址の土器の中から八一粒の炭化米が発見されたほか、オオムギ二粒、アワ、モロコシ各一粒が発見されている。時期は無文土器文化前期。その^{14}C年代にはかなり偏差があるが、紀元前一〇〇〇年紀のかなり早い時期として間違いない。この遺跡はその立地条件からみて畑作遺跡とみられるし、南京遺跡も伴出した他の作物の特色からみて一種の畑作遺跡と考えられる。これらの遺跡の示す実態は、筆者のいう《雑穀栽培型》の稲作の存在を示唆するものということができる。

朝鮮半島北部では、すでに櫛目文土器の時代に智塔里遺跡（黄海北道鳳山郡）でヒエあるいはアワの穀粒が発見され、石鍬、石鎌、馬鞍型石臼などをともなう雑穀栽培型の農耕が営まれていたことが知られている。さらに無文土器時代に入っても虎谷遺跡（咸鏡北道茂山郡）などで、雑穀類の穀粒が出土したほかブタの遺骨が二〇体分ほど出土している。雑穀栽培とブタ飼育を行い、馬鞍型石臼を用いる《ナラ林型の畑作農耕》が営まれていたことがわかるのである。おそらく、この型の農耕は、無文土器時代を通じ、朝鮮半島にひろがったと思われるが、《雑穀栽培型》の稲作も、このナラ林型の畑作農耕と結びついて朝鮮半島に根を下ろしたと考えられるのである［佐々木、一九八七(c)］。

これに対し、松菊里遺跡（忠清南道扶余郡）は《水稲栽培型》の稲作の存在を示す遺跡である。五四区一号住居址床面から三九五グラムの炭化米が出土したほか、籾圧痕も見つかっているが、コメ以外の穀粒は発見されていない。立地条件からみて水田稲作農耕が行われていたと考えられる。その時期は無文土器前期。^{14}C年代は2665±60BP、2565±90BPを示し、欣岩里のそれよりやや新しい。この遺跡の磨製石器の特徴その他、出土遺物の組み合わせから復元される文化相が、弥生時代初期の文化と類似点の多いことが注目されている。

おそらく欣岩里遺跡などで示される《雑穀栽培型》の稲作の後を追って、中国大陸から《水稲栽培型》の稲作が伝わり、朝鮮半島の西・南部において、北方からきたナラ林文化の諸要素をも取り入れ、弥生文化の母胎となるような文化クラスターを生み出したものと考えられるのである。その時期は紀元前一〇〇〇年紀の前半ごろと推定して大きな間違いはなさそうである［佐々木、一九八七(c)］。

となると、そのころの中国大陸における稲作、なかでも朝鮮半島や日本に伝来した《水稲栽培型》の稲作の祖型に当たるものは、どのような特色を有していたかが問題になる。

次にその点の検討を簡潔に行っておきたい。実はこの江南地方の水田稲作についても、すでに別稿［佐々木、一九八七(c)］で詳細な検討を行ったことがあるので、概略を述べると、次のようにいうことができる。

まず、紀元前一〇〇〇年紀の揚子江下流域を中心とした東シナ海沿岸に良渚文化につづく時期に分布していた文化は、一般に幾何学印文陶文化とよばれるものである。最近、上海市西南にある馬橋遺跡の発掘によりその層位関係が明確になった。同遺跡では［上海市文物保管委員会、一九七八］、その最下層（第五層）は良渚文化の層で、その上の第四層、第三層が幾何学印文陶文化の層になっているが、新・旧二つの印文陶文化には明瞭な差異のあることがわかってきた。すなわち、古い印文陶文化の層（第四層）からは、各種の土器と有段石斧や半月型の石庖丁のような石器類が多数出土したほか、若干の青銅器が出土した。金石併用期の文化を示すもので、年代は紀元前二〇〇〇年紀の終わりごろとされている。これに対し、新しい印文陶文化の層（第三層）からは石器はまったく出土せず、印文硬陶と磁器の類とすぐれた青銅器が多数出土する。他の遺跡から出土した類似の遺物との比較研究から、この新しい印文陶文化の時期は戦国時代の中・晩期と推定されたという。つまり、呉・越の時代（紀元前四〜五世紀）というのは、ちょうどこの新しい幾何学印文陶文化の時代に当たることがわかってきた。

ここで一つ問題が明確になる。前にも紹介したように、日本への稲作の伝来は、従来の「定説」では呉・越の動乱の影響を受けて非漢民族が海へ押し出され、その動きの中で、大陸から稲作が伝わったということになっていた。しかし、紀元前四〜五世紀の呉・越の文化というのは、幾何学印文陶文化晩期のもので、前述のように、完全な青銅器時代のものである。金石併用期の文化的特色を示す縄文時代晩期あるいは弥生時代初期の稲作文化が、このような呉・越の文化を祖型としたとはとうてい考えられない。むしろ朝鮮半島や日本へ伝来した稲作文化の祖型をなすものは、古いほうの早期の幾何学印文陶文化だったと考えられる。従来、日本の考古学者が注目してきた湖熟文化も、最近では幾何学印文陶文化の早期に属する地方文化の一つと考えられており、その年代も紀元前二〇〇〇年紀の後半とされている［文物編集委員会（編）・関野雄（監訳）、一九八一］。

このような点を考慮すると、朝鮮半島や日本へ伝来した稲作文化の祖型が形成された年代は、紀元前二〇〇〇年紀の後半ごろまではさかのぼりうるものと考えることができる。したがって、朝鮮半島や日本への稲作の伝来時期も、従来考えられていたよりやや古く、紀元前一〇〇〇年紀の前半にまでさかのぼる可能性が大きいと私は考えているのである。

ところで、紀元前二〇〇〇年紀から一〇〇〇年紀の幾何学印文陶文化には、主として平野部で新旧二つの文化が明確に区別されることは前述のとおりであるが、それとともに「山の文化」「海の文化」ともいうべき文化類型が、当時の江南の地において見出されることも注目しておきたい。

最近、福建・江西両省境の武夷山地で崖墓（懸棺墓）が多数発掘されている。たとえば江西省貴渓県の崖墓の例では印文陶と磁器や各種の竹木器が大量に出土したほか、絹布、麻布、苧麻布などが発見され、木棺の蓋の形状から、当時の人が高床家屋に住んでいたと推定されている〔江西省歴史博物館・貴渓県文化館、一九八〇〕。その^{14}C年代は2395±75BPとされているから、紀元前一〇〇〇年紀の中ごろに当たるといえる。同様の崖墓の例はほかにもかなりあり、当時、この種の生活様式が江南の山地にかなりひろがっていたと思われる〔佐々木、一九八七(c)〕。

しかも、この種の生活様式の特色は、三世紀の沈瑩の著といわれる『臨海水土志』（『太平御覧』巻七八〇所収）にある、次のような記述と対応させることができる。すなわち、

「安家の民（浙江南部から福建に至る地域の閩越の民）は、悉く深山に依り、架して屋舎を桟格の上に立つ。楼の状に似たり。居処、飲食、衣服、被飾は夷州（台湾）の民と相似たり。父母死亡すれば、犬を殺して之を祭り、四方函を作って屍を盛り、飲酒歌舞畢れば、乃ち高山巌石の間に懸著す。土中に埋めて塚槨を作らざる也」。

紀元前六、七世紀の発掘結果にみられる諸特色と三世紀の文献の記録とがほぼ一致するわけである。さらにこの安家（閩越）の民と生活様式が相似たりという「夷州の民」というのは、台湾の原住民のことのようである。『臨海水土志』の夷州の記載をみると、首狩りや抜歯の慣習があり、材木太鼓やナレズシらしい食物を有し、アワの粒酒を醸し、竹筒でそれを飲む習俗のあることが記されている〔福本、一九七八〕。それは台湾山地の高山族（高砂族）の近い過去の姿とはなはだよく似ているということができる。このような点を考え合わすと、江南山地で崖墓を営んだ人たちも、アワを主作物とする《雑穀栽培型》の焼畑農耕を営み、高床住居に住み、首狩りを行い、ナレズシやアワ酒などをつくる人たちであった可能性が高い。つまり、彼らは、照葉樹林文化の古い形をよく残していた人たちであったらしい。少なくとも紀元前一〇〇〇年紀の中ごろには、この種の照葉樹林文化を特徴づけるような生活様式が江南の山地にひろく分布していたものと考えられるのである。

これに対し、福建省の閩江下流の沖積地の小丘陵上に曇石山という遺跡がある。この遺跡の中層の文化は、前述の幾何学印文陶文化の早期の特色をよく示すものとされているが、この中層自体が海水産の大量のシジミの貝殻の堆積の間に灰褐色土が挟まったもので、深さ三メートルほどの貝層の中からは、シジミをはじめ、イタボガキなどのカキ類、フネガイ科の貝類、巻貝の類などが数多く発見されている［福建省博物館、一九七六、呉錦吉、一九八二］。カキ類やフネガイ科の貝類などは、いずれも浅海の岩礁に生息する種類のもので、おそらく潜水漁撈によって捕獲されたと私は推定している。つまり、ここでは農耕とともに、「沈没して魚鮯をとる」ような生活が営まれていたことがわかるのである。ちなみに本遺跡の年代は、^{14}C年代で1324±155BCという値が示されている［中国社会科学院考古学研究所（編著）・関野雄（監訳）、一九八八］。

いずれにしても、紀元前二〇〇〇年紀の後半ごろから一〇〇〇年紀の前半ごろにかけ、揚子江の下流部を中心に、その南や北の地域の平野部には良渚文化以来の伝統をもつ水田稲作農耕がかなりひろく行われていた。それに対し、江南の山地には古い照葉樹林文化の伝統をもつ焼畑農耕民が生活していたし、さらに海岸部には少なくとも潜水漁撈を行う漁撈民もいたことは間違いない。しかも、これらの平野と山と海の文化の相互の間には、かなりの交流のあったことがたしかめられているようである［佐々木、一九八七(c)］。

少なくとも、このような状況が、日本あるいは朝鮮半島に稲作が伝わってくる直前の時期の揚子江下流域を中心とした中国大陸の東岸地域の文化的状況だったといえるようである。

(3)　稲作文化の伝来経路とそれをめぐる問題

前項までの検討で、日本列島へ伝来した稲作文化の祖型は、紀元前二〇〇〇年紀の終末あるいは紀元前一〇〇〇年紀の前半に江南・江淮地域に展開していた水田稲作文化（いわゆる幾何学印文陶文化）の中に求めうることが明らかになった。では、この稲作文化《水稲栽培型の稲作》に支えられた文化）がどのようなコースを通り、どのような文化要素とセットになって日本列島に伝来したと考えられるだろうか。

江南・江淮地域から日本への水田稲作文化の伝来のコースとしては、おおまかにみて図7に示したA・B・Cの三つのコースが考えられる。このほか、華北から遼東半島を経て朝鮮半島に至る北回りのコースを想定する考えもあるが、《雑穀栽培型》の稲作の場合にはその可能性もあるが、水稲の随伴雑草の中には、その分布が華北・北朝鮮に及ばないものが多い［笠原、一九八〇］。そのため《水稲栽培型》の稲作が北回りに伝播した可能性はきわめて小さいと考えられるのである。

となると、上記のA・B・C三つのコースにしぼられてくるが、稲作そのものについては、この三つのコースのすべてを経て日本へ伝来したと考えられる。しかし、稲作文化の伝来のメイン・コースとなると、江淮地域から朝鮮半島西・南部を経て北九州に至るAのコースだと私は考えている。その理由としては、「弥生文化」の伝統をつくり出した大陸伝来の新しい文化要素の多くが、朝鮮半島を経由したと考えられるからである。弥生時代の初期に登場する石庖丁や有柄式磨製石剣、各種の磨製石斧などを含む大陸系磨製石器類をはじめ、ドルメンの一種である支石墓、貯蔵穴の一種といえる袋状竪穴そのほか、朝鮮半島を経由してきたと考えられる新しい文化要素は少なくない。さらには青銅器や鉄器などの金属器の類、とくに弥生時代の前期の遺跡から出土する細形銅剣、細形銅戈、細形銅矛あるいは多鈕細文鏡などは、いずれも遼寧青銅器文化の流れをひくものであり、朝鮮系青銅器といえるものである。これに対し、中国大陸系の文化要素、たとえば鏡や金属器などの出現はややおくれるといわれている。ということは、日本列島へ伝来した初期の水田稲作技術とセットになる文化要素の多くは、朝鮮半島経由のものであることがわかる。日本への稲作文化の伝来のメイン・コースをAのルートとしたのは、このような理由による。

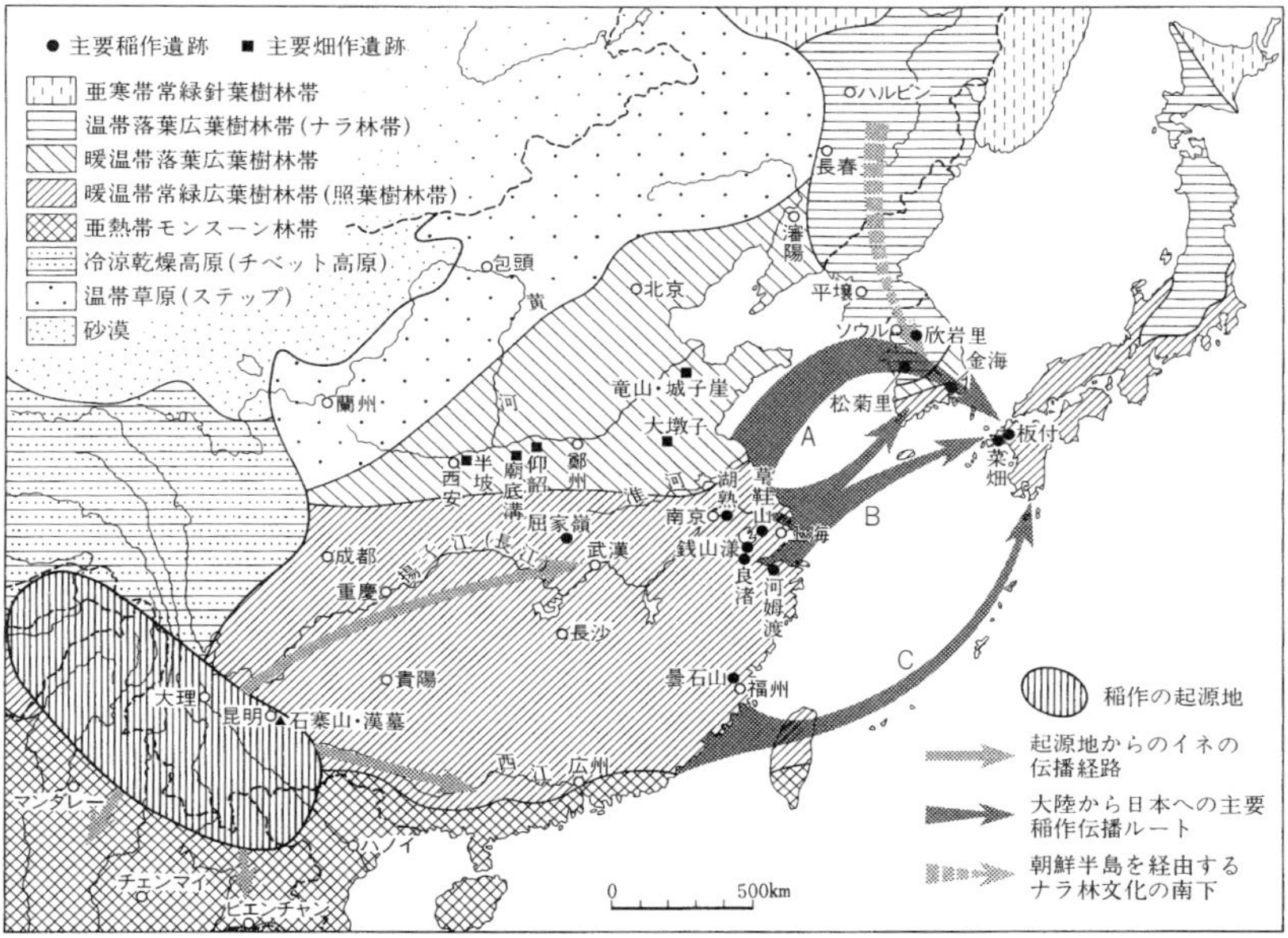

図7　東アジアにおける稲作の展開と日本への稲の伝播

本図のベースにした植生図は稲作の伝播を見やすくするため簡略化してある。東アジアの植生の詳細については、図1(98頁)を参照されたい。

この場合、日本へ伝来した初期の水田稲作農耕が、きわめて整った技術の体系を有していたことは、前にも述べたとおりである。しかも、その先端的技術が他の新しい文化要素、なかでも燦然と輝く金属器やその他の祭器・宝器類とセットになって登場したことを私はとくに注目しておきたい。これらの金属器の中には、実用的な武器として用いられたものも少なくないと考えられる。しかし、他の祭器や宝器類とともに新しい社会統合原理の象徴としての役割を演じたものも少なくなかったと考えられるのである。この種の小国家を生み出すような新しい社会統合原理は、おそらく、華北の古代先進文化地域やナラ林地帯の一部で形成され、それが朝鮮半島に持ちこまれ、稲作文化とともに朝鮮半島南部を経由して、日本列島に伝来したとみてさしつかえない。この点を私はとくに重視したいのである。

そのほか、この稲作文化の流れにともなっ

て、ナラ林文化に由来する畑作文化の諸要素や、支石墓や箱式石棺墓で示される葬送観念、さらには『三国志』「魏書」「東夷伝」の「韓」の条に示された、春・秋に鬼神を祭り、群聚が歌舞飲酒し、また大木を立て、それに鈴鼓を懸けて、鬼神に対する儀礼を行うような信仰や農耕儀礼なども、日本へ伝えられたと思われる。だが、このような点をめぐる比較民族学的な分析は必ずしも十分ではない。今後の検討が望まれる点である。

この江淮地域から朝鮮半島西・南部を経由するAルートのほか、揚子江河口部から直接、九州や南朝鮮へ達するBルート、南島を経由するCルートも稲作とその文化の伝播にそれぞれ重要な役割を果した。Bルートについては江南系の金属器などのほか、高床式の穀倉、ナレズシをつくる慣行や鵜飼の習俗など、いくつかの重要な江南系の文化が伝来したと考えられる。また、Cのルートについては、最近の渡部忠世の研究によって、ブル系（ジャバニカ型）の稲が南島を経て南九州に伝播したことが明らかにされている［渡部・生田（編）、一九八四］。筆者もかつて、この南島の島々を経てアワを中心とする雑穀栽培と二倍体のタロイモ、ヤムイモを主とする《雑穀・根栽型》の畑作文化が北上したことを想定したことがある［国分・佐々木（編）、一九七三、黒潮文化の会（編）、一九七八］。九州南部の古い文化が、九州の中部以北のそれとかなり異質であることは以前から指摘されていたが、その異質性を生み出した背景には、南島から北上した農耕文化の流れの影響がかなり重要な要素として認められるのではなかろうか。この点についても、今後の検討が期待される。

以上述べたように、中国大陸からの稲作文化の流れは、少なくとも紀元前一〇〇〇年紀の前半ごろには、東シナ海を横切り、いくつかのコースを経て朝鮮半島や九州に達したものと思われる。その際、重要な役割を演じたのは、揚子江河口部を中心に東シナ海沿岸に居住していた原住民たち――呉・越の民といわれる人たち――であったと考えられる。彼らは、古くから舟をたくみに操り、漁撈に従事する人たちだったといわれている。これらの水人（海人）たちは中国の文献に「白水郎」あるいは「泉郎」と記され［藪田、一九六八］、その分布は華南の雷州半島あたりから広東省、福建省の沿岸を経て舟山列島に至るとされている。さらに、その一部は済州島、朝鮮半島南部に及び、九州の西部、北部から瀬戸内地方にまで達している。『魏志』倭人伝に「倭の水人」として出てくるのも、この海人集団の一部とみることができる。彼らは潜水漁撈を特徴としていたようで、前述の紀元前二〇〇〇年紀末ごろ、福建省の曇石山の中層などの貝塚をつくり、潜水漁撈を営んでいたと想定される人たちも、これらの水人の古い層を代表する人たちだったと考えられる。

いずれにせよ、東シナ海の海域は、のちに倭寇が跳梁した水域でもあり、きわめて古い時代から海人の集団が移動をくり返し行っていたと推定される。江南の地域で発達した進歩した水田稲作農耕の技術体系を朝鮮半島や九州に持ちこみ、新しい稲作文化を日本列島に伝えるに当たって、重要な役割を演じたのは、この東シナ海沿岸の海人集団の一部ではなかったかと想定されるのである。

「禾稲・紵麻を植え、蚕桑・絹績し」「男子は大小と無く、皆、鯨面文身」して、水人は「好んで沈没して魚鰒を捕らえ」たという倭人の生活は、まさに照葉樹林文化の伝統を基礎にして、水稲栽培と潜水漁撈を行う江南地域の民族文化の伝統を、それに加えたものであったということができる。おそらくこの種の生活文化の諸特徴の上に、ナラ林文化の系譜をひく金属器文化や新しい社会統合原理その他の諸要素が複合化したものとして、弥生時代以降の日本の稲作文化を位置づけることができるのではなかろうか。

それは日本の基層文化の根幹を構成するものだということができるのである。

第五章　畑作文化と稲作文化——日本農耕文化の基層を作るもの

［解　説］

この「第五章　畑作文化と稲作文化」は網野善彦氏が中心になって編集された『岩波講座日本通史第一巻日本列島と人類社会』（一九九三）のなかの一章として執筆されたものである。そこでは日本の農耕文化の特色を、従来のように単一の稲作文化として捉えるのではなく、非稲作（畑作）文化と稲作文化の二つの異質な文化から構成されたものとして捉えた点に、文化論としての特色がある。とくに「基層としての畑作文化の特色の存在」を強調した第二節は『稲作以前』（一九七一）以来の私の研究の要約とも言える内容をもち、第三節の「稲作への収斂と畑作文化の伝統」は、日本農耕文化の歴史的特色として、先史時代あるいは古代以来、畑作文化と稲作文化の両者がせめぎ合い、次第に稲作の経済的・社会的役割が大きくなり、遂にはすべての社会的価値をコメに換算する「近世石高制」の完成によって、その極点に達したという事実を指摘した。そのことは文化の面からみれば「稲作への文化的収斂現象」の進展として捉えることができることを積極的に説いた。

しかし、その後の歴史的過程をみると、mono spectrum な生業構造の特色をもつ稲作文化に対し、broad spectrum な生業構造をもつ非稲作（畑作）文化の伝統は、山民文化の中などにその影響を留め、日本農耕文化の多様な特性の形成に深くかかわってきたことは否定し難い事実である。この非稲作文化の役割を注目する視点は、その後、『日本文化の多重構造』（一九九七、とくに第一〇章）や『日本文化の多様性』（二〇〇九、とくに第三・第四章）などの著作の中に継承・展開され、私の日本文化論の重要な論点の一つとなったということができる。

なお、本章の第一節「稲作文化の伝来と展開」では、東アジアにおける稲作の起源地について、本文の記述や図1（一五九頁）では従来のアッサム・雲南起源説にもとづいて述べているが、その注［＊1］では新しい長江・中下流域起源説の概要を紹介している。その後の考古学や分子遺伝学を中心とした新たな研究の展開では、東アジアの稲作の起源地は長江中下流域であることが確定し、私も長江・中下流域起源説の立場から論述をすすめている。東アジアにおける稲作の起源と展開については、第六章「稲作のはじまり」を参照ください。

はじめに

日本文化は稲作文化だとよくいわれる。確かに工業社会が成立する数十年前までは。稲（コメ）は日本経済の中心になっていた。「コメ離れ」といわれて久しい今日でも、正月にはコメの餅を雑煮に入れて祝うし、めでたい行事に赤飯はつきものである。朝夕に神仏や御先祖にコメの御飯を供えている人も少なくないだろう。稲＝コメは、われわれ日本人にとって、単なる主食や主要生産品という以上の文化的・社会的価値を有しているようである。

日本民俗学の父ともいわれる柳田國男は、晩年の自伝的エッセー集『故郷七十年』の中で「稲が来なければ今の〔日本の〕民族は成立しないと思ふ」と述べ、また「私は日本民族は稲といふものと不可分な民族だと確信している」とも記している。晩年の柳田は信仰にも似た気持で、日本の民族文化と稲作は離れがたく結びついたものと信じていたようである。そのことを彼は、さまざまな機会にくり返し主張し、その影響は、日本の学界あるいは日本人の常識の中に大きく作用したと思われる。

確かに日本の伝統的文化を久しく支えてきた生産の基盤は水田稲作農耕であり、稲作をめぐる生活習俗や信仰は、日本の伝統的文化の核心を構成するものであった。その限りにおいて。日本文化を稲作文化だと規定することはあながち誤りではない。

しかし、わが国で稲の収量が急速に向上するのは明治以後のことで、近世以前の水田の反（約一〇アール）当り収量はせいぜい一石余（約一五〇キロ）程度で、それほど高かったとは考えられない。とくに中世以前の一般農民の常食が、すべてコメであったとは考えられないのである。

網野善彦は『日本中世の民衆像』の中で南北朝初期の若狭国太良《たら》荘のある百姓女の全財産を書き上げた珍しい記録を紹介し、そこでは布小袖、綿、帷、布、鍋、金輪、鉞《まさかり》、鍬、手斧《ちょうな》などのほか、コメ五斗とアワを一石所有していたとしている。太良荘の年貢はコメだから、コメ五斗は年貢に納める可能性があり、実際に彼女の家の食糧のおもなものはアワであったらしい。太良荘は山麓の平野にある村で、中世にはこのようなごく普通の農村でも、アワが農民の主食であったことがわかる。

これは一つの例にすぎないが、他にも類例はあり、とくに中世以前の社会においては、稲作がどこまで庶民の生活を支えるものであったかについてはかなりの疑問が残る。事実、日本の農民たちが、古来、産土《うぶすな》の神に祈願してきたのは「五穀の豊穣」であり、「稲の豊作」のみではない。稲作とともに、アワやヒエ、ムギやマメなどの畑作物の豊穣を農民たちは祈ってきたのである。

このような点からみて、日本の農耕文化の伝統の中では、賦課基準としての「公」の地種（土地の種類）は常に水田であり、また、ハレの場面で顕著な役割を果たしてきたのは稲やコメであるが、それとは別に庶民の私的なケの生活の面では、雑穀やイモ類を中心とする非稲作文化の諸要素が大きな機能を有していたと考えられるのである。

このような非稲作文化の重要性を、稲作文化と対置して鋭く論じたのは民俗学者の坪井洋文であった。彼によると、従来、日本文化は「稲作文化」という同系同質の単一文化として考えられてきたが、必ずしもそうではない。日本文化には水田稲作を基軸とする価値体系によって特色づけられる第一の類型のほかに、雑穀やイモ類を主作物とする畑作を基軸とする第二の文化類型が存在する。そのことを、坪井は「餅なし正月」の慣行そのほか、数多くの民俗例をあげて実証している。

つまり、坪井によると、日本文化は稲作文化と非稲作（畑作）文化という少なくとも二つの異質文化によって構成されているのであり、この二つの異質文化は、長い歴史の過程の中で対立・抗争し、終極的には非稲作文化は稲作文化の中に同化されていったという。正月などの儀礼食の変遷をみても、明らかにそれは、非稲作（畑作）文化から稲作文化への変化のあとを示し、その逆はまったくないという点を強調している。

最近では網野善彦や大林太良など、この考え方に同調する人は少なくない。筆者も、坪井とほぼ同じ考え方に立って所論を展開してきたものだが、本稿では、坪井が主として民俗学の立場から論じたのに対し、考古学や民族学あるいは農学などの資料によりながら、アジア的な視野に立って、日本の農耕文化を構成する二つの異質文化——畑作文化と稲作文化——の系譜とその展開、あるいはその特色についての考察を試みてみることにしたい。

第一節　稲作文化の伝来と展開

(1)　東アジアにおける稲作文化の成立とその伝来

一九七八年、福岡県の板付遺跡で画期的な発見があった。従来知られていた弥生時代前期の文化層の下の縄文時代晩期の夜臼式土器のみを出土する層から立派な水田址が見つかったのである。これらの水田址は幅二メートルほどの長い水路と畦畔で区画され、水路には多数の杭を打ち込んだ井堰や取排水口が設けられ、水田面からは炭化米や炭化籾のほか、鍬やエブリなどの木製農具類や収穫用の石庖丁などが発見された。

その後、佐賀県唐津市の菜畑遺跡などでも同じような「縄文水田」が発見されたが、菜畑では水田址や木製農具・石庖丁などのほか脱穀・精白用の竪杵や、ブタを供犠した農耕儀礼の存在を示す遺物、あるいはアワやアズキなどの畑作物の痕跡なども発見され、これらの「縄文水田」が技術的にもよく整備され、きわめて完成度の高いものであったことを示している。

このような、きわめて「完成度の高い水田稲作農耕」が、日本列島の中で徐々に形成されたとは考えにくい。おそらく、それはアジア大陸の一角から北九州へ、稲作文化のクラスター（文化のまとまり）の一部を構成するものとして、完成された形でもたらされたと考えられるのである。

それではアジア大陸では、それらの稲作農耕や稲作文化は、いつ、どこで、どのようにして成立したのだろうか。日本の稲作文化のルーツをたずねる意味で、この問題を少し検討しておくことにしよう。

アジアの栽培稲（*Oryza sativa*）の起源地についてはいろいろ論争があるが、現在のところ、アッサム・雲南から東南アジア北部に至る高地で起源したとする説が有力である。この学説は、長年にわたって稲の作物史的研究を積み重ねてきた渡部忠世や稲の遺伝的変異の多様性を追究してきた中川原捷洋らによって強く支持されてきたものである。

アッサム・雲南高地で起源した稲は、その後、東アジアの各地をはじめ、東南アジアやインドの方向へも伝播したが、渡部によると、これらの初期の栽培稲は、水稲とも陸稲ともいえない水陸未分化稲で、むしろ陸稲に近い性格をもつものだったという。これらの初期の稲は、山地や丘陵の斜面あるいは河谷盆地の周辺などでよくみられる、雨の多い年には水田になり少ない年には畑地になるような「原初的天水田」とよぶことのできる耕地で、アワやキビなどの雑穀類と混作されることが多かったと思われる。この段階の稲作を、私は《雑穀栽培型》の稲作とよぶことにしている。

ところが、稲は他の雑穀に較べすぐれた性質をもっている。味がよいこと、穀粒が大きく処理しやすいことのほか、無肥料で連作できるという水田栽培に適した性質をもつ。このため整った水田が造成され、それが拡がると、稲はそこで集中的に栽培されるようになり、稲作は他の雑穀栽培から分離・独立してゆく。このようにして雑穀栽培型とは異なる典型的な稲作である《水稲栽培型》の稲作（水田稲作）が成立するようになる。それに伴い水田稲作農耕の技術や灌漑水利慣行などが確立し、それを基礎に稲作社会が成立し、稲作文化が形成されてくるのである。

日本の稲作と関係の深い長江流域で、具体的にその形成過程を追ってみると、紀元前五〇〇〇年に遡るきわめて古い稲作の痕跡が長江の下流域と中流域で発見されている。浙江省の河姆渡《かぼと》遺跡や羅家角《らかかく》遺跡、湖南省の彭頭《ほうとう》山《ざん》遺跡などである。考古学的には最も古い稲作の痕跡がこの地域に集中すること、あるいは最新の稲の遺伝学的な研究によると温帯日本型《ジャポニカ》の稲の遺伝子がこの地域に集中するという事実などから、この長江下流域を稲の起源地の一つに比定する有力な説もでてきている。いずれにしても、河姆渡遺跡などからは大量の炭化稲や骨製鋤先のほか、稲やブタを描いた土器絵画などが出土しているが、当時の稲作が《水稲栽培型》の段階にまで達していたか否かはなお不明である。[＊1]

稲作の起源の問題はともかくとして、その後長江中下流域で稲作の比重が増し、水稲作が盛んになったことが確実になるのは紀元前三〇〇〇年紀の屈家嶺《くつかれい》文化あるいは良渚《りょうちょ》文化のころと考えられる。浙江省の銭山漾《せんざんよう》遺跡は良渚文化を代表する遺跡だが、ここからは籼稲（インディカ）と粳稲（ジャポニカ）の両種を含む大量の稲籾と臼・杵や石製の鍬・鋤などが出土したほか、竹製品や絹織物の断片、玉器の類などが多数発見されている。また、ブタ・

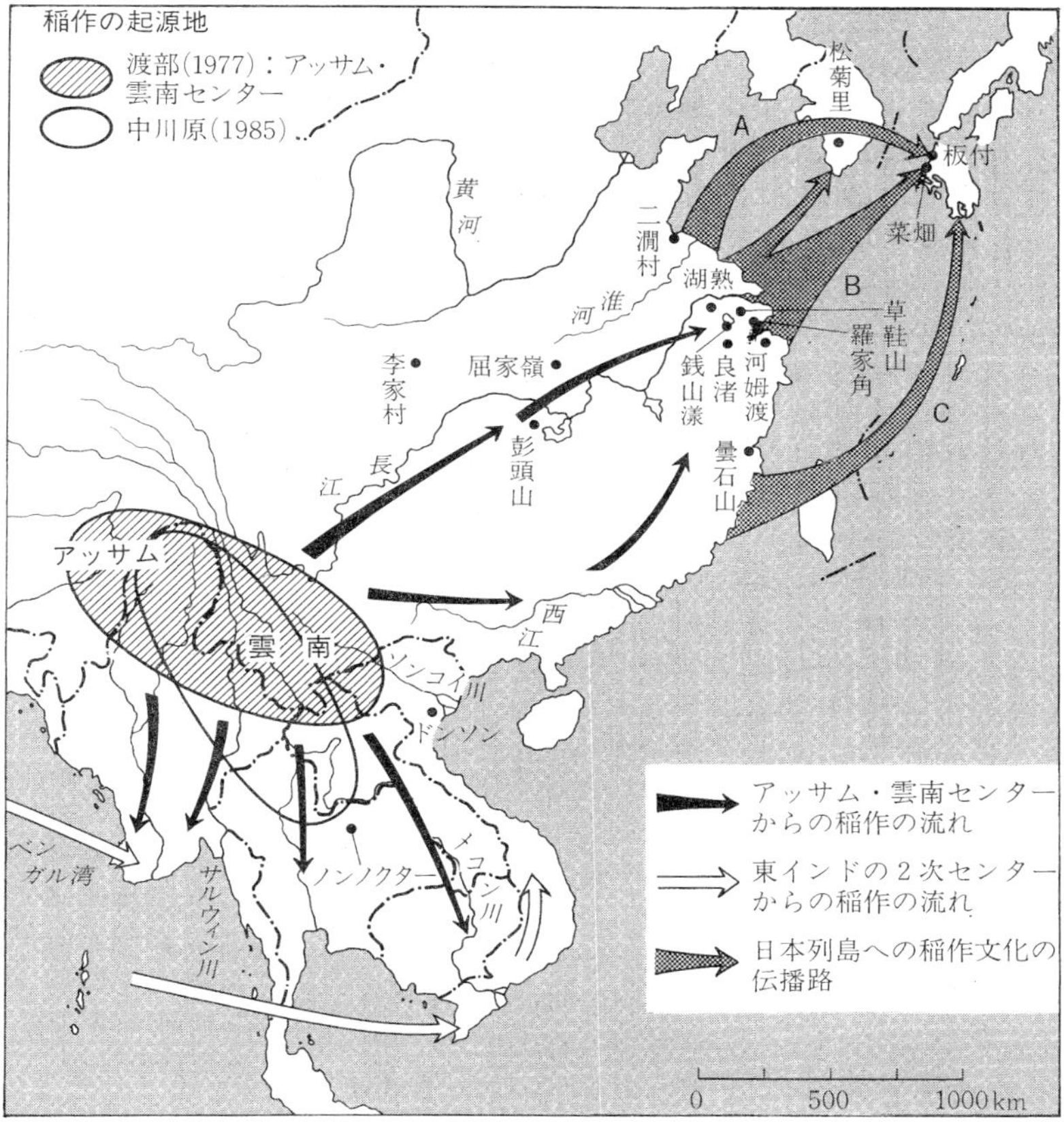

図１　稲作の起源地とその伝播路

稲作の起源地については、本図に示したようなアッサム・雲南高地起源説が有力であったが、最近では長江下流域を中心とした太湖起源説が有力な学説とした注目されはじめている。いずれにしても日本列島への稲作文化の伝播については、Ａ・Ｂ・Ｃの３ルート考えられるが、主要なルートはＡであったとみて間違いない。

ウシ・スイギュウなどの家畜の骨も出土し、当時、すでにかなり安定した稲作文化が形成されていたことがわかる。

　良渚文化にひきつづき、長江下流域には幾何学印文陶《いんもんとう》文化が拡がるが、なかでも湖熟《こじゅく》文化期の石庖丁や片刃石斧の中には、朝鮮半島南部の遺跡や西日本の弥生時代の遺跡から出土するものと似たタイプのものがみられるという。おそらく紀元前一〇〇〇年紀の前半の時期に、江淮地域

（長江と淮河の下流域）から朝鮮半島や北九州へ水田稲作や稲作文化が伝播したものと考えられるのである。

その伝播のルートは、図1に示したように、A・B・Cの三つが考えられる。このうち日本列島へ稲作を伝えた主要なルートはAの江淮地域から朝鮮半島南部をへて北九州に至るルートだったと考えられる。他のB・Cのルートについても、例えば高床の穀倉や鵜飼の習俗などは、長江下流域から直接北九州に至るBのルートで中国大陸から伝来したと思われる。また、Cの南島の島々を経て南九州に至るルートは、柳田國男がかつて提唱した「海上の道」に当たるルートで、その後の研究により、インドネシアの在来稲に近いブル系の稲（熱帯ジャポニカ）が伝来した道であることがわかってきた。

しかし、石庖丁や片刃石斧などの大陸系磨製石器群や細型銅剣、多鈕細文鏡などの青銅器類、ドルメンの一種である支石墓など、初期の稲作に伴って伝来したおもな文化要素をみていくと、その多くが朝鮮半島系のものである。実際に朝鮮半島南部の松菊里遺跡（韓国忠清南道）などでは、日本の弥生文化の原型ともみられるものがすでに形成されていたことが知られている。このような事実から、さきに述べた「完成度の高い稲作」とその文化は、主としてAのルートを経て北九州に伝わったと考えられるのである。

(2)　弥生文化の成立――縄文から弥生へ

この新しい稲作文化を、朝鮮半島から北九州へもたらした人々は、縄文人とはやや形質的特色の異なる長身・高顔の人たちだったと考えられる。旧来の縄文文化の上に、この新たにもたらされた稲作文化の諸要素が加わることによって、縄文文化とは異なる新しい文化が生み出された。いわゆる弥生文化の誕生である。

では、この弥生文化とよばれる日本的稲作文化の誕生に当たって、具体的にどのような文化的特色が新たにもたらされ、どのような特色が旧来の縄文文化から受け継がれたのだろうか。

外来の文化的特色としては、前述の水田稲作関係の諸要素のほか、養蚕と絹の製法、紡織の技術、青銅器の鋳造や鉄器の鍛造・加工技術など、当時の先端的な諸技術があげられる。そのほか銅剣・銅矛・銅戈などの武器や宝器の類、支石墓や多鈕細文鏡はじめガラス製の玉や菅玉《くだたま》、あるいは骨占いや鳥霊信仰の習俗など、非日常的で象徴的なものが少なくない。

おそらく、この種の先端的な諸技術や象徴的な文化要素とともに。その背後にある新しい思想や世界観、イデオロギーなどが、そのとき一緒にもたらされたに違いない。なかでも後に小国家を生み出してゆくような一種の社会的・政治的統合原理が、この時期に朝鮮半島から新しくもたらきれたことが、弥生文化の性格を規定する上で非常に重要だと私は考えている。

これに対し、在来の縄文文化から受け継いだ文化要素は、竪穴住居をはじめ、石器・土器・木器などの製作・利用の技術、狩猟や漁撈の技術、有用植物の採集とその利用法、半栽培と畑作の技術など、その多くが日常的生活文化にかかわるものである。つまり、弥生文化は日常的生活文化の面では、縄文文化の伝統をそのまま引き継いだとみることができるのである。しかも、弥生文化が引き継いだ縄文文化は、後にもういちど検討するように、照葉樹林文化に強く彩られた西日本の縄文文化であった。日本的稲作文化は、その基層に成立の当初から、照葉樹林文化に象徴される非稲作文化の諸特色を包摂していたことが留意されねばならない。

この点をもう少し検証するため、東南アジアの稲作文化との比較を試みてみたい。まず、縄文水田や弥生初期水田などに象徴される日本列島の初期水田稲作の特色を列記すると次のようにいうことができる。

①水路・畦畔・井堰などをもつ整備された水田を生産基盤とすること、②主としてジャポニカ型の稲を栽培すること、③木製の鋤あるいは鍬による耕作、④犁耕はなく、人の足による踏耕と田植を行う、⑤収穫は穂摘みを行う、⑥竪杵と臼による脱穀と精白、⑦高床の穀倉、⑧モチ稲の栽培と利用、⑨特有の青銅器を伴うこと、⑩ブ

表1　東南アジアにひろく分布する農耕文化の諸要素

雑穀栽培	酒
陸稲栽培	木　綿
水稲栽培*	キンマ
鍬	竹製かご
竪杵と臼	土　器
箕・篩	金属製飾り輪
ブタ・ニワトリ	製鉄技術
ウシ・スイギュウ	〈マレー式フイゴ〉
高床穀倉	刀剣・盾

*雑穀・陸稲を主作物とする焼畑民のもとでも、最近、水稲栽培が奨励され、小規模な水稲栽培が行われていることが多い。それが記録されたらしい。

表2　水田稲作文化が新しく加えた主要な物質文化の要素

水田漁撈
唐　犂
踏み臼
絹
高　機
天秤棒
輿
金銀細工
影絵芝居など

タを供犠する農耕儀礼の存在などである。

これらの諸特色を、紀元前一〇〇〇年紀の中ごろに雲南・北ベトナムを中心に展開した東南アジアの初期稲作文化であるドンソン文化の特色と較べると、青銅器が日本列島の初期稲作文化では銅鏡・銅剣・銅鐸などを主とするのに対し、ドンソン文化では銅鼓がよく用いられ、またスイギュウやウシを供犠する農耕儀礼がドンソン文化では卓越することなどを除き、この二つの稲作文化の間では一致する点が多い。ということは。東アジアの東部と南部で、ほぼ同じ時期に展開した初期稲作文化が相互によく似た特色によって彩られていることを示すものである。

そこで上の二つの表をみていただきたい。表1は東南アジアにおいて農耕に依存する一五〇余りの民族の中から、水田稲作のみを営むもの、水田稲作と焼畑農耕の双方を営むもの、焼畑農耕のみを営むものの代表的な民族を選び、共通に見出される主要な物質文化項目を数え上げたものである。分析手続きの詳しい説明は省略するが、要するに東南アジアの農耕民のもとでは、農耕に関する基本的な文化要素（雑穀栽培、陸稲栽培、鍬、竪杵と臼、ニワトリ、ブタ、ウシとスイギュウ、高床穀倉、箕《み》、篩《ふるい》など）あるいは生活技術に関する基本的なもの（酒、木綿、キンマ、土器、竹製かご、金属製飾り輪、製鉄技術〈マレー式フイゴ〉、刀剣、盾など）は、すべて雑穀（陸稲）やイモ栽培を主とする焼畑農耕民のもとで見出される文化要素で、水田稲作農耕の段階になってはじめて見出されるものではない。

水田稲作の段階になって付け加わった新しい文化要素と思われるものは、表2に示したように。農耕技術では唐犂や踏み臼、生活技術では高機や絹、輿や金銀細工、影絵芝居など、基礎的な物質文化というより、むしろ高級な技術や文化にかかわるものということができる。

この二つの表をみる限り、東南アジアの稲作文化は、物質文化については固有の文化的特色とみられるものはほとんどなく、それは雑穀栽培を主とする焼畑農耕文化の単なる展開形態にすぎないとみられる。この点は、さきにも述べたように、東南アジアのそれと酷似した特色を示す日本列島の水田稲作文化についても、同様であったと類推することが可能であろう。

東アジアの水田稲作文化は、その基層に雑穀栽培を主とする焼畑農耕文化――照葉樹林文化とも称しうるもの――の伝統を有していたことはほぼ間違いないようである。

(3)　稲作文化の展開

ここで再び、日本列島に話題を戻そう。縄文時代の晩期、北九州に伝来した水田稲作文化は急速に西日本に展開する。それを象徴的に示すのが弥生時代前期の遠賀川式土器の拡がりだといわれている。それは太平洋側では愛知県西部（名古屋付近）、日本海側では若狭湾付近にまで一様に分布し、考古学者によると、二〜三世代、約半世紀ほどの短期間に拡がったものと考えられている。

水田稲作という当時の先端的生産様式に支えられた新しい文化が、なぜこのような速さで伝播することができたのか。遠賀川式土器の分布圏は、縄文時代晩期の突帯文《とったいもん》土器の文化圏にほぼ一致し、突帯文土器の文化圏には、後にくわしく説明するように、縄文時代の後・晩期には照葉樹林文化が拡がり、雑穀類を主作物とする焼畑農耕や原初的天水田における稲と雑穀の混作の伝統が、すでに定着していたと考えられる。このため、突帯文土器文化圏の縄文人たちの間には、イネ科の作物の栽培に必要なさまざまな知識が蓄積されており、それに対応する農耕技術のセットがすでに準備されていた。そのうえ、たとえばモチや麹酒、歌垣や山ノ神信仰、あるいはアワの新嘗や常緑樹を依代《よりしろ》とする神祭りの方式など、習俗や儀礼の面でも、新来の稲作文化と共通する文化的慣行を、すでに有していたと考えられるのである。

このため、新しい稲作文化は突帯文土器文化圏内に急速に拡がり、大きな文化的摩擦をひきおこすことなく、比較的容易に在地の縄文人たちの社会にうけ入れられたと考えることができる。［＊2］

このように新しい稲作文化は、西日本の一帯にはかなりの速度で展開したが、突帯文土器文化圏を越えるあたりでは、東日本に拡がっていた縄文文化（亀ケ岡文化）との間に対立がみられたようである。また、大勢としては稲作文化が急速に展開した突帯文土器文化圏内においても、地域ごとに詳細にみると、石器の組成がより縄文的なグループとより弥生的なグループが混在していたといわれている。春成秀爾によると、大阪平野では突帯文土器をもつ土着の集団と遠賀川式土器をもつ渡来系の集団がある時期に並存し、しかも両者の間に物的・人的交流があったらしいという。

在地の縄文人と新来の弥生人とは言語も、思想も、技術的装備も異なるので、相互間にある程度の社会的摩擦が生じたことは想像される。しかし、その程度は大きなものではなかったらしい。前述のように、焼畑や常畑で雑穀栽培を営み、原初的天水田などで小規模な稲作をすでに行っていたことが、在地の縄文人の水田稲作への適応を容易にした重要な条件であったと考えられるのである。

いずれにしても、東南アジアやインドの焼畑民の村での私の経験によると、焼畑民の村が一村あげて同時に水田稲作に転化するという例はきわめて少ない。多くの例では村の有力者か、特別な男が、まず谷間に小さな水田を拓き、やがてそれが全村に拡がっていくことが多い。水稲栽培の魅力は、年ごとの収量の変動が大きい焼畑と異なり、水田でのその収穫が比較的安定していることである。したがって、いったん受け入れられると、水田稲作化の動きは、社会の上層あるいは中核部から周辺部へと急速に拡がっていくのである。

また、個人レベルで水田が拓かれ、水稲栽培が盛んになるにつれ、焼畑の村に伝承されてきた古い土地共有の慣行などがしだいに解体することが多い。また、焼畑農耕を中心に、採集や狩猟・漁撈など多様な生業活動を営んでいたものが、しだいに水稲栽培に集中するようになっていく。

このような水田稲作化に伴う社会や文化の変化は村レベルの動きの中でみられるだけではなく、その動向は畑作から稲作への転換の過程でひろくみられるものである。それらのプロセスについての詳しい分析は後に行うが、その分析に入る前に、稲作以前に西日本に展開していたと想定した焼畑を含む畑作農耕の実態について考えておくことしよう。

第二節　基層文化としての畑作文化

(1)　稲作以前の農耕——その復元と系譜

縄文時代は大局的にみて、採集・狩猟・漁撈活動に基礎をおく食料採集民文化の時代であった。そのことに誤りはない。しかし、縄文文化の統合度はきわめて高く、地球的規模でみても第一級の豊かな食料採集民文化であったことは、その人口密度がきわめて高かったことからも推測できる。しかも、その縄文社会では。すでに前期(約六〇〇〇年前)のころから僅かながら作物が栽培されていたことが、最近の発掘調査の結果からわかってきている。

福井県の鳥浜貝塚の縄文時代前期の層からはヒョウタン・エゴマ・シソ・マメ類・ゴボウ・タイマなどの果皮や種子が発見されたほか、長野県の荒神山遺跡・大石遺跡などの縄文時代中期の層からはエゴマが、新潟県の大沢遺跡、富山県の十二町潟遺跡などの縄文時代前期や中期の層からはソバ属の花粉が検出されている。だが、当時の作物栽培は、狩猟・採集経済を補う程度のごく小規模なもので、社会の全体を支えるほどのものではなかった。私はこの種の作物栽培を「原初的農耕」とよぶことにしている。

ところが、縄文時代の後・晩期になると、西日本を中心に作物遺体の発見例が急激にふえてくる。それとともに、新しいバイオ・アーケオロジーの方法で焼畑の存在が推定されるようになった。例えば、笠原安夫は出土した炭化種子を電子顕微鏡で精査した結果、岡山県中北部の縄文時代晩期の層からは焼畑で生育するような畑雑草の種子が大量に出土し、それが弥生時代中期ごろになると、水田雑草に替ってしまうことを確認している。また、北九州の四箇遺跡や菜畑遺跡などでは、花粉分析や種子分析の結果、縄文時代の後期や晩期に照葉樹林が破壊され、そのあとに大量の畑雑草とともにヒョウタンやマメ類あるいはアズキやアワ・ハダカムギ・ゴボウ・稲などの作物の種子が出土することが明らかになっている。このような事実から、水田稲作以前にその付近で焼畑のような畑作が営まれていたことが推定されている。

さらに。熊本以北の九州の縄文時代晩期の土器の胎土や土壌の中から稲のプラント・オパールが発見され、さらに最近では瀬戸内(岡山県)の縄文時代後期の土器の胎土中からも完全な籾圧痕がいくつも発見されている。おそらく、西日本の一部では当時すでに雑穀栽培型の稲作が営まれていたと思われるのである。

これらの事実は、縄文時代の後・晩期の西日本に、照葉樹林型の焼畑農耕とそれに伴い雑穀栽培型の稲作が存在した可能性を強く示唆するものである。この種の農耕を、「原初的農耕」と区別し、私は「初期的農耕」とよぶことにしているが、縄文時代の後・晩期の西日本にこの種の初期的農耕が展開していたとすると、最近まで西日本の山村地帯においてアワ・ヒエ・ソバやダイズ・アズキ・サトイモなどを主作物とする焼畑農耕がひろく営まれていたという事実が大きな意味をもってくる。

これらの焼畑の作付方式は伝統的に固定したものであり、雑穀類・マメ類にイモ類を加えたその作物構成もアジア大陸の照葉樹林帯のそれと特色を同じくしている。また、これらの伝統的な焼畑農耕には、後に改めて説明するように、山ノ神信仰や儀礼的狩猟、歌垣やアワの新嘗など、東南アジアの焼畑民のそれと対比できるような古い信仰や習俗が伴っている。したがって、これらの焼畑農耕は、日本の多くの考古学者が想像するように、水田稲作農耕が平野に展開したのちに新しく発展したものと考えることはできない。そのことは一九七一年に『稲作以前』を著して以来、私がくり返し主張してきたところである。

このような点から、私は、西日本の照葉樹林帯には、少なくとも縄文時代の後・晩期以後、雑穀栽培を主にし、それにイモ類の栽培も加わった、典型的な照葉樹林型の焼畑農耕と、それに基礎をおく文化が成立していたと考えているのである。

だが、稲作以前の農耕がすべて照葉樹林文化の系統のものばかりではない。日本の在来作物をみても、その中には稲やイモのような南方系の作物群とは別に、北方系の作物群のあることが知られている。例えば東日本で古くから栽培されてきた洋種系のカブやタカナ・ダイコンなどは、西日本のものと異なり、中国東北部・シベリアの系統をひくことが青葉高によって指摘されている。また、オオムギについても、西日本に多いE型(東洋型)のほかに、中国東北部からシベリアに連なるW型(西洋型)のオオムギが東日本に分布していることが、高橋隆平の補足遺伝子の研究により証明されている。このほか、ゴボウやネギ・タイマあるいは莜麦《ユーマイ》型のエンバクなど、北東アジアやシベリアに系統的に連なる作物は少なくない。

中国東北部・アムール川流域・沿海州を含む北東アジアの落葉広葉樹林（ナラ林）帯では、紀元前二〇〇〇年紀末から一〇〇〇年紀ごろにかけて、竪穴住居に居住し、狩猟・漁撈を営むとともにアワやキビ、ムギやソバなどを栽培し、ブタを飼育する文化が拡がっていたことが知られている。私は、この種のナラ林帯に成立した特有の文化を「ナラ林文化」とよぶことにしているが、最近では青森県の風張遺跡の縄文時代後期の住居址の床面からアワとキビの種子が出土したほか、北海道南部から北九州に至る主として日本海岸の地域の縄文時代後・晩期の地層十数カ所からソバ属の花粉が検出され、ナラ林文化の影響が少なくとも縄文時代の後・晩期には日本列島に及んでいたことが明らかになっている。

その伝来の経路としては、①朝鮮半島を経由して九州に至るルート、②沿海州から直接日本海を横断するルート、③沿海州からサハリンを経由し北海道に至るルートの三つが考えられる。ソバ属の化石花粉の分析を行った山田悟郎は、①②のルートの可能性の高いことを指摘しているが、しばらくは③のルートの可能性も否定せず、留保しておくことにしたい。

いずれにしても、水田稲作が伝来する以前の時期に、日本列島に南・北二つの方向から焼畑を含む畑作農耕とその文化が伝来してきたことはほぼ間違いないと思われる。これらの畑作文化は、稲作文化とは基本的に異なった構造をもつ別種の農耕文化であり、二つのうちより大きな影響を後世に残したのは、照葉樹林文化として類型づけられる南から来た畑作文化であったと考えられるのである。

(2)　照葉樹林文化の伝統

子守歌で有名な熊本県の五木村。そこでは一九五〇年代の後半ごろまで典型的な照葉樹林型の焼畑農耕が営まれていた。梶原部落の例では、当時、一戸当り平均一・八ヘクタールもの焼畑を経営し、第一年目の作物は春蒔きのヒエ、夏蒔きのソバ、秋蒔きのムギの違いはあるが、二年目以後の作付方式はほぼ固定し、ヒエ・アワ――ダイズ・アズキ――アワ・サトイモという輪作を行っていた。これに伴い旧暦大正月に「鍬入れ」「山ノ口開け」など焼畑の開始を象徴する儀礼、小正月には焼畑作物の予祝儀礼を営んだあと、かつては出作小屋に移動して焼畑経営の準備をした。春四月、氏神の祭りハルキトウを行うと、一斉に播種作業にかかり、その終了後、焼畑専用のヤマグワの使い納めの儀礼クワハリャーを営む。その後、夏の期間には焼畑の伐採や火入れ、除草の作業が行われ、ムギの収穫祭にあたるナツマツリ、焼畑作物の初穂を供える二十三夜サマの祭りをへて、旧暦十月十八日には収穫祭にあたるアキキトウを営み、十一月下旬には出作小屋を引き揚げ、一年の農作業を終わったのである。

このほかムラの一年を語るには山仕事のこと、その他さまざまな問題にふれねばならないが、少なくとも、ここでは生活の折目折目に営まれる祭りとそれに象徴される村人の生活のリズムが、焼畑の作業過程とよく対応していることが注目されるのである。このような焼畑を基軸とする生活の体系は、水田稲作農耕を核として構成された生活の体系とは別種のものであり、それ自体ひとつの完結した生活体系をつくり出していることは確かである。

この梶原部落では、大正月の山ノ口開けの日には、かつてはムラの男たちが総出で「猪狩り」を行ったという。同じように山ノ口開けの日などに「講狩り」「モヤイ狩り」「総狩り」などと称して村人が共同で儀礼的狩猟に出かける慣行は、九州山地をはじめ四国山地や奥三河山地など、かつて焼畑を営んでいた地域でよくみられた。しかし、その伝統はしだいに変容し、いまでは大隅の柴祭りや奥三河のシシマツリのように、藁や杉の葉でつくった獲物を神官が弓で射る儀礼などに変化してしまっている。それにもかかわらず、この種の儀礼が畑作の豊穣を祈る儀礼と考えられている点は変わりない。

実際に中部インドやインドシナ山地、華南山地や台湾山地の焼畑民のもとでは、いまも焼畑の伐採や播種の前に村の男たちが全員で儀礼的狩猟に出かけ、そのときの獲物の多寡でその年の焼畑の豊凶を占う慣行がよくみられる。東アジアの照葉樹林帯の焼畑文化の中には、狩りの獲物の血の呪力によって作物の豊穣を祈る共通の観念と習俗がひろく伝承されてきたことを私は注意しておきたいのである。

五木村でもそうであったが、日本全国の畑作村、あるいは東アジアの照葉樹林帯全域を通じて、もっとも重要な畑作物はアワであった。『常陸国風土記』には、この「粟の新嘗（収穫祭）」が歌垣の起源と関連して語られていることはよく知られている。その説話の大筋は次のようである。

むかし神祖尊《みおやのみこと》が諸国を巡行していたとき、駿河の福慈《ふじ》の岳《やま》（富士山）で日が暮れたので宿を請うた。そのとき福慈の神は「いまは新粟の初嘗《にいなめ》（収穫祭）なので、家内諱忌《やぬちものいみ》（家の中で忌み籠り）していますからお泊めできません」と断った。そこで祖神は筑波の山へ行くと、筑波の神は「今夜は初嘗ですが、あなたの仰せには背けません」と答えて、祖神をもてなした。そのため富士の山は常に雪に閉ざされているのに対し、筑波の山には諸国の男女が集まり、春秋には歌い舞い、飲食して楽しむことになった。これが筑波峰《つくばね》の会《つどい》、つまり歌垣の由来だというのである。

春秋の満月の夜などに若い男女が山や丘にのぼり、歌を唱い交わして愛の交歓を行う歌垣の慣行が、ヒマラヤや西南中国の少数民族の村々など、照葉樹林帯の焼畑民の間にひろくみられることは周知の事実である。この歌垣の起源と関連して語られた筑波山の「新粟初嘗」については、従来の解釈では、それを「わせのにいなめ」と読み、「粟」を作物のアワとせず、「脱穀しない稲実」とし、「稲の収穫祭」とみなしてきた。だが、これははなはだ無理な解釈である。「新粟」は素直に「にいあわ」と読み、「アワの収穫祭」とみるのが適当であろう。筑波山をはじめ、各地の山々の焼畑でアワがひろく栽培され、その収穫儀礼が実際に行われていたことが、このような説話成立の背景をなしたと考えられるのである。

私はかつて台湾山地で、いまもアワを大量に栽培している焼畑農耕民ルカイ族の村を調査したことがある。そこではアワの収穫を終えたあと、二〇日間におよぶ長い収穫儀礼、つまり「新粟初嘗」。が行われていた。その間、村への出入りを一切禁止し、家族も厳しいタブーを守っていた。まさに「家内譚忌」が守られていたのである。さらにルカイ族の南に住むパイワン族では、大武山という秀峰に集まっている祖霊が、五年に一度アワ祭りのときに村々を巡行し、村ごとに盛大な先祖祭りが営まれるという。

このように台湾山地の焼畑民のもとでは、最近まで「神祖巡行」「新粟初嘗」「家内譚忌」の三つの儀礼的要素が相互に深く結びついて存在していた。『常陸国風土記』に描かれた山民の世界も、この台湾の焼畑農耕民のそれと基本的に同じ構造を有していたとみて差支えない。

これらのアワの新嘗に象徴される文化的特色は、前述の儀礼的狩猟や歌垣の慣行などとともに、照葉樹林帯の焼畑文化の基本的特色にかかわる重要な要素であり、それらはもともと稲作文化を構成する要素ではないことを注意しておきたい。そのほか。山地の土地や生きものすべてを支配する山ノ神の信仰をはじめ、雑穀や稲のモチ種を開発し、モチ製品をハレの食品として儀礼的に使用する慣行、ミソやナットウのようなダイズの発酵食品の使用、茶の葉を加工して飲用する慣習、さらには麹を用いて酒を醸造する技術その他、わが国の古い民俗慣行や技術伝承の中に深くその痕跡を刻み込んでいるような伝統的な文化要素の多くが、焼畑に基礎をおく照葉樹林文化の中にそのルーツを求めることができるようである。そのことは、すでに『照葉樹林文化の道』(一九八二)や『照葉樹林文化と日本』(一九九二)などの中で、詳しく述べたとおりである。

このような意味で、照葉樹林文化に代表される畑作文化の伝統は、日本文化の基層を形成し、その中核を構成する重要な文化伝統の一つだとみて間違いないと思うのである。

(3) 畑作文化の展開

日本の畑作文化の伝統は、さきにも述べたように、この照葉樹林型の焼畑文化のみに根ざすものではない。とくに東日本のナラ林帯の山麓や台地に展開した畑作文化は、常畑耕作を基礎に、五～六世紀ごろ以降は牧馬の慣行とも結びつき。ユニークな文化伝統を形成したことが注目されねばならない。

一九八二年、榛名山麓の群馬県子持村の黒井峯遺跡で、火山噴出物の軽石で埋まった六世紀中ごろの集落跡の発掘が行われた。竪穴住居址をはじめ、平地式建物や高床式建物、家畜小屋、畑地の跡、道、柴垣などが、姿をあらわし、古墳時代の畑作村の実態がはじめて明らかになった(図2)。当時の畑地は畝立てした整った畑地と耕起したままのものがあり、さらに屋敷地内の庭畑《キチンガーデン》や陸苗《おかなわ》代《しろ》と思われる丁寧に耕した小面積の畑地なども発掘され、ムギやイネのプラント・オパールも発見されている。ここでは台地

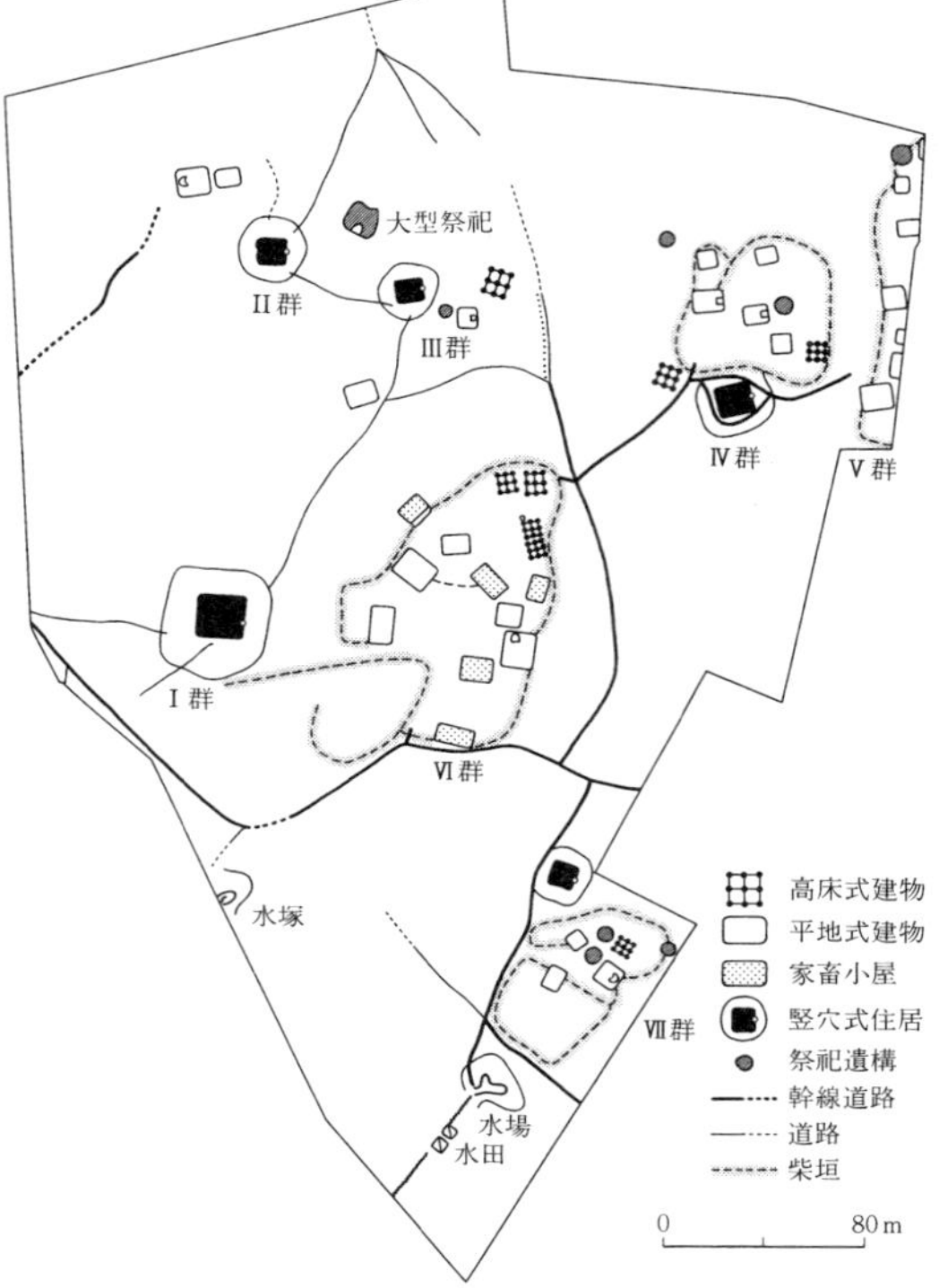

図2　古墳時代の畑作村(群馬県黒井峯遺跡)
榛名火山二ッ岳の噴火により埋没した建物群と道路、宅地、畑地、柴垣などが発見された(石井、1990による)。

と台地の間の狭い谷に、小さな水田が僅かに見出されるにすぎず、生産の中心は畑作におかれていたことは間違いない。

関東平野周辺の台地では、この種の畑作農耕が弥生時代以来、卓越してきたらしい。そこでは谷地田にいわゆる小区画水田が発見されてはいるが、水田用の木製農具の製作用工具である磨製石斧の出土は少なく、畑作用の石鍬と思われる打製石斧や穂摘具の横刃型石器が数多く出土している。関東地方では、西日本とは異なり、畑作が中心で狩猟とそれに伴う文化の伝統がひろく定着していたと思われるのである。

さらに一九九一年には同じ子持村の白井遺跡などで、六世紀中ごろに二ッ岳から噴出した軽石層の直下から、夥しい馬の蹄の跡が発見された。明らかに畝を削平した畑地の一面に残された無数の蹄跡は、休閑期の畑地放牧を行っていた貴重な実例ということができる。「馬柵《うませ》ごしに麦食《は》む駒の」と『万葉集』の「東歌」にもあるように、ムギや雑穀類の耕作期間には畑地の周囲に牧柵を施し、休閑期間には耕作を休止した畑地で馬の放牧が営まれていたらしい。この種の定期的な輪作を行う畑作農耕が、当時、何程かの共同体規制を伴いながら、東日本の地域で営まれていたことが推定されるのである。［＊3］

この牧馬慣行の起源については、高句麗系の影響を考える説もあるが、いまのところ必ずしもはっきりしない。しかし、東日本のナラ林帯では、六世紀ごろ以後、アワ・ヒエ・ソバなどの雑穀類やムギ類を主作物とする畑作と牧馬の慣行が結びつき、特有の畑作文化が生み出されたことは確かである。その文化の伝統の中から、「僦馬《しゅうば》の党」が生み出され、中世の騎馬武士団が形成されてきたとみることができるのではなかろうか。

この種の主として畑作に依存する非稲作文化は、東国や西国の僻地にみられただけではなく、少なくとも九世紀ごろまでは、畿内の周辺地域にも広く存在していた。例えば八九五年（寛平七）六月には、大和国の吉野にある丹生《にふ》川上神社の神官たちが。吉野山中にある神域で「国栖《くず》戸百姓や浪人等」が狩猟を行い神域をおかすので、それを禁止して欲しいという訴えをおこし、山民に対して禁令が出されている。ここで「国栖戸百姓」というのは、早く『応神紀』などに登場する吉野地方の典型的な山民の後裔で、九世紀の当時でも、狩猟・採集や焼畑農耕を中心とする独自の非稲作文化を有していた人たちだと考えられる。その伝統的な生活圏の中へ、神社側が神域の四至を画定しようとしたので争いがおこり、この禁令になったと思われる。

そのころ、大和国添上郡の春日大神の神山や山城国相楽郡の東大寺・元興寺・大安寺・興福寺領の杣山などでも領主側と山民の間で同じような抗争が起きている。そのころまで畿内周辺の山地においては、平野の稲作民と異なった文化をもつ山民たちがかなり分布し、伝統的な生業活動を営んでいたようである。

このような山民たちと領主側との抗争のなかでも有名なのが、『三代実録』の貞観九年(八六七)三月二十五日条に、

大和国に令して、百姓が石上の神山を焼き、禾豆《かとう》を播蒔するのを禁止せしむ。

とある事件である。石上神宮の神山で百姓たちが焼畑を営み、「禾豆」つまり雑穀やマメ類を播種して栽培しているが、それを禁止させるというのである。

この事件の詳しい研究を行った畑井弘によると、石上神宮は律令国家の軍事的守護神として高い神格をもつ神社であるが、古くは石上坐布留御魂《いそのかみにますふるのみたま》神社とよばれ、その神は奈良盆地東部の布留川扇状地からその背後の山地一帯を生活領域とする土着の人びと、水田稲作とともに山地で焼畑をひろく営んできた人びとの信仰する神であった[畑井、一九八一]。

ところが、布留氏はもともと鍛冶の伝統を有していたため、やがて兵器の鍛造→兵器庫→軍事信仰の中心という進化がおこり、布留の土着神が大和王権の軍事的守護神に昇華してしまう。こうして国家神に変容した石上神宮は領主権を強く主張し、「神山」、つまり神社の背域一帯の林野の所有と利用をめぐって土着の住民と鋭く対

立・抗争するようになる。その背景には布留地域の住民の多くが、平安時代初期の時点でも、なお伝統的な雑穀栽培型の焼畑を神宮が禁止するほど大規模に営む山民であり、林野を多角的に利用する生活様式をもつ人たちだったという事実が存するようである。

ところで、石上神宮の北側、布留川扇状地の扇頂部右岸には縄文時代から歴史時代におよぶ布留遺跡があり、その化石花粉の分析結果が報告されている。それによると、まず古墳時代後期から平安時代に至る時期にはカシ・ナラ・スギなどの混淆林が茂っていた。しかし、この期の終わりごろにはソバの花粉が出土しはじめ、開墾がすすんだことがわかる。つぎの平安時代から鎌倉時代に至る時期にはカシ・ナラ・スギの森林はなくなり、ソバの花粉が大量に出土する。おそらくアワ・ヒエ・キビなどの雑穀類も栽培され、耕地化が進展したとみられる。これに対し、鎌倉時代に入るとソバの花粉は激減し、雑草（イネ科の草本）がふえ、山地ではマツが増加し、全体として荒地的な環境に変化したというのである。

このような花粉分析にもとづく環境復元と史料の示す事実をつき合わせてみると、「百姓たちが石上神山を焼く」九世紀中ごろには、この付近の山地にはカシ・ナラの混淆林がよく残存し、焼畑農耕を中心に採集・狩猟など森林を多角的に利用する山民たちが、固有の生活文化を展開させることが十分可能であったと考えられる。ところが、それ以後、森林が急速に失われ、一時期、畑作が盛んに営まれるが、それも土地収奪的な性格が強かったのであろう。鎌倉時代中期以後には、その畑作農耕も放棄されてしまったようである。「石上神山を焼いて禾豆を播いた」山民たちの姿は、この地では鎌倉時代中期ごろまでに消滅してしまったとみて差支えない。

だが、そのことは畿内周辺の山地においてさえ、中世初期ごろまでは、山民文化の伝統をもつ人たちが固有の生活を営んでいたことを意味するものである。したがって、他の地域の山地や台地においては非稲作文化の伝統をもつ人びとが、さらに後の時代にまでひろく存在し、平野の稲作文化と対比しうる特有の生活文化を長く保持しつづけてきたとみて間違いないと思われるのである。

だが、マージナルな地域で、その伝統を長く保持してきた非稲作文化も、長い歴史の過程の中では稲作文化の強い影響のもとに、その特色を失っていく。次節では稲作文化と畑作文化の特質を対比し、その相克のプロセスをたどることにしよう。

第三節　稲作文化への収斂と畑作文化の伝統

(1)　稲作の拡大と稲作文化への収斂

縄文時代晩期末ごろに北九州に伝来した水田稲作は、前述のように、日本的稲作文化といえる弥生文化を生み出し、北海道と沖縄諸島を除く、日本列島の全域へ拡大していった。

都出比呂志は、日本古代における農業生産の発展過程を四期に分ける。水田稲作を受容した弥生時代初期から中期までを第一期とし、第二期は弥生時代後期から古墳時代前期までの時期で、鉄器の比重が飛躍的に高まり、沖積平野に樹枝状の水路網が形成され、その開発がすすんだ。第三期は古墳時代の中期と後期に当たり、朝鮮半島からもたらされた新しい技術を基礎に大規模な人工水路の造成などにより洪積台地の開発に進展があり、犂やまぐわなどによる畜力利用もこの期の後半でみられた。さらに奈良時代から平安時代に至る第四期には、いわゆる「条里プラン」が施行され、耕地を再編成する区画整理が大規模にすすめられたという。

このような耕地開発の進展をめぐって、最近、広瀬和雄らは大阪平野の例を中心に七世紀初頭以降、「国家」主導型の大規模な灌漑水路網と耕地の開発が行われた点を強調し、金田章裕は地方の水田開発までを視野に入れて、八世紀は国家レベル、あるいは大寺院などの準国家レベルで大規模な開拓の進展した時期だと規定した。

いずれにしても、弥生時代初期以来、ムラやムラ連合などのローカルな社会的・政治的統合を基礎に、主として農耕技術の向上と耕地条件の改良によって拡大してきた水田稲作は、七～八世紀ごろを境に、国家レベルのより強大な社会的・政治的統合を背景に、一挙にその規模を拡大したということができる。いわゆる条里プランの基礎になる方格地割が施行されはじめたのも七世紀ごろからとされている。こうして稲作(水稲栽培)は、律令的な国家体制の整備に伴い、その面積を拡大し、生産性を向上させるとともに、その経済的・社会的役割を著しく高めていったとみることができるのである。

とはいっても、当時の土地利用は、なお粗放なもので、条里地割や墾田の中にはかなりの荒廃耕地や未開拓地があり、田の面積比が相対的に低かった。また、すべての耕地が連年耕作の対象にならず、たとえ作物が栽培され「現作」となっても、一定の収量に達しない「損田」の割合が高かったとされている。このような耕地の不安定性が解消され灌漑条件の改善や用水管理システムの成立などによって二毛作が普及し、土地利用の集約化がはかられたのは一二世紀ごろになってからだとされている。

いずれにしても、このようなプロセスをへて、稲作の面積的な拡大や生産性の向上がはかられてきたが、その傾向は中央から地方へ及び、時代的にも古代・中世の全期間を通じて進行し、すべての社会的価値をコメに換算する「近世石高制」の完成によって、一応その極点に達したとみることができる。

このような稲＝コメへの経済的・社会的価値の集中化は、日本の稲作社会の有する大きな特色の一つといえるが、それは文化の面からは、稲作への文化的収斂現象の進展として理解できるように思えるのである。

ここで「稲作への文化的収斂現象」というのは、稲＝コメの生産が増大するに伴い、文化の中に占める「稲作」の意義が大きくなり、稲作を中心とする文化がその色彩を強めていく現象を指すものとする。弥生時代以降、この現象の進展によって、稲作を日本文化の核心だと考える傾向が進行してきたとみることができる。それは伝統的な儀礼や祭りの中へ稲の儀礼や稲の祭りが次第に重要視されるようになり、その比重が著しく高まるようになった点によくみとめることができるようである。

熊本県の五木村梶原部落は、前にも述べたように、三〇年ほど前に焼畑農耕がまだ盛んに営まれていたころ、私が調査を行ったムラだが、その当時、このムラでは正月の元日には、年末に煮ておいたサトイモを椀に盛り、イモカンといって、それだけを雑煮を祝う前に食べる古い習俗がみられた。また一月十五日の小正月の日には粟穂・稗穂を模した削り掛け（ホダラギ）をつくり、ヤナギの枝にアワ餅と子イモをつり下げたモチバナをつくって神々に供えた。そのほか、御先祖などには大きなサトイモのまわりに子イモを串刺しにして成熟したサトイモの形を模したツクリイモを供えることになっていた。このムラでは正月儀礼の供物や儀礼食のほとんどすべてが、その当時はアワ・ヒエ・サトイモなどの焼畑作物やそのツクリモノによって占められていたのである。

民俗学者の坪井洋文は『イモと日本人』というすぐれた著書の中で、私の調査した五木村の例も含め、全国から正月儀礼の供物や儀礼食の事例を集めて詳細な検討を行った。その結果、正月のハレの供物や食品については、サトイモだけを用いる「餅なし正月」のようなものから、サトイモと餅（稲あるいはコメを象徴する）の双方を重視するもの、そして餅だけに集中する「餅正月」的なものへと変遷してきたことを明らかにしている。正月儀礼だけではなく、古い神社の供物や儀礼食の場合にも、稲作農耕の普及と進展によって、雑穀やイモなどの畑作物が供物や儀礼食から脱落し、餅や稲を中心とするものに移行する傾向が顕著にみられるという。

このようなプロセスがひろく、深く進行することによって、稲の儀礼や稲の祭りが日本人の宗教儀礼の中で大きなウェイトを占めるに至ったとみることができる。言葉を換えれば、日本人の文化的な価値体系の中で稲（コメ）の占める比重が著しく高くなったということである。こうした稲への文化的な収斂現象の進展によって、日本文化の基層に横たわっていた畑作文化の諸特徴がしだいに稲作文化のそれに置き換えられていき、そのプロセスを通じて「日本的稲作文化」が形成され、成熟していったと考えられるのである。

『記紀』をみると、その中には二種類の稲作起源神話が記されている。その二つの特色を対比すると、稲をめぐるシンボリズムの社会的・政治的意義の違いが明白になってたいへん興味深い。その一つは、殺された女神の死体から作物が生ずる「死体化生《けしょう》型神話」といわれるもので、『古事記』によると、

須佐男命《すさのおのみこと》が高天原から出雲へ赴く途中、大気都比売《おおげつひめ》に食物を乞うた。比売は鼻や口や尻から御馳走を出して饗応した。これをみた須佐男は怒って比売を殺してしまった。すると、この殺された女神の頭や目や鼻や陰部や尻から蚕、稲、粟、小豆、麦、大豆などが生じた、というのである。

『日本書紀』にも、月夜見命《つくよみのみこと》が保食神《うけもちのかみ》という女神を殺してその死体から作物が生じたという神話が記されている。天照大神はそれらの作物を「蒼生《あおひとぐさ》の食いて活くべきものなり」と述べたという。つまり一般庶民の食料とすべきものだというのである。

これに対し、もう一つの稲作起源神話は『日本書紀』の天孫降臨章の一書の二に出ている神話で、

天照大神はその子天忍穂耳命《あめのおしほみみのみこと》が地上の支配者として天降るに当たって、まず、自分のシンボルである宝鏡を授け、ついで「吾が高天原《たかまのはら》に所御《きこしめ》す斎庭《ゆにわ》の穂《いなほ》を以て、亦吾が児に御《まか》せまつるべし」と勅したという。実際には孫に当たる瓊々杵尊《ににきのみこと》が天降ったが、そのとき天上の母神が、天上でつくった稲穂を支配者の地上での食料として授けた、というのである。

このような『記紀』に記された二種類の稲作起源神話のうち「死体化生型」の神話は、稲とともに雑穀類の重要性をよく示すもので、この種の神話は雑穀栽培型の焼畑農耕とともに古い時代に、照葉樹林文化を構成する要素の一つとして、中国大陸から西日本に伝来したものと考えられる。これに対し、「斎庭の穂型」の神話は天孫降臨

神話の一部として語られていることが重要で、それは檀君《だんくん》神話や首露《しゅろ》神話など朝鮮半島の支配者降臨神話と密接な関係をもつようである。神話学者の大林太良によると。それは「恐らく古墳時代に入ってから、五世紀ごろに朝鮮半島から日本列島に流入した支配者文化の一環としてとらえるのがよいのではないか」といわれている。

死体化生神話では一般庶民の食料となる稲や雑穀類の起源が語られているのに対し、斎庭の穂型の神話では権力の象徴としての宝鏡と聖なる稲の存在が語られており、稲をめぐるシンボリズムが、ここでは支配者文化と深く結びついている点が注目されるのである。

このように『記紀』にみられる二つの稲作起源神話は、畑作文化のレベルと稲作文化のレベルにほぼ対応し、とくに後者は支配者文化と深く結びついていることが明らかになった。この例にみられるように、稲作への文化的収斂現象は、ムラやムラ連合の統合から国家体制の整備・拡大に至る社会的・政治的統合の進展に伴って進行してきたものであり、その現象は時代とともに、権力の中枢あるいは社会の上層から末端へ、まだ中央から地方へと拡大していくものであったということができるのである。

(2)　畑作文化の伝統とその評価

上述のように水田稲作の拡大、稲作文化の展開が、古代以来、不断にすすめられてきた。それにもかかわらず、日本列島の山地や海岸部あるいは辺境地帯などには稲作文化になじまない非稲作社会の伝統が、その後長く残存してきたことも事実である。

例えば、さきにも指摘した、ナラ林文化の系譜をひく東国の畑作・牧馬文化は、かつては東国の地域に、西国と異なる文化伝統がつくり上げられていた可能性を示すものであり、その伝統の中から中世以降に騎馬武士団が形成されたと考えられる。しかし、その伝統的畑作文化の構造については、今日までのところ必ずしも十分な研究がすすめられてはいない。したがって、ここでは非稲作(畑作)文化を代表するものとして山民の文化をとりあげ、その特色を稲作文化と対比して考え、さらに両者の相克の跡を簡潔にあとづけて本稿を終わることにしたい。

一般に水田稲作民のムラでは、その生業と生活の中核にあるのは明らかに水田稲作農耕そのもので、そこでは毎年同一の「稲作水田」で水稲が単作される。水田の経営・管理の複雑な技術も「稲作水田」という人工環境の有効利用を計るものであり、村落を単位とする協業のシステムや年中行事のカレンダーなども、この水田稲作を中心に組織されている。このように平野の水田稲作村においては、稲作以外の生業の機能は相対的に小さく、したがって、その生業と生活は、稲作に著しく収斂するmono spectrumな特色をもつということができるのである。

これに対し、山民のムラでは生業と生活がきわめて多様な特色を示すのが常である。そこでは生業の中心をなすのは焼畑農耕であることが多いが、焼畑農耕は水田稲作と異なり、一〜数年で耕作を放棄し、耕地を他に移動させる。そのうえ輪作の年次や耕地の性状により、雑穀類、マメ類、イモ類その他きわめて多種類の作物を複雑な形態で栽培する。しかも、水田稲作に較べ焼畑農耕は収穫が不安定なため、山民のムラでは、常畑での雑穀栽培や堅果類その他の食用植物の採集への依存度が高く、そのほか狩猟や河川漁撈、牧馬・牧牛、薪炭材や用材の採取をはじめ、萱や樹皮や蔓類などの有用植物の採集と加工、炭焼き、養蚕、木製品加工など、生業活動はきわめて多様になり、その生業と生活はbroad spectrumな特色に彩られているということができる。

こうした特色を生み出す条件としては、①山民の生活には、農民の世界における「水田稲作」のような中核となる生業の体系が存在しないこと、②山村の生業・生活に利用される空間のサイズが大きく、稲作農民のそれと較べ、その自然条件が多様なこと、③これらの自然を利用する人間の側の分類・認知の体系が著しく精細で、その利用の技術にも多様な分化がみられること、などがあげられる。

伝統的な生活を営む山民は、山の自然の特徴を精細に把握し、その詳細な知識にもとづいて、生業と生活を山の自然にうまく適応させ、きわめて多様な姿に組織してきたということができる。これらの山民のもつ分類・認知の体系は、山民文化の基礎を構成するものであり、稲作農民のそれとは明らかに異なるものだということが注目されるのである。しかも、この山民たちのもつ自然や生活についての分類・認知に関する価値体系の背景には、神々や精霊にかかわる精神世界の分類・認知の体系が広く存在し。その中心にあるものが山ノ神信仰だと考えることができるのである。

わが国の山ノ神信仰については、すでに多くの研究があり。その一々を紹介することはできないが、堀田吉雄はその大著『山の神信仰の研究』（一九八〇）の中で、山ノ神は「山をうしはく［主として支配する］神で、山の樹木とか、猪・鹿など、動植物・鉱物まで幅の広い生産神なのである」としている。山の土地も、自然も、そのすべてを支配するのが山ノ神であり、この山ノ神の支配と加護のもとに山民たちは、焼畑、狩猟、採集などあらゆる生業活動を営み、生活をしているのである。その限りにおいて、山ノ神は、山地で営まれるきわめて多様な生業活動のすべてにかかわる生産神だということができる。このような山ノ神の信仰をもつ山民たちは、山中に山ノ神の坐《いま》すことを深く信じ、その神々に怖れと敬いを抱き、山そのものを神のすみ家とみて、それを厚く尊崇する自然観・宗教観を生み出してきた。

これに対し、水田稲作民の場合には、生業の中心が稲作に収斂するため、神信仰の特色も田ノ神や稲魂《いなだま》という稲の生産を司る神へ収斂する傾向が著しい。また、稲が生産の中心になるため、稲の生産を司る神が家や一族の幸せを司る祖霊とみなされることが多く、この一家・一族の祖霊の多くは、やがてムラの中に社をもつようになり、そこに常住する神として農民にまつられる場合が少なくない。

このように山民と農民の神信仰の特色には大きな違いがみとめられる。ということは、山民（畑作）文化と農民

（稲作）文化との間で、その精神文化の中核を構成する神の特質と観念において著しい差異がみとめられることを意味し、それは山民の文化が平地の稲作農民の文化と構造的に異なることをよく示す事実だということができる。私はこの点をとくに強調しておきたいのである。

いままで述べてきたように。山民の文化（畑作文化）は、稲作文化と対置されるような特質をもち、中世ごろまでは畿内周辺の山地においてさえ、その伝統をよく保っていた。この山民文化の伝統が壊滅する過程に大きな影響を与えたのは、近世初頭に幕藩体制の側からしかけられた山村地域の「大討伐」であったと考えられる。北山一揆（一六一四年〔慶長一九〕）、椎葉騒動（一六一九年〔元和五〕）、祖谷山一揆（一六二〇年〔同六〕）などが、その代表的な例ということができる。

ここでは、これらの一揆の具体的経過を語る余裕はないが、その特色をとりまとめた福田アジオによると、これらの一揆は、通常の百姓一揆などと異なり、①土豪層と百姓の両者を含んだ地域全体の反抗であった。②武力衝突をくり返し、山間奥地を舞台にした戦いという性格をもっていた。③一揆の鎮圧は討伐軍を派遣し、武力行使により達成された。椎葉騒動の場合には幕府からの討伐軍が派遣されている。④結末はすべて一揆側の敗退で終わり。そのさい、いずれも大量の殺戮を伴っていた、という〔福田、一九八八〕。

このような特色をもつ近世初期山村における一揆は、福田によると「支配体制が山村の独自性を否定して「近世」石高制のなかに完全に組み込むための武力行使だったと言える。それは一揆の側から言えば、石高制社会に対する自分達の独自の社会を守るための命を賭けての戦であった。独自の社会とは非稲作の畑作社会であり、それは本来焼畑と狩猟に基盤を持つものであった」としている。これらの山村の一揆は、近世石高制に象徴される水田稲作社会の支配体制と非稲作社会が対決し、後者が抹殺・解体を余儀なくされる最後の事件であったということができるようである。

宮本常一もこの点をめぐって、「中世にあってもっとも活溌な武力活動を見た山岳民居住地帯は、近世初期に相ついで徹底した討伐にあい、その山岳民的エネルギーをそがれている」と述べている。同様の見解はすでに柳田國男が「山立と山臥」という論文の中で述べており、千葉徳爾も同じ点を強調している。また原田信男が、中世末ごろまで行われていた狩猟による食肉の社会的供給が完全に否定されるのは、近世石高制社会に象徴される稲作を中心とする米社会の形成と無関係ではないとしているのも、別の視点から同じ問題に迫ったものということができる。

このように近世石高社会の成立を一つの契機として、非稲作社会は稲作社会の大きな圧力の前に潰えていった。それにもかかわらず、山民文化に象徴される畑作文化の伝統は、かなりの変容をうけながらも、日本列島の山地や辺境地域などに、その後も長く伝承されてきた。これらの伝承されてきた山民文化の特色を一つの手掛りとして、われわれは非稲作(畑作)文化の伝統をある程度まで復元することができたわけである。

稲作文化の強い浸透や同化の過程、ときには「討伐」というような受難の歴史過程をへながらも、非稲作(畑作)文化の伝統が今日まで、何らかの形で継承されてきたことは注目に値する事実である。非稲作(畑作)文化のもつエネルギーの大きさと強靭さを、改めて評価しなければならないと思うのである。

縄文時代にアジア大陸から伝来したナラ林文化や照葉樹林文化にまで、その系譜をたどることのできる畑作農耕に生業の基礎をおく文化は、水田稲作に基礎をおく稲作文化に先行して日本列島に拡がったものであり、稲作文化の基層を構成する文化だということができる。この畑作文化と稲作文化は、その文化の構造や価値体系において相互に異なる特色を有し、中世末ごろまでは、ある程度の対立・抗争関係にあったことは事実のようである。したがって、坪井洋文がすでに指摘したように、この二つの文化を、日本文化の基層を構成する二つの亜文化類型《サブカルチャー》とみなすことは妥当であり、筆者も本論をそのような趣旨で展開させてきた。

しかし、ことさらにこの二つの文化の対立関係を強調することは必ずしも正しいことではない。本論で二つの文化の特色の対比に重点をおいて述べてきたのは、日本文化を単一の稲作文化とみようとする従来の日本文化論と異なる視点に立つことを強調したかったからである。現実には、日本の稲作文化の中には数多くの照葉樹林文化の要素が組み入れられていることからもわかるように、畑作文化と稲作文化の間には、対立・対抗しながら重層・同化するプロセスが歴史的にくり返されてきたものと考えられる。外来文化を幅広く受容する日本文化の柔構造なども稲作文化がその基層にある畑作文化の broad spectrum な特色をうけ入れることによって適応の幅が広まり、その結果、形成された文化的特色の一つといえるのではなかろうか。

畑作文化と稲作文化は確かに日本農耕文化を構成する特質の異なる二つの亜文化類型であるが、両者はその特色を相互に融合・同化させる過程をくり返すことによって、日本文化全体の特性の形成にかかわってきたことは確かな事実なのである。

注

＊1　**新しい稲作起源説の登場**　稲作の起源については、本論でとりあげたアッサム・雲南起源説のほかに、最近、植物遺伝学の立場から新しい仮説が提唱されている。従来の説が稲の栽培化は水稲・陸稲、インディカ・ジャポニカの未分化稲が古い形で、それは一ヵ所で起源したと考え、その起源地を遺伝的変異のもっとも多様なアッサム・雲南高地に求めたものである。これに対し、最新の葉緑体ＤＮＡの研究などによると、インディカとジャポニカの稲には明瞭な差異があり、両亜種が異なる祖先から由来した可能性を示すという。また野生稲（*Oryza rufipogon*）の中にもインディカとジャポニカに分化する傾向がみられることも指摘され、インディカとジャポニカがそれぞれ別に起源したとする複数起源説が考えられるようになったのである。

国立遺伝学研究所の佐藤洋一郎は、稲の雑種劣勢の研究から*Hwc-2*と*hwc-2*の二つの遺伝子が日本稲の系統を考える上で大切なマーカーになることを見出したが、このうちジャポニカ稲を特徴づける*Hwc-2*遺伝子の分布は、アジア大陸では長江流域に集中的に分布している。この長江下流域（太湖周辺）は、本文でも指摘したように、最古の稲作遺跡が集中的に発見されているが、この事実にも注目し、佐藤らは、少なくともジャポニカ稲（佐藤のいう温帯日本型稲）は長江下流域で起源したものと考えたのである。

この新しい長江（太湖）起源説に立てば、アッサム・雲南山地にみられる稲の多様性は複雑な環境に適応した結果であり、未分化稲の存在は交雑の結果ということになる。またインディカ稲の起源地も別に存在することにもなる。古い稲作遺跡が次々に発見され、また稲のDNA分析の結果なども加わり、この長江中・下流に起源地を求める新しい稲作起源説は、その後広く定着した。詳細は第六章「稲作の始まり」を参照のこと。

＊2　**稲作の東北日本への展開**　稲作文化は西日本の地域に急速に展開したばかりではなく、弥生時代の前期のうちに本州の北端にまで達した。青森県の砂川遺跡（弥生前期）や垂柳遺跡（同中期）では、遠賀川系の土器を伴う水田遺構が発掘され、たぶん海路を通って早生の稲をもつ集団が移住したと想像されている。この場合にも、垂柳遺跡では水田の下からキビ族の花粉が発見されたということで、稲作をうけ入れるだけの条件が、ここでもすでに存在していたのではないかと思われる。ただし、弥生時代後期以後の気候の冷涼化に伴い、この本州北部地域の稲作前線は大きく後退した。

＊3　**畑作と牧馬の慣行をめぐって**　畝を削平した畑地、つまり休閑期の畑地に残された無数の蹄跡は、休閑期間あるいは刈跡の畑地に多数の馬を放牧した痕跡を示すものであり、「馬柵ごしに……」の歌は牧柵の存在を示している。この二つの事実をつなぎ合わせて考えると、本文にも記したように、牧柵で囲った畑地でアワ・キビなどの雑穀類やムギ類を栽培した後、その刈跡を削平して休閑地にし、そこへ多数の馬を追い入れて放牧を行ったと推定される。もし、二ツ岳の噴火が、いわれるように六月ごろに起こったとすれば、ムギの刈跡で放牧が行われたことになる。冬作のムギの前作物として夏作の雑穀類が栽培されていたとすれば、雑穀類―ムギ―刈跡放牧という輪作の形態が推測されるが、冬作のムギ栽培は集落付近の集約的な耕地に限られていたかもしれない。

このような輪作が行われていたとすると、ムラの耕地をいくつかの耕区に分け、耕区ごとに耕作と休閑の時期を定め、耕区内の個人の耕地はすべて同じルールに従って耕作と休刊を行う一種の耕作共生が実施されていたことになる。この種の水田・畑作村における仮跡放牧と輪作の実体については、中部ネパールの実例を紹介したことがある［佐々木、一九八九(a)］。

なお、このような畑作と牧馬の慣行が、どのようにしてこの東国の地域に伝来し、定着したのかはいまのところ全く不明だが、西日本の地方から伝播したとは考え難い。後の渤海使の来日したコースに近い、日本海を横断する経路をへて大陸から日本海岸に至り、関東地方にもたらされたと考えられないだろうか。

第六章　稲作の始まり

［解　説］

この「稲作のはじまり」は二〇〇三年二月に『週刊朝日百科37 新訂増補　日本の歴史原始・古代7 稲と金属器』（通巻五六八号、改訂第一刷）に掲載された論文である。実は一九八七年に刊行された『週刊朝日百科　日本の歴史39』にも同名の論文（以下「旧稿」と略称する）が掲載されたが、それを、全面的に改稿（「改訂稿」と略称する）し、「新訂増補」と銘打って刊行されたものである。一九八〇年代の後半から九〇年代にかけて日本列島を含む東アジアの稲作の起源とその展開をめぐっては、数多くの新しい考古学的な発見があり、DNA分析はじめ新しい自然科学的な知見も数多く加わるようになった。その結果、旧稿と改訂稿の二つの論文の間には大きな違いが生ずることとなった。その差異——つまり新しい発見と研究の進展の結果——は、大きく三つにまとめることができる。

その第一は、縄文時代におけるイネを含む作物遺体の新しい発見がつづいたことである。旧稿では一九七八年に板付遺跡の縄文晩期の文化層からはじめて整った水田遺構が発見され、縄文の稲作が初めて認められたことから書き始めたが、改訂稿では、埋蔵種子分析、花粉分析、プラント・オパール分析など、いわゆるバイオ・アーケオロジー研究の進展に伴い一九八〇年代以後、縄文時代の作物遺体の発見が相ついだことから筆を起している。とくに九〇年代に入り縄文後期・中期のいくつかの遺跡から稲の痕跡が発見されるようになり、遺跡の立地状況その他から、これらの縄文の稲が、整った水田ではなく、むしろ山地斜面の焼畑耕地や谷間の原初的天水田などで少量ずつ栽培されていたと考えられるようになった。他方では板付遺跡や菜畑遺跡その他では水路や畦道を備えた整った縄文水田がみられるので、縄文時代の日本列島の稲作には畑稲作と水田稲作の二つがあったとみられるようになった。

次の問題点はアジアにおける栽培稲の起源地が長江中・下流域とほぼ確定されるようになったことである。古くは稲の起源地はインド東部の低地、一九七〇年代から八〇年代前半頃までは雲南・アッサム高地が有力視されてきた。旧稿は雲南・アッサム高地起源説に基づいて所論を展開したが、その後、長江下流域やさらに中流域で古い稲作遺跡の発見が相次ぎ、またDNA研究を含むバイオ・アーケオロジーの面からも新しい発見が加わり、長江中・下流域がアジアにおける栽培稲（ジャポニカ）の起源地とみなす考え方が確立した。その後の稲作の発展・展開のプロセスについても――日本列島の稲作の伝播と展開の問題を含め――考古学や遺伝学を中心にかなり明らかになった。改訂稿では九〇年代前半頃までの研究の成果をもとに叙述を行っている。

改訂稿で第三に指摘すべき点は、「弥生時代の稲作」の復元をめぐる問題である。旧稿は私が一人で執筆したが、改訂稿では総合地球環境学研究所の佐藤洋一郎氏の全面的な援助のもとで執筆することができた。その結果、佐藤氏の調査した静岡県の曲金北遺跡で大量の雑草種子が検出された水田区画が多数発見されたことから、当時の水田には休耕田がかなりみられたこと、また当時の稲の品種は不揃いできわめて雑然とした水田景観がみられたことなどがわかってきた。そのため弥生の水田が全面に亘り、耕作利用されたのではなく、雑草におおわれたところが少なくないことを図示した。また、技術的には旧稿と同様、当時は人の足による踏耕と田植（乱雑植）、穂刈りと穂束貯蔵が行われたと想定したが苗代としては、穂摘みした稲穂をそのまま湿地に並べて発芽させる「穂蒔」が実施されたことを新たに想定した。佐藤氏の協力により「弥生の稲作」が旧稿に較べて大きく改訂され、弥生の稲作の実態を具体的に描くことができたと思っている。

（二〇一〇年十一月）

はじめに

縄文時代には、その主な生業である狩猟・採集活動のほか、小規模ではあるが何らかの作物栽培が行われていたことが、最近の研究で明らかになってきた。それは肉眼では見えない微細な炭化種子や化石花粉、プラント・オパール（イネ科植物の葉にあるガラス質細胞の微化石）の分析など、バイオ・アーケオロジーの研究が著しく進展したためである。その結果、縄文前期の鳥浜貝塚や三内丸山遺跡などからヒョウタン、マメ類、エゴマ、ゴボウなどが発見され、中期の北海道ハマナス野遺跡や臼尻遺跡などからはヒエ属の種子やアワなどが出土した。さらに同じ中期の青森県の富沢(2)遺跡からは栽培型のヒエが二〇〇〇粒も出土している。このほか全国の縄文中期から後期・晩期にかけての遺跡からソバ、エゴマ、シソ、アワ、マメ類、オオムギ、キビ、エンバクなどがそれぞれ少量ながら発見され、当時すでに小規模な原初的農耕が日本列島の各地で営まれていたことが分かってきた。

第一節　縄文の二つの稲作――畑稲作と水田稲作

稲作については、一九九三年には岡山県の南溝手遺跡や津島岡大遺跡などの縄文後期の土器の胎土の中から、九四年には同県姫笹原遺跡の縄文中期の土器の胎土の中から、イネの籾痕やプラント・オパールが多数発見された。その後、同県の矢部貝塚や福田貝塚出土の縄文中期の土器、さらには岡山市・朝寝鼻貝塚の縄文前期の地層の中からもイネのプラント・オパールが見つかっている。その結果、稲は縄文後期から中期（約四五〇〇年前）頃、場合によっては前期頃にまで遡って栽培されていた可能性がでてきた。また、一九九〇年には青森県八戸市の縄文後期の風張遺跡の住居址の床面から七粒の炭化米が発見された。当時この地で稲作が営まれたか否かは不明だが、その頃（縄文後期）、西日本ではある程度の稲作が営まれていたことは確かであろう。

だが、これらの稲が立派な水田で栽培されていたとは考えられない。例えば、さきの姫笹原遺跡も中国山地の脊梁部に近い海抜五〇〇メートルほどの山間に位置している。縄文の稲は、山地斜面の焼畑耕地や谷間の原初的

表１　弥生文化を構成する要素

分　類	具体例
中国系の渡来品	漢の馬鈴、ガラス製の璧《へき》、前漢の馬車の笠飾り、漢の環頭の大刀、漢の青銅製腕輪、新の貨幣、前漢・新・後漢の鏡、金印
朝鮮系の渡来品	ガラス製の玉、管玉、有柄式磨製石剣、長手の磨製石鏃、青銅の釜、青銅製武器（剣・戈・矛）、鉄製工具（鉄の斧）、鉄製武器、朝鮮式銅鈴、多紐細文鏡
大陸から伝わった技術、習俗	水田稲作農耕の技術（温帯ジャポニカ）、青銅器の鋳造、鉄器の鍛造、鉄器による木の加工、伐採用の石斧・加工用石斧、収穫用の石器、高床倉庫、紡織、養蚕と絹の製法、骨占い、農耕儀礼、鳥霊信仰、支石墓、多数の財宝を死者に副えて埋める厚葬、環濠集落、鏡と剣のシンボリズム、穴倉
弥生文化独自のもの	南海産巻貝製の腕輪とその形をうつした青銅製腕輪、小型の鏡、分銅形土製品、巴形銅器（盾の飾り）、再葬墓（東日本）、打製石剣、鉄戈・石戈、特殊壺と器台、銅鐸と武器形祭器の祭り、方形周溝墓、北部九州の甕棺墓、東日本の人の歯・指骨の装身具
縄文文化から受け継いだもの	竪穴住居、土器製作の基本技術、土器の文様、土器の蓋、弓矢を用いる狩猟技術、有用植物の採集と利用、半栽培の伝統と畑作農耕技術、原初的稲作（熱帯ジャポニカ）、木の実の水さらし、打製石器の技術、編布とその技術、漁撈技術、木製品と木材加工技術、丸木舟とその製法、漆の技術、各種骨角器、勾玉、土偶、二枚貝製の腕輪、抜歯、クシ、モリ

注）弥生文化は、大陸から新しい技術、知識や思想が到来することによって、縄文文化の基礎のうえに成立した。縄文文化からの伝統的な文化要素、新来の朝鮮半島系・中国系の要素、そして弥生文化独自要素の三つに分けて整理すると、弥生文化の性格を明確にとらえることができる。土器作り、有用植物採集、二枚貝の腕輪など縄文文化系の要素には女性にかかわるものが多い。大陸にありながら到来しなかったものに、食用家畜の飼育と乳の文化、城壁で囲んだ都市、文字、高度の学術的知識、宗教、思想などがある。

出典：『週刊朝日百科37』1-218頁の図を表にした。構成：佐原　眞、佐々木高明

天水田と呼ばれるような粗野な耕地で、アワなどの他の雑穀類とともに少量ずつ栽培されていたと考えられる。私はこのような粗放な稲作を《雑穀栽培型》の稲作と呼ぶことにしている。

では、整った水田で稲をつくる、より集約的な《水稲栽培型》の稲作、つまり水田稲作農耕はいつ頃から始まったのか。一九七八年、福岡国際空港のそばにある板付遺跡で縄文晩期の文化層から水田址が発見された。縄文水田の発見である。人工的に掘削された水路と長い畦畔、それに井堰や水量調整用の柵を備えた取排水口をもつ立派な水田で

ある。水田面からは炭化米や鍬や柄振などの木製農具や収穫具の石包丁なども出土した。

これに続いて、唐津市の菜畑遺跡でも同様のよく整った縄文水田がいくつも出土している。ここではブタの下顎骨三体分を串刺しにしたものが儀礼用の土器や漆器と一緒に発見され、当時、すでに動物供犠を伴う農耕儀礼が営まれていたことが分かっている。しかも、この種の縄文水田は、北部九州ばかりでなく、その後、中国地方や近畿地方でも次々と発見されている。

二千数百年ほど前の縄文晩期の頃に、こうしたよく整備された水田を有する「完成された水田稲作農耕」が、さまざまな新しい文化的特色とともに、たぶん朝鮮半島南部を経由して北部九州や本州西部の地域にもたらされたと考えられる。旧来の縄文文化の伝統の上に、これらの新たな文化的特色が加わることによって、新しいタイプの文化が生み出された。それが「弥生文化」の誕生である。

弥生文化を構成する新・旧の文化的特色の要素は、表1に示した通りである。弥生文化の大きな特色は、水田稲作という当時の最先端の農耕作によってその文化が支えられ、青銅や鉄などの金属器をもち、新しい政治的・宗教的統合原理を有していたことであろう。では、弥生文化を特徴づける水田稲作農耕は、いつ、どこから日本列島にもたらされたのだろうか。まず、この点から検討を始めることにしよう。

第二節　東アジアにおける稲作の起源と展開——長江中・下流域起源とその展開

アジアの栽培稲の起源地については、古くはインド東部の低地、一九八〇年代頃までは中国の雲南・インドのアッサム高地が有力視されていた。しかし、最近の発掘調査の結果、中国の長江中・下流域で古い稲作遺跡が次々に発見され。またＤＮＡ研究を含むバイオ・アーケオロジーの面からも新しい発見が加わり、その地が東アジアのジャポニカ稲の起源地と見なされるようになった。

長江下流域では浙江省の河姆渡《かぼと》遺跡から大型の高床建物などとともに、大量の稲や獣骨製の鋤先などが発見された。その稲のDNA分析の結果、サンプルの二〇粒のすべてがジャポニカで、うち二粒が熱帯ジャポニカ（他は不明）だったという。この遺跡の年代は紀元前五〇〇〇年頃とされ、付近の羅家角《らかかく》遺跡からも同様の古い稲作の痕跡が発見されている。さらに長江中流域ではいっそう古い稲作遺跡が見つかった。紀元前六〇〇〇〜七〇〇〇年頃といわれる湖南省の彭頭山《ほうとうざん》遺跡では土器の胎土の中から稲の籾殻や藁が発見され、同じ湖南省の八十壋《だん》遺跡や河南省の賈湖《かこ》遺跡からも同じ頃の古い稲作の痕跡が発見されている。こうして長江中・下流でジャポニカの稲が起源したことが確認されるようになったのである。

これらの初期の稲は、水稲的というより、むしろ陸稲的な性格をもち、さきにも述べたように、山地・丘陵斜面の焼畑や谷間の原初的な天水田で小規模に栽培されるものであった。紀元前四〇〇〇年頃の江蘇省の草鞋山《そうあいざん》遺跡で初めて検出された水田の遺構は一〜九平方メートルほどの小さな不整形の水田が並ぶ原初的なもので、窪地に溜まる水を利用するものであった。紀元前四三〇〇年頃の湖南省の城頭山遺跡でも畦畔で区切られた小規模な水田址が出土し、それに接して儀礼が営まれたと思われる祭壇も出土している。

一般に稲は他の雑穀類に比べ、さまざまな優れた性質をもっている。とくに無肥料で連作できる水田栽培に適した特性をもつ。このため整った水田が造成され、それが拡大すると、稲はそこで集中的に栽培されるようになり、稲作は他の雑穀栽培から分離・独立していく。《雑穀栽培型》とは異なる《水稲栽培型》の稲作、つまり典型的な水田稲作農耕が成立するのである。それに伴い、大量の水稲品種群がつくられ、水田稲作農耕の技術が確立し、広い平野へ稲作が進出する。その結果、稲作社会が成立し、稲作文化が成熟して国家が形成されてくるのである。

長江下流域では、河姆渡文化期から草鞋山遺跡の属する馬家浜《ばかほう》文化（前四六〇〇～前三八〇〇年）の頃までは採集・狩猟経済の比重が大きく、稲作の果たす役割はまだ小さかった。それが次の崧沢《すうたく》文化期から良渚文化期（前三三〇〇～前二二〇〇年）に入ると、遺跡が平野に進出するとともに、石鋤や破土器らの耕作具や石鎌などが発見され、水田の耕起作業とともに穂刈ではなくて根刈が実施されていたことがわかる。また、臼と杵、米を蒸すための専用の調理具（甗《げん》）などが現れ、稲作経済が確立したようである。その頃には規模の大きな整備された水田が拡大したと思われる。

良渚文化期には、こうした稲作の発展を背景に、巨大な基壇をもつ大建築群や大型の墳丘墓、それに数多くの玉器類の出土によって象徴される初期国家が誕生した。また、この成熟した稲作文化はその後、長江中・下流域から四方に伝播し、拡散していった。南に向かっては紀元前二五〇〇年頃に稲作文化は広東省石峡《せっきょう》遺跡に達し、東南へは紀元前二〇〇〇年頃までに福建省の閩《びん》江流域に至り、ほぼ同じ頃に北上した稲作の流れが山東省の楊家圏遺跡にまで達している。

長江下流域では良渚文化に続いて、紀元前二〇〇〇年紀から一〇〇〇年紀にかけて馬橋《ばきょう》文化や湖熟文化が広がる。さらに馬橋文化に続き江南の地に広がったのは、日本の稲作文化とよく似た特色をもつ越の文化だとされ、湖熟文化の石庖丁や片刃石斧その他の中には、弥生時代の西日本や朝鮮半島南部の遺跡からの出土品とよく似たものが少なくないという。稲作と稲作文化の系譜は、この長江下流域や江南の地から日本列島や朝鮮半島中南部へ確かにつながっているようである。

第三節　稲作の日本列島への伝来――三つの道

稲作の日本列島への伝来路は、一四九頁の第四章図7に示したように大別して三つのルートが考えられる。考古学の視点から見て最も主要なルートは江淮地域（長江・淮河の間）あるいは長江下流域から朝鮮半島中南部を経て北部九州へ至るルートである（図のA）。弥生時代初期の文化の中には各種の青銅器類（例えば多鈕細文鏡や細形銅剣など）をはじめ、朝鮮半島経由で伝来したに違いない文化要素がかなり合まれている。中国大陸から朝鮮半島へ伝播した水田稲作文化は、そこで北方から南下してきた青銅器と畑作を伴う遼寧青銅器文化とセットになり、弥生文化の原型を形成したと思われる。

だが、稲作文化のすべてが朝鮮半島を経由して伝来したわけではない。高床の穀倉や鵜飼のように、朝鮮半島にその痕跡がなく、長江下流域や江南地方から直接日本列島に伝来した文化的特色もある（図のB）。また最近のDNA分析によると、日本列島に伝来したイネは、ジャポニカ稲のうち二つの変異型が卓越していたことが知られるようになり、その一つは中国大陸から直接北西九州へ伝わったとされている。この点からもBルートの意義は再評価されねばならない。また南西諸島を経由する、いわゆる「海上の道」（図のC）を伝わって、インドネシアの在来稲「ブル」に似た熱帯ジャポニカの稲と冬作のオーストロネシア型の稲作が南部九州に達したこともほぼ間違いない。稲作伝来の道は一つではなかったのである。

これらの水田稲作文化を、主に朝鮮半島から伝えた人々は、北アジア系の高顔・長身の渡米系の弥生人と呼ばれる人たちであった。その数については人類学者は多数の渡来を想定し、考古学者は比較的少数だったと考えている。最近では、渡来した人たちは少なかったが、彼らの人口増加率が土着の縄文系の人たちに比べて高かったので、やがて渡来系の人たちが人口の大半を占めるに至ったという説が唱えられている。

また、大陸沿岸からの稲作の伝播については、当時、東シナ海の沿岸には、身体にイレズミを施し、潜水漁撈を行い、船を巧みに操る海人の集団が広く分布していた。中国で「白水郎《あま》」と称され、『三国志』の「魏志倭人伝」に「倭の水人」と記された人たちで、紀元前一〇〇〇年紀の大陸各地における社会的な動揺を背景に、彼らが稲作文化の伝播に大きな役割を演じたと考えられるのである。

では、中国大陸や朝鮮半島からどのような稲が伝えられたのか。最近のＤＮＡ研究、とくにＳＳＲ多型の研究では、中国や朝鮮半島の稲には七つ～八つの種類が認められるのに対し、日本列島にはそのうちの二種類が、前述のように、著しく卓越している。つまり、渡来してきた水稲の絶対量が少なかったため、稲の種類がごく限られてしまったというのである。しかも。そのうちの一種類の稲は朝鮮半島には存在せず、直接、中国大陸から日本列島にもたらされたことも分かってきた。このようなＤＮＡ研究の最新の結果と、主に朝鮮半島経由でかなりの稲が伝来したという従来の考古学研究の成果を、どのように結びつけるのか。今後に残された課題ということができる。

第四節　弥生稲作の実像

こうして朝鮮半島や中国大陸から北部九州へもたらされた水田稲作農耕は、どのような特徴を有していただろうか。その特色を列記すると次のようにいうことができる。

①水路・畦畔・井堰などをもつ整備された水田を生産基盤とする。②温帯ジャポニカ稲の栽培。③主に木製の鍬あるいは鋤による耕作。黎なし。④人の足による踏耕や田植えを行う。⑤収穫は穂摘み（穂刈り）。⑥竪杵と臼

による脱穀と精白。⑦高床式の穀倉。⑧モチ種の稲の栽培と利用。⑨牛・水牛など大型獣の供犠儀礼を営まない。

これらの諸特色は最後の⑨を除き、紀元前一〇〇〇年紀中頃に雲南・ベトナムを中心に東南アジアに展開したいわゆるドンソン型の稲作と類似する点が少なくない。長江流域の稲作センターの東方と西方の地域で、ほぼ同じ頃に、それぞれ類似の稲作文化が形成されたことが分かるのである。

ところで、これらの弥生の稲作は具体的にどのように営まれていたのだろうか。発掘された遺跡や遺物のほかに、最近まで木製農具を使用して稲作を営んでいた東南アジアやインドの民族例などが参考になる。そこでまず問題になるのは本田準備(田拵え)の方法と田植えの有無についてである。木製の農具は深耕・反転には適さない。このため田拵えには水田に水を入れ、木の鍬や鋤で浅耕し、前年の刈り株などを起こした後、人の足で踏耕を行ったと考えられる。また高温湿潤な東南アジアでは雑草の生長が著しいため、多くの場合、苗代で育苗した大型の苗を植え付け、直蒔きする例はほとんどない。夏季には同じ気候条件になる西日本では、稲作伝来の当初から田植えを伴っていたと私は考えている。

さらに最近の研究によると、弥生の水田に生育する稲の品種のバラツキは意外に大きく、水田はさまざまな種類の稲や雑草が茂る原野のような景観を呈していたらしい。また雑草の種子が大量に検出され、稲作が行われていたとはとうてい思えない水田区画がかなり存在することも分かってきた。それは休耕田あるいは不耕作田で、この種の休耕田は「片荒らし」と呼ばれ、中世にも広く存在していた。このような事実から復元される「弥生水田」の実像は、従来、多くの考古学者が想像していたものとはかなり異なるもののようである。

第五節　日本列島における稲作の展開

水田稲作農耕が北九州に伝来した縄文晩期の頃、日本列島には東・西二つの大文化圏があった。東の文化圏は精巧な文様で器面を飾った亀ヶ岡式土器によって代表される文化圏、西は口縁や胴部に刻み目のある粘土帯をめぐらす無文の突帯文土器によって代表される文化圏である。東の亀ヶ岡式土器文化圏は落葉広葉樹林帯（ナラ林帯）にほぼ対応し、当時の人口の八割以上がこの地域に集中していたとされている。そこでは、採集・狩猟・漁撈に基礎をおく縄文文化が栄え、《成熟した採集民社会》が維持されていた。これに対し、西の突帯文土器文化圏は照葉樹林帯に対応し、縄文文化の辺境にあたり、人口も少なく、狩猟や採集・漁撈活動よりも。むしろ有用植物の半栽培や焼畑農耕を営む初期的農耕社会をつくっていたと考えられる。

北部九州に伝来した稲作がまず広がったのは、西の突帯文土器文化圏であった。北部九州が比較的短い期間のうちに、水田稲作農耕を伴う弥生時代前期の文化は、この文化圏の東端（東海地方の西部）にまで達し、そこで一時停滞する。当時の先端的な生産技術である水田稲作農耕を営む渡来系の集団が、西日本の地域に次々とその技術を展開させていったが、在地の縄文人たちも、伝来した水田稲作農耕を受容してその文化を変化させていった。それを可能にしたのは、縄文時代の後・晩期に、西日本の地域に焼畑農耕とともに原初的天水田で稲を栽培する《雑穀栽培型の稲作》が、すでに展開していたという事実が大きな意味をもつと考えられる。

この場合、在地の縄文系の人たちと渡来系の人たちは、相互に棲み分けたり、同じ地域で共存・共生する例もあれば、対立して激しく戦う例もあったようだ。だが、在地の縄文人の多くは、収穫の安定する水田稲作農耕を積極的に受け入れ、弥生文化が急速に形成されていったと考えられる。

東日本の地域に稲作文化が面的に広がるのは弥生時代の中期以後のこととされるが、前期の間にも稲作は点在的に東日本へ進出し、青森県の砂沢遺跡では前期の水田址が発見されている。このような東北地方北部への稲作の進出のためには早生の稲が必要である。縄文後・晩期に日本列島に広がっていた熱帯ジャポニカと新しく渡来してきた温帯ジャポニカの稲が交雑すると、その中から早生の稲の生まれることが実験で明らかになっている。この種の早生の稲が東北日本への稲作の伝播に大きな役割を果たしたことは確かである。

このような遺伝子交換による稲の品種交替も含め、縄文から弥生への文化の転換は、完成した水田稲作農耕と金属器文化を受け入れることによって、急速に進んだと考えられるのである。

第六節　原初的天水田の検証——水田と畑作の間

ところで、唐津市の菜畑遺跡は、縄文時代晩期の水田稲作のあとが発見されたことで著名な遺跡だが、その水田稲作が営まれる以前にも、ある種の畑作農耕が営まれていたことが、花粉分析や種子分析などによってわかってきた。

図1はその結果を示したものだが、ここでは縄文晩期後半の山の寺式土器の時代(第十二層。約二六八〇年前)以前には、谷底平野には湿地が広がり、丘陵斜面にはシイやカシ類を中心とする照葉樹林が拡がっていた。ところが、山の寺式土器の時代になるとイネ属の花粉が急に出現し始めた。それとともに第十一層から第九層までの文化層の中から、イネ、アワ、アズキ、ヒョウタン、メロン、ゴボウ、シソなどの主に畑で栽培される植物とカタバミ、イヌホオズキ、ナズナ、ハコベなどの畑雑草の種子が大量に出土し、ある種の畑作が営まれていたことがわかる。だが、同時にそこからはミゾソバなどの湿地性の植物やコナギ、タガラシなどの水田雑草も出土している。

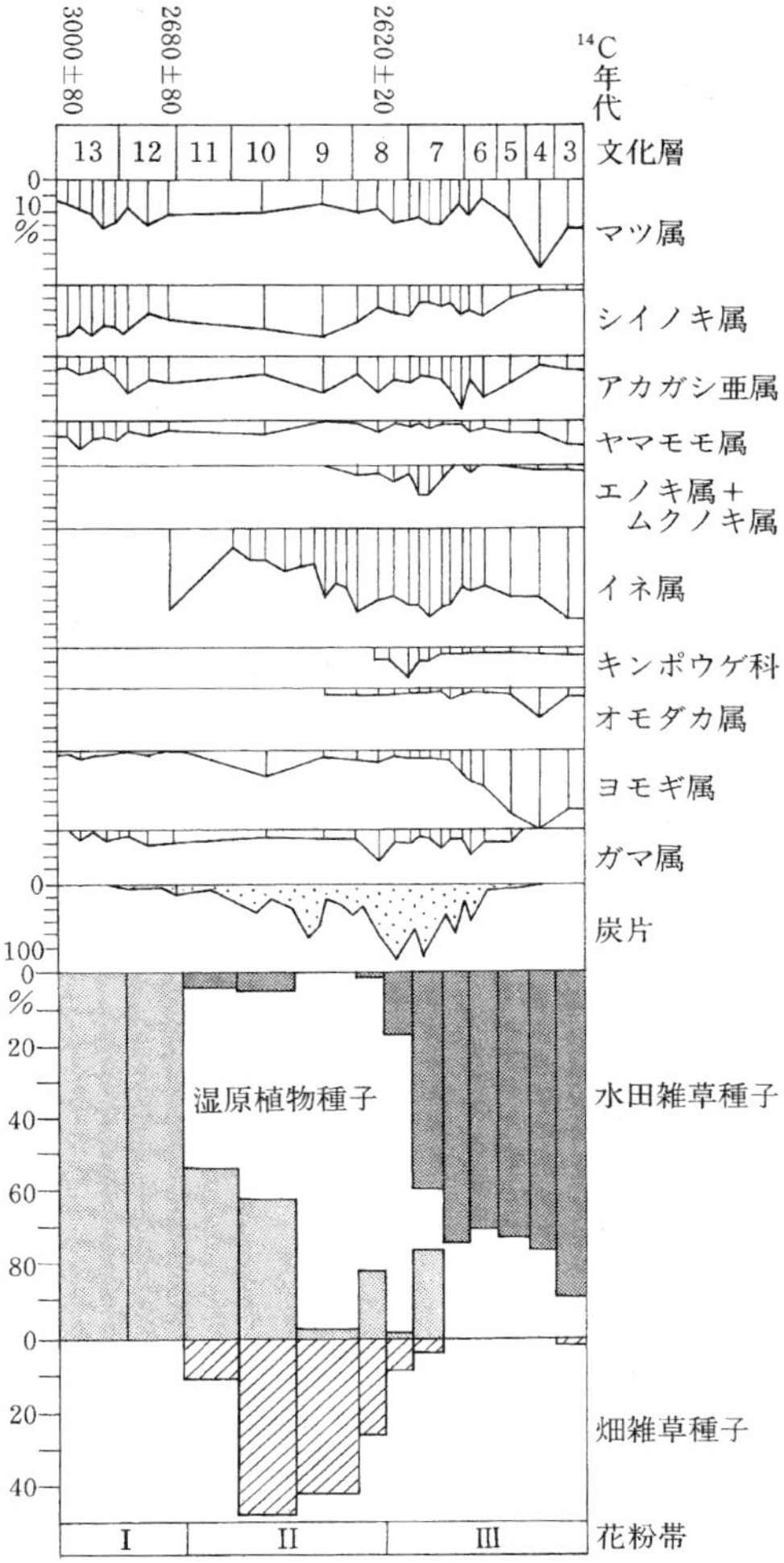

図１　菜畑遺跡の花粉と種子の出現率（安田、1988による）

その当時、丘陵斜面の下部や湿地の縁辺などでは、水田と畑地の中間的な性格を持つ不安定な耕地、つまり私が《原初的天水田》と名づけたような耕地が拡がっていたことがわかる。おそらくそこで栽培されていたイネは、水稲とも陸稲ともいえない水陸未分化稲とでもいうべき古いタイプのイネで、雑穀類との混作が行われていたと推定される。この種の原初的な天水田で営まれる粗野な稲作を《雑穀栽培型》の稲作と呼ぶことは前にも述べたとおりである。

ところが、同じ縄文時代晩期終末の夜臼式土器の時代（第八層以後）になると、雑草の種類では畑雑草が急減し、水田雑草が一挙に増加してくる。しかも、コナギ、ホタルイ、タガラシなど従来みられたもののほかに、オモダカ、ハリイ、イヌノヒゲなどの新しいタイプの水田雑草が多数出現するようになるという。そのことは、従来のものとは異なる別種の雑草群を伴う新しい水田稲作農耕の出現を示唆するもののようである。ちょうどこの時期に炭片の出土量が増加しているのは、古い耕地とその周辺の雑草や樹木などを焼き払い、新しく整備された水田が造成されたことを示すものではなかろうか。

いずれにしても、夜臼式期（突帯文土器文化期）をひとつの画期として、《雑穀栽培型》の稲作から《水稲栽培型》の稲作への転換が、この地域で進行したことがわかる。それは照葉樹林文化から稲作文化への転換を象徴的に示す事柄だとみて差し支えないと思われるのである。

このように縄文時代の後・晩期の西日本では、雑穀類を主作物とした焼畑農耕のほか原初的な天水田が営まれ、それに伴う《雑穀栽培型》の稲作がみられたことは間違いない。そうした初期的な農耕文化が拡がっていたところへ、大陸から典型的な水田稲作農耕とそれに伴う文化が伝来してきたのである。では、このような土着の非稲作文化と新来の稲作文化の出会いは、どのようなものだったのだろうか。

第二部　農耕文化の三つの大類型

第七章　照葉樹林帯にその文化の特色を探る

［解　説］　照葉樹林文化論をめぐって

『続・照葉樹林文化』から『照葉樹林文化とは何か』まで

照葉樹林文化論は、私の学的生涯を通じての最も主要な研究課題の一つである。したがって、それをめぐる著作も多い。単行本に限っても、上山春平・中尾佐助と共著で、照葉樹林文化を構成する主要な文化要素を示し、その大枠を提示した『続・照葉樹林文化――東アジアの文化の源流』（一九七六）がまず刊行され、ついで私の単著で、照葉樹林文化の民族誌的事例を豊富に示し、「照葉樹林文化が山と森を舞台とする生活文化の体系である」ことを強調した『照葉樹林文化の道――ブータン・雲南から日本へ』（一九八二）が刊行された。ついで一九八二年に私が組織し、同年十月から十二月にわたり、中国・雲南省南部の西双版名および広西壮族自治区の一部で調査を行った国立民族学博物館中国西南部少数民族文化学術調査団の報告書に当たる『雲南の照葉樹のもとで』（一九八四）が出版され、同行した研究者による稲作起源論や歌垣、モチ性食品、羽衣説話などについての論説が発表された。さらに一九九二年には中尾佐助氏との共著で、両名のフィールド・ワークの中で蓄積された数多くの写真資料をふんだんに使った『照葉樹林文化と日本』（一九九二）の大冊の刊行をみた。そこでは照葉樹林文化の概説のほか、ヒマラヤから江南山地に至る照葉樹林帯の民族文化誌や「フィールド・ワークで見たこと、聞いたこと」など、画像データとともに照葉樹林文化について豊富な情報の提供ができたと思っている。

また、『日本文化の基層を探る――ナラ林文化と照葉樹林文化』（一九九三）や、私の日本文化形成論の一つの到達点といえる『日本文化の多重構造――アジア的視野から日本文化を再考する』（一九九七）などの中でも当然のことながら、照葉樹林文化にそれぞれ論及するところが少なくなかった。

しかし、照葉樹林文化論は、それが提唱されて四〇年余、その大枠を示した『続・照葉樹林文化』の刊行からも三〇年余の歳月が経過した。その間に新しい事実の発見がいくつもあり、我われの考え方にもいろいろな変化があった。また、この学説をめぐっては我われの意図とは異なるいくつかの誤解も生まれてきた。こうした状況を踏まえ、照葉樹林文化の特色を改めて確認し、その文化論の成立・展開の跡をしっかり辿り、研究の現状の問題点を整理したいと考えて刊行したのが『照葉樹林文化とは何か――東アジアの森が生み出した文明』（二〇〇七）である。

照葉樹林文化の特色、あるいは照葉樹林文化論の展開についての私の考えは、この著作の中にほぼまとめられている。照葉樹林文化について、興味を抱かれる方は、この書物を是非御参照頂きたい。

本書に収録した二つの照葉樹林文化論

以上、照葉樹林文化論をめぐる主要な著作の流れを紹介したが、そうした流れの中で生み出された二つの論考を「第七章 照葉樹林帯にその文化の特色を探る」と「第八章 初期の照葉樹林文化論――一九七〇年代の論説」の二章に分けて本書に収録することにした。

まず、第一節に「照葉樹林とは何か」において照葉樹林文化の共通性を説明した。第二節の「照葉樹林帯の食文化」は、くらしき作陽大学公開講座「百人百話」の一つとして一九九七年十二月十三日に行われた講演録に加筆・修正を加え、『作陽ブックレット10』として照葉樹林帯各地のフィールド・ワークで撮影した写真資料をもとに照葉樹林文化の特色をわかりやすく示した著作として一九九九年九月に刊行されたものに若干の補筆を行ったものである。

第三節の「雲南紀行・照葉樹林文化のふるさとを行く」は、『週刊朝日』一九八一年二月十五日号に「《雲南紀行》日本民族の深層に影を落とす照葉樹林文化のふるさとを行く」という題名で掲載された紀行文のうち一部を削除して転載したものである。一九八〇年十一月、私は藤井知昭・周達生・君島久子氏らの民博の方々とともに、林耀華教授ら中国・民族文化宮のスタッフらに導かれて、当時は外国人の入域の難しかった雲南省南部の西双版納《シーサンパンナ》に初めて入り、少数民族の村々を訪ねた。そこでは焼畑や歌垣、モチや茶など、照葉樹林文化の特色が、タイ族やハニ族・チノー族など少数民族の生活文化の中に今も生々と生きつづけている事実を実際に見聞きし、感動した。その初めての記録がこの旅行記であり、まさに「照葉樹林文化のふるさと」の一つを雲南の地に見出したような思いであった。

西双版納へは翌一九八一年に再訪し、一九八二年には私は前述の「国立民族学博物館中国西南部少数民族文化学術調査団」を組織してこの地域に入り、調査を行った。その記録は既述のように『雲南の照葉樹のもとで』に詳しい。また、一九九八年八月には秋篠宮文仁殿下を中心とする鶏の家畜化についての学術調査団の一員に加えて頂き西双版納を訪れ、雲南地方の自然と歴史や観光開発にゆれる現状を記した「雲南・シップソーンパンナを行く――鶏のふるさとで」を秋篠宮文仁（編著）『鶏と人――民族生物学の視点から』（二〇〇〇）に寄稿した。

第一節　照葉樹林文化とは何か――照葉樹林帯における文化の共通性

(1)　照葉樹林帯の共通性

日本の伝統的な文化、とくに食文化の基礎になっている照葉樹林文化について、お話しすることにしますが、まずその前に、照葉樹林帯の文化の特色についてあらかじめ簡単に説明しておくことにしましょう。

照葉樹林帯とは、ヒマラヤの中腹（高度約一五〇〇～二五〇〇メートル）あたりから東の方へ、ネパール、ブータン、アッサムの一部を通って、東南アジア北部の山地、雲南・貴州高地、長江（揚子江）流域、朝鮮半島南部を経て、西南日本に至る東アジアの暖温帯に沿って分布する常緑広葉樹林帯のことです（図1）。この照葉樹林帯の各地を歩いてみますと、そこでは、たとえば、常緑のカシやシイ、マテバシイやクリガシやタブ、あるいは皆さんよく御存知のクスなどの木が茂っています。ツバキやサザンカなども典型的な照葉樹です。ツバキの葉を思い出していただくとわかりますが、葉が比較的厚くて表面がぴかっと光っていますね。そこから照葉樹と名付けられ

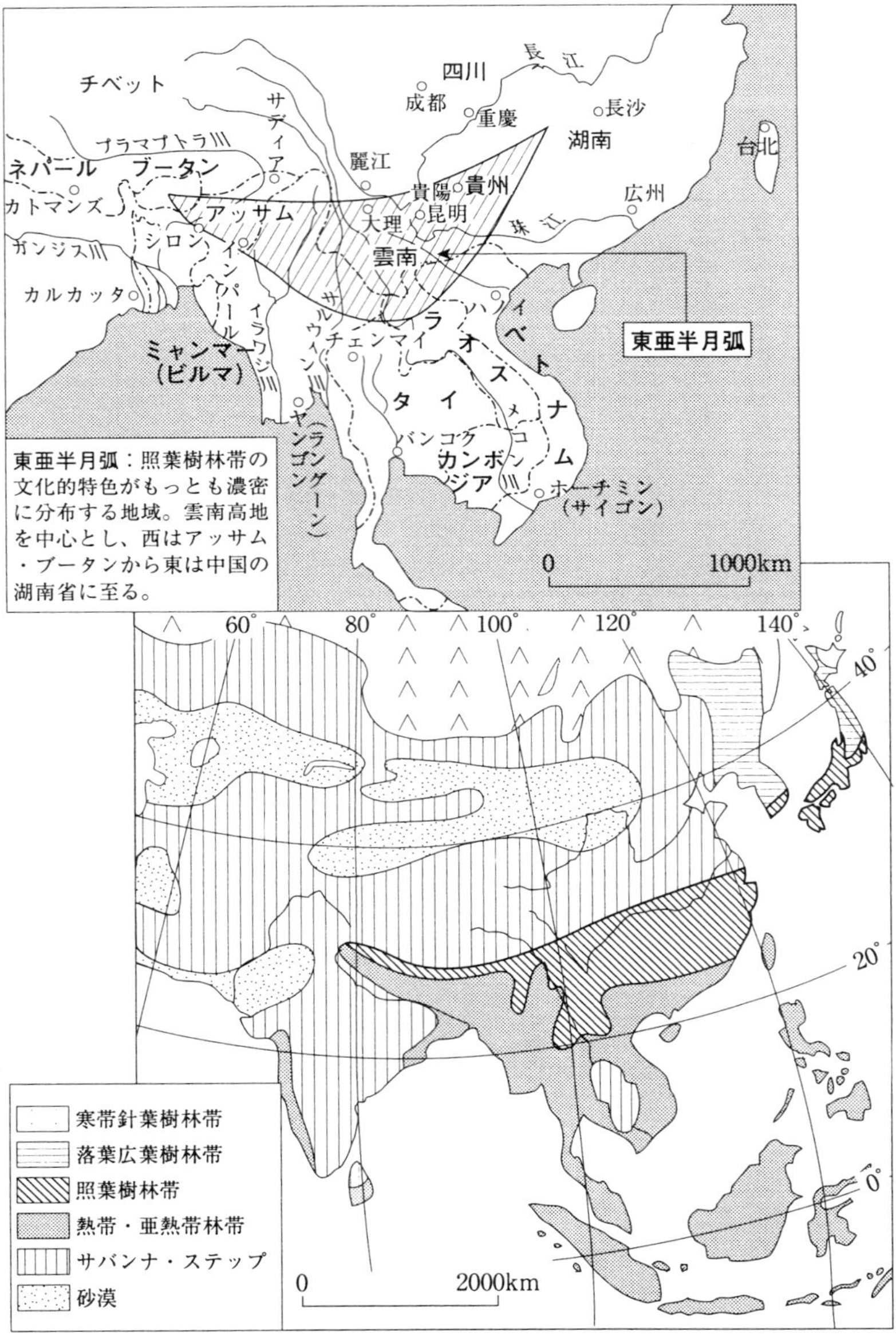

図１　東アジアの照葉樹林帯と東亜半月弧
吉良竜夫氏らによる「世界の生態気候区分図」の一部を引用

たわけです。そういう常緑の照葉樹林帯が、いま申し上げたヒマラヤの中腹から日本列島の西部にまで続いています。

この東アジア特有の照葉樹林帯の中に、共通の文化的要素がたくさんあることに初めて気がついたのは、私たちの大先輩である中尾佐助さんです（一九一六～九三。植物学者。幅広いフィールドワークと独自の発想で、日本文化論に多大の影響を残した。主著に『栽培植物と農耕の起源』〔岩波新書一九六六〕がある）。中尾さんは日本における民族植物学の大家で、「照葉樹林文化」という命名も中尾さんによるものです。植物遺伝学にもたいへん詳しい方でしたが、一九九三年十一月にお亡くなりになりました。長い間御いっしょに仕事をさせて頂いたのに残念なことです。

(2)　絹のふるさと

照葉樹林帯の中を調査して歩きますと、いろいろな民族がいるのですが、その民族の差を越えて共通の文化要素が数多くみられます。食文化についてはこのあと説明しますが、それ以外の文化の諸特色についても共通するものが少なくありません。たとえば衣の文化では共通する要素として「絹」があります。

絹というとすぐにシルクロードを思い出しますが、あれは中国で織りあがった絹織物がヨーロッパに伝播していった道で、長安を起点として照葉樹林帯よりはるか北の方を通っています。しかし、絹そのものは、もともと照葉樹林帯の産物だったのです。

現在、皆さんがよく御存知の絹は、カイコの幼虫がさなぎになるときにつくる繭から糸を引いたものです。このカイコの学名はボンビックス・モリといいますが、そのボンビックスの仲間には性質の異なるいくつもの種類がいます。さらに同じように、さなぎになって繭をつくる絹糸虫は、ボンビックスの仲間だけではなくて、ヤママユガ科やカイコガ科に属するものが、野生のものから飼養種に至るまで、ほかにもたくさんいます。実はこれらのさまざまな絹糸虫の仲間が、照葉樹林帯には今もたくさん生息しているのです。

その中には、桑を食べるのではなくて、ヒマの葉を食べるものもいますし、クヌギの葉を食べる虫もいます。天然の虫もいますし、飼っているものもあります。このような数多くの絹糸虫の中から、カイコが選択されて、やがてそれが大規模に飼育されるようになって絹の大量生産につながっていくわけですが、アッサムやブータン、雲南などでは、現在でもカイコ以外の絹糸虫から絹をとっていることが少なくありません。

アッサムの村などを歩きますと、たとえばエリ蚕というヤママユガ科の絹糸虫が飼養されていることがあります。見たところカイコより少し大きめで角張っていて、ヒマの葉を食べます。エリ蚕がつくる繭は、少しいびつで色も黒く、糸の生産量もやや少ないのですが、その糸はとても太い糸です。この糸を紡ぎますと、厚手の生地になります。また、ブータンの市場に行きますと、さまざまな色の、いろいろな形をした繭を売っています。野生種のものや半野生のもの、飼養種のものまでいろいろあります。

このように照葉樹林帯にはいろいろな種類の絹糸虫がいて、さまざまな絹がとれるのです。その中から選択されて、ボンビックス・モリ（カイコ）の絹が主流を占めるようになったのです。野生の絹糸虫が数多く生息する照葉樹林帯は、そういう意味で絹のふるさとだと考えることができます。

(3)　吊り壁の家屋

住の文化もみてみましょう。伝統的な日本の家屋の特色を考えますと、地面から少し高い床があり、木の柱があり、土の壁があります。家屋の構造は世界中どこも同じだと思われるかもしれませんが、それは間違いです。世界でもっとも多いのはレンガの家です。レンガには、焼いてつくるレンガも、天日で乾かしたレンガもありますが、レンガの家は壁で屋根や天井を支えている点では同じです。

木造の家でも、正倉院のような校倉《あぜくら》造りやこのごろ流行のログハウスは壁で重量を支えています。ところが、日本の伝統的な木造家屋は、屋根を柱や梁で支え、床も柱で地上に支えられているのです。このような家では、壁はぶら下がっているようなもので、我われはこれをハンギング・ウォール（吊り壁）と呼び、地上に支えられた床は高床と呼んでいます。この高床でハンギング・ウォールの民家の分布を辿ると、おおむねアッサムから日本までの照葉樹林帯にひろがっていて、それ以外の地域にはあまりみられません。高床・ハンギング・ウォールの構造は、照葉樹林帯の家屋を特色づけるものといえます。

(4)　ウルシの利用

そのほか、共通の文化としてウルシがあります。ウルシノキの樹液をとって、それからつくる塗料は――かつては鏃《やじり》などを固定する接着剤にも使っていましたが――はるか昔から使われていました。日本では縄文時代前期頃の遺跡から漆器が出てまいります。中国でも、紀元前五〇〇〇年頃の河姆渡《かぼと》遺跡（浙江省余姚県）という非常に古い稲作の遺跡からも漆器類が出土しました。日本の縄文時代晩期になりますと、今でも工芸展に出せば賞がもらえそうな、たいへん立派な籃胎《らんたい》漆器が、たとえば青森県八戸市の是川《これかわ》遺跡などから出土しています。籃胎漆器というのは、竹で籠を編んで、その目をアスファルトなどで詰めて、その上にウルシを塗ったものです。

ビルマ（ミャンマー）にもずいぶん多くの籃胎漆器がありますし、タイ北部にも、中国各地にも漆器製作の伝統はよく残っています。ウルシは英語ではjapanと呼ぶくらい、東アジアに限定的なもので、それも照葉樹林帯の範囲内に限られていることが注目されます。ウルシを利用する漆器の製作があちこちで独自に発生したとは考えにくいので、これも照葉樹林帯の共通の文化要素としてきわめて重要なものといえます。

(5) 歌垣の習慣

このように照葉樹林帯にはさまざまな共通の文化要素がありますが、物質文化だけではなく、神話や昔話の要素も共通しています。また、いろいろな習俗や儀礼の類似もみられます。皆さんも御存知だと思いますが、日本には古く歌垣《うたがき》という習慣がありました。若い男女が、たとえば春秋の満月の夜や祭りの夜などに、山や丘に登って歌を唱い合う。そして時がくると二人で抜け出して愛を語らうという習慣です。これは諸国の『風土記』(奈良時代に国別に編纂された地誌)にも出ています。もっとも有名なのは常陸の筑波山の歌垣で、『常陸国風土記』のほか『万葉集』にも、そのことが記されています。歌垣は古い言葉では「嬥歌《かがい》」といわれましたが、この「嬥歌」の集いでは自由に男女が愛をたしかめ合うことができたのです。『肥前国風土記』の中にも、楽器を歌垣の集いで奏でるという歌がありますし、四国山地にはかなり後代まで歌垣の習慣が残っていたところもあります。摂津に歌垣山の地名が残っているなど、この風習は日本各地に及んでいました。

(6) 即興で歌を返す文化

歌垣ではお互いに即興の歌を唄ってやりとりするわけです。ヨーロッパ音楽が入ってきた影響かどうかわかりませんが、現在、我われは即興の歌を唄うということが下手になった、というよりその能力を失ってしまったような気がします。私自身、しみじみそれを悟ったのは、中国貴州省の苗《ミャオ》族の村へ行ったときのことです。

この村に日本人が来たのは初めてなので、大勢の村人が道だけでなく、屋根の上や木の上にまで登って我われを出迎えてくれました。その中を我われ数名の一行が、着飾った村人に囲まれて歩いて行くのですが、そのとき我われを先導したのは二人のかなり歳とった女性でした(写真1)。

写真１　苗族の人々

我われを歓迎してくれた苗族の娘たち(上)。左は一行を先導してくれた２人の女性が、門の扉の前で中のお嫁さんに歌で呼びかけているところ。

そして、とある家の前に着くと、その二人の女性が朗々と歌うのです。後で聞いたところでは、その歌は「遠いところからお客さんがやって来られた。扉を開けてお客さんをおもてなしなさい」というものです。すると、それに応えて、家の中から若いお嫁さんの声で「私たちは貧乏で、とてもお客さんをもてなすことはできません」と歌い返すのです。

このような歌のやりとりを三、四回繰り返したあと、ようやく大きな板戸が開きました。中では歌を返した若いお嫁さんが、水牛の角になみなみとお酒をついで我われに飲ませてくれるのです。

それでいよいよ、遠い国からやってきた客に御馳走がふるまわれることになります。そのときも、一人ひとりが私の前にやってきて歌を唄うんです。それも即興の歌です。「よく遠くからいらっしゃいました。どうぞこのお酒をお召し上がりください」とか、「私たちは豊かではありませんが、心からおもてなし致します」とか、唄ってくれるのです。

本来なら、そこで私も即興で「こんな立派なおもてなしをいただき、皆さんにお会いできてうれしいです」とか、朗々と唄わなければならないのです。ところが、我われはそうした文化をすでに失ってしまっています。しかし、歌垣の時代、万葉の時代には即興で歌を掛け合う文化があったのですね。

先ほどお話しした四国の山地では、例えば高知県大豊町の柴折薬師の御堂などで、つい戦前のころまで祭りの日には、大勢の村人が集まり、歌の掛け合いを行う一種の歌垣の慣習があったようです。そこでは歌の掛け合いの中に歌舞伎の話を織り交ぜるなど、ある種の教養を示しながら意思の疎通を計るというもののようでした。ところが、戦前から戦後の数十年の間に急速にそういう文化がなくなってしまったのです。

歌垣では結婚の相手を探すことが多いのですが、それだけではありません。私が一九六〇年代にネパールに行ったときでした。夕方、途中で休憩すると、ポーターがよくいなくなったんですね。どうもその村々の女性と歌を交わしているうちにいなくなってしまう。これなどは結婚ということではなくて、男女の交際が歌でもって成り立っていたわけです。そうした歌垣の習慣が、ネパール、ブータンから西南中国の少数民族の間にまで、つまり照葉樹林帯では、今でもよく残っているのです。

(7)　「天の羽衣」伝説

照葉樹林帯に伝わる共通の昔話も少なくありません。花咲爺やサルカニ合戦、竹取物語などもその一部ですが、中でもたいへん面白いのは、「天の羽衣」の説話です。

皆さん御存知のように、天女が水浴していたら、そのうちの一人が天の羽衣を盗られてしまい、それがないと天に戻れないので、仕方なくその天女は地上にとどまって結婚します。その後いろいろな出来事がありますが、最後に天の羽衣が見つかって、天女は天に帰っていくという物語です。

この昔話にはさまざまな類型がありますが、中国の華中・華南から西日本に広く分布しているのは「難題型」と呼ばれるものです。「難題型」では、天女と結婚していた男も天女を追いかけて天に上がっていくのですが、そうすると、天女のお父さんが「おまえが天女と結婚したければ、私が出す難題に答え、実行しなさい」といいます。「難題」にもいろいろな種類がありますが、照葉樹林帯の焼畑民の間で多いのは、「焼畑型の難題」というものです。たとえば「七つの山を焼いて、七つの山に種を一日で蒔け」。とか「七つの山に蒔いた種を一日で収穫せよ」などというものです。天女の助けで難題を解決し目出度し、めでたしとなったり、解決はしたけれども天女とは別れ、わかれになって七月七日の七夕の日だけに会うことになるなど、昔話にはバリエーションはいろいろあります。

こうした「焼畑型の難題」を伴う天の羽衣伝説――学界では「天人女房型説話」といいます――を、アジア全体の中で調べてみますと、先ほどの苗族のところにそっくりの説話があります。苗族のほかにもよく似たものがあり、日本では、これまで採集されたものでは、沖縄、島根、関東地方など、点々と「焼畑型の難題」を伴う天の羽衣伝説が分布しています。これらの説話は、どこかが少し似ているというのではなく、全体の構造がきわめてよく類似しているのです。この類似が偶然とは考えにくいと思います。

(8)　日本文化の基層を探る

このように、物質文化だけではなく、神話や説話の面でも、照葉樹林帯における文化の類似性はきわめて大きいといえます。ですから、我われはこの照葉樹林帯に共通する文化を「照葉樹林文化」とよび、特有の文化クラスターと考えているのです。このような照葉樹林文化という枠組を考えることによって、日本文化の基層にある文化の特色を探り、その基層が東アジアの照葉樹林帯のさまざまな民族文化と類似する点の少なくないことを、私はここ二十年来主張してきているのです。

では、この照葉樹林帯における文化の類似、つまり照葉樹林文化の存在が確認できれば、その上で、どういうことがわかるのでしょうか。

この講座の副題は「二十一世紀に生きる」となっていますが、二十一世紀といいますと誰もがすぐに「国際化の時代」と考えます。確かにその通りで、いわゆるグローバリゼーションの大きな流れの中で、どんどんボーダーレスの時代になっていくことは間違いありません。この場合、「国際化」という言葉をみると国家と国家が接触する時代という感じがしますが、実際にボーダーレスの時代を、我われ一人ひとりの側からみますと、それは異なる文化をもつ民族と民族の接触と交流が密になる時代ということができると思います。つまり、「国際化の時代」というのは、多文明、多文化、多民族が互いに直接的にぶつかり合う時代だということになるのです。そうなりますと、我われ日本人がどういう民族と関係が深く、日本文化はどのような特色を持ち、それはどのようにして形成されてきたのか。つまり、我われ日本人のアイデンティティを問い直すことが、きわめて重要になってきます。日本文化と日本をめぐる近隣諸地域の民族文化の、それぞれの基層の中に見出せるさまざまな類似は、二十一世紀のボーダーレスの時代には必ず再び注目されるようになる、と私は思っているのです。

(9)　異文化を受け入れてきた柔軟な構造

もちろん、日本文化のルーツは照葉樹林文化にだけ求められるのではありません。私は、最近出版した『日本文化の多重構造――アジア的視野から日本文化を再考する』(一九九七)という本の中で、日本文化は北から来る文化の流れ、南からの文化の流れなどがいくつも積み重なってできあがったものだということを強調しました。我われが日常的に使っている日本語の構造や特色にも北からの影響、南からの影響が色濃く残っていることが知られています。照葉樹林文化というのは、その南から伝来してきた文化の流れを代表するものの一つです。また、北からは、私が「ナラ林文化」と名付けた文化が、この列島に流れ込んできたことも、最近わかってきました。日本文化の基層を形成する縄文文化も基本的には東日本のナラ林帯に成立した文化です。このような文化交流の具体的な例としては、日本で伝統的に栽培されているカブにもシベリアに系統の連なる北方系のものと中国南部に連なる南方系のカブのあることが、日本の在来野菜の研究で有名な青葉高氏の研究などで明らかになっています。

いずれにしても、先史時代以来、北からの文化、南からの文化のさまざまな流れが日本列島に流れ込み、それらが相互に重なり合い、融合して、日本文化ができあがってきたということです。逆に言えば、日本文化の多重な構造は、そうしたいろいろな文化を、長い歴史の過程の中で我われが受け入れてきた結果です。このような「受容集積型」とでもいうことのできる日本文化の構造の中から、我われの文化にはある種の柔軟性が生まれてきました。さまざまな文化に適応できる柔軟性というのは日本文化の重要な特色なのです。子供が生まれるとお宮参り、結婚式はキリスト教の教会、葬式は仏教で、というような事実を捉えて、なんと日本人は主体性がないという人もいますが、これは日本文化の柔軟性をよく表しているものであって、なんら恥じる必要のないことだと、私は思っています。

キリスト教文明やイスラム文明のように一神教に基礎をおく文明は価値の軸が比較的単一で堅いのに対して、ヒンドゥ教や仏教、あるいは神道のような多神教に基礎をもつ文明は価値軸が多様であり柔軟なのです。

この日本文化の柔軟な構造は、二十一世紀に生きるうえでの私たちのもつ有用な「特色」の一つになると思います。受容集積型で柔軟な構造をもつ日本文化の特色を生かすことが、二十一世紀の多文明・多文化の時代を生き抜くうえで、選択の方向としては正しいのではないかということを、私は申し上げておきたいと思うのです。

これから紹介します照葉樹林帯の食文化は、ヒマラヤ中腹から日本に至る広範な地域で、きわめてよく似ていることがわかります。日本の食文化のルーツの一つがそこにあることを確認するとともに、日本の食文化自体が、受容集積型で多重な構造をもつ日本文化の特色をよく示していることを御理解下されば幸いです。

第二節　照葉樹林帯の食文化

(1)　共通の基盤

さて、これから照葉樹林帯の食文化について、写真を見ていただきながら具体的に説明していきましょう。写真2と3をご覧ください。まるで同じところを撮った写真のようにみえますが、実は2はブータンの中部、3は奈良県の春日山の照葉樹林です。このように照葉樹林は、景観的にも、実際に歩いた感じもきわめてよく似ています。照葉樹林帯は、一つの共通の文化の基盤を作りうる共通の環境だということがわかります。

(2)　照葉樹林文化を特徴づける焼畑

照葉樹林帯を切り開いて農業を営もうとしますと、焼畑という手法に頼るのがもっとも簡単です。そのため焼畑農耕は、照葉樹林帯の基本的な生産手段となってきました。

我われは照葉樹林帯における文化の発展段階を、大きく三つに分けて考えています。

① 農業以前の段階（採集・狩猟を主とした段階）。

② 農業が行われるようになった段階——焼畑農耕を中心にして一つの文化複合ができあがる段階（雑穀を主

写真２　ブータン中部の照葉樹林

ブータン・ヒマラヤの中腹部にはみごとな照葉樹林が残っている。このタイプの森林は、ここから東へ向かい日本列島の西部にまで達している。

写真３　奈良の春日山の原生林

春日神社の裏に拡がる山地林は春日の神山として保存されてきたので、今もうっそうとした照葉樹林が残っている。写真２と較べても景観が変わらない。

写真４　焼畑の火入れ

高知県池川町椿山。焼畑の上端部に点火し、人がついて焼き下ろしてくる。丁寧に焼くほど雑草の生育が抑制され、また地熱の上昇により土壌が活性化されて収穫がよい。

とした焼畑農耕の段階)。

③　水田による稲作農耕が広く行われる段階(稲作が卓越する段階)。

このうちもっとも典型的な照葉樹林文化は、②の焼畑農耕を基礎にした段階の文化です。日本では焼畑は労働生産性が低いために一九六〇年ころから急速になくなってしまいましたが、それ以前は九州山地や四国山地、北陸・奥羽・北上の山地などでは、かなりの規模の焼畑が行われていたのです。写真４は、高知県池川町椿山の森林を一九七一年に焼いて焼畑を造成したときのものです。

ところで、インドネシアのカリマンタンやスマトラなどでよく森林火災が起こったというニュースが報じられましたね。あれは伝統的な焼畑民によるものだという誤解が広くあるようですが、決してそうではありません。

一般に焼畑を営むときは必ず周囲に幅二〜三メートルほどの、可燃物をすべて取り払った防火帯を設けて、延焼防止に努めています。これは日本の焼畑でも熱帯の焼畑でも同様です。焼畑を営んだからといって、そう簡単に火が燃え拡がることはないのです。むしろ、農業開発のために新たに入植した大量の農業移民やプランテーションの大農園をつくるために大規模に森林を伐開し、火入れしたことが火災の主な原因なのです。

焼畑では毎年、あるいは数年に一回焼く場所を変え、耕地を移動させます。耕地を放棄した跡は十数年もすると、また元の森林に戻ります。また焼畑民たちは、焼畑を営む際には必ず土地の神や山の神にお祈りを捧げ、数年間土地を借りることの許しを得ます。そういう点でも、典型的な焼畑民と農業移民や大農園の経営者とは違っています。農業開拓のためにやってきた移民たちは、開拓地では神への祈りなどはなく、遠慮なく森林を焼いてしまうのです。

写真５　アワ
アワは東アジアの照葉樹林帯の焼畑の主作物。穂の形態の変異も大きく、品種分化がよく進んでいる。

(3)　焼畑の作物

その焼畑で栽培される作物のうち、もっとも重要なものはアワです。アワのような雑穀は、名前を聞いたことはあっても実際に稔っているところをみた人は今では少ないと思います。アワは最近ではペットショップなどで売っていますが、きれいに精白されています。写真5をご覧になるとわかるように、いろいろな形のアワがあり、かなり長い穂をしています。穂の形態もさまざまで、同じ品種でも非常に変異が大きく、古くから栽培されている作物です。

写真6　モロコシ（コウリャン）
モロコシはアフリカ原産の雑穀の一種。タカキビと呼ぶ地方もある。

写真7　シコクビエ
東アフリカ原産の雑穀の一種。インド、ネパールからわが国まで分布する。白山麓などではカマシと呼ばれている。写真は中部ネパールのシーカ村にて。

写真8　ハトムギ
東南アジア原産の古い栽培植物。写真は台湾原住民のルカイ族キヌラン村で、今も少量が栽培されていたもの。

　写真6は中国の湖南省の毛沢東氏の生家の付近で撮影したモロコシの写真で、日本ではタカキビとよばれたり、中国ではコウリャンとも呼ばれています。アフリカ原産の作物です。

　写真7はネパールやインドで栽培の多いシコクビエという作物です。名前に「ヒエ」と付いていますが、ヒエとはまったく別種のものです。これもアフリカ原産で、アジアにまで伝わってきた古い作物です。

　写真8は台湾の山地民（戦前は高砂《たかさご》族と呼ばれていました）の村で栽培しているハトムギです。同じ植物の野生種をジュズダマ、栽培種をハトムギと区別して呼ぼうと、実は中尾さんと私とで決めましたところ、その後、皆さんでそのように呼んで下さっています。ハトムギはきわめて起源の古い作物だと思われます。アッサムから東南アジアの諸地域、さらにニューギニアにまで分布しています。

写真9は、石川県の白山の麓で撮ったソバ畑の写真です。ソバも古い作物で、照葉樹林帯というよりも、むしろ高冷地を含むナラ林帯、つまり比較的冷涼な地域でより多く栽培されています。

以上、紹介した雑穀類のほかに、里芋などの芋類やササゲなどの豆類を加えたものが照葉樹林帯の主な焼畑作物で、わが国の焼畑のそれと東アジアの照葉樹林帯の焼畑の作物構成は、基本的に同じだということができます。

写真9　ソバ
白山麓では今もソバがよくつくられている。ソバは照葉樹林帯からナラ林にかけての冷涼な地域で栽培されることが多い。

写真11　雲南省のハニ族の焼畑作物
右の端がアワ穂、中央の穂がモロコシ、左の端の長いのがササゲ。このアワは後の分析によりモチアワとわかった。

写真10　雲南の焼畑
西双版納（シーサンパンナ）では、水田民のタイ族を除き、他の山地民はもともと焼畑を営む人たちである。写真はハニ族の焼畑耕地。収穫の終わった直後で穂刈りしたあとの茎が残っている。

雲南省南部の西双版納のハニ族は、今も焼畑を営む人たち（写真10参照）ですが、その村長の家を訪ねてみると、家の中にはアワ、トウモロコシ、モロコシ、ササゲなどいろいろな作物がぶら下がっていました（写真11）。ササゲという豆はモロコシと同様アフリカ原産ですが、非常に分布の広い作物で、照葉樹

写真12　ブータン・パロ盆地の水田
パロ盆地はヒマラヤの中腹、気候的にはちょうど照葉樹林帯に当たる。盆地床には広々とした水田が展開している。ここでは赤米が今も数多く栽培されていることが興味深い。

林帯を代表する豆の一つです。ダイズはインドにはほとんどありませんが、このササゲはインドを含めてアフリカから東アジアに至る雑穀地帯で、モロコシなどとセットになって広く栽培されています。

なお典型的な照葉樹林帯に位置するこのハニ族の村でも最近は、政府の命令で、焼畑では陸稲の栽培が奨励され、さらに水田稲作やゴムなどの商品栽培が盛んになり、伝統的な焼畑が急速に衰退してきているようです。

(4) ブータンの赤米

先ほど照葉樹林帯の文化の発展を三段階に分けて考えましたが、その第三段階になりますと水稲栽培を主とする水田稲作農耕が卓越するようになります。もともと稲は、雑穀の一種として栽培化されたものと考えられます。雑穀の複合体を構成する数多くの作物の中から稲が選択されていったのは、稲が美味しくて、肥料のやりがいがある、つまり収穫量の多い非常にすぐれた作物だったからです。

写真12はブータンのパロの王宮の最上階から撮った稲作水田です。同じ日当たりの水田でも色が濃いところと薄いところがあります。薄いほうは普通の白米ですが、濃いところは赤米をつくっているところです。パロでは今も赤米をつくっていると聞いて驚いたのですが、日本では元禄時代のころ以後、堂島の米市場（大坂。一六九七〔元禄一〇〕年に設置され、全国の米取引の中心となった）の市場原理が働いて、白米への嗜好性が非常に強くなり、赤米をすべて排除してしまったのです。その赤米がブータンでは今でも盛んに作られているのです。

実は、このとき私は、桑原武夫先生（一九〇四〜八八。仏文学者。京大人文科学研究所所長として学際的な共同研究を推進した）のお供でパロに行ったのですが、桑原先生はブータンの皇太后と御親交があったので国賓として遇され、我われも一緒にパロの王宮に招待されたのです。そこで御馳走をいただいたのですが、たいへん興味深かったのは、食べさせてもらった米がすべて赤米だったことです。つまり、国賓クラスの客に出す御馳走に赤米を使うということは、ブータンでは白米への嗜好性がまったくないということです。赤米のもつ祝祭用、つまりハレの食物としての意義が、ブータンではまだ生きているわけです。

赤米と白米との違いは、玄米の種皮の部分にアントシアンという色素がどれくらい含まれているかによります。東南アジアには紫米や黒米と呼ぶものがありますが、これらは色素が多いために紫になり、黒になったもので、赤米の変種だといえます。

(5)　稲の根刈りと穂刈り

写真13は、貴州省の苗族《ミャオ》の稲刈りです。髷を結って、簪《かんざし》を差した女性が鎌で稲を根から刈り取り、男性が稲穂を箱に打ちつけて脱穀しています。現在の日本の稲は品種改良によって、少しくらい叩いても脱粒しませんが、この辺りの稲は非常に脱粒しやすく、箱の内面に軽く叩きつけるだけで、稲の穂から粒が落ちます。

写真13　苗族の稲刈り
苗族は平野に住み、このような水田をつくる稲作民も少なくないが、山地で今も焼畑に依存するものも少なくない。

ここでは稲を根刈りで収穫していますが、野生に近い古い作物は、実のなる時期がばらばらで、しかも脱粒しやすい性質をもっています。そのため品種改良の進む以前の古いイネ科の作物は、根刈りができず、実のなった成熟した穂だけを選んでそれを摘んで収穫したものです。

この収穫方法を「穂摘み（穂刈り）」と呼び、日本の弥生時代には石庖丁という穂摘具を使って稲の収穫をしていました。後に述べる台湾の山地原住民では、今も焼畑で栽培するアワを穂摘みで収穫し、穂束で貯えています（後掲写真29）。

(6)　モチ種を好む文化

これから、先ほど少し申しました、雲南省のいちばん南、ラオス、ミャンマー、ベトナムとの国境に近い西双版納傣《タイ》族自治州に行くことにしましょう。

西双版納では、まず州都景洪の近郊にある傣族の家へ招待され、昼食を御馳走になりました。その台所にあった木の幹をくり抜いた一種の甑《こしき》が写真14です。この甑にモチ米を入れて蒸し、オコワをつくります。

イネ科の作物には、稲だけでなくアワやヒエやキビなどいろいろなものがあります。我われは穀物として、このイネ科の植物の子実の澱粉を食べているわけですが、その澱粉は、通常アミロースが二〇パーセントほど、アミロペクチンが八〇パーセントほどで構成されていて、その澱粉は粘り気がありません。これをウルチ澱粉といいます。ところが、突然変異で澱粉を構成するアミロペクチンが大変多く一〇〇パーセント近いという個体が発生することがあります。遺伝学者によると、この突然変異は比較的出やすい変異だそうです。このアミロペクチン一〇〇パーセントという組成をもつ澱粉はきわめて粘りが強い澱粉で、これをモチ澱粉と呼びます。

さて問題は、このネバネバするモチ澱粉をおいしいと感じるか否か、ということです。おいしいと思うかどうかは、我われ人間のもつ文化の問題なのです。たとえばインドやチベット、あるいは黄河流域の華北に住んでいる人たちなどは、このようなネバネバするモチ澱粉を嫌ってきました。したがって、これらの地域では遂にモチ種という品種はできなかったのです。これに対して、照葉樹林帯に住んでいる我われの先祖はネバネバするモチ澱粉をおいしいと思ってきました。そのため、そういうモチ澱粉をもつ個体を選び出して根気強く栽培する努力が続けられ、モチ種という品種が生み出されたのです。

モチ種は稲だけにあるのではありません。岡山県名産のキビ団子も、キビにモチ種があるからできるのです。照葉樹林帯に住む中国人は、新大陸発見以後に中国に伝わったトウモロコシから、モチ澱粉をもつトウモロコシを取り出して、とうとうモチ種のトウモロコシをつくり上げました。ところがアメリカ先住民は五〇〇〇年にわたってモチ澱粉をもつ個体を捨ててきたので、いまだに中南米にはモチ種のトウモロコシはありません。

このようにモチ種やそれを用いるモチ性食品というものは、文化が生み出したものなのです。インドではたくさん稲

写真14　木の幹をくり抜いた甑
この種の樹幹をくり抜いた簡単な甑は、タイ族のみではなく広く分布している。沖縄でも最近までこの種の甑が使われていた。

をつくっていますが、ほとんどモチ種はありません。あの粘性の乏しいパサパサして香りの高い、細長いいわゆる外米、専門用語ではインディカ種と呼ばれる稲ばかりが栽培されています。これはインド世界の人たちの嗜好の問題ばかりではなく、カレーを中心とした調理法や手でつかんで食べるという食事法と関係するのかもしれません。

いずれにしても、モチ澱粉をもつ作物は、照葉樹林帯を特色づけるきわめて重要な作物だ、ということをまず確認して下さい。その上でこれからしばらく、中国の照葉樹林帯の少数民族のもとでみられるモチ種でつくるさまざまのモチ性食品についてお話しいたします。

(7)　モチ米を使ったいろいろな食品

モチ米は普通に炊くと炊飯の中に糊層ができて対流がうまくいきませんので、原則として蒸して調理します。訪れた傣《タイ》族の村で、モチ米で何かつくって下さいと頼んだところ、「ハイ、やってみましょう」と村人の一人が甑で蒸したモチ米を小型の竪杵と竪臼でトントンと搗き始めました(写真15)。次に搗いたモチを丸めるのですが(写真16)、そのとき煎ったエゴマを混ぜたので。モチには色が着いています。

エゴマはシソによく似た作物で、日本でもナタネを使うようになる以前はエゴマの油を使っていました。エゴマは非常に古い作物で、縄文時代前期～中期の遺跡からもしばしば出土しています。

丸めたモチは串に刺し、囲炉裏の灰の中に入れて焼きます(写真17)。写真18ができあがりです。ご覧のように、日本の五平餅とそっくりですね。もちろん、私は五平餅をつくってくれと頼んだわけではありません。食べてみますと、エゴマの匂いが香ばしくてとってもおいしいものでした。

この五平餅のようなモチ製品をはじめ、雲南省南部の照葉樹林帯に住むタイ族やハニ族、プーラン族などの少

写真15　小型の竪杵と竪臼でのモチ搗き
甑でオコワを蒸して、それを臼と杵で搗くのがモチづくりの始まり。

写真16　モチを丸める
エゴマを混ぜたので薄茶色になる。

写真17　モチを焼く
串刺しにしたモチを囲炉裏の灰の中に入れて焼く。

写真18　できあがった焼きモチ
わが国の五平餅とまったく同じものができあがった。

写真19　景洪の朝市
1980年頃は、景洪のメイン・ストリートに沿って農民たちによる朝市が立ち、賑わっていた。

写真20　粽子（チマキ）
三角形の形も日本のそれと違わない。ここでは笹の葉ではなく、食用カンナの葉で巻いている。

数民族は非常にモチ性食品が好きで、いろいろなものをつくります。

一九八一年に私は、西双版納の中心町、景洪に参りました。当時は道ばたで朝市が盛んに開かれていました（写真19）。最近はコンクリートの建物ができて、朝市もその中に入ったようですが、その頃は道端でまことにのびやかな朝市がみられました。朝市ではいろいろなものが売られていますが、モチ米の製品がたいへん多いのです。写真の豆腐のようにみえる白いものは、中国語で切糕《チエガオ》という、モチ米を粉にして型に入れて蒸したもの。甘みのないウイロウのようなものだと思ってください。その大きな固まりを切り売りしていました。

それから、粽子《ソンズ》（写真20）。これは見た目も日本のチマキとそっくり同じです。このチマキは日本のように笹ではなく、食用カンナの葉で巻いています。バナナの葉で巻くこともあります。チマキはモチ米を蒸して、場合によっては粉にして、それを木の葉に包んで炊いたものです。さっそく買って食べてみると、味も日本のチマキとそっくりでした。白米を材料にしたものもありますが、モチ種の赤米を蒸したものが中に入っているチマキもあります。

(8)　赤飯を象徴的に使う

それから朝市でよく売っているものにモチ種の赤米を蒸したオコワがあります。これは文字通り「赤飯」というべきものです。写真21はその様子ですが、昔懐かしい天秤量りで、小さな籠でほんの少しずつ売っているのです。天秤で量っている赤飯は、先ほども言ったように、アントシアンの多い赤米でつくったもので、色が少し黒みがかっています。

写真21　オコワ売り
景洪の朝市では、モチ種の赤米を蒸してつくったオコワ、つまり赤飯を売っていた。天秤で量り売りし、少しずつ買っていく。

我われが食べる赤飯は、御存知のようにアズキで色を付けただけのいわば〝インチキ〟ですが、この赤飯はモチ種の赤米を使ってつくったものですから、正真正銘の赤飯といえます。写真21をみてもわかるように、買っていく赤飯はたいした量ではありません。一家族がお腹いっぱい食べる分量では到底ありません。

その赤飯をどうするのかと聞きますと、「親類のものや友達が来ますので……」とか、「お祭りや祝いごとがありますから……」という答えが返ってきます。タイ族をはじめ、この地域の少数民

写真22　臼と杵
臼と杵には竪型と横型の２種があり、写真の左奥にみえる横臼と横杵は貴州省の苗族のもの（国立民族学博物館展示場）。

族の間では、「ハレ」の食事の一部として、赤飯を非常にシンボリックに使っていることがわかります。

　このようなモチ種の赤米でつくった赤飯をはじめ、モチ種の作物の開発とその利用、とくに各種のモチ性食品を儀礼用あるいはハレの食事用として使用する慣行は、いわゆる《東亜半月弧》の地域からわが国に至る照葉樹林帯に広くみられる慣行で、それは照葉樹林文化を特色づけるもっとも重要な文化的特徴の一つだということを、とくに強調しておきたいと思うのです。

(9)　竪臼・竪杵と横臼・横杵

　写真22の右の奥は大きな竪臼で、これには写真15や写真30でみられるように、一本の丸木の握りの部分を削っただけの竪杵を使います。竪杵と竪臼は脱穀、精白用の道具として、雑穀を栽培しているところにはどこにでもあって、アフリカからインドを経て、中央アジアや東南アジア、東アジアにまで広く分布しています。

　これに対して、横臼と横杵があります。写真22の左奥にある横臼と横杵は、中国・貴州省の苗族のものです。御存知のように日本のモチ搗き杵もすべて、柄を別に取り付けた横杵です。横杵でモチを搗いて食べるという習慣は、照葉樹林帯の中でもさらに分布範囲が限られていて、中国の雲南から貴州・湖南を経て、朝鮮半島南部、そして日本まで分布しているに過ぎません。同じ照葉樹林帯でも、西のアッサムやブータンやヒマラヤには横杵はありませんし、東南アジアではタイ北部で横杵が使われていますが、それ以外ではほとんどすべて竪杵です。

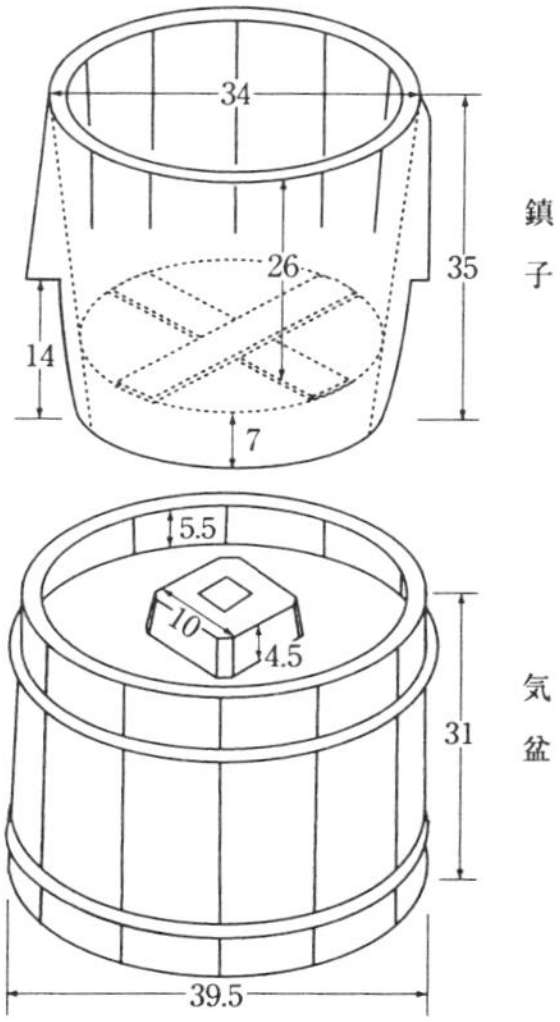

図2　苗族の甑
上・下2段に分かれ、杉板を組み合せたモチ米を蒸すための専用の甑(数字の単位はセンチメートル)。

写真23　苗族のモチ搗き①
桶式で上・下二重になった甑を使ってカマドでモチ米を蒸す。

日本では古代から横杵・横臼があったようです。たとえば『古事記』や『日本書紀』の応神天皇紀の中に、国栖《くず》という大和の南方の山地に住んでいた人たちが横臼で酒を醸造して天皇に捧げた、という記事があります。

(10)　苗族のモチ搗き

苗族が横杵・横臼を使って、実際にどのようにモチを搗くのか、今まであまり知られていなかったので、苗族の村を訪れたときに実際に搗いてもらうことにしました。まずモチ米を蒸すのですが、写真23の甑はタイ族の木の幹をくり抜いただけの甑(写真14)に比べますと、ずっと上等で、数枚の杉板をめぐらせてタガで締めた桶形式の甑です。そういう点では、この苗族の村はかなり進んだ技術をもっているといえます。この甑は、図2に示したように、上・下二段に分かれていて、下段(気盆という)をカマドにかけた鉄鍋の中に置き、上段(鎮子)の中に入れた簀の子の上にモチ米をのせます。気盆の中央には穴があいていて、鍋の湯が沸騰すると、蒸気が上の鎮子の中へ噴き出し、モチ米を蒸すという仕掛けです。

蒸し終わって、いよいよモチを搗くことになったのですが、私は横臼は搗き手が向かい合って搗くものと思い込んでいたのです。ところが、物事は調べてみないとわからないもので、写真24をみるとわかるように、モチを搗く二人は横臼の一方の側に並んで立ち、同じ方向を向いて搗きます。臼のこちら側で搗いたあと、二人そろって反対側に回ってまた搗くのです。これを繰り返します。決して向かい合って搗くことはありません。また、臼

写真24　苗族のモチ搗き②
2人が並んで横杵を用いて搗く。

写真25　苗族のモチ搗き③
相手の杵の頭に手をかけ、ひとひねりしてモチの搗き上がり。

取り（水をつけた手でモチをひっくり返し、杵に付くのを防ぐ人）はなく、二人が気合いを合わせて、向こう側とこちら側へ幾度も回って搗くわけです。最後に二人の搗き手が杵をクロスさせ、相手の杵の頭を持ってモチをひとこねすると、モチの搗き上がりです（写真25）。

搗き上がったモチを女性たちが丸モチにして、並べていきます（写真26）。その横では、ダイズを煎り、それを石臼で挽いて黄粉をつくっていました。この黄粉をモチにまぶして食べるわけです。

写真27は、前に苗族の村で、御馳走になり、即興の歌でもてなされたことをお話ししました。その御馳走でもてなされた宴の終わりに、おみやげとして大きな籠に入ったオコワが渡されたときのものです。食紅やいろいろな植物の根などを使って五色に染めたオコワ——中国語では「姉妹飯」と呼んでいました——を、おみやげとして私たちにくれたのです。私が子どもの頃、母は祭りだといえば、近所の人にオコワなどを配っていましたが、何かというとオコワを贈答に使う習慣は、日本にも昔からありました。今でも貴州省の苗族の中に、そういう習慣

写真26　苗族のモチ搗き④
搗き上がったモチは取り上げて丸モチに仕上げてゆく。

写真27　おみやげのオコワ
苗族の村での歓迎宴の終わりに、私たちへのミヤゲとして大籠に入った五色に彩色したオコワが贈られた。卓上にはナレズシなどの御馳走がみえる。

写真28　収穫したアワ束
穂摘み（穂刈り）したアワ穂を束ねて乾燥させる。アワ穂の束の多さが豊かさを示すものである。

がはっきりと残っているのです。

また、前述のように、客をもてなす御馳走に必ずオコワを出す習慣も広くみられます。単にモチ米を食べるというだけではなくて、儀礼的によく利用されるという点まで共通していることは、注目すべき事実だと思います。

(11)　台湾山地民のシトギモチ

台湾の山地民（ルカイ族）は、もともとアワを主作物にする焼畑を営み、ごく最近までアワを大量に栽培していました。写真28は収穫されたアワ束です。アワの穂だけを穂刈りして束ねたもので、日本の弥生時代の稲作もこのような形で収穫していたと思われます。これらのアワの中にはずいぶん多くのモチ種があって、彼らの社会ではモチアワはたいへん重要な機能をもっていました。

そのアワを貯蔵する穀倉が写真29です。これは登呂《とろ》遺跡（静岡市。弥生時代後期の遺跡。倉庫二棟の建材が検出された）で復元されている日本古代の米倉とまったく同じ構造をもっています。高床であること、柱に鼠返しが付いていること、棟を支える棟持柱《むなもち》があることなど、このアワ倉は日本古代の米倉を彷彿とさせるものでした。

収穫されたアワは、竪杵と竪臼によって、脱穀とともに精白まで一挙に行います（写真30）。アワの束一つが、この竪臼にちょうど入る量になっています。

調査したルカイ族の村でもモチ性の食品はハレの食品として重要なものでした。モチアワの調理は、精白したアワを石臼で挽くことから始めます。写真31では臼を挽く男の子の横で女の子が水を注いでいますが、その水といっしょにモチアワを挽くと、臼の下からドロドロの乳状の液が落ちてきます。これがいわゆる「シトギ」です。シトギには米のシトギもあればアワのシトギもあります。シトギを炊いたり蒸したりしてつくるシトギモチは広く分布していて、臼と杵で搗く搗きモチよりもずっと分布は広範囲に及びます。沖縄のモチも、搗きモチよりシトギモチのほうが多いようです。

ルカイ族の村では、アワのシトギをバナナの葉に包み、鉄鍋で炊いて大型のチマキをつくります（写真32）。これを彼らはアバイと呼んで

写真29　穀倉
タイヤル族の穀倉（アワ倉）。高床づくりの構造は弥生時代の米倉と同じ。

写真30　アワ脱穀と精白
老婆と嫁さんが、竪杵と竪臼でアワの脱穀と精白を一挙にやっている。竪杵と竪臼はアフリカからアジアに至る雑穀栽培地帯に広く分布している。

写真31　アワのシトギづくり
精白したモチアワを加水しながら石臼で挽いてシトギをつくる(台湾・ルカイ族)。

写真32　アワのチマキ
アワのシトギを大きなバナナの葉で包み、炊き上げたもの。ルカイ族の社会でハレの食物として重要である。

います。アバイは神を祭るときにも必要だし、客や友達が来たときにも、これを食べさせなければ歓待したことにならないといいます。ここではアワのシトギモチ(チマキ)は儀礼には欠かせない食べ物なのです。したがって、モチアワは次の収穫があるまで、前年に収穫したものを必ず貯えておかねばならない。モチアワを切らすと社会的な付き合いができなくなるというのです。そこには米ではなく、アワを中心としたモチの文化が生きているのですね。

⑿　ナレズシ

次に、モチ以外の食べ物のお話をしましょう。アッサムのシロンという町にあるバザールで、カーシー族のおばさんが妙なものを売っていたので早速買ってみました(写真33)。これを広げると、プーンと臭いにおいのする飯の中から肉のようなものが出てきました（写真34）。これは一種のナレズシで、今のところ、ナレズシの分布でもっとも西の端の例といえます。

写真35は、先ほどの貴州省の苗族の村でみたナレズシです。わが国でも琵琶湖の周辺に、今もニゴロブナを漬け込んだフナズシが残っていますが、それとまったく同じものです。

モチ米に限りませんが、米を蒸して、その上にお腹をきれいに掃除した魚の切り身を置き、さらにその上に蒸した米をのせるということを交互に繰り返し、上からおもしをして、甕《かめ》や桶の中に漬け込む。そうすると、米が

写真33　ナレズシを売るカーシー族の女
アッサムのシロンの町のバザールで、民族衣裳を着たカーシー族の女たちがナレズシを売っていた。

写真34　カーシー族のナレズシ
買ったナレズシの包みを開くと、ドロドロになった米と獣肉が出てきた。

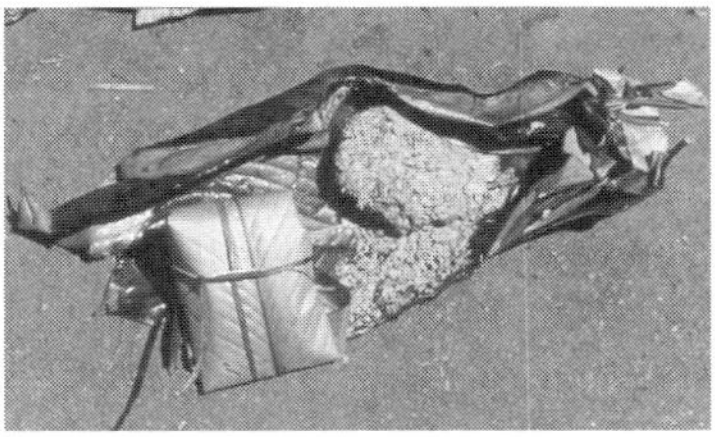

写真35　苗族のナレズシ
苗族では水田で養魚したものや川魚でナレズシをつくることが今も盛んである。1930年代の報告によると、湖南省の苗族でもナレズシづくりが盛んでその中には粟を使う古いタイプのものがあったという。

写真36　ナレズシを漬け込む甕
苗族でもタイ族でも、照葉樹林帯の少数民族の間ではさまざまな発酵食品をつくる。そのときよく利用されるのが、この口縁部に水を入れて蓋をする密閉式の壺である。

乳酸発酵します。乳酸発酵すると雑菌の繁殖が抑えられるので、魚肉が何ヵ月も保存できるのです。これがナレズシです。ナレズシもまた照葉樹林帯を特徴づける食品の一つで、朝鮮半島にもみられますし、中国の華南や江南、タイ北部やラオスなどに広く分布しています。

その起源は、メコン流域を中心とする東南アジア大陸部と考えられていますが、湖南省の苗族や朝鮮や日本の僻地にはアワを蒸してつくるナレズシがあり、これが古い形式かもしれないとも思われます。

中国では古く漢代の『説文解字《せつもんかいじ》』（紀元一〇〇年頃）という辞書に「鮓」（なれずし）のことが記されていますし、宋代には江南地方でナレズシは大流行したようですが、元代以後、魚食をしないモンゴルの影響で衰退しました。わが国では『養老令』の中に「鮒及雑魚鮓五斗」という記事があり、平城京出土の木簡にも「鮓」の文字がみられます。

ちなみに、にぎり寿司のシャリになぜ酢が入っているかといいますと、実はナレズシの乳酸発酵の名残なんです。「ナレズシのなれの果て」が江戸前のにぎり寿司というわけですね。

ナレズシを漬け込む甕が、写真36です。この写真ではナレズシではなく別のものを漬け込んでいるようです。まわりの溝状の部分に水を張って、上から蓋をしただけの、非常に簡単な密封装置です。これを使ってナレズシだけではなく、いろいろな発酵食品をつくります。照葉樹林帯の食文化の大きな特色の一つは、さまざまな発酵食品をつくるということです。

⒀　ダイズの発酵食品

照葉樹林帯のさまざまな発酵食品のうち、その代表といえば、味噌や納豆のようなダイズの発酵食品だといえます。写真37はアッサムのシロンの町のバザールでみた、タマリンドという豆科の木の実を発酵させた食品です。

だが、何といっても、重要なのはダイズの発酵食品で、まずネパールの東部からブータン、シッキムにかけて「キネマー」という発酵食品があります。写真38はダージリン（ヒマラヤ山脈南東麓の都市）のバザールでみつけたキネマー売りですが、これはダイズをよく煮て水を切り、密閉して一週間ばかり発酵させた食品で、小さな粒の乾いたキネマーと味噌のように湿ったキネマーがあります。キネマーは調味料やスープの材料に使われますが、スープの材料に使えば、それは味噌汁にたいへん近いものになります。

このキネマーによく似た《原始ナットウ類》とで

写真37　タマリンドの発酵食品
シロンのバザールの中で売られていた珍しい食品。タマリンドは豆科の大きな樹木で、大型の実がなる。

写真38　キネマー売り
ダージリンのバザールでみたキネマー売り。キネマーはネパール東部原産の《原始ナットウ類》の一種といえる。乾性のものと湿性のものの２種類ある。

写真39　西双版納のダイズ発酵食品
中央の円形のものが孟海の自由市場でみた豆司。漢族ではなく、タイ族やプーラン族などの少民族の人たちの伝統的な食品である。

もいうべきダイズの発酵食品はいろいろあります。ブータンのリビ・イッパ、アッサムのナガ族のアクニなどをはじめ、タイ族のトゥア・ナオ、インドネシアのテンペなどです。

中国では、これらのダイズの発酵食品を「豉《くき》」と呼びますが、『斉民要術』という六世紀に書かれた農書をみると、ダイズを煮たあと自然発酵させた「淡豉」のほか、蒸したダイズを自然発酵させたあと、麹や塩を加えて壷の中に一ヶ月ほど密封した「塩豉」、さらに前処理をしたあと各種の麹や塩や香草を加えて甕の中に三ヶ月から半年も漬け込む「豆醤」など、今日の味噌や納豆あるいは醤油に近い技術的に進んだ発酵食品が、すでにつくられていたことがわかります。これらのダイズの発酵食品によって、照葉樹林帯の食文化はきわめて豊かなものになったということができます。

写真39は西双版納でみた「豆司」と呼ばれるダイズの発酵食品の一種で、両面を焼いてオカズとして食べるのだといいます。割ってみるとスーっと糸を引き、日本の糸引き納豆にどこか似たもののようです。

ところでインドは非常に豆の種類の多いところですが、どうしたわけか、ダイズの栽培はネパールまでで、インドではほとんどみられません。ということは、ダイズ自体も照葉樹林帯を特色づける作物だということができるようです。

⒁　麹酒と粒酒——照葉樹林帯の酒

一九七九年、雲南省昆明の近くにある彝《イ》族の村を訪れたとき、あらかじめ知らせてあったので、村では我われの歓迎会を開いてくれました（写真40）。そこで出されたお酒は、米のなかに麹を入れ、密閉して三日ほど発酵させた「一夜酒」です。米が発酵して糖に変わり、さらにアルコールに変わる中間段階の酒で、まだ粒が残っていて甘酸っぱい匂いのする甘酒でした。日本でも、神社仏閣の祭りなどで甘酒を参詣する人たちに振る舞うという風習は残っていますね。甘酒を客人に振る舞う慣行もまた、照葉樹林帯に古くからある文化の一つなのです。

日本では酒税法で一般の人々が酒を造ることは禁じられていますので、麹を売っていませんが、ダージリンなどアジアの照葉樹林帯の各地では各種の麹を売っています。

世界の酒を大きく分類してみますと、麦芽の酵素を利用するビールやウイスキー、ブドウ酒のように果実の糖を利用して天然発酵させるもの、さらに麹というカビの塊を使って発酵させるもの、の三つがあります。麹を使って醸造する酒は照葉樹林帯を中心に東アジアに広く分布しています。

写真40　彝族の村での甘酒による歓迎
我われの到着の３日ほど前から一夜酒（発酵して甘酒状態になっている）をつくって待っていてくれた。粒酒だからシャモジですくって飯碗に入れる。

しかも、その醸造の際には、穀粒を炊いたり蒸したりしたあと、その中へ麹を入れて発酵させるので粒酒になります。粒酒はそのままでは飲みにくいので、飲み方にさまざまの工夫が必要です。比較的ポピュラーなのは竹製のパイプなどを酒壷に差し入れて吸い上げるものです。

写真41はラオスの村での例ですが、今では竹製のパイプがビニール製に替わっています。このほか四川省の彝族などでは竹製のパイプのついた酒器に酒を入れて飲みます。またブータンではシコクビエの粒酒がよくみられますが、小さな籠を用意してこれを粒酒の中へ押し込み、籠の中へ浸透して

写真41　ラオスで粒酒を飲む
照葉樹林帯の酒は穀粒を形のまま発酵させた粒酒が多い。そのまま飲むと粒が入るので竹(ビニール)製のパイプで吸い上げて飲む(吉本忍氏提供)。

くる酒をヒョウタン製のヒシャクですくって飲むという珍しい飲み方もあります。しかし、このシコクビエの粒酒も、今では蒸留して清酒にして飲むのが一般的だといえます。

⒂　お茶のいろいろ

最後にお茶の話をしましょう。写真42はインドのアッサムで、プランテーションによって商業的につくられている大茶園です。インド各地から集まった女たちによって茶摘みが行われています。これに対して西双版納の伝統的な茶園(写真43)はたいへん規模が小さく、茶樹も自然のままです。茶樹がもっと大きくなると、茶摘みは木に登って行います。

タイ北西部のメーホンソンという町の寺院を訪れたとき、葉っぱで巻いた何やら珍しいものが出されました(写真44、45)。これはミエンという「発酵噛み茶」です。東南アジアの照葉樹林帯には、古くから茶の葉を漬け物のように発酵させた「食べ茶」や「噛み茶」がありました。ミエンは、茶葉を軽く発酵させた噛み茶で、清涼嗜好食品として北タイでは日常的に広く用いられています。これはチューインガムのようにくちゃくちゃと噛むのですが、食後や接客のときなどに、今もよく使われています。

またミャンマーには、茶葉をもう少しよく発酵させたラペソーという漬物のような食べ茶があり、食べるときには油、ニンニク、玉ねぎ、干しえびなどといっしょにアエモノにして副食や間食(「お茶請け」のようなもの)と

写真42　アッサムの大茶園

アッサムには巨大な茶園がいくつもある。栽培する茶樹も日本(温帯)のそれと異なり、大葉種が多い。

写真43　西双版納の茶園

茶樹は刈り込まないと大きく成長する。刈り込んだ茶園は商品としての茶の生産が盛んになってから作られたもの。もとは天然の茶樹に登って茶葉をとっていた。

写真 44　ミエン売り
北タイでは、発酵噛み茶ミエンは庶民が日常的に親しんでいる清涼食品である。ミエンの塊を積み上げて売る店が多い。

写真 45　メーホンソンの寺院にて
客人には小皿に入れたミエンとともにタバコと水が出されている。客人はまずミエンを一つ口に入れて噛む。

して食べます。ビルマ人にとって、ラペソーは誕生、結婚、葬送などの通過儀礼や接客の際になくてはならない食品だといわれています。

ミエンもラペソーも、茶の葉を目をつめた大籠や甕や穴の中に漬け込んで発酵させたもので、最近、北タイでは、ミエンを大量生産するようになり、大きな穴をビニールで囲んで大量のミエンを漬け込むことも行われています（写真46）。

この種の発酵茶は、東南アジアだけではなく、わが国でも古くからつくられていました。高知県の大豊《おおとよ》町でつい最近までつくっていた「碁石茶」も、そうした食品の一つです（写真47）。これは摘みとった茶葉を堆積発酵させたあと、大きな桶の中に漬け込みます。十分発酵したところで茶葉を取り出し、適当な大きさに裁断し、天日で乾燥させたもので、一種の固形茶といえます。煮出して飲んだそうで、昔から瀬戸内海の漁師たちに愛用されていたようです。阿波番茶も製法は少し違いますが、茶葉を漬け込み、発酵させたあと固形茶

写真47　高知の碁石茶
碁石茶の乾燥作業。大豊町では十数年前まで、このような碁石茶づくりが行われていた。

写真46　ミエンの漬け込み
昔は各家庭で、それぞれミエンを漬け込んでいたが、現在では専門のミエン小屋があり、大きな穴に大量のミエンを漬け込んでいる（守屋毅氏提供）。

表1　東南アジア北部山地の茶の利用形態の諸類型（→は作業の順序を示す）

		加熱処理	発酵処理	事　例	展開型
湿った食べ茶	噛み茶（ミエン）	生葉→むす（長時間）	→大穴に漬け込む（大量生産用）	タイ族	
			→大型竹籠に詰め込む（非発酵ミエンもつくる）	タイ族	
			→大型竹籠・土中に埋める	カムー族	
	食べ茶（ラペソー）	生葉→しめらす	→竹筒・土中に埋める	ラメット族	搗き潰す 固める・ 乾す 固形茶 （碁石茶）
		生葉→湯につける	→もむ→竹筒・土中に埋める	ビルマ西部	
		生葉→湯につける	→もむ→竹籠・土中に埋める	パラウン族	
		生葉→むす（短時間）	→もむ→大穴に漬け込む	パラウン族	
乾いた飲む茶	飲み茶	生葉→あぶる	→湯を注ぐ	北ラオス・ヤオ族	
		生葉→いる	→竹筒に貯える（長期乾燥）→砕いて煮る	北ビルマ・カチン族	
		生葉→湯につける	→竹筒に貯える（長期乾燥）→砕いて煮る	ベトナム北西部・山地民	↓ 湯を注ぐ
		生葉→むす	→日に乾す→もむ→湯を注ぐ	ビルマ・シャン州	
		生葉→いる	→日に乾す→もむ→湯を注ぐ	その他	

茶の利用には「湿った食べ茶」と「乾いた飲む茶」の2つの系統がある。前者の系統から抹茶が生まれ、後者の系統から煎茶が生み出された。

に加工した点は変わりません。

橋本実さん（一九三二〜。育種学。名城大学教授。著書に『茶の起源を探る』）の調査によると、北ビルマのパラウン族などでは十分に発酵させた茶葉を臼と杵で搗き潰し、それを木型に入れて天日で乾燥させて固形茶をつくることが盛んに行われているということです。

唐の陸羽が著した茶の聖典とされる『茶経』（七六〇年頃の成立）によりますと、やはり茶葉を発酵させたあと臼と杵で搗き潰して固形茶（餅茶）をつくっておき、それを焙《ほいろ》であぶってほぐし、薬研で粉にしてお湯を注ぎ、竹の箸でかきまわして飲むと記されています。これが唐代のお茶の飲み方なのです。その後、宋代には竹箸に代わって茶筅が用いられるようになりました。

このように発酵させて、食べたり噛んだりする茶から、それを搗き潰して乾かして固めた固形茶をつくり、それを削って湯を注いで飲む。こうした「食べ茶」から「飲み茶」への大きな発展の系列があります。それが今日の抹茶につながるわけです。

他方、宋代以後、江南地方を中心に乾いた茶葉（散茶）を精製し、それに湯を注いで飲む煎茶が広まります。これは湿った食べ茶とは別の系統のもので、やがて明代には、この煎茶が日本にも伝わり、いわゆる緑茶として庶民の問にもひろがることになります。われわれの「日常茶飯」の茶は、この緑茶の系統に連なるものです。

このような茶の文化の発展と茶と日本文化との深い関係については、「照葉樹林文化と日本の緑茶文化」（熊倉功夫ほか編『緑茶文化と日本人』、一九九九所収）という論文を書きましたので、興味のある方は御参照下さい。

(16)　日本の食文化のふるさと

このほか、照葉樹林帯にはいろいろな珍しい食品があります。その一つがコンニャクです。コンニャクイモに含まれる澱粉をすべて除いて、栄養のないマンナンだけを取り出して固めた、たいへん特殊な食品です。写真48は、貴州省の凱里《がいり》の市場で大きなコンニャクを切り売りしているところです。インドでもコンニャクイモはありますが、マンナンだけを取り出すということはやっていません。そういう意味ではコンニャクは、照葉樹林帯を特色づける特有の食品の一つということができます。

ダイズや緑豆を日陰で発芽させたモヤシも、きわめて珍しい食品です。写真49は、同じく貴州省苗族の村で、大きな樽に入れて売っていたモヤシです。その他、柑橘類が古くからよく利用されるとか、エゴマやシソがやはり古くから栽培化されてきたとか、照葉樹林帯の食文化には、いくつかの顕著な特色を指摘することができます。

写真48　コンニャク売り
貴州省凱里の自由市場で、大きなコンニャクを切り売りしていた。コンニャクも照葉樹林帯特有の食品である。

写真49　モヤシ売り
日陰で発芽させるという珍しい栽培法によるモヤシも照葉樹林帯に広くみられる。貴州省苗族の村で。

この章の解説に書いたように、日本文化は、アジア大陸からこの列島に幾度も伝わってきた北からの文化、南からの文化の影響を受け入れ、それらを融合する過程の中から、その特色を形成してきたものということができます。しかし、食文化に関して考えますと、食素材のより豊富な南の文化――それを代表する照葉樹林文化の中に、その起源を求めうるものが非常に多いということができます。そういう意味で、我われのいう東亜半月弧の地帯を中心に形成されてきた照葉樹林文化は、日本文化のルーツを考える上で、きわめて重要な役割を果たすものということができると思います。

二十一世紀を目前に控え、国際化の時代・多文化の時代の到来が現実的になる状況の中で、このような照葉樹林文化の特色を、もう一度よく確かめることは、日本人のアイデンティティを改めて確認し、日本文化の多様性を再認識する上で、大きな意義をもつものと考えることができるのではないでしょうか。

第三節　雲南紀行・照葉樹林文化のふるさとを行く

(1)　照葉樹林文化のふるさとと西双版納へ

雲南省の省都、昆明の空港から四十人乗りの古いプロペラ機に乗り込んで、私達が南をさして飛び立ったのは、昨年(一九八〇年)の十一月も末のことだった。目指すは思茅《スーマオ》の空港だ。そこから今度は自動車に乗り換えてさらに南へ約五時間、西双版納《シーサンパンナ》傣《タイ》族自治州の中心町景洪《チンホン》まで、その日のうちに何とか到着しようというのが私たちの予定だった。といっても、読者の皆様はすぐにはおわかりにならないだろう。そこで地図(図3)をみていただきたい。

広大な中国の領土の西南端、雲南省の一部がラオス領とビルマ(現ミャンマー)領に突出したようになっているところがある。そこが西双版納とよばれる地域である。その名はタイ語のシップ・ソーン・パンナー(「十二の領国」の意)に由来するものだが、いまも全人口の約三分の一以上をタイ族が占め、他にハニ族、ラフ族、プーラン族、ジノー族、ヤオ族、ミャオ族など数多くの少数民族が居住しているところである。

この西双版納の地域を踏査しようと考えたのは、この地域の少数民族の伝統的文化の中には、日本文化の中に伝承されてきた古い文化要素ときわめてよく似たものが数多くみとめられるようだし、また日本文化の形成に大きな影響を与えたと思われる《照葉樹林文化》の特色をそこにみることができると考えたからである。

このため私は、国立民族学博物館の君島久子教授はじめ四人の人達とともに、まず北京へ飛び、そこにある民族文化宮を訪れ、この地域への入域について話し合った。その結果、民族文化宮の専門家三人と通訳一人がわれわれに同行することになり、日中合同の九人の調査団ができ上がったわけだ。

われわれ九人をのせた飛行機は、昆明を離陸後間もなく、山地の上空にかかる。雲南高原の山並みの一部だが、その山並みを窓から見下ろしながら、私は、この山地が隅々まで人手の加わったものだということに気づいた。森林の伐採がすすみ、原生林あるいはそれに近い森林は全く見当たらない。常畑か、焼畑かはよくわからないが、耕地が山頂付近にまで達している。

とくに元江（紅河・ホン河の上流）を越えるあたりからは、山地民の村であろうか、山腹に点々と村がみえ、尾根から尾根へ幾筋もの道がつづいている。とにかく山地の利用がよく進んでいる程度は、日本のそれ以上と言ってもよい。

やがて思茅に着く。この町は、清朝の末期頃、この地方へ進出してきた漢人た

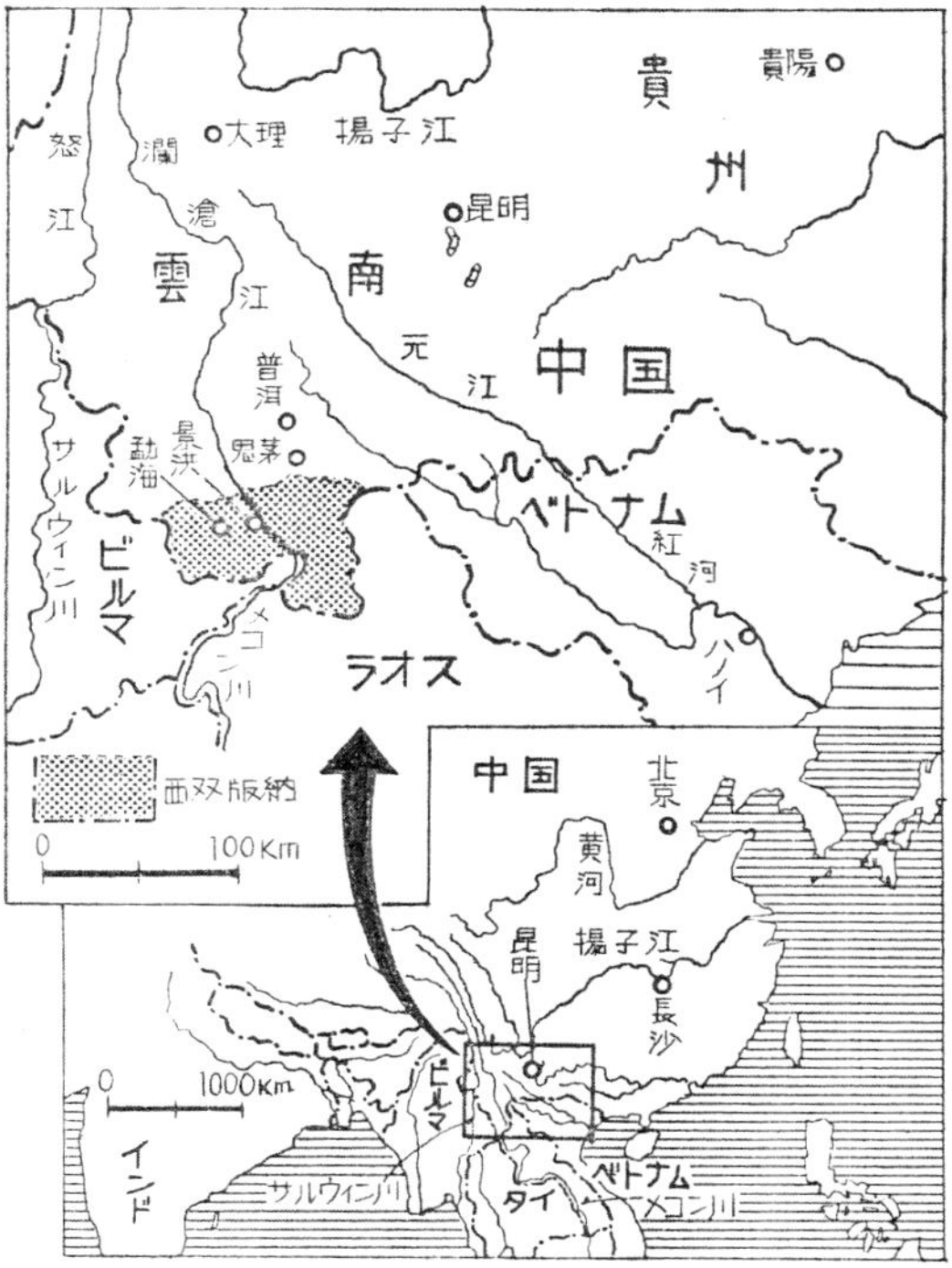

図３　西双版納《シーサンパンナ》のその周辺（佐々木 原図）

ちによって、西双版納に産する茶や棉花取引の中心としてつくられた町で、昔も今も西双版納への入り口に当たっている。町の海抜高度は約一二〇〇メートル。ここで三台の車に分乗したわれわれは、水田のひろがるいくつかの小盆地を過ぎ、何度か大きな峠を越して景洪（海抜五六〇メートル。旧名は車里）の町へ下っていった。

飛行機からではわからなかったが、車窓からみると、沿道の山腹斜面には、かなり大きな焼畑耕地が数多く拓かれていることがわかる。また、西双版納の地域内に入ると、大きな樹木をもつ森林があらわれ、林相がしだいに良好になってくる。これらの森林はよく観察すると、海抜高度一〇〇〇メートルあたりを境にして、より低いところに生育する熱帯的なモンスーン林と、より高いところにみられる温帯的な照葉樹林の二つに大きく分けることができるようである。

(2)　焼畑と歌垣を営む村々

照葉樹林というのは、カシやシイ、クス、ツバキなどのように表面がピカピカ光るような葉をもつ樹木で構成された森林のことで、ヒマラヤの南麓からこの雲南の地域をへて江南の山地から西日本に至る東アジア暖温帯にひろく分布する森林のことである。

この森林地帯にいくつかの共通の文化要素によって特色づけられる特有の文化の存在することにはじめて気づき、それを《照葉樹林文化》と名づけたのは民族植物学者中尾佐助氏であったが、最近の研究によると、この文化の中心地は、アッサムから雲南に至る地域であることが明らかになってきた。つまり、われわれは、いま照葉樹林文化発祥の中心地にやってきたということになるわけだ。

西双版納の照葉樹林帯には、多くの少数民族が住んでいる。というより、平野に住む漢族やタイ族以外の少数民族の大部分は、照葉樹林におおわれた山地に住んでいるといった方が正確だ。しかも一口に少数民族といっても、そのなかにはハニ族やラフ族、ジノー族のようなチベット＝ビルマ語系の言語を話す人々もいるし、プーラン族やワ族のようにモン＝クメール系の言語をもつ人々、さらにはミャオ族やヤオ族のようにさらに別の言語系統に属する人々もいる。

このように民族の系統はさまざまだが、彼らの間には、さきにも述べたように、いくつかの共通する点がある。その第一は、伝統的な生活がいずれも山地の焼畑農耕に依存していることであろう。

私たちは、これらの少数民族の中でまず南糯山に住むハニ族の村を訪ねてみることにした。景洪から西の勐海《モンハイ》へ通ずる街道の中間点から南へそれ、曲がりくねった細い山道をジープで登る。車が尾根筋に出ると車窓の両側の山地斜面には大きな焼畑耕地がつぎつぎにあらわれてくる。私はちょっと興奮した。森林を伐採してそれを焼き払い、そのあとに作物を栽培する焼畑は、わが国でも古い時代にはひろく営まれていたが、こうした原始的な農耕が、雲南の山地でいまもこれほど大規模に行われているとは、予想もしていなかったからである。車を止めて、焼畑耕地の一つへ登ってみた。

大きな耕地だ。斜面の上の方には樹木を伐採したところがみえるし、耕地の中ほどには粗末な作業小屋などもみえる。ちょうど収穫の終わったあとだから作物はないが、モロコシの穂やトウモロコシの茎が残っており、作業小屋の前には、オカボの脱穀したあとの藁がうずたかく積まれていた。オカボを中心にして、モロコシやトウモロコシなどの雑穀類を混作した焼畑であったらしい。

車に戻って再び山道を前進。約一時間ほどで、めざすハンパローサイ村が見えてきた。高度計をみると約一四〇〇メートル。大勢の村人が出迎えてくれる。

「ニーハオ」。土地の言葉ができないのでとりあえず中国語で挨拶。地元の通訳がそれをタイ語に直して通訳しているようだ。村の集会所に入ると、そこには美しい民族衣装で着飾った娘さんたちが待ち構えてお茶のサービスをしてくれる。お茶のサービスをうけると私たち日本人は何かホッとした気持ちになるから不思議だ。

村長さんの説明によると、この村は八十三戸、四百八十四人。村人はすべてハニ族。稲と茶をつくる農業が中心で、水田よりも陸稲をつくる焼畑がはるかに広い。茶は年間に約二十五トンほどの収穫がある。ほかに棉もかなりつくっており、それから糸を紡ぎ、布を織っているという。

村長さんの説明のあと村の中を歩くと、日本の後帯機《いざりばた》とそっくりの織機がみられる。農家はすべて高床式で、部屋の中に入ると四角いイロリが切ってあり、その上に吊るした火棚も日本のそれとよく似たものだ。子供を背負ったオバさんが出てくる。

炉端で聞いた話の中で面白かったのは、彼らの間では、もともと未婚の青年男女の交際はかなり自由で、かつては村に一種の若者宿のようなものがあり、その宿やあるいは山林の中で、彼ら同士が歌をうたい交わし、男女の愛を確かめ合っていたということである。つまりわが国にも古く存在した《歌垣》の慣行が、つい先ごろまで残っていたということだ。

「なるほど。ここにも歌垣があったのか」。感心しながら立ち上がって、ふと横をみると、柱から柱にわたした竹竿に、モロコシの穂と一緒に粟の穂が掛けてあるではないか。

村長さんの話では「粟は今ではもうほとんど栽培しなくなった」ということだったが、それでも粟などの伝統的な作物を少しは作っていたわけだ。よく聞いてみると、この粟はモチ種だという。おそらく以前には、日本の焼畑と同じようにモチ種の粟をずいぶんひろく作っていたのだろう。

(3)　飲む茶と食べる茶——茶の文化が生きている

ハニ族の村を訪れたあと、私たちはプーラン族の村、ジノー族の村と精力的に山地の少数民族の村を訪ねてまわった。プーラン族の村では、衣服や住居やその他、文化のいろいろな面でタイ族の影響が著しく、また、最近では焼畑耕地の一部をゴム園につくり替えるなど、新しい経済情勢に適応しようとする傾向が著しい。

これに対し、ジノー族の村では、狩猟や採集への依存度がより高く、また大へん珍しい例だが、いまも父系の親族集団が共同で居住する長大なロングハウスが残存しているなど、全般的に伝統的で保守的な傾向が強いようである。

だが、このような差異にもかかわらず、これらの村々で水田が開かれはじめたのは、つい最近のことであり、もとはいずれも焼畑の陸稲と茶が生産の中心であったという。この点はさきのハニ族の村と変わりはない。つまり茶は、このあたりの照葉樹林帯の村々を特色づけるもっとも重要な商品作物の一つといえるわけである。

といっても、日本の茶園のような手入れの行きとどいた茶の株が並んでいる風景は、このあたりではほとんど見当たらない。ハニ族でも、プーラン族でも、ジノー族でも、彼らの茶園というのは、耕作を放棄した焼畑の跡地などに、天然に生育してきた茶樹を保護して大きくしたという程度のものが多い。

だから遠くからみれば、雑木林のようであり、茶樹の大きなものは高さ数メートルを超える喬木になっている。このようにわれわれの目からみればきわめて手入れの悪い茶園だが、それでも清朝末期にはすでに漢人やタイ人の仲買人たちが、この地域にやってきては茶葉を買いとり、これを普洱《プアル》の製茶場に送り、そこで有名な普洱茶(半発酵の磚茶)に加工していたのである。

しかし、このような商品としての茶の生産が行われるはるか以前から、この地域の照葉樹林帯に住む人たちの間では、さまざまな形で茶葉が利用されてきたらしい。私の訪ねたプーラン族の村では、すでにその伝統は失われていたが、雲南省歴史研究所が編纂した『雲南少数民族』(一九八〇)という本をみると、奥地のプーラン族の村々では、茶の新芽を摘んできて炒ったり、煮たりしたのち、よくもんで製茶する普通のお茶のほか「竹筒茶」

や「酸茶」がつくられているという。

竹筒茶は摘みとった茶の若芽を炒ったのち竹筒に入れ、イロリのそばに置いてよく焙る。竹筒の表面が焦げたころを見計らって筒を割って茶をとり出し、食用に供するという。酸茶はまず茶葉を煮たあと、十日ほど日陰において発酵させ、竹筒に入れて土中に埋め、一カ月余り後にとり出して食べる一種の漬け物茶だというのである。

「飲む茶」のほかに、このような「食べる茶」をつくるというのは、きわめて珍しい慣行のようだが、実はこの「酸茶」と同じ種類の漬け物茶は、北部タイから北部ビルマにかけて、いまもひろく分布している。とくに北ビルマのパラウン族のもとでは、この種の漬け物茶を臼でよく搗いてから、型に入れて乾した固形茶（団茶）が、現在も盛んにつくられているという。

ところが、これと同じような固形茶は、わが国でも碁石茶とよばれて、四国山地の一部でわずかではあるが、いまも作られている。しかも、中国の古い時代の茶は、葉茶のほか、このような固形茶を粉にして湯を注いで飲んだものと考えられている。

となると、プーラン族のもとでみられた酸茶をはじめさまざまな茶の利用形態は、ビルマから日本に至る照葉樹林帯の茶の文化史の第一ページを考える際に、きわめて貴重な資料を提供するものといえそうである。

(4)　朝市に多い赤飯などのモチ米製品

西双版納は、はじめにも述べたように、傣族自治州であり、タイ族の人口が圧倒的に多い。彼らは、山地の少数民族と異なり、山間の平野に住み、水田農耕を古くから営む稲作農耕民であった。

また、メコン川やサルウィン川などの河谷を伝って早くからラオスやビルマ（主としてシャン州）の地方に展開し、さらにその後にはチャオプラヤ川の上流に出て、現在のタイ国にも進出した人々である。つまり、タイ語でシップ・ソーン・パンナーとよばれるこの土地は、今日のラオスやタイ国の人々の故郷にも当たる地域だといえるわけである。

「米はカオ、水田はナー、水はナム、それから……」

以前にタイ国で少しばかり覚えた単語を言ってみると、いずれもこの地域の人たちに通ずるからうれしい。

ところで、この地域の稲作については、六月中旬ごろに苗代をつくって種子を蒔き、七月末から八月初旬に田植えを行い、十月末から十一月にかけて刈り入れをする、といった雨期稲作が基本である。が、このほかに前年の十一月中旬から十二月初めにかけて苗代をつくり、一月に田植え、五月に刈り入れという乾期稲作が一九六〇年代から導入され、今日では二期作の体系ができ上がっている。このため私たちも、苗代をつくる作業をちょうど実地に見学することができた。

水牛に犂（すき）や耙（まぐわ）をひかせて泥田の中を何度も耕す。わが国のエブリに似た長い板状の道具で泥田の面を滑らかにしてゆく。そして、そのあとへ女たちが泥をはね上げながら稲籾を蒔いてゆく。ひと昔前の日本の農村なら、どこでも見られたのと同じ風景を前にして、私はいささか感動した。これが本来の稲作だ！

田植えも以前は、女たちだけで行っていたというし、タイ暦十二月十五日（新暦三月中旬）の収穫祭のあとには、ここでももとは歌垣に似た男女の愛の語らいの慣行があったのだという。そのほか、西双版納のタイ族の文化の中には、日本の伝統文化のそれと対応するような習俗が少なくない。

例えばタイ暦の正月に行われる竜船競渡という一種のボートレースも、わが国のペーロン競争と起源を同じくする水祭りの行事だということができる。

だが、私にとって何よりも印象深かったのは、タイ族の人たちの間にモチ米の文化が根強く行き渡っていることであった。

景洪に滞在していたある日、私は朝市を見に行ったことがある。町のメーンストリートの両側、数百メートルにわたって、毎朝賑やかな露天市が立つ。周辺農村の人たちが思い思いに農産品や加工した食品をもち寄って商うわけだが、私はその商品の中に、モチ米の製品が大へん多いことに気づいたのである。

まず「切糕」。モチ米を粉にして型に入れて蒸したもので、甘味のないウイロウと思えばよい。大きな塊を持ってきて、切り売りしているものもいる。つぎは「粽子」（ちまき）だ。モチ米を水によくひたしておき、それを三角形に折り畳んだ葉（バナナの葉が多い）の中につめて蒸したもの。日本のチマキと形は全く同じだ。

早速買って食べてみる。包んだ葉の風味がなかなか米粒にしみていてなかなかうまい。それから日本でいうシトギ（モチ米を水につけて粉にしたもの）をつくり、これを薄い円形にして蒸した「餅」がある。ただし、これは日本のモチとは全く異なったもので、オバさんが二、三人、この「餅」を焚き火にかざして焼くと、白く大きなセンベイ様のものになり、それを売っている。

さらに「紫米」というものもある。モチ種の赤米を蒸したオコワ（強飯）で、色は少し黒みがかっているが、文字通りの赤飯である。小豆で色を付けたインチキな赤飯ではない。やはり祝いごとのときに食べるそうで、モチ種の赤米は少ないので、値段の方もかなり高いという。そのほか、市場ではちょっと見当たらなかったが、竹筒にモチ米を入れて蒸煮した「竹筒米」もあるという。

いずれにしても、朝市を少し歩いただけで、モチ米をつかったさまざまな食品をみることができるし、また、それらが売買されている量も決して少なくないようである。ということは、西双版納の地域が「モチ米文化圏」の真只中に位置していることをよく示す事実といえるのではなかろうか。

そういえば、この日の午後に訪ねたタイ族の村では昼食をご馳走になったが、料理の最後に出てきたのはモチ米を蒸したオコワであった。客人のもてなしには必ずオコワを出すというのが、この地域のタイ族の人たちの習慣だという。

もてなされた客人たちは、そのオコワを右手で小さく握りながら食べるわけだが、このときのオコワのおいしかったこと。私は、いまもその味を忘れることができない。

(5)　日本人のルーツを確かめる手がかり

ところで、モチ米のオコワをおいしいと思い、チマキやモチが好きだというのは、同じアジアの国々の中でも、必ずしも広い範囲にわたっている現象ではないらしい。私の経験では、インド人はネバネバした米は好まず、パラパラの米を好む。そうして歴史的にインド文化の影響を強くうけたインドネシアやタイやカンボジアなどの東南アジアの国々でも、やはりパラパラの米の方が、一般に好まれているようである。また、中国でも、長江よりも北の華北の人たちの間では、ネバネバの米はあまり好まれてはいないようだ。

となると、モチ澱粉で作ったネバネバした食品を好む食事文化の伝統は、日本と雲南を両極として、その間の長江以南の地域、つまりは照葉樹林の地帯に限られた分布を示すことになるのではなかろうか。

いま、そのことについてくわしく書く余裕はないが、例えば昨年、私たちが雲南からの帰途に立ち寄った貴州省東南部のミャオ族のところでは、さまざまなモチ米食品が存するほか、客のもてなしにはやはり大量のオコワが出されるし、さらに帰りの土産物にも美しく彩色したオコワを用意するという習俗がある。

また、一昨年(一九七九年)、湖南省の長沙で調べたところでは、同省西南部の山地に住むトン族やミャオ族、ヤオ族などでもモチ米の利用が盛んで、オコワを好んで食べるほか、モチ米を蒸し、それを木臼に入れて竪杵ではなく横杵(柄のついた杵)で搗く、という日本のモチ搗きとそっくりな慣行のあることが明らかになっている。

さらに台湾の山地民のところでも、米ではないがモチ粟が、儀礼や接客用に用いられ、非常に大切な食品になっている。

というふうにみてくると、日本と雲南の伝統的なモチ文化は、この両者の間にみられるいくつかの連鎖によって、しっかりと結び合わされているように思われるのである。

はじめに書いた照葉樹林文化の共通性・連帯性というのは、具体的にはこのようなものである。もちろんモチ文化だけが共通するのではない。歌垣の習俗も、茶を飲用する慣行も、さまざまな神話や伝説の要素も、照葉樹林帯に共通するものであり、そこには数多くの文化的な類似性がみとめられるのである。

おそらくそうした文化的な類似性は、照葉樹林帯に共通の文化的特色が伝播し、拡がった結果生み出されたものとみて差し支えないであろう。とすれば、日本の伝統的文化の基礎的な部分が、照葉樹林文化の強い影響のもとに形成されたという事実を認めるのも、そう難しいことではないだろう。

このようにして西双版納に照葉樹林文化のふるさとを訪ねる私の旅は終わった。比較的短い調査行であったから、見落とし、聞き落とした点も少なくないし、行けなかったところも多い。しかし、中国側は今後の協力を約束してくれたし、将来の見通しは明るい。今後、照葉樹林文化のふるさとに当たる地域を精力的に踏査することによって、日本人や日本文化のルーツが、ますます確かめられてゆくものと期待しているのである。

第八章　初期の照葉樹林文化論——一九七〇年代の論説

〔解　説〕

本章の元になった「照葉樹林文化と稲作の系譜」は、上田正昭・佐々木高明・樋口隆康・上山春平・直木孝次郎（共著）の『古代史への視点』（一九七六）に収録された論文で、朝日ゼミナールでの講演録を加筆・修正したものである。これはさらに第一節「照葉樹林文化——その特色と伝来」と第二節「稲作文化の形成と照葉樹林文化」という二篇の論説から成るが、第一節が一九七五年十月三日、第二節が同年十月十七日の講演をもとにしたもので、本書ではそれぞれ一つの節として載録することとした。

一九七五年といえば、照葉樹林文化の大枠を設定した『続・照葉樹林文化——その特色と伝来』は、ごく初期の照葉樹林文化のまとめといえるものである。照葉樹林文化論の概要は、すでにその段階で一応は提示されているようである。

また、第二節「稲作文化の形成と照葉樹林文化」は、当時としては最先端の稲作起源論であった渡部忠世氏の「雲南・アッサム起源説」を、同学説が広く知られるようになる同氏の『稲の道』（一九七七）の刊行に先立って紹介したもので、そこでは「初期の稲作は焼畑や原初的天水田で水陸未分化な古いタイプの粗放な形で栽培するものであり、この形態の稲作は照葉樹林文化の一部として理解できる。これに対し、華北の先進農業地帯からの影響その他により、畦畔で区画され、灌漑水施設をもつような整った水田が形成されるようになる。その段階で稲作の経済的・社会的役割が非常に大きくなり、《稲作文化》が成立する」という考えをすでに示している。つまり粗放な原初的な稲作を営む照葉樹林文化の一部を構成する初期の稲作を基礎とし、集約的な水田稲作が後に形成され、その成立を契機に稲作文化が形成されたとするこの考え方は、今日に至るまで変わっていない。

さらに焼畑を主とする照葉樹林文化段階の稲作とより集約的な水田稲作を結ぶものとして、中国古代に江南の地で広く営まれたという「火耕水導」型の農耕の存在に一九七五年の時点で注目したところも、この論考の特色の一つということができる。

最後の第三節に「モチ文化の発見」は、「モチとイモと照葉樹林文化」という原題で『総合講座日本の社会文化史』（講談社）の「月報1」（一九七三年十月）に掲載した論説に解説的な意味をもつ「まえがき」を新しく加えて転載したものである。ネバネバしたモチ澱粉を加工したモチ性食品が照葉樹林文化の大きな特色の一つであることにはじめて気付き、その拡がりと起源について簡単な考察を加えたものである。照葉樹林文化の諸特色について模索を繰り返していた初期の時代の作品の一つということができる。

この第八章に収録した諸論は、いずれも一九七〇年のごく初期の照葉樹林文化論であり、例えば渡部氏の稲作起源論と照葉樹林文化論が相互に独立して提唱されたこと、あるいはモチ文化の発見が比較的新しい事象であることなどが記録されている。

第一節　照葉樹林文化——その特色と伝来

これから「照葉樹林文化と稲作の系譜」という題でお話しさせていただくわけですが、今回は大きく分けて二つのテーマについて考えてみたいと思います。その第一は照葉樹林文化と日本の古代文化ということについて、第二は照葉樹林文化と稲作の問題について、それぞれ最近考えていますことを少し述べさせていただきたいと思います。

じつは私どもが、《照葉樹林文化》ということをいい出しましてから、十年近くたちますが、最近では、日本古代史の研究の中にも、《照葉樹林文化》の概念をとり入れてくださる方々が、少しずつ出てまいりました。たとえば、直木孝次郎氏の『倭国の誕生』(小学館『日本の歴史』第一巻、一九七三)では照葉樹林文化のことを、かなり大きくとり上げてくださっています。また『歴史の視点』(一九七五)の第一巻では、樋口清之氏が照葉樹林文化について述べられており、さらに最近では上田正昭氏が『倭国の世界』(一九七六)の中でそれに触れておられます。こうして照葉樹林文化の概念が日本の古代史研究の中にしだいにとり入れられてきているのは、たいへんありがたいことだと思っています。

古代史の問題は、なにぶんにも資料が乏しいわけで、考古学の方々が発掘その他で、ご努力くださっているのですが、わからない点が少なくありません。その幾つもあるわからない点を私どもは民族学あるいは文化生態学の立場から。少しでもフオローできるものはしてゆきたい。最近のはやりでの言葉で申しますと、学際研究的な視点から、資料の乏しい古代の問題を、もう一度見直してみたいと思って、《照葉樹林文化》という考えを、一つの仮説として提出したわけです。その仮説を少しずつとり入れてくださっているのは、たいへんありがたいと思うのですが、そうなりますと、この仮説を提唱した者の一人として、もう一度照葉樹林文化の概念をよく整理し、稲作文化と照葉樹林文化の関係などを、もう少しはっきりしておかねばならないと思って、ここへ出てきたわけです。それでは話の順序として「照葉樹林文化とは何か」ということを少し話させていただくことから始めたいと思います。

(1)　照葉樹林文化の発見——物質文化の共通性

《照葉樹林文化》という概念を、最初に提唱されたのは大阪府立大学の中尾佐助博士ですが、この文化概念は思弁的につくり上げたものではなく、いうならば足でつくり上げられたものです。中尾教授をはじめ、私どもが東南アジアの現地調査を何度も行っているうち、ヒマラヤ山麓のネパールやブータンに、日本に似た幾つかの文化要素があることに気づき、そのどこが、どのように似ているのかということを追求しているうちに出てきたのが《照葉樹林文化》という概念だといえます。そういう意味では、照葉樹林文化はフィールド・ワークに裏づけられた文化の概念だといえると思うのです。

ヒマラヤの南麓から東南アジアの北部山地、中国南部、揚子江の南側（江南）を経て、南朝鮮の一部から日本の西南部におよぶ地域は、生態学的にみると照葉樹林帯とよばれる森林帯を形成する地帯です。ツバキの葉のように、厚くて表面に光沢のある樹葉を持つ暖帯の常緑広葉樹は、照葉樹とよばれていますが、こうした照葉樹――その中心になるのはカシ、シイ、クスなどの類――によって特徴づけられる東・南アジアの森林帯が照葉樹林帯です。

この照葉樹林帯に、共通する幾つかの文化要素によって特色づけられるひとまとまりの文化のあることに気づき、それを「照葉樹林文化」とはじめて命名したのは中尾教授ですが、同氏によって指摘された照葉樹林帯に共通する文化要素には、つぎのようなものがあります。

まずワラビやクズやテンナンショウなどの野生のイモ類を利用する慣行が、この地帯に広く分布していることがあげられます。有名な伯夷・叔斉がワラビを食べて露命をつないだという話も江南地域の話ですし、現在、湖南省から貴州省の山地に広く分布する苗（ミャオ）族の中には、ワラビの根を水にさらしてワラビ粉をとり、救荒食とする慣行が広くみとめられます。これらのワラビやクズなどの野生のイモ類あるいはカシやトチなどの堅果類（ドングリ）は、そのまま食べるとたいへん苦いので、水によくさらして毒（アク）を抜き、澱粉をとることが必要です。こうした「水さらし」をともなうアク抜きの技術が照葉樹林帯一帯に古くから見られる重要な文化要素の一つと考えられます。

そのほか、茶の葉を加工して飲用する技術の発明も、おそらくこの地帯であろうと思います。茶の場合は、はじめはどのように利用したのか、むつかしいところですが。おそらく雲南山地の南部あたりで、はじめは漬物あるいは薬湯として用いられたものが、しだいに茶に加工され、飲用されるようになったと思われます。また、蚕を飼って、そのマユから糸をとり、絹織物をつくる技術。あるいはウルシないしはその近縁種の植物の樹液をとって、漆器を製作する技術。これらはいずれも照葉樹林帯の中で形成され、照葉樹林帯に広く分布している文化要素だといえます。

それから、柑橘とシソ類の栽培と利用があります。柑橘は、いうまでもなくミカンの類ですが、その原産地は照葉樹林帯の中だといわれており、江南や華南の地域では古くからそれは不老長寿の妙薬と考えられていたようです。垂仁紀に見える非時香菓（トキジクノカグノコノミ）の説話にも見られるように、その利用はかなり古くから行われていたようです。また、コウジを使う酒の醸造も、この地域を特徴づけるものの一つといわれています。コウジを使うというのは、麦芽を用いるビールとかウィスキーの製法とまったく異なるもので、コウジを使う酒の醸造法は。この地帯に特有な酒のつくり方といえるようです。

このような物質文化に関する幾つかの共通要素が、照葉樹林帯にはみとめられます。そういうことからこの森林帯を一つの文化地域として認識できるのではないかというのが、私たちの考え方の出発点になったわけです。

(2)　照葉樹林文化を支えるもの――雑穀とイモの焼畑農耕

ところで、いま申し上げたものは、物質文化の要素、それも主として植物利用に関するものだけですが、この地帯が一つの文化地域として成立するためには、その共通の文化を支える生産基盤がどのようなものか、ということが当然問題になるわけです。幸いこの地帯には伝統的な生活様式を比較的よくとどめている少数民族が、今日でも見られますので、そういう少数民族の伝統的な生産様式を調べてみました。その結果、結論的に申しまして、この照葉樹林帯の伝統的な生業形態は、さまざまの雑穀類とイモ類を主作物にする焼畑農耕に違いないということに気がついたわけです。

ここで「雑穀類」というのは英語のミレット millet、ドイツ語のヒルゼ Hirseを無理に訳したもので、アワ、ヒエ、キビ、シコクビエ、モロコシなどのよう稲を除くイネ科の穀類を全部ひっくるめたものです。とにかくそうした雑穀類を中心に、イモ類、豆類などが、それに加わった特有の作物構成を持つ焼畑農耕が、この地帯の基本的で伝統的な生産様式であったと考えられます。

たとえば、『鳳凰庁志』（一八二四）という書物には、湖南省西部の典型的な照葉樹林に住む苗族についてつぎのように記しているようです。「苗の居住地は山多く田が少ないから稲穀はいくばくも産せず、雑穀を山の傾斜地に栽培している。そのうちトウモロコシ（包穀）がもっとも多く、アワとシコクビエ（惨子）、さらにソバとモロコシ（高粱）がこれにつぐ作物である。そのつぎは麻と豆類とハトムギ（薏苡）がある。これらは藪地を伐り開いて火をつけて焼き、すっかり灰になったあとを開墾する。これがいわゆる刀耕《とうこう》火種《かしゅ》で、三〜四年作物を栽培したのち捨てて他の地をひらく」と（千葉徳爾による）。

「刀耕火種」というのは焼畑のことで、十九世紀初頭のころ、湖南西部山地のミャオ族たちが、焼畑でアワをはじめとする雑穀類を盛んに焼畑で栽培していたことがわかります。

照葉樹林帯に住む他の焼畑農耕民たちも、これとほぼ同じような雑穀栽培に重点をおく焼畑を営みますが、そのほかタロイモを中心とするイモ栽培も盛んなようです。表1は照葉樹林帯のおもな焼畑農耕民の例を示したものですが、タロイモを焼畑の一部で栽培するものが少なくありません。このような点から、私はこの照葉樹林帯の焼畑の特色を《雑穀・根栽型》とよんでいます。

表1　照葉樹林帯の焼畑の輪作方式

地域		種族	初年作物	二年目作物	三年目作物	休閑期間	備考	報告者
アッサム山地		コニャクナガ	オカボ・タロイモ	雑穀類・タロイモ	―	五〜一〇年		Fürer-Haimendorf 1938
		セマナガ	オカボ・ハトムギ	アワ（モロコシ・トウモロコシ）	―	一〇〜一二年	東へ向うほどハトムギの機能が大きくなる	Hutton 1921
北ビルマ		カチン	アワ・ソバ・豆類・トウモロコシ	（雑穀）	（雑穀）	一二〜一五年	照葉樹林を破壊したあとの松・灌木林を焼畑にする	Leach 1954
華南・広東省		ヤオ	オカボ・トウモロコシ	サツマイモ	タロイモ	一八〜一九年	第二年目にアワ・シコクビエ・モロコシなどもつくる	Stübel 1938
台湾	中部山地	ブヌン	アワ・サツマイモ（トウモロコシ・小豆）	アワ	（タロイモ）	五〜一〇年		岡田　一九四二
	南部	ルカイ	タロイモ・アワ・シコクビエ（モロコシ・アカザ・豆類）	アワ・シコクビエ（モロコシ・アカザ・豆類）・サツマイモ	同上	五〜一〇年	伝統的な輪作に復元したもの、第五年目までつくることがある	佐々木　一九七五
西南日本		五木村	ソバ・ムギ・ヒエ	ヒエ・アワ	小豆・大豆（第四年目アワ）	二〇〜三〇年	第五〜六年目にサツマイモ・サトイモ（タロイモに同じ）をつくる	佐々木　一九六三
華中、湖南省		ミャオ	トウモロコシ・アワ・シコクビエ・ソバ・モロコシ・アサ・ハトムギ			？	輪作年次不明	鳳凰庁誌　一八二四

ところで、これらの例の中にしばしば出てくるトウモロコシとサツマイモは、新大陸原産の作物で、この地域には十六世紀以降に導入されたものですから、伝統的な作物構成を考える場合には除かねばなりません。またオカボも照葉樹林帯の中では、アッサムや華南など亜熱帯モンスーン林地帯に接した地域に限定されています。したがって、照葉樹林帯の焼畑で栽培される雑穀の中で、もっとも広く分布し、作物としても重要性を示すのはアワだということになります。これにつぐものには、モロコシ、シコクビエ、ソバなどがあり、アワを中心にこれらの雑穀や豆類、それにタロイモを中心とするイモ栽培がセットになったものが、照葉樹林帯における伝統的な焼畑のタイプだといえると思います。表1の事例の中では、台湾山地の原住民の焼畑が、典型例に近いものだといえるかと思うのです。

いずれにしましても、この照葉樹林型ともいえる焼畑のタイプが、いつ、どこで形成されたのかは、いまの段階では不明というほかありません。が、おそらくかなり古い時代に雲南山地あたりで形成されたのではないかと想像していますが、考古学的な資料が得られないので、答はしばらく留保しておかねばならないと思います。

そこで、もう少しエスノ・ボタニカル（民族植物学的）に考えてみますと、アワ、ヒエ、キビ、シコクビエ、モロコシなどの雑穀類は、東南アジアの原産ではなく。その大部分は、インドやアフリカのサバンナ地帯で原産した作物だと考えられています。また、イモ類の中心をなすのはタロイモ、ヤムイモなどですが――タロイモというのは、サトイモを含め、それに類似した幾種類かのイモを指す。ヤムイモは日本のヤマノイモ、ナガイモなどの仲間のこと――それらはいずれも、照葉樹林帯の南にひろがる東南アジアの熱帯モンスーン林地帯に原産したものと考えられています。つまり照葉樹林帯で、おもに雑穀類やイモ類を栽培する焼畑農業が営まれていたのだと申しましても、それらの作物群が照葉樹林帯で起源したものとは考えられないのです。イモ類はいまも申しましたように、もう少し南の熱帯モンスーン林の地帯から北上したものに違いないし、雑穀類は、もっと西のインドから伝わったものと考えられます。この両者が照葉樹林帯で複合し、特有の農耕形態を生み出したものと、私は考えております。

相対的には、おそらくイモ類の栽培がより古く、雑穀類がそれよりやや新しい、と考えていいと思いますが、その絶対年代については残念ながら現在の資料からは、不明というほかありません。

いずれにしましても、ヒマラヤ南麓やアッサムから、雲南山地、華南、江南の山地を経て日本に至る照葉樹林帯におきましては、焼畑農業を基礎にしながら、前にお話ししましたような非常に特色ある文化が、かなり古い時代に成立しておったと考えられるわけです。

では、そういう照葉樹林帯における文化と、日本の古い文化はどう関係するのか、ということになりますが、その前に、いままでは物質文化についておもにお話ししてきましたので、それ以外の要素で、照葉樹林帯の文化にどんな共通性があるか、ということを少し考えておきたいと思います。

(3)　神話要素の類似

照葉樹林帯においては、物質文化だけが共通しているわけではなくて、それ以外の精神文化の面でも、幾つかの共通の要素が見られるということが、最近わかってまいりました。こうした点については幾人かの方々の研究がありますが、中でも東京大学の大林太良氏の研究〔大林、一九七三〕が重要だと思います。

その第一は、神話や儀礼の面における共通性があげられます。たとえば。オオゲツヒメあるいはウケモチノカミといわれる神が殺され、その死体の各部分から作物が出てきたといういわゆる「死体化生型」の神話が、『記・紀』の中に見出されます。『古事記』の場合は、死にましたオオゲツヒメの頭から蚕が、両目からは稲が、耳からはアワが、鼻からは小豆が、陰部からは麦が、尻からは大豆が出てきた、とされています。また『日本書紀』を見ますと、作物の種類や生えてくる場所が多少違っていますが、とにかくオオゲツヒメの死体から作物が生えてきたという話の類型には変わりはありません。

こういう死体化生型の神話は、インドネシア東部からメラネシアにあることが、すでにドイツのイェンゼンという民族学者によって注目され、殺された女神の名をとって《ハイヌヴェレ型》と名づけられましたが、その後このタイプの神話は、古い文化の特色を持つ農耕民の間に広く分布していることがわかってきました。

ところで『記・紀』には、アワ、小豆、麦、大豆をハタケツモノ、稲をタナツモノというふうに、畑の作物と水田の作物とを分けておりますが、たいへん面白いことは、オオゲツヒメの死体から生えてくる作物の大半は畑作物だということです。しかも、オオゲツヒメというのは、『記・紀』の他の個所の記載によりますと、四国の阿波の国の神といわれております。阿波は粟のことで、粟国と書かれている場合もあり、オオゲツヒメとアワの関係はきわめて密接で、この神話ではアワの持つ重要性が、かなり大きいことが注目されます。

そういうことを考えながら、大林氏は同系の神話の分布をたどった結果、このオオゲツヒメ型の神話で、しかもアワや豆が死体の中から出てくるタイプのものは、たとえば、中国の南部のヤオ族やアッサムのミリ一族、シロン族など、照葉樹林帯とその周辺地域に点々と分布していることが、わかってきました。アワを中心とした雑穀栽培を行う照葉樹林帯の焼畑農耕民の共通の神話として「オオゲツヒメ型」のものがあるのではないか、と考えられるようになったわけです。この場合、オオゲツヒメ型の神話とセットになって考えられるのが、カグツチノカミつまり火の神の神話で、火で焼かれるというところも焼畑と関係があるのではないか、といわれております。

このほかにも、日本の神話の中には、照葉樹林帯のそれと対比できるものが幾つかあります。たとえば洪水神話といわれるものがその一つです。それはある日、大きな洪水があって、兄妹二人の神だけが世界に取り残されてしまった。それで二人が結婚するのですが、近親結婚のタブーを犯したので、はじめに生まれた子供は不具だった。もう一度、天の神に願って結婚し直すと、今度はいい子供が生まれ、その子孫が栄えた、というタイプの神話です。

このタイプの神話は、台湾の山地民にありますし、それと似たものは、東南アジアの山地民の間にも広く分布しています。日本神話の中のイザナギ、イザナミ二神の神婚の話は、洪水神話の前の部分が脱落し、また二人が兄妹神だという部分も不明確になっていますが、もとの形はおそらく洪水神話のタイプに属するといわれております。また、天の岩戸型の日蝕神話と類似した話が、華南から東南アジアの山地民の間に流布していることは、岡正雄氏などによって、すでに指摘されているとおりです。

このように、日本神話の重要な部分を構成するモチーフと同様のものが、照葉樹林帯に広く分布しているということは、日本文化の系統を考えるうえに、たいへん示唆的ではないかと考えられるわけです。

(4) 歌垣と十五夜とモチと――習俗と儀礼の対比

そのほか、習俗や儀礼の面における類似も少なくありません。その一つに「歌垣」の慣行をあげることができます。たとえば『常陸国風土記』を見ますと、つぎのような有名な話が出てきます。

むかし、祖神(みおやのかみ)が方々の神を訪ねて巡り歩いていたときのこと。ちょうど駿河の富士の山に至ったときに、日が暮れたので、泊めてほしいと頼んだ。ところが富士の神は、「新粟の新嘗に当たっているので、家内諱忌しています。きょうのところはお泊めできません」と断ったというのです。ところが『日本古典文学大系』(岩波書店)所収の「常陸国風土記」の頭註を見ますと、この「新粟」は、「脱穀しない稲実の意」と記されています。どうして「粟」と書いてあるものを「稲」と読み替えるのか、私にはよく理解できませんが、いままでの研究者の中には、日本は稲作文化の国だ、稲作以外は重要ではないのだという大前提があり、すべて稲に結びつけて解釈する傾向があったように思います。しかし「新粟新嘗」とあれば、それは素直に「新しい粟を収穫した新穀祭」と読むのがいいのではないでしょうか。古い時代には、大量のアワが山地斜面で栽培されていた可能性が大きいのですから……。

それはともかく富士の山で、きょうは新嘗祭だからと断られて、祖神は今度は筑波山に行きます。ところが筑波山の神は、「今夜は粟の新嘗の日で、客人は家の内に入れられないのですが、どうかお泊りください」と答えて、祖神をもてなした。そのため富士の山はいまでもつねに雪に閉ざされているのに対し、筑波の山はけわしい山だけれども、関東地方の「諸国の男女、春の花の開くる時、秋の葉の黄づる節、相携ひ駢闐《つらな》り、飲食を齎賚《もちき》て、騎にも歩にも登臨《のぼ》り、遊楽《たの》しみ栖遅《あそ》ぶ。」のだと述べ、そのあとに「……筑波嶺に　廬《いほ》りて　妻なしに　我が寝む夜ろは　早やも　明けぬかも」という歌が出てきます。若き男女が歌の交換をして、たがいに求婚し合ったわけです。『万葉集』にも、この筑波の山の歌垣について「……未通女壮士《おとめおとこ》の往き集ひ　嬥歌《かが》ふ嬥歌《かがい》に　他妻《ひと》に　吾も交らむ　他も言問へ……昔より禁《いさ》めぬ行事《わざ》ぞ　今日のみは　めぐしもな見そ言も咎むな」（一七五九）という長歌を載せています。

こうした歌垣をやった痕跡は、筑波山だけでなく、日本各地に数多く残っております。日本の古代において、この慣行はかなり広く行われていたとみて間違いないと思われるのです。その中でも私が、筑波山の例をとくに出しましたのは、そこでは歌垣の慣行と同時に、アワの新嘗めの話がいっしょに出ている点を注目したいと思ったからです。アワを中心とする雑穀の新穀祭と歌垣の関連は、照葉樹林文化の特色を考える際に見落としてならない重要な点だと思うのです。

このような歌垣の慣行を東南アジアに求めますと、チベット人やロロ族の所、あるいはヒマラヤの南麓地帯にもありますが、ヤオ族やミャオ族という中国南部の照葉樹林帯に住む焼畑農耕民の所には、非常に広くみとめられます。最近、村松一弥氏によって訳出された『苗族民話集』(一九七四)の中にも歌垣の話が幾つも出てきます。また彼らの民話の中でもっとも数多く登場する作物が、やはりアワだということも注意すべき事実でしょう。いずれにしても。歌垣の系譜は東南アジアの照葉樹林帯に住む焼畑農耕民の文化の中に求めることができると考えて差しつかえないと思われます。

その他、照葉樹林帯の文化と関係の深いものとしては、たとえば、柳田國男氏が強調された山上他界の観念がありますか。亡くなった先祖の霊は山の頂に眠っており、盆とか先祖祭りの日には、この山の頂から降臨する、という山上他界の観念。これも時間の関係でデータをあげるのは省略しますが、照葉樹林帯に広くみとめられるものです。

また、歌垣の慣行とも関連するのですが、妻問いの慣行も、この地帯に古くからみとめられます。日本人の結婚の形式が、完全にヨメ取り型になるのは非常に新しいことで、平安時代より前は、妻問い婚が広く行われていたので、こうした点にも照葉樹林地帯との文化的関連がみとめられると考えられます。

このように、中尾佐助氏が指摘された物質文化、なかんずく食物文化に関する重要な類似以外にも、神話や儀礼や習俗のうえでの類似が照葉樹林帯との間に広くみとめざるを得ないということが、おわかりいただけたことと思います。

さらに、食物文化と儀礼の世界の接点になるような事実の類似を一、二あげますと、たとえば八月十五夜の祭というのがあります。八月十五夜の祭といえば、皆さんは「お月見」をすぐ思い出されるでしょうけれども、本来はただ月を鑑賞するのではなく、もう少し儀礼的なものです。坪井洋文氏らの研究によりますと、日本の八月十五夜儀礼はもともと畑作物の収穫儀礼であり、その中核をなすのは、古い時代のサトイモの収穫儀礼ではなかろうか、といわれております。ところが、同じような八月十五夜の収穫儀礼が、ヤオ族やミャオ族、その他の東南アジアの焼畑農耕民の間にみとめられることが、竹村卓二氏やカリフォルニア大学のエバーハルト博士などによって明らかにされています。

それから、私は最近、モチという食品にたいへん注目しております。というのは、モチは我々の持っている儀礼食の中で、もっとも重要なものの一つであるとともに、照葉樹林帯におけるもっとも特色ある食品の一つだからです。

モチは、植物学的に申しますと、とくに粘性の高いモチ澱粉を加工した食品ですが、一般に穀物の種子澱粉の中にはモチ澱粉はたくさんは含まれていません。しかし突然変異などで粘性の強いモチ澱粉を多く持った個体が現れることがあり、これを人間が特別に選択し、栽培してモチ種という品種がつくり出されました。モチ種というと、すぐモチイネを考えられるかもしれませんが、稲のほかに、アワにもモチ種がありますし、それからキビにも、モロコシにもハトムギにもモチ種があります。ところが、モチ種の作物は世界中どこにでも分布しているのではなくて、照葉樹林帯に限られて分布していることが特徴的です。インド人は米を食べますが、ネバネした米は好みません。パサパサで、香りの高い米がインド人にとっては上等の米なのです。ですから、インドではモチ種は選択されない。ネバネバした米はだめだと捨てられるから、モチ種という品種が成立しないわけです。

ところが、インドから東南アジアの山地へまいりますと、俄然モチ種が出てきます。最近、日本では、モチゴメの生産が減りまして、お正月用のモチゴメなども、その大半を北タイから輸入しているのです。ことに山地部ではモチゴメが多く、モチゴメしかつくらない村が、東南アジアの照葉樹林帯には幾つもあります。

モチゴメだけでなく、モチアワも重要です。私が数年前に調査しました台湾山地の村では、モチアワを焼畑で大量につくっていました。ここでは客がきたときに、アワモチを必ず出すことになっています。アワモチをご馳走しないと、相手にたいへん失礼になると考えられているのです。また酒もモチアワからつくり、儀礼のときには、このアワ酒とアワモチを必ず用います。つまり、ハレの作物としてモチアワは、ここではたいへん重要な機能を演じているわけです。

いずれにしましても、照葉樹林帯には、モチに非常に高い価値を指向させる文化がみとめられることは事実で、その一端に日本が位置していると考えますと、日本文化を構成するかなり重要な部分の、伝来してきた方向が推定できるのではないでしょうか。

私がいままで述べてきました照葉樹林文化の実態は、私たちが歩いて得た知識からはじめ、まず物質文化の類似性・共通性に着目し、さらに精神文化、つまり儀礼や習俗や神話などの共通性をフォローして得たものです。したがって、それは理論的に構成されたものではなく、実態として存在するわけです。しかもそれらは、日本文化の基層を構成すると思われる文化要素の組み合わせともよく一致するものであり、我々の文化の伝来の方向を示唆するように思われます。我々が《照葉樹林文化》の概念をつくり上げた理由もこの点にあるわけです。

ただし、このような照葉樹林文化の概念については、具合の悪いことに、時代的限定を加えることがきわめて難しいという欠点があります。照葉樹林文化がいつ起源し、その伝播はいつの時代のことか、といわれても、すぐには答えようがないわけです。ヒマラヤの南麓から東南アジアの北部を経て日本に至る地域に、実態として、共通の文化要素によって特色づけられる一つの文化がある、と申し上げるほかないのです。

(5)　考古学的データとのつき合わせ――縄文後・晩期農耕論

そこで、我々が見出した照葉樹林文化の実態と、考古学的事実とをつき合わせて、照葉樹林文化の歴史を再構成することが、つぎの課題として出てくるわけです。それを私なりに、あれこれと考えてみたのですが、なかなかうまくはまいりません。しかし、仮説を思い切って提出しないと、研究は進まないと思いますので、私なりに考えてみた仮説を、つぎに少し申してみたいと思うのです。

典型的な照葉樹林文化は、先にも申しましたように、雑穀とイモ類を主作物にする焼畑を生業の基礎とする文化であります。焼畑というのは、ごく簡単に申しますと、山地や丘陵の斜面の森林やブッシュ（叢林）を伐採し、それを焼いて、その焼跡に作物をつくる原始的な農耕です。何年かすると耕地条件が悪くなる（その最大の理由は雑草の繁茂）ので、その耕地を放棄して、つぎの新しい耕地を開墾するという農耕形態をとります。照葉樹林帯の焼畑では、アワをはじめとする雑穀類やタロイモなどのイモ類を栽培し、それによって照葉樹林文化はささえられてきたわけですから、この農耕の複合体が、いつ日本に伝わってきたかということが、とりも直さず照葉樹林文化の日本への伝来の時期を推定する手掛りになると考えられます。

従来、日本の考古学では、農耕はすべて弥生時代にはじまった、と定説的にいわれております。それでは、照葉樹林文化を特徴づける雑穀とイモの焼畑農耕も、弥生時代にその起源があると考えられるでしょうか。

結論を先に申しますと、それは、弥生時代より前にわが国に伝来したものと、私は考えています。これは、日本の考古学界の定説に反する説で、学界で充分みとめられた説とはいえませんが、私は、少なくとも幾つかの状況証拠から、弥生時代初期に水田稲作農耕が日本に伝わる以前に、焼畑農耕に基礎をおいた照葉樹林文化が、わが国に伝わったのではないかと考えるわけです。

ところで、畦畔の整った水田に稲を栽培するいわゆる水田稲作農耕が日本に伝わったのは、弥生時代の初期だと考えて間違いないと思います。北九州にある弥生時代初期の板付遺跡の例をみても、弥生時代初頭に水田稲作農耕が北九州に伝わり、そこから日本全国に広まったということは、動かしがたい事実と思います。が、問題は、それ以前に、焼畑農耕がわが国の山地にかなりひろがっていたかどうか、ということです。それをめぐりまして、私はつぎのようなことを考えて発表したことがあります。

弥生時代の初期に、九州に水田農耕文化が伝わって以後、それはかなりのスピードで、西南日本一帯にひろがります。図1(b)を見ていただきますと、弥生前期の遠賀川式土器によって代表される初期の水田農耕文化は、西日本一帯に比較的短期間の間に伝わります。ところが、東海地方にまで達したあと、しばらくそこで足踏み状態になって、東日本への伝播はややおくれることになるわけです。私は、ここに一つの問題点があると思うのです。

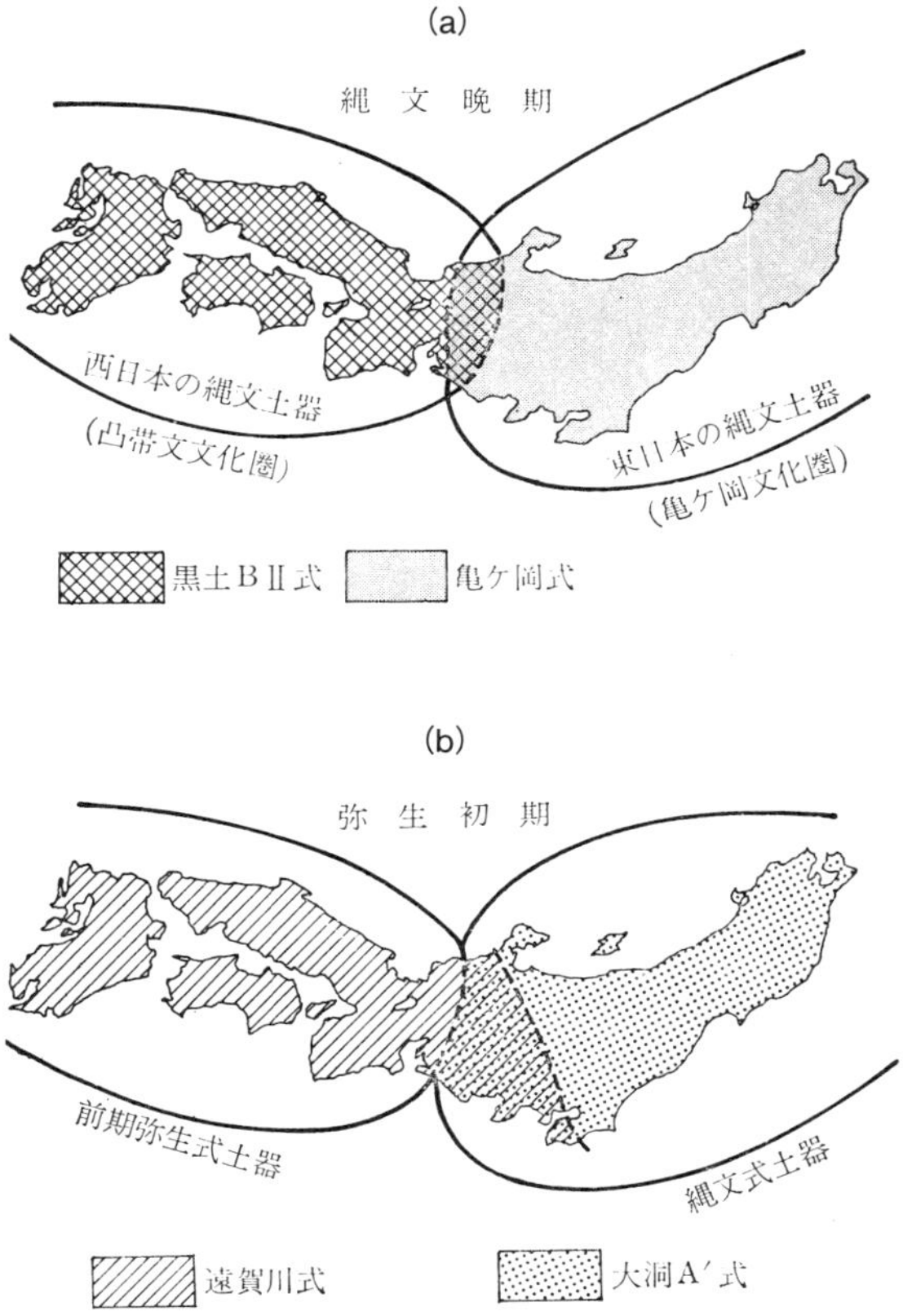

図1　土器の分布

というのは、西日本に、弥生前期の水田文化が相当なスピードで伝わるためには、それを受け入れるだけの状況が、すでに西日本にあったのではないかと考えるからです。それは図1(a)に示した縄文晩期の土器の分布図を見ていただくとわかるのですが、縄文時代の末ごろには西日本と東日本では、土器の様式がかなり違うようです。西日本には比較的装飾の少ない凸帯文土器が広く分布し、東日本には

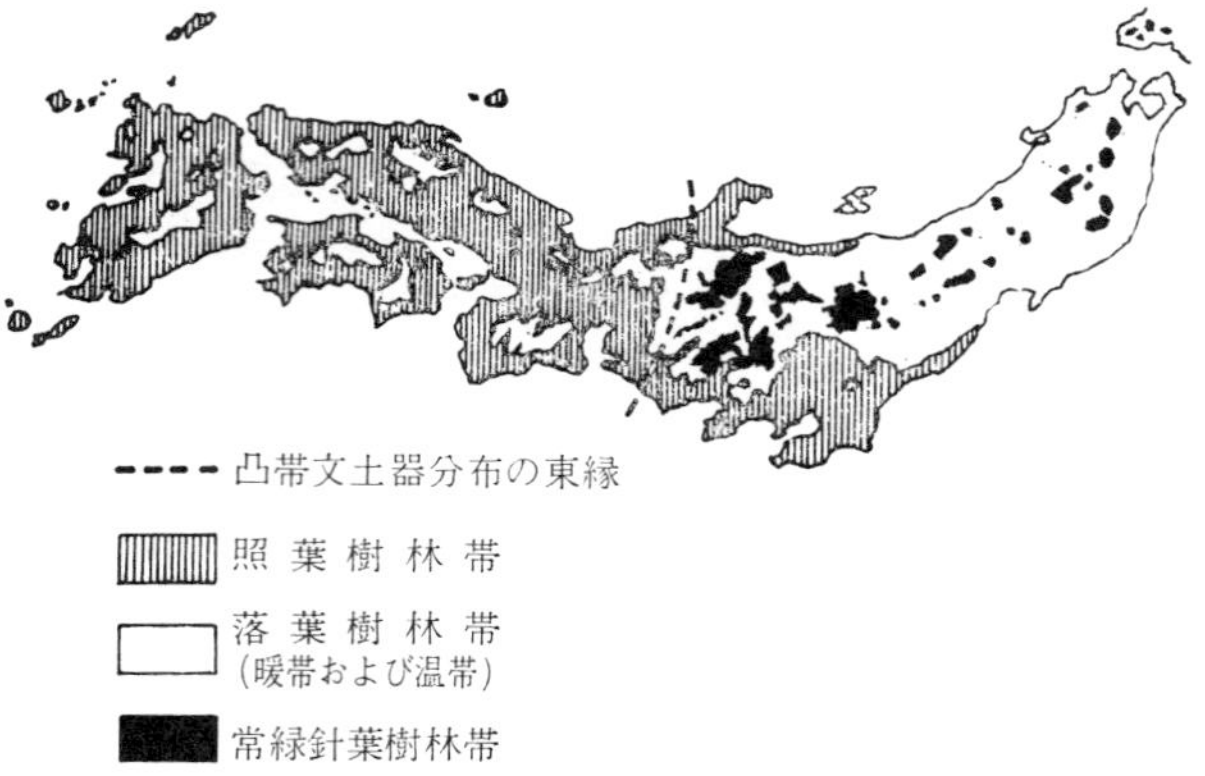

図2　照葉樹林と凸帯文土器の分布

装飾の多い亀ヶ岡式土器が広く分布していました。こうした土器様式の顕著な相違は、縄文時代の後期から晩期にかけての時期に、西日本と東日本とでは、文化の特色にかなり違いがあったということを示しているように思います。この違いを説明するために、私は思い切って土器様式の分布図と植生分布図を重ねてみました。

すると、凸帯文土器で示される縄文晩期の西日本の文化圏は、かなりの精度で照葉樹林の分布と一致することがわかりました(図2参照)。ということは、縄文時代後・晩期の西日本の文化が、何らかの意味で照葉樹林帯の自然に適応した形態の文化であり、照葉樹林文化の特色を色濃く持った文化だったのではなかろうかと考えるに至りました。もし、そうだとすると、焼畑農耕のベースに乗って、水田農耕が急速に展開し得たのだと考えることも可能になります。私はこうした前提に立って幾つかの問題を考えてみました。

じつを申しますと、縄文時代にも農耕があったのではないかという説は、考古学界でも、かなり前から出ております。とくに第二次大戦後には、藤森栄一氏、澄田正一氏、江坂輝弥氏、国分直一氏、坪井清足氏、賀川光夫氏そのほか何人かの考古学者によるいわゆる「縄文農耕論」とよばれる学説が出てきました。それは縄文時代の中期以後に、集落が大型化して定着的な様相が増加すること、石器の中に土掘り用の鍬と考えられるようなものが出てくること、あるいは土器の形態的変化が著しくなり、貯蔵用とか煮沸用、あるいは神にささげ物をする供献用の土器が現れはじめることなど、そのほかにも農耕の出現を暗示するような条件があり、それらを根拠に縄文時代にも農耕があったと主張する学説です。しかし、肝心の栽培植物の遺物がまだ発見されないのです。農耕の存在を暗示する状況は、ずいぶんあるのですが、直接的な証拠（栽培植物）がないまま、縄文農耕論は今日でもなお仮説の段階にとどまっています。

もっとも、ごく最近では、栽培植物の発見例が幾つかでてきました。たとえば、九州の縄文晩期の幾つかの遺跡からは、稲が出土していますし、麦の出土例も出てきました。またごく最近、新聞報道でしか知らされていないのですが、福井県の三方湖岸の鳥浜遺跡からはヒョウタンなどが出土したと報ぜられています。しかし、いずれもかなり断片的なデータで、照葉樹林型の焼畑農耕の存在が考古学的に確証されるまでには至っていません。

(6)　稲作以前の論理——三つの視点

直接証拠がないのですから、そこでもう一度、状況証拠を整理し直すことによって、私なりに仮説の検証を試みることにしました。そこでまず問題となるのは、日本の焼畑の特色を、もう一度よく見直すことです。

先の表1（二六七頁）では、日本の代表として九州の五木村をあげておきましたが、つぎの表2では私の調査した全国の焼畑村（七十二村）で、どのような作物が栽培されているかを示してみました。これによりますと、日本の焼畑ではアワを筆頭に、ソバ、ヒエなどの雑穀と大豆、小豆などの豆類が、大量に栽培されていることがわかります。これについでトウ

表2　日本の伝統的焼畑の主要作物

	作付村数*	同比率(%)
アワ	61	83.3
ソバ	59	80.5
大豆	55	76.4
小豆	55	76.4
ヒエ	42	56.9
ムギ	15	20.8
トウモロコシ	14	19.4
サトイモ	14	19.4
サツマイモ	11	15.3
カブ	5	6.9
アブラエ（エゴマ）	5	6.9
オカボ	3	4.2
調査村合計	72	100.0

＊伝統的な輪作形態のわかっている調査村72のうちで当該作物の作付の行われている村の数

モロコシがありますが、これは外来作物なので除外すると、麦、サツマイモ、サトイモなどがかなり高い比率で出てきます。このうちサツマイモも外来作物ですが、これは非常に優秀な作物で、十八世紀に導入されて以後、従来のイモの地位を奪って、それに取って替わってきました。したがって、サツマイモ導入以前を想定すると、サトイモの比率は、今日のそれよりかなり高くなるものと考えられます。

というようなことから、日本の焼畑の伝統的な作物構成を復元してみると、アワ、ソバ、ヒエその他の雑穀類と豆類の栽培に、サトイモ(これはタロイモの一種)を主にしたイモ類の栽培が組み合わされたものとなり、これに若干の麦が加わったものとすることができます。こうした作物構成の特色が、基本的には東南アジアや華南などの照葉樹林帯のそれと一致することはいうまでもありません。

ところで、このような日本の焼畑の作物構成の特色をめぐって、きわめて重要な点はオカボの出現率が非常に低いことです。九州山地(阿蘇)と関東山地の一部を除いて、日本ではオカボ(陸稲)を焼畑で栽培するという例が、古くからきわめて少ないのです。この事実は、日本の焼畑の相対的年代を推定するうえで重要な手掛りを与えてくれるものと思われます。というのは、もしわが国における農耕的要素のすべてが、弥生時代になって伝えられたとすると、当然焼畑農耕も弥生時代になってから発生したことになります。おそらく一部の考古学者が考えておられるように、水田がまず平野にひろがり、そこが開墾しつくされたのちに、山地へ農業が押し上げられ、そこで焼畑が発生したと考えざるを得なくなります。もし、そうだとすると、一度稲作のフィルターを通った農耕ですから、山地の焼畑でオカボを栽培する例がもっと多くなければおかしいのです。他の雑穀に較べると、オカボは単位面積当りの収量も高いし、調理も簡単だし、そのうえ味覚もすぐれています。しかも西南日本の山地ならとくに高い所はべつとしてその栽培は可能です。また当時の稲は、現在のような高度に品種分化したものではなかったと考えられますから、水稲と陸稲の区別もはっきりしたものではなく、水稲から陸稲への転換もさして困難ではなかったと思われます。

それにもかかわらず、日本の焼畑には伝統的にオカボの栽培は、ほとんど見られず、それよりも質的にも量的にも性質の劣る雑穀類が主として栽培されているのです。ということは、日本の焼畑の基本的部分は、稲作のフィルターを通って山地にひろがったものではなく、むしろ稲作が展開する以前に伝来し、山地斜面にその分域をひろげていたと考えざるを得ないのではないでしょうか。これが稲作以前に焼畑農耕文化、つまり照葉樹林文化が我が国にも存在したと想像する私の第一の問題点です。

第二に、焼畑を中心にする生活様式の特色というのは、水田を中心にする生活様式の特色と、かなりの相違があることに注目したいのです。焼畑中心の生活様式の特色は、焼畑耕地の造成・播種・収穫などの折目折目に村を単位とする儀礼を営み、それを中心に村人たちの生活のリズムを形成しているものです。たとえば、先に述べた八月十五夜の祭なども、もとは焼畑における作物の収穫祭の伝統を持つもので、焼畑を中心にする生活類型の中で重要な機能を持つものでした。

このほかに、先ほどは説明を省略しましたが、焼畑の生活を特色づける慣行の一つに春の儀礼的狩猟とよばれるものがあります。春、焼畑の伐採に先立ち、村中の男が氏神に参詣し、それから集団で儀礼的な狩猟に出かけるという慣行は、日本各地の焼畑を営む村では古くから行われていました。九州山地の村々では「講狩り」とよばれ、最近まで営まれていたことが知られています。それはただの狩猟ではなく、そのとき獲物が多くとれると、その年は豊年になるという一種の年占いでもあります。同じような慣行は、九州の山村ばかりではなく、愛知県設楽郡の山の中にもたくさん残っておりました。早川孝太郎氏の名著『花祭』（一九七七）の中には、そうした事例が幾つもあげられています。

このような春の儀礼的狩猟の試行は、インドの雑穀栽培型の焼畑農耕民の間にも広く分布し、おそらく雑穀の栽培といっしょに照葉樹林帯に持ち込まれたものと思われますが、北ベトナムの山地にも同様の慣行があり、さらに台湾の山地民でも同じ慣行のあることが知られています。たとえばタイヤル族では、焼畑の伐採に先立ち、村人が狩猟に行きますが、そのとき酋長の手が獲物の血で汚れるほど、その年は豊年になるとされており、酋長は焼畑に種をまくまで血で汚れた手を洗わないともいわれています。タイヤル族だけではなく、ブヌン族にも似たような慣行がありますし、私の調査したルカイ族でも、以前には同様の儀礼的狩猟の慣行のあったことをたしかめることができました。つまり、春の儀礼的狩猟の慣行は、インドから照葉樹林帯を経てわが国に至る地域において、焼畑農耕民の生活の重要な構成要素の一つになっているということができるのです。

このほか、『風土記』の説話によると、筑波山などではアワの新嘗（収穫祭）が行われ、そのときには客人などを家に入れず、家内諱忌する慣行のあったことを前に述べましたが、こうした慣行も、アワを主作物とする焼畑を営む照葉樹林帯の焼畑農耕民の中にその例を見ることができます。私が数年前に調査したルカイ族の村では、以前にはアワの収穫を終えたあと、二週間以上にもわたってアワの収穫祭を営んでいました。かつてはこの期間中はきびしい諱忌を守らねばならないとされており、家内に客人を泊めることはもちろん、他村者を村内に入れることもきびしく禁忌されていたといいます。また、このアワ祭には、筑波山の例と同じように祖先神が訪れ、先祖祭も行われます。そうしてルカイ族の人たちは、この祭の時期を正月と考え、一年の生活の最大の折目としているのです。おそらく『風土記』に出てくるアワの新嘗も、ルカイ族のアワの収穫祭と同じような祭であり、それは水田農耕を営む平地民の生活ではなく、焼畑農耕を営む山地民の生活を反映したものと思われるのです。

このように考えてきますと、弥生時代に水田稲作農耕が伝わり、それがいったん平野に展開したのちに、山地へ押し上げられ、そこで焼畑農耕を生み出したという従来の説には、かなり無理のあることがわかります。我が国の山地に残る焼畑を基軸とした生活様式の中には、水田農耕生活とは関係なく、むしろ東南アジアの山地焼畑農耕民の生活と深い関係を持つような要素がたくさんあるわけです。いったん平野に展開した水田農耕文化が山地へ押し上げられ、そこで東南アジアの焼畑農耕民との文化的な類似を再生産したというのは、かなり無理な解釈としかいえません。むしろ素直に、水田農耕が展開する以前に、華南や江南山地から照葉樹林文化が渡来し、その伝統が稲作以後も焼畑を営む山地の村々に伝承されたと考えるのがいいのではないでしょうか。

さらに第三の問題としては、焼畑と水田との先後関係には一つの「定理」が見出せるということがあります。東南アジアやインドなどを広く見渡しまして、焼畑から水田へ替わったという例は、無数に見られます。私も以前に、インドでそういう村を調べたことがあります。焼畑から水田へ替わるのは、水田のほうが生産性が高いし、安定性があるからです。ところが、水田から焼畑に生業を変化させた例は、ほとんどありません。平野で戦争が起こって、山のほうへ逃げていったというような特殊な例を除けば、アジアの各地を広く見渡して、水田から焼畑へ生業の形態を変化させたという例は皆無といってもいいと思います。にもかかわらず、日本の古代に限って、水田から焼畑への変化があったと想定することは、私には不可能です。日本の古代だけが例外だとはとうてい考えられません。

とすれば、焼畑を生業の基礎とする照葉樹林文化が、日本へ伝わったのは、水田農耕が伝来する以前であり、おそらく縄文時代の前期頃にまず最初の影響があり、次第に農耕の占める比重が高まって、縄文時代の後・晩期に採集狩猟活動と焼畑農耕の双方を生活の基盤に持ついわゆる初期的農耕が成立したと考えられるのではないでしょうか。私は、こうした論理を『稲作以前』（一九七一）という本の中で展開して以来、何度か繰り返して述べる機会がありましたが、この立場に立ちますと、少なくとも日本の農耕文化の基層を構成する部分は、稲作の伝来以前に我が国に伝わったものであり、それは東・南アジアの照葉樹林帯で形成された特色ある文化と系譜的な連関を持つことが想定できることになります。

（一九七五年十月三日講演）

第二節　稲作文化の形成と照葉樹林文化

前回は、照葉樹林文化の特色とその文化の日本への伝来の時期を、水田稲作文化との関係を中心にしてお話しいたしましたが、今回は、この照葉樹林文化と稲作文化は本来どのような関係を持つものか、あるいは稲作文化は照葉樹林文化とどのような関連のもとで形成されてきたのか、というような点について、最近、私が考えておりますことをお話ししたいと思います。

(1)　栽培稲の起源――雑穀複合体の中から

まず、稲作文化のことを考えるわけですから、やはり最初に稲という作物について少しお話ししておきたいと思います。現在、アジアで広く栽培され、さらには世界の大部分の地域でつくられている稲は、オリザ・サチバ(*Oryza sativa*)という植物です。さまざまの種類の稲は、このオリザ・サチバの、さらに細かなバリエーションで、世界の栽培稲の大半はオリザ・サチバ一種です。ところが、世界にはもう一種類、オリザ・グラベリマ(*O. glaberrima* Stud.)という稲があります。これは、もとは西アフリカのニジェール川中流の湿地帯で起源したものです。つまり栽培稲にはアジアの稲とアフリカの稲の二つの種類があるわけです。

このうち、アジアの栽培稲(オリザ・サチバ)は、従来の説では東部インドの低湿地帯で起源したものと考えられてきました。その祖先種としては、オリザ・ペレニスやオリザ・スポンタネア(ファツア)など幾つかの野生稲が考えられますが、そのどれからどのようにして栽培稲オリザ・サチバが導き出されたのかはまだよくわかっていません。これに対し、アフリカの栽培稲(オリザ・グラベリマ)は、先にも述べたように、ニジェール川中流の湿地帯でオリザ・ブレビリギュラタという野生稲を祖先種として栽培化されたと想定されています。ここでわざわざアフリカの例まで持ち出しましたのは、アフリカのサバンナ地帯が、雑穀類（millets）の大きな起源地の一つだからです。おそらくシコクビエ、モロコシ、トウジンビエというような雑穀類は、このアフリカのサバンナ地帯で起源したと考えられています。また、雑穀類のもう一つの大きな起源地は、インドのサバンナ地帯で、ここでは、おそらくアワ、キビあるいはキビに類するさまざまな雑穀類が起源したと考えられています。

ということは、アフリカの雑穀類の起源地の周辺でオリザ・グラベリマが起源し、インドの雑穀類の起源地の近くでオリザ・サチバが起源した、ということになろうかと思います。もっとも最近では、のちに述べますように、オリザ・サチバは、東部インドの低湿地ではなく、むしろアッサムから雲南山地に至る地域で起源したという新しい学説も出ています。が、いずれにしてもアジアの栽培稲（オリザ・サチバ）が、インドの雑穀地帯の周辺部で起源したという点に変わりはありません。

このような点から、稲という作物は、もともと数ある雑穀類の一つ——湿地でも畑地でも栽培できる便利な雑穀の一つ——として、雑穀の複合体の中で生み出されたものと考えられるようになってきました。一般に、麦類にしても、雑穀類にしても、イモ類にしても、それが一つの農耕文化を生み出す基礎となる場合には、幾種類かの麦や雑穀やイモ類がそれぞれセットになって、おのおの特色ある作物複合体を構成するのがふつうです。ところが、稲の場合には、それとセットになる有力な作物が見当たりません。ということは、稲はそれを中心とする作物複合体を独自に構成するものではなく、むしろ本来は、雑穀の複合体の一部を構成していたものだろうことをよく示す事実だといえるでしょう。繰り返しますが、稲は、もともと数ある雑穀類のうちの一つとして、雑穀の複合体の中で起源したという性格を持つものだと考えられるわけです。

そういうことを前提にいたしまして、これから照葉樹林文化と稲作との関係についてお話しするわけですが、ここでもう少しアジアの栽培稲オリザ・サチバという作物について、その特色を追ってみたいと考えます。そこでまず、稲の起源地あるいは稲が作物として固定化し、多くの品種を生み出した場所はどこか、ということから考えてみたいと思います。

(2)　アッサム・雲南センター——そこからの稲の伝播

先ほども申しましたように、従来、稲の起源地としては東部インドが有力だとされていました。しかし、戦後、いろいろと調査が行われた結果、もっとも多様な稲の品種が集中し、もっとも多様な稲の栽培状態が見られるのは、アッサムから雲南にかけての地帯ではないだろうか、ということがわかってきました。ですから、稲が少なくとも作物として固定化し、多くの稲の品種が生み出された場所も、アッサムから北ビルマを経て雲南におよぶ山地帯と考えていいのではないか、という新しい学説が生まれたわけです。この新しい学説が提唱されたのは、京都大学の渡部忠世博士です。これからしばらくの間、渡部氏のたいへんユニークな学説を紹介しながら、アッサム・雲南センターの問題、およびそれから派生してくる稲作の系譜の問題などを考えてみたいと思います。

渡部氏が稲作の起源についての新しい説を出された原因は、幾つかありますが、その一つは、アッサムあたりの稲の調査が、最近非常に盛んになって、そこではきわめて多種類の稲が栽培されていることが知られるようになったことです。あとで詳しく述べますように、そこにはインディカ種の稲もあれば、ジャポニカもあるし、モチイネもあればウルチもあり、オカボもウキイネもあって、アッサムから雲南にかけての地域は、アジアの中でも、もっとも多くの種類の稲が集中していることがわかってきたことです。第二の点は、稲の植物学的な性格にかかわる問題です。じつは、植物の光合成(植物が光エネルギーの存在のもとで、炭酸ガスを還元して炭水化物を合成する作用）のプロセスの研究が、最近著しく進んだ結果、光合成反応系の違いかC_3植物とC_4植物とが区分されるようになってきました。私は植物学の専門家ではないので詳しいことは省略しますが、要するにC_4植物というのは、トウモロコシ、キビ、アワなどを含む熱帯に原産したと考えられる作物であり、C_3植物はオオムギ、コムギのような熱帯原産と考えられない作物を含むグループです。稲はこの光合成反応系の特色から区分すると、C_4植物ではなく、むしろC_3植物に近いということがわかってきたのです。その結果、従来のように稲を熱帯原産の作物と断定するわけにはゆかないのではないか、ということがわかってきました。渡部氏は、このような稲の生理的性格に関する新しい研究成果と、先に述べたアッサム・雲南地域にきわめて多種類の稲が見出されるという事実をふまえて、アジアの栽培稲の起源地を、より温帯的なアッサム・雲南山地に求める新しい説を提唱されたわけです。

この点については、私は「稲作の起源とその展開をめぐって」というテーマで、同氏との対談を『季刊人類学』五巻二号（一九七四年五月）で行ったことがあり、これが渡部学説を広く紹介したことになりました。さらに渡部氏は『季刊どるめん』の七号（一九七五年十月）に「アジア栽培稲の伝播」という論文をお書きになり、その所説をわかりやすく解説しておられます。渡部氏はまた現存の稲の調査ばかりではなく、古い稲の調査も詳しく行ってこられました。それはつぎのような面白い方法によるものです。インドや東南アジアの諸地域では、古い寺院の煉瓦には、それを焼くときにイネモミやワラを入れる例が少なくありません。ですから、そうした古い煉瓦に含まれているモミを集め、その建物の建造年代と合わせると、そのイネモミがいつごろのものかわかります。こうした方法で、同氏はすでに多数の資料を集め、それを系統的に分類して、古い稲の系統を調べる作業を十数年続けてこられたのです。その結果、たいへん注目すべき事実がわかってきました。

まず、アジアの栽培稲の形には、むかしから三つの類型があったようです。その一つは渡部氏によるとスレン

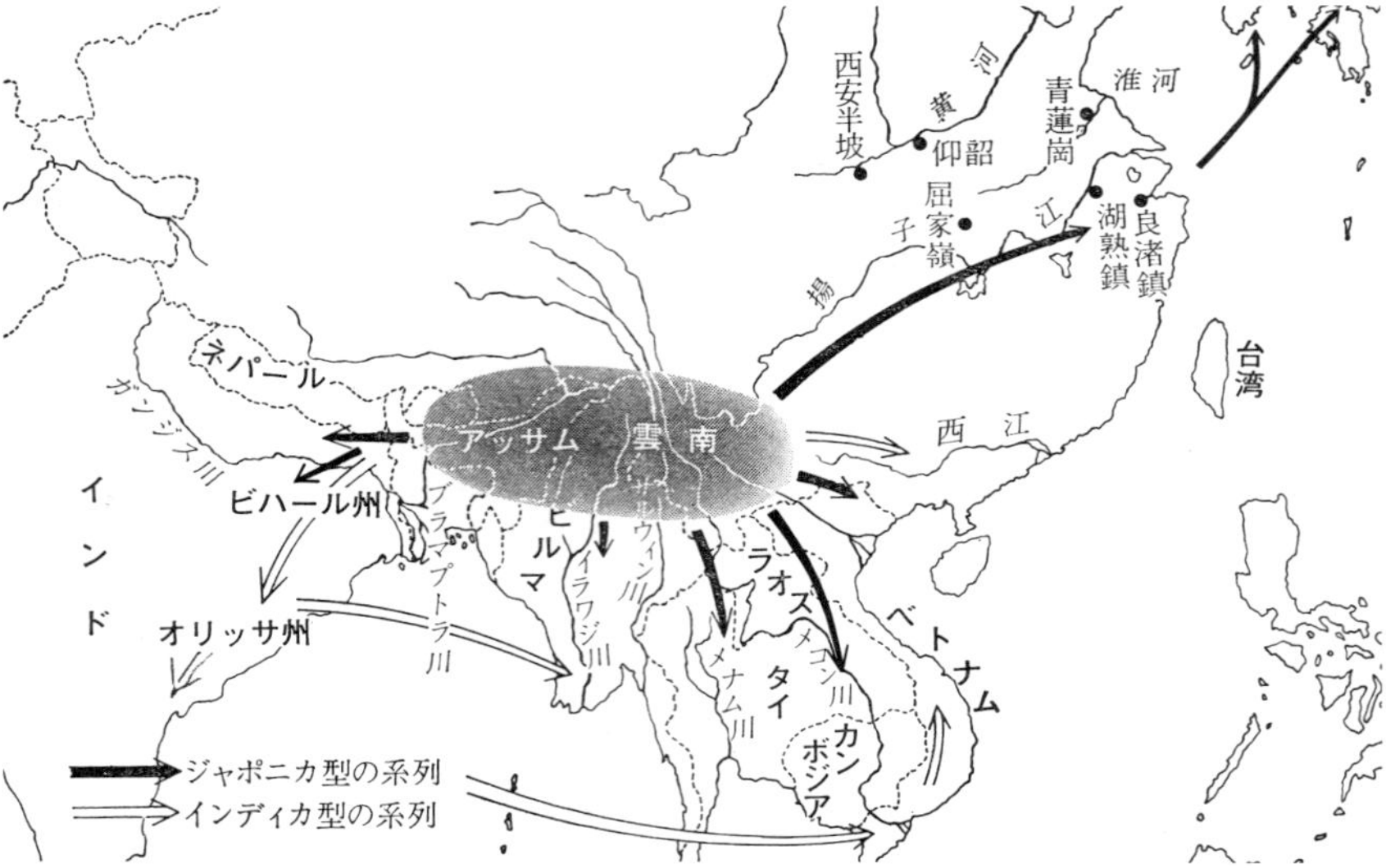

図3　アッサム・雲南センターからの稲の伝播と中国の主要農耕関係遺跡
（渡部忠世氏の原図を修正）

ダー・タイプ（細長い米）とよばれるもの、それからラウンド・タイプ（長さ、巾ともに大きくないが、全体として丸い形の米）、そしてその中間形のラージ・タイプの三つです。このうちスレンダー・タイプがいわゆるインディカとよばれる稲にほぼ相当し、ラウンド・タイプがいわゆるジャポニカにほぼ当たると思っていただいてよろしいが、ジャポニカやインディカという分類については、あとでもう一度触れてみたいと思います。

いずれにしても、アッサムから雲南にかけての山地帯で、これらの稲のもとになる品種群が古い時代に形成されたと考えられるのですが、このセンターから東南アジアへ稲が伝播する経路にはほぼ二つのものが考えられます。その一つは雲南山地からメコンの河谷を南下するルートで、これを「メコン系列」、他の一つはアッサムから北インドに入り、オリッサ州あたりを経て、ベンガル湾を横切って東南アジアに至るルートで、これを「ベンガル系列」とそれぞれ渡部氏は命名しておられます（図3参照）。

ところが、これらのルートのうちセンターに近い場所、つまり東南アジア北部やインド北部の古い稲を調べますと、いずれもラウンド・タイプ、つまりジャポニカ型に近いものであることがわかってきました。しかもこれら稲の中には、オカボだと考えられるものが少なくありません。とくに北タイなどでの調査によりますと、地形的に考えてとても水田をつくれないような所からたくさんの古いモミが採取されました。このようなことから古い時代にタイの北部で栽培されていた稲はオカボに近い性質を持つもので、おそらくイモ類、雑穀類などとともに、畑作物として長い期間栽培されていたと考えられるのではないか、と渡部氏は述べておられます。

今日の東南アジアでは、メコン、メナム、イラワジなどの大河川の沖積平原に大水田地帯がひろがっていますが、このような大河川の下流平原が開発され、大水田地帯が出現するのは、非常に新しいことで、ほぼ十八世紀以後のことです。それ以前、ことにメナム川やイラワジ川の流域などでは一〇世紀ごろより以前には、支流の小さな谷間とか、小さな盆地の天水田を利用して、ごく小規模に水稲が栽培されていたにすぎず、稲の大部分は畑作物として、イモや雑穀類といっしょに栽培されていたのではないか、と推定されるわけです。

さらに、北インドでも、初期にはこれと同じような状況があったのではないかと考えられます。最近の研究によりますと、先にも述べたように、古い時代にはインディカ型の稲ではなく、ジャポニカ型に近い稲が低湿地ではなく、むしろ畑作に適したような場所でつくられていたらしいことがわかってきました。それがのちに、インドのビハール州かオリッサ州あたりの第二次中心で、インディカ型つまりスレンダー・タイプの稲に置き換えられ、このスレンダー・タイプの稲がベンガル湾を渡って、カンボジアとかインドシナ半島の南部に、進んだ灌漑組織を持つインド文明とともに上陸して、そこから内陸へ展開したのではないか、と考えられるようになってきました。

現在、東南アジアの大水田地帯で栽培されている稲の大部分は、長細い粒型を持つ晩生種のインディカ型のものですが、この種の稲がひろがったのは、たいへん新しく、十八世紀以後のことのようです。古い時代にはジャポニカ型の比較的早生の稲が主体をなしていたと考えられます。現在でもメコン川の上流域の山地民の間では、こうしたジャポニカ型の稲がつくられていますし、さらに注目すべきことは、モチイネも、このような山地民の間では大量につくられています。

ということで、東南アジアでは歴史時代になってから稲の品種の交替があり、古い時代にはジャポニカ型の稲が主体をなしていたということが結論の一つとしていえるわけです。しかも、その中には、相当量のオカボが入っていたらしいことも指摘されるようになってきました。

オカボということになりますと、おそらく焼畑で栽培するものが多かったと思われます。が、その段階では、稲(オカボ)は、他の雑穀類やイモ類とともに焼畑の作物群の一部を構成していたものと考えられるのです。こうした作物構成は、前にも述べました照葉樹林文化の特色を代表するものであり、その限りにおいて、この段階における稲作は、照葉樹林文化の中からは分化・独立するには至っていなかったと考えられるのです。つまり、稲の栽培は、初期の段階では、照葉樹林文化のカテゴリーの中で、雑穀栽培の一種として展開しているのであって、稲作文化が分離・独立するのは、もう少しあとの段階ではないか、ということになるわけです。

しかも、最近、渡部氏によって稲作のセンターとされたアッサム・雲南山地一帯の地域は、すでに中尾氏によって、照葉樹林文化のセンターとされている地域でもあります。ここから稲作が各地へ伝播したということは、照葉樹林文化のセンターから、初期には、その文化のひろがりとともに稲の栽培が展開したことを意味するものです。ということは、稲作(ことにジャポニカ型の稲の栽培)が、原初的には照葉樹林文化の一要素として起源したことを示唆する事実と考えられるのではないでしょうか。

ところで、いままで、インディカとか、オカボとか、あるいはモチイネとか、稲のいろいろな種類のことを申してきましたが、このあたりで少し解説を加えておかないと誤解が生ずるかもしれませんので、簡単に稲の種類について解説を加えておきます。

(3)　稲の分類——東南アジアやインドへ展開した稲

稲の分類には、いろいろの分け方があります。まず、もっとも常識的な分類に水稲と陸稲(リクトウあるいはオカボ)という分け方があります。水稲は、低湿地あるいは水田で栽培する稲であり、陸稲は、畑で栽培する稲です。しかし、この両者が画然と区別されるようになったのは、品種改良の進んだ後代のことで、《古代史への視点》ということでお話しする限りでは、両者の区別はたいへん未分化のものだと、まずお考えください。事実、水稲の中には深水地帯に適するウキイネ(増水とともに節の間隔が伸びて草丈二メートル以上に達する)のようなものから、天水田で栽培され、雨の少ない年にはオカボと同じ状況で生育するものまで、いろいろな種類がありま す。水稲と陸稲を厳密に区別する考え方は、古代の稲を考える場合には現実的ではありません。両者の差は相対的に干地条件にやや適しているか否かという程度の差で、水稲と陸稲の間は漸移的なものとお考えください。

つぎに、モチ(糯)とウルチ(粳)という分け方があります。ウルチというのは、現在私たちが飯に炊いている米で、少しは粘りますけれども強くは粘らない。モチというのは、種子の中に特殊なモチ澱粉を持つもので、たいへん粘ります。こうした特殊なモチイネは、陸稲にも水稲にもありますが、前回にもお話ししましたように、その分布は照葉樹林地帯に限定されているところに重要な特色があります。

つぎに、もう一つたいへん重要な分類に、インディカとジャポニカという区分があります。この区分は、我が国では、考古学や歴史学の方々などもよく用いられていますが、最初にこの分類をされたのは、九州大学農学部におられた加藤茂苞博士で、世界の稲には、日本の稲とかけ合わせてその雑種第一代が稔るものと、稔らないものがあることに注目して、稔るものをジャポニカ、稔らないものをインディカとよばれたのです。それ以後、いろいろな人が分類を行いましたが、だいたい日本の稲は丸型ですから、それとかけ合わせて稔るのは短粒型、稔らないのは長粒型が多いわけです。ですから、本来の分類は、日本の稲とかけ合わせて稔るか、稔らないかという遺伝的性格が決め手だったのに、いつのまにか短粒型をジャポニカ、長粒型をインディカとよぶようになってしまったようです。その結果、分類上の混乱が起こっている点がないではありません。

それからもう一つ、稲の生理的性格にもとづくたいへん重要な分類があります。それはアウス(Aus)、アマン(Aman)、ボロ(Boro)というインドの土着稲の分類名称をもとにするものです。アウスというのは、夏稲のことで四〜五月に種をまき、八〜九月に収穫できる稲です。アマンは、秋稲といわれ、六〜七月にまいて十二〜一月に収穫する。またボロは、十月にまき、十二月に移植して三〜四月に収穫する稲で、春稲ともいえるタイプの稲ですが、その栽培量はあまり多くないようです。いずれにしてもインドの在来稲には、大別して、この三つの種類があるわけですが、これらは収穫期が違うというだけではなくて、基本的な生理的性格に相違があります。つまり、アウスは感光性が小さくて、アマンは感光性が大きい。そしてボロは非感光性だということです。

「感光性」というのは、たとえばキクの花を考えていただくといいのですが、キクの花は温室に入れて育ててやっても決して花は早く咲きません。それは晩秋になって日が短かくなると、それに反応して咲くわけです。つまり日長に反応する性格があるのです。稲の中にもこのキクの花と同じように感光性が大きく、日長に反応するものと、その特色の少ないものとがあるわけですが、日長反応型(感光型)の稲は、どこで栽培しても、栽培期間が非常に長くなる性格を示します。アマンは、こうした感光性が大きい稲であると同時に、深い水にも耐える深水性の稲でもあり、ウキイネをその中に含みます。また、アマンの大半は、日本の稲と交配しますと、稔性がほとんどなく、実が稔らないものが多いことも知られています。通常、インディカとよばれている稲の大半は、このアマンに属するといえます。

それに対して、アウスのほうは、感光性が小さくて、感温性が大きい稲です。感温性が大きいというのは、種をまいてから、毎日の平均気温を合計(積算気温という)して、それがある一定の温度になったら花が咲く、という性質のことです。こういう種類のものは、温室に入れてやると栽培期間はかなり縮まるわけです。だから早稲になる可能性が大きい。逆に、アマンのほうは、晩生になる可能性が大きいともいえます。日本の在来の稲と交配して稔性が高いのは、このアウス群に属する稲が多いとされているのです。またボロは、特殊なもので感光性が全然なく、日本の稲と交配しても稔性のないのがふつうです。さらにインドネシアの稲については、通常、ブル(Bulu)とチェレ(Tjereh)に分類されていますが、ブルはアウスに近いものであり、チェレはアマンに近い性格を持つ稲だといわれています。

つまり、感光性があまりなくて、感温性のかなり大きな一群に、アウスとかブルといわれる稲があり、この種類がいわゆるジャポニカにほぼ対応する。これに対し、比較的感光性の大きな一群に、アマンとかチェレという稲があり、これがいわゆるインディカにほぼ対応するというふうにご理解いただけばいいかと思います。また、現在、アジアで栽培されるオカボの大半は、アウス群に入りますし、モチ澱粉を含むモチイネも、そのほとんどすべてがアウスです。したがって、このアウスとよばれる生態群の稲は、日本の稲の成立に深い関係を持つものとして重要視されることになります。

ここで、先ほどの渡部説をもう一度思い起していただきましょう。雲南・アッサムのセンターから最初に展開した稲は、早生のアウス群に近いものだったようです。そして、インドのビハールからオリッサにかけての地域で、おそらくアマンやボロに近いもの、とくに晩生のアマン群に近い稲が二次的に栽培化され、それがベンガル湾を渡って、カンボジアや南ベトナムに伝わったのではないか、と考えられます。雲南・アッサムセンターには、いろんな種類の稲が起源したと思われますから、その中には、潜在的にアウスもアマンもあったと思われますが、その中から各地に展開していった稲のうち、主流をなすものは、最初はアウス群に近い比較的感温性の大きいものだったと思われるのです。東南アジア北部の山地は、温帯ですから感温性の大きな稲でないとよく育ちません。感光性の大きい稲は、冬になり日が短くなるのを待って登熟します。したがってそれでは霜がおりたり、気温が低くなりすぎて、温帯では栽培できなくなるのです。だから、温帯にはアウス群の稲が適しているわけで、しかも、このアウス群の中にはオカボ的な稲がかなり含まれていますから、初期の稲作はこうした品種を含むアウス群の稲を中心に展開した、とみることができます。

ところが、熱帯に行きますと、気温が高くなり、稲の生育期間が長くなります。それに初期の段階では、肥料を特別にやらないので、在穂期間の長いほうが実りがいいようです。したがって、在穂期間の長い晩生種のアマン群の稲が、しだいに選択されるようになり、第二次中心では、そういう種類の稲が作物化されたと考えられます。とくにアマン群の中には、深い水の中で栽培するに適したウキイネ系統の稲がありますから、この種の稲が大河川のデルタ地帯に適応して、しだいに展開していったものと考えられるのです。

いずれにしても、アウス群の稲がセンターから展開した段階では、オカボに近い性格のものが、ずいぶん多かったと考えられます。それらは、とくに亜熱帯に近い照葉樹林帯の南部などでは、焼畑農耕とも結びついていたものでしょう。また水稲として栽培される場合にも、古い稲の出土状況から考えますと、それらはおそらく小さな河谷とか、小盆地の天水田で栽培されていたもので、大規模な水田稲作の展開は、東南アジアではアマン群の稲がひろがる、後の時代まで待たねばならなかったと考えられます。そうして小規模な天水田で稲作を行っていた初期の段階では、その年の気象の状況により、天水田は水田にもなり、畑地にもなったものですから、水稲と陸稲との区分は、それほど明確ではなく、かなり未分化な状態であったと思われるのです。

以上、ごくおおまかですが、アジアにおける栽培稲の特色と、東南アジア、インドにおける展開のあとづけを行ってきましたが、「照葉樹林文化と稲作の系譜」という視点からみると、雲南・アッサムセンターから東方へと向う稲作の系列が、より重要な問題として浮かび上がってまいります。「メコン系列」、「ベンガル系列」という渡部氏の命名にならって、新たにそれを「揚子江系列」とよぶことにしますと、この系列に沿って展開した稲作の系譜の中には、中国や日本における稲作文化の起源を解く鍵が、かくされているということができます。

(4)　揚子江系列の稲——雑穀複合体からの分化

では、この揚子江系列の稲作をどう考えればいいのか、ということになるわけですが、残念ながら中国西南部の古い稲についての調査は、ほとんど行われていませんので、正確なことは何一つわかっていません。しかし、少なくとも、この揚子江系列に展開した稲は、気候条件が温帯ですから、アマン群のように、十二月ごろにならないと収穫できない感光型の晩生種の稲ではなかったことはたしかなようです。むしろアウス群に似た性格を持つ、言葉を換えれば、ジャポニカ的な稲が、この系列に沿って展開したものと考えられます。

東南アジアの場合には、はじめにジャポニカ型の稲が展開し、のちにインディカ型のそれへ、品種の転換が起こったわけですが、揚子江系列に展開した稲は、おそらく初期からジャポニカに近いアウス系統のものであり、それがインディカ型に転換せずに、今日まで至ったというのが大きな特徴のようです。それは何よりも気候的条件による影響が大きいと考えられます。もっとも中国には古くから秈という稲と粳とよばれる稲が栽培されていて、秈はインディカに近いもので、粳はジャポニカに近いものだといわれています。たしかに、粒形からいいますと、秈は長粒型で、粳は短(円)粒型のものです。しかし秈は感光型の稲ではなく、感温型の早稲系統の稲なのです。だから、いくら細長い米でも、アマン系の稲とは性格が異なることはいうまでもありません。稲の分類は、粒形だけではうまくゆかないところが、非常にむつかしい点です。

さて、揚子江系列に沿って、雲南・アッサムセンターから稲が東方へ向かって展開したとして、その年代についても正確なことは不明です。しかし中国では、のちに述べますように、紀元前二〇〇〇年代の幾つかの遺跡から米が出土しており、稲作の行われた痕跡がはっきりしています。したがって、それ以前のかなり古い時代、少なくともセンターから南や西に向かって稲が伝播するのと同じころ、あるいはそれより前に、東方に向かっての稲の伝播があったことは確実だと考えられます。そうして、この場合、稲は独立に東方へ展開したものではなく、照葉樹林文化を特色づける雑穀の複合体を構成する作物の一つとして、アワ、キビなどの雑穀類とセットになって、雲南のセンターから東方に展開したとみるのが、いいのではないでしょうか。

また、揚子江系列に沿って東方に展開したジャポニカ的な稲の中には、かなりのオカボ的な稲が含まれていたらしいことはすでに述べましたが、このオカボは、おそらく他の雑穀類といっしょに焼畑や水がかりの悪い天水田で栽培されたものと考えられます。またこの揚子江系列に沿う照葉樹林帯一帯には、アワ、キビ、モロコシなど、各種の雑穀の中にモチ種のものが数多く見られることも、前に強調しましたが、この系列に展開した稲の中にも大量のモチイネが見られます。このモチイネは他の雑穀類の中に見られるモチ種とセットをなすものだということも注目しておきたいと思います。それは雑穀栽培を主体とする、照葉樹林帯の伝統的な農耕文化の重要な特色と深くかかわり合っているからです。

というふうに考えてきますと、揚子江系列に沿って東方に伝播した稲は、もともと照葉樹林文化を特色づける雑穀の複合体の中に組み込まれていたものであり、照葉樹林文化の一要素を構成するものであったと考えられるのです。繰り返し強調いたしますが、この地域に展開した稲が、春まきで初秋に収穫する感温型のジャポニカ型の稲を主体としていたこと、その中にオカボ的な性格を持つものをかなり含んでいたらしいこと、さらに大量のモチイネの栽培を行っていたことなどは、いずれも照葉樹林帯の雑穀栽培の特色と対応するものといえます。したがって、この段階では稲が独立の作物となり、稲作文化を形成する状況には至っていなかったと考えられるのです。

この状況を示唆する資料の一つとして、中国の古い書物の一つである『詩経』に、つぎのような歌が載せられています。「黍《キビ》あり、稜《アワ》おり、稔《イネ》あり、秬《クロキビ》あり、あまねく下つ世をおおい有ち、大禹の事業を継ぎぬ」あるいは「黍・稜と稲・粱（粱はアワの一種か――佐々木注）と農夫のよろこび、神に供えて幸福をいのる」というのもあります。

ここで私はキビやアワやその他の雑穀類と並列的に稲が出てくることに注目したいのです。つまり、ここでは、稲を特別な作物としてみる意識はなく、数ある雑穀の一つ、あるいは五穀の一つとしてそれをみている点を注意したいわけです。『詩経』に出てくる詩の多くは、揚子江より北の地域でうたわれたものでしょうから、雲南のセンターから稲が伝播して華北に近い所にまで達した段階でも、稲は数ある雑穀類の一つとしての地位しか持っていなかったことが、よくわかるのではないかと思うのです。

(5)　稲作文化成立の条件

このように、稲が他の雑穀類とセットになり、たくさんある雑穀の中の一つとしての地位しか保っていない間は、何度も繰り返しますように、その稲作は照葉樹林文化のカテゴリーの中でとらえることができる、と私は考えています。その段階では、おそらく稲は、アワやキビやヒエなどの雑穀類とたいして変わらない粗放な状態で栽培され、収量もほとんど同じようなものだったと思われます。むしろ、アワ、キビなどの雑穀複合体を構成する主要な作物に比べれば、その重要性はずっと低かったとさえ思われるのです。したがって、たとえ、水田で稲をつくったとしても、低湿地に直播したものか、あるいは水がかりのよくない小規模な天水田に稲を栽培した程度で、その量も決して多くはなかったと思われます。それがやがて完全な畦畔を持ち、水路による灌漑・排水が行われるような整備された水田が構築されるようになる。そうして他の雑穀と区別して稲が栽培されるようになり、さらにその水田が拡大され、その生産量が増大して社会的な生産の基盤が水田農耕に置かれるようになる。そういう段階になって、《稲作文化》がはじめて成立するものと私は考えるわけです。

それでは稲作文化の形成が、いつごろ、どのようなプロセスをたどって行われたか、ということになりますが、これは、たいへんむつかしい問題で資料的に充分フォローすることは、今日の段階ではほとんど不可能かと思います。

しかし、東南アジア各地の民族調査の経験から申しますと、焼畑あるいは畑作から水田耕作へ移行する際には、幾つかの要因があると考えられます。その第一は「安定した収穫への魅力」であり、第二には米に対する味覚上での魅力、あるいは調理上の便利さなどがあげられるようです。一般に畑作、とくに焼畑の場合には、その年の天候の条件により、豊凶の差が著しく、収穫はきわめて不安定です。ところが、整備された水田で稲を栽培した場合には、収量も豊かになり、さらに年毎の豊凶の差が少なく安定した収穫をのぞむことができます。畑作（焼畑）から水田耕作への移行の要因は、古今を問わずこの点がもっとも重要だったと考えられます。また米がうまい食物であり、粒の小さいアワやキビなどに比べて、それが脱穀・調整から調理・加工に至るプロセスにおいて、処理しやすい作物であることも事実で、このような幾つかの利点が、古代においても、水田化を促進した要因になったと想像することができます。さらに焼畑から水田への移行を考える際には、人口増加にともない、焼畑のために伐採する森林の面積が増大し、居住地周辺の林相が著しく悪化する結果、やむなく伝統的な焼畑耕作を放棄して水田農耕に転換してゆく事例が、東南アジアなどでは数多くみとめることができます。おそらく、古代においても、こうした要因が重なり合い、畑作（焼畑）から水田への転換が、森林地帯の周辺から徐々に進められていったものと考えるのが適当なのではないでしょうか。

と申しましても、中国大陸における稲作の展開のあとは、いっこう具体的にはなりませんので、このあたりで、いままでに考古学の側で明らかにされている稲の出土例のおもなものを幾つか拾いあげたうえで、稲作文化成立の問題を少し考えてみたいと思います。

(6)　中国先史時代における稲作の痕跡

ご存知のように、中国におけるもっとも古い農耕文化は、華北の黄河流域に発達した仰韶文化といわれるもので、華麗な彩色土器を持ち、その年代は、最近の^{14}Cによる年代測定によると、紀元前四〇〇〇年ごろと推定されております。じつはこの文化は、河南省の仰韶遺跡の名にちなんで名づけられたものですが、この仰韶遺跡から土器に稲の圧痕のあるものが出土しています。戦前に、スウェーデンのアンダーソンという地質学者が発見したものです。ところが、それ以後、仰韶文化の遺跡はずいぶん発掘されましたが、稲はまったく出土しません。むしろアワの発見例が多く、たとえば西安市の半披村では、壷の中にアワを納めたものが六例も発見されたのをはじめ、各地の仰韶文化の遺跡からアワが出土しています。このようなことから、仰韶文化を支えたおもな作物は、アワであり、稲の栽培については、疑わしい点が少なくないと考えられるようになってきました。

そこで、この仰韶遺跡出土の稲を話の筋道からはずしますと、中国で稲栽培の痕跡が見つかり出すのは、紀元前二〇〇〇年代の遺跡からで、しかもその大半は、華中の地域に集中しています。

たとえば、揚子江中流部の江漢地区には、黄河流域の仰韶文化の末ごろから、つぎの竜山文化のはじめごろに当たる時期に、屈家嶺文化とよばれる文化がひろがっています（図３参照、一八八頁）。湖北省京山県の屈家嶺遺跡から出土した遺物のセットを標準にした文化ですが、この文化を持つ遺跡の中から磨製の石斧や石庖丁などといっしょに米がかなり発見されています。中には大量の焼土塊の上に粳稲の痕跡の残されたものもあったようです。中国農業科学院の丁頴教授は、これらの米を詳しく観察した結果、今日栽培されている粳型品種に近いもので、ジャポニカ型に属すると報告しているようです。

それから、揚子江の下流域から黄河、淮河の間に当たる黄淮地区には、ほぼ同じ時期に、青蓮崗文化とよばれる文化(江蘇省淮安県の青蓮崗遺跡を代表とする)がひろがっていました。ここでも二、三の遺跡から有孔石斧や石庖丁とともに、米が発見されています。もっとも、この文化に属する安徽省の亳県釣魚台からは、大量のコムギも発見されているようで、作物としては華北の先進農耕地帯の影響をかなり強く受けていることが推定されます。

このように、屈家嶺、青蓮崗両文化においては、栽培稲の出土がかなりの数にのぼり、耕作具と考えられる石斧や収穫具である石庖丁も発見されて、稲の栽培が行われていたことが、はっきりみとめられます。しかし、これらの文化では狩猟・漁撈・採集などの活動も非常に盛んに行われていたようです。また稲以外の作物の栽培も行われていたようで、当時の稲作が、どの程度の経済的ウェイトを持っていたかについては、疑問の点も少なくありません。そういう点から本当の意味での稲作文化の成立を、この紀元前二〇〇〇年代の時期にまでさかのぼらせ得るか否かについては、さらに検討を必要とします。

そこで、もう少し時代を下げて考えますと、揚子江の下流域に当たる浙江省から江蘇省にかけての地域に良渚文化とよばれる文化が出てまいります。その絶対年代はよくわからないのですが、華北の竜山文化(仰韶文化に続く農耕文化で黒陶で特色づけられる。その初現は紀元前二〇〇〇年ごろ)にほぼ並行する時期、つまり紀元前一〇〇〇年代の中ごろ前後を考えればいいのではないかと思います。が、そのころになりますと、幾つかの遺跡から、かなりの量の米(銭山様遺跡から出土したものは粳と籼の二種類があるという)が出土しています。また、農耕に使ったと思われる大型の磨製石器や石庖丁、あるいは木杵などの木製品などのほか、家畜として水牛がかなり発見されていることが注目されます。

このように、良渚文化のころになりますと、揚子江流域あるいは淮河流域を中心にして、米の出土例が増加してきます。また、それにともなって、石庖丁のような収穫具、あるいは脱穀・精白に使ったと思われる木杵などの出土もあり、稲作の痕跡がしだいに濃くなってまいります。しかし、稲作が具体的にどのような形態で営まれていたのか、その実態については何もわかってない、というのが実情です。ことに整備された水田が、いつごろからつくられるようになったか、という私の疑問に答える資料は見つかりません。

(7)　整った水田の形成——稲作文化成立の契機

そこで中国は文字の国ですから、文献に当たってみることにしました。中国農業史の権威である天野元之助氏などによりますと、もっとも古い水田の記録は、先に述べた『詩経』の中に、「彪池（陝西省の渭水の一支流の傍らにある池泉）北流して彼の稲田を浸す」つまり泉の水を引いて稲田を灌水したという春秋時代の記事があります。しかし詳しい記載としては『周礼』という書物の「地官」の「稲人職」という項にある記述が古いといわれております。『周礼』は戦国末から前漢のはじめごろに編纂された書物と考えられていますので、それは、戦国時代に華中や華北で営まれた当時としてはかなり先進的な水田の状況を示すものといえましょう。それはつぎのように述べています。

「稲人は下地、即ち水沢の地に耕種することを司る。豬（堰豬＝披）をもって水を貯え、防（傍堤）をもって水をとどめ、溝をもって水を流しこみ、遂（小溝）をもって水を均うし、列（畦）をもって水をたたえ、澮（大溝）をもって水を排出する。水をたたえた田に這入って刈草を取り除いて田をこしらえる。凡そ水沢の地に耕種するには、夏、に水を溜めて雑草を絶やし、秋に又生えた草は之を刈り取る。水草の生える水沢の地には芒種（稲・麦）を蒔く」（西山武一氏訳、傍点筆者）というのです。

　瀦は西山武一氏によると、傾斜地で谷川を堰きとめるダム形式の貯水池だとされていますが、とにかくダムを持ち、水路で灌排水し、畦畔を有する整備された水田が、少なくとも戦国時代末ごろまでに形成されていたことがわかります。しかし、この水田の経営はかなり粗放なもので、「夏に水を溜めて雑草をたやす」というのですから、隔年に休閑し、その休閑期間中に湛水除草していることがわかります。おそらく播種方式も直播であったことは間違いないでしょう。

　戦国時代末期と申しますと、すでに鉄製農耕具が出現し、華北では各種の大灌漑工事が進められるとともに、犂耕《れいこう》も開始された時代です。こうした時代のもっとも先進的な水田ですら、隔年に休閑する直播式の粗放な水田にすぎなかったということは、それからさらに時代がさかのぼり、華北の文化核心地域からもへだたった位置にある良渚文化のころの稲作が、きわめて粗放なものであったことをよく示すものでしょう。おそらく自然の低湿地、あるいは小規模な天水田で、きわめて不安定な稲作が営まれていたにすぎないと考えられます。

　この場合、従来の考えでは、原初的な稲作は、自然の低湿地で営まれたということを、何の疑いもなく想定してきましたが、私はこの点についても、最近疑問を持つようになってきました。というのは、いわゆる揚子江系列に展開した稲は、前にも述べましたように、アウス群に近い稲で、その中にはアマン群のウキイネのような深水地帯に適した稲は含まれておりません。したがって、よほど湛水の浅い低湿地はべつとして、夏雨で著しく増水する自然の低湿地や沼沢地では、一般に稲の栽培はきわめて困難ではないかと考えられるからです。現に、のちの唐代の記録などには、揚子江流域の低湿地では、成熟前に稲田が水浸しになり、大きな被害を受けた事実がしばしば出てまいります。宋代に占城米と呼ばれる早熟の秈稲が導入されるまでは、こうした状態が長く続いたと思われます。深水地帯に適したウキイネを持つ東南アジアの場合でさえも、大河川の沖積低地が水田化されるのは、十八世紀以降の新しい事実であり、古い水田はむしろやや高位の平坦面につくられていました。

このような事実をもとに考えますと、原初的な稲作は、自然の低湿地でも少しは行われたかもしれませんが、それよりもむしろやや高い場所で、夏に冠水する恐れのない天水田で営まれたと考えるのが、適当なのではないでしょうか。中国農業技術史に詳しい西山武一氏が、江南の「水田の造成は夏雨に浸水の恐れなき高田に中心をおかれていた」と指摘されているのも同一の趣旨といえましょう。この場合、高田の天水田で栽培された古い稲は、水稲・陸稲の未分化なものであった可能性が少なくないこと。また天候の条件によっては、この種の天水田は水田ではなく、畑地になり、そこでは雑穀などの栽培が行われた可能性の強いことなどは前にも指摘したとおりです。小規模な灌漑施設を持つ隔年休閑の水田というのも、おそらくこうした性格を持つ耕地ではなかったかと考えられます。

ところで、戦国時代から前漢時代にかけては、華南を含む中国の各地で、畦や樋を持った整備された水田がすでに存在していたことが、各種の資料で実証されています。したがって、華中や江南の地における水田農耕の確立、ひいては稲作文化の成立は、良渚文化の時期から戦国時代までの間に比定することができるように思うのです。としますと、良渚文化に続いて、揚子江の下流域に展開する湖熟文化の内容が問題になろうかと思います。

(8)　揚子江下流域における稲作の進化

湖熟文化は、西周から戦国初期ごろ（およそ前九世紀頃から前五世紀ごろ）に相当する金石並用期の文化だといわれていますが、この時期の遺跡の多くは河川・湖沼に近い台地上にあり、「台形遺址」とよばれています。その幾つかの遺跡から米が出土しており、磨製で精巧な孔を持つ石庖丁も数多く出土しています。これらの石庖丁の中には、わが国の弥生時代の石庖丁と類似した形態のものも少なくないといわれています。また、有肩石斧や有段石斧なども出土することが注目されます。石庖丁は収穫具として用いられたものでしょうし、有肩石斧は石鍬として用いられたのではないかと考えられます。また有段石斧のほうは、おそらくチョーナとして用いられた木工具ではないかと考えられています。ということは、当時すでに水田農耕に用いる各種の木製農具や堰や水路・畦畔などに用いる大量の板材の生産などもかなり行われていたのではないかと思うのです。戦国時代に入ると、淮河や揚子江流域には坡や塘とよばれる貯水池がさかんにつくられるようになりますが、おそらくその原型に当たる小規模なものは、少なくとも湖熟文化期には、各地で築造されていたものと想像されるのです。

このような一連の動きをみてきますと、揚子江下流域においては、良渚文化期ごろから湖熟文化期にかけて、水田化の動きが進んできたのではないかと想定されるわけです。この場合、先にも述べましたように、自然の低湿地、沼沢地を利用するというよりも、むしろ夏に冠水の恐れのない高田の天水田に灌漑を施すことによって、その水田化が推進されてきたものと私は思うのです。しかも、華北の黄土地帯では、殷・周時代にすでに区画された耕地と灌・排水用の施設をつくる技術ができ上がっていたわけですから、この華北の先進農耕地帯からの強い文化的影響が、揚子江流域における水田化を促進する重要な契機となったと考えられるのではないでしょうか。

いずれにしても、稲の栽培は、かなり古くから行われていたもので、初期の形態としては、焼畑でオカボ的な稲が他の雑穀類とともに栽培されていたこともあるでしょうし、小規模ないわゆる原初的な天水田で、おそらく水陸未分化な古いタイプの稲がきわめて粗放な形で栽培されていたこともあると思います。しかし、こうした形態の稲作は、照葉樹林文化の一部として理解することができると私は思うのです。ところが、この稲作が、やがて照葉樹林文化の中から分離・独立してゆきます。その契機となったのが既述のように華北の先進農耕地帯からの文化的・技術的影響で、そのインパクトのもとに畦畔で区画され灌・排水施設の整った水田がつぎつぎと形成されてくる。そうして、このような水田の形成によって、稲作に大きな経済的、社会的意味が付与されることになり、ここではじめて《稲作文化》が成立するものと私は考えているのです。

このことは逆に照葉樹林文化のほうから申しますと、山と森を舞台にしていた照葉樹林文化が、平野に展開した際、その作物複合体の中に有していた数多くの雑穀類の中から、稲が選択され、摘出されて、それを基軸にして平野の環境に適応していった。その結果、「水田稲作農耕」という新しい生業形態が生み出され、それを基礎に《稲作文化》が生み出されてきたということになるわけです。これに対し、古い照葉樹林文化のほうは、山地に取り残され、やがては平野からの逆の文化的影響を蒙って、その特色を急速に失ってゆく。つまり照葉樹林文化は、その中から稲を分離、独立させ、稲作文化を生み出すことによって、みずからの特色を消滅させていった。私は、照葉樹林文化と稲作との関係を、このように考えたいと思っているわけです。

繰り返し申しますが、焼畑農耕の場合には、樹林を斧（石斧で充分機能する）で伐採し、あとは掘棒があれば、それで農耕ができるわけですが、水田農耕の場合には、そうはまいりません。水路や貯水池を構築し、畦畔をつくり、土をならし、泥をつぶして水田をつくり、そのうえ、用・排水のコントロールをしてゆかねばなりません。そのためには、さまざまの農具や技術が必要です。

少し余談になりますが、私は先日、日本のある山村へ行きまして、そこの古老に、昭和のはじめに水田を開いたときの話を聞いたことがあります。そこでは水田は「つくる」とはいわず、「掘る」というのです。聞いてみると、たしかに掘るのです。

まず水田は水平につくらねばなりません。当たり前だといわれるかもしれませんが、これがなかなかたいへんなのです。しかし、農民にはいろんな知恵がありまして、まず、開田しようと思う土地の中央に一間四方ほどの穴を掘り、そこへ水を入れます。そうしてその穴の四隅に棒を立て、水面に沿って糸を張るのです。そうすると、一間四方の水平面ができるわけです。それから、この水平面に合わせながら、土を削ったり積み上げたりして、耕地の面を水平にひろげてゆくわけです。しかも、水田には適当な保水性と排水性が必要です。そこで、開田する場所の表土を一度全部はがして、その下に石を積んだり、粘土を入れて踏みかためたりしたうえで、もう一度表土を入れるのです。

この努力を怠った水田はいつまでもよくないといわれています。このように水田をつくるというのは、じつにたいへんな作業で、それだけにかなりの道具と技術が必要です。さらに、でき上った水田と水路を管理するのがまたたいへんで、そのためにはかなり整った社会的なシステムが必要なことはご存知のとおりです。

つまり、水田農耕を生み出し、維持するためには、社会の面でも、技術の面でも、それに対応できるだけのシステムが必要なわけですが、これらのシステムが一つの複合体として完成した時点で、水田農耕文化（稲作文化）が成立するものと私は思います。そうして、この稲作文化のシステムは、焼畑を中心とする照葉樹林文化のそれとは、質的に異なることは申すまでもありません。

このうち技術のシステムについて、なお、一、二つけ加えておきますと、水田農耕の成立のためには先にも述べましたように、一群の農具や施設を必要としますが、さらにはそれらを製作する技術や加工具が必要であり、焼畑のそれに比べ、技術の複合体全体の複雑化と技術水準の向上が必要になってきます。この点について、決定的な影響を与えたものは、おそらく鉄製の農具や工具の開発と普及だといっても差しつかえないでしょう。中国古代の場合には、前にも述べたように、戦国時代の中・末期ごろ（前三〜四世紀ごろ）に、鉄製農具の急速な展開がみられます。したがって、揚子江下流域あるいは江南地域の全面において、水田農耕文化が文字どおり確立する時期は、このあたりに求めることができるのではないでしょうか。

(9)「火耕水耨」――照葉樹林文化から稲作文化へのプロセス

といいますのは、漢代の文献などには揚子江流域の稲作法としてしばしば「火耕水耨《すいどう》」という粗放な稲作が行われていたことを記しています。たとえば『史記』の「貨殖列伝」に「楚越の地、地広く人希に、稲を飯にし、魚を羹《あつもの》にす。或は火耕して而して水耨す」(加藤繁訳註・岩波文庫版による)とあるのがそれです。この「火耕水耨」という言葉の解釈をめぐって、東洋史の先生方の間に論争があるようですが、東南アジアやインドのおくれた農耕民の間には、いまもそれに近い実例があります。たとえばインドのサンタル族で私が見たところでは、水田の播種の前に付近の丘陵から樹木を伐ってきて、これを圃上で燃やすのです。そのとき前年に穂刈りしたあと、残されていた茎や根株もいっしょに燃やします。そのあと犂《からすき》(むかしは鍬・鋤)で整地・地拵えして、水を浅く入れ、稲を直播(散播)するわけです。おそらく「火耕」とよばれるものの実態は、このようなものではないでしょうか。その後、この水田に稲の成長とともに灌水すると、陸生雑草が死滅あるいは抑制されます。「水耨」というのが、こうした湛水除草を意味していることは、天野元之助氏や西山武一氏などが指摘しておられるとおりです。サンタル族ばかりでなく、この種の「火耕水耨」の稲作は、インドではムンダ族その他の部族レベルにある稲作民に広く見られますし、台湾東南の紅頭嶼(蘭嶼)に住むヤミ族などでは、タロイモ(水芋)の水田造成の際に同様の農法が用いられていることも知られています。

つまり「火耕水耨」というのは、東南アジア、インドにひろがる技術レベルの低い稲作民の間に見られる原初的な稲作の伝統をよく伝える農法だといえましょう。とくに先に述べたサンタル族やムンダ族では、わざわざ圃上に樹木を運んできて、それを焼く慣行のあることから、この原初的稲作の慣行の中には、焼畑農法の伝統が色濃くみとめられるものと考えられています。

としますと、先ほどの「貨殖列伝」の記事は、「楚越の地」、つまり現在の揚子江下流域から江南地帯は、土地が広く、人が少なくて、稲を主作物にし、魚を食べている。そして、播種の前に耕地に火入れし、湛水して除草する粗野な水田農耕を行っている、ということになるわけです。

『史記』のあらわす世界は、漢代の世界ですが、そのころの江南地帯では、沼沢ではなく「火耕」できるような高田の天水田を中心に、焼畑農耕技術の伝統を引く、きわめて粗放な水田耕作が営まれていたことになります。このような『史記』の記述は、照葉樹林焼畑農耕文化から水田農耕文化への移り変わりのプロセスを、みごとに示しているといえるのではないでしょうか。

このように史料を読みますと、水田農耕文化の成立は、良渚文化から湖熟文化に至る間にほぼそのプロトタイプがつくられ、その後、戦国時代の鉄製農具の普及にともなって、江南の辺境地帯にまでおよんでいったのではないか、と考えられるのです。江南の地における呉・楚・越などの国家の興隆は、この水田農耕の成立と展開に深いかかわり合いを持つことは間違いない事実でしょう。

これに対し、江南や華南の山地に古くから展開していた照葉樹林文化は、水田農耕をその中から分離、派生させることによって、消滅の方向をたどりました。もちろん、山地に住む少数民族の間には、その後も長く照葉樹林文化の伝統は継承されてきましたが、丘陵や平野の地帯では、その文化の伝統はしだいに失われていったと考えられるのです。

⑽　稲作文化の系譜と照葉樹林文化

以上で稲作文化の成立と照葉樹林文化の関係についての私の考えのあらすじを述べましたが、最後に、日本への稲作の伝播について、簡単に触れておきたいと思います。図4は、石毛直道氏の石庖丁の研究によったものです。数ある石庖丁の型式のうち、半月形で外側に彎曲した刃のついているタイプの石庖丁の分布を見ますと、日本の北九州に集中的に分布するほか、朝鮮半島にかなり濃密に分布し、揚子江の下流域にもかなりの分布がみとめられます。湖熟文化の石庖丁は主としてこのタイプのものです。稲の収穫具として稲作技術体系のなかでは重要な機能を持つ石庖丁の型式の類似は、日本の稲作の系譜をよく示唆するものと思います。またわが国の弥生時代に現れる抉入《えぐりいり》片刃石斧とよばれる特殊な石斧の系統についても、松原正毅氏によって、揚子江下流域の有段石斧と関連のあることが実証されました。こうした研究によって、弥生時代の初頭に北九州に伝来した水田農耕文化は、揚子江下流域に展開していた稲作地域に、その源流を求める説が最近ではたいへん有力になってきました。

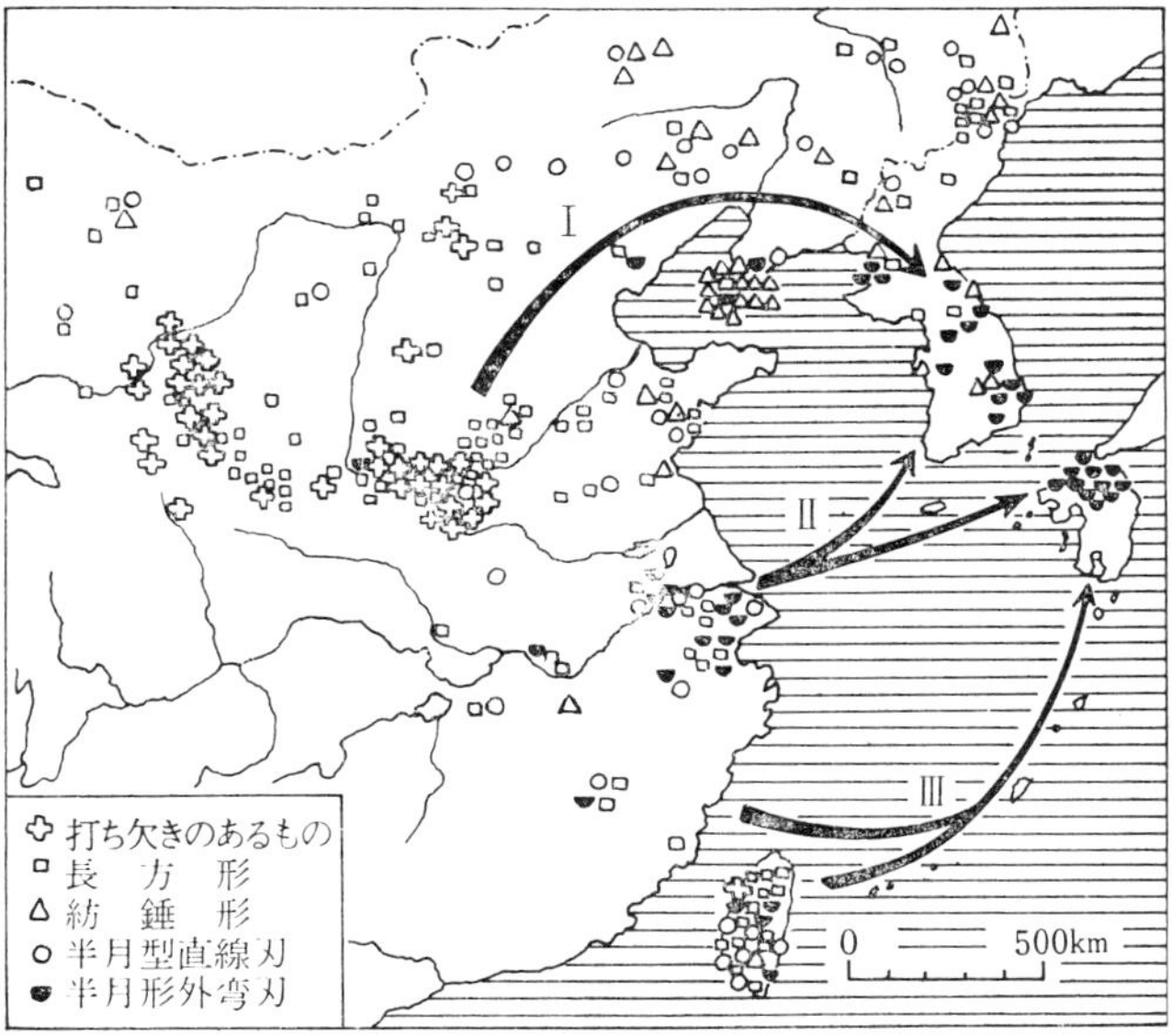

図4　稲作文化の伝播経路と石庖丁の分布
（石庖丁の型式分類と分布は石毛直道氏による）

図4にも書き入れておきましたが、学史的に見ますと、Ⅰ・Ⅱ・Ⅲの三つのコースが、わが国への、稲作文化の伝来のコースとして考えられてきました。しかし、Ⅰ・Ⅲのコースはそれぞれ生態学的・考古学的なデータからみて無理があり、おそらく稲作文化はⅡのコースを通って揚子江下流域から日本へ伝わったと考えられます。この場合、南朝鮮を経由して北九州へ伝わったのか。あるいは直接北九州

へきたのか、という点については、確実なことは申せませんが、南朝鮮を経由したものがかなりあったのではないでしょうか。その時期については、一般に紀元前の三世紀ごろとみられております。

いずれにしても、日本へ伝えられた水田農耕文化は、そのもっとも初期の状態を代表する板付遺跡の状況などから判断して、農具類のセットも完備し、灌・排水用の水路なども備えたかなり整った水田をともなうものであったことはたしかなようです。ということは、揚子江下流域や江南の地で、それより以前に照葉樹林文化から分離・派生していた水田農耕文化が、そのままセットとして、わが国に持ち込まれたものとみて差しつかえないと考えられるのです。この整備された水田農耕文化を受け入れて以後、わが国の農耕文化は、急速に稲作文化の特色によって彩られるようになり、水田農耕と結びつくさまざまな文化要素が、わが国の農耕文化を基本的に特色づけるようになってきたことは周知の事実です。

しかし、わが国の農耕文化の基層部には、この稲作文化とは必ずしも結びつかない古い文化要素が存在することも事実のようです。しかも、その多くが、東・南アジアの照葉樹林帯の伝統的文化の諸要素と共通する特色を持つことは、前回にもお話ししたとおりです。おそらく、これらの古い文化要素の数々は、古い時代に江南の山地などに展開していた照葉樹林文化から、直接的な伝播によってわが国に伝えられたものと考えられるのではないでしょうか。もしそうだとすると、江南の地などで、照葉樹林文化が、その本来の特色を失う以前の時期に、それらの古い文化要素は、我が国に伝えられたと考えざるを得なくなるわけです。

では、具体的にそれはいつごろのことで、どのように伝来してきたのか。こうした重要な問題については、じつのところ、まだ解決のための確実な緒口が見出せない状況なのです。今回、私がお話ししましたことは、こうした問題にアプローチするための試行錯誤の試みの一つだということができますが、それだけに過ちをおかした点も少なくないかと思います。多くの方々の御教示を得られれば幸いに思うものです。（一九七五年十月十七日）

〔補　説〕

本稿の校正段階で、上山春平氏と中尾佐助氏および筆者の三名が、昭和五十一年の春に行ったシンポジウムの記録が『続・照葉樹林文化』（一九七六）という書物になって出版された。本稿とは印刷公表の時期の先後が逆になったが、この本の中で、中尾氏は照葉樹林帯に成立・展開した文化を広く《照葉樹林文化》とよび、その発展段階を(一)プレ農耕の段階、(二)雑穀栽培を主とした焼畑農耕の段階、(三)稲作の段階、の三つに区分することを提唱している。しかし、本稿では照葉樹林文化の概念を、このように広義には解せず、その特色がもっとも典型的にあらわれる(二)の雑穀栽培を主とする焼畑の段階に限定して用いてきた。それはこの(二)の段階の文化が(三)の稲作の段階に発展し、そこで水田稲作文化を生み出してゆくメカニズムとその時代についての考察が、本稿の主題をなしたためでもある。いずれにしても、照葉樹林文化の概念をどのように規定し、その起源や発展段階をどのようにとらえるかについては、なお、細部にわたって検討を加える余地がかなり残されているということができる。

（一九七六年八月十日）

第三節　モチ文化の発見

まえがき

「私は最近、少し奇妙なことに気がついた」という言葉ではじまるこの短いエッセーは、私にとり思い出の深いエッセーの一つである。いまでこそ、モチ種の穀物を用いたモチ性食品は、照葉樹林文化を特徴づける有力な文化的特色の一つとしてとりあげられることが多い。例えば『照葉樹林文化とは何か』（二〇〇七）の中でも照葉樹林帯の食文化の特色の第一に「モチ種の開発とその利用」をとりあげ、モチ性の穀物やモチ性の食物の分布が照葉樹林帯に限定されることを指摘し、その存在が、照葉樹林文化を特徴づける有力な文化要素と考えられることを強く主張してきた。

しかし、これらのモチ性の作物や食品が、照葉樹林文化を特色づけることに気付いたのは、それほど古いことではない。その事実を初めて指摘したのは、ここに収録した「モチとイモと照葉樹林文化と」という短いエッセーで、一九七三年十月『総合講座　日本の社会文化史第一巻』（講談社）にはさみ込まれた「月報1」に所載されたものである。照葉樹林文化論が提唱されて、以後しばらくの間、モチ種の存在について、我々は全く気付いていなかった。モチ種についての注意を促されたのは、渡部忠世博士の「タイにおける〝モチ稲栽培圏の〟成立」（一九七〇）という名論文であった。そこで渡部博士は、東南アジア北部にはほとんどモチ稲ばかりを栽培する地域のあること、その範囲がかつてはかなり広かったことなどを明らかにした。さらに、このモチ稲栽培圏が成立する背景には、スティキーなフード（粘り気のある食品）への執着性のあることが指摘されたのである。

その後私自身も一九七二年に台湾の山地焼畑民ルカイ族の調査を行い、彼らのもとでは大量のモチアワが栽培され、モチ性食品が儀礼食としてきわめて重要な役割を果たしているという事実を知った。こうしてモチ稲のみではなく、雑穀類のモチ種の分布も照葉樹林帯に限定されている実態が明確になった。このような事実を踏まえ、上山春平氏、中尾佐助氏らと共同討論を行った『続・照葉樹林文化』（一九七六）では「モチ種穀物の創出」が大きく一章としてとりあげられ、モチ種の穀物とその利用が、照葉樹林文化を特色づける有力な文化要素として確認されるに至ったということができる。

なお、照葉樹林帯において、スティキーな食品への嗜好性を生み出した背景について、このエッセーでは根菜農耕文化の影響、具体的にはタロイモ、ヤムイモをつぶして調理したねばねば食品の存在を重要視している。しかし、その後の検討では、照葉樹林帯のプレ農耕段階の食物調理過程の中で、野生あるいは半栽培のイモ類や堅果類などを、つぶして加工し、毒抜きすることが多い。その結果、ペースト状のベタベタあるいはネバネバした食品が生み出されることが少なくない。むしろこうした食品を背景にスティキーなものへの嗜好が生み出された可能性が少なくないのではないかと、私は考えるようになった。詳細は拙著『照葉樹林文化の道』（一九八二）を参照して頂きたいが、この考え方も一つの仮説にすぎない。

私は最近、少し奇妙なことに気がついた。それは米にウルチ米とモチ米があるように、他のいくつかの雑穀類《ミレット》、例えばアワ・キビ・モロコシ・ハトムギなどのなかにも、やはり粘り気の高いモチ種があるが、そのモチ種のあらわれる場所をみると、地域的にきわめて限定されているということだ。

雑穀の本場であるインドには、モチイネをはじめ、他のどの雑穀のモチ種もほとんど見当らない。また東南アジアの大陸部でも、平野部にはモチ種は少なく、島嶼部でもモチ種のイネやアワ・キビなどの分布はほとんどみられない。これらの作物のモチ種が分布しているのは、東南アジア北部の山地から華南・江南の山地、台湾山地から沖縄をへて日本に至るいわゆる照葉樹林帯にほぼ限られている。例えばビルマ北部からタイ・ラオスの一部をへて中国西南部の山地一帯にひろく分布する苗《ミャオ》族や傜《ヤオ》族のひとたちは、いまでも陸稲のモチイネをさかんに栽培しているし、台湾山地に住む原住民の間では、モチ種のアワの栽培が盛んで、ハレの食事にはアワモチを欠かすことができないとされている。

このような事実は、一見何でもないようだが、わが国の農耕文化の基層に、照葉樹林文化の存在を考えようとする私にとっては、そう簡単に見過すわけにはゆかない問題である。というのは、一般にこれらの雑穀類（イネも、もとは湿性のミレットの一つだったと思われる）の種子の澱粉には、それほど強い粘性がないのが普通である。したがって、粘性のとくに強いモチ種という品種をつくり出し、それを固定化するためには、突然変異その他の理由でできた粘性の強い種子澱粉をもつ個体を、多くの作物の中から選び出し、その栽培をつづける特別な努力が必要だったと考えられるからである。

しかも、その理由はまだよくわかっていないが、粘性のないウルチ種とモチ種の間では、それを栽培した場合、必ずといってよいほどウルチ種の方が単位面積あたりの収穫量が多い。これはイネばかりでなく、アワやキビなどの場合でも同じだということがよく知られている。つまりモチ種はウルチ種に較べて生産性が低いわけだ。それにも拘らず、上述のように、東南アジアの照葉樹林帯では、多くの作物のモチ種が集中的に栽培されている。しかも、渡部忠世教授の研究によると、北部タイなどでは、モチイネ栽培の比重は、かつては現在よりもはるかに高かったことが明らかにされている。いったいこれはどういうことなのだろうか。

少なくとも上述の事実から、私は東南アジアの照葉樹林帯には、古くからモチ種を選択するような食習慣の特性とでもいうべきものが存在していたに違いないと考えている。つまり、モチのような粘性に富む食品を好むという文化的特性、言葉を換えれば、それはスティキーなものへの嗜好性とでもいえるかもしれないが、そういう食習慣の特性の存在が、この地域で数多くのモチ種を生み出した要因に違いないと考えているのである。

われわれ日本人は、パラパラのいわゆる外米よりも粘りのある日本米を好む。そのうえ、もっと粘りのあるモチが好きだ。しかし、インドや東南アジアの平野部・島嶼部の人たちの多くはそうではない。香りが高くて粘り気の少ない米を好んでいる。インドのバザールで米を買ったら値段の高い上等のものほど、われわれの口にあわず、安ものほど日本米に近い味で、一番安い米がもっともわれわれの口にあったという面白い経験を私はもっている。

ということから、スティキーなものへの嗜好性は、必ずしもすべての民族に共通なものとはいえないわけだ。むしろ、ムギ類や米や雑穀類を主食とする民族の中で、スティキーなものへの嗜好性をもつ民族はきわめて限られたものだという方が正しい。モチ種の分布が照葉樹林帯に限定されているというのは、こうしたスティキーなものへの民族的嗜好性が地域的に限定されたものだという事実と深いかかわりをもつものとみることができよう。

それではどうしてこの種のスティキーなものへの民族的嗜好性が生み出されたのだろうか。このあたりから話はしだいに厄介な問題になってくる。が、少なくとも、この問題をめぐっては、照葉樹林帯においては、雑穀栽培以前に存在していたと思われる根栽(イモ)農耕文化の強い影響が考えられるのではないかと、私は想像している。

もともと照葉樹林文化は、熱帯に起源した根栽農耕文化の温帯変容型とみられるものである[*1]。そうしてこのイモ文化の上に雑穀の文化がかぶさり、両者が複合して一つの農耕文化の特色が生み出されたものといえる。ところが、この照葉樹林文化の基層をなす根栽農耕文化の地域では、その主食(イモ)の調理法は一般にきわめて簡単なものだ。イモをそのまま、またはいくつかに切って水炊きするか、或は焼石を用いて地炉でむし焼きにするかのいずれかである。ただ、このほか少し手の込んだ調理法としては、太平洋地城ではヤムイモをつぶして調理するポイがあり、また、わが沖縄では同じように、イモを水炊きしたあと大型の木製のヘラでつぶして食べるウムニの調理法がある。もっとも沖縄でもウムニの調理法が今日のように一般化したのは必ずしも古いことではないらしい。例えば『李朝実録』に収録された有名な朝鮮の済州島民の漂流記(一五世紀)をみても、水炊き法の記載はあるが、ウムニに当る記録はなく、長らく水炊き調理法が沖縄でも一般に行われていたらしい。

となると、ポイやウムニ式のイモをつぶす調理法は、水炊き・石むしが一般的な根栽農耕文化圏においては、かなり特殊な調理法に属することがわかる。おそらくそれは、もとは儀礼やそのほか特別の日の食事の調理法、いわばハレの調理法だと考えられるのではなかろうか。実際にタロイモやヤムイモなどのイモ類をつぶすと、かなり粘り気の多い食品がえられる。この粘り気の多い食品をハレの日の御馳走とみる根栽農耕文化地帯の食習慣の特徴こそ、スティキーなものへの嗜好性を生み出すベースになった文化的特性だとみてよさそうである。つまり、この古い食事文化の特色が、のちに照葉樹林帯に雑穀類が伝えられた際、その中からモチ種になるものをつぎつぎに選び出し、数多くのモチ種の作物を、照葉樹林帯でつくり出したもっとも重要な要因だと私は考えているのである。わが国のそれを含め、照葉樹林帯の伝統的文化の中で、モチがハレの日の食事と考えられているところが少なくないという事実も、このような文脈の中で十分理解できるのではないだろうか。

もっともこの場合、同じように根栽文化を基層にもつ東南アジアの平野部や島嶼部において、モチの文化が登場しなかったことについては若干の疑問が残る。しかし、この点については、一つにはこれらの東南アジア中南部の地域は、かなり早い時代からスティキーな食品を好まないインド文化の強い影響をうけたこと。さらには、これらの高温な熱帯地域では、例えばイネの場合、感光型のアマン群に属するイネの栽培が気候的に卓越し、モチ種を含む感温型のアウス群のイネの栽培が気候的に拒否されざるを得なかったという事情などが考慮されねばならない。だが、こうした問題については、この小文ではくわしくはとても論じ切れないので改めて考えることにしたい。

いずれにしても、古代以来、日本文化の中で儀礼食として重要視されてきたモチが、系譜的には照葉樹林帯の文化と深いかかわりをもち、起源的にはその文化の基層をなす根栽農耕文化と関係する可能性の大きいことは、確かなようである。

（一九七三年十月）

注

＊1　照葉樹林文化を根栽文化の温帯変容型とする考え方は、その後『続・照葉樹林文化』〔上山・佐々木・中尾、一九七六〕の討論の中で否定されている。

［補　説］　照葉樹林文化とナラ林文化

北東アジアから東南アジアに至る東アジアには、二つの異なった森林帯がある。長江—淮河あたりを境にして、その南には常緑広葉樹の森林帯が、その北側には落葉広葉樹の森林帯がひろがっている。この二つの森林帯は、日本列島にもその分布が及んでいる（第七章図1、二〇八頁参照）。

このうち、南側の常緑広葉樹林帯は、江南山地から雲南高原・東南アジア北部山地をへてヒマラヤ中腹部に至る常緑のカシやシイを中心とする照葉樹林帯、その南にひろがる亜熱帯モンスーン林（雨緑林）や赤道を中心にひろがる熱帯多雨林に分けられる。一般に亜熱帯モンスーン林や熱帯多雨林の内部は、昼なお暗くジメジメして居住条件がよくない。これに対し、照葉樹林帯、なかでも多湿な低地部を避け、比較的居住条件のよいその山腹斜面一帯には、古くから「照葉樹林文化」とよばれる特徴ある文化の発達をみた。その文化的特色は、第八章表1（二六七頁）に示した通りだが、典型的な照葉樹林文化は、アワなどの雑穀類や温帯系のサトイモやヤマノイモなどを主作物とする焼畑農耕に支えられ、山と森を舞台とする特有の生活文化を生み出したと考えられる。その文化は、少なくとも縄文時代後・晩期には、西日本の山地や丘陵地帯にも展開し、日本の基層文化の形成に大きな影響を与えた。

また、大陸の照葉樹林帯、とくに長江中・下流域の低地帯では少なくとも紀元前五〇〇〇年頃には原初的な農耕を営む人たちにより、稲の栽培がかなりの規模で行われるようになり、やがて良渚文化期（前三三〇〇〜前二二〇〇年頃）には整った水田が形成され、水稲栽培技術が確立し、それが拡大していった。それに伴い、特有の稲作社会が形成され、照葉樹林帯を特色づける水田稲作文化が成立したのである。

他方、淮河以北の落葉樹林帯では、黄河流域のリョウトウナラ林帯、南部のいわゆる「中原の地」では、紀元六〇〇〇年紀頃にはアワ・キビを主作物とする定着農耕が成立し、仰韶文化・竜山文化などをへて紀元二〇〇〇年紀の中頃には、古代的な都市国家が生み出されてきたことは周知の事実である。

これに対し、ハルビン〜瀋陽線以東、アムール川流域にまで拡がる落葉樹林帯は、モンゴリナラを中心にカバノキ、ニレ、カエデなどで構成され、東北アジアを代表する典型的なナラ林帯ということができる。そこでの文化の諸特色は表に示した通りだが、日本列島の縄文文化やアイヌ文化は、ナラ林帯の沿岸・定着漁撈民型のそれを文化的特色の類似が著しいことが注目される。また、このモンゴリナラ林帯には北回りのアワ・キビやW型のオオムギ、洋種系カブなどを主作物とする北方系畑作農耕が南シベリア経由で西方から伝播し、ツングース系の諸民族の間に展開し、その影響が、早い時期に東北日本へ及んだと考えられる。

第九章　ナラ林文化をめぐって

〔解　説〕

日本文化のルーツを考えるに当たり、照葉樹林文化などに象徴される南からの文化とともに、北からの文化が重要な役割を演ずることはかなり早くから気づいていた。『稲作以前』（一九七一）を書いた段階でも、その点には気づいていて「北方系農業の流れ」という小見出しを設けて、東北アジアからの農耕文化の影響のあったことを指摘したが、当時の研究レベルでは、それを詳しく論証するまでには至らなかった。

この面での研究に一つの進展がみられたのは、一九八〇年に民博で行われた「農耕文化の源流」のシンポジウムであった。このシンポジウムを主宰した私は、中尾佐助博士に、もっとも得意とされる照葉樹林帯の農耕ではなく、むしろ「北の農耕」も考察の範囲に含めた「東アジアの農耕とムギ」という題で発表を依頼した。その結果、東アジアの稲作農耕の特色とともに、シベリア・アーク、チベット・アークなど北方系のムギ作農耕の展開が話題とされ、それらをまとめる形で、このシンポジウムの総合討論の冒頭で「ナラ林文化の提唱」という、かなり長い発言が行われた。

本章に採録した第一節「ナラ林文化」は、この中尾さんの「ナラ林文化の提唱」の発言を受け、私が『月刊みんぱく』八巻九号（一九八四）にナラ林文化の特色の概要を示したもので、「ナラ林文化」についての独立の論説としては、最初のものである。その後、『日本史誕生』（一九九一）や『日本文化の基層を探る――ナラ林文化と照葉樹林文化』（一九九三）などの中でも、それぞれナラ林文化の特色について論じているが、ナラ林文化についての本格的な論考として発表したのが本章に収録した第二節「ナラ林文化考――東北アジアの基層文化の文化生態学」と第三節「二つのナラ林帯とその文化史的意義」の二篇の論文である。

前者は国際日本文化研究センターの共同研究「日本文化の基礎構造とその自然的背景」（代表者 埴原和郎）の報告書として刊行された埴原和郎（編）『日本人と日本文化の形成』（一九九三）に収録された論文をそのまま転載したものである。ナラ林文化の特色を主として歴史民族学的視点から考察し、その文化生態学的特色を明らかにしようとした。ナラ林帯における採集・狩猟文化には「内陸森林・狩猟民型」と「沿岸定着・漁撈民型」の二つ文化類型があり、日本列島の縄文文化は後者の文化類型と文化生態学的な特色を共有している点などを注目した。

また第三節「二つのナラ林帯とその文化史的意義」は、もともと「東アジアにおける二つのナラ林帯——その文化史的意義を考える」という題で、国分直一博士の米寿記念論集として刊行された劉茂源（編）『ヒト・モノ・コトバの人類学』（一九九六）に寄稿した論文である。リョウトウナラ林帯とモンゴリナラ林帯という東アジアの二つのナラ林帯における先史文化の動向をおもに考古学的な視点から注目した論考である。東北アジア、とくに中国東北部を中心とした地域で、農耕化の動きとともに、ツングース化の動きが顕著になっていった問題、あるいは遼西の回廊地域から「鏡と剣」のシンボリズムが朝鮮半島を経て日本列島に伝播した問題などを指摘したが、その後の研究の展開は残されたままになっている。今後の研究の展開が望まれるところである。

なお、第二節の「ナラ林文化考」は私の『地域と農耕と文化——その空間像の探求』（一九九八）に収録したものだが、同書が早く絶版となったため改めて本書に収録することとした。

第一節　ナラ林文化——北からの文化を考える

一九八〇年一月「日本民族文化の源流」をめぐるシンポジウムが、農耕文化をテーマに民博で開催された。その総合討論の席上で中尾佐助（大阪府立大学名誉教授）博士により「ナラ林文化の提唱」がなされたことは注目すべき成果の一つであった。

東アジア東北部の、現在はツングース系の非農耕民が居住している地域に、かつてはかなりしっかりした農耕文化が存在していたことを中尾さんは想定し、それを「ナラ林文化」とよぶことを提唱したのである。しかも、このナラ林文化は照葉樹林文化とともに、わが国の縄文文化にも大きな影響を与えたらしい。わが国の基層文化の特色とその系統を考える際、とくに北からの文化的影響を考える場合には、このナラ林文化の概念は、きわめて有力な考え方だということができるのである。

(1)　東アジアのナラ林

さて、日本列島の自然は、少なくとも縄文時代前期頃以降についていえば、その西半分は、常緑のカシ類をはじめシイ、タブ、クス、ツバキなどの照葉樹の森林でおおわれてきたのに対し、東半分はブナ、ミズナラ、コナラ、クリなどを主体とする温帯性の落葉広葉樹林、いわゆるナラ林におおわれてきた。照葉樹林帯が、海を越えて中国大陸の長江流域から雲南高地をへてヒマラヤ南麓まで連なっているように、落葉広葉樹林帯も朝鮮半島中北部から中国東北部、沿海州からアムール川流域にまで及び、また黄河流域の一部にも拡がっている。そこではブナはほとんどみられなくなり、日本のミズナラ（*Quercus mongolica* var. *grosseserrata*）によく似たモンゴリナラ（*Quercus mongolica* var. *mongolica*）やリョウトナラ（*Quercus mongolica* var. *liaotungersis*）が広い分布を示しているので、ナラ林帯とよぶことができる。

日本文化の基層を構成する縄文文化は、この東アジアのナラ林帯の自然を背景に形成され、発展してきたものと考えられる。縄文時代の生業は、クルミ・トチ・クリやナラなどの堅果類の採集とサケ・マスなどの漁撈、あるいはシカやイノシシなどの狩猟が、その中心であった。したがって、これらの食糧資源の豊富な東日本の地域が、縄文文化の核心地域に当たっていた。しかも、その文化を構成する要素の一つ一つの系譜を考えても、東アジア北部のナラ林帯に連なるものが少なくないと推測されるのである。

(2)　北方系作物群とその文化要素

それでは具体的に東日本を含む東アジアのナラ林帯を特色づける文化要素にどのようなものがあるだろうか。その中で確実なものとしてまずあげられるのは、いわゆる北方系の作物群であろう。日本の在来野菜の研究を長くつづけてきた青葉高氏によると、日本の在来種のカブは大別すると、洋種系と和種系に分けられる。洋種系のカブは主として東日本に、和種系は西日本に分布し、その境界線は富山と石川の県境付近から伊勢湾に至る線だという。このうち洋種系のカブには、日本海沿岸の焼畑で古くから栽培されているものが多く、しかもその系統は明らかに北朝鮮、中国東北部からシベリアに連なるものだというのである。このほか、ゴボウやネギ、カラシナなど東日本に分布する幾種類かの在来野菜の中には、洋種系のカブと同様に東北アジアやシベリアに系統的に連なるものが少なくないという。

また高橋隆平氏によると、世界のオオムギも脱粒を阻止する遺伝子の組み合わせから、E型とW型の二大群に分けられる。このうちE型のオオムギはチベットから中国をへて日本の中南部に分布し、W型は西アジア、ヨーロッパからシベリア、中国東北部、北朝鮮をへて日本の東北部に分布することが明らかになった。つまり東日本の在来オオムギの主力をなすこのW型のオオムギは、シベリアから中国東北部、北朝鮮などをへて東日本に伝わったとみられるのである。このほか中尾佐助氏によると、攸麦型のエンバクや雑草性のライムギ、ムギの随伴雑草であるムギセンノウなど、中国東北部からシベリアへと系統を辿り得る作物や雑草は少なくないといわれている。

このような北方系の作物群は、東アジア北部のナラ林帯に明らかに連なるものだということがまず注目される。それはイネやアワ、ヒエその他の雑穀類、あるいはサトイモ、ヤマノイモなどのような照葉樹林帯に連なる南方系の作物とはっきり系統を異にするものだということができる。さらにこの北方系作物群と関係の深い文化要素としては、ソバの栽培やブタの飼育をあげることができるし、また、いわゆる馬鞍型の石臼（サドルカーン）の使用や竪穴式住居の様式も、北方系作物群と同じように、東アジアのナラ林帯に連なる重要な文化要素ではないかと私は考えている。

(3)　挹婁と勿吉

このような文化要素によって特徴づけられる生活様式の特色は、悒婁《ゆうろう》（粛慎《しゅくしん》）、勿吉《もっきつ》あるいは靺鞨《まっかつ》などと称して史書に登場する松花江流域から沿海州付近に居住していたツングース系の諸民族によくみられるものである。たとえば『後漢書』挹婁伝には

「挹婁は古えの粛慎の国である。……五穀・麻布を産出し、……気候はきわめて寒く、いつも穴居生活をしている。〔その穴は〕深いほど好いとされる。……よく豚を養い、その肉を食べ、その皮を着る。冬は豚の膏《あぶら》を身体に厚さ数分も塗って風の寒を禦ぐ。……弓矢に長じ、弓の長さは四尺で、その力は弩《いしゅみ》のようである」

とある。

また、時代は少し下るが『魏書』勿吉伝にもその土地は卑湿で穴居し、梯で出入りすること。粟、麦、穄《うろきび》を栽培し、豚が多く、羊がいないこと。射猟が上手で石の鏃をつくることなどを記している。

挹婁あるいは勿吉とよばれたナラ林帯の原住民たちは、深い竪穴住居をつくって居住し、ムギと雑穀を栽培し、ブタの飼育を盛んに行なうとともに、後代まで狩猟をよく営んでいたらしい。おそらく水辺では漁撈も盛んに行なっていたと考えられるのである。

(4)　考古学からのアプローチ

このような特色をもつナラ林文化の成立の時期や詳しい内容、あるいは日本との関連などについては、現在の研究段階ではまだよくわかっていない。しかし、東北アジアの考古学に詳しい加藤晋平氏によると、沿アムール地方・沿海州から朝鮮北部の地域では、紀元前二〇〇〇年紀末から一〇〇〇年紀にかけてのいくつかの遺跡からコムギ、オオムギ、アワ、キビ、モロコシなどが出土し、ソバも栽培されていた可能性が大きいといわれている。

わが国でも北海道や青森県を初め、中部日本以東の数個所の縄文遺跡から最近、ソバの花粉が発見されている。また、沿アムール地方、沿海州、中国東北部、北朝鮮などの紀元前一〇〇〇年紀頃の遺跡から飼育ブタを模したと思われる土製品が出土するが、これと類似したイノシシの土製品が北海道から近畿に至る縄文時代の後・晩期の遺跡からいくつも発見されている。この事実を加藤氏は重要視している。その結果、紀元前一〇〇〇年紀頃までに、ブタを飼育し、ソバやムギなどの栽培を行なう文化が、東北アジアのナラ林地域に成立し、その文化の影響が、縄文時代後・晩期に東日本のナラ林帯の一部に及んだのではないかと考えられるようになったのである。この種の東北アジアに由来する農耕文化を、私は中尾佐助氏とともに「ナラ林文化」とよぼうというわけである。

(5)　ナラ林文化の発展段階

だが、気候の冷涼な東北アジアのナラ林帯では、もともと土地生産力は大きくない。したがって、さきに引用した『後漢書』や『魏書』の記載にもあるように、挹婁や勿吉では農耕を営んでいる場合でも、弓矢による狩猟が盛んに行なわれていた。実際に沿海州から沿アムール地方にかけてのツングース系諸族の民族誌をみても、狩猟のほかに海獣狩や漁撈が盛んに行なわれているし、堅果類やユリなどを中心とする採集活動も夏季には行なわれ、それらの材料をさまざまに加工して多種類の貯蔵食品がつくり出されている。

ということは、東北アジアのナラ林帯では、狩猟と漁撈を中心に、それに夏季の採集活動が加わった形の生業活動がきわめて基礎的なものとして存在したと思われる。その上に農耕が付加的な要素として、後になって加えられたと考えられるのである。とすれば農耕的なナラ林文化の基層に、狩猟＝漁撈と採集に基礎をおくような、いわばプレ農耕段階のナラ林文化を考えることが可能になると思うのである。

いずれにしても、「ナラ林文化」については、そうした視角からする研究がいままでになかった。そのため、詳しい説明はできないが、その文化の発展段階をきわめて暫定的にまとめてみると、一応次のように考えることができるのではなかろうか。

① プレ農耕段階（クルミ・クリ・ドングリなどの大型堅果類やユリなどの球根類の採集、サケ・マスその他の漁撈、海獣狩や狩猟などにより食糧供給が比較的安定している）

② 農耕段階（典型的なナラ林文化。北方系の作物群やソバ・ダイズ・アワなどを主作物とする農耕を営む。ブタ飼育や狩猟・漁撈も盛ん）

③ 崩壊段階（この段階の設定はもっとも仮定的。ナラ林文化の崩壊は狩猟民・牧畜民その他の侵入の影響によるか？）

この三段階の設定は、くり返し述べるが、きわめて暫定的なものにすぎない。とくに③の段階は、アジア大陸の東北部で歴史時代におこった現象で、日本との関係では③の段階は考慮の外においてもよいと考えられる。ということは、日本の基層文化との関連においては、さし当たってのところ①・②の二つの段階を考えればよいことになる。

(6)　東日本への伝来

縄文時代の東日本に栄えた採集・狩猟・漁撈文化は、明らかに①のプレ農耕段階のナラ林文化の類型に属するものと考えられる。とくに東日本のナラ林帯は、アジア大陸北東部のナラ林帯に較べれば、気候がより海洋的で温和であり、さまざまな面で自然にめぐまれている。したがって、東日本のナラ林帯に展開した縄文文化は、アジア大陸東北部のプレ農耕段階のナラ林文化と較べて、より成熟した内容をもつに至ったとみることができるのではなかろうか。

②の段階のナラ林文化も、おそらく水田稲作農耕が東日本に展開する以前に、日本へ伝来し、日本海沿岸や東日本の地域へ拡がったと思われるのである。現存する北方系作物群の多くは、おそらくこの段階に伝来したものであろう。

その日本への伝来経路としては①朝鮮半島経由、②日本海横断、③沿海州→サハリン→北海道→本州の三つが考えられるが、どのルートについても文化伝播の確実な痕跡が証明されたわけではない。ナラ林文化の道としては、おそらくこの三つのすべてが機能したものと考えてよいのではなかろうか。

(7)　ナラ林文化の役割

いずれにしても、日本の伝統的文化は、石川・富山県あたりから伊勢湾に至る線を境界に東・西二つの文化圏に分かれる傾向が著しい。方言の分布をみても、家屋の形態や社会構造の特色をみても、そのほかさまざまな面で地域差の著しいことが、最近よく指摘されるようになった。しかも、そのルーツが縄文時代にまでさかのぼりうることがわかってきたのである。

このように東日本と西日本の文化に大きな地域差を生み出す要因は、さまざまのものが考えられる。そのなかで最も有力なのは、縄文時代以来、東日本がナラ林文化の影響を強くうけたのに対し、西日本は照葉樹林文化の影響により強く彩られたことによると考えることである。おそらく縄文時代に形成された基層文化の特色の違いが、稲作文化を受容した以後にもかなりの影響を残し、今日にまで文化の地域差を継承するに至ったと考えられるのである。

このようにナラ林文化は、照葉樹林文化とともに、日本の基層文化の特色を形成する上で、きわめて重要な役割を果したことは明らかである。そのことを、私はとくに注目しておきたいのである。（一九八四年九月）

第二節　ナラ林文化考——東北アジアの基層文化の文化生態学

(1)　「北からの文化の道」を考える

日本文化の形成を、アジア的視野の中で考えようとする日本文化の形成論、あるいはルーツ論といわれるものには、もともと南からの文化の伝来、つまり南からの文化の道を重視するものが少なくなかった。日本文化を稲作文化と規定し、その起源を南島に求めた柳田國男氏の学説をはじめ、日本文化の形成のプロセスを稲作文化の伝来と関連させ、南方、より具体的には長江以南の地域との関係の中で考えようとする説は少なくない。日本文化＝稲作文化という説には反対する私の場合も、照葉樹林文化論を展開して以来、日本文化の形成を南方——主として東アジアの照葉樹林帯——との関係で論じたことが多かった。しかし、日本文化は必ずしも南から来た文化の諸要素のみによって形成されたものではない。南からの文化の諸要素とともに、北から日本列島に伝来し、日本の基層文化の形成にかかわった文化の諸要素も決して少なくない。そのことは、最近、中国東北部やシベリア・沿海州など東北アジア地域の調査・研究が進むにともない、次第に明らかになってきている。

本章では従来の「照葉樹林文化」という仮説の枠組みに対し、新たに「ナラ林文化」という文化類型を設定し、それを仮説の枠組みとして用いることによって、「北からの文化の道」を想定し、その北の文化の故地に当る東北アジア地域の基層文化の諸特色について、新たな視野から検討を加えることにしたい。このような東北アジア地域の基層文化の特色の解明と「北からの文化の道」の設定は、アジア的視野から考える日本文化の形成論に新たな展望を開く契機になり得るものと、私は考えているのである。

(2)　東アジアにおけるナラ林帯とナラ林文化

まず、地図で東アジアの自然を大観することからはじめよう。図1は中国の植物学者が全力をあげて編纂した大著『中国植被』〔中国植被編輯委員会（編著）、一九八〇〕の記述をもとに、私なりにそれを簡略化し、補筆したものである。おおまかに見ると、東アジアの植生は、長江より南の常緑広葉樹の森林帯と、その北側の落葉広葉樹の森林帯、そして西部の乾燥地帯の三つに分けることができる。

長江より南の地帯は東アジアの暖温帯に属し、常緑のカシ類をはじめシイ・タブ・クス・ツバキの仲間などやアカカシ類、マテバシイ類などを中心とする、いわゆる照葉樹で構成される照葉樹林帯が拡がっている。これに対し、本稿で主としてとりあげる北側の落葉広葉樹帯は、コナラ亜属（*Quercus*）の樹木が中心になるので「ナラ林帯」とよび得るが、このナラ林帯はさらに二つに分けることができる。すなわち、同じナラ林帯の中でも淮河から遼東半島に至る華北一帯には、リョウトウナラを中心とした暖温帯落葉広葉樹林が分布している。リョウトウナラは比較的乾燥に強く、やや温暖な地帯に生育する樹種で、気候的に温和でかなり乾燥する華北一帯では、他の樹種と混淆して疎林を構成することが多いという。それに対し、中国東北部のハルビンと瀋陽をつなぐ線より東側の地域は、冷温帯に属し、同じナラでも日本のミズナラによく似たモンゴリナラをはじめ、シナノキやカバノキ、ニレやカエデの類で構成される温帯落葉広葉樹林、あるいはそれにチョウセンゴヨウなどの針葉樹が混淆した温帯針葉広葉混合樹林が拡がっている。つまり同じナラ林帯といっても、その北・東側と南・西側ではかなり状況が異なることをまず、注意しておかねばならない。

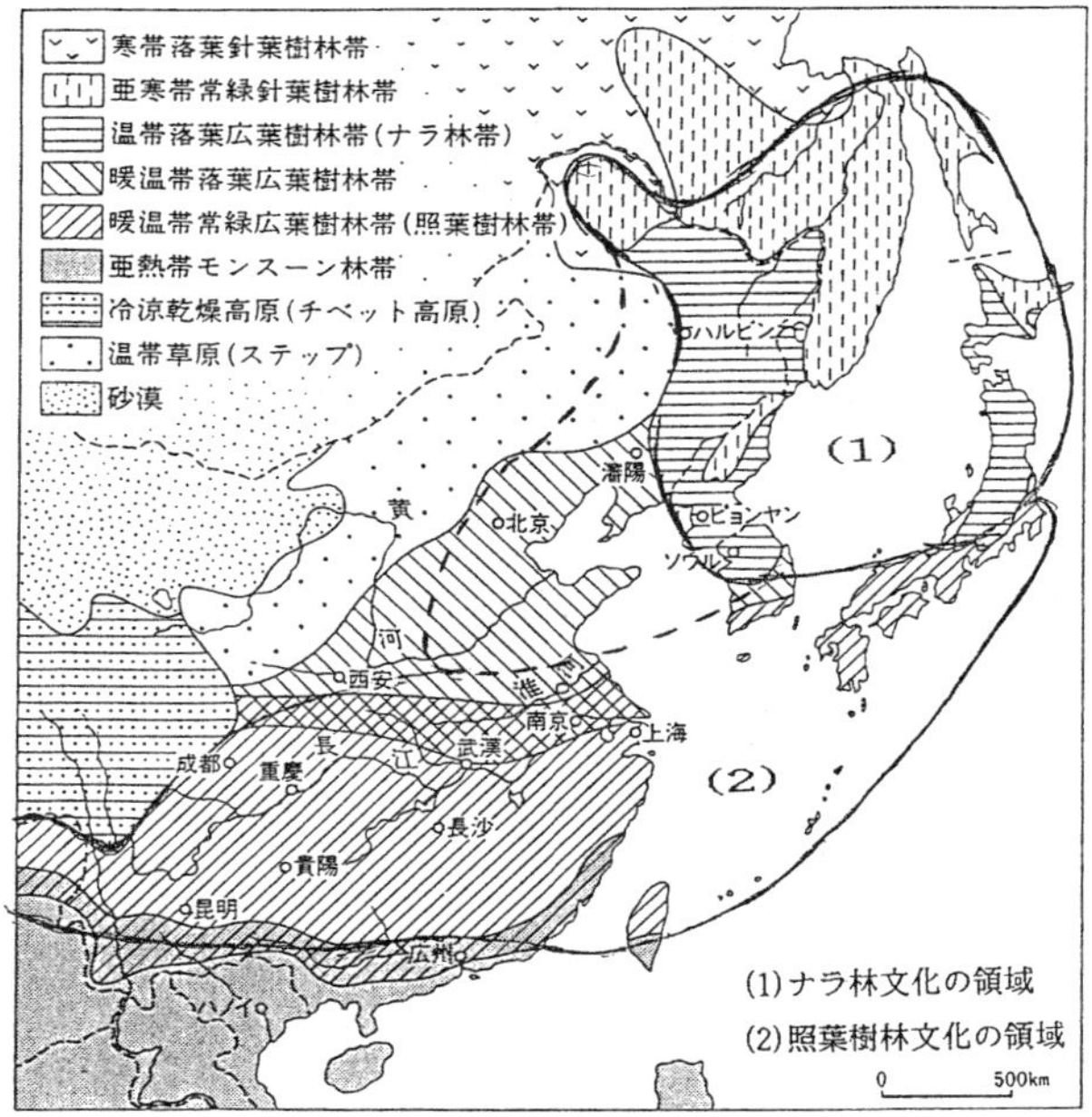

図1　東アジアの植生と文化領域
（植生はおもに中国植被編輯委員会、1980による）

ところで、この中国東北部のナラ林帯の北側にはアムール川の流れがあり、東側は沿海州の地帯に連なる。アムール川はその中流域で見ても、大平原の中を悠然と流れる大河で、その周辺には巨大な沼沢地帯を伴っている。かつての氾濫原も広く、その流域の潜在植生としては亜寒帯の常緑針葉樹林帯に属するが、現実には二次林が多く、シラカンバやカエデ・ニレなどの落葉広葉樹が針葉樹と混淆するタイプの森林が広く分布している。つまり、環境的にはナラ林帯に近い状況を呈しているとみてよい。沿海州についても、針葉広葉混合林帯とみる人もあり、図1では亜寒帯常緑針葉樹林帯に分類されてはいるが、二次林にはモンゴリナラをはじめカバノキやカエデ、シナノキなどが生育し、現実にはナラ林帯ときわめて類似した環境を形成しているようである［＊1］。したがって、中国東北部の東半分から沿海州、アムール川の下流域までを含めて広い意味でナラ林帯と考えて差支えないと思われる。

また、朝鮮半島や日本列島の植生については、朝鮮半島ではその南端のごく一部が照葉樹林帯に属するほかは、大部分がモンゴリナラを中心にチョウセンゴヨウ・カバノキ・シナノキなどが混淆する針葉広葉混交林で、その特徴からみて、典型的なナラ林帯とよく似た環境と考えてよい。また、日本列島についても、中部日本を境に東日本はミズナラやコナラ・ブナなどを中心とするナラ林帯を構成し［＊2］、西日本が照葉樹林帯に属することは、すでに他の個所でくり返し説明した通りである。

以上のように、日本列島を含む東アジアの自然の特色を捉えたうえで、各地の文化の諸特色を概観すると、北の落葉広葉樹林帯、つまりナラ林帯には、南の照葉樹林帯と異なる特有の文化的特色によって構成される文化のクラスターが展開してきたようである。本稿では「ナラ林文化」という枠組みを考えて、この東北アジアの落葉広葉樹林帯（ナラ林帯）に展開した特有の文化クラスターの消長とその特色について検討を加えていくことにしたい。

この場合、本稿ではまず、「狭義のナラ林帯」として、広い意味での落葉広葉樹林帯のうち、上に述べた温帯落葉広葉樹林帯、つまりモンゴリナラの分布域とアムール川中・下流域や沿海州の地帯をとりあげ、この「狭義の典型的なナラ林帯」における文化の諸特色の検討を行うことにしたい。広義のナラ林地域の中で、リョウトウナラを中心とする暖温帯落葉広葉樹林帯の地域を当面の考察から除外するのは、主に次のような理由による。後に少し説明を加えるが、この地域、とくにリョウトウナラ林帯の南部は、黄河流域のいわゆる「中原の地」に当り、磁山・斐李崗をはじめ、仰韶・大汶口など紀元前六〇〇〇年紀から四〇〇〇年紀に及ぶ極めて古い初期農耕遺跡が集中している。これに対し、モンゴリナラ林帯で農耕があらわれるのは、紀元前二〇〇〇年紀末から紀元前一〇〇〇年紀になってからだといわれている。このような点で、リョウトウナラを中心とする地域は、モンゴリナラを中心とする「狭義の典型的なナラ林帯」とは、歴史的にみても明瞭に性格を異にするとともに、文化生態学的な視点からみても、その性格を著しく異にする地域である。本論において、広義のナラ林帯のうち、モンゴリナラを中心とする典型的なナラ林帯に考察の重点をおくのは、主としてこのような理由によるものである。

なお、リョウトウナラ林帯とモンゴリナラ林帯の歴史的・文化生態学的な比較検討は、本論文の執筆後に発表した別稿［佐々木、一九九六(b)］で試みているので、本論とあわせて御参照頂ければ幸いである。

(3)　プレ農耕段階のナラ林文化——二つの類型

さきにも述べたように、私が狭義の典型的なナラ林帯としたモンゴリナラを中心とする落葉広葉樹林帯では、紀元前一〇〇〇年紀になってようやく農耕の段階に入るようになった。しかも、その地域には、現在でも採集・狩猟経済に多くを依存する民族集団が居住しており、採集・狩猟・漁撈経済の伝統は長く伝承されてきた。このように最近まで伝承されてきた非農耕民の生活様式の特色などを参考にして分類すると、この典型的なナラ林帯のプレ農耕段階の文化は表1（次頁）に示したように、大きく二つの類型に細区分することができるようである。以下、細分化されたナラ林文化の諸類型について、その特色の検討を試みることにしよう。

この場合、文化類型の第一は比較的内陸部の森林地帯に成立した狩猟民文化の類型であり、他のひとつは大河川の沿岸や海岸地帯などで成立した沿岸・定着型とでもいうべき漁撈民文化の類型である［＊3］。

このうち、まず「内陸森林・狩猟民型の文化類型」については、シベリアのタイガ（マツ類を中心とした寒帯あるいは亜寒帯の針葉樹林）地帯に古くから居住していた狩猟民の生活様式を基礎に類型化しうるものである。たとえ

表1　ナラ林文化の二つの生活類型

発展段階［その文化］	おもな文化的特色	
	内陸森林・狩猟民型	沿岸・定着漁撈民型
プレ農耕段階［ナラ林採集・狩猟・漁撈文化］	採集とともに大型のシカ類を中心とした狩猟が重要。獣皮や樹皮の円錐形の天幕を用い移動生活を主とする。前開きの皮衣、カンジキの使用、犬の飼育が特徴的。	狩猟・採集とともに漁撈（サケ・マス・チョウザメなど）が盛ん。海岸では海獣猟も盛ん。保存食料が豊富で、大型竪穴住居による定住生活を営む。魚皮衣の製作、犬ゾリの使用が特徴的。
	加熱によるアク抜きの技法、深鉢型土器の卓越。魚油や獣脂の広範な利用、シラカバなどの樹皮製の船や容器の製作と使用など、樹皮文化が発達。	
農耕段階［ナラ林雑穀畑作文化］	北方系作物群（W型オオムギ、洋種系カブ、北回りのアワ・キビ、莜麦型のエンバク、ゴボウ、ネギ、アサなど）の栽培、ブタ飼育、馬鞍型石臼の使用などが特徴的。そのほか竪穴住居、深鉢型土器、狩猟・漁撈などの多くの要素を継承している。	

ば大興安嶺のオロチョンやタイガ地帯に広い分布を示すエヴェンキの一部などは、現在（あるいはごく近い過去）でも狩猟民文化の伝統を比較的よく残す民族ということができる。彼らの居住するタイガとそれに連なる森林帯は、大型のシカなどをはじめ狩猟獣が豊富で、オオジカやヘラジカ、ノロ、あるいはヒグマ、トナカイ、クロテン、テンなどの狩猟を中心に、若干の有用野生植物の採集や漁撈活動を行い、移動の生活を営んでいる。前開きの皮衣、カンジキの使用、シラカンバの樹皮製の船や容器類をもつこと、犬を飼い、狩猟したクマの祭りを行うことなどのほか、幾本かの支柱を組み合わせ、その上を獣皮あるいは樹皮でおおった円錐形の天幕式の住居を有することなどが、この内陸森林型の狩猟民文化を特徴づける文化要素の主なものだといわれている［泉、一九三七、秋葉、一九三七、大塚、一九八八］。典型的なツングースといわれるエヴェンキも、今日では、トナカイ飼育を伴うものが多いが、その場合にも狩猟の比重はかなり高く［B・A・トゥコルコク・斉藤（訳）、一九八二］、本来は内陸森林型の狩猟民であったと考えられる。

一般にツングースといわれる人たちは、おそらく以前には、このような内陸森林型の狩猟民文化によって特色づけられていたと考えられるのではなかろうか。しかし、東北アジアのナラ林帯およびその周辺の森林地帯においては、長い歴史のプロセスの中でツングース文化あるいはツングース語が広範に拡がってきた。歴史時代に興亡した夫餘も、靺鞨も、高句麗や渤海も、濊《わい》や沃沮《よくそ》などもツングース系の民族だといわれている。だが、このツングース系といわれる人達が、どのようなプロセスをへて東北アジアの歴史に登場してきたかについては、今のところ定説はないようである。私はいくつかある説の中で、紀元前二〇〇〇年紀ごろに、バイカル湖周辺の森林帯に内陸狩猟民型の文化をもつツングースの祖先に当る人たちがいて、彼らがしだいにタイガ地帯に拡がり、その一部がアムール川の上流や中国東北部に南下してきたと考える説［加藤、一九八九、荻原、一九八九］に魅力を感じている。このように、ツングースの起源と展開を仮説的に考えておくことが、その後の歴史を考えるうえで、もっとも整合的ではないかと思うからである。

いずれにしても、内陸の森林地帯でシカやクマやトナカイを追い、狩猟していた人たちの中から、かなり後になって、おそらくは紀元前一〇〇〇年紀ごろに、ステップの牧畜民の馬飼育文化からの影響のもとでトナカイの家畜化が進んだと考えられている［佐々木史郎、一九八五］。今ではエヴェンキやエヴェンなどツングース系の森林狩猟民の多くがトナカイ飼育を行っているが、彼らのもとではツンドラのトナカイ飼育民のように、大量のトナカイを群として飼育することは行われない。むしろ限られた数のトナカイを飼育し、騎乗したり、ソリをひかせたりして利用することによって、狩猟や移動の効率が高まったとされている。その限りにおいてタイガのトナカイ飼育民も、内陸森林・狩猟民型の文化類型のひとつのサブ・タイプと考えることができる。

「内陸森林・狩猟民型」に対して、もうひとつの類型、私が「沿岸・定着漁撈民型」とした文化類型については、その典型的な民族例としてニヴヒ（ギリヤーク）をあげることができる。アムール川の下流域からサハリンに居住するニヴヒは、周知のように、周辺のツングース系の言語と異なり、いわゆる古アジア系の言語を話す人たちである。生業としては狩猟や採集活動とともに、漁撈が非常に盛んで、サケ・マスやチョウザメなどを大量に漁獲し、それらを天日で乾燥させ、保存食として一年を通じて主食とするほか、燻製・発酵など種々の方法で食用に供している。また海岸に居住するニヴヒの場合には海獣猟も盛んで、アザラシやトド・イルカなどを捕え、単に肉を利用するだけではなく、油脂を使って貯蔵食品を調理し、皮をさまざまに利用している。一般に食料の供給が豊かなため、生活は定住的で、最近まで中央に大きな炉をもち、三方を板床でとり囲んだ大型の竪穴住居に居住していた。このほか、夏用の住居や貯蔵庫として高床の丸太小屋も有していた。また、彼らは犬を飼い、犬ゾリを利用すること、シャーマニズムが盛んで、精霊信仰がひろくみられること、木器とともにシラカンバの樹皮などを利用した樹皮製の容器類や船をひろく用いていること、さらにはサケなどの魚皮で衣服をつくる技術がみられることなどが、その文化的特色として指摘することができる［Black, 1973, Levin and Potapov (ed.), 1956］。

このような魚皮衣製作の技術は、サケ・マス漁撈を行うところにすべて分布するものではなく、アムール川流域および沿海州の少数民族やアイヌの人たちの間にのみ分布するものである［荻原、一九八九］。現在、アムール川中・下流域に広く分布していているナナイ（中国側では赫哲族《ホジェン》という）は、かつて中国人から「魚皮韃人《ユーピ・ターズ》」とよばれていたが、アップリケや刺繡を施した美しい魚皮製の長衣を伝統的衣服として有していた［加藤定子、一九八九］。このような魚皮製の衣服をもつ人々が、沿岸・定着漁撈民型の文化を代表する人たちだということができるようである。

次に考古学的な面からみると、黒龍江省の東南、ハンカ湖の北岸に新開流という遺跡がある。^{14}C年代で紀元前三四八〇±九〇年と推定される遺跡で、そこからは平底深鉢型の土器や石刃鏃に加え、銛や逆鈎付の魚叉、骨刀などの骨角器が数多く出土している。また、一〇箇の大きな貯蔵穴が発見され、とくにY2、Y10などの貯蔵穴の中からはサケやコイ、ナマズなどの魚骨が多数発見され、漁撈が盛んであったことを示している。さらに、この遺跡では三二基の墓壙が発見されたが、その中には伸展葬でゆったり葬られた男性人骨と、その周辺に骨をバラバラにされて二次葬された一～四体の人骨がセットになって発見された例が二例ほどある。たとえばM７墓の場合には伸展葬された男性の頭の上にバラバラにされた男女四体分の骨が積み上げられた状態で出土している。これはどう見ても、完全な形で葬られた男性に伴って男女四体が葬られたと思えるもので、発掘報告にも「髄葬された」と記されている［黒龍江省文物考古工作隊、一九七九］。

この新開流遺跡の事例は、縄文時代の中期から後期に当る時代に、すでに一種の身分階層が、その社会の中に生じていたことを示すものである。私は縄文文化が、きわめて成熟度の高い採集・狩猟・漁撈文化であり、その社会の一部にはすでに身分階層差が生じていたと考えるものだが、そのような観点からも、この新開流遺跡の示す事例はきわめて興味深いものと思われるのである。

(4)　縄文文化の位置づけ

さて、このあたりで日本の縄文文化についてもふれておかねばならない。縄文文化は東日本のナラ林帯を中心に栄えた文化であることは周知の事実である。小山修三氏は、統計学の手法を駆使して縄文時代の人口を推計しているが［Koyama, 1978］、それによると(図2)、縄文時代の人口はその中期がもっとも多く、人口の大半は東日本のナラ林帯に集中していた。しかも、その人口密度は縄文時代中期の関東地方の一〇〇平方キロメートル当り三〇〇人というのをはじめ、北陸・中部・東海などの諸地方では、いずれも非常に高い人口密度(一〇〇人／一〇〇平方キロ以上)を有していたようである。北アメリカの先住民のなかで、採集狩猟経済に依存しながら、その文化レベルが非常に高いといわれている北西海岸地域の先住民の人口密度が、一〇〇平方キロ当りおよそ一〇〇人ほどと言われているのに比べると［＊4］、縄文文化のそれは、はるかに高い値を示している。このよう

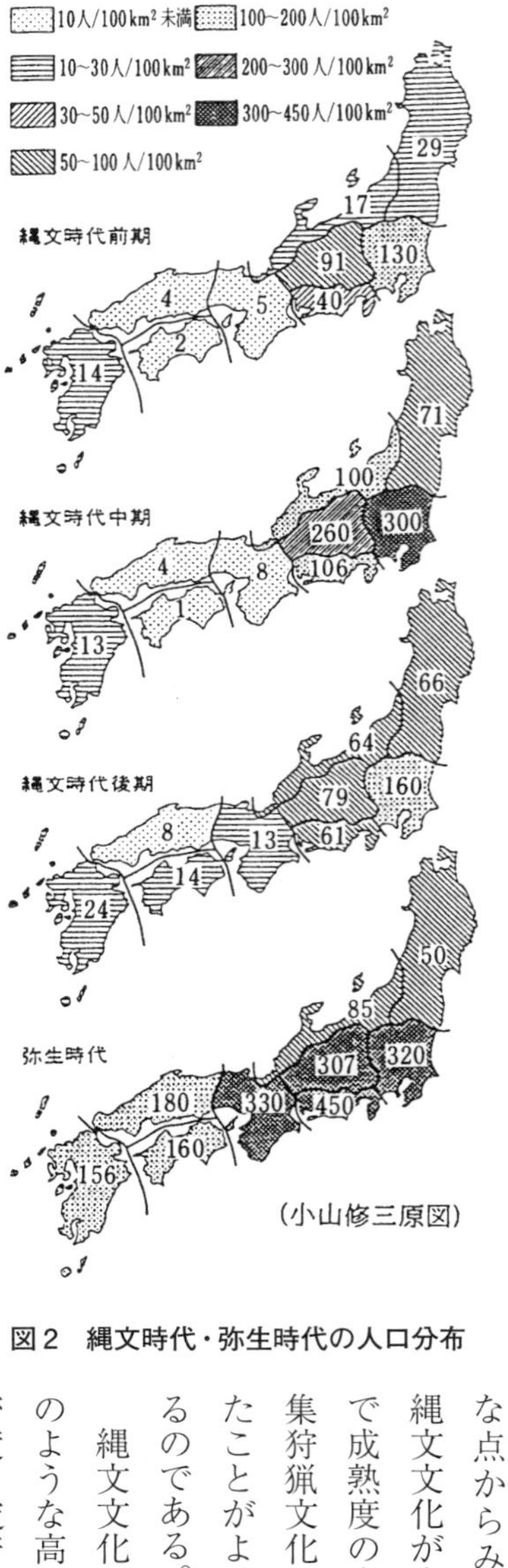

図２　縄文時代・弥生時代の人口分布

な点からみても、縄文文化が定着的で成熟度の高い採集狩猟文化であったことがよくわかるのである。

縄文文化が、このような高い人口密度と定着性を生み出した背景には、日本列島のナラ林帯の豊かな自然の中で、堅果類や野生の球根類などの採集、イノシシやシカなどの狩猟、それにサケ・マスをはじめとする漁撈活動などによって豊富な食料の供給と貯蔵が可能であったという条件が存在したことは間違いない［佐々木、一九八六(a)］。こうした生業形態の特色や生活様式のあり方は、上述のニヴヒやナナイに代表される東北アジアのナラ林帯の沿岸・定着漁撈民型の文化類型のそれと、きわめてよく似た特徴を有することが注目される。

事実、縄文文化を特徴づけるものは、土器では北方の採集・狩猟民に共通する深鉢型土器であり、住居では竪穴住居である。また、樹皮文化もよく発達しており、弓矢も北方の系統のものといわれている［加藤晋平、一九八五］。また最新の骨のコラーゲン分析による食性分析の結果をみても［赤澤・南川、一九八九、佐々木、一九九一(b)］、北海道の縄文人は海獣や魚介類への依存度がきわめて大きく、関東地方の縄文人の場合でも、たとえば古作貝塚人は蛋白質の約四〇％を魚介類からとり、約三〇％を獣肉やC_3植物などから得ていたことがわかっている。縄文人の場合も、東北アジアのナラ林帯の沿岸・定着漁撈民の場合と同様に、やはり漁撈活動への依存度がかなり大きかったことがわかるのである。

いずれにしても、縄文文化は東日本のナラ林帯を背景に発達したものであり、なかでも絢爛たる文化の華を咲かせたのは、縄文時代の晩期に東日本に拡がった亀ケ岡文化であった。その亀ケ岡文化を代表する是川遺跡を例にとると、そこでは注口土器を含む多様な器形をもち、浮き彫りのような磨消《すりけし》縄文で器面を飾った土器が数多く出土し、また赤い漆で塗り固めたみごとな藍胎漆器をはじめ、漆塗りの精巧な太刀状の木製品や弓、あるいは櫛などが出土している。このような高度な芸術作品ともいえる出土物を見ていると、それらがきわめて定着的な生活の中で、専門の職人たちが長い時間をかけて作ったものであることがよくわかる。その当時すでに、亀ケ岡文化の地域には、作らせた人間と作らされた人間がおり、その社会の中に一種の身分階層差が出現していたとみて差支えないと思われるのである。

この亀ケ岡文化に代表される縄文時代晩期の文化は、東日本のナラ林帯を舞台にして、採集・狩猟・漁撈活動に生業の基礎をおく人々が到達した文化的クライマックスのひとつであったと考えて間違いない。それを類型的にみれば、さきほどから説明してきたように、ナラ林帯のプレ農耕段階の沿岸・定着漁撈民型の文化類型のひとつに分類することが可能だと考えられるのである。縄文文化の成立に際し、東北アジアのナラ林帯の諸文化との直接的な交流があったか否かは別として、東日本のナラ林帯に展開していた縄文文化が、東北アジアのナラ林帯にみられる沿岸・定着漁撈民型の文化と類似した生態学的な基盤の上に成立し、類型的にみても、きわめて類似度の高い文化的特色を生み出していたことは十分注目に価する事実ではなかろうか。

(5)　ナラ林帯における農耕化のプロセス――考古学の成果から

次にナラ林帯における農耕化、つまり農耕の伝来およびその受容と展開の問題について検討してみることにしたい。まず、典型的なナラ林帯においては、農耕化のプロセスには大きく二つの傾向がある。そのひとつは農耕化がかなり進んだグループ、もうひとつはほとんど進まなかったグループに分けることができるようである。たとえばニヴヒ(ギリヤーク)は今も農耕をほとんど行っていない。また、アイヌの人たちの間でも農耕化はそれほど進まなかったとみてよい。そのほかタイガに居住するエヴェンキやエヴェンなども農耕化の進まなかった人達といえる。

ところが、東北アジアの典型的なナラ林帯では、内陸部で比較的早く農耕化の動きが認められる。アムール川流域、沿海州、中国東北部のモンゴリナラ林の地帯では、早いところでは紀元前二〇〇〇年紀末から紀元前一〇〇〇年紀初めごろにかけて、アワ・キビ・ダイズ・オオムギなどの栽培とブタの飼育が始まったといわれている[加藤晋平、一九八八][*5]。たとえばアムール川の流域では紀元前一〇〇〇年紀の前半ごろにウリル文化が拡がるが(図3)、その遺跡から栽培植物の痕跡はまだ発見されていないが、石鍬・磨石・石杵などの磨製の石製農具類とともに石庖丁と思われるものが発見され、さらにブタの遺体を家屋内に置く習俗がはじまったとされている。ウリル文化につづくポリツェ文化(紀元前六世紀〜紀元前一世紀ごろ)の遺跡(住居址群)からは、キビやアワなどの炭化種子が多数発見されており、そのアワの一部は松谷暁子氏によって同定されている[松谷、一九八八]。そのほか、沿海州ではウラジオストック付近のヤンコフスキー文化期(紀元前二〇〇〇年紀末から一〇〇〇年紀初めごろ)以降の遺跡からアワやキビ、オオムギが出土していることが報ぜられている。

中国東北部へ目を転ずると、牡丹江の源流に当る黒龍江省の鏡泊湖南岸の鶯歌嶺遺跡から、やはり農耕の痕

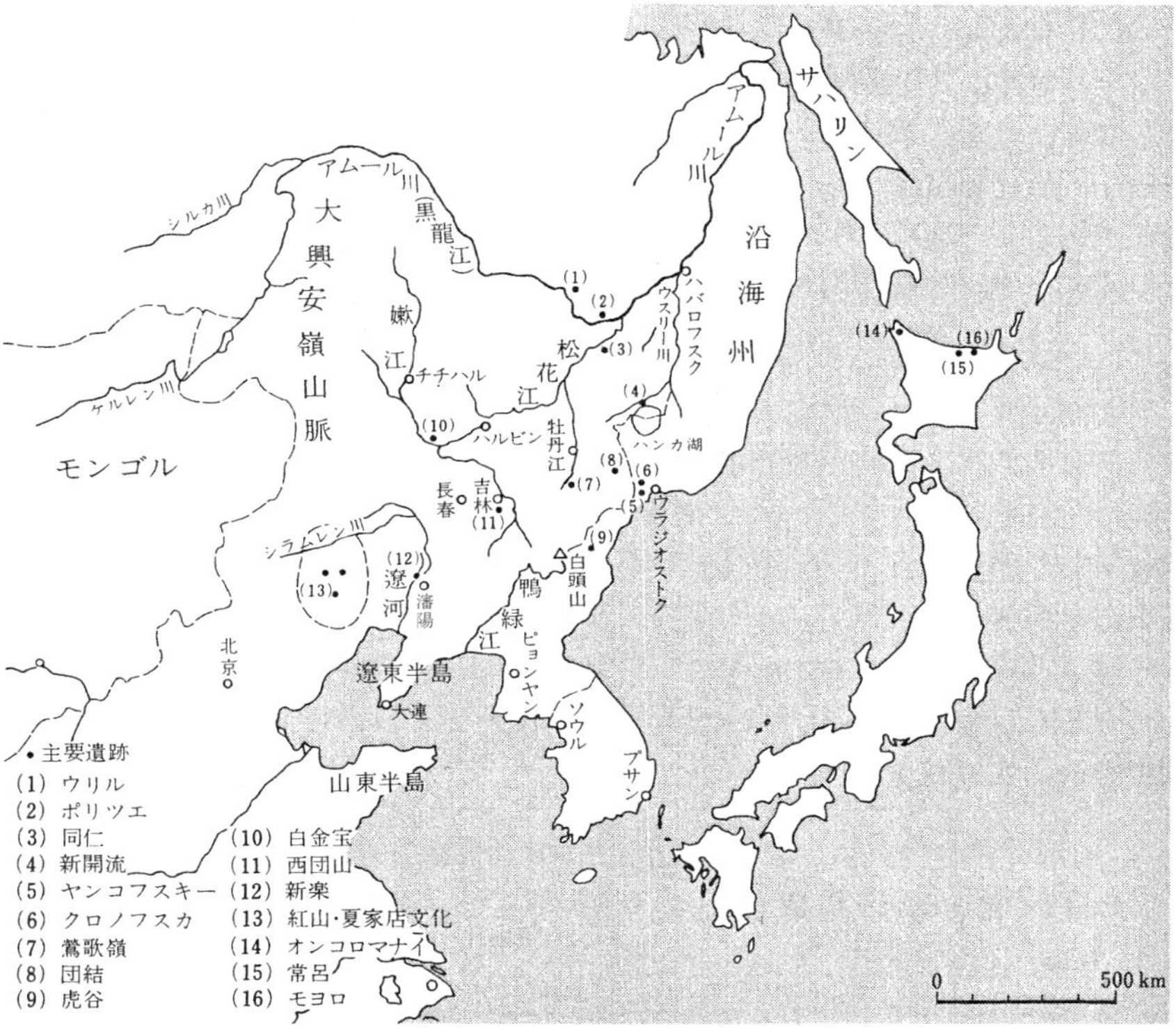

図3　北東アジアのナラ林帯の主要遺跡

跡を示すような遺物が出土している[黒龍江省文物考古工作隊、一九八一]。この遺跡の上層はウリル・ヤンコフスキー文化とほぼ同じ^{14}C年代で約三〇〇〇年前ごろを示している。竪穴住居址や灰坑が発掘され、そこから石鋤や石庖丁などの石製農具を含む磨製石器や各種の骨角器が出土するとともに、精巧なブタや犬の土偶が多数発見されている。そのことから、当時この地域では、狩猟・漁撈活動とともに初期的な農耕とブタの飼育が行われていたと推定されている。この鶯歌嶺上層文化は団結文化に引継がれるといわれているが、団結文化は紀元前後の年代を示し、牡丹江流域から豆満江流域をへて沿海州南部、あるいは朝鮮半島東北部に拡がる文化で、そこではアワ・キビ・マメなどの栽培が確認されるという［村上、一九八七］。なお、この文化は、『三国志』などの文献に登場する北沃祖に当るのではないかともいわれている［張泰湘、一九八六］。

朝鮮半島北部のモンゴリナラ林帯でも、ほぼ同様の文化がみとめられる。同半島東北部の威鏡北道茂山郡虎谷遺跡ではキビとモロコシの穀粒、アワあるいはキビの炭化粒のほか、ブタの骨が二〇体分ほど出土した。また会寧郡五洞遺跡からはアワ・アズキ・ダイズや石鍬・石包丁・馬鞍型石臼などが出土している。この朝鮮半島東北部の青銅器時代から初期鉄器時代にかけての農耕文化は、中国黒龍江省の団結文化、沿海州南部のクロノフカ文化と同一のもので、アワ・キビを主作物として栽培し、ブタを飼育し、石鍬・石庖丁・馬鞍型石臼を伴う文化で、筆者のいう典型的なナラ林帯を特徴づける農耕（畑作）形態を示すものである。

また、朝鮮半島の西北部でも、櫛目文土器時代の智塔里遺跡（黄海北道鳳山郡）でアワあるいはヒエの穀粒が三合（約〇・五リットル）ほど発見され、遼西台地によくみられる大型の石鋤のほか石鍬・石鎌・馬鞍型石臼が出土した。平壌市の南京遺跡の櫛目文土器時代に属する三一号住居址からはドングリとともにアワが出土したし、同遺跡のコマ形土器（紀元前一〇〇〇年紀中ごろ）を出土する住居址からは約二五〇粒のコメのほかアワ・キビ・モロコシ・ダイズなどが出土し、黄海北道の石灘里遺跡からもアワとアズキが出土している。このように朝鮮半島西北部では、櫛目文土器時代以降、石鍬や石鋤と馬鞍型石臼を有し、アワ栽培を行う農耕文化が展開したことがわかる。

ところが朝鮮半島中部以南においては無文土器時代になって、コメ・ムギ・アワ・キビ・モロコシ・ダイズ・アズキなどが出土するが、多量に出土するのはコメであり、ブタを含む家畜の骨の出土も少なく、朝鮮半島東北部のナラ林帯とは石器の組成も異なるようである［甲元、一九九一、村上、一九八七］。しかし、朝鮮半島の東北部から東岸一帯には紀元前二世紀ごろ以前から濊人とよぶ人たちが居住していたと推定されている［三上、一九六六］

おそらく彼らを通じて、朝鮮半島南部へナラ林文化の要素が伝えられた可能性が少なくないと考えられるが、詳細は不明である。

以上が典型的なナラ林帯(モンゴリナラ林地帯)における農耕化の痕跡の概要を示したものである。

ところで、このモンゴリナラ林帯と西方のリョウトウナラ林帯の境界付近に位置する第二松花江の流域では、紀元前一〇〇〇年紀の初めごろから戦国時代末期(紀元前三世紀中期)ごろにかけ、モンゴリナラ林帯のそれとは別種の農耕文化とみられる西団山文化が展開していたことが知られている[甲元、一九九二]。それは吉林市郊外の西団山遺跡を標識とする文化で、多くの堅穴住居が発見され、そこからは中原地域(黄土台地の文明中心)の土器である鬲や甗や鼎に似た三足器が出土し、中原の地域からの影響が明瞭にみとめられる。また、そこでは石棺墓からブタの骨が出土する例が多く、石庖丁、その他の農具類やアワやダイズなどの炭化種子も発見されている。さらに、この西団山文化の遺跡からは遼寧式の銅剣や銅矛、その他の青銅器が出土し、中原からの文化的影響とともに、遼西地域で早くから発達した遼寧青銅器文化の影響がみられることも注目されている。この西団山文化を生み出した民族については濊・貊や夫餘などのツングース系の民族と関係するのではないかとされているが、まだよくわかっていない[田村、一九八九]。だが、この夫餘、あるいはそれに先行する文化ではないかと考えられているのが、嫩江中・下流域から松花江上・中流域に分布する白金宝文化である[黒龍江省文物考古工作隊、一九八〇]。その上層文化の年代は紀元前一〇〇〇年紀の初頭ごろと推定され、狩猟・漁撈のほか、牧畜と初期的な農耕を伴っていたと考えられている[＊6]。

他方、中国東北部の西・南部、遼西台地や遼寧平原あるいは遼東半島のリョウトウナラ林地帯ではモンゴリナラ林帯と異なり、紀元前五〇〇〇～四〇〇〇年紀に遡る非常に古い時期に農耕・牧畜の痕跡が発見されている[＊6]。すなわち、大凌河上流の興隆窪文化(約七〇〇〇年前)や遼寧平原の瀋陽郊外の新楽下層文化(約七〇〇〇～

六〇〇〇年前)、老哈河上流域の遼西台地の紅山文化(約六〇〇〇～五〇〇〇年前)、あるいは遼東半島の小珠山中層文化(約六〇〇〇年前)などでは石鍬・石鎌・石庖丁・磨盤・磨棒などの石製農具類やキビなどの農作物、あるいはブタをはじめヒツジ・ヤギなどの家畜の遺骨などが発見されている。さらに遼西台地(図3の(13))では、紅山文化の後をうけ、夏家店下層文化(紀元前三〇〇〇年紀末から二〇〇〇年紀)、つづいて同上層文化(紀元前一〇〇〇年紀)が展開する。いずれもアワ・キビなどを栽培し、ブタ・イヌ・ヒツジ・ウシなどを飼育する典型的農牧文化で、中原地方の影響を受け、鬲・甑・鼎などの三足器(中国的煮沸具)を有し、青銅器も出土している。

とくに夏家店上層文化からは非常に多くの青銅器、なかでも特有の形態をもつ遼寧式銅剣が多数出土し、いわゆる遼寧青銅器文化が、そのころから形成されてきたものと考えられている。この遼寧青銅器文化の流れの中から、朝鮮半島特有の細形銅剣が生み出され、それが縄文時代の終わりごろあるいは弥生時代の初期に北部九州に伝わってくることは、よく知られる通りである。このように考えると、遼河西方の台地から遼東地方をへて朝鮮半島に至る地域は遼寧青銅器文化が伝播する回廊地帯に当るわけで、後に燕や高句麗などの国家が誕生するのも、この青銅器文化の回廊に沿った地帯であることは興味深い事実である［甲元、一九九〇］。

縄文時代の末あるいは弥生時代の初頭に日本列島へ、当時の先端技術であった水田稲作農耕や金属器類とともに、小国家の編成原理になるような新しい政治的・社会的統合原理や新しい世界観が持ち込まれたことは間違いない。この種の政治的・社会的統合原理は、おそらくこの青銅器文化の回廊地帯をへて、ナラ林文化の諸要素とともに朝鮮半島を経由して、日本列島に持ち込まれたものと推定することができるようである。

いずれにしても、紀元前後の時期以降には、中国東北部や朝鮮半島などの典型的なナラ林文化の地帯にも、西方からの農牧文化や青銅器文化の影響が及んだことは確かなようである。その影響をうけて歴史時代に入ると、典型的なナラ林地帯における農耕化の動きはさらに大きくなる。黒龍江流域では紀元七世紀ごろ、あるいはもう少し前から同仁文化とよばれる文化が拡がる。七～八世紀ごろというのはオホーツク文化がサハリンから北海道の東北岸にかけて拡大する時期であり、同仁文化はオホーツク文化とほぼ同系の文化だということができる。さらにロシアで靺鞨文化とよんでいたものも、また前に述べた団結文化とよばれるものも同種の文化だとみることができるようである〔文物編輯委員会、一九九〇〕。しかも、同仁文化の土器は渤海の早期の土器ともよく似ているといわれており〔張泰湘、一九八六〕、同仁文化は紀元後数世紀にわたり、東北アジアに広く展開していたことが注目されるのである。

最近の中国の考古学者によると、同仁文化の拡がりは、東はアムール川の下流域、北はアムール川の上流域、西は松花江の中流域、南は綏芬河から沿海州の南部、さらに吉林市のあたりまでを含んでいるという。さらにオホーツク文化が同系の文化だと考えれば、サハリンから北海道の一部にまでその分布は拡がることになる。事実、北海道の典型的オホーツク文化の遺跡として知られる常呂遺跡から出土した帯飾りをはじめ、各地で発見されたオホーツク文化の遺物の中には、靺鞨文化のものと酷似したものが少なくないといわれている〔菊地、一九七六〕。こうした事実はアムール川下流域と北海道との間の文化交流の証拠のひとつとして興味深いものがある。

(6)　農耕段階のナラ林文化――挹婁・勿吉などを事例として

七～八世紀ごろまでのナラ林帯における文化史を、前節までにごく大まかに概観してきたが、農耕段階に入ったナラ林帯の生活様式の特色の一端は、史書の記述の中にもみることができる。

たとえば『後漢書』の「挹婁伝」には

「挹婁は古えの粛慎の国である。夫餘の東北千余里のところにあり、東は大海に臨んでいる。南は北沃沮と接しているが、北はどこまで拡っているかわからない。その土地は険しい山が多い。人の容姿は夫餘に似ているが言語は異なっている」(井上秀雄訳、東洋文庫版による)とある。おそらく、三世紀ごろのことなので夫餘というのは松花江中流域あたりにいたツングース系の言語を持つ人達であろう。また

「五穀・麻布を産出し、赤玉や良質の貂(の皮)も産出する。……気候はきわめて寒く、いつも穴居生活をしている。(その穴は)深いほど好いとされる。大家には九段の梯がある。よく豚を養い、その肉を食べ、その皮を着る。冬は豚の膏を身体に厚さ数分も塗って風の寒さを禦ぐ。夏には裸になって一尺ほどの布でその前後を蔽う。その人々は、臭く、穢く、不潔である。厠を(家の)中に作り、それを囲んで住んでいる」とある。さらにその少し先には「青石をもって鏃とし、鏃にはみな毒を施している」(井上秀雄訳　東洋文庫版による)とも記されている。

また、時代は少し下がるが、五世紀ごろ松花江流域にいたとみられる勿吉について、『魏書』の「勿吉伝」は、次のように記している。

「勿吉国は高句麗の北にあり、昔の粛愼国である。……その土地は卑湿で、……穴居する。家の形は塚に似ており、入口を上に開き、梯で出入りする。その国には牛がなく、車、馬がある。農耕には耦耕し、車は歩いて推す。粟および麦、穄があり、野菜には葵(せりの類)がある。……豚が多く羊がない。米を噛んで酒を醞醸し、……男子は豚や犬の皮裘を着る。……習俗は、人尿で手や顔を洗い、頭に虎や豹の尾を挿す。射猟が上手で、弓の長さは三尺、箭の長さは一尺二寸であり、石で鏃をつくる。……常に七・八月に毒薬を造り、箭鏃につけて禽獣を射る。……」(神田信夫訳　東洋文庫版による)

挹婁(三世紀)あるいは勿吉(五世紀)とよばれたナラ林帯の先住民たちは、冷涼な気候のもとで、深い竪穴住居

をつくって居住し、アワ・キビなどの雑穀やムギなどを栽培する農耕を営み、ブタの飼育を盛んに行っていた。また、男は皮衣を身にまとい、後代まで石鏃を用いられ、弓矢による狩猟がよく行われ、おそらく水辺では漁撈も盛んに営まれていたと思われる。そのほか、人尿で手や顔を洗う習俗や毒矢を用いる慣行など、竪穴住居とともに、三上次男氏により古アジア的な文化的特色として指摘された諸特徴が、彼らの生活文化の中に広く見られたようである［三上、一九六六］。

おそらく、このような農耕的要素を伴う古アジア的ともいえる文化的特色は、後の同仁文化の分布の拡がりなどから判断して、ある時期には、吉林以南の青銅器文化の回廊地帯を除く、典型的なナラ林帯のかなり広い範囲にわたって拡がっていたと推測される。その文化的特色の一部は、現在もアムール川流域に居住するナナイ（ホジェン）・オロチ・ウルチなどの少数民族の伝統文化の中によく伝承されているということができる。

いずれにしても、このモンゴリナラ林帯を中心とする典型的なナラ林地域の文化は、プレ農耕段階の狩猟・漁撈文化の上に、北方系の農耕や家畜飼育文化の影響が及んで形成されたと考えられる。そうした狩猟・漁撈文化に農耕・牧畜文化の影響が及んだひとつの事例を、アイヌのイヨマンテに象徴される、この地域の「熊祭り」にみることができる。

周知のように、熊祭りは、タイガ（針葉樹林帯）の内陸狩猟民文化の典型的な文化要素のひとつと考えられているが、それはさらに二つの類型に大別することができる。そのひとつはアイヌのイヨマンテに代表されるような「飼い熊型熊祭り」とよばれるもので、仔熊を捕え、数年間ほど飼育した後、祭りを行い、熊を楽しませたあと殺して熊の魂を天に送る。そのことによって、熊が友だちを連れて、もう一度幸せをもたらしにやってくるという考え方にもとづくものである。それに対し、タイガの森林地帯に広く分布している熊祭りは「狩り熊型熊祭り」とよばれるもので、狩りをして捕殺した熊に対して、多くの場合、その場で行われる熊祭りである。

「飼い熊型熊祭り」については、大塚和義氏によると、イヨマンテの送り獣の頭部に穴をあける頭部穿孔の習俗があるが、それはオホーツク文化を媒介にしてアムール川中・下流の先住民文化と関連するらしいという［大塚、一九八八］、また殺害直前に飼い熊の上に布をのせて飾る習俗は遊牧民の鞍の影響だとみなされている。さらに大林太良氏は、詳細な学説史的検討を加えたのち、この種の飼い熊型の熊儀礼は、筆者のいうナラ林帯の狩猟・漁撈民のもとで、動物飼育を伴う農耕文化の影響をうけて形成されたのではないかという見解を示している［大林、一九九一(a)］。事実、飼い熊型の熊儀礼の分布は、ナラ林帯の中でも北海道、サハリンからアムール中・下流域の比較的限られた範囲だとされている。つまり、この地帯では、もともと典型的な狩猟儀礼であった熊儀礼に、家畜飼育を伴う定住的で、余剰食料の豊かな農耕文化の影響が及び、その結果、きわめて特異な「飼い熊型の熊祭り」が形成されたとみられるのである。しかも、その基礎には古くからみられる霊送りの観念が存在したことも事実である。いずれにしても、大陸のナラ林帯で形成されたこの種の「飼い熊型の熊祭り」の伝統は、サハリンをへて北海道のアイヌにまで及んでいる。この事実はアイヌ文化の特色の形成過程を考える上で、注目すべき点のひとつということができるのではなかろうか［＊7］。

(7)　北方系農耕の展開――ナラ林帯における農耕の系譜

さて、典型的なナラ林帯における農耕化については、大別して二つの系統あるいは系譜が考えられる。そのひとつは前にも述べた遼西・遼東をへて伝来した「中原」の農耕文化の影響で、考古学的には中国的煮沸具といわれる三足器がその象徴をなす。だが、紀元前一〇〇〇年紀には、この三足器の出土は吉林付近（西団山文化）にとどまり、それ以東の典型的なナラ林帯には及んでいない。しかし、既述のように、アムール川の中流域や沿海州の南部あるいは黒龍江省南部や漱江中・上流域などでは、紀元前二〇〇〇年紀末から一〇〇〇年紀初めごろには、すでに農耕やブタ飼育の痕跡が見出されている。これらの地域は中原からの影響のほとんど及んでいない地域で、このような狭義の典型的なナラ林帯の農耕化は、むしろ中原からの影響というよりは、それ以外の北回りの別種の農耕文化の流れの影響を強く受けたものとみなければならない。

阪本寧男氏は多年にわたり、ユーラシア各地の民族植物学的な調査を行った結果、アワやキビの起源地は、従来いわれていた華北の黄土台地ではなく、中央アジアから北西インドにかけての地域が、その起源地であることを明らかにしている［阪本、一九八八］。私はこの地域を、「ユーラシア雑穀センター」と呼ぶことにしているが［佐々木、一九八六(a)］、アワとキビは、このセンターから北回りと南回りの二つの経路をたどって東へ伝わったと考えられる。紀元前一〇〇〇年紀以前に、モンゴリナラを中心とした東アジアの典型的なナラ林帯に伝来したアワやキビは、北緯五〇度を中心にユーラシア大陸を東西に横切る森林・ステップ地帯をへて伝播した北回り系統のものだったことは間違いないようである。

また、高橋隆平氏によると、世界のオオムギは脱粒を阻止する補足遺伝子の組合せによってE型とW型の2大群に分けられるという。このうちBt₁・Bt₂という遺伝子の組合せをもつE型のオオムギは、主としてチベットから中国をへて西日本に分布する。これに対し、bt₁・Bt₂という遺伝子の組合せをもつW型は、西アジア、ヨーロッパからシベリア、中国東北部、朝鮮半島北部をへて東北日本に分布することが明らかにされている［Takahashi, 1955］。つまり、東北日本の在来オオムギの主力をなすW型のオオムギは、シベリアから中国東北部、朝鮮半島北部をへて東北日本に伝わったとみられるのである（図４）。

また、長年、日本の在来野菜の研究にたずさわってきた青葉高氏によると、日本の在来種のカブは、種子表皮の形態や葉の特性などによって大別すると、洋種系と和種系の二種類に分けられる。洋種系のカブは主として東日本に、和種系のカブは主に西日本に分布し、その境界線は富山県と石川県の県境付近から伊勢湾に至る線だと

図4　オオムギのE型とW型との分布図
（Takahashi, 1955）

図5　栽培カブの自然分布
（Shebalina and Sazonova, 1985）

いう。このうち洋種系のカブには、山形県の温海カブのように、日本海沿岸の焼畑で古くから栽培されていたものが少なくない。しかも、この洋種系カブの系統は明らかに朝鮮半島北部・中国東北部からシベリアに連なるものだというのである（図５）。このほか、ゴボウやネギ、カラシナなど東日本に分布する幾種類かの在来野菜のなかには、洋種系のカブと同様に、東北アジアやシベリアに系統的に連なるものが少なくないという［青葉、一九八八］。

また、中尾佐助氏によると、コムギのネクロシスに関する補足遺伝子のうち、Ne_2遺伝子を有するものや莜麦型のエンバク、雑草性のライムギ、ムギ栽培に伴う随伴雑草であるムギセンノウなど、中国東北部からシベリアに系統をたどり得る在来作物や随伴雑草は少なくないといわれている［中尾、一九八三］。

このように日本の在来作物の中には、シベリアを経由しアムール川流域や沿海州、さらに中国東北部などから朝鮮半島を経て、あるいは日本海を直接横断するなどして、日本列島に入ってきたと思われるものが少なくない。いままでに述べた作物のほかに、アサやゴボウ、ソバなどもその中に加えることができる。なかでもアサやゴボウやアブラナ類の種実は、福井県三方郡の鳥浜貝塚の縄文時代前期の文化層から発見されたほか、ゴボウとアサは北海道江別市の縄文時代晩期の文化層、ゴボウは唐津市菜畑の同じく縄文時代晩期の文化層などからも発見されている［笠原、一九八三］。また、ソバについても、後述のように縄文時代後・晩期にその化石花粉が各地で出土することが知られている。

これらの作物は、いずれもその遺伝的な系統や分布の特色から考えて、華北の黄土台地（中原）の農耕センターから伝播したものとは考え難い。むしろ、中尾佐助氏が、かつてシベリア・ルート、モンゴル・ルートとよんだ、より北方の北緯五〇度を中心にユーラシアを東西に横切る森林・ステップ地帯をへて伝播したと考えうるものである。したがって、これらの作物群を「北方系作物群」とよぶことができるが、この作物群の日本列島への伝来は、上述のように東北アジアのナラ林帯を経由してきたものであることは間違いない。その限りにおいて、日本の在来作物の中における北方系作物群の存在は、北からの文化の影響、より具体的には東北アジアのナラ林帯からの農耕的要素の伝来のあとを、みごとに示すものだということができるのである。

おそらく北回りのアワやキビ、W型のオオムギ、洋種系カブなどを主作物とした北方系作物群と組合わされた主要な文化要素は、史書の記載や民族誌的データなどから判断して、ブタの飼育や皮衣の着用、竪穴住居や毒矢の使用、あるいはシラカンバなどの樹皮を多用する特有の樹皮文化、さらには馬鞍型石臼（磨盤・磨棒あるいはサドルカーン）の使用などがあげられる。もちろん気候の冷涼なナラ林帯では、農耕の要素は必ずしも常に卓越するものではなく、狩猟や漁撈、あるいは採集活動などの非農耕的な生業活動が、後の時代までかなりの重要性を有していたことも事実である。

(8)　ナラ林文化の日本への伝来とその経路

問題は、このような農耕段階のナラ林文化の諸特色が、いつ、どのようなルートをへて日本列島に伝わったかである。後に、弥生文化を構成する稲作文化や金属器文化などの諸要素とともに朝鮮半島を経由して伝わった畑作文化の中に、この種のナラ林文化の要素がかなり含まれていたことは間違いないと思われる［＊8］。しかし、現在までのところ、朝鮮半島の北・中部では北方系農耕の存在が考古学的に確認できているが、その北方系農耕の諸要素が日本列島へ伝来したことを証明しうるような確実な事実は、まだ発見されていない。それ以前の時期に関しては確定的なことはもちろんわかっていない。だが、縄文時代後・晩期から前期に及ぶいくつかの遺跡から、最近、ソバの花粉や種子が発見されはじめている。資料の集成を行った山田悟郎氏によると、これらのソバはたぶん普通種の栽培ソバと思われるが、おそらく朝鮮半島経由あるいは日本海を直接横断するルートで、大陸から伝来したものと推定している［山田、一九九二］

さらに、イノシシを模した土製品が縄文時代の後・晩期に東日本や北海道などの地域を中心に十数点出土している。これと類似するイノシシ（あるいはブタ）の土製品は、すでに述べたように、沿アムール地方や沿海州、中国東北部および朝鮮半島北部の紀元前一〇〇〇年紀ごろの遺跡からも出土している。加藤晋平氏は、このようなイノシシあるいはブタの土製品をつくる慣行とともに、その飼養の技術が縄文時代の後・晩期に大陸のナラ林帯から、アワ・キビ・ソバなどを栽培する雑穀農耕とともに、日本列島に伝来したものと想定している［加藤、一九八〇］。私はしばらくこの加藤氏の意見にしたがっておくことにしたい。今後研究が進めば、この種の農耕段階のナラ林文化の影響が、縄文時代後・晩期の文化の中に数多く認められることになると思うのである。

すでに本章の前半部でも強調したように、日本列島の中部以東で繁栄した縄文文化は典型的なナラ林文化――プレ農耕段階の沿岸定着・漁撈民型のナラ林文化の――特色を示すものであったことは確かである。縄文文化は、その成立段階において、東北アジアの諸地域、すなわちアムール川の中・下流域や松花江やウスリー川の流域、沿海州やサハリンなどのモンゴリナラ林帯の諸地域と同一の生態学的な基盤の上に立ち、類似した文化的伝統の中で、その特色を形成したと考えることができるようである。もし、縄文語というものが復元できるとすれば、それはおそらく古ギリヤーク語などに近い特徴をもつ「プロト東北アジア語」とでもいうべきものであったと私は想定している［佐々木、一九九一(a)］

その後、縄文時代の前期ごろ以降、縄文文化の中にはプレ農耕段階の照葉樹林文化の影響や南方系の言語の影響が及び、日本列島の伝統的基層文化は東北アジアの諸地域の文化とその特色を異にするようになってしまった。しかし、紀元前一〇〇〇年紀初頭ごろ以降、狭義の典型的なナラ林帯における農耕化が進むと、前述のように、その影響が日本列島へも及ぶようになり、日本の在来作物の中に、かなりの数の北方系作物が加えられた。その伝来の時期は縄文時代前・中期ごろにまで及ぶものが少なくなかったと思われるのである。

これらの東北アジアのナラ林帯から日本列島への文化の伝来経路としては、(1)アムール川下流域・沿海州↓サハリン↓北海道、(2)朝鮮半島経由、(3)日本海横断の三つのルートが考えられる。(1)の経路は、たとえば旧石器時代の末にクサビ形の細石刃核と荒屋型彫器のセットを標識とする文化が伝わった経路であり、また、歴史時代になってオホーツク文化や飼熊型の熊祭りなどが伝播した経路だといえる。(2)の朝鮮半島経由の道は、弥生文化の伝来の際に伴った細形銅剣や多鈕細文鏡などに象徴される青銅器文化の伝来経路であるほか、いくつかの北方系作物やブタ飼育などに特色づけられるナラ林文化の多くの要素が、このルートをへて日本列島に来たものと思われる。さらに(3)のルートは、後代の渤海使の渡来コースに当るもので、渤海使の場合には初期のものの多くが朝鮮半島東海岸を南下したのち、対馬海流にも影響されて越の国など日本列島の北陸地方から出羽の沿岸に漂着している。おそらく、ナラ林文化の諸要素の中には、このルートをへて伝来したものが少なくなかったと考えられる。

以上、ナラ林文化の伝播ルートとして三つの経路を想定したが、どのルートについても伝来のあとが確実に証明されたわけではない。しかし、東アジアのナラ林帯に成立した特有の文化が、これらのいくつかのルートをへて、幾度かの波に分かれて日本列島に伝わり、縄文文化や弥生文化の成立・発展に大きく寄与し、日本の基層文化の形成に大きな影響を与えたことは間違いない事実のようである。

第三節　二つのナラ林帯とその文化史的意義

要　旨

秦嶺・淮河の線を境に、それ以南の地域は常緑広葉樹林（照葉樹林帯）であるのに対し、それより北あるいは東北の地域は、落葉広葉樹林帯を形成している。しかも、同じ落葉広葉樹林帯でも、ハルビン・瀋陽線より西南側にはリョウトウナラが卓越し、東側はアムール川流域・沿海州、朝鮮半島の一部も含め、モンゴリナラが卓越する典型的なナラ林帯となっている。このうちリョウトウナラ林帯では、黄河流域を中心に紀元前六〇〇〇年紀にアワ・キビを主作物とする畑作農耕文化が形成され、その影響は瀋陽付近にまで及んでいる。それに対し、モンゴリナラ林帯では紀元前二〇〇〇年紀の末ごろから一〇〇〇年紀にかけて、南シベリアのステップを経由した農耕文化が展開する。さらに両者の境界付近では紀元前一〇〇〇年紀ごろから穢・貊などのツングースの集団が形成され、遼寧青銅器文化や燕の影響なども受けて「鏡と剣」を権力のシンボルとする思想が形成された。それが日本列島にも強い影響を及ぼしたと考えられる。

（1）　二つのナラ林帯

中国大陸の気候が淮河・秦嶺線の北と南で明瞭に異なることは、以前からよく指摘されていた。植生についても淮河から伏牛山をへて秦嶺に至る線を境に、主としてその北側は落葉広葉樹林帯を形成し、南側は常緑広葉樹林帯（いわゆる「照葉樹林帯」）を形成することは周知の事実といえる。淮河と長江の間（あるいは秦嶺と大巴山の間）の地帯は両者の漸移地帯で、常緑・落葉広葉樹混交林帯と称されている。

さて、本稿で問題にするのは、淮河・秦嶺線以北の落葉広葉樹林帯である。この森林帯は、図6に示した植生区分によると、華北一帯（渭河流域・黄河下流域）から遼河下流域・遼東半島に至る地域に分布する暖温帯落葉広葉樹林区域（Ⅲ）とハルビン・長春・瀋陽をつなぐ線以東の中国東北部の東部一帯や朝鮮半島の大部分およびアムール川の流域と沿海州の一部を占める温帯針・広葉樹混交林区域（Ⅱ）に大きく二つに区分することができる。前者の温帯落葉広葉樹林地域は具体的にはリョウトウナラを指標とする森林と考えられるので、私はこれをリョウトウナラ林帯とよび、後者の温帯針・広葉樹混交林区域では日本のミズナラによく似たモンゴリナラの森林が卓越しているところからモンゴリナラ林とよび、両者を一括して「ナラ林帯」とよぶことにしている。

では、この二つのナラ林帯は、それぞれどのような特色を有するのだろうか。主として中国の植物学者が総力を結集して編纂した『中国植被』［中国植被編輯委員会（編著）、一九八〇］などにより、その特徴を概観する。

リョウトウナラ林帯は、周知のように古くから開発がすすみ、オリジナルな植生の特色は必ずしも明白ではないが、図6に示したように、黄河河口部から河南・河北両省境付近、山西省南部をへて陝西省南部に至る線を境に、北（Ⅲａ区域）と南（Ⅲｂ区域）とに、さらに二区分することができる。なかでも遼東半島から華北の平野をへて太行山脈を越え、山西の黄土台地に至る北部のⅢａの区域は、典型的なリョウトウナラ林の卓越する地域になっている。リョウトウナラは比較的乾燥に強く、温和な地帯に生育する樹種で、気候的にもやや乾燥する華北の一帯ではアカマツ、カシワ、ナラガシワなどと混交して一種の疎林を構成することが多いという。これに対し、南側のⅢｂの区域は、リョウトウナラの卓越するⅢａの区域と較べれば気温も、降水量も相対的に大きくなり、気候条件が明瞭に異なってくる。このためリョウトウナラが比較的に少なくなり、東部ではクヌギが、西部ではアベマキが多くなり、南部では常緑のコナラ亜属（*Quercus*）の分布がみられるようになる。後にもう一度述べるように、黄河文明の核心部に当たるいわゆる「中原の地」が、ほぼこのⅢｂの温帯落葉広葉樹林帯の南部の地域に当たっていることは注目してよい事実であろう。

次に中国東北部の東部から、ロシアのアムール州、沿海州の一部及び朝鮮半島北部を占める温帯針・広葉樹混交林地区については、中国の植物学者たちは、この地域は冬が厳しく長いが、夏季の気温が相対的に高く、年間降水量も比較的多いので、本来、チョウセンゴヨウ（紅松、*Pinus koraiensis*）を中心にシナノキ、カバノキの仲間で構成された「長白植物区系」とよばれる独特の針・広葉樹混交林を形成していたと考えている（『中国植被』による）。しかし、この本来の森林植生は、風倒害や山崩れや山火事あるいは伐採その他によって破壊されると、モンゴリナラを主とする森林をはじめ、ヤマナラシやシラカバその他の落葉広葉樹の混交する森林に変化する例が少なくないという（前掲書）。事実、『中国植被』に付せられた「中国植被図」をみると、農耕地を除く、この地域の森林地帯の大部分を占めているのは、寒冷な気候に比較的強いモンゴリナラを主とし、カバノキやシナノキの仲間などで構成される、いわゆるモンゴリナラ林である。これについでカエデ、シナノキ、ニレなどの混交林やヤマナラシ、カバノキの混交林などが各地に分布するが、その面積はモンゴリナラ林に較べればはるかに小さい。また、本来の植生といわれるチョウセンゴヨウを中心とする針・広葉樹混交林は、小興安嶺や張廟才嶺、長白山地のごく一部に点在するにすぎない。筆者がこの地域を「モンゴリナラ林帯」と呼ぶのは、このためである。

1 ウリル	8 団結	15 査海	22 裴李崗	29 揚家圏
2 ポリツェ	9 虎谷	16 興隆窪	23 莪溝	30 安陽
3 同仁	10 白金宝	17 富河溝門	24 仰韶	31 南京
4 新開流	11 西団山	18 夏家店	25 廟底溝	32 智塔里
5 ヤンコフスキー	12 新楽	19 紅山後	26 半坡	33 欣岩里
6 クロノフカ	13 小珠山	20 牛河梁	27 大汶口	34 松菊里
7 鶯歌嶺	14 郭家村	21 磁山	28 龍山	

図6　東アジアのナラ林帯と主要農耕遺跡（原図：佐々木高明）

また『中国植被』の分類によると、このⅡの区域も図6に示したように、長春の北から鏡泊湖をへてハンカ湖(興凱湖)に至る線を境に南・北二つの亜区に区分されている。しかし、北部ではより寒冷な気候に適したエゾマツ、トウヒ、モミなどが針葉樹に加わり、南部ではシデの仲間のサワシバ(*Carpinus cordata*)やカエデの仲間が広葉樹に加わる程度で、二次林ではモンゴリナラ林をはじめ、ナラガシワ(*Q. aliena*)やチョウセンヤマナラシ(*Populus davidiana*)などの森林が多くなるという。そのほか、注目すべきは、黒龍江、松花江、ウスリー川とその支流で形成される三江平原およびその延長線上にあるアムール川沿岸の低地では、広い苔草沼地が形成されていることである。しかも、その間の微高地や低山地にはモンゴリナラ林が分布しているという。

さらにロシア領の沿海州についても、今世紀初頭のアルセーニエフの探検記『デルスウ・ウザーラ』によると、たとえばシホテ・アリン山脈東斜面には主としてシベリアアカマツ、エゾマツ、トドマツ、カラマツ、カエデ、カンバなどで構成される典型的な針・広葉樹混交林があるほか、シャオケム川の河成段丘などでは樹齢一五〇～二〇〇年のモンゴリナラ(訳文ではミズナラとしている)、イタヤカエデ、ヤエガワカンバ、ドロノキ、ニレ、アムールシナノキの疎林でおおわれていると述べている［アルセーニエフ、長谷川(訳)、一九六五］。ここでも中国東北部の東部ときわめて類似した植生のみられることがわかるのである。

その他、前掲の『中国植被』によると、ハルビン・長春・瀋陽線以西の温帯草原区(Va)のうち、嫩江流域から西遼河に至る松遼平原外圏及び大興安嶺付近にも転々とカバノキやヤマハギ、ハンなどを伴うモンゴリナラ林の分布がみられる。モンゴリナラ林帯に接した温帯草原東部の地域は、実際に現地を歩いてみても、落葉広葉樹の疎林を伴う肥沃な草原地域である。ナラ林帯の文化を考える場合、アムール川流域や沿海州の一部とともに、この温帯草原の東部あたりまでを視野に納めて考えるのがよいのではないかと思うのである。

では、これらの二つのナラ林帯では、どのような初期的農耕文化が興亡したのだろうか。以下、その点を概観してみよう。

(2)　リョウトウナラ林帯の初期的農耕文化

リョウトウナラ林帯、とくにその南部の温帯落葉広葉樹林帯においては、磁山・裴李崗をはじめ半被・仰詔・大汶口・龍山など、いわゆる黄河文明を生み出した初期農耕遺跡の著名なものが集中しており、「中原の地」と称し、「黄土地帯農耕文化センター」とよぶにふさわしい地域を形成している。

このセンターは、かつてはアワ、キビなどの起源地と考えられてきた。しかし、最近ではアワ、キビの起源地は、阪本寧男らの研究により、中央アジア――アフガニスタン――インド西北部を含む地域と考えられるようになった［阪本、一九八八］。しかし、黄河下流域のこの農耕センターは、少なくともアワやキビ栽培の二次的中心であることは確かなようである。そこではアワ・キビを中心とする雑穀の栽培技術が早い時代に完成され、大へん集約的な農耕形態がつくり上げられた。

現在までの調査で明らかになっているところでは、河北省武安県磁山遺跡や河南省新鄭県裴李崗遺跡、あるいは同じ河南省の宏県莪溝遺跡など、いずれも大へん古い畑作農耕を伴ったと思われる遺跡が発見されている。たとえば磁山遺跡の第三層（第一期文化層）からは一八六に及ぶ貯蔵穴が発掘されたが、そのうち六二の貯蔵穴からは底部に穀類（おそらくアワ）が厚く堆積した痕跡が検出されている。なかには、穴底にブタの骨を置いたものや穀物の中から完形土器が見つかったものなどが幾例かあるという［河北省文物官理処・邯鄲市文物保管所、一九八一］。当時すでに穀物の栽培と貯蔵が行われていたことは疑い得ない。また、磁山をはじめ、裴李崗、莪溝などの各遺跡から耕作具と思われる石の鋤先（あるいは鍬先）や石鎌、あるいは脱穀・製粉用の馬鞍型石臼（石製の磨盤）や石杵（石製の磨棒）が多数発見され、狩猟・採集活動などより、農耕活動が盛んであったと推定されている［李友謀・薛文灿、一九九二］。また、その土器の中には三足の壷や鉢、陶鼎などがみられることも注目してよい。

これらの遺跡の年代［＊9］については磁山遺跡ではBC5405±100、BC5285±105、裴李崗ではBC5495±200、BC5030±200その他の値が得られ、莪溝もほぼ同年代に属すと考えられている。つまり、紀元前六〇〇〇年紀の後半にはリョウトウナラ林帯の一部でアワ、キビを主作物とし、ブタやイヌなどを飼育する畑作農耕文化が誕生していたことは確かである。この文化はさまざまな点で、後にでてくる仰韶文化と類似点を有している。このため磁山・裴李崗文化は、大勢として仰韶文化にひきつがれることは間違いないが、両者の間には約一〇〇〇年の時代的な空隙があり、それを埋める作業は種々試みられているが、その多くは今後に残されているようである［李紹達、一九八〇、李友謀・薛文灿、一九九二］。

いずれにしても、紀元前四〇〇〇年ごろに花開いた仰韶文化あるいは大汶口文化の時期に展開をみせた華北（リョウトナラ林帯南部）の畑作文化は、その後、竜山文化をへて殷（商）文化へ連らなり、紀元前二〇〇〇年紀の中頃には、黄土地帯の一角に古代的な都市国家を生み出すに至ったのである。そのことは周知の事実といえる。

このようにしてリョウトナラ林帯南部のいわゆる中原の地においては、典型的な雑穀栽培型の農耕文化が形成されるが、それに若干おくれてリョウトナラ林帯の北東部あるいはそれに接した温帯草原の地域においても、初期の農耕文化が形成されていたことが、最近わかってきた。

まず、シラムレン川や老蛤河、さらに大凌河の流域を含むいわゆる西遼台地においては、もっとも古い農耕遺跡として大凌河の支流域に位置する興隆窪遺跡がある。^{14}C年代ではBC5290±95、BC5520±115、BC5015±95というきわめて古い値が得られたが、そこでは竪穴住居とともに石鍬や石鎌、磨盤（馬鞍型石臼）・磨棒やシカ、ノロ、ブタの骨、マンシゥグルミなどが出土している［中国社会科学院考古研究所内蒙古工作隊、一九八五］。最近発掘された同じ大凌河支流域の阜新査海遺跡もほぼ同時代の初期農耕遺跡として注目されている［文物編輯委員会

〔編〕、一九九〇〕。

だが、遼西台地で農耕文化の形がはっきりしてくるのは、次の紅山文化からである。赤峰市東方の紅山後遺跡を標識とする文化で、老哈河流域を中心に、その分布は大凌河流域から河北省の一部にまで及んでいる。代表的遺跡に独特のモチーフをもつ彩陶があるが、それは河北の後崗類型の仰韶文化のそれと関連を有することが推定されるという。また、精製土器である彩陶のほかに、紅山文化では粗製の深鉢が数多く出土し、そこには中国東北部一帯に広く分布する圧印「之」字形文がよくみられる。このような事実から、田村晃一は、この文化は「中原文化の影響をうけながら、土着の人びとによって形成された文化の一つだ」としている〔田村、一九八九〕。

この文化の遺跡から細石器が出土するとともに、農耕具としては大型の石鋤や石鍬、磨盤と磨棒などが出土しているが、作物遺体はまだ発見されていない。一部の遺跡でブタの骨やブタの土偶が出土しているところから、その飼育の可能性が考えられている〔甲元、一九九一〕。紅山文化の年代は、いくつかの^{14}CのデータからBC四〇〇〇～BC三〇〇〇年ごろと考えることが妥当であろう。

なお、最近、大凌河上流の紅山文化に属する東山嘴遺跡や牛河梁遺跡から、巨大な祭壇址や廟址、積石塚などが発掘されるとともに、大型の女神像などが発掘され、当時すでに大型の祭祀センターがつくられていたことが明らかになった〔遼寧省文物考古研究所、一九八六〕。初期農耕文化の段階で、大型の神殿址が出現し、その神殿を中心とする宗教的・社会的統合の進展が、農耕社会の発展を促したという事実が、最近、南米のアンデス地域でも知られている。おそらく紅山文化においても、同様のプロセスが進行したものと想定されるが、くわしい考察は後考をまつことにしたい。

ところで、リョウトウナラ林帯の東北の端に当たる瀋陽郊外の新楽遺跡の下層からBC4670±150あるいはBC4200±95という^{14}C年代を示す、紅山文化より約一〇〇〇年ほど古い農耕文化の痕跡が発見されている。旧河道に沿う台地上に位置するこの遺跡からは、面積一〇〇平方メートルを越える大型住居址をはじめ多数の竪穴住居址が発見され、その床面から磨盤（馬鞍型石臼）や磨棒が検出された。また石鍬などの農耕用石器のほか、ブタ、シカ、ヒツジなどの獣骨類や大量の炭化穀類が検出された［瀋陽市文物管理弁公室、一九七八、瀋陽市文物管理弁公室・瀋陽故宮博物館、一九八五］。これらの穀類は遼寧省農業科学院育種研究室により現在の東北大黄黍に似たキビ（*Panicum* sp.）の一種と同定されたという（新楽遺址博物館説明書）。このほか石器としては細石器が大量に出土し、また、土器には東北地方特有の圧印「之」字形文を施したものが多いことが特徴的で、紀元前五〇〇〇年紀の中ごろにリョウトウナラ林帯の東北部で、土着の人たちの手により農耕が営まれはじめていたことが注目されるのである。

遼東半島とその沿岸でも、長山列島の小珠山遺跡の下層から、この種の圧印「之」字形文を施した土器が出土する。この地域では厚い貝塚の堆積がみられ、細石器は出土しないという特色があり、この種の文化は鴨緑江河口付近にまで及んでいるという。ところが、次の時代の郭家村下層や小珠山中層以後の文化になるとブタの出土がふえ、また大汶口文化や山東龍山文化などの影響がしだいに顕著になるといわれている［郭大順・馬沙、一九八五］。

紅山文化のあとをうけ、紀元前三〇〇〇年紀末から紀元前二〇〇〇年紀ころには、遼西台地を中心に、夏家店下層文化が出現する。その分布は北はシラムレン川流域から南は河北省北部に及ぶ。一部の遺跡でアワとキビが検出されており、ブタをはじめイヌ、ヒツジ、ウシなどを飼育し、有肩石鏟（石製シャベル）や石鍬、石庖丁など多種類の石製農具を用いて農耕が営まれていた。とくにこの時期になると、生産用の石器のなかで、紅山文化にあった細石器や大型の石鋤が消失し、他方で石庖丁が登場し、石鍬が一般化するという事実を甲元眞之は強調している［甲元、一九九一］。また、この時期の集落の多くは、周囲に壁や濠などの一種の防禦施設を有し、小型の青銅器や玉器が出土することも少なくないという。さらに甗や鬲や鼎などの中原の文化を代表する三足器の煮沸具がかなり出土しはじめることも注目すべきだという［文物編集委員会（編）、関野（監訳）、一九八一］。

一九六〇年の赤峰郊外の夏家店遺跡の発掘調査により、夏家店下層文化と上層文化が明瞭に区別されるようになったが、夏家店上層文化は、遼西台地を中心に遼寧平原にも及び、ほぼ紀元前一〇〇〇年紀ごろの文化と考えられている。この時期には農耕や家畜飼育はより一層発展し、かなり安定した生活が営まれていたようである。例えば大凌河上流域の水泉遺跡中層（BC410±70、BC190±115）からは、鬲、鼎、豆らの中原系の土器のほか、貯蔵器と思われる大型の甕が数多く発見されている。さらに三基の直径二メートル近い貯蔵穴の底に炭化したアワやキビが厚さ八〇センチ以上も堆積している例も検出されている。このアワの^{14}C年代はBC385±80だという。また、家畜ではブタが多く、イヌやヒツジがこれに次いでいたようである［文物編集委員会（編）、関野（監訳）、一九八一］。

ところで、この夏家店上層文化を何よりも特色づけるのは、特異な形態をもつ遼寧式銅剣を伴うことであろう。そのほか銅盤、銅矛、銅斧などの銅製工具や武器を伴出し、大型の製銅炉址も発見されている。遼寧青銅器文化の起源や展開については、数多くの論考があるようだが、少なくとも遼寧式銅剣の分布は、上記の夏家店上層文化の領域をはるかに越え、中国東北部のモンゴリナラ林帯から朝鮮半島にまで及んでいた。しかも、この遼寧式銅剣の伝統の中から朝鮮半島で特有の細型銅剣が生み出され、それが弥生時代初期ごろに日本列島にもたらされたことは、周知の事実といえるのではなかろうか。

(3)　モンゴリナラ林帯における二つの文化類型と農耕化の過程

オリジナルにはチョウセンゴヨウとシナノキやカバノキの仲間で構成される針・広葉樹混交林であったと推定

される、現在のモンゴリナラ林帯において、伝統的な食料採集民の生活には二つの大類型のみとめられることを、私はかって指摘したことがある〔佐々木、一九九三(f)〕。

その一つは沿岸・定着漁撈民型といえるもので、現在、アムール川河口付近からサハリンに居住するニヴヒの文化を、そのモデルと考えることができる。生業としては狩猟や採集活動とともに漁撈が盛んで、サケ、マス、チョウザメなどを大量に捕獲し、天日で乾燥させるほか、燻製や発酵など種々の方法で保存食をつくっている。また、海岸ではアザラシやトド、イルカなどの海獣猟も盛んである。一般に食料の供給が豊かなため、生活は定住的で、中央に大きな炉をもつ竪穴住居に最近まで居住していた。このほか夏用の住居や貯蔵庫として高床の丸太小屋を有し、犬ゾリを利用すること、シャーマニズムが盛んで精霊信仰がひろくみられること、木器とともにシラカバの樹皮製の容器や船をもち、サケなどの魚皮で衣服をつくる技術を有することなどの文化的特色を指摘することができる。

この種の文化類型を示す遺跡としては、黒龍江省の東南、ハンカ湖北岸の新開流遺跡(BC3480±90)をあげることができる〔黒龍江省文物考古工作隊、一九七九〕。そこからは平底深鉢型土器や石刃鏃、あるいは括や逆鈎付の魚叉、骨刀など骨角器が多数出土している。また、一〇個の貯蔵穴が発見され、とくにY2、Y10などの貯蔵穴(直径約一・〇〜〇・六、深さ約〇・六メートル)では上層が黄(砂)土でつまっていたのに対し、下層はコイ、ナマズ、サケなどの魚骨で一杯であったという。当時、漁撈が非常に盛んであったことをよく示している。さらに、この遺跡では三二基の墓壙が発見されたが、その中には伸展葬でゆったり葬られた人骨と、その周辺に骨をバラバラにされて二次葬(随葬)された複数の人骨が、セットになっている例がいくつかみとめられた。当時すでに一種の身分階層が生じていたことを推測させる注目すべき例と思われるのである。

なお、アイヌの文化や縄文文化も、基本的にはこの種のナラ林帯における沿岸・定着漁撈民文化の特色を備えているが、この点については別稿でも少しふれたので、ここでは省略しておきたい。

ところで、この地域における第二の文化類型は内陸森林・移動狩猟民型とでもいうべきものである。シベリアのタイガ地帯からモンゴリナラ林帯の針・広混合林帯に、かつて広く分布していた特徴的な生活様式は、現在も大興安嶺に住むオロチョンやタイガに広く分布するエヴェンキなどにみられるように、幾本かの支柱を組合わせ、獣皮や樹皮でおおった天幕を住居とし、狩猟や採集活動を行いつつ移動生活を行うものである。おもな狩猟獣はオオシカやヘラジカをはじめ、ノロ、ヒグマ、トナカイなど比較的大型のものが多い。このほか前開きの皮衣、カンジキの使用、シラカバの樹皮製の容器や船を有し、犬を飼い、狩猟したクマの祭りを行うなどの文化的特色を共有していたと考えられる。

もともとツングースとよばれる人たちは、この種の典型的な内陸森林・狩猟民型の生活様式を有していたと考えられる［＊10］。今ではエヴェンキやエヴェンなど、ツングース系の森林狩猟民の多くがトナカイの飼育を行っているが、この種のトナカイ飼育は、最近の研究では、紀元前一〇〇〇年紀ごろに、ステップの馬飼育文化からの影響のもとですすめられたものと考えられている［佐々木史朗、一九八五］。いずれにしても、モンゴリナラ林帯では、かなり長期に亘り狩猟や漁撈に生業の基礎をおく生活がつづいていたと考えられる。この地域に農耕の痕跡がようやくあらわれはじめたのは、加藤晋平の総括的な研究によると、紀元前二〇〇〇年紀の末から紀元前一〇〇〇年紀のはじめころだとされている［加藤、一九八八］。

アムール川の中流域では紀元前二〇〇〇年紀の末ごろから一〇〇〇年紀の前半ごろにウリル文化が拡がるが、そこからは栽培植物の遺体はまだ発見されていない。しかし、石鍬、馬鞍型石臼、石杵などとともに穀類の収穫具とみられる石庖丁が発見され、穀類の栽培が確実視されている。またブタの遺体（頭骨・顎骨など）を家屋内におく習俗もはじまったとされている。ウリル文化につづくポリッエ文化（紀元前六世紀〜紀元前一世紀ころ）の遺跡

（住居址群）からはキビやアワなどの炭化種子がすでに多数発見されている。このうちクケレヴァ遺跡出土のアワの一部は松谷暁子により同定されている［松谷、一九八八］。

他方、沿海州ではヤンコフスキー文化期（紀元前二〇〇〇年紀末から紀元前一〇〇〇年紀前半）の遺跡から、やはり家畜や作物の出土が報ぜられている。たとえば同文化期のマラヤ・パドシェスカ遺跡からは鉄製の斧や土掘具、石製穂摘具（石庖丁）、ウマ、ウシ、ブタ、イヌなどの家畜骨とともにオオムギやキビが出土している。山田悟郎によるとそのオオムギの^{14}C年代はBC560±80、BC590±80年という値であったという［山田・椿坂、一九九五］。ヤンコフスキー文化期につづくクロノフカ文化期（紀元前五世紀～紀元一世紀ごろ）には各地の遺跡からイヌ、ブタ、ウシ、ウマなどの家畜やオオムギ、コムギ、キビのほか、アワ、アズキ、エンドウ、エゴマなどの作物が発見されている。

さらに中国東北部へ目を転ずると、牡丹江の源流、黒龍江省の鏡泊湖の南岸にある鶯歌嶺遺跡の上層は、ヤンコフスキー文化とほぼ同じ、約三〇〇〇年前ごろの文化層とされている。この遺跡からは竪穴住居址や灰坑が発見され、石鋤や石庖丁などの石製農具や各種の骨角器が出土したほか、精巧なブタや犬の土偶も発見されている［黒龍江省文物工作隊、一九八一］。当時この地域では、狩猟・漁撈活動とともに初期的な農耕とブタ飼育が営まれていたと推定されている。この鶯歌嶺上層文化は団結文化に引継がれる。団結文化は紀元前後の時代を示し、牡丹江上流地域から豆満江流域をへて沿海州南部や朝鮮半島北部に拡がり、そこではアワ、キビ、マメなどの栽培が確認されているほか、鉄製の鎌なども検出されている［村上、一九八七］。

また、朝鮮半島東北部の咸鏡北道茂山郡虎谷遺跡のヤンコフスキー文化と並行する時期（第五期）の住居址の土器の中からはキビとモロコシの炭化粒が発見されたほか、ブタの骨が二〇体分ほど出土した。また会寧郡五洞遺跡からはアワ、ダイズ、アズキや石鍬、石庖丁、馬鞍型石臼などが出土した。この朝鮮半島東北部のモンゴリナラ林帯の青銅器時代から初期鉄器時代にかけての農耕文化は、上述の黒龍江省の団結文化や沿海州南部のクロノフカ文化と同一のもので、アワ、キビを主作物とし、ブタを飼育し、石鍬・石庖丁・馬鞍型石臼を伴う文化は、モンゴリナラ林帯における典型的な農耕（畑作）形態を示すものと考えられる。

他方、朝鮮半島西部のナラ林帯でも、櫛目文土器時代中期ごろの智塔里遺跡（黄海北道鳳山郡）で、アワあるいはヒエの穀粒が約三合（約〇・五リットル）ほど発見されて、遼西台地によくみられる大型の石鋤のほか石鍬、石鎌、馬鞍型石臼が出土した。平壌市の南京遺跡の櫛目文時代に属する住居址からはドングリとともにアワが出土し、同遺跡のコマ形土器（紀元前一〇〇〇年紀中頃）を出土する住居址からは約二五〇粒ほどのコメのほか、アワ、キビ、モロコシ、ダイズなどが出土した。さらに黄海北道の石灘里遺跡からもアワとアズキが出土している。朝鮮半島北西部でも、櫛目文土器時代中期ごろ以降、石鋤や石鍬、馬鞍型石臼を有し、アワ栽培を行う農耕文化が展開していたことがわかる。

しかし、朝鮮半島中部以南では無文土器時代になってコメ、ムギ、アワ、キビ、モロコシ、ダイズなどが出土するが、多量に出土するのはコメであり、ブタを含む家畜の骨の出土も少なく、朝鮮半島北部のナラ林帯とは石器の組成も異なるようである［甲元、一九九一］。つまり、朝鮮半島中部以南の地域には、無文土器時代になって稲作を主とする農耕文化が、おそらく山東半島以南の稲作地帯から新たに流入し、そのことによって農耕文化の顕著な地域差が生み出されたことがうかがえるのである。

(4)　境界地帯における新しい文化と政治的統合の進展

前節までの検討でハルビン～瀋陽線以東のモンゴリナラ林帯（典型的なナラ林帯）の初期農耕文化は、この線以西の初期農耕文化、すなわち新楽文化、紅山文化、夏家店文化などと、その特色において顕著な違いのあることがわかった。甲元眞之はこの点を要約して、西方の農耕文化は「ヒツジを飼育し、中国的煮沸具である鬲・甑・鼎をもつ文化集団で、森林草原に展開していた農耕文化であり、落葉広葉樹林帯もしくは落葉針葉混交林帯（筆者のいう典型的なナラ林帯）に展開した農耕文化は中国的煮沸具をもたない文化とみることができる」［甲元、一九九二］と述べている。中原からの文化的影響の有無が両者の大きな相違点の一つをなすが、それだけではなく、西方の初期農耕文化は、紀元前五〇〇〇年紀ごろにすでにその萌芽がみられるのに対し、東方のモンゴリナラ林帯の初期農耕文化は紀元前二〇〇〇年紀末ごろから紀元前一〇〇〇年紀にかけて成立したもので、両者の成立時期に大きな差がある。さらにモンゴリナラ林帯の初期農耕文化の主作物であるアワ、キビなどは南シベリアのステップ地帯を経由して西方から伝播したものと思われる。したがって、ハルビン～瀋陽線以西の中国的煮沸具を伴う初期農耕文化とは、その系譜を異にする可能性はきわめて大きい。

また、鶯歌嶺上層文化やウリル・ヤンコフスキー文化に象徴されるナラ林帯の初期農耕文化は、筆者が前に設定した沿岸・定着漁撈民型を主としたナラ林帯の土着文化に、ステップ地帯からの農耕や家畜飼育を行う文化の影響が及び、その結果として生み出された農耕形態と思われる。この場合、この地域の土着文化は古アジア系の民族によって荷われていた可能性が少なくないのではなかろうか。その傍証の一つとして、『後漢書』挹婁伝などに示される文化状況は、これらのナラ林帯の初期農耕文化を継承・展開させたものとみられるが、この挹婁の実態について、三上次男が古アジア的な文化的特色の少なくない事実を指摘していることなどがあげられる［三上、一九六六］。

だが、モンゴリナラを主とする典型的なナラ林帯全体としては、農牧化の進展とともに、例えば、挹婁が勿吉になり、勿吉が靺鞨になり、黒水靺鞨や粟末靺鞨がさらに女眞になるというような「ツングース化」とでもいうべき現象、つまりツングース文化やツングース語の急速な拡大がすすんだものと私は想定している。ただし、この点については、稿を改め、別に検討を加えることをしたい。

ところで、モンゴリナラ林帯の西縁に近い。第二松花江流域を中心とする広い地域には、紀元前二〇〇〇年紀末ごろから戦国時代末ごろに亘り、西団山文化が存在していた。吉林市郊外の西団山遺跡を標式とする文化で、半地下式の竪穴住居、箱式石棺墓を有し、壷や棺のほか、中原の影響をうけた鼎や鬲などの三足器が出土している。片刃石斧や石庖丁、馬鞍型石臼などの石器があり、とくに長大な半月形石庖丁と棒状石斧が特徴的だといわれている。青銅器の数量は多くないが、銅斧や刀、矛などのほか、比較的早い時期に遼寧式銅剣が発見されており、吉林省博物館の董学増は、西団山文化は遼河流域に展開していた夏家店上層文化(具体的には新楽第二期文化など)と関係の深いことを強調している[董学増、一九八三]。アワやダイズ、アサなどの作物の痕跡は、西団山文化の後期にしか発見されていないが、石棺にブタの頭骨や下顎骨を副葬する例は早期から多数発見され、この文化の特色の一つとみなされている。

問題はこの文化の荷担者についてで、今迄に多くの議論があったが、中国側のまとめによると、最近の大勢としては西団山文化を荷ったのは「土着穢人」と考える傾向にあるという[文物編纂委員会(編)、一九九〇]。穢人については、すでに三上次男の詳細な考証があり、もとは松花江流域に居住していた民族とされている。これをうけて田村晃一は、「第二松花江流域を中心とする広い範囲に居住した穢族のうち、政治的・権力的に統一された集団が夫餘を名乗った」とし、夫餘と高句麗は、本来同一種族であった穢・貊から出たものという見解を示している[田村、一九九〇]。

これらの穢・貊や夫餘、高句麗などは、ツングース・満州系の言語を話す集団であったと考えられるが、これらのツングース系の集団は、もともと内陸森林型の狩猟民であった。ところが、その一部が紀元前二〇〇〇年紀から一〇〇〇年紀の初めごろ、モンゴリナラ林帯の西縁に近い松花江流域付近において、遼西台地からの遼寧青銅器文化を伴う夏家店上層文化などの影響をうけ、農耕化と政治的な統合化をすすめてきたものと推定される。その歴史的プロセスの中で西団山文化が生み出され、さらに夫餘や高句麗が形成されたと考えられるのではなかろうか。

ところで、穢・貊などのツングース系の集団は、松花江、遼河の流域などから朝鮮半島に向かっても、その領域を拡大したようである。金元龍によると、かれらが朝鮮半島へ本格的に移住しはじめたのは、紀元前一〇〇〇年紀のはじめごろであり、土着の櫛目文土器人と混血しつつ展開し、紀元前一〇〇〇年紀の後半には、これらの民族により個性豊かな青銅器文化が（朝鮮半島において）完成された。その指標となるのは典型的な細型銅剣と精文鏡であるという［金、一九八四］。つまり、紀元前一〇〇〇年紀の前半から後半にかけて、モンゴリナラ林帯の南部において、特有の青銅器を伴うツングース系民族の拡大があり、時代とともに、その社会や文化の充実・発展と政治的な統合化が、かなりすすんだと推定されるのである。

この場合、燕を含むリョウトウナラ林帯東北部からの文化的影響が、かなり大きかったことを考慮しておくことが必要なのではなかろうか。事実、戦国期の燕の長城の一部は、燕山山脈の北側、遼寧省建平県張家湾などにいまも残存し、燕の勢力が紀元前一〇〇〇年紀中頃以前に大凌河流域一帯に及んでいたことは間違いない。

最近の業績で、燕の政治的・文化的拡大を示す諸遺跡の実態の詳細な比較検討を行った甲元眞之は、その結果を次のようにまとめている。

「①召公一族によって建国された燕はその支配下に殷の余氏を組み込んで、殷的な祭儀を行っていたが、燕山山脈一帯から北側に住む有柄式銅剣をもつ集団との対峙から、殷的な祭式にかえて、礼器と有柄式銅剣と鏡という組合せの祭式に変化させた。②西周の後半以降、燕の勢力の低下とともに、燕山山脈の北側では中国的な礼器を欠如させた有柄式銅剣と鏡というセットで祭儀が展開し、③春秋の頃の遼西と遼東では多鈕粗文鏡と遼寧式銅剣という新しい組合せでこれを行い、その余波は（朝鮮半島にも及び―佐々木〈注〉）、④韓半島中部以南の地を中心として、多鈕精文鏡と細形銅剣という新しいセットを成立させながら、シャマニスティックな世界を形成していた……」（①〜④は佐々木が仮に補筆した）〔甲元、一九九〇〕。

引用がやや長くなったが、甲元論文の①②の段階で燕山山脈の北と南に主として展開していたのは、紅山文化のあとをうけた夏家店下層文化であった。また③の段階で遼西、遼東地域に広く展開していた青銅器文化は、前にも述べたように、夏家店上層文化の系譜に連なる文化だったと考えられる。これらの土着の青銅器文化と殷の祭儀の伝統をひく燕の文化が接触する中で、特有の多鈕粗文鏡と遼寧式銅剣をシンボルとする祭儀の様式が形成されたというのである。そこでは、こうした祭儀を中心に、宗教的・政治的な統合がすすめられ、一種の権力構造が発生していたと考えてよいのではなかろうか。

さらに、この③の段階の多鈕粗文鏡と遼寧式銅剣をシンボルとする祭儀様式の影響は朝鮮半島にも及び、そこで新たに多鈕精（細）文鏡と細形銅剣という新しい組合せを生み出したという。この種の「鏡と剣」で象徴される宗教的・政治的統合原理は、その後、朝鮮半島から日本列島西部にもたらされ、弥生文化の成立に強い影響を与えたことは周知の事実であろう。

この「鏡と剣」を権力のシンボルとする考え方は、日本神話の中にくり返し登場するものであり、古代日本の王権の観念の基本を構成するものであったということができる。この種の思想の源流は、リョウトウナラ林とモンゴリナラ林の境界付近において、紀元前一〇〇〇年紀の前半ごろに、その原型が形成され、朝鮮半島を経て日本列島に伝来したとみて差支えないと思われるのである。

注

＊1　アルセーニエフの今世紀初頭の沿海州探検記『デルスウ・ウザーラ』によると、たとえばシホテ・アリン山脈の東斜面には主としてシベリアマツ、エゾマツ、トドマツ、カラマツ、カエデ、カンバなどで構成され典型的な針・広葉樹の混成林があるが、シャオケム川の河成段丘などでは樹齢一五〇〜二〇〇年のモンゴリナラ（訳文ではミズナラ）、イタヤカエデ、ヤエガワカンバ、ドロノキ、ニレ、アムールシナノキなどの疎林でおおわれていることを述べている。当時、この種の針・広葉樹混交林や落葉広葉樹林が沿海州各地に広くみられたことが記されている。

＊2　東アジアにおいてブナが優占するブナ型の温帯落葉広葉樹林の水平分布は、日本列島の中北部、すなわち東北地方の秋田県・岩手県以北および北海道の渡島半島に限られている。もちろん山地を伝わっては九州南端にまで達してはいるが、西の限界は朝鮮半島東方の鬱陵島で、アジア大陸の温帯にはブナはみられない。このブナ林の分布の有無が、アジア大陸東北部と日本列島東北部の落葉広葉樹林帯の大きな違いで、この差異を生み出したのは気候の大陸度の違いによると考えられている［今西・吉良、一九五三］。ブナ林の生育する本州東北部の落葉広葉樹林帯は、大陸のそれに較べて環境条件がすぐれている。そのことが、縄文文化の著しい発展をもたらした生態学的条件のひとつではないかと考えられる。

＊3　東北アジアを含むシベリアの民族文化の類型については、レーヴィンとチェボクサロフの総括的研究がよく知られている。そこでは《経済・文化類型》として、(1)タイガの狩猟・漁撈民、(2)大河流域の漁撈民、(3)極地の海獣狩猟民、(4)タイガの狩猟・トナカイ飼育民、(5)ツンドラのトナカイ飼育民の五つをあげている［レーヴィン・香山（訳）、一九六〇］。大林太良氏は、この分類を紹介しながら、(1)・(4)・(5)の三類型は移動性の高いグループ、(2)・(3)の類型は定住性の高いグループであるとし、上位区分として二つの大類型にまとめることが適切だと指摘している［大林、一九九一(a)］。

　本節でとり扱うナラ林文化の範囲は、シベリア全体ではなく、レーヴィンらの《歴史・民族誌的領域》の区分では第六番目の「アムール・サハリン領域」にほぼ当るとみてよい。とくにこの領域を対象にして佐々木史郎氏はレーヴィン・チェボクサロフの学説をくわしく再検討し、この領域内における新しい《経済・文化類型》として、(1)漁撈・森林狩猟・畑作農耕・豚＝鶏飼育・野生植物採集の組み合わせとそれにかかわる文化複合（おもに松花江、ウスリー江、ゴリン川河口あたりまでのアムール川流域のナナイ）、(2)漁撈・海獣狩猟・森林狩猟・野生植物採集の組み合わせとそれにかかわる文化複合（ゴリン川河口以下のアムール川流域のウルチやニヴヒ、大陸海岸地帯のニヴヒとオロチ、アムグン川流域のネギダール、サハリンのニヴヒ・アイヌ）、(3)漁撈・森林狩猟・海獣狩猟・トナカイ飼育・野生植物採集の組み合わせとそれにかかわる文化複合（サハリン内陸部のウィルタやエヴェンキ）、(4)森林狩猟・漁撈・野生植物採集の組み合わせとそれにかかわる文化複合（山岳地帯のシホテ・アリン山中のウデヘ、アムール川の支流域奥地にいるナナイとネギダールの一部、トナカイを持たないエヴェンキ）。以上四つの類型を設定している［佐々木史郎、一九九一］。

ナラ林文化のプレ農耕段階の文化類型の設定に関して参照する場合には、この四つの類型のうち、農耕や家畜飼育を伴う(1)と(3)は一応除外して考えることができる。したがって、(2)と(4)、つまり大河川流域の漁撈・狩猟採集民類型と内陸森林型の狩猟民文化類型と内陸森林の狩猟民類型の二つが残ることになる。したがって、プレ農耕段階に対応する民族文化の類型としては、本文で記したように、内陸森林型の狩猟民文化類型と沿岸定着型の漁撈民文化類型の二つに大別することは妥当であると考えられる。

＊4　A・L・クローバーによると、アメリカの先住民たちの中で食料採集民としては、もっとも高い文化水準を示す北西海岸の先住民の場合でも、地域全体の人口密度は一〇〇㎢当り約二十八人にすぎない。部族別ではChinock 一四八・六人、Yurok 一三一・〇人、Kus 一〇〇・〇人、南Tlingit 九五・一人などが高い人口密度を示す例だという［Kroeber, 1939］。縄文人口の密度は、それらに較べるとはるかに高いことが注目されるのである。

＊5　加藤晋平氏は沿海州・沿アムール地域の最近における発掘の成果を総括した結果、「沿海州・沿アムール地方におけるブタ飼育を含んだアワ・キビを主体とする雑穀農耕の成立、それはウリル・ヤンコフスキー文化期（紀元前二〇〇〇年紀末〜紀元前一〇〇〇年紀初頭　佐々木注）にさかのぼる」と結論づけ、さらに「この地域のウリル・ヤンコフスキー文化の成立に、より西方の沿バイカル地方の文化が関係しているとする仮説に興味を抱いている」と述べている［加藤、一九八八］。筆者も、このような考え方に強くひかれるものである。

＊6　遼西台地・遼寧平原・遼東半島のリョウトウナラ林地帯の初期農耕文化については［甲元、一九九一］をはじめ、［田村、

一九八九］、［文物編輯委員会(編)・関野(監訳)、一九八一、文物編輯委員会(編)、一九九〇］などによる。より詳しくは［佐々木、一九九六(b)］を参照して頂きたい。

＊7　東北アジアの考古学的な事例を詳細に追求した春成秀爾氏によると、豚の頭骨や下顎骨を保存する習俗が中原の地からオホーツク文化の地に伝わり、そこで豚から熊への転換がおこり、飼熊型の熊祭りが発生した。後にその影響がアイヌを経て、逆にアムール川流域に伝播したというのである［春成、一九九五］。

＊8　大林太良氏は、この熊祭りのほかに、アイヌの家屋の屋根の両端がKetun-niという三脚から成ることに注目し、これはアイヌの家屋が、もとは北方の狩猟民の有する支柱が三本ある円錐テントだったことを示すものであるという。また冬の狩猟に欠かせないケリというサケの皮製の靴が、典型的なモカシン型の靴でアムール地方と共通していること、河川漁撈の重要性もアムール地方と共通し、アマックーとよぶ仕掛弓は、中国北部からアムール地方をへてアイヌに入ったと考えざるを得ないこと、さらにユーカラその他の英雄叙事詩がアイヌで発達しているが、それは草原の遊牧民の世界からアムール地方や沿海州をへて、満州文化の影響をうけつつアイヌのところまで達したらしいと推測している。そのほか、神祭りのやり方や創世神話などにも、モンゴル系の遊牧民文化の影響力がみられるという。その他、種々の条件を勘案し、大林太良氏はアイヌ文化の構成にアムール地方から沿海州にかけての地方、筆者のいうナラ林文化地帯からの影響が少なくないことを強調している［大林、一九九一(a)］。

＊9　以下本稿で示される^{14}C年代については、断りのない限り、つぎの資料によった。中国社会科学院考古研究所(編)『中国考古学中破十四年代教据集、1965~1991』(文物出版社、一九九一)。

＊10　ツングース系といわれる人達が、どのようなプロセスをへて東北アジアの歴史に登場してくるかについては、今のところ必ずしも定かではないようである。私はいくつかある説の中で、紀元前二〇〇〇年紀ごろに、バイカル湖周辺の森林地帯に内陸狩猟民型の文化をもつツングースの祖先に当る人たちがいて、彼らがしだいにタイガ地帯に拡がり、その一部がアムール川の上流、中国東北部あたりに南下してきたと考える説［加藤、一九八九］に魅力を感じている。

第十章　根菜農耕文化論の成立と展開――オセアニア・東南アジアの文化史復元への寄与

［解　説］　根栽農耕文化論の成立と展開

旧世界における農耕の起源を、オリエントに発生した中・大型有蹄獣の飼育と有機的に結合したムギ作農耕に求めた従来の学説に対し、中尾佐助氏の提起した旧世界の農耕起源論は、「ムギ作農耕」のほかに、アフリカやインドのサバンナに起源する多種類の雑穀類を栽培する「雑穀農耕」、及び主として東南アジアの熱帯森林地域で起源した栄養繁殖作物を主作物とする「根栽農耕」の二つの農耕の大類型の存することを主張したものである。つまり、雑穀農耕と根栽農耕が、それぞれ独立に起源し、特有の発展をとげたことを強く主張した点に、中尾学説の大きな特色がある。そのことを、私は「根栽農耕と雑穀農耕の発見――中尾佐助博士の農耕文化の大類型区分をめぐって」（『農耕の技術と文化』十七号、一九九四）で、詳しく触れたので、詳細はそれに譲りたい。

ここで問題になるのは、中尾氏が新たに示した農耕の大類型のうち、雑穀農耕については、アフリカのサバンナ地帯に起源する数多くの雑穀類について、J・ハーランらを中心に、その調査・研究がすすめられ、その農耕起源のとりまとめが行われている［Harlan, 1972, 1975; Harlan, Dewet and Stemler (eds.), 1976］。また、インドから中央アジアにかけての半乾燥地域や東アジアの雑穀農耕とその起源に関しては、阪本寧男氏をはじめ、河瀬眞琴、山口裕文、木俣美樹男氏らを中心とした人たちによる調査・研究が進められ（例えば阪本、一九九一、山口・河瀬、二〇〇三など）とくにアワとキビについては「中央アジア―アフガニスタン―インド西北部を含む地域で、おそらく紀元前五〇〇〇年以前に栽培化され、この地域よりユーラシア大陸を東と西へ漸次伝播し、その過程で各地域に適応した地方品種群が成立した可能性が高い」という結論に達している［阪本、一九八八］。

これに対し、根栽農耕とその文化については、堀田満氏が、一九八三年に東アジア・東南アジアを中心とした地域のイモ栽培の起源と拡がりを総括的に論じて以来［堀田、一九八三］いくつかの論考がみられるが、その後、秋道智弥氏は国立民族学博物館において一九九〇年から三年間「オーストロネシア文化の重層性に関する比較研究」という共同研究を組織し、一九九九年にその報告書、中尾佐助・秋道智弥（編）『オーストロネシアの民族生物学——東南アジアから海の世界へ』（平凡社）を刊行している。そこでは、本論の中で詳しく引用した吉田集而氏の「発酵パン果の謎」や印東道子氏の「オセアニアの食物調理法」についての論文のほか、堀田満氏の東南アジアに起源し、マレーシア熱帯を経て太平洋諸島に拡がった根栽文化の諸相を民族植物学的に跡づけた論説やP・マシウス氏の「サトイモ科植物の利用と伝播」、さらには大林太良氏による「オーストロネシア語族と豚の民族学」や根栽文化を基礎とする「オーストロネシアの文化複合」を大観した論考など、根栽農耕文化論にかかわるいくつかの論説が集中的に編集されている。

このような根栽文化への関心の高まりを背景に、吉田集而氏は、当時、民博の付置機関であった地域研究企画交流センター（ＪＣＡＳ）で「根栽農耕論」（一九九六〜二〇〇一年）という地域共同研究を立ち上げ、そのまとめの国際シンポジウムを二〇〇〇年十一月に行ったあと、東アジア・東南アジア・オセアニアにおける根栽農耕文化の起源と発展を広い立場から論じた報告書 S. Yoshida and P. Matthews (eds.), *Vegeculture in Eastern Asia and Oceania*, JCAS Symposium Series 16 (2002)を刊行した。私はその巻頭に Studies of Vegeculture in Japan: Their Origins and Development という論文を寄稿した。この論考は中尾佐助氏に始まるわが国における根栽文化研究の起源と発展のあとを、自然科学・人文科学の両分野にわたってそれぞれ具体的に示したもので、外国の研究者たちにわが国における根栽農耕研究の実態を示し得たと思っている。

民博を中心に根栽農耕についてその共同研究を主催した吉田集而氏はこの英文報告につづき和文の根栽文化論集を編纂する予定であったようだが、不幸にして二〇〇一年末に病に倒れ、二〇〇四年六月には帰らぬ人となった。この吉田さんの遺志を受け継ぎ、わが国ではじめての本格的な根栽農耕論として出版されたのが吉田集而・堀田満・印東道子（編）『イモとヒト——人類の生存を支えた根栽農耕』（二〇〇三）であった。

ここに収録した「根栽農耕文化論の成立と展開——オセアニア・東南アジア文化史への寄与」はこの論集『イモとヒト』の最終章として掲載されたものに若干の補筆を行った論考である。前掲の英文報告が外国人研究者への日本の根栽文化研究の紹介であったのに対し、この論考では中尾佐助氏に始まる根栽農耕研究の歴史を振り返りながら、東南アジア・オセアニア文化史における根栽農耕の歴史的な役割と現在における動態について論じ、さらに東南アジアの穀作農耕文化とオセアニアに典型的な形で残る根栽農耕文化のそれぞれについて、各文化クラスターを構成する文化要素の比較を行い、根栽農耕文化の特色を明らかにすることができた。この論考によって、二十一世紀初頭頃におけるわが国の根栽農耕文化論の一つの水準を示し得たのではないかと思っている。

（二〇一一年五月）

はじめに

根栽農耕とそれを基礎に成立した根栽農耕文化が、人類の生み出した農耕文化の大類型の一つであることを、わが国ではじめて提唱したのは中尾佐助氏でした。その学説は世界的にみてもきわめてユニークな農耕文化論であり、今日においても、その意義は全く失われていません。本稿においては、同氏によって提唱された根栽農耕論の意義を問い直すとともに、そこで残された根栽農耕文化論をめぐるいくつかの問題——とくにオセアニア、東南アジアの文化史の復元をめぐる幾つかの問題について考えてみることにしたいと思います。

第一節　根栽農耕文化論の提唱とその意義

中尾佐助氏は、その論文「農業起原論」（一九六七）及び著書『栽培植物と農耕の起源』（一九六六）（以下『農耕の起源』と略す）において［＊1］、旧大陸の農耕文化には、三つの大類型の存在することを指摘しました。そのひとつは冬作のイネ科の作物（つまりムギ類）を主作物とし、オリエントの「肥沃な半月地帯」に起源した麦作（地中海）農耕文化です。これは冬作の作付体系を有し、ヒツジ・ヤギ・ウシなどの飼育と有機的に結びつき、犂耕を早くから営んできました。その二は夏作のイネ科の穀類（その中心はアワ・キビ・モロコシなどの millets = 雑穀類とイネなど）を主作物とし、アフリカやインドの半乾燥地帯を起源地とする雑穀（サバンナ）農耕文化で、夏作の作付体系を有し、初期には焼畑農耕を営み、手鍬や竪杵や臼などを有する農耕です。これに対し、第三の類型が根栽農耕文化です。種子によらず、根分け、株分け、さし木などによって繁殖する栄養繁殖植物（その中心はバナナ・タロイモ・ヤムイモ・サトウキビなど）を主作物とし、東南アジアの熱帯森林地域に起源し、掘棒を用い、主に焼畑を営み、後にオセアニア地域やアフリカの一部に広く伝播したというものです。

この中尾氏の提唱した農耕起源論、あるいは農耕文化の大類型論の生み出されてくる背景とその理論のユニークさ、現在でも世界に通ずるその学説のすぐれた点については、すでに論じたことがありますので［佐々木、一九九四(d)］、ここでは詳論は避けます。しかし、そこで根栽農耕文化論が新しく提唱されてくる背景には、次のような事実のあることを留意しておく必要があります。

その第一はフィールド・ワークによる中尾氏自身の知識の集積が大きいという事実です。中尾氏は一九四四年にミクロネシアのポナペ島で現地調査を行いました。この島は一年の半分はヤムイモを主食料とし、残りの半分はパンノキの実を主食とする典型的な根栽農耕の島でした。また、一九五〇年代から六〇年代にかけて、中尾氏はインド、ブータン、ネパール、アッサムなどの熱帯アジアの諸地域でのフィールド・ワークを重ね、根栽農耕あるいは雑穀農耕についての豊富なデータを集積し、その知見を深めています。

こうしたフィールド・ワークによる知識の蓄積とともに、根栽農耕文化論が一つの学説としてまとまるには、一九五〇年代後半までに現れたいくつかの新しい学説の影響も無視することはできません。

その第一はC・O・サウアーの『農耕の起源と伝播』[Sauer, 1952] の学説です。周知のように、彼は旧大陸と新大陸の双方にそれぞれ種子繁殖作物を中心とするSeed Planting Cultureと栄養繁殖作物を中心とするVegetative Planting Cultureという二つの農耕文化の大類型が存在することをはじめて指摘しました。このうち東南アジアの熱帯モンスーン林地域に起源したVegetative Planting Cultureは世界最古の農業で、その後、ブタやニワトリを伴い太平洋地域をはじめ、中国南部や日本、熱帯アフリカや地中海地域へ伝播したと主張しました。それ以前の欧米の学者による農耕起源論は、中近東に起源した麦作農耕に一元的な焦点をあてたものがほとんどであったため、サウアーの学説の学界に与えた衝撃は大きなものでした。

しかし、このサウアーの学説にはいくつかの弱点がありました。そのアイディア自身はきわめて斬新で秀れたものでしたが、新大陸についてのデータはともかく、肝心の熱帯アジアの根栽作物についてのファースト・ハンドのデータが乏しく、それらは主にI・H・バーキルの編纂した『マレー半島商品事典』[Burkill, 1935] などの記載に依拠するところが少なくなかったのです。また、古い根栽農耕の地中海地域への伝播についても必ずしも説得的なデータはあげられていませんでした。

このため、サウアーの学説は発表後に強い批判を浴びました。彼自身も一九五六年に発表した人類史を鳥瞰した壮大な論文 [Sauer, 1956] では、Vegetative Planting Cultureというユニークな概念を大きく後退させ、最古の農耕は主として掘棒を用いて焼畑を営む熱帯地域のHoeculture（鍬耕作、Hackbauの英訳）であるとし、その類型の中に根栽農耕も雑穀農耕も含ませる学説を発表しています。この古い鍬耕作文化が拡がったのちに、大型家畜を飼育し、穀物栽培と犂耕を特色とする新しい農耕文化が世界へ展開したとしているのです。その論旨はEd.ハーン以来の「Hackbau（鍬耕作）からPflugbau（犂耕作）へ」という古典的な仮説の展開と大筋で一致するものであり、新しく提唱された根栽農耕文化の概念は、そこではほとんど放棄されたように思われるのです［補説

〔四〇〇頁〕参照〕。

これに対し、中尾氏の根栽農耕文化論は、確かにサウアーの学説を一つの下敷にはしていますが、その理論とデータは、サウアーのそれに較べて、はるかに精緻であり充実しています。それを可能にしたのは、一方ではミクロネシアや熱帯アジアにおける中尾氏自身のフィールド・ワークによる豊富な知識の蓄積、つまりファースト・ハンドのデータの充実があげられることは前に述べた通りです。だが、他方ではN・W・シモンズによるバナナの植物遺伝学的研究［Simmonds, 1959］、W・ブランデスらによるサトウキビの起源と伝播の研究［Artschwager and Brandes, 1958］あるいはJ・バローによるメラネシアを中心とした根栽農耕の豊富な事例報告［Barrau, 1958］、さらにはG・P・マードックによるアフリカの農耕文化史についての包括的な研究［Murdock, 1959］など、一九五〇代末ごろに次々と現れた新しい研究の成果に負うところが少なくないようです。

例えば根栽作物の代表といえるバナナについてのシモンズの研究——マレーシアの熱帯林の *Musa acuminata* の中から単為結果によって種子無果実が選択され、その栽培化の過程の中から同質二倍体・三倍体の品種群がつくられ、その後、*M. balbisiana* との交雑によって異質三倍体・四倍体の品種群が形成されたという——などは中尾氏の学説構成に非常に大きな影響を与えたようです。フィールド・ワークで得たデータとともに、この種の詳細な遺伝学的分析にもとづいて根栽農耕論が形成されていった点に、地理学者であるサウアーのそれとは異なる、育種・遺伝学者である中尾氏の学説の大きな特色の一つをみることができます。

また、中尾氏は、ひどい苦みなどがあるため、多くの地域で栽培が放棄され、ごく一部の地域で「加熱水さらし法」などの手の込んだ毒消し調理法を伴って細々と栽培されていた、いくつかのレリクト・クロップに注目し、その歴史的意義を考察し、根栽農耕の起源を探る手がかりをそれらに求めています。例えばポリネシアの一部でわずかに栽培されているインドクワズイモ（*Alocasia macrorrhiza*）、インドやマレーシアの一部で栽培がみられるタシロイモ（*Tacca leontopetaloides*）やインドオオコンニャク（*Amorphophallus paeoniifolius*）、あるいはイモは苦いが大型のムカゴが食用になるカシュウイモ（*Dioscorea bulbifera*）、さらに現在ではニューギニア周辺とポリネシアにわずかにみられるだけのフェイバナナ（*Musa*（Sect. *Australimusa*）*troglodytarum*）などがその好例であり、ほかに温帯にも分布するクズ（*Pueraria lobata*）やトロロアオイ（*Hibiscus manihot*）なども、それに加えられています。

このようなレリクト・クロップの存在を手掛りに農耕文化史の復元を試みようとした点にも、中尾学説のユニークな点があります。こうした試みは、その後、中尾氏の後継者たちによってより丹念に進められていることは、よく知られる通りです。

いずれにしても「種子から胃袋まで」の過程を農耕文化のもっとも基本的な部分だと考えた中尾氏は、その観点から根栽農耕文化の特色を次のように要約しています［中尾、一九六六、一九六七］。

① バナナ、ヤムイモ、タロイモ、サトウキビの四大作物を中心に、パンノキやサゴヤシ類などを加え、根栽文化を構成するすべての作物が栄養繁殖作物であること。

② 倍数体利用がよく発達していること。

③ 穀物をはじめ、マメ類や油料作物などが、その文化の中に欠落している。そのため栄養的に澱粉質に偏るので漁撈や狩猟への依存度が少なくない。

④ 掘棒を唯一の農具とし、点植・点播を特色とする。キチン・ガーデン（庭畑）栽培から焼畑農耕への発展がみられた。

⑤ イモ類・果実類には貯蔵に困難なものが多い。このため、ヤムイモやパンノキのように収穫期の異なる多数の品種が開発されたが、一般に根栽文化のもとでは余剰を一ヵ所に集中することが困難で、大地域にわたる権力の集中が難しい。

以上の諸特色のうち、実は⑤の項目は執筆年代の古い「農業起源論」には見られたのですが、より新しい『農耕の起源』にはその記載がみられません。しかし、大きな権力が発生する基礎条件を欠くということの事実は［＊2］、根栽農耕文化の人類史に占める大きな特色の一つとして、留意されるべきものと考えられるのです。

また根栽農耕文化の発展について、中尾氏は「農業起源論」では、かなり無理な発展段階表を示していますが［中尾、一九六七］、『農耕の起源』では「初期はバナナやイモ類を石焼きにし、毒抜きの必要があるイモは焼いてから水に晒した。それが進歩すると、イモをそのままつぶして直接多量の水で晒して能率的に澱粉を集めるようになり、その段階でサゴヤシの利用が行われることになる。畑の形態は裏庭のキチン・ガーデン型から焼畑の輪作農業へすすみ、最後は普通の畑作に進んだ。また、その最後の段階になってハトムギを栽培化した」と述べるに留まっています［中尾、一九六六］。だが、その一々の事実については、学説が発表された当時では必ずしも十分な実証は伴っていませんでした。

さらに根栽農耕文化の伝播については地図を示し、「バナナ・ヤムイモ・タロイモ・サトウキビの四大作物の組み合わせが確立する」以前に、根栽農耕文化は東南アジアの故地からまず西方に伝播し、さらに四大作物の組み合わせが確立し強力な農業体系となってから、東はポリネシア、西はアフリカの中部やマダガスカルに伝播したとし、アフリカへの伝播についてはマードックの説に依ったことを明らかにしています［中尾、一九六六］。その学説には、大筋として大きな誤りはないと思います。しかし、例えばもっとも肝心な「四大作物の組み合わせ」が、いつ、どこで、どのようなプロセスをへて出来あがったのかをはじめ、根栽農耕文化の形成・発展・伝播（展開）の具体的な問題については、中尾学説では必ずしも十分に論ぜられてはいませんでした。また、初期の論説である「農業起源論」では、この根栽農耕文化は東南アジアの熱帯地域で成立し、そこから温帯の照葉樹林帯へ伝播し、根栽文化の《北方（温帯）展開型》として照葉樹林文化が生み出されたという説が示されていました［中尾、一九六七]。しかし、この点については、後に中尾氏が『続・照葉樹林文化』[上山・佐々木・中尾、一九七六]の討論の中で自説を大きく修正しています[＊3]。

以上の検討によっても明らかなように、中尾氏の学説は、それ以前の欧米の多くの学者が主張していたオリエントに発生した麦作農耕が東南アジアに伝播し、その影響のもとで根栽農耕が起源したという学説を完全に否定し、根栽農耕文化が東南アジアに起源したことを実証し、その全体的な特色を明らかにした点で画期的な学説でした。

しかし、根栽農耕文化の地域的な特色をはじめ、その発展や展開など、具体的な問題については、その後の研究の成果に照らせば、当然のことながら不備な点が少なくありません。本論が掲載された『イモとヒト』(二〇〇三)という根栽農耕を総括的に論じようという研究が、オセアニアやアフリカの事例を中心に、根栽農耕文化(Vegeculture)という視点を明確にしながら、最新の研究の成果を競うことになったのは、中尾氏の学説を継承・発展させる上で誠に有意義な試みだということができます。

第二節　オセアニア農耕の形成——ニア・オセアニアにおける文化の組替え

根栽農耕文化は、もともとバナナ、ヤムイモ、タロイモなど東南アジア起源の作物群とサトウキビ、パンノキ、パンダナスなどニューギニアを含むオセアニア原産の作物群から構成されているものです。中尾氏の場合には根栽農耕は「マレー半島からニューギニアに至る熱帯降雨林地域に発生した」[中尾、一九六七]として一括していますが、問題はそう簡単ではありません。東南アジアで起源したバナナ・タロイモ・ヤムイモなどを主作物とする古い根栽文化が、いつオセアニアに伝播し、ニューギニアを含むオセアニア起源の農耕とどのように接触・交流し、典型的な根栽農耕文化が生み出されたのか。そのプロセスは、いつ、どこで、どのように進行したのか。少なくとも典型的なオセアニア農耕の成立と発展には、こうしたより詳細な視点からの考察が必要です。

D・E・エンの『オセアニア農業の起源』[Yen, 1972]は、このような視点からオセアニア農耕を論じた初期の業績の一つといえます。そこではオセアニア農耕には、①東南アジアから伝来した要素(タロイモ・ヤムイモ・バナナ・ブタ・ニワトリ・焼畑)を基礎に、②栄養繁殖作物の栽培を特色とし(そのため種の進化が遅い)、③樹木栽培が多くみられるので定着度が高い、などの諸特色のみられることを指摘した上で、その起源については、華中地域に成立した稲作を伴う、いわゆる龍山文化の華南への移動の影響を受け、紀元前二五〇〇年頃に東南アジアの初期イモ栽培文化、あるいは農耕文化の中の根栽作物栽培の部分のみが、東南アジア・華南からオセアニアへ移動したらしい。しかし、それ以前の早い時期にニューギニアではすでにサトウキビをはじめフェイバナナやパンダナス、カヴァなどが栽培化されており、東南アジアからの作物を受け入れることにより、そこでは農耕文化の内容をより高次なものに高めることができたというのです。この場合、メラネシアとポリネシアの境界地帯は、東南アジア原産とニューギニア原産の双方の作物群を受容したため、その変異がもっとも豊かな地域であることを彼は注目しています。

つまり、D・E・エンは東南アジア起源の根栽文化とメラネシア(ニューギニア)起源の根栽文化が複合し、より完成度の高い根栽農耕文化である「オセアニア農耕」が形成されたことを強調し、また、この種の農耕はメラネシア・ポリネシア境界地帯のセンターから各地へ展開したことを指摘したのです。根栽農耕文化という用語を積極的に用い「オセアニア農耕」の概念を比較的早い段階で主張したものとして、私はその業績を高く評価すべきだと考えています。

しかし、その論文の中ではラピタ文化についての言及は全くありません。ちょうど一九七〇年頃からラピタ文化の研究は盛んになったようで、今日ではその問題を抜きにしてはオセアニアにおける農耕文化の歴史は語れないまでになっています。また、その後オセアニア各地の考古学的な調査や民族植物学的な調査もすすみ、膨大な研究業績が蓄積されていることも周知の事実です〔片山、二〇〇二、橋本、二〇〇二など参照〕。だが、それらの全体を概観し、論評することは私の任ではありません。そこで、最近の二つの業績を選び、その紹介の中からオセアニア農耕の展開をめぐる一、二の問題点を考えてみることにします。

その一つは吉田集而氏による発酵パン果の研究です〔吉田、一九九九〕。太平洋諸地域に広く分布する発酵パン果をはじめ、各種の発酵食品の調製過程を詳細に比較検討した結果、これらの食品の発酵法は、いまは見捨てられた有毒植物（例えばインドクワズイモやタシロイモなど）の毒抜きの技法として開発されたものが、のちに食品の保存法に転用されたと吉田氏は考えました。具体的にはラピタ人が東南アジアからもたらした水さらしによる毒抜きの技法に、ニア・オセアニアの地域で発酵の技法が加わったというのです。そこからまずタロイモやインドクワズイモの水さらし・発酵法がポリネシアに伝わります。後にそれがパン果やタシロイモにも適用されるようになり、この新しい技法がミクロネシアやポリネシアにも伝えられました。その過程で水さらし法が脱落し、発酵法が残るとともに、一方で石蒸し調理のための穴に保存する技法が加わったというのです。

この吉田論文は発酵パン果の検討にはじまり、オセアニア世界における根栽農耕文化の展開の跡を追う大きな構想を示したものでした。そこではラピタ人が伝えたレリクト・クロップにかかわる古い毒抜き技法とオセアニアに起源した別種の毒抜きの技法の複合する過程が想定され、そのキー・エリアとしてニア・オセアニア（ハックスリー（ウォーレス）線以東のニューギニアとその周縁の島々）の地域が注目されています。

次にオセアニアの食物調理法を広く比較検討した印東道子氏は〔印東、一九九九〕、基本的な調理の原理として「蒸す」と「焼く」の二つがあることを確認した上で、その史的変遷については、約三六〇〇年前、初期オーストロネシア集団(ラピタ集団)の拡大の当初は、土器を使う蒸し煮する調理法が専ら使われていたが、メラネシア西北部への拡散の際に、先住民集団との接触によって調理法にバリエーションが生じたらしい。最近の発掘調査によると、黒曜石の利用や貝の利用、タロイモや木の実の食用利用など先住民集団からの文化的影響が少なくないことが明らかになったとしています。またニューアイルランド島の洞窟遺跡からは約一万一〇〇〇年前のサンゴ石の堆積した炉が発掘され、石を焼いて蒸す、あるいは焼く調理がすでに行われていたことも明らかになったと指摘しています。

一般にラピタ遺跡から焼石のある炉(地炉)が出土するといわれていますが、オセアニアの根栽文化を特徴づける大型の地炉で大量の焼石を使う石蒸し焼き料理法(ウム料理)が発達し、それがポリネシアで重要な役割を果たすようになるのは、西ポリネシアで土器がその文化の中から脱落するころだとされています。土器による蒸し煮調理法から地炉による石蒸し焼き調理法への切り替えには、ラピタ集団の中に蒸し料理の知識と技術がもとから存在したことと、大量の食物を一度に調理する必要性をもつ文化的背景の発達が、その要因として重要であったと印東氏は推定しているのです〔印東、一九九九〕。

ここでも東南アジアから来住したオーストロネシア(ラピタ)集団と先住民集団との文化接触が問題になり、最近では先住民集団の保持していた文化的特色の影響が注目されているようです。オセアニアにおける根栽農耕文化の形成には、ニア・オセアニア地域を中心として新(ラピタ集団)・旧(先住民集団)両文化の接触・交流とそれに伴う一種の「文化の組替え」が重要な役割を演じたようです。こうした問題の具体的追究が、今後の大きな研究課題の一つになることは間違いないでしょう。

だが、ここで問題を困難にしているのは、オセアニアにおける「オーストロネシア語族の最初の考古学的痕跡」といわれる「ラピタ文化の直接の前身、ないし祖型と思われるものが、未だに東南アジアでは見つかっていない」

〔大林、一九九一(b)〕ことです。オーストロネシア語族については、言語学の立場から中国大陸南部や台湾あたりから移動をはじめ、フィリピンをへて南下し、インドネシアやオセアニアへ拡散したらしいという大筋は想定されていますし、その初期の段階でブタや鶏をはじめ各種の根栽作物を有していたことも推測されています。しかし、それを考古学的に証明するような遺跡や遺物は東南アジアではいまだ発見されていないし〔新田、一九九五〕、その存在を考古学的に証明することは、現段階では極めて困難だというのです〔今村、二〇〇一〕。

とすれば、東南アジアにおける根栽農耕文化の形成と展開の過程は、民族誌的データのなかから考察してみるほかはありません。

第三節　東南アジアの根栽農耕文化——その実態と文化層の復元

東南アジアにおいては古い時代に根栽農耕の文化層があり、それが後に雑穀や稲の文化層に置き換わったという学説を、最初に説いたのはR・ハイネ・ゲルデルンではないかと思います。彼はその著『東南アジア民族誌』(一九二三)において東南アジアの農耕文化には明瞭に区分できる新・旧二つの文化層があり、古い段階のものは穀物を欠き樹木とイモ栽培を行い、新しい段階のそれは穀物栽培を行うものだと説きました。前者は主として東部インドネシア(主にマルク、アル、カイ諸島)や東南アジアの極西部の島々(ニコバル、ムンタワイ、エンガノなど)およびその他の小地域に見出されると述べ、東南アジアの島嶼部に古い根栽農耕文化層の存在することを指摘しました〔Heine-Geldern, 1923〕。

また、鹿野忠雄氏は東南アジア島嶼部における作物、とくに雑穀類の分布をオランダの植物学者Heyneなどの資料などによって詳しく調べ、その分布の東限線を地図上に示した上で、球根類を主とする文化層と稲の文化層の間にアワなどの雑穀類を主とする文化層の存在することを推論しました〔鹿野、一九四六(a)〕。この「球根類を主とする文化層」を「根栽農耕文化層」と読み替えれば、その論考は東南アジアにおける三つの農耕文化層を民族植物学の立場から明らかにした初期の業績ということができます。

現在、東南アジアの焼畑民の多くは陸稲を主作物として栽培しています。しかし、概していえば、東南アジアの大陸部では陸稲が焼畑作物として卓越化する以前には雑穀類が焼畑の主作物をなし、島嶼部では陸稲化以前には根栽型の焼畑が広く存在したものと考えられます。かつて筆者は焼畑におけるイモ栽培の問題を、東南アジア・日本の事例を含めて比較検討したことがあります〔佐々木、一九六一、後に一九七〇(a)に収録〕。また、その後、東南アジアの焼畑民の民族誌を渉猟し、焼畑の主作物の変遷――その主流は焼畑の主作物が雑穀類や根栽作物から陸稲に替るいわゆる陸稲化現象と考えられる――を広く跡づけることも試みました〔佐々木、一九八八(b)〕。

詳しくはそれらの論文に譲りますが、例えば二〇世紀初頭ごろのJ・H・ハットンの調査によりますと、アッサムのセマ・ナガ族では初年の焼畑耕地にはハトムギやサトイモとともに陸稲が大量に栽培されていました。しかし、二年目の耕地ではアワをはじめモロコシ・シコクビエなどの雑穀類が豆類・果菜類・油料作物などとともに広く栽培されていましたし、同じセマ・ナガ族でも東部のグループでは陸稲の栽培が少なくなり、ハトムギの役割が大きくなるとしています〔Hutton 1968（初版 1921）〕。さらに東方のパトコイ山地のカリョーケンギュ族やチャン族ではハトムギが主食料として用いられるようになり、コニャクナガ族の諸村落に至ると、Ch・フューラー・ハイメンドルフによれば、陸稲は全く栽培されず、サトイモと少量のアワを栽培するのみで、古いイモ栽培民文化の特色がよく保持されていたことが指摘されています〔＊4〕〔Fürer-Haimendorf, 1938〕。つまり、アッサム山地の奥地では陸稲化が進行する以前の古い《雑穀栽培型》あるいは《根菜型》の焼畑の伝統が、二〇世紀の前半頃まではよく伝承されていたことがわかるのです。

また、東南アジア大陸部の陸稲栽培型の焼畑民たちのもとでも、かつては水陸未分化な原始的な稲を含む雑穀類（主にアワ・モロコシ・キビ・シコクビエなど）が豆類・果菜類などと混作される典型的な《雑穀栽培型》の焼畑が広く存在していたと推定されます。そうした伝承は、例えば北ラオスのラメット族［Izikowitz, 1951］や雲南省南部のハニ族やプーラン族［佐々木、一九八四(a)］、あるいはタイ北部の焼畑民など各地でみることができます。北部タイの事例では、この種の焼畑（例えばルア族の焼畑）［Kunstadter, 1978］における陸稲化の現象は、平野の水稲栽培民（例えばモン族）との接触によって進行し、それは食人（首狩）の習俗が水牛供犠に置き換えられる過程と並行したようです。その年代の推定から、この地域における《雑穀栽培型》の焼畑から《陸稲栽培型》のそれへの転換は、八〜九世紀頃以降に進行したと考えられます［佐々木、一九八八(b)］。

他方、東南アジアの島嶼部では、陸稲化の現象は古い《根栽型》の焼畑を基礎に展開したようです。

前世紀初頭にスラウェシ島中部の東トラジャ族の詳細な調査を行ったA・C・クリュイは、その民族誌の「農耕」の章の冒頭で「東トラジャ族の主要な作物は稲です。だが、一般にいわれるように、以前には彼らはこの作物を知りませんでした。ある人たちは祖先はハトムギとアワだけを知っていたというし、他の人たちは祖先はタロイモとヤムイモだけを食べていたと主張している」と記しています［Kruyt and Kruyt, 1970］。

確かに、現在、東トラジャ族においては陸稲は経済的にも宗教的にも主作物となっています。しかし、彼らの焼畑耕地には陸稲とともにハトムギやアワが必ず栽培され、それらは古い作物で祖先の食物だったと考えられていて、いずれも儀礼的重要性を有するものとされています。例えば、陸稲の収穫に当たっては畑小屋の入口にハトムギの穂束をかけて豊作を祈るし、新米の倉入れ儀礼の際もハトムギが祖先への供物となっています。またサトイモも「祖先の食物」として重要で、葬礼の際にはそれが最も重要な供物とされています［Kruyt and Kruyt, 1970］。さらに、この東トラジャ族ではかつてはサゴヤシも食料源として非常に重要な役割を演じていたことが指摘されています［Kruyt and Kruyt, 1970］。つまり、スラウェシ島中部の陸稲化以前の焼畑は、タロイモ・ヤムイモ・ハトムギ・アワなどを主作物とする《根栽型》のそれであったと推定されますが、そこでは主食のかなりの部分をサゴヤシ澱粉に依存するタイプの根栽文化がより古い時代には存在したとみることができるのです。

この種のサゴヤシ栽培（あるいは半栽培）を伴う《根栽型》の焼畑文化はマルク諸島を中心とする東部インドネシアの一部に現在もみられます。一九七六年、筆者はハルマヘラ島北部の非オーストロネシア語系のガレラ語を話す人々の村で、バナナを主作物とするこの種の典型的な《根栽型》の焼畑農耕を調査する機会を得ました［Sasaki, 1980(d). 佐々木、一九八九(a)］。そこでは極相に近い熱帯降雨林を伐採・火入れした焼畑耕地にバナナをはじめ、マニオク、サツマイモなどが主作物として植え付けられますが、その他にサトウキビ・タロイモ・ヤムイモなどの根栽作物のほか、ウリ類やナス・ササゲ、それに少量だが古い形質をもつアワやモロコシなど、きわめて多種類の作物が同一の耕地に混作されているのが特徴的です。

とくに主作物であるバナナについては、一年間だけではなく、かなり長期にわたって収穫をつづけることが可能で、しかも、その種類がきわめて多いのです。吉田集而氏の調査によると［Yoshida, 1980］、その種類は調査した村だけで六〇種類（五種類が生食用で、他のすべては調理して主食に供する料理用バナナ）に及び、その成育期間もさまざまで、これらのバナナを一筆の焼畑耕地に少なくとも六〜七種類、最多の例では二六種類も栽培していました。このように成育条件の異なる多種類のバナナを一つの耕地で栽培することによって、年中間断なく主食料を供給しうる典型的な《根栽型》の焼畑農耕が営まれていたのです。

なお、調査した村でも、一九七六年の時点で、過半の焼畑耕地で陸稲が栽培されていました。だが、それらは初年目の耕地の一部で栽培されているに過ぎず、その収量も少なく、陸稲化現象の影響はまだわずかでした。むしろ、この村の食料源としては、村落の周辺の湿地に広く分布するサゴヤシの幹から随時採集されるサゴヤシ澱粉の果す役割が大きいのです。石毛直道氏の行った食事調査［石毛、一九七八、Ishige, 1980］によっても、この村の主食の材料はバナナ（二八・八％）とサゴヤシ澱粉（二七・五％）が全体の過半を占め、ついでコメ（一七・七％、その多くは村外からの購入）、マニオク（一二・七％）、サツマイモ（八・〇％）、タロイモ（一・〇％）とつづきます。調査の時点においても、食料の供給はバナナを中心とする根栽作物とサゴヤシ澱粉に大きく依存する典型的な根栽農耕文化の特色を保持する村が、ハルマヘラ島北部に認められたことは注目に値する事実と思われます。

同様のバナナやイモ類の役割の大きい根栽型の焼畑文化は、フィリピンでも広くみとめることができます。H・コンクリンが詳しい調査を行ったミンドロ島のハヌノー族の焼畑では総計八七種、初年目の耕地に限っても四〇〜五〇種類の作物が混作されますが、社会的にも宗教的にも最も重要視される作物は陸稲で、全農業労働時間の約三分の二が稲作に費やされているようです。その限りにおいて、とくに初年目の焼畑においては陸稲栽培が卓越していることは間違いありません。しかし、陸稲（米）の食料としての重要性は必ずしも大きくありません。そこでは年間必要食料の約八〇％はイモ類やバナナなどの根栽作物に依存しています。実際に陸稲を収穫した後の焼畑耕地ではサツマイモを中心に、タロイモ（二一種類）、ヤムイモ（三二種類）、マニオクなど多種類のイモ類の栽培と収穫がつづけられますし、その後は焼畑を再整理したあとにバナナが植え付けられます。この地域で栽培されるバナナは二九種類（その大半が料理用バナナ）に及び、そのすべてが多年生のもので八〜一〇年にわたって収穫をつづけることができるといわれています［Conklin, 1957］。

つまりハヌノー族では、陸稲の収穫を終えたあとの焼畑は、イモ類や多年生のバナナなどの根栽作物の栽培の場と変わり、その根栽作物の栽培はかなり長期にわたってつづけられるのです。そのため、ここでは初年目の陸稲を主とする《穀作型》の焼畑のほかに、その二〜三倍の大きさの《根栽型》の焼畑を経営していることになるというのです。

ハヌノー族では、アワとモロコシは古い作物だと考えられていますが、それらを主作物に加えた《根栽・雑穀型》の焼畑の上に比較的新しい時代に陸稲が導入されて、現在の焼畑の形態ができ上がったと思われます。さらにこの《根栽・雑穀型》の焼畑が営まれる以前には典型的な《根栽型》のそれが存在していたとみて差支えないようです。

大林太良氏は、ミンダナオ島のバゴボ族やマノボ族などのもとにおいても、陸稲栽培やブタ飼育が導入される以前には、サゴヤシ澱粉の採集とタロイモ、ヤムイモ、サトウキビ、バナナなどの栽培に基礎をおく《根栽型》の焼畑が営まれていたことを推測しています［大林、一九六一(b)］。また壮大な棚田をもつことで知られるルソン島のイフガオ族においても、その文化の基層には古く根栽文化が存在していたことが想定されています。H・コンクリンによると、彼らのもとではタロイモは今でも稲につぐ儀礼的重要性を有し、かつてはタロイモ・ヤムイモなどの根栽作物を中心にアワ・モロコシなどの若干のミレットがそれに加わった《根栽・雑穀型》の焼畑と小規模なタロイモの階段灌漑耕作を行う古い文化が存在していたと推定されています。ところが、数世紀ないしそれ以前の頃から、イフガオ族のもとでは階段耕地（棚田）を築いて水稲を栽培する動きが急速に進み、今日の景観がつくり出されたといわれているのです［Conklin, 1980］。

同様の事例は他にもあり、フィリピンの焼畑文化の基層には根栽文化が横たわり、それが雑穀栽培を受け入れて若干の変容をとげたあと、稲作文化の影響によって陸稲化が進み、大きな変化をとげたと考えることができます。だが、その陸稲化による文化変化の時期はそれほど古いものではなかったようです。事実、この種の穀作を伴わない典型的な根栽農耕が、フィリピンと台湾の間のバシー海峡に浮かぶバタン島では、一九世紀中頃まで確実に存在していたことを私は確認しています。

一九七〇年、私はこの島の北端に近い村落で調査を行いましたが、当時、この島には水田は皆無で、丘陵斜面で営まれる焼畑ではヤムイモ、トウモロコシ、サツマイモの三種の作物が主作物として栽培されていました。その耕地の割合は全耕地の約八〇％を占め、陸稲をつくる耕地は全耕地のわずか四％ほどに過ぎませんでした。

一般にこの島では、ヤムイモとトウモロコシは焼畑の初年目に栽培され、サツマイモは二年目以後の耕地に栽培されますが、新大陸原産で後に導入された二つの作物を除くと、伝統的な作物としてはヤムイモが最を重要な作物とみなされています〔佐々木、一九七〇(c)、一九七一(b)〕。ウビとよばれるダイジョ（*Dioscorea alata*）を主とし、若干のトゲイモ（ドゥカイ、*D. esculenta*）が補助的に栽培されていましたが、ウビの初植えの際にはニワトリの供犠を伴う儀礼が営まれることも少なくないようです。これらのヤムイモは、住民にとって、いまも最もおいしい作物であり、最も重要な作物とされており、耕地のなかでも条件のすぐれた土地にヤムイモを栽培する傾向が著しいということができます。

ところで、この島については寛文八年（一六六八）と天保元年（一八三〇）の二度にわたり、日本の難破船が漂着し、その船員が九死に一生を得て帰国した珍しい記録があります〔佐々木、一九七五(b)〕。

寛文の漂流記（『尾州大野村船漂流一件』）は、スペイン人が到来する以前の貴重な記録ですが、それによると「波丹（バタン）にて我々とも居申候所……山には大木御座候」と、現在は森林をほとんど失っている同島にも、当時はジャングルが繁茂していたことを記しています。「畑は山焼にて植物は芋斗《ばか》り作申候。其外五穀之類は無之候。日本にてなんばんと申唐きび植申候、たばこ作申候」とあり、農耕は「山焼」、つまり、焼畑で専ら芋（おそらくヤムイモ）を栽培し、穀類はまったくなく、他に新大陸原産のトウモロコシとタバコがわずかに栽培されていたようです。漂流民たちは三年間同島に滞在し、農業労働で酷使されたようなので、農業についての記事は十分に信頼できます。

さらに天保の漂流記『漂流人口書』によると「同国土地ハ山多、稲作なし畑斗。……鋤鍬なく、杭ニ而土地を和らけ、芋又は砂糖黍之類を作る」とあり、当時も同島には水田稲作はなく畑作のみで、掘棒耕作を行い、イモと一部にサトウキビ栽培を行っていたというのです。イモの種類については「煮候薩摩芋」や「つくねイモ呉申候」などという記事が頻出し、伝統的な主作物のヤムイモのほかに当時すでにサツマイモが普及し、焼畑の作物構成が今日のそれに近くなっていたと思われます。なお、米については「大将侍分」はそれを食べていたようですが「末々ニハ無之」と、当時、米食はスペイン人を含む上層階層のみに限られていたことも記録しています。

いずれにしても、一七世紀中頃のバタン島では焼畑でヤムイモを主作物として栽培し、穀作を欠く典型的な根栽農耕文化が存在していました。それが一九世紀中頃には、新大陸原産のトウモロコシやサツマイモを広く栽培するようになり、今日の状況に近くなっています。いまも、この島の主な農具は大・小二種類の鉄製の掘棒で、掘棒耕作の伝統がよく伝承されています。また、同島ではタタヤとよぶ小型の刳板組合せ船を使った漁撈が盛んで、漁獲したシイラの乾魚の貯蔵量を競い合う社会慣習があり、根栽文化と組み合わされた漁撈文化の伝承がよく伝えられています。

バタン島の北方に位置する蘭嶼（旧称は紅頭嶼）のヤミ族は、かつてバタン島との間に密接な交渉を有していたようですが、そこでは、周知のようにミズイモ（*Colocasia esculenta* のほか *Schismatoglottis calyutrata* も栽培）を主作物とする芋田が全耕地の約四〇％余を占め、いまも女性による掘棒耕作が営まれています［奥田・岡田・野村、一九四二］。ここではバタン島と異なり、典型的なタロイモを中心とする根栽農耕の伝統が卓越しているのです。ところが、この島では少量ながらアワも栽培されており、このアワがヤミ族ではもっとも神聖な作物とされ、儀礼的にも重要視されています［鹿野、一九四六(b)］。この事実は典型的な根栽農耕文化の上に雑穀栽培文化の影響が及んだことをよく示すもので、このような根栽文化と雑穀文化が複合した文化の態様は、台湾山地の原住民の中に広く認めることができます。

台湾の山地原住民の焼畑文化の諸特色について、この小論で論ずることは不可能なので、詳しくは論じませんが、要するに、北・中部の諸族（タイヤル、ブヌン、ツォウ族など）ではアワを主作物とし、打製石鍬を主要農具とする雑穀文化の色彩が卓越するのに対し、南部のルカイ族、パイワン族などでは掘棒を主要農具としてサトイモ（タロイモ）への依存度の高い《根栽・雑穀型》と称しうる文化の特色を示しています［佐々木、一九七〇(a)、馬淵、一九七四(c)］。

筆者の調査したルカイ族の村落の事例［佐々木、一九七六(f)］によると、サトイモを初年作物とする焼畑とアワを初年作物とする焼畑の二つの輪作型があり、いまでもより植生の豊かな林地がサトイモ栽培の用地に選ばれています。しかし、作物としての象徴的重要性は明瞭にアワに指向されており、アワ栽培の過程には数多くの儀礼があり、収穫後にはかつては二〇日間ほどにわたっていわゆる「アワ祭」（アワの収穫儀礼）が行われていました。またアワの中でもとくにモチ種のアワは儀礼食として重要な役割を演じ、ルカイ族では、モチアワは「ハレの食品」としてその重要性が広く認識されています。

これに対し、いまは焼畑の二・三年目作物として広く栽培されているサツマイモにその地位を奪われましたが、サツマイモ以前にはサトイモが「ケの食品」として重視されていました。気候のやや冷涼な台湾山地では熱帯地域のようにサトイモを年中間断なく収穫することは不可能です。このため台湾山地南部では収穫したサトイモを斜面につくりつけた大型のカマドで乾燥させ、特有の乾燥イモをつくって長期間にわたって日常的な食用にあてる工夫をこらしています［松山、一九七三］。

いずれにしても、この地域では古い根栽文化が比較的早い時代に雑穀文化と結びつき、《根栽・雑穀型》の文化の特色を生み出したと考えられます。それを象徴するかのような儀礼を、私はこの地域のアワ祭のプロセスの中に見出しています［佐々木、一九七八(e)］。それはアワ祭のクライマックスに当たる日、村はずれの聖所に各戸から新しく収穫したアワのシトギ（アワの穀粒を石臼で加水してすりつぶしたもの）を持ち寄り、それをあらかじめ用意された地炉の中で石蒸し調理したのち、その出来工合で翌年の豊猟とあわせて豊作を占うものです。焼石を用意して地炉で石蒸し調理する技法は、もともと狩猟・採集文化の中に発生し、後にタロイモを主作物とする根栽文化と結びついた文化要素だと考えられます［吉田、一九九〇］。こうした根栽文化の古い調理法が、後に雑穀農耕文化と結びついたのが、この種の儀礼だと考えられるのですが、同様の儀礼はルカイ族やパイワン族の間に広くみることができます。台湾山地南部のルカイ族・パイワン族の間には、タロイモを主作物とする古い根栽農耕文化の伝統が雑穀農耕文化のそれと融合しながら、いまも息づいているようです。

以上の検討によって明らかになった事実は、次のようなものです。

①　東南アジアの焼畑農耕については、大陸部では雑穀文化を基層に陸稲化現象が進み、島嶼部では根栽文化を基層にして陸稲化が進行したと思われます。この場合、大陸部では、アッサム地域を除き、陸稲・雑穀文化層よりも古い根栽文化層の存在を復元しうる手掛かりは乏しいようですが、島嶼部では根栽文化の伝統を復元することは比較的容易なようです。いずれにしても、大陸部・島嶼部を通じ、焼畑における陸稲化現象の年代は決して古いものではありません。それは一〇〇〇年を単位とする過去の現象で、一〇〇〇〇年を単位とするものではないのです。

②　根栽農耕文化の特色が、最近（あるいは現在）まで比較的よく保たれてきたのは東南アジア島嶼部の東部地域、つまり台湾からフィリピン、スラウェシをへてマルク諸島に至る地域です。そこでは、さまざまな意味で――日常食における根栽植物の比重が大きく、年中間断なく収穫ができるというような――典型的な根栽農耕文化の特色を容易にみることができます。

③　この島嶼部東部地域の北部は、熱帯（亜熱帯）モンスーン気候圏に属し、タロイモ・ヤムイモを主作物とす

る根栽文化が卓越するのに対し、南部の熱帯降雨林帯では、タロイモとともにバナナが主作物となり、サゴヤシから採集されるサゴヤシ澱粉も重要な食料源となっています。

④　この種のバナナ・サゴヤシを主食料とするタイプの根栽文化はマルク諸島からニューギニアの沿岸地域に及び、非オーストロネシア語族の間にも広く分布しています［＊5］［例えば大塚、一九八四］。そのことから推定して、オーストロネシア語が拡散する以前、つまりラピタ文化到来以前に、東南アジア島嶼部の東南域からニューギニア周辺域にかけて分布していた根栽文化は、採集や狩猟・漁撈活動への依存度の高い、この種のバナナ・サゴヤシ型の根栽文化であった可能性が少なくないと考えられます。

⑤　いずれにしても、ニア・オセアニア地域においてタロイモ・ヤムイモを主作物とし、それにパンノキやサトウキビ栽培を伴う特色あるオセアニア型の根栽農耕文化が形成されるわけですが、その基礎になったのは、バナナ・サゴヤシ型の古い根栽文化であったことは間違いないと思われます。

このタイプの古い根栽文化を基礎に、ニア・オセアニアにおいてある種の文化の組み替えが行われた結果、典型的なオセアニア型の根栽農耕文化が生み出されたと私は考えています。オセアニア型の根栽農耕文化を特色づけるといわれる石蒸し調理法（ウム料理）についても、台湾のルカイ族の例に示したように、狩猟・採集民文化の諸要素とともに、古い根栽文化の中にその伝承が保持されていたものが、土器の喪失以後、西ポリネシアを中心にオセアニア型の根栽農耕文化を特色づける調理法として卓越するに至ったと想定できるのではないでしょうか。

第四節　根栽農耕文化を構成する要素——文化クラスターの分析から

いままで本稿では「根栽農耕」に生業の基礎をおく文化という意味で「根栽農耕文化」という用語を用いてきましたが、いったい、それはどのような文化要素で構成され、稲作文化や雑穀文化と文化構成要素の上で、どのような差異を有するのか。最後にこの点にふれて本稿を終わることとします。

国立民族博物館においては、東南アジア・オセアニアの膨大な民族誌的資料を通覧し、その中から代表的な二七三の民族（文化）を選び、その各民族ごとに三四三の文化要素の存否を示すデータベースをつくり、それにもとづき、統計学的手法によって文化の分類を試みる共同研究が行われたことがあります［大林・杉田・秋道、一九九〇］。このプロジェクトの代表者だった大林太良氏によると、民族文化や文化要素についての多変量解析の結果、まず明瞭に表れてくるのが東南アジアとオセアニアの二大文化クラスターの対立であるといいます［大林ほか、一九九〇、大林、一九九九］。

たとえば文化の因子1の分析では［＊6］、主として東南アジア島嶼部の農耕民とオセアニアの住民の文化複合の対比が明瞭にみられるようです。前者を特徴づける文化要素は、金属製飾り輪、箕、雑穀、陸稲、竹籠、竪杵と竪臼、木綿、刀剣、水稲、鉄などであり、さらに水牛、鍛冶、酒、魚醤、牛類供犠、ふるい、初穂刈り儀礼、マレー式フイゴとつづきます。これらの文化要素は雑穀と稲を栽培し、牛類の飼育と金属器で象徴される文化を示しているということができます。これに対し、オセアニアの住民たちの有する主な文化要素は、地炉、腰簑、シングルアウトリガー・カヌー、石斧、パンノキ栽培、鼻栓、発火犂、男子小屋、貝斧などで、カヴァ、貨幣としての貝殻ビーズ、こん棒、膝折れ着柄法、ホラ貝、産小屋などとつづき、オセアニアの根栽文化の諸特色をよく示しているようです。しかし、何故かこの分析では、タロイモやヤムイモ、ブタやニワトリなどの生業的要素がうまく摘出されてきません。

そこで文化要素の因子分析の結果の方をみると［大林ほか、一九九〇］、因子1の強群［＊7］に台湾からインドシナ半島、インドネシアに至る東南アジアの代表的な焼畑農耕民から成るグループがあり、そこではニワトリ、焼畑耕作、婚資、土葬、雑穀栽培、物々交換、酒、陸稲栽培、方形家屋、武器としての槍、さらにタロイモ栽培、掘棒、狩猟用の槍、キンマ噛みなどの文化要素が見出されます。そこには東南アジアの古い《雑穀・根栽型》の焼畑文化の特色がよく示されているようです。これに対し、文化要素分析の因子2の強群［＊8］は、主としてポリネシア・ミクロネシアの諸民族から成るグループで、その主な文化内容はタロイモ栽培、地炉、方形家屋、やす、ブタ飼育、杭上家屋、パンノキ栽培、切妻屋根、土葬、掘棒などで、さらにシングルアウトリガー・カヌー、単式釣りばり、帆、文身、ヤムイモ栽培、ホラ貝とつづきます。そこにはオセアニア型の根栽農耕文化の主な文化要素のセットをみることができるようです。

筆者は大林氏の用いた統計学的手法とは別に、あらかじめ民族誌的な記載がしっかりした東南アジアの典型的な狩猟・採集民、焼畑農耕民、焼畑と水稲栽培の双方を行う民族および典型的な水稲栽培民を十三民族選び、オセアニアについてはポリネシア・ミクロネシアの高島と低島、メラネシアおよびニューギニアの代表的な民族七つを選んで、この二十の各民族ごとに二〇二項目に及ぶ物質文化の分布を確かめてみました［＊9］［佐々木、一九九〇(d)］。その結果は、表1・表2に示した通りです。表1は東南アジアにおける焼畑や水田稲作を行う農耕民族の全体に共通する物質文化の特色を示したものであり、表2はオセアニアの根栽農耕文化に共通する物質文化の特色を示したものということができます。

表1は、さきに大林氏が文化の因子分析で示した東南アジアの稲（雑穀）作・金属器文化のクラスターの諸特色

表1　東南アジアの雑穀（稲）作農耕文化を特色づける文化要素

雑穀栽培	筌《うけ》
ニワトリ飼育	水牛飼育
酒	キンマを噛む習慣
金属製飾り輪	切妻屋根
木綿	高床住居
竹製の籠	腰巻
陸稲栽培	ザル
水稲栽培	ふるい
竪杵と竪臼	土器
ブタ飼育	マレー式フイゴ
牛飼育	刀剣
頭上運搬	盾
箕	皮張りタイコ

注）佐々木、1990(d)を修正。

表2　オセアニアの根栽農耕文化を特色づける文化要素

タロイモ栽培	筌《うけ》
ブタ飼育	魚毒
サツマイモ栽培	ニワトリ飼育
パンノキ栽培	脚なし木鉢
料理用バナナ栽培	腰みの
掘棒	樹皮布
地炉石焼	こん棒
シングルアウトリガー・カヌー	武器としての槍
ふんどし	貝製腕輪

注）佐々木、1990(d)を修正。

とよく対応します。また表2は文化要素の分析の因子2の文化クラスターにほぼ対応しますが、表2の諸要素と相互に補完することにより、オセアニア型の根栽農耕文化の文化内容を確認することができるようです［＊10］。表1と表2は、東南アジアの農耕文化の基層にある雑穀農耕文化とオセアニアの根栽農耕文化の構成要素の特色をきわめて明瞭に示したものですが、その両者を対比すると、ニワトリやブタ飼育などの共通する一、二の文化要素を除くと、その構成要素が、例えば雑穀栽培と根菜栽培、金属製飾り輪と貝製腕輪、木綿と樹皮布、竪臼・竪杵と地炉石焼、刀剣と棍棒・武器としての槍、のように明瞭に対比されるもののほか、酒や土器、竹製の籠や箕、牛飼育やマレー式フイゴ、シングルアウトリガー・カヌーの有無などのように、その対比がきわめて対照的であることがよく示されています。

ここで一つ気になるのは、アッサムから東南アジアの縁辺部をへてニューギニアに至る地域に、タロイモ、ヤムイモ、ブタ、掘棒、焼畑などの一般的な文化要素が分布するほかに、いくつかの特殊な文化要素の分布がみられることです。例えば頭部支持背負運搬の習俗は、一般に頭上運搬と相補関係にあるといわれていますが、その分布はアッサム地域やアンダマン諸島、台湾山地から東南アジアの大陸部および島嶼部の焼畑民をへてニューギニアとその付近のメラネシアの島々にまで及んでいます。これとよく似た分布を示すのが、キンマを噛む習俗や武器としての盾の所有などですし、そのほか古い狩猟文化の伝統を伝える下顎骨の保存や猪牙製装身具の分布もアッサムや台湾の山地焼畑民のところから東南アジア島嶼部をへてニューギニアに達しています。その一部は太平洋の島々にも及んでいますが、基本的な分布構造は頭部支持背負運搬のそれと変わりません。さらにサゴヤシ澱粉の採取や複数の家族が集住するロングハウス、あるいは刳り舟や狩猟用の弓矢・狩猟用の槍も同様の分布を示す文化要素とみることができます。

このような特異な分布を示すいくつかの文化要素で構成されている文化クラスターの存在を認めるとすると、それは東南アジアからニューギニアとその周辺に伝播した、古い採集・狩猟文化の伝統を保有する、ごく初期の根栽文化の姿を復元する際の有力な手掛かりの一つを与えるものかもしれません。今後の詳しい検討が望まれるところです。

このような古い根栽文化の復元の問題を含め、根栽農耕文化論にはなお多くの研究課題が残されています。しかし、中尾佐助氏によって開かれた根栽農耕文化研究の分野は、わが国の民族学や民族動・植物学の研究者にとって、非常に豊かな研究の蓄積をもつ領域です。それだけに世界的にみても、今後の研究の展開がもっとも期待できる研究分野だということができます。今後、若い研究者たちによる根栽農耕文化論の豊かな展開とその研究の発展を心から期待するところです。

［補　説］　Hack耕と根菜農耕――ヴェルトの農耕起源論批判

手鍬（Hack）などを使う熱帯の原始的な農耕形態をHack Bauと呼び、後にオリエント地域に起こしたPflug Bau（犂農耕）に先行する農耕と、最初（一九一一年）に考えたのは、Ed.ハーンであった。そのハーンの考えを受け継ぎ、より大きな視野から世界の農耕文化の起源を考えたのがE・ヴェルトであった。C・O・サウアーの『農耕の起源論』と相前後に出版された彼の著書*Grabstock, Hacke und Pflug, Versuch einer Entstehungsgeschite des Landebaues*（『堀棒・手鍬と犂――農耕の一つの起源史への試論』）では、最も古い農耕の形態は、アジアの熱帯地方に起源した犂農耕であり、この古い犂農耕が、温帯地方へ広がる過程の中で、より高次な犂農耕が発生したとしている。問題は堀棒と犂は異なる使い方の農具であり、堀棒が最も古い農具であることを指摘しながら堀棒農耕を独立の農耕形態とせず、犂農耕という農耕の大類型の中に含ませてしまっていることである。

彼自身が掲げた東南アジアあるいはインドの犂農耕民の栽培する作物、とくに原犂農耕的な作物としては、タロイモ、ヤムイモ、サゴヤシ、ココヤシ、バナナ、パンノキ、サトウキビ、キマメ、ササゲ、ケツルアズキ、キュウリ、ヒョウタン、ビンロウジュ、そのほか、栄養繁殖作物を中心に、幾種類かの豆類や果菜類を加えたものをあげている。さらに別の個所では、鍬農耕は独特な自立の農耕体系であり、焼畑農耕を主とし、その作物について特徴的なものはイモ類が優位なことで、旧大陸ではタロイモやヤムイモあるいは果樹、中でもバナナが重要な作物であるとし、穀物栽培は鍬農耕にとって異質なものであることを指摘している。

これに対し、犂農耕は西北インドとその近隣地域で発生したものとされ、穀物栽培を行うことが最も大きな特色で、中でも西北インド起源のオオムギとコムギが重要だが、他にアフガニスタン・中央アジア起源のキビとアワ、インド起源の三大熱帯雑穀類（モロコシ・トウジンビエ・シコクビエ）などがあり、アフリカへは後にこの三大熱帯雑穀類が牛とともに犂耕文化圏から伝播し、東南アジアでは犂耕の導入とともに、稲作が行われるようになったと説いていたのである。

いずれにしても、ヴェルトは、このほかにも農具や家畜やさまざまな技術の比較研究を通じ、壮大な仮説の展開を行っているが、彼の学説の根幹をなしているのは「Hackbau から Pflugbau へ」というハーン以来の農耕形態進化の図式であり、この古典的な仮説の枠組みの中へ、これもかなり古い栽培植物起源論を持ち込み、その両者を組み合わせてしまったところにヴェルト学説の問題がある。

その結果犂農耕を特徴づける穀物栽培には、冬作物であるムギ類と夏作物である雑穀類や稲を区別することなく含ませてしまったし、犂農耕の基層を構成するという犂農耕の特色は、穀作を行わず、栄養繁殖作物を中心とし、多くの場合、堀棒耕作が営まれるという。つまり、ヴェルトのいう犂農耕の内容は、我われのいう根栽農耕のそれにきわめて近いものを想定していたとみて間違いない。敢えていえば、この種の根菜作物を中心とする農耕を堀棒農耕とよんで独立の農耕形態とし、夏作の雑穀類を主作物として栽培する農耕を、本来の意味での手鍬（Hack は農地を耕起・耕耘せず、植穴・播種穴をつくり、除草作業に使う道具）を使う農耕として独立させれば、農耕大類型の分類はよほど明瞭になったと考えられる。

それにも拘らず、ヴェルトが「Hackbau から Pflugbau へ」という古典的な農耕進化の図式にこだわったのは、ハーンの影響があまりに大きかったためか、あるいは「犂農耕文化圏（旧世界の高度文化）の背骨は、まさに、われわれがインド・ゲルマン社会とよびならわしているものを形成している」と述べ（第三章末）犂農耕文化圏を構成する民族文化の世界的優位性を強調する意図があったのか、私にはわからない。

だが、彼のいう鍬農耕が実質的には私たちのいう根栽農耕とほぼ同一の内容を持つことだけは確かである。

（二〇一一年五月）

注

＊1　この二つの著作のうち、中尾氏がより早く執筆した専門的な論文は「農業起原論」だが、種々の事情により『栽培植

物と農耕の起源』の方が先に出版された。本稿では適宜、この二つの著作から引用する。

＊2　このほか典型的な根栽農耕は種子農耕のように年に一度の収穫期が固定していることがない。このため収穫祭などの際にカミと人との間に立つ司祭、あるいは司祭王が発生する基盤がきわめて少ない。そのことが根栽農耕文化の地域では余剰の発生と集中が困難だという条件とともに、大きな政治的権力の発生がみられない主な要因となっている。

＊3　照葉樹林文化を根栽文化の《北方（温帯）展開型》だと規定した最初の考え方を大きく変化させた背景には、アジア・オセアニアのイモ類を精査した堀田満氏による「東アジアに起源したイモ栽培と東南アジアからポリネシアに拡がったイモ栽培農耕とは、農耕文化を構成する作物群が異なっている」［堀田、一九八三］という意見が大きな影響を及ぼしたことは確かである。

＊4　アッサムにおけるタロイモ栽培と結びつく古い文化要素としてフューラー・ハイメンドルフは、顔面刺青、オハグロ、樹皮製腰帯、巨大な若者小屋、大きな材木太鼓などをあげている。また、レングマ・ナガでも大量のタロイモが栽培され、死者への供物としてそれが重視されている。このような点からJ・P・ミルはレングマ・ナガでも稲作以前にはタロイモが主作物であったと考えている［Mills, 1937］。

＊5　パプア・ニューギニアのギデラ族の伝統的諸村落では、大塚柳太郎氏によるとタロイモ、ヤムイモ、バナナおよびサゴヤシ澱粉が主食料をなし、食事材料の割合はタロイモ、ヤムイモ、バナナが二〇～五〇％程度、サゴヤシ澱粉は五〇％以上を占めているとしている。

＊6　文化分析の因子1の強群を代表する上位の民族はブギス、マカッサル、ビルマ人、スンバ族、ミナンカバウ、南トラジャ、バリ人、サカック、ジャワ人、ボントク・イゴット、などでビルマ人を除き、すべて東南アジア島嶼部の農耕民で、この群は、その文化を代表するといえる。弱群を代表する上位の民族はハワイ人、マルキーズ、トラック、ニュー・カレドニア、エリス、サンタ・クルズ、サタワル、ウラーワ、キワイ、ワーレディ、イワームなどニューギニアを含むオセアニア地域全域に及んでいる。

＊7　このグループに属する民族は上位から、リオ、ブヌン、ツォウ、サイシアット、スバンヌ、パイワン、東トラジャ、ルカイ、エンガ、セノイ、ニアス、ムーン・ガー、ルンガ・ナガ、ツルン、黒タイ、カチン、ハヌノーなど、東南アジア

の主要な焼畑民があらわれ、水稲農耕民はほとんど含まれていない。したがって、その文化内容は東南アジアのやや古層の焼畑農耕文化のそれを示すものとみられる。

＊8　このグループはエリス、トカレウ、サンタ・クルズ、ティコピア、フツナ、ロッセル、サモア、ギルバート、ウラーワ、マンガレバ、マルキーズ、オワ・ラハ、ハワイ人、キワイなど一部にメラネシア（パプア）を含むが、おもにポリネシア・ミクロネシアの諸民族から成る。

＊9　東南アジア・オセアニアにおける採集狩猟民としてはアンダマン人、セマン、ムルンギン、水稲農耕民としてはベトナム人、ビルマ人、バリ人、ブギス、焼畑と水田稲作の双方を営む民族としてはミナンカバウ、南トラジャ、ボントク・イゴット、焼畑農耕民としては、セマ・ナガ、ラメット、イバンをそれぞれ選び、オセアニアではポリネシア・ミクロネシアの高島と低島を代表するマルキーズとツアモツ、パラオとサタワル、メラネシアのトロブリアンド、ニューギニアの低地と高地のエンガとキワイを代表として選んだ。

＊10　大林太良氏は「オーストロネシアの文化複合」（一九九九）においてオセアニアに拡がったイモ類栽培民文化とオセアニアには遂に拡がらなかった金属器・穀物栽培民文化を対比し、前者の文化複合は、はねわな、くくりわな、網猟、下顎骨の保存、漁撈用弓矢、四手網、焼畑耕作、タロイモ栽培、ヤムイモ栽培、サツマイモ栽培、料理用バナナ栽培、ニワトリ、ブタ、シングルアウトリガー・カヌー、ダブルアウトリガー・カヌー、ダブル・カヌー、帆、平土間家屋、炊事小屋、産小屋、男子小屋、もみ錐、ポンプ錐、膝折れ着柄法、枕、脚なし木鉢、腰みの、ふんどし、樹皮布、投石器、弓、フルート、ホラ貝などの諸要素から成るとしている。この文化要素の取り出しがどのようにして行われたのか、説明がないので不明だが、中には狩猟民文化や漁撈の諸要素、あるいは分布のかなり限られたものなどがあり、文化要素の構成に若干の疑問が残る。なお後者の文化複合を構成する要素としては、吹矢、水田漁撈、陸稲栽培、赤米、雑穀栽培、水稲栽培、犂、竪杵と竪臼、踏臼、高床穀倉、水牛、牛、魚醬、甑、輿、牛車、家船、金属製飾り輪、高機、絹、ふるい、箕、製鉄技術、マレー式フイゴ、金銀細工、銅鼓などをあげている。

第三部　日本の山村文化

第十一章　モンスーンアジアの焼畑農耕民社会における狩猟

――『後狩詞記』の背景をめぐる比較民族学

【解説】

平成二十一年(二〇〇九)六月五日、「柳田國男『後狩詞記《のちのかりことばのき》』出版百周年記念シンポジウム」が、法政大学国際日本学研究所の主催で行われた。それを企画・立案したのは、同研究所特任教授のヨーゼフ・クライナー氏。同教授とは古い友人である私は、要請されるままシンポジウムで「焼畑農民の狩猟――今も焼畑とイノシシ狩りの行われる台湾山地民との比較から」という発表(長い副題は『後狩詞記』の副題にならった)を行ったが、その発表原稿に大きく手を入れてまとめたのが、本章であり、同シンポジウムの成果をとりまとめたヨーゼフ・クライナー(編)『日本民族の源流を探る――柳田國男『後狩詞記』再考』(二〇一二)に収められている。

明治四十一年はじめて椎葉村を訪れた柳田國男は、そこで「今も行はるゝ猪狩の故實」を発見し、深く心を動かされた。しかし、比較民族学の立場からみると、南九州の山村で営まれていた「猪狩の故実」は必ずしも珍しいものではない。モンスーン・アジアの焼畑農耕民社会では、男たちによる狩猟活動は今も好んで営まれ、そこでは焼畑の豊凶を占う儀礼的狩猟をはじめ、狩猟という営為の深層の部分に呪術的・象徴的性格が色濃く認められる例が少なくない。そのことを、本章では台湾や北部インドの私自身の調査例にもとづいて実証した。そうした狩猟の特色は、北方の落葉広葉樹林帯や針葉樹林帯のそれときわめて対照的な特徴を示すものである。

ところで、明治四十一年、椎葉の山村で「猪狩の故実」を見出した柳田國男は、同年秋に佐々木喜善と出会い、岩手県の遠野郷の山村に伝わる民話の採集をはじめた。その結果、明治四十二年に『後狩詞記』、同四十三年に『遠野物語』と、日本民俗学史の劈頭を飾る二つの重要な著作が出版された。これらの椎葉や遠野の貴重な体験にもとづき、その後、初期の柳田の学問を特徴づける「山人論」が展開されることになるが、そのプロセスと意義については、本章の「補論」で所説を述べることとした。

はじめに

『定本 柳田國男集 別巻第五』所載の「年譜」によると、当時、農商務省の法制局参事官で農政学者でもあった柳田國男は、視察・講演のため日本各地を旅行し、明治四十一年（一九〇八）には、五月二十四日から八月二十二日まで九州旅行を行っている。そのときは、まず阿蘇男爵家に招待され、次いで熊本で廣瀬某氏から日向奈須の話を聞き興味をいだいたという。その後、熊本県の五木村を経て鹿児島県に入り、県下を一巡して七月十三日に宮崎県椎葉村に入り、一週間そこに滞在して「猪狩の故実」を聞く。そのあと大分、広島、四国をまわって帰郷している。

この「年譜」による限り、柳田は東京を発つ際には椎葉村に入って「猪狩の故実」を聞く予定はなかったようである。柳田の九州旅行・椎葉の旅を丹念に跡づけた江口司の『柳田國男を歩く』（二〇〇八）によると、むしろ柳田の五木・椎葉の旅の目的の一つは「焼畑の山茶生産の経済的意義を調査すること」であり、さらに稲作に依存しない「非稲作民への強い関心であった」としている。

しかし、椎葉村で聞き知った「猪狩の故実」、すなわち「猪狩の慣習が正に現実に當代に行はれて居ること」（『後狩詞記』の「序」。以下「序」と略称する）は、農政学的な視点を越え、日本文化の深層にかかわる問題だという直観的な認識を柳田に与えたと思われる。そのことが『後狩詞記』に「日向国奈須の山村に於て今も行はるゝ猪狩の故実」という副題を付して、小冊子として刊行する動機になったとみてよいのではなかろうか。

柳田は、この日向の山村における「猪狩の故実」の発見を一つの契機として「山人」研究に大きく傾斜していくことになる。だが、実はそのときに記録された「猪狩の故実」は、比較民族学の立場からみると、必ずしも南九州の山村にのみ見られる珍しい習俗ではない。むしろアジア大陸の東南部からインド半島の北・中部に至るモンスーン・アジア地域の焼畑農耕民のもとでみられる狩猟とそれをめぐる習俗の諸特色との類似が著しい。つまり、それはモンスーン・アジアの焼畑農耕民のもとにみられる狩猟習俗の一環とみなされるものであり、そこには共通するいくつかの顕著な文化的特色が見出される。

そのことを本稿では、私が一九七二年に集中的に調査を行った台湾山地南部の焼畑農耕民ルカイ族の事例を中心に、一部では一九六四年に調査したインド半島北部の焼畑農耕民サウリア・パーリア族の事例なども加えて考察を加えることとしたい。調査したルカイ族のキヌラン村やその隣村で狩猟の盛んなアデル村、あるいはパーリア族のダパニ村は、いずれも当時は食糧生産のほとんどすべてを焼畑に依存する典型的な焼畑村であり、しかも狩猟に関する伝承もよく継承されていた村々であった。

なお、これらの村についての記述で「今」あるいは「当時」とあるのは、一九七二年あるいは一九六四年現在のことを意味することを予めお断りしておきたい。

第一節　焼畑民社会における狩猟の役割と狩猟法

モンスーン・アジアの焼畑農耕民たちは、いずれも居住地の周辺の森で狩猟を行っている。台湾の山地民でも、九州を含む西日本の焼畑民のもとでも、とくに猪狩りが盛んである。一般に焼畑民の営む猪狩りを含む狩猟は、動物性の食糧の獲得や焼畑を荒らす害獣駆除が、その目的だと考えられているが、実態は必ずしもそれだけではない。台湾総督府『高族族調査報告書』(一九三七)によると、調査したキヌラン・アデル両村の年間狩猟頭数は一戸当り〇・六〜〇・七頭程度、そのうちイノシシは一戸当りキヌラン村で〇・一頭、アデル村で〇・二頭に過ぎない。この数字からすでに戦前の段階で、狩猟によって得られる獣肉の食糧としての重要度は決して大きくなかったことがわかる。

また、インド高原のパーリア族の焼畑村においても、後述の儀礼的狩猟のほかは、もともと村をあげての大規模な狩猟を行うことはなく、小型のワナによる小動物の捕獲のほかは、小型の弓(エレトウという普通の弓とグヌタという弦の部分に袋状の布をあて石を射出し専ら鳥をねらう弓がある)を使って森で鳥類を捕えることなどが多く、食糧獲得手段としての狩猟の役割は、ここでも決して大きくない。サバンナや北方の落葉広葉樹林帯に較べ、動物相、とくに中・大型獣の貧困なことが、モンスーン・アジアにおいて狩猟のもつ食糧獲得手段としての役割を小さくする要因の一つと考えられる。

椎葉村でも、「序」に引用された『宮崎県臼杵郡椎葉村是』によると、この村では毎年平均四〜五〇〇頭の猪が捕えられ、猪肉一万七千六百斤の生産があったという。石川恒太郎(編)『椎葉村史』(一九六〇)によると、同村の明治初年の戸数は九一六戸だったから、一戸当り年平均〇・四〜〇・五頭の猪を捕獲し、猪肉の生産量は一戸当り約二一キログラムほどだったと推算できる。年間この程度の猪肉の生産量では、食糧としての重要性が大きかったとはとうてい思えない。

それにも拘らず、ルカイ族の調査村で狩猟のことを聞くと、村の男たちは眼を輝やかせて生き生きと、それについて語ってくれるし、現にルカイ族の二つの調査村では、オスのイノシシを六頭以上とった者には、その栄誉をたたえ頭に白いユリの花をさすことが許されるという象徴性の高い慣行があった。また、アデル村の頭目（村長）家の壁には、歴代の当主たちが猪狩りで得た大量のイノシシの下顎骨が誇らしげに並べられていた。後にもう一度ふれるが、この種の下顎骨保存の習俗は、アッサムから東南アジア島嶼部をへてニューギニアに至る比較的古い狩猟栽培民文化の中に伝承されてきたもので、そこでは狩猟が単なる生計の手段ではなく、社会的・象徴的な意味をもつことが強調されている。

前掲の『椎葉村史』所収の万延元年（一八六〇）の「日向国臼杵郡椎葉山中年々上納銀高寄帳」によると、宝暦三年（一七五三）頃には、村内に鉄砲が五九五挺あることが記録されている。村の戸数は約九〇〇戸でほとんど変動がなかったから、江戸時代を通して全世帯の約三分の二が鉄砲を保有していたことになる。この村では「役筒」と称し、鉄砲には山中に一朝事ある時に警固に当るという公的役割もあったが、実態として鉄砲は日常的に狩猟用具として用いられたものであり、その世帯別所有率がきわめて高いことがわかる。つまり焼畑を営むこの山の村々では、その経済的重要性がさして大きくないにも拘らず、狩猟、とくに猪狩りへの村人たちの関心が著しく高いことが注目されるのである。そうした事情が、狩猟具としての鉄砲の異常に高い所有率の背景にあることを注意しておきたい。

ところで、ルカイ族の社会では、狩猟のシーズンは、八月に主作物のアワが収穫され、十数日に及ぶアワの収穫祭が終って、村の男たちが儀礼的狩猟（マブソアヌ）に出かけるときに始り、とくに十月から翌年の二、三月頃までの乾季が本格的な狩りのシーズンとされている。その狩猟法には、大勢の勢子や犬を使って獲物を追い出す「巻狩り」や火で獲物を追い出す「火狩り」などの集団的な追い込み猟と一人あるいは二、三人で行う個人猟（それは獲物を待ち伏せてとる「待狩り」と探してとる「捜狩り」の二種）とがある。これらの狩猟には古い時代には弓矢が使用されたが、オランダ統治時代以後、鉄砲が普及し、今日では鉄砲が広く用いられている。そのほか、各種のワナを用いるワナ猟もみられるが、ルカイ族の社会では、受動的なワナ猟は能動的な追い込み猟などとは別種の狩猟だとみる考え方が強い。

このようにさまざまな狩猟法の中でルカイ族の社会で、もっとも典型的な狩猟法と考えられているのが、巻狩りである。彼らの巻狩りは、日本のそれと同様で、イノシシやシカなどの通るケモノミチの要所に射撃の上手な者が待ち伏せし、他の村人たちが銃や槍などをもって斜面の上部や左右のそれぞれの部署につく。そうして大勢の若者が勢子になり、声をあげながら獲物を追い出し、それを待ち伏せしている射手が射止めるものである。射止めると、近くの狩小屋に狩猟に参加した全員が集まり、そこで獲物を解体し、それを全員に分配する。

この場合、かつては狩りで得た獲物はどのようなものでも、その後脚一本を大頭目（ルカイ族の社会は階層的な首長制社会の形をとり、首長を「頭目」とよぶ）にさし出すことになっていた。また、心臓と肝臓の一部は、その共同狩猟に頭目が参加しておれば頭目が、参加していなければ長老がとることになっていた。さらに獲物の残りの部分のうち、四脚と内臓は全員で分配するが、頭と胴体の肉と骨と皮は、そのすべてをワッパナがもらうことになっていた。ワッパナというのは獲物に初矢（弾丸）を射かけ、それを仕止めた人のことを指すが、ワッパナは獲物の配分量から考えても、ルカイ族の社会ではきわめて名誉なことと考えられていた。

このような台湾山地民の巻狩りと『後狩詞記』に「狩の作法」として記録された椎葉村の伝統的な狩猟法を較べると、両者の間の類似度が著しく高いことがわかる。やや長くなるが、記録としても貴重なので、「狩の作法」の要点を次に引用しておく。

狩は陰暦九月下旬に始り、翌年二月に終る。狩を為さんとする當日は、未明にトギリ（猪の出入り先を捜索せしむるもの）を出し、其の復命に由り狩揃ひを為し、老練者の指圖に依り各々マブシ（猪の通路に構えて要撃する一定の箇所）に就き、後セコをカクラ（猪の潜伏せる区域）に放つ。……マブシに在る者は、セコより竹笛にて合圖を為す迄は、最も静粛を旨とし、竹笛にて幽に合圖をするはよけれども、決して言語を發すべからず。……既に猪が突到らば息を凝らし、数歩の近きに引受け、肺臓心臓の部分を狙ひて發砲す。……萬一撃損ずるか又は負傷せしめたる時は、硝煙の未だ照尺を拂はざる中に、猪は突進し来りて股を切り、倒るれば胴を切る也。故に未練者は楯に寄るに非ざれば近よるべからず。……

猪斃れたるときはヤマカラシ〔短刀のことなり〕を抜きて咽喉を刺し、次に灰拂〔猪の尾端〕を切取る。灰拂を切取るは最先に射斃したる證とする也。其後ヤマカラシと耳とを一つに束ね、左の咒文を唱ふ。

（省略）

猪はヲダトコ〔猪を里に持下して、割きて分配するに使ふ家〕に持下し、一應縁の上につるし下げ〔一應縁の上に釣下ぐるは、丸のままに神に供ふる厳重の儀式なりと聞けり〕、然る後解剖す。解剖に二通りあり。胴切にして四足に分ち其後骨を除くを金山オロシと云ひ、肉のみを四足に分ち其後骨を除くを本オロシと云ふ。

分配の法は撃主には射中てたる方の前肢と膽とを與ふ。其前肢の目方は總量の五分の一なり、其後又撃主をも加へて平等に分配す。撃主には草脇〔猪の腭の下より尻へかけての腹の肉〕を與ふることもあり、その肉の量は前の場合に同じ。其他セコは一人に二人分を與へ、猟犬の分は又一人前とす。〔曾て耳にて聞きたるは又此記事と小異あり。首と胸の肉を什留めたる者の所得とす。首の肉は最上品なり。……〕

解剖終りたるときは、執刀者はヤマカラシを肉の上に×に置き、左の咒文を唱ふ。

（省略）

分配終って後、コウザキ〔猪の心臓を云う。解剖し了りたるときは、その先端を切り、山の神に献ず〕と紙の旗〔紙に猪の血液を塗りて之を旗と為す〕をコウザキ殿〔山の神をもコウザキ殿と云ふ〕に献じ、左の祝詞を唱ふ。…

（以下略）。

（　）内は「狩の作法一の中の柳田による注記の中から、〔　〕内は『後狩詞記』の「土地の名目」「狩ことば」の中から、適当な語句を佐々木が補ったもの。引用文の句読点の一部も補訂した。

このように弓・矢あるいは旧式の銃をもって行う追込み猟の場合、最後には獲物を十分に引寄せ、至近距離から獲物を射ち、そのうえで止めを刺す必要がある。こうしたかなりの危険を冒して獲物を仕止めた者——ルカイ族では、前述のようにワッパナとよばれる——は、その場で「仕止めたぞ！」と大声で叫んで、その事実を他の人々に認めてもらう必要がある。また椎葉村でも獲物を仕止めた證拠として灰払《はいばらい》（猪の尾端）を切り取っておく必要があるという。獲物を仕止め者（我が国では「一の矢」という呼称がよく使われる）の確認が、この種の集団猟では社会的に大きな意味をもつと思われるのである。

第二節　獣肉の分配と山の神の加護

集団猟で獲物を倒すと、その直後に獲物の分配が行われることは、いずこも同じである。ルカイ族の場合は、前述のように、後脚一本を大頭目に差し出す（一種の猟祖とみられる）ほか、心臓と肝臓の一部を長老（あるいは頭目）がとり、残りのうち四脚と内臓は猟に参加した全員に分配されるが、頭と胴体の肉と骨と皮は、そのすべてをワッパナがとることになっていた。「狩の作法」でも獲物を仕止めた撃主が前脚と膽をとるが、その重量は全体の五分の二にも及び、その他の部分は、それぞれ一定の割合で撃主も含め猟に参加した全員（猟犬の分も含め）で分配するという。椎葉村での他の異聞では撃主は首と胸の肉をとることになっていたともいわれている。

野本寛一は『山地母源論——日向山峡のムラから』（二〇〇四）の中で、この日向山地における猪猟後の獲物の分配の実例を詳細に報告している。分配の実態は各地で少しずつ異るが、猪を仕止めた者の取り分（イテダマス・イダマス・一の矢のホシなどという）がやはり大きく、獲物の三分の一に及ぶ例のあることも示している。だが、最近では銃の精度の向上その他の事情により、イテダマスの価値が軽くなってきているという。また狩猟に参加した全員に均等に分配される分け前をタマス（あるいはホシ）とよぶが、古くは獲物の解体に立ち合っただけでヒトホシのタマスが与えられたという。

さらに、こうした獲物の分配とは別に、シシヤド（狩りの獲物を解体する家）の猟師が近隣の者や知人を招いて猪の骨汁などを共食（その分け前をハザシとよぶ）する慣行があった。招かれた者は焼酎や稗を持参し、シシヤドは大釜で肉つきの骨を塩で煮て骨汁をつくり、さらにその残り汁でヒエズーシー（稗雑炊）をつくって全員で共食したという。山の恵みを狩猟を行った猟師が独占するのではなく、それを共同体のメンバーで共食して分けあったのであり、山（狩）の神から与えられた獲物（恵み）を共同体の全員で享受する伝統がひろくみられたことを野本も強調している。

いずれにしても、集団猟のあとの獲物の分配では、関係した全員に獲物が配分されるが、かつては獲物を仕止めた者（一の矢の者）への分配量が著しく大きかったことが注目される。さきにも述べたように、旧式の銃や弓などを用いる伝統的な狩猟法によってイノシシのような中型獣を倒すことはなかなか困難である。一発では仕止められず、必ず止めを刺す必要がある。それは大きな危険を伴う行為であり、何よりも個人のすぐれた力量が必要である。しかし、獲物を倒し、幸い無事に止めを刺し得たときには、狩人は自らの力量に誇りを感ずるとともに、神々の守護に感謝する気持にひたったことは間違いないであろう。獲物を仕止めた者（ワッパナや一の矢の者）は、そうした意味で、すぐれた狩りの技量を有する個人であるとともに、神々の恩寵を得ることのできたすぐれた個人であるともいうことができる。

狩猟という行為そのものが、山の神（あるいは狩の神）の加護のもとで行われる行為であり、「狩の作法」においても獲物の分配の終ったあと、獲物の心臓の先端(コウザキという)と獲物の血を塗った紙(旗という)を山の神(コウザキ殿)に捧げ、祝詞を唱え、猟を感謝することが述べられ、一連の巻狩りの記事が終っている。

ルカイ族でも、調査の時点では、村人たちの狩りの儀礼についての記憶が薄くなり、その詳細は不明だが、例えばキヌラン村では、狩りに出かける前には鳥の啼声などを聞いて、出猟するか、しないかを決めたというし、かつては狩りに行く前には、女を家の外に出し、男たちだけで、住居の中央の柱のところで銃口にブタ肉の小片をのせて豊猟を祈ったり、獲物を猟小屋に持ち帰ったときなどにも、さまざまな儀礼を行ったといわれている。このような点からみてルカイ族の社会においても、狩猟が猟の神あるいは山の神に加護を祈り、その庇護のもとで行われる行為であり、猟場で獲物を得ることができるのは、猟の神・山の神の恩寵を得た結果と考えられていたことは間違いない。

したがって、狩りで得た獣肉(とくにイノシシ・シカ・クマの獣肉)を分配し、それを食べることは、ごく普通の日常的な食事活動というより、何らかの意味で非日常的で儀礼的な行動と考えられることが少なくない。例えば前述のように、ルカイ族では獲物を仕止めたワッパナは、獲物の頭部や胴の肉や骨を分配されるが、それを加工して貯蔵するようなことは一切やらない。親族や友人などを招き、アワ酒を供して、かなり長時間を費やしても分配された獲物の肉類を一夜で食べてしまうのだという。これは前述の椎葉村のハザシに似た慣行だが、この種の饗宴が盛大に催される背後には、ワッパナあるいは一の矢の者が得た神々の恩寵を、同一の社会集団のメンバーに分与するという思考の存することが考えられるのである。

この点に関係し、台湾山地民の研究で輝しい業績をあげた馬淵東一は、台湾中部のブヌン族の例をひいて、彼らの社会における獣肉の分配にみられる特徴を、次のように述べている。

「(そこでは)獣肉の供給は相当豊富であるが、しかしそれにも拘らず、肉類が彼等の日常の食膳を賑わすことは比較的少ない。ところが大猟の後や祭宴の場合等には事態は一変し、……殊に大猟の（ときの）獣肉、婚儀や祭儀等に於ける豚肉の消費は一時に多量である。そして儀礼的な饗宴には、普通は獣肉と共に粟酒を伴うのであるが、その何れも一時に大量が消費される。」［馬淵、一九七四(a)］

台湾南部のパイワン族やルカイ族においても状況は同じである。前述のように、ワッパナに分与された獣肉も、結局は一種の儀礼的饗宴で一度に大量消費されるし、そのほか婚儀や誕生式、あるいは農耕の折り目に営まれる儀礼の際にも、獣肉がアワモチやアワ酒とともに儀礼食として大量に用いられてきたのである。

ということは、台湾山地の焼畑農耕民の社会では、獣肉は日常的な食糧というよりは、むしろある種の儀礼食とみなされていたことがわかる。その観念の背後には、狩猟が猟の神あるいは山の神の加護のもとに行われる一種の非日常的活動だという考え方が存在することは、前にも指摘した通りである。

第三節　儀礼的共同狩猟とそれに象徴されるもの

焼畑農耕民社会における狩猟が単なる食糧獲得手段ではなく、ある種の儀礼的行為であることは、前節までの説明で述べた通りである。そのことをもっとも象徴的に示す文化的営為が儀礼的共同狩猟だということができる。

春四月、現地暦のチャイト・バイサーク月の満月の日に、インド高原北部の焼畑民サウリア・パーリア族の村では、今（調査時点の一九六四年）でも、村のすべての男たちが集って儀礼的共同狩猟（デーリ）に出かけることになっている。調査したダパニ村ではそのときには、まず村の二ヶ所の聖所でハトとニワトリの供犠が行われ、狩猟に出かける全員の弓・矢を積み重ねて、それに供犠動物の血を注ぎ、豊猟をカミ（ここでは石や森や土地に宿る精霊ゴサイン）に祈る儀礼が行われる。それから丘陵を降り、近隣十数ヵ村の人たちが集る別の聖所で、再びニワトリやハトの供犠を行い、その血を弓・矢に注ぐ盛んな儀礼を行ったのち、集った村々が共同で二日間森林での狩猟を行う。このときの狩りの獲物は、それを射止めた者が属する村のものとなり、獲物は帰村した後に細かく分け、バナナの葉に包んで村の全世帯に均等に配ることになっている。

この場合、とくに注目すべき点は、この儀礼的共同狩猟で獲物が多くあればあるほど、その年には雨がよく降り、作物が豊かに稔ると村人たちが深く信じていることである。このような点から、パーリア族で焼畑の播種の直前に行われる儀礼的共同狩猟は、食糧獲得のための単なる狩猟ではなく、その年の焼畑の豊穣を祈る農耕儀礼としての性格が非常に濃厚であることがわかる。

しかも、この種の儀礼的共同狩猟は、パーリア族だけではなく、北・中部インドの焼畑農耕民の間に広く分布している。さらにその行事には、焼畑の火入れを象徴する「火祭り」の行事を伴うことが少なくない。そうした事例を含め、北・中部インドの土着農耕民の間に広くみられる春の儀礼的共同狩猟について、総括的な研究を行ったのが、ドイツの民族学者R・ラーマンである［Rahmann, 1952］。また、その中でもムンダ族については、ラーマンとともに南山大学にいた山田隆治のくわしい研究がある［山田、一九六九］。

ビハール州南部に住むムンダ族では、陰暦三月（パグー月）の満月の夜とその前夜に村の若者たちが山から木を伐り出して道のそばに植付け、それに火をつけたあと、斧でいっせいにそれらの木を切り倒す。とくに満月の夜には、その火入れの前に村の司祭がニワトリを供犠し、山と森のカミに狩りの豊猟を祈る行事が行われる。その翌日から村の男たちが全員で儀礼的共同狩猟（センデラ）に出かけて行く。そのときニワトリを供犠してその血を弓・矢に注いだり、獲物の肉を全員に平等に分配する慣行のあることはパーリア族と同じである。こうした火祭りと儀礼的狩猟の慣行は、そのやり方が少しずつ異るが、ボンド族・オラオン族・ジュアン族・マリア族など中部インドの土着農耕民の間に広くみることができる。

これらの儀礼的狩猟の目的は、まず「狩猟の口開け」の意味をもつことは明らかだが、同時に「この狩猟で得られる獲物の量が、その年に降る雨の多寡を象徴し、したがって狩猟の成否は作物の豊凶と深く関係する」と、どの種族でも考えられていることが注目される。この種の儀礼的共同狩猟がインド中・北部の土着農耕民の間で農耕儀礼の一種とされていることは間違いない。

さらに、この儀礼的狩猟と結びつく「火祭り」が焼畑の火入れを象徴した行事であることは、次の事例によっても明らかである。例えばマリア族では、春の大祭のときに焼畑の一角に伐採した樹木を積み上げて火をつけ、その年の最初の火入の儀礼を行う。その際、子供が雑穀のダンゴを火に投げ入れ、司祭がニワトリを供犠して祈りを捧げる。その後に村をあげての儀礼的狩猟が行われ、動物供犠を伴う祭宴とその血を雑穀の種モミに注ぐ儀礼が営まれるという。同様の事例は中・北部インドの他の種族においてもいくつかみることができる。

こうした事例を通覧すると、火祭りと儀礼的共同狩猟の営みが、焼畑の造成・火入れを象徴する儀礼であり、焼畑の豊穣を祈る一種の予祝儀礼であることを疑うことはできない。しかも、この火祭りと儀礼的狩猟に結びついて、豊作を祈願する作物は、いずれも雑穀類（具体的には中・北部インドの焼畑で伝統的な主作物をなすモロコシやシコクビエ、サマイなどを指す）であることが注目される。ラーマンも指摘したように、この火祭りと儀礼的狩猟の慣行は、雑穀栽培型の焼畑農耕文化を特色づけるユニークな文化的特色の一つと考えられるのである。

ここで思い起されるのが、南九州の焼畑村五木村の「山の口開け」に始まる一連の旧正月の行事である。同村梶原地区では、旧正月五日を「山の口開け」の日とよび、その朝、一五才から六〇才までの男たち（男カズとよぶ）が全員、ムラの氏神妙見さんの社前に集る。このとき、シシモチとよぶ小さく切った米のモチとアワモチ（昔はすべてアワモチだったという）を各自が持参する。年寄が代表としてダンナ（かつての大土地所有者。祖先の象徴と考えられる）の所へ行き、「山の口開け」を依頼する。ダンナも、妙見さんまでやってきてモチ（米のモチとアワモチ各一ケ）を村人に渡し、村人もシシモチを男カズだけダンナに渡す。その後、かつては山の神に祈りを捧げ、男カズの全員で猪狩りに出かけたという。だが、その猪狩りについては、調査の時点（一九五九年）では村人たちの記憶がなく詳細は不明である。

この「山の口開け」の翌一月六日は「柴刈り」の日で、夕方から山へ行き、ヘボの葉やダラの木を伐ってきて、年木（カシの薪で家の周囲に立てる）や門松に立てかけ、翌七日にはそれらをすべてムラの中央にあるユガワ（泉場）に持ちよって、火をつけて燃やす。これを「鬼火焚き」あるいは「ヘボ焼き」という。一種の「火祭り」が行われるのである。

これらの五木村における「山の口開け」に始まる一連の旧正月の行事は、儀礼的共同狩猟（シシモチの交換は獲物であるシシ肉の共食を象徴的に示す）と伐採・火祭りの諸要素を含む儀礼が複合した行事として注目されるが、その性格をより明瞭に示すのが、小野重朗が『農耕儀礼の研究』（一九七〇）の中で詳しく紹介した、鹿児島県の大隈半島の村々で旧正月三日から六日頃に営まれる「柴祭り」である。

この祭りはシバンカン（柴の神＝山の神）という非常に恐しいカミを祭る儀礼で、柴を刈り、聖所（シバ山）にそれを立てて祈ったあと、その柴に火をつける。その後、旧正月六日には、コーガイ（講狩り）やカンガリ（神狩り）、モヤイ狩りなどと称し、共同で実際に狩猟に出かけたり、あるいはワラやカヤで猪や鹿の形をつくって、神官がそれを弓で射たり、モチやシトギを焼いてシシノニクといって食べたりする。さらには祭主が野原に火をつけるという例もいくつかみられる。

つまり、この祭りには「狩猟の事始め」としての色彩が濃厚だが、それとともに柴を刈り、柴を立てるというのは、山の神の依り代を祭りの場に立てることを意味し、この行事が山の木の伐りはじめを象徴する儀礼とみることもできる。さらにこの一連の行事には「祭りの場で火を焚く」「野火をつける行事を伴う」などの例がかなりあり、「火の焚きはじめ」の意味を有するとも思われる。しかも、その「火」が、灯火や調理の火ではなく、戸外で焚く火や野火であることが注目される。報告者の小野重朗も「この野火は畑作と深い関係をもつものだ」と推定し、「この野火の始めには、農耕はじめの神事としての意味がある」と考えている。

このように見てくると、南九州の「柴祭り」は本来、焼畑の伐採と火入れの始まりを象徴する儀礼的要素と焼畑の豊穣を山の神に祈る儀礼的共同狩猟の営みとが複合した一連の行事だとみて間違いないと思われるのである。この南九州の旧正月の神事と前に述べた北・中部インドの土着農耕民のもとでみられる儀礼的共同狩猟と火祭りとが結びつく諸行事の間には、その基本的性格において類似する点が著しいことが注目される。

ラーマンは、これらの類似した文化現象をつなぐ失われた環を求め、その一つを北ベトナムのムオン族に見出している。そこでは、かつては陰暦正月の農耕の開始期に春の儀礼的共同狩猟が行われていた。それは「収穫のための狩猟行」とよばれ、数ヵ村のすべての男子によって営まれ、狩猟の終った後には、盛んな酒宴が行われたというのである。

だが、私はより適切な諸事例を台湾山地の焼畑民のもとで見出せると思っている。私の調査したキヌラン村では、伝統的な農耕慣行が比較的よく保持されていた戦前の時期には、伐採シーズンの開始に当り、村の全員が集り儀礼的な伐採が行われていた。その際には二頭のブタの四脚をしばって焼畑の伐採地にまで運び、頭目が「ブタを捧げますから、畑の耕作を許して下さい。多くの作物が稔りますように」という呪言を唱え、全員が無言で森林の一部を伐採する。その後、二頭のブタは、そのまま再び村にまで持ち帰り、頭目の家で年寄たちが、それを殺して全員で会食する。この饗宴は二日間つづくが、その期間が終ると、例え食べ残しがあってもすべて捨てねばならなかったという。

この儀礼的集団伐採については、今日、これ以上のデータを得ることはできないが、古野清人が戦前に調査したパイワン族のクスクス村の例によると、村人が焼畑の伐採・火入れを行うに先立ち、各戸から一人ずつ出て、共同で頭目の新しい畑を開墾する慣行があり、そのとき祭儀が行われた。その祭りのためには二日前から全村の男たちが共同で狩猟に出かけ、その狩りの獲物を開墾祭の際にカミに捧げ、祭りが終ったあと、頭目家に村人が全員集って獲物の肉を分配し、盛大な饗宴を行ったというのである。またこのときに開墾した新畑は祭畑（パリシアン）とよばれ、そこで栽培されたアワでモチ（チマキ）や酒をつくり、アワの収穫祭のときにカミに供え、その後、村人たちが盛大な饗宴を行ったといわれている。

前述のキヌラン村の儀礼的集団伐採も、このパイワン族の開墾祭と本来は同様の特色をもつ儀礼で、全村の焼畑の開始を象徴するものであり、伐採予定地へわざわざブタを担いで往復する行為も儀礼的狩猟の変形したものと考えられる。いずれにしても、キヌラン村でも、かつてはきわめて象徴性の高い儀礼的な共同狩猟を伴う集団伐採によって、焼畑の造成作業が開始されていたことは間違いない。

さらに焼畑の開始期に儀礼的狩猟が営まれ、それが焼畑の豊穣を予祝するものとされる例は、台湾山地北部のタイヤル族などの間にもいくつかみとめられる。例えば『蕃族調査報告書』によると、トロック蕃では「アワ蒔き祭り」の直前に男たちが共同狩猟に出かけ、その獲物の血を司祭が手に塗り、焼畑のアワが出芽するまでその手を洗わないという。また、タコロ蕃ではアワ蒔き祭りの前夜にブタを供犠し、その血を種アワにしたたらせ、翌朝から男たちが共同狩猟に出かけ、ここでも獲物が多くとれ、手に多くの血がつけば吉兆だとみる慣行がみられたという。

このような台湾山地の儀礼的共同狩猟の諸事例を中間にはさめば、南アジア・東南アジアから南九州に至るモンスーン・アジアの焼畑民の間に、焼畑の開始期にその豊穣を祈る象徴性のきわめて高い儀礼的狩猟を営む慣行が広く分布し、とくにそこでは「血」のもつ呪力が全体として強調されていることが明らかになる。

ところで、台湾南部のルカイ族の村々では、私が「新粟のチマキと豊猟の占い」という論文（一九七八、後に『南からの日本文化（下）』、二〇〇三に所収）で詳しく論じたように、かつてはアワの収穫後に一ヶ月近くに及ぶ長い「アワ祭り」が営まれていた。もともとこの祭りは、①新粟（その年に収穫されたアワ）の飯をカミに捧げ、その後にそれを共食する「アワの新嘗と先祖祭り」、②新粟でチマキをつくり、その出来具合によって豊猟と豊作を占う一種の予祝儀礼、さらに③「年越しの祭り」を営み、その後に儀礼的狩猟に出かけて行く、という三つの部分から構成されていた。ところが①のアワの新嘗と③の年越祭りの部分が衰退し、今では聖所につくられた地炉や村の司祭家のカマドなどで、新粟のシトギでチマキをつくり、その出来具合によって吉凶や豊作・豊猟を占い、その後、村外の特定の場所で豊猟の儀礼を行ったのちに、儀礼的共同狩猟に出かけていくという形に儀礼の形態が変化したようである。本来、アワの収穫儀礼であるこの祭りの中から、もっとも重視されるべき「アワの新嘗」や「年越し祭り」の要素が脱落し、「豊猟と豊作の占い」と「儀礼的共同狩猟」という狩猟的色彩の濃厚な要素が残存したのは、いったい何故なのだろうか。

この問題を考察するに当り、馬淵東一が「中部台湾および東南アジアにおける呪術的・宗教的土地所有権」（一九七四）という論文の中で示した「狩猟と農耕を結びつける土着のイデオロギー」の存在という考え方は、きわめて示唆的だということができる。同氏によれば、台湾中部山地のブヌン族やツォウ族では、伝統的にアワを主作物とする焼畑農耕がもっとも重要な生業活動であるが、狩猟も社会的・情緒的に重要な意味をもつ活動である。ことにその猟場と彼らの出自集団の間には、最初の定着者とその土地の間にあったのと同じような《呪術的・霊的連帯》の存することを、馬淵はまず強調する。ところが、その猟場の中に焼畑耕地が造成されると、土地の所有権は《猟場の持主》と《耕地の持主》の二重になってくる。しかし、彼らの土着のイデオロギーでは猟場の所有が強調され、《猟場の持主》が《土地の持主》ともよばれ、猟場の神が豊猟のみではなく、焼畑耕地での豊作を確保するためにも重要な役割を有するというのである。

馬淵東一は、このような最初の定着者たちの子孫と土地の間に呪術的・宗教的紐帯が認められるような土地所有の特徴を、インドネシア各地や東南アジア大陸部、例えばアッサムの焼畑民などのもとにも広く見出している。おそらくブヌン・ツォウ両族のすぐ南に分布するルカイ族やパイワン族などにおいても、ブヌン・ツォウ両族のそれとよく似た狩猟と農耕の呪術的な結びつきが、もともと存在したとみることができる。そのことがアワ祭りにおいて、豊猟の祈りと占いを豊作の願いに結びつける要因となり、豊猟と豊作を同時に祈願する儀礼が形成され、それが今日にまで伝承されるに至ったと考えられるのである。

このような農耕における豊穣と狩猟の成功＝豊猟が、呪術的・霊的に関連し合うとみなす土着のイデオロギーは、馬淵が指摘するように、台湾山地民はじめモンスーン・アジアの焼畑民の間にかなり古くから伝承されてきた「文化的特色の一つ」と考えられる。現存する椎葉村の狩猟慣行の中には、こうした焼畑の豊作を祈願する要素を見出すことは難しいようだが、椎葉村に隣接する旧東米良村の銀鏡神社の霜月祭りは、狩りの獲物を神前に供え、「豊猟と豊作」を祈願する古い狩り祭りの伝統がよく伝承されている。

この祭りの詳細については、既に紹介があるので省略するが、かつては祭りに先立ち氏子総出で儀礼的狩猟が行われ、今日でもサチミタマとよばれる猪頭がいくつも神前に奉納されている。祭りには夜を徹して行われる三一番の神楽につづき、仮装した狩人夫婦が狩りの所作をおどけてみせるシシトギリの神事があり、その後、銀鏡川の川原で贄《にえ》を調理して山の神を祭り、猟占いと豊作の祈願を行うシイシバ祭りが行われるのである。

さらに九州の地とはやや離れるが、奥三河のいくつかの山村で営まれるシカウチ神事も、すでに早川孝太郎らが詳しく報告しているように、杉の葉でつくったシカを神官や宮の別当などが弓矢で射たあと、あらかじめシカの腹中に入れておいた苞《つと》の中のダンゴや米をとり出し、それに神社の境内の土をまぜ、「五穀の種」と称して豊作を祈ったという。かつては実際に氏子たちが共同で狩猟に出かけ、その獲物を山の神に捧げて豊猟と豊作を祈る儀礼が営まれたものとみることができる。

狩猟における成功＝豊猟が、伝統的な生業である焼畑の豊作の予兆となるという、この特徴的な考え方は、これまでの説明でもわかるように、南アジアから東南アジアをへて日本列島中・西部の山村にまで連続的に分布し、その考え方を象徴する文化的営為として儀礼的共同狩猟が広く営まれてきたことは間違いない。その儀礼的共同狩猟が、何らかの理由で営まれなくなったのちにも、豊猟と豊作をセットとして山の神に祈願する文化の伝統は、形を変えながらよく伝承されてきたということができる。

柳田國男が、さきにも引用したように狩の作法で「猟法」を述べた最後を山の神(コウザキ殿)への祈りの言葉で終り、また『後狩詞記』の「序」の末尾に「私はまだ山の神とは如何なる神であるかを知らないのである。誰か読者の中に之をよく説明して下さる人は無か」と記したのも、この山村の狩りの営みの背後に、山の神の存在を深く感得したために外ならないと私は思うのである。

第四節　終りにあたって——比較民族学の視点から

私は近著の『山の神と日本人——山の神信仰から探る日本の基層文化』(二〇〇六)で、わが国における山の神信仰のあり方を大観したが、その際、西日本と東北日本で山の神信仰の特色が大きく異ることに気付いた。西日本の主として照葉樹林帯では、山の神信仰は焼畑農耕をめぐる信仰や儀礼と深く結びつき、それにかかわる祭りや芸能が生み出されている。それに対し、東北日本のナラ林帯の山の神信仰は焼畑農耕との結びつきはきわめて稀薄で、むしろ狩猟や伐木などの生業との関係が非常に深い。東北日本の山の神信仰の表象が西日本のそれと明白に異ることとは確かである。

実はこの点については、すでに堀田吉雄が大著『山の神信仰の研究』(増補・改訂版一九八〇)の中で適確に指摘している。同氏は全国の山の神の祭日の事例三四〇余を整理した結果、山の神の祭日は、十二日とする東北日本の系統と七日と九日を祭日とする中日本のものと十五日や十九日を祭日とする九州・四国のものとに、三大別できるという。このうち「(東北日本に多い)十二日系は狩猟者の信仰に根ざし……より古い山の神の祭日」であり、「(西日本の)七日と九日いうのは農民の信仰する山の神の祭日の中核をなすもの」であると指摘し、そのうえで両者の対比は「北と南の異なった文化の系譜につながることを示唆している」とも述べている。十五日・十九日を祭日とする四国・九州のタイプについては、とくに指摘はないが、西日本の農民(主として焼畑農耕民)の山の神信仰の類型に入るとみて差支えないようである。

この堀田による日本の山の神信仰の地域差の確認は、その後、学界では長らく無視されてきたが、誠に適確な指摘で、私が今回調べた結果ともよく一致する。日本の山の神信仰が西日本と東北日本で大きく性格を異にし、西日本のそれが照葉樹林帯、あるいはより広くモンスーン・アジアの山の神(森の精霊)信仰の系譜に連り、東北日本のそれが東北アジアの山の神(山や森や動物の主)の信仰に連ることはほぼ間違いない。

椎葉村における狩猟習俗をはじめ、前節まで論じたモンスーン・アジアの焼畑農耕民社会にみられる豊猟を豊作の前兆とみなし、儀礼的共同狩猟を営み、その獲物を共同体の全員で大量消費する慣行などは、明らかにモンスーン・アジアの地域にみられるきわめて顕著な文化的特色ということができる。

いわゆるナラ林帯で象徴されるユーラシア北部の落葉広葉樹林帯における狩猟について、ここで詳しく論ずることはできないが、落葉広葉樹林帯、あるいはその北方に拡がる針葉樹林帯における狩猟は、基本的に農耕との結びつきはきわめて稀薄であり、むしろ狩猟そのもののもつ食糧獲得手段としての役割が大きい。そのことは東北アジアの狩猟民——例えばオロチョンやエヴェンキ、ウデへなどの諸事例をみても明らかである。そこでは狩猟で得た獣肉は、干肉や燻製、腸詰めや膀胱詰め、その他に加工して貯蔵されることが多い。モンスーン・アジアの焼畑民のように豊猟を豊作の前兆とみたり、共同体の全員で饗宴を催し、獣肉を一時的に大量消費するようなことはない。両地域における狩猟の役割とその意義の大きな違いをよく理解しなければならない。

北方の狩猟民社会においては、獲物の骨を丁寧にまとめて処理し、その骨から獲物の動物が再生してくるという《骨からの再生》の観念が広く分布している。それに対し、アッサムから雲南山地や台湾山地、さらに東南アジアの島嶼部からニューギニアに至る地域の焼畑農耕民のもとでは、前述のように、狩猟した獲物の下顎骨(イノシシのものが多い)を顎骨棚などで大量に保存する《下顎骨保存》の慣行が広くみられる。この場合、これらの下顎骨を保存する理由として、生態人類学に詳しい秋道智弥は、捕獲した動物の数の誇示とそれによる社会的地位の獲得、狩猟儀礼の際の呪物、さらには祖先崇拝に関係するなど、さまざまな事由をあげているが、その根底には狩猟の成功を山や森の神の恩寵の結果と考え、保存された下顎骨は、その恩寵の豊かさを象徴的に示す呪物とみなす思想が存在するのではないかと思われる。

モンスーン・アジアの焼畑農耕民社会における狩猟は、単なる食糧獲得や害獣駆除の手段ではなく、その営為の深層の部分に呪術的・象徴的性格を強く有するものであり、柳田國男が椎葉村で見出した「猪狩の故実」の背後にも、こうした文化的特徴が秘められていることを、私はくり返し強調し、本稿を終えることとしたい。

（補論）『後狩詞記』と『遠野物語』および「山人論」をめぐって

明治四十一年（一九〇八）は「解説」でも述べたように、「日本民俗学の父」といわれる柳田國男が二つ貴重な体験をした年であった。それはまさに日本民俗学の出発を画する大きな出来事であったということができる。

『後狩詞記』の刊行とその内容

その一つは、柳田は明治四十一年（一九〇八）七月に本章の「はじめに」でもふれたように宮崎県の椎葉村を訪れ、一週間その地に滞在し、伝統的な「猪狩の慣習が正に現實に當代に行はれて居ること」、それとともに、四月と八月に山地斜面に火入れをして営まれる焼畑農業が、今もこの山間の村々の「主たる生業」であることを確認したことである。

この椎葉村で知り得た事実を、柳田は翌明治四十二年（一九〇九）三月に『後狩詞記――日向國奈須の山村に於て今も行はる、猪狩の故實』という小冊子にまとめ自費出版する。発行部数は僅かに九十部だったという。その内容は、「序」、「土地の名目」、「狩ことば」、「狩の作法」、「色々の口傳」、「附録」（椎葉徳藏氏所蔵の『狩之巻』の写し）に分かれ、「土地の名目」と「狩ことば」はニタとかトギリとかキリなど、地元で伝統的に使われてきた狩猟や焼畑にかかわる用語の意味とその解説、「狩の作法」と「色々の口傳」では猟法や農猟、狩の紛議あるいは飛走中の猪を止まらせること、その他の事項について、やや長めの解説からなる。

その多くは、柳田が資料作成を依頼した当時の椎葉村長の中瀬淳から送られてき「狩猟の話」と題する原稿になったようだが、収集し得た七十余に及ぶ民俗語彙と狩猟法の説明などによって、柳田は、焼畑と狩猟を主な生業とし、水田稲作農耕にほとんど依存しない山民（山人《やまびと》）の生活が、この南九州の山村地帯で営まれていることを知ったのである。その体験は、柳田にとって極めて大きかったようである。

例えば旅行の翌年四月に発表した「九州南部地方の民風」という視察記では、次のように述べている。

「山人論」をめぐって

福田アジオ［福田、二〇一二］によると、柳田は一九〇八年の夏の南九州旅行のあと、各地でその報告を行い、

古き純日本の思想を有する人民は、次第に平地人の為に山中に追込まれて、日本の旧思想は今日平地に於ては最早殆んど之を窺い知ることが出来なくなって居ります。従って山地人民の思想性情を観察しなければ、国民性といふものを十分に知得することが出来まいと思ひます。（しかし、これらの山地人民は古代・中世において平地から入った武士によって制御され、後年、武士たちが平地に下り住まうようになってからも、）山地に残れる人民は、次第に其勢力を失ひ、平地人の圧迫を感ぜずには居られなかったのであります。言はゞ米食人種・水田人種が、粟食人種・焼畑人種を馬鹿にする形であります。此点に付ては深く弱者たる山民に同情を表します。

要するに、山間の奥地に居住する山民は粟食＝焼畑に依存する人たちであり、彼らは日本列島における古くからの住民で、それが新たに平地から入ってきた米食＝水田稲作民によって圧迫されるようになった。この山民には同情せざるを得ないというのである。その言説には初期の柳田民俗学を特色づける「山人《やまびと》論」への確かな萌芽を認めることができるようである。

「山人論」について、ここで詳論するわけにはいかないが、柳田は明治の末年から大正時代の末頃にかけての初期の論考の中では山人というものの存在に注目している。「山人というものは、この島国に昔繁栄した先住民の子孫である」（「山人外伝資料」）とし、この先住民＝山人の存在を前提とした「山人考」（大正六年（一九一七）日本歴史地理学会での講演）においては、「現在の我々日本国民が、数多くの種族の混成だということは（じつはまだ完

全には立証せられたわけでもないようでありますが）、私の研究はそれをすでに動かぬ通説となったものとして、これを発足点といたします。」とその研究の立場を明らかにしている。

具体的には、日本列島に稲作をもたらした「われわれの先祖（いわゆる天孫族。『記紀』にいう天津神《あまつかみ》）とは別に、日本列島には稲作以前の文化伝統をもつ非稲作民（『記紀』にいう国津神《くにつかみ》）が古くから先住民として居住していたと考えられる。」柳田は日本の歴史はこの国津神（先住民）と天津神（稲作民）との混成の歴史だとした上で、先住民たちの多くは、新来の稲作民とその文化に同化したが、それに同化しえず僻遠の山地に残存した先住民の子孫たちがあり、それを「山人」とよんだのである。この山人の生活文化の中には古い日本の姿が伝承されているはずであり、そこに日本民俗研究の原点を見出そうと彼は考えたのである。

『遠野物語』の誕生

明治四十一（一九〇八）年夏の椎葉村訪問は、柳田にとって、このような山人論への基礎的なデータを得たことで大きな意義があったが、前述のように同年秋に、柳田はさらにもう一つの貴重な体験をすることになる。佐々木喜善との出逢いである。『年譜』には次のように記録されている。

明治四十一年十一月四日、水野葉舟がはじめて岩手県遠野の佐々木喜善をつれてくる。佐々木の話をそのまま書きとめて後に（四十三年）『遠野物語』として出版。

このとき佐々木喜善が語った遠野に伝えられている不思議な説話の数々は、柳田をすっかり魅了したようである。柳田自らが佐々木の下宿を訪ね、また、佐々木を自宅に幾度か招いてその話を聞いた。さらに翌明治四十二年（一九〇九）八月には自ら遠野を訪れ、説話の背景を知り、強い印象を得たようである。その結果が明治四十三年（一九一〇）年六月の『遠野物語』の出版となる。その序文で柳田は次のように記している。

この話はすべて遠野の人佐々木鏡石（喜善のこと）君より聞きたり、……鏡石君は……誠実なる人なり。自分もまた一字一句をも加減せず感じたるままを書きたり。……国内の山村にして遠野よりさらに物深き所にはまた無数の山神、山人の伝説あるべし。願わくはこれを語りて平地人を戦慄せしめよ。……(後略)……

柳田は僻遠の山地には、遠野で採集したのと同じような山神をはじめ山人などの古い伝承が数多く残存しているはずであり、それらの山人の古俗を明らかにすることによって、新しい文化にのみ依存する平地人たちに強い警《いまし》めを与えようと考えたと思われる。だが、『遠野物語』の刊行部数は僅か三五〇部で、その後に増刷されることもなかったので、一般に流布することはほとんどなかった。『遠野物語』がよく知られるようになるのは、柳田國男の還暦を記念した日本民俗学講習会にあわせて、一九三五年に「遠野物語拾遺」を加えて再版されて以後のことと考えられる。

山人論その後

むしろ、一九〇八年の貴重な体験にもとづき、『後狩詞記』と『遠野物語』が生み出されて以後、山人をめぐる柳田の関心の高まりは、前にもふれた「山人考」(一九一七)などをへて『山の人生』(郷土研究社、一九二六)の刊行へとつながったと思われる。同書の自序には次のような主張がみられる。

新しい知識を求めるばかりが学問ではなく……これまで一向に人に顧みられなかった方面が多々あって、それに今われわれが手を着けているのだということと……同胞国民の多数者の数十年間の行為と感想と経験が、かつて観察し記録し、また攻究せられなかったのは不当だということと、今後の社会構造の準備にはそれが痛切に必要であることとは、少なくとも実地をもってこれを例証しているつもりである。……(後略)

ここで柳田は古い歴史の中で形成されてきた(日本列島の先住民と思われる)山人についてのさまざまな伝承を記録し、今後の研究の資料とすることが、今、何よりも必要だと考え、非科学的という酷評に耐して、山人についての伝承を集大成しようと試みたと思われる。

しかし、その後の研究の方向は、柳田が考えたようには進まなかったようである。柳田は、山人の伝統を実証するため、昭和九年(一九三四)から三年間、全国の山村を対象に組織的な「山村生活調査」を実施した。だが、その結果は「踏査した山村はたゞ奥まった農村に過ぎなかった」(「山立と山臥」一九三七)だけであり、問題の山人の伝統はもはや辿り得なくなっていることが明らかとなった。この「失望の記録」を境に、柳田の研究は稲作文化の研究に著しく傾斜していく。

つまり日本文化の形成を多系的で多重なものと考える見方から、日本文化をイコールで稲作文化と考える単系・同質の日本文化論へ、柳田は大きく転向したのである。それ以後、日本文化と稲作文化をイコールで結びつける考え方が、日本の国民文化を単一・同質のものとして捉える国家主義的な傾向とも結びついて、わが国の学界や言論界に広く定着していったことは間違いない。

『後狩詞記』再考——一国民俗学から比較民族学へ

いずれにしても、水田稲作民が展開する以前の日本列島には先住民として、主として狩猟と焼畑を営む人たちがいたことを前提とする「山人論」は、その詳細は別として大きな流れとしては、私の「稲作以前論」や「日本文化の多重構造論」などの先駆をなす日本文化論であったということができる。『後狩詞記』はくり返し述べたようにまさにその「山人論」の出発点となった記念すべき論考であるが、それは九州山地の僻遠の村々などに、古い焼畑や猪狩りの古俗などが、よく残存していることを確認する記録であった。この種の僻地に残る伝統的な資料を積み重ねることにより、この島国で、昔、繁栄した先住民である山人の姿がやがては復原できるものと柳田は期待したのである。しかし、その研究法はいわゆる一国民俗学の立場によるものであった。民俗学の意義と方法を論じた『民間伝承論』(一九三四)によると、「一国民俗学とは、日本列島内で日本語を共通の言語とする人々が共有する文化を研究し、その歴史的展開を明らかにすることで、自己省察を行う学問といえる」としている。将来、世界民俗学へ発展する素地を認めつつ、当面は一国民民俗学の確立をその当時、柳田は強く望んだのである。したがって、山人論の基礎となる日本の僻地に残る焼畑や狩猟の古俗を、広くアジアの諸民族のそれと比較研究しようとする視座は、そこでは全く欠落している。

私が、本章において『後狩詞記』に記載された「猪狩の故実」をとりあげ、モンスーン・アジアの焼畑民の諸事例との比較研究を試みたのは、一国民俗学の立場を超えて比較民族学の視座から、改めて問題の展開を行いたいと考えたからにほかならない。

その結果は、西日本を含むモンスーン・アジアの焼畑農耕民社会における狩猟には、その営為の深層の部分で呪術的・象徴的性格が強く見出せるとともに、豊猟を豊作の前兆とみなす儀礼的狩猟の慣行が、モンスーン・アジアの諸地域に広く分布することが明らかになった。そのことにより、南九州の椎葉村に伝承された「猪狩の故実」が、孤立した特異な文化現象でなく、モンスーン・アジアの焼畑農耕民の間に共通する文化現象であり、その系譜を追跡することによって、日本民族文化の来歴の方向性を推定することも可能になったと考えられる。

一国民俗学から比較民族学へ、研究の視座を転換することにより、「山人論」の基礎的資料の一つであったものが、日本民族文化形成論の有力なデータの一つとして甦ることが可能になったということができるのではなかろうか。

（二〇一二年四月二十日稿）

第十二章　ヒエ栽培についての二つの覚書

［解　説］　ヒエを主作物とする焼畑とヒエ穂の火力乾燥

「ヒエ（*Echinochloa utilis*）は特徴の著しい雑穀（millet）である」。その理由の第一は、ヒエは日本列島――とくに北海道西南部から東北地方北部の地域を中心に、縄文時代前期後半ごろからその栽培が始まったと想定され［吉崎、一九九七］、その分布が日本列島とその周辺に限られている。そのためヒエは日本列島で栽培化された数少ない作物の一つである可能性が大きく［阪本、一九八八］、そういう意味でヒエは日本固有の古い穀物だということができる。

ヒエには作物としてのいくつかの特色がある。その一つは、イネやアワなどに較べ、ヒエは低温下でも発芽力が強く、よく登熟する耐寒性のきわめて高い作物で、比較的粗放な条件でも栽培できること。また、一般には他の雑穀と同様、畑地に播種して栽培されるが、ときには苗をつくって移植したり、ときには水田にも栽培することができる。さらにイネやコムギのように、ヒエの頴果（穀粒）は頴の部分から容易に剥脱しない。つまりヒエは脱稃が容易ではなく、脱穀・搗精作業に大へん手間がかかるという欠点も有している。

このうち第一の点については、伝統的な農耕の特色がまだよく継承されていた明治初年のヒエとアワの分布をみると（明治一〇年『全国農産表』による）表1の如くで、アワが九州の畑作地域に広く分布していたのに対し、ヒエは冷害常習地帯ある北上山地（陸中・陸奥・陸前）をはじめ、北関東の畑作地帯（武蔵・下野・上野・常陸）から中部山間地帯（信濃・美濃・甲斐）に、その生産が集中し、気候の冷涼な東北日本の地域で、全国のヒエの生産量の約七〇％を占めていた。

これらのヒエは、おもに常畑耕地で栽培されていたようで、とくに生産量の多い北上山地では、五月上旬に畠地にヒ

表1　「明治十年全国農産表」による稗・粟の多産国

国名	稗の生産高	国名	粟の生産高
陸中	118,201石	肥後	287,151
武蔵	104,573	武蔵	167,081
信濃	98,867	豊後	85,627
陸奥	92,761	相模	83,368
下野	92,643	筑後	58,855
上野	69,106	肥前	56,772
常陸	36,223	陸中	56,483
美濃	32,777	信濃	55,339
陸前	25,845	薩摩*	49,586
甲斐	23,216	上野	45,301

（*薩摩の数値は「明治十一年全国農産表」による）

エを播種し、九月にそれを収穫、そのあとすぐにムギを同じ耕地に播き、翌年七月に収穫するが、そのムギの株間に五月に大豆を播き、それを十一月に収穫するという、二年三作の栽培が広く行われてきた。この場合、初年目のヒエの播種の際には、穴に溜め込んだ人糞尿（ボッタ）を種子とよく混ぜ合わせて播種する施肥法（ボッタマキという）が行われ、これがわが国最大のヒエ産地の栽培を支えてきたとされている。

これに対し、中部山間地域などの高冷山村ではヒエは山地斜面に拓かれた焼畑の主作物として重要な役割を果たしてきたようである。例えば、白山山麓など、いわゆる飛濃越山地（富山・石川・福井・岐阜の県境一帯の山地）では、私が「ナギハタ型」と命名したヒエを主作物とする焼畑の類型が広く分布していた。表2は、その具体的な輪作の事例を示したものだが、これらの《ナギハタ型》の焼畑においては、五月中・下旬から六月上旬にかけて火入れを行い、造成した初年目の耕地ではほとんど例外なくヒエが栽培されている。土地生産力のもっとも高い初年目の耕地でヒエが例外なく栽培されているということは、この地域ではヒエの主作物としての地位が著しく高いことをよく示す事実といえる。第二年目以後の輪作は、白山北・西麓の村々では二年目にアワ、三年目に大豆を作付し、四年目以後にコナヒエあるいはコナアワと称してもう一度ヒエやアワを焼畑耕地で栽培する例が多い。しかし、尾口村ではこの四年目以後に焼畑で栽培されるヒエは苗をつくって移植するものが少なくないようである。他方、白山南麓（主として岐阜県側）の村々では、初年目にヒエを栽培したあと二年目、三年目にもヒエやアワを連作する例がみとめられる。いずれにしても白山麓の地域を全体としてみると、輪作様式に若干の相違はみられるが、焼畑における

表2　白山麓とその周辺地域の焼畑の伝統的輪作様式

県名	町村名	焼畑の呼称	火入れの時期	初年作物	2年目作物	3年目作物	4年目作物	5年目作物	備　考	休閑期間	資　料
石川	白峰	ナギハタ 〃 ナナギ	5・下～6・中 7・中 7・中～8・上	ヒエ ソバ 大根	アワ アワ・ヒエ アワ(ソバ)	大豆(小豆) 大豆・小豆 –	アワ – –	小豆(ヒエ・アワ) シコクビエ・ソバ –	第6年目(ソバ・シコクビエ)初年目にカブ、5、6年目にアブラエをつくることあり。ナナギは面積小	30～50年	佐々木高明1964、67年調査
〃	尾口	ナギハタ	5・中～5・下	ヒエ	アワ	大豆または小豆	ヒエ(移植)あるいはソバ	小　豆(エゴマ)	第4年目のヒエは移植栽培をする	25～30年	佐々木高明1975年調査
〃	新丸(小原)	ナギハタ	5・下～6・上	ヒエ	アワ	大豆(小豆)	小豆(大豆)	シコクビエ(コナビエ)	第6年目にサトイモ・アブラエ。5年目以後のヒエ・シコクビエは移植栽培	30年	橘礼吉1976
〃	鳥越	ナギハタ	春	ヒエ	アワ	小豆	–	–			加藤助参1935
福井	五箇(打波)	ナギハタ	5・下～6・上	ヒエ	アワ	大豆・小豆(アブラエ)	アワ	小豆(シコクビエ)			加藤助参1935
〃	下穴馬	ナギハタ ヤマバタ	八十八夜すぎ(春焼き)	ヒエ	アワ	大豆・小豆(甘諸)	(ヒエ)	–	多くは3年で放棄		佐々木高明1966年調査
岐阜	石徹白	ヤマバタ ナギハタ	5・下～6・下	ヒエ	ヒエ(アワ・小豆)	ヒエ・小豆	小豆	–		30～50年	佐々木高明1961年調査
〃	白川	ナギ	秋の末にアラヤキ、翌春4月にオキヤキを行う。	ヒエ	ヒエ・アワ	アワ・大豆・小豆	小豆・ソバ・アブラエ	ヒエ	良い場所なら8～10年間作付する。	50年	江馬三枝子1943
〃	荘川		秋葉の神祭りののち	ヒエ(アワ)	アワ(大豆・小豆)	大豆・小豆(アワ・ヒエ)	小豆(アワ)	(ヒエ・アワ)		10年	上島正徳1956
〃	坂上		6	ヒエ	アワ	ヒエ	豆	アブラエ		20～30年	林魁一 1939
〃	徳山	ナギハタ	春	ヒエ	アワ	小豆(ヒエ)	(アワ)	(小豆)			桜田勝徳1951
	坂内		春	ヒエ	アワ	ソバ(小豆・ゴマ・アブラエ)	–	–	焼畑は明治年間に盛んであった。		桜田勝徳1940

ヒエ栽培のウェイトが著しく高いことが注目される。

ここに採録した「ヒエを主作物とする焼畑とその経営技術」は、白山山麓の村々の中でもっともよく知られている白峰村のすぐ北に位置する、尾口村のナギハタ型の焼畑の経営についての調査報告である。原文は『石川県尾口村史』第二巻・資料編二（一九七九）の「三、第一次産業」の第一節「焼畑・出作りと焼畑経営の技術」により、その一部を削除・補訂したものである。白山麓の焼畑農耕については、橘礼吉氏の大著『白山麓の焼畑農耕――その民俗学的生態誌』（一九九五）が刊行されているし、筆者も『日本の焼畑』（一九七二）の中の「中部日本における焼畑の経営方式」において解説を加えたが、いずれも白峰村の諸事例が多く、ここでは尾口村のヒエナギを中心に叙述を行った。

いずれにしても、前述の北上山地をはじめとするヒエ作の卓越地域、あるいは白山山麓を中心とするナギハタ地域や九州や四国の山地でも高冷地の焼畑地帯では、食糧自給体制が崩壊する以前には、ヒエの主食作物としての役割がかなり大きかったことは間違いない。そこで問題になるのが、ヒエの脱稃が、他の穀物に較べて容易ではないことである。その対策として、脱穀させたヒエの穀粒を加熱したあと乾燥させて脱稃しやすくする方法が、全国でさまざまな形で行われてきた。

第二節の「ヒエの加熱処理技法とその用具」は、その実態を九州山地、中部山地、北上山地の地域別に考察したもので、印南敏秀・神野善治・佐藤賢治・中村ひろ子（編）『もの・モノ・物の世界――新たな日本文化論』（二〇〇二）所収の原論文に若干の補筆を行った。

その結論として、ヒエ穂の「加熱処理の第一の類型は、あらかじめ脱穀させた玄稗を蒸し（加水・加熱）たあと、天日あるいは炉（その発展型としてのムロ）の火力で乾燥させる典型的なパーボイル処理で、この技法は若干のバリエーションを伴いながら、北上山地に広くみられる。」これに対し「九州・四国山地を中心とする西南日本においては典型的なパーボイル加工の例はなく、むしろ穂刈りしたままヒエ穂を大籠に入れてカマドの上などで乾燥させたり、あるいはイロリの上の火棚の上で乾燥させるなどの方法が広く分布している」ことを明らかにしている。

このようなヒエ穂の火力乾燥の地域差がどのようにして生じたのか、それとヒエ栽培の分布域が大きく東北日本に偏っていることとが、どのように関係するのか。ヒエ栽培をめぐって残された課題は少なくないようである。

（二〇一一年十月十五日）

第一節　ヒエを主作物とする焼畑とその経営技術――白山麓・尾口村の事例を中心に

(1)　序説　尾口村の焼畑・出作りと雑穀作の変遷

一　出作りとその変動

水田や常畑に適した平坦面の乏しい尾口村は、昭和初期の調査では、水田率は僅か五・二%、一戸当たりの水田面積も〇・六五反にすぎない。したがって村民の主要な食糧生産の場は、古くから山地斜面にひらかれ、主としてヒエやアワなどの雑穀を栽培する焼畑耕地や常畑耕地に求めざるを得なかった。その結果、村民の多くは母村集落(ジゲ)からかなり離れた山地斜面の中に大型の出作小屋を構築していわゆる出作り生活を営んできた。一般に彼らは八十八夜の頃に出作り地への道づくりを行い、五月の初～中旬頃に家族をあげて母村の家から出作小屋に移住(入山《いりやま》)する。出作り地では焼畑耕作をはじめ製炭・養蚕などの生業活動を営むが、何といってもその生産活動の中心になるのは主食糧であるヒエとアワを焼畑で栽培することであった。

その栽培技術のプロセスについても後に詳述するが、十月の初旬から中旬にかけてはヒエの収穫、つづいてアワや豆類の収穫とこれらの脱穀・調整を終えると、雪の早いこの地方の山々には初雪が訪れはじめる。そこで十月の下旬から十一月の中旬頃にかけて出作小屋で生活していた人達はつぎつぎに母村へ引き揚げる。これをジャマ(出山)とよんでいるが、そのときにはヒエの粉でつくった「ジャマダンゴ」をつくって親類などに配る慣行もあったという。

このほか、女原や東荒谷などでは九月の旧盆の頃にいったん出作り地から母村に降りて、常畑や水田の収穫

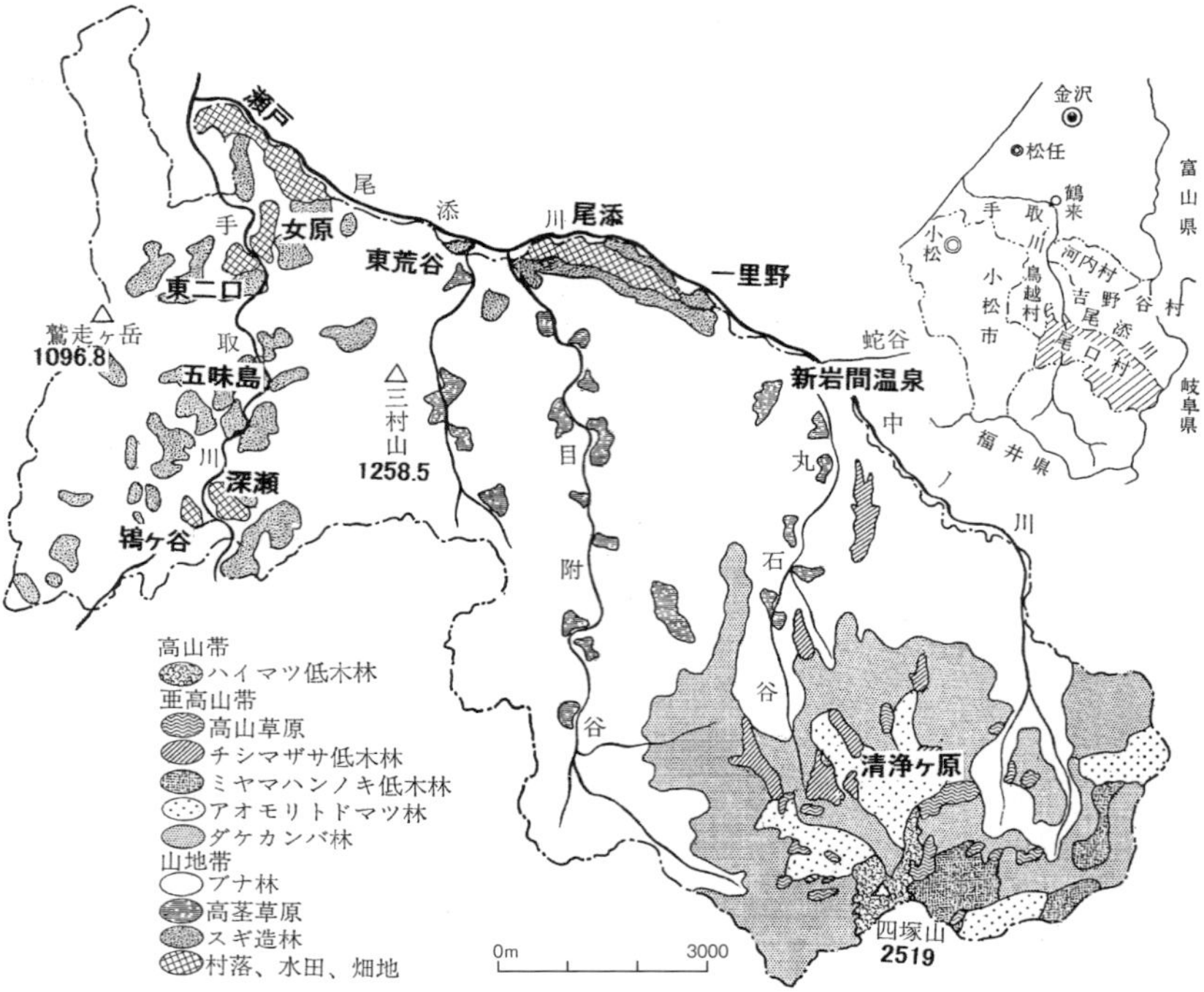

図1　尾口村と植生（尾口村史を一部修正）

を行い、十月に再び山に入って焼畑の収穫や翌年の焼畑の伐採を行うという例もある。また、春の火入れ・播種の頃と秋の収穫の頃に、それぞれ二〜三週間ほど出作小屋に家族が泊まり込み、他の時季には老夫婦のみが出作小屋で生活するといった変則的な出作り生活の例も具体的には少なくないようである。

さらに右に述べたいわゆる「季節的出作り」のほか、尾口村でも家族の全員が年間を通じて出作小屋で生活し、冬季間もそこで越冬するといういわゆる「永住的出作り」の事例がみられるが、その大部分は隣村の白峰村からの出作り農民であった。尾口村の村民のなかで永住的出作りを営むものはきわめて少なく、その大半は季節的出作りを営んでいた。

明治以後の各集落における焼畑・出作りの変化については、別に『尾口村史第一巻』の「集落誌」の項で詳述したので再説は避けるが、全体としては、明治期には集落のほとんど全戸が出作りを行い、山地斜面で焼畑耕作を盛んに営んでいたが、大正期を境に各集落とも出作り数が減少しはじめ、深瀬では戦前の昭和十五年頃に出作りがほとんど消滅している。

しかし、他のムラでは第二次大戦後の時期までかなりの数の出作り農家が残存し、これが急速に消滅しはじめたのは、昭和三〇年前後からであり、昭和四〇年頃までには各集落とも出作りはほとんど完全に消滅した。表3は出作り戸数の変化が比較的明瞭な女原の例であり、戦後の昭和二八年頃から急減したことがわかる。

二　雑穀栽培とその変化

出作り地帯の焼畑や常畑（ムシバタケあるいはセンザイバタなど）で栽培される主な作物は、さきにも述べたように、ヒエ・アワなどの雑穀類と大豆・小豆などの豆類であり、これらの雑穀類と豆類は、戦争中の食糧（米穀）配給制度によって、この山村地域における食糧自給体制が崩壊するまで、村人の生活を支える主食糧であった。したがって、村人たちは古くからの経験にもとづき、家族の食生活を余裕をもって維持するためには、どれほどの雑穀類が必要かをよく知っていた。

表4はいくつかの村でその数値を調べた結果であるが、深瀬の数値がやや少ない（恐らく最低必要量かもしれない）ほかは数値が近似しており、成員数五人の一標準家族当たりヒエ五〜七・五石（一〇〜一五俵）、アワ二〜二・五石（四〜五俵）、シコクビエ〇・五〜一石（一〜二俵）程度を年間に必要としている。加藤助参氏は、昭和五年に白峰・尾口両村の雑穀栽培農家二九戸を抽出調査した結果、これらの雑穀作農家では

表3　女原における出作りの変遷

時期	出作り戸数	備考
明治中期	25戸	おもに共有林で
大正初期	18戸	
昭和5年	18戸	うち2戸はムラ外からの出作り
16年	16戸	うち2戸は白峰村からの出作り
20年頃	16戸	うち3戸は白峰村からの出作り
28年頃	出作り戸数が急減	
37年	最後の出作りＩ氏が出作耕作を放棄して消滅	

表4　五人家族で年間必要な雑穀の量

	ヒエ（俵）	アワ（俵）	シコクビエ（俵）	その他の雑穀
深瀬	七～八	二～三	—	大豆一俵、ソバ・アズキその他
釜谷	一〇～一五	四～五	—	ほかに購入米　四～五俵
五味島	一五	五	二	ソバ一・五俵、他に購入米二～三俵
東二口	一〇以上	三～四	一～二	
女原	一五	五～六	二	キビ（モロコシ）二俵

注）1俵の容量は4斗でなく5斗。

年間にヒエ六・九四石（約一四俵）、アワ一・九八石（約四俵、）シコクビエ〇・八六石（約一・七俵）を生産していることを指摘しているが［加藤、一九三五］、この数値は表4の数値とみごとに一致する。この村を含む白山山麓を中心とするヒエ作地帯における雑穀栽培農家のもっとも典型的な生産規模が、これらの数値によく示されているものとみられるのである。

なお、本村全体の雑穀生産の変遷の概要を示す表5は、『尾口村史第一巻』の「経済の変遷」の表から関係数値を抽出・整理したものである。少なくとも白山麓のこの村では、昭和初期頃までかなりの生産量を示していた雑穀生産が、それ以後、急速に衰退したことがわかる。それは出作・焼畑の衰退と軌を一にしたものとみることが出来るのである。

表5　米と雑穀生産の変遷

時　期	米	雑　穀※	
	水田面積	栽培面積	収　量
	反	反	石
大正4年	149	1532	1367
9年	169.8	1650	808
昭和5年	172	1461	1661
14年	377	499	957
31年	368	192	194
			tons
35年	387	43	7.8
41年	347.3	0	0

※ヒエ、アワ、ソバ、モロコシを合計したもの。ただし、昭和5年と昭和35年はヒエとアワのみの合計値。

三　雑穀類の呼称

尾口村における雑穀類の呼び名には、標準和名そのままのもの、いくつかの方言名称をもつもの、標準和名と同じ言葉で違った作物を指すものなど、さまざまな変異を示している。

まず、標準和名そのままのものとしては、ヒエとアワがある。アワはモチアワ、ウルチアワ（またはママアワ）に大別され、いくつかの品種名も保存されているが、ヒエの品種名についてはその保存状態が悪く、ほとんど採集できなかった。いずれにしても、ヒエとアワはムラごとの方言差もなく、標準和名がそのまま定着している。

これに対して、キビという言葉は村内の各ムラですべて同じように用いられているが、これは標準名でキビとよばれる作物を指すのではなく、標準名でモロコシとよぶ作物を意味している。したがって、例えば前掲の表4をはじめ従来の調査でキビと記されてきたものの大半は、モロコシのことだとみてよいと思われる。それでは標準名でキビとよぶ作物は、この村では何とよばれていたのだろうか。ムラごと、あるいは質問した村人ごとに少しずつの違いはあるが、それはイナキビ・イネキビ・イリキビあるいはアワキビなどの名で呼ばれているようである。穂の形状からして比較的理解しやすい呼び名である。

このほかシコクビエについては、白山麓でひろく用いられているカマシという語が、この村でもよく使われているが、そのほかコーボービエという呼び名もあり、尾添ではカマワセというきわめて地方的な呼び名もある。このようなムラごとにローカルな呼び名の多い作物は、トウモロコシで、これにはトウキビ・ナンバキビという標準名に近い呼び名が全村に分布するほか、ターワ（深瀬・五味島）、トンネ（瀬戸）、アビキリ（尾添）などきわめて分布域の狭いローカルな名称がみられる。

(2)　本論　尾口村の焼畑経営とその技術

一　畑地の分類とその名称

尾口村では畑作を行っている土地ないしはその用地について、いくつかの分類概念があり、その名称もムラ毎

表6　畑地の分類とその呼称

	区　分	東二口	尾　添	備　考
焼畑的土地利用	焼畑用地 焼畑 輪作4、5年目以後の耕地 休閑地	ムツシ ナギあるいはナギハタ フルバタ アラシ、アラヤマ	アラシ、ツクリバカ ナギあるいはナギハタ フルバタケ	五味島では耕作放棄後の畑地をフルバタという
常畑的土地利用	家屋のまわりの菜園 集落付近の普通畑	センザイバタ メグラバタ	ムシバタケ ハタケ	鴇ヶ谷ではケヤチ 瀬戸は屋敷まわりをメグラバタ

に若干異なっている。ことに伝統的な生業手段としてもっとも重要な焼畑用地が、手取川流域のムラではムツシと呼ばれるのに対し、尾添川流域ではツクリバカあるいはアラシと呼ばれている。このほか常畑の呼び名も異なっているので、両流域をそれぞれ代表する意味で、東二口と尾添での畑地に関するおもな呼称を表示すると表6の如くである。

一般に焼畑用地として利用できるような林地をムツシとよぶ例は、白峰村を中心に手取川流域にひろく分布し、本村でも鴇ケ谷から女原に至るムラでは、ムツシという語は古くからそうした意味で用いられてきた。五味島において「ナギ（焼畑）をつくりかえてゆけるような場所をムツシとよぶので、ナギが二度と作れないようなところはムツシとはよばない」と語っているのは、この語の意味をきわめて適確に示していると思われる。焼畑（ナギ）のために伐採・利用したのち、適当な休閑期間をおけば森林が回復して、再び焼畑に利用できるような土地、あるいはもう少し限定的には、現に焼畑に利用しているか、または間もなく利用できるような林地のことをムツシとよぶのだといってもよい。

こうした焼畑用地ムツシは「一作卸し」の対象となり、十数年から五〇年ほどの年季を限って地主から耕作者に土地利用権が譲渡され、焼畑の経営が行われ、製炭や養蚕もムツシの樹木や桑を用いて行われていたのである。そのことは、後にもう一度詳しく述べることにしたい。

ところが『尾口村史第一巻　資料篇（一）』所載の資料類をみると、瀬戸以東の尾添川流域のムラでは、例えば手取川流域で「むつし一作売渡証文」と称していた文書が、「あらし一作売渡証文」というように変化している。なかには「尾添村村民きりあけあらし売渡証文」のように、「あらし」に「きりあけ（伐明け）」という形容句のついたものまで出てくるが、いずれにしても尾添川流域ではムツシの語がなくなり、それに替わってアラシの語が登場してくることは注目してよい。もっともムツシにせよ、アラシにせよ、現在ではこの両語とも日常語としては次第に使用されなくなってきている。とくにアラシという語はムツシよりも一層使われなくなってきているようで、尾添では「ナギにするようなよい土地」を意味する語としては、むしろツクリバカという語の方が用いられているようである。

なお、アラシという語は、ムツシ地帯で全く用いられて来なかったというのではない。例えば東二口では「売渡申むつし・あら山之事」という文書に「足ケ谷山之内甚介あらし」とあるように、アラシという語が「あら山」と同義に用いていた用例がある（『尾口村史　第一巻』）。「あら山」というのは、少なくとも現在では焼畑の休閑地の中で、炭山に伐採したあとなどですぐには焼畑に利用できない土地を指していることが多いようである。だが、例えば東二口の道下清五郎翁の聞書の中では、同氏はしばしばアラシという語を休閑中の焼畑用地の意味に使っていた。上掲の東二口村の文書で用いられているアラシ・あら山の意味は、むしろこうした休閑中の焼畑用地程度の意味であり、これは尾添川流域のムラでひろく用いられてきたアラシの語義にかなり近づくものということができる。このように尾口村の村内でも、焼畑用地やその休閑地の呼び名には、かなりのバリエーションが見られるようである。

ところが、白山山麓一帯の地域では、焼畑あるいは焼畑耕地はひろくナギあるいはナギハタとよばれている。その呼称はムツシやアラシと異なり、広域にわたってかなり固定的で、尾口村もその例外ではなく、確かに作物を栽培中の焼畑は、どのムラでもナギあるいはナギハタとよばれている。しかし、一年目ヒエ、二年目アワ、三年目豆類と焼畑の輪作がすすみ、焼畑の土地利用の年次が古くなると、そうした古いナギハタについてはフルバタあるいはフルバタケという呼称が用いられるようになる。

筆者が尾添や東荒谷などで聞いたところでは、フルバタケとは輪作の四年目以後の焼畑耕地のことをいうのであり、そこでは耕地の中央部の一部にヒエを植付けたり、アズキやアブラエを作付けしたりする。同様に輪作の四年目、五年目以後になり、焼畑耕地の中央部の一部の条件の良い土地を、やや常畑的に利用する場合、それをフルバタという例は、釜谷・五味島・東二口などでも知られ、東二口ではこうしたフルバタの利用をフルヅクリともよんでいる。ところが、東荒谷では右に述べた用例の外に、フルバタケとはナギをすてたあと、つまり耕作放棄後の焼畑耕地を指すという人もいる。また五味島でもフルバタというのは「つくりをすてたあとの畑地のこと」、つまり耕作放棄して間もない休閑地のことを指すのだという人もある。

おそらく、もとは焼畑の輪作の四、五年目の常畑的に利用される畑地の一部をフルバタあるいはフルバタケとよんでいたものが、その後、焼畑の輪作年数が短縮されるようになり、輪作の四年目以後に耕作が放棄される例が多くなって、耕作放棄後間もない耕地もフルバタケとよばれるようになったのではなかろうか。

いずれにしてもよほど良好な条件をもち、施肥栽培がつづけられ、常畑耕地化がすすめられる土地以外は、フルバタケの段階が終われば土地の耕作は完全に放棄され休閑地となる。こうしたムツシ地帯における焼畑をめぐる土地利用上の分類名称の関係を整理してみるとほぼ図2のようになる。これは森林が焼畑をつくることによって破壊され、それが耕作放棄後に休閑地となり、数十年の周期で再びもとの森林（ムツシ）にまで回復するサイクルの関係を示しているものということができる。

このように一つの循環的な関係で結ばれた焼畑の分類名称とは別に、すでに表6で示したように、この村には

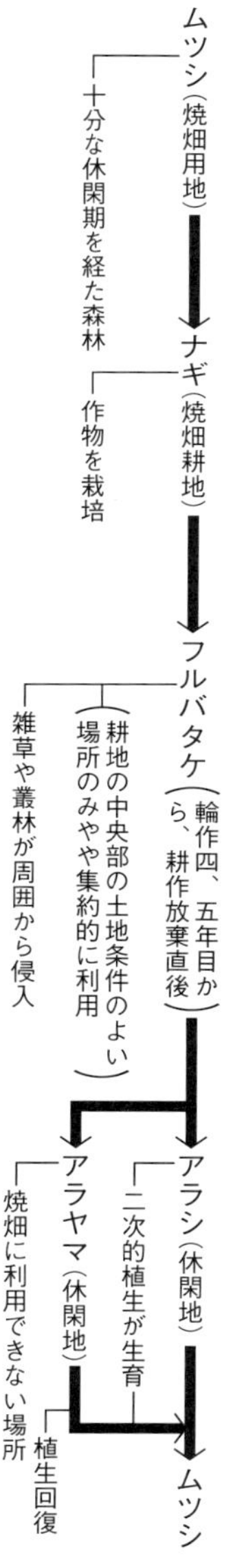

図2　焼畑関係の分類名称

常畑関係のいくつかの分類名称がある。これらの常畑は、焼畑と異なり、すべて畝立て・施肥を行って永続的に耕作するもので、相互に分類上の顕著な差異はみられないが、例えば尾添ではムシバタケは「ナギハタのあとを打って二、三年で木の根などがなくなり、毎年つくれるようになった畑で、こやしを入れる」といい、ハタケは「ムラの付近にある常畑を指し、ムラから遠くにある常畑は、ハタの上に地名を冠してよぶ」としている。

つまり、出作小屋の周辺に開かれた常畑耕地やナギのあとを常畑化したような耕地を主としてムシバタケとよび、集落周辺の常畑をハタケとよぶものとしておおよそのところは間違いない。この両者の関係は東二口でも同じで、ムシバタケに当たるのがセンザイバタ、ハタケに当たるのがメグラバタと呼ばれ、両者の関係はほぼ対応させて考えることができる。だが、ときには出作小屋周辺の畑地もメグラバタとよぶこともあり、東二口ではセンザイバタは各種の野菜類などを混作する特徴をもつのに対し、メグラバタでは小面積に多種類の作物を混作する傾向が少ないことが強調されている。

いずれにしても古くから出作り耕作を盛んに行う尾口村においては、常畑耕地にも出作地のそれとジゲ（出作りの母村）の耕地の二種類の区別が必要であり、そのことが常畑耕地の分類名称にも反映しているものとみることができるのである。

表7　三種類の焼畑耕地の特色

	ヒエナギ	ソバナギ	ナナギ
伐採	9月下旬～11月中旬	7月中旬～8月上旬	6月下旬～7月中旬
火入れ	5月中旬～5月下旬	7月下旬～8月中旬	7月中旬～8月上旬
初年目作物	ヒエ	ソバ	ダイコン
2年目作物	アワ	ダイズ・アズキ（ヒエ・アワ）	ダイズ・アズキ（ササゲ）
3年目作物	ダイズまたはアズキ	ダイズ・アズキ・ソバ・ヒエあるいは休閑	休閑
4年目ないしそれ以後の作物	ヒエ（移植栽培）あるいは豆類・エゴマ・ソバなど。休閑することもある。	休閑	休閑
特色	春焼き型の主穀生産用耕地	夏焼き型の補助耕地	小規模な菜園用耕地

二　焼畑の種類——輪作型

尾口村でかつておこなわれた焼畑について、その初年目の作物をみると、(1)ヒエを初年目作物とする焼畑、(2)ソバを初年目作物とする焼畑、(3)ダイコンを初年目作物とする焼畑、の三種類があり、それぞれ(1)ヒエナギ、(2)ソバナギ、(3)ナナギと呼んで区別されている。これら三種の焼畑では、伐採や火入れの時期、二年目以後に栽培される作物の種類、経営される面積などに若干の差異がみられる（表7参照）。

ヒエを初年目作物とする焼畑の輪作　ヒエを初年目作物とする焼畑（ヒエナギ）は、その経営される面積がもっとも広く、その出現の頻度が最も高いものである。

表8は、各集落で聞き得たヒエナギの輪作について、そのバリエーションを示したものである。これによると、ヒエナギが造成されて以後、放棄されるまでの耕作期間は三～六年、なかでも四年のものがもっとも多く、栽培される作物はヒエの他、アワ・ダイズ・アズキが一般的で、このほかソバ・シコクビエ・エゴマ・ゴボウ・クワなどがみられる。また、ヒエナギの基本的な輪作形態は、初年目にヒエ、二年目にアワ、三年目にダイズあるいはアズキを栽培し、さらに四年目にはヒエの移植栽培を行うものとみることができる。

表8　ヒエナギの輪作類型

集　落	初年目	2年目	3年目	4年目	5年目以降
鴇ヶ谷	ヒ　エ →	ア　ワ →	ダイズまたはアズキ	コナアワ → コナアズキ ソ　バ — 休　閑(40～50年)	
深　瀬	ヒ　エ →	ア　ワ →	ダイズまたはアズキ →	ヒ　エ(移植)：休　閑 ヒ　エ(移植)：アズキ — 休　閑	
釜　谷	ヒ　エ →	ア　ワ →	ダイズまたはアズキ	ヒ　エ(移植) — 休　閑 シコクビエ — 休　閑(2年間ほど)	
五味島	ヒ　エ →	ア　ワ	ダイズまたはアズキ → クワ — 休　閑 ダイズまたはアズキ → ヒ　エ(移植) — 休　閑		
東二口	ヒ　エ →	ア　ワ →	ダイズまたはアズキ	ヒ　エ(移植) 休　閑(約50年)	
女　原	ヒ　エ →	ア　ワ →	アズキまたはダイズ	ヒエ → アズキ → エゴマ — 休　閑 (移植) — 休　閑　(約25年) ソ　バ → エゴマ — 休　閑	
瀬　戸	ヒ　エ →	ア　ワ →	ダイズまたはアズキ	ソ　バ — 休　閑 休　閑	
東荒谷	ヒ　エ →	ア　ワ	ダイズまたはアズキ → ヒ　エ(移植) — 休　閑 ダイズまたはアズキ — 休　閑		
尾　添	ヒ　エ →	ア　ワ →	ダイズまたはアズキ	ヒ　エ(移植) 休　閑	

少なくとも初年目から三年目までは、どの焼畑の輪作型においてもヒエ→アワ→ダイズあるいはアズキの型式をとることが特徴的で、四年目以後における作物の選択にバリエーションがみとめられるわけである。これは、おそらく四年目およびそれ以後の焼畑耕地の土地条件が場所によって非常に異なったものになることと関係するものと思われる。

表9　ソバナギ・ナナギの輪作

	集落	初年目	2年目	3年目	4年目	5年目以降
ソバナギ	釜谷	ソバ→	アワ→ （モチ種）	アズキ→	ヒエ—	休閑
				（ただし耕地の肥えている場合）		
	東二口	ソバ→	ダイズ アズキ— モロコシ	休閑		
	瀬戸	ソバ→	ダイズ↗ アズキ↘	ソバ— 休閑	休閑 閑	
	東荒谷	ソバ→	ヒエ→ アワ	ダイズ— アズキ	休閑	
ナナギ	瀬戸	ダイコン→	ササゲ—	休閑		
	東荒谷	ダイコン→	ダイズ— アズキ	休閑		

ソバナギ・ナナギの輪作　ソバナギ・ナナギは、その経営面積がヒエナギに比べてかなり狭いものが多い。ヒエナギでは秋に伐採し、翌春火入れを行うのに対し、ソバナギやナナギでは伐採・火入れともに夏に行われる。また耕地を造成する場所が、ソバナギやナナギはヒエナギに比べて、相対的に林相の貧困なところが多い。したがって、伐採・火入れをはじめ焼畑を経営するための作業も比較的容易である。そのため、ソバナギ・ナナギは、ヒエナギの衰退以後も、しばらくの間各ムラで続けられ、比較的最近まで小規模ながら残存していた点に特色がある。

表9は、各ムラで聞き得たソバナギ・ナナギの輪作について示したものである。ソバナギでは、初年目の夏にソバを播種し、秋に収穫した後、土地が比較的肥沃な場所では二年目にヒエやアワを、三年目にダイズやアズキなどを栽培する。しかし、通常は、二年目にダイズやアズキなどを栽培し、三年目以後は休閑するものが多い。

また、ダイコンを初年目に栽培するナナギの場合、焼畑の耕作年限はさらに短くなり、二年目に豆類を栽培しただけで放棄するか、あるいは初年目にダイコンを栽培しただけで二年目以後は休閑にするのが普通である。

いずれにせよ、この二種類の焼畑は、主食作物を栽培するヒエナギに対して二次的なものであって、その食糧生産の場としての重要度は相対的に低いものである。したがって以下の記述は、主としてヒエナギの例を中心に述べることにしたい。

三　焼畑耕地の造成

1　土地の選定

焼畑はムツシあるいはアラシとよばれる森林を伐採・火入れして造成されるが、焼畑を営む土地の選定に際しては、「ナギ(焼畑)をするには、木のよく生えている所がよい。土地がよく肥えているからだ。ヒエナギはそこに生えているシバが直径一寸ぐらい、ソバナギはシバがせいぜい指の太さぐらいのところでよい」(深瀬)。「ヒエナギは樹齢三〇年以上の森林の生育する土地が適し、ソバナギやナナギは草地でもよい」(東二口)。「二〇年以上アラしておくと、よいヒエバタケになる」(尾添)などといわれるように、まずムツシやアラシの植生状態が問題になる。とくにヒエナギを造成する場合には、二〇〜三〇年生のよく繁茂した森林が理想とされている。

このほか、地形その他による作物の生育条件や作業の難易度、出作小屋をつくる場合の居住性、危険性(とくに永住的出作りの場合には冬季の危険性)、村から耕地までの距離、あるいは出作り地で行われる焼畑以外の他の生業(製炭・養蚕など)との関連などが吟味され、さらに一作卸しで請けた土地(一定の年限を限って焼畑や製炭などを行うために地主あるいは区から借りうけた山林——後に詳述)の中での土地利用の順序などを配慮して耕地の場所が選定されるのである。

また、日照や地形などの条件によって、村の人たちは土地をさまざまに識別し、評価してきたが、例えば東二口では、次のような用語が山地の土地条件の識別に用いられてきた。

カゲラ　北に面した斜面の部分、冷害をうけやすい。
ヒナタウケ　南あるいは東向き斜面の部分。比較的焼畑の経営に適する。
マメコロビ　傾斜一〇～一五度程度の緩傾斜の土地。焼畑に最適。
カベヤマ　急斜面の部分。製炭・焼畑ともに不適。
ヤマノオウ　主要山稜線の尾根の部分。標高が高くて冷害をうけやすく、焼畑には不適。
ノマ　山地斜面に存在する凹地。水のない谷。焼畑に不適。
ミンナシ　比較的寒冷で、収穫のあまり期待できない土地。

2　伐　採

ヒエナギの伐採(ナギカリ)は、火入れの前年の秋、九月の下旬頃から十一月の上旬頃までの樹木が落葉する以前に行われる。カマ・ナタ・ヨキ(斧)・ガンド(柄の真直なノコギリ)・テノコ(柄の曲ったノコギリ)などをもって伐採予定地へ行き、下草を刈り、樹木の伐採にかかる。下草や細い雑木はカマやナタで伐採し、大きな木はヨキやガンドで伐採するが、大きな木は枝をナタなどで打ち下ろし(枝を下ろすことをウワキという・尾添)、とくに耕作のために邪魔になる木はヨキで根元から伐り倒す。

このとき同時にバイギ(薪材)やホエ(柴)になる木を選別してとりだす。バイギは太めの木を三尺ほどの長さのコロギに切ったもので、ホエとともにナギの一隅に積み上げておく。出作り地では後述のように、収穫したヒエを乾燥(アマボシ)させたりするのに大量の薪材を必要とするので、このナギハタの隅に積み上げて乾した薪材の大部分は出作小屋で消費してしまう(尾添)。

また、製炭のために木を伐り出したあとをナギハタに利用しようとする場合には、あらかじめ製炭原木を伐採する際にできるだけ根元から伐採しておき、火入れの直前になって、春刈り(四月下旬〜五月下旬)あるいは土用刈り(七月下旬〜八月上旬)と称して、簡単な伐採作業を行っていた(東荒谷)。

これらの伐採に要する労働量については、十三〜十四年生の比較的林相の悪い森林を伐採した場合で一反歩当たり四〜五人程度(釜谷)、また恐らく極相に近い森林を伐採する場合と思われるが一反歩当たり十五人(東二口)も要するという数字まで、さまざまのものが得られたが、つぎに述べるナカギリの作業の一部を含む場合とそうでない場合があり、それによっても伐採作業の労働量にかなりの差が生ずるので簡単な比較はむずかしい。

3　火入れの準備作業

ナカギリとナギソロイ　伐採の作業が終わり、次の火入れを行うまでには、この地域ではいくつかの準備作業が行われる。まず、伐採して乾燥させた樹幹や樹枝を約一メートルほどの長さに切り揃える。この作業はナカギリとよばれ、通常は伐採の翌年の八十八夜をすぎた頃、つまり五月の上旬頃に行われる。だが、ときには伐採した年の出作小屋からジゲ(母村)に引き上げる「出山」の前に、その作業の一部を行うこともある。

いずれにしても五月の中旬頃までには、ナカギリにひきつづき、ナギソロイ(東二口)の作業が行われねばならない。これは、とても焼けそうにない大木を耕地の外に運び出したのち、ナカギリのとき切り揃えたバイギ(雑木の樹幹や樹枝)とヤキクサ(下草)を、もう一度よく草取りした土地の上へ横に何列も並べ、「焼きシロ」をつくる作業をいう。この焼きシロはシマ(東二口・五味島)あるいはウネ(尾添)ともよばれるが、斜面を横切り、ほぼ三〜四尺の間隔(場所によってその間隔には差がある)で、焼畑耕地の全面にわたって幾条もつくられる。

尾添ではバイギやヤキクサをナカギリしながら、それを積んでこのウネをつくってゆくことをコツツミともよんでいる。その作業はガンドやナタ・カマなどを用い斜面の下部からはじめられるが、このときバイタ(薪材)に適した材をとり出し、ナギハタの隅に積み上げておき、それを毎日夕荷(軽く荷う)にして出作小屋まで運んだという(尾添)。

一般に焼畑の火入れ後に、伐採した材を燃やしやすいように整理する作業は、他の焼畑地域でも行われている。だが、このように森林を伐採した木材を切り揃え、もう一度一定間隔で積み直して斜面に並べ「焼きシロ」を造るという作業は、白山麓のナギハタ地帯にみられる特有のものである。このような作業の実施は、この地域の焼畑の造成作業の労働集約性が、他に較べて極めて高いことをよく示す事実だといわねばならない。

このナギソロエに要する労力は、一反歩当たり六人(東二口)ないし八人(尾添)ほどとされている。

クロシル　ナギソロエを行って伐採した樹木を三日から一〇日ほど乾燥させると、火入れにかかることができる。火入れの前日にはナギハタの周縁(ナギノグルリ　東荒谷)に、延焼を防止するために、丹念に草を刈り取り、土を鍬でよくうってクロをすかすことが必要である。つまり防火帯(クロという。釜谷・東二口・東荒谷・尾添)を作るのである。この防火帯は、耕地の上縁部(ナギノカシラ　東荒谷)には比較的幅広く、ほぼ九尺ほど、耕地の左右(ナギノヨコ　東荒谷)は幅六尺ほどにし、延焼の危険のほとんどない耕地下縁部(ナギノシリ　東荒谷)には必要としない。

4　火入れ

ヒキズリヤキ(イブリヤキ)　火入れ(ナギヤキ)は、五月の中・下旬の晴天がつづいて伐木がよく乾燥し、しかも風のない日を選んで行われた。火入れの時間については、地面を一度太陽で照らしよく温めてからがよいので、午前十時以後がよいという意見(女原)と、朝十時頃になると風が出てくるのでそれまでに早朝から焼きはじめる(釜谷)という意見などがある。だが、火入れの時間は火入れ予定地の位置や大きさ、その日の天候や伐木の状態あるいは隣接する林地との関係など種々の条件によって適切な時間が決るものであり、一般に午前中にはじめて夕刻までかかることが多い。

火入れは、焼畑耕地の最上段に積み上げられた焼きシロ（シマあるいはウネ）の伐木の間に、あらかじめ入れておいたカヤ束に、よく乾いた別のカヤ束でつくったタイマツを用いて点火することからはじめられる。昔は、ホコズを煙管の中に入れ、これを吸いながら、ヒウチガネとヒウチ石を用いて火花を散らして点火して火種にした。だが、かなり以前からハヤツキ（マッチ）を用いるようになった。

また、老人は火をつける前にナギに入ったところで念仏を唱えたようだが、最近ではほとんどその慣行もなくなっている。東二口や尾添などでよく聞いても、火入れに際し特別な山ノ神への祈りなどはないという。白山麓一帯は北陸の真宗卓越地域の一部をなすため、他の焼畑地域によく見られる山の神信仰が、早く衰退・消滅したようである。

さて、耕地の最上段のシマあるいはウネ（焼きシロ）のバイギやヤキクサ（伐木や下草）に火をいれ、それらが十分に燃えると、第二段目のシマやウネに一段目の火をイブリを用いてかき下ろす。さらに二段目が焼けると三段目へと、順々に火を下段のシマやウネにイブリでゆさぶって下ろしてゆく。イブリでよくゆさぶって、土が焦げるまでよく焼かないとあとで草がたくさん生えてきて困るといわれている（釜谷）。

イブリは最近では鉄板で先端部を作ったものが多いが、もとは水分が多く比較的燃えにくいハンノキやクリなどの生木で作った長方形（幅一尺、厚さ一寸、高さ六寸ほど）の板に、山の木を伐って長さ七〜八尺の柄をつくってとりつけ、クサビで止めたものであった。上の焼きシロから下の焼きシロへ火を下ろすときは、このイブリを用いてひき下ろすわけで、もとは一人が三丁ほどのイブリを持って火入れの現場へ行き、取り替えては使った。このイブリはその場かぎりの使い捨てにした。

こうして、イブリを使って順次に上から焼き下ろしてゆく方法をイブリヤキ（釜谷）あるいはヒキズリヤキ（東二口）などというが、火を下ろしてゆくときには、必ずシマあるいはウネの両端に見張り役をおき、火を三日月型に保つようにする。つまりウネの両端の燃えているところが、ウネの中ほどよりも斜面の下側に下っているような形に保ちながら火を焼き下ろしてゆく。火が焼畑耕地の最下段にまで達すると、そのまま放置して自然に消えるのを待つ。

一般にヒキズリヤキの場合には、イブリできれいにさらえるので焼け残りの残材が少なく、二度焼きすることはほとんどないという(釜谷・女原・尾添)。ということは、イブリヤキに象徴されるこの地域の火入れの方法が、他の地域のそれに較べても、非常に丁寧だということがよく分かる。だが、焼け残りの残材が多く出た場合には、火入れの翌日、耕地内の数ヵ所にそれを集めて再度焼くことがある。これをコツヤキと呼ぶ。

このような火入れを上手にやるには、ナギを「まんべんなく焼いて、燃え残りを残さないようにするのがコツで、土を十分に焼くことが肝心である」(深瀬)、あるいは「土をよく焼いておくと、そのナギには草が出ないし、虫もつかない。それによい肥料になる」(尾添)など、火入れの要領と効果を村の人たちはきわめて適確に表現している。

火入れに要する労働力は、一反歩当たり四〜六人(深瀬・東二口)というものから三〜四人で約三時間(釜谷)という程度まである。いずれにしても、焼畑の面積が少し大きくなると、家族のメンバーでは不足するのでシンルイやイイによる共同作業を行うことが少なくない。

ベラヤキ　以上述べたヒキズリヤキのほかに、ソバナギ・ナナギなどの小規模な焼畑耕地の造成には、ベラヤキ(東二口)と呼ばれる火入れ方法がおこなわれる。これは、シマあるいはウネを作らず、また耕地面をイブリを使って焼き下ろすこともない。ただ耕地の下端に点火して上方に向かって火を自然に燃え上がらせるだけの方法である。この方法は簡単ではあるが、土を十分に焼くことができず、また伐木も燃えつくさずに残ることが多い。したがって、この場合には必ずコツヤキを必要とした。

四　ヒエバタの経営――輪作第一年目の焼畑経営

1　播　種

火入れ作業を行った翌日からヒエの播種がはじめられる。尾添では「早く蒔かぬと灰が吹く」といって、火入れの翌日早く耕地に行ってヒエを蒔く。釜谷・深瀬でも火入れの翌日に、女原では焼いたあと二晩ほどおいて、それぞれヒエの種子を蒔くという。いずれにしても、火入れの翌日から一週間後ぐらいまでの間に播種は行われるので「ハヅキ一日」という言葉があるように、ヒエの播種は六月一日までにすまさねばならないとされていた(女原)。

播種用のヒエダネは前年の収穫のときに太くよく育ったものを選んで、十五センチほど茎をつけたまま穂を刈りとり、この茎をしばってネズミに食われないところへ吊り下げて保存する。このヒエダネはホホシガマなどで火力乾燥させてはならない。このタネを蒔くときにはヒエ穂を手でもんで粒にする(深瀬)。播種のときにはたいてい三〜五升ほどのヒエダネを用意しておいた(女原)。

播種の方法は、ヒエダネをツツミ(麻袋)に入れて耕地へ持って行き、ほぼ目の高さのあたりから耕地面にバラ蒔く。ヒエの場合には「犬の足跡に三粒ほど」という程度の密度で播種するのが標準と考えられていた(釜谷)。播種は耕地の下端からはじめ、種子を蒔き終わったところの横に目印の棒を立て、さらにその上段を横に蒔いてゆく、というようにしてナギノシリからナギノカシラへ蒔きながら上ってゆく。このようなナギハタの播種作業は男がやることが多かったという。女がやるとどうしても厚蒔きになるため、女が播種作業をすることはできるだけ避けたものと思われる。事実、一反歩当たりのヒエの播種量については、深瀬・釜谷では約一升、東荒谷では一・五〜二升、尾添では二升ほど、といずれもムラの男性が答えたのに対し、東二口のある女性は反当り約三・五升のヒエを蒔いたと答えている。ヒエやアワなどの粒の小さい雑穀類は、アツマキ・ウスマキなど散播の仕方の差によって、反当たり播種量に大きな差があったようである。

なお、尾添ではカブラダネをヒエダネの中に少し混ぜて蒔くこともあったという。また、ヒエの品種名については早生種の四十日ビエのほか、クロビエ、クロチンコ、シロチンコなどの名称を採録したが、詳細は不明。

2　浅耕・覆土作業

ヒエダネを蒔くとそのすぐあとから、鍬(ヒラグワ)で耕地面を浅く打って、土を裏返して種子を軽く土でおおう。土のとくに固いところでは深耕用のミツマタグワが用いられることもある。また、このとき草木の根株の残っているものを取り除く作業も行われる。この浅耕・覆土作業をハタウチ(釜谷・東二口)あるいはナギウチ(東荒谷)という。ヒラグワは幅一〇センチ前後、長さ二〇センチ前後のほぼ長方形の厚目の刃をもつ鍬で、ナギハタでの作業、それも主としてハタ(ナギ)ウチに用いられるものである。

3　除草と間引き

播種を行ったあと、収穫までの間でもっとも重要な農作業は焼畑の除草(クサトリ)である。通常、ヒエナギでは二～三回の除草が行われる。最初のクサトリは一番草あるいはアラクサとよばれ、播種後十五日～二十日ほどたってヒエが一〇センチほどに伸びたとき(六月中旬頃)に行われる。このとき密生している部分のヒエを間引く作業も同時に行われる。その作業量は反当たり三人～四人程度(釜谷)とみられるが、焼畑耕地を幾つも経営している場合には、一番草の作業にほぼ六月いっぱいを費したという(女原)。

二回目の除草(二番草)は、七月中旬～下旬、ヒエがほぼ五〇～六〇センチほどに生長した頃から行われる。この時期は土用すぎの雑草のもっともよく生育する時期に当たるから、その労働量は一番草よりさらに大きくなり、反当たり四～五人程度は必要といわれている。したがって、七月中旬から八月初め頃までは二番草の作業で手いっぱいになるという。除草作業に従事するのは女性が多く、手で草を抜くことが多い。

さらに第三回目の除草はタナグサ(釜谷)またはワケドリ(東二口)とよばれ、八月から九月初旬にかけて行われる。「ワケドリをしっかりしておかないと、翌年に雑草がひどく生えてきて困る」(東二口)といわれるように、この三回目の除草は、開花・登熟期にある雑草を除去する作業であるから、その作業の結果は、次年度の焼畑耕地に生えてくる雑草の量と密接に関係するわけである。村の人たちはそのことをよく知っているにも拘らず、実際には忙しくて三回目の除草はなかなかできず、二回で終わることが少なくなかったという。

また、ちょうどこの時期(八月十日〜二十日頃)に、尾添ではクロナギと称してナギハタの周辺の雑草をきれいに除去する作業を行ったともいう。他の地域ではほとんどその例を聞かないが、この種の農作業は、焼畑の周囲から侵入してくる雑草の旺盛な生育を防止するためには、かなり有効な作業だということができよう。

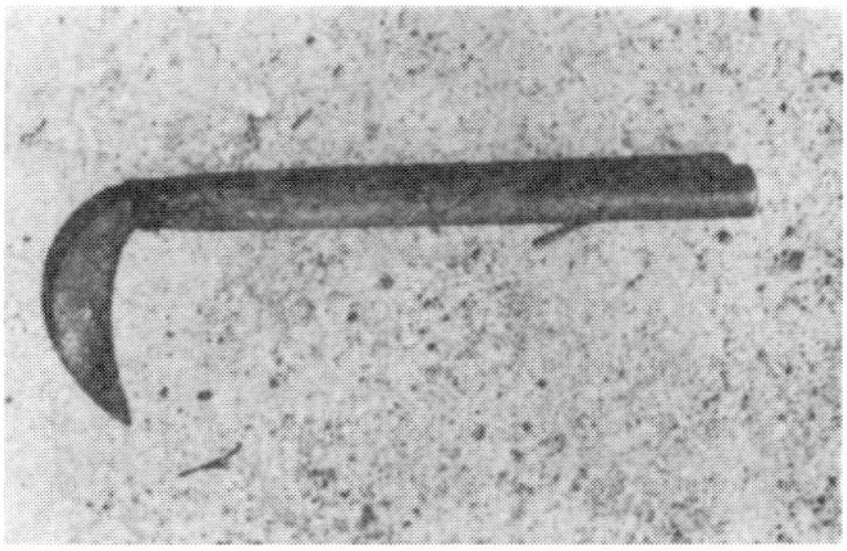

写真1　ホツミガマ

4　収　穫

ヒエの収穫は、ホーツミ(釜谷)・ホートリ(東荒谷)・ヒエツミ(尾添)などとよばれ、十月上旬から中旬頃にかけて行われる。刃渡り一〇センチほどの小型のホツミガマ(尾口村では一般にこうよばれるが、釜谷・東二口ではホトリガマ、五味島ではホカリガマともいう)を用いてヒエの穂の部分だけを刈りとる(写真1)。この場合、ナギハタ一枚分のヒエは、たいてい穂が出揃っているので一回で刈りとってしまう。たとえまだ青い穂があっても刈りとってしまう(尾添)というし、また、作物がやや若くても刈りとるという。さらに「裏葉がまだ青いものをとった方がヒエはうまい」(釜谷)ともいわれていて、完熟する直前の穂を摘みとることも積極的に行われていたようである。

摘みとったヒエ穂は、まず腰につけたエゴあるいはドウランに入れる。これがいっぱいになると耕地の隅に置いてあるテゴ（ワラで編んだ直径六〇センチほどの大型の容器）にうつし、収穫が終わると、このテゴをニーナワを背負って自分の家（出作小屋あるいはジゲの母屋）まで運んだ（釜谷・五味島・東二口）。このヒエ穂の収穫の仕方は、基本的にはどのムラでもほとんど変わらないが、その容器の名称などには若干の相違がある。エゴというのは、エンゴ（釜谷）、エコ（東二口）、エカゴ（瀬戸）などともよばれる籠。写真2に示したエンゴは、カエデの樹幹を口でへいで、それを編み合わせたもので、高さ三三・五センチ、直径二四・五センチ、重量五七〇グラム。ヒエつみのほか、クワつみや栗ひろいのときにも用いたという。これに対し、写真3のドウラン（コシヅケともいう）というのは、直径二〇～三〇センチ、高さ三〇～四〇センチほどのワラあるいはガマ製の編み袋で、エゴとほぼ同じ用途に用いられる。同一の農家でもサイズの少し異なるエゴやドウランがいくつかあるのが普通である。

例えば尾添では摘みとったヒエ穂は腰につけたフゴに入れる。このフゴがいっぱいになるとエゴにうつし、さらにエゴがいっぱいになるとヒョウ（五斗俵）に入れ、ニナワを使ってその口を閉じ、セナカアテをつけて荷なって出作小屋まで運ぶという。この場合にフゴというのは、写真4に示したように、高さ二九・〇センチ、底面の長径二七・〇センチ、短径二一・〇センチ、シナの木の皮とワラで編んだ籠で、これは他のムラでドウランあるいはコシヅケとよばれる籠（写真5）と同じものである。また。尾添をはじめ、東荒谷や瀬戸などにおいてエゴというのは、写真7のような高さ三〇～三五センチ、直径六〇センチ前後のほぼ円型のワラ製容器のことで、フゴ七～八杯分のヒエ穂が入れられる。このエゴは釜谷や五味島・東二口などでいうエンゴあるいはエコとは異なり、むしろそれらのムラでテゴとよばれているもの（写真6）と同じ容器であることは間違いない。ということは、ヒエの収穫に用いる籠やワラ製容器についても、手取川に沿うムラと尾添川に沿うムラとの間に、若干の呼び名の相異のあることが確められた。

5

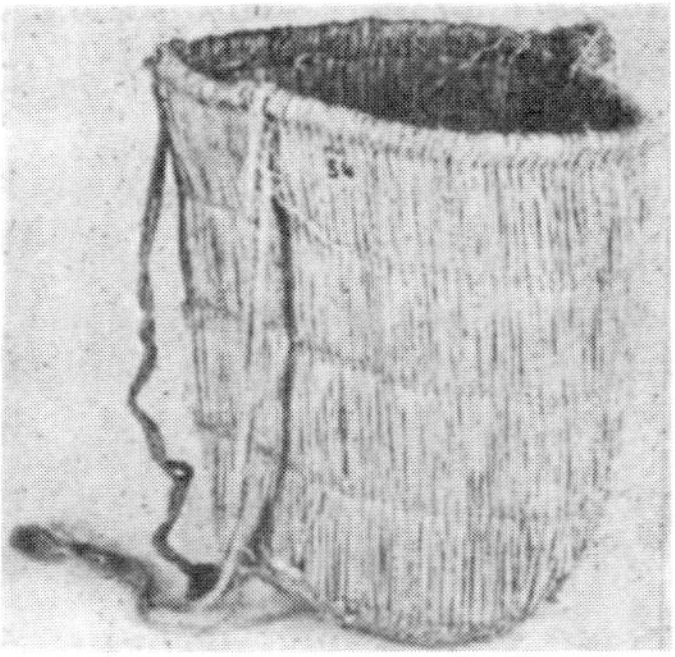

2

写真2　エ　ン　ゴ(釜谷)
写真3　ド ウ ラ ン(五味島)
写真4　フ　　　ゴ(尾添)
写真5　コ シ ヅ ケ(釜谷)
写真6　テ　　　ゴ(釜谷)
写真7　エ　　　ゴ(尾添)

3

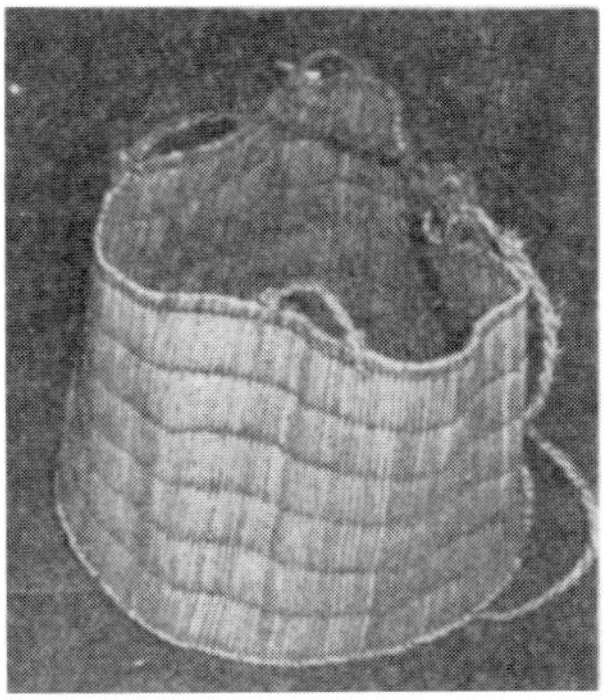

6

4

7

ヒエの収穫量については、必ずしも正確な値は得ていないが、よくとれた年には三反から五斗俵で十五〜十六俵（釜谷）、あるいは同じく三反から五斗俵で一〇俵もとれた（東荒谷）といわれている。これは反当たり収量に換算して一石七斗から二・五石（いずれもモミ量）に及ぶ非常に高い収量となる。しかし焼畑は豊凶の差の著しいものであるから、平均収量は右の値よりかなり低くなるものと推定される。

加藤助参氏が、昭和五年の統計として引用したものによると、尾口村のヒエの反収は一・一九石、アワは〇・九八石となっており、昭和十一年の農林省山林局の調査（『焼畑及切替畑に関する調査』、一九三六）によると、白峰村のヒエの反当収量は約一・五石とされている。いずれにしても、全国の焼畑を営む十数ヶ村の資料にもとづき、私が算定したヒエの平均反当収量一・〇八石をそれぞれ上廻っている。このナギハタ地域におけるヒエ栽培が、他地域のそれに較べて、集約度がかなり高いことをよく示しているようである。

5　ヒエ穂の乾燥

テゴあるいはエゴに入れて、ウチまで運んだヒエ穂は、その量が少ないときはムシロの上に二〜三日間ひろげて天日で乾燥する。だが、量が少し多くなると、冬の訪れの早いこの地方では薪材を使って人為的に乾燥させることが必要であった。その方法には①ホホシゴヤをつくり、その中にホホシガマをしつらえて、それによってヒエ穂の乾燥を行うもの　②母屋や出作り小屋内のジロ（炉）の真上の天井裏（アマと呼ぶ）につくりつけた七、八尺四方のスノコや大型のヒアマ（乾燥用の木枠）の上にヒエ穂をひろげてジロの火でそれを乾燥させるもの　③ジロの上に、専用のアマボシ（あるいはアマボシダイ）を組み立てて、その上にヒエ穂をのせて乾かすものなどがある。

①　ホホシガマについては、少なくとも手取川の本流域のムラの中では、釜谷に二ヵ所、深瀬に二ヵ所（フカタニとコマツノセ）、それぞれ共同のホホシゴヤがあり、ホホシガマが一基ずつあった。深瀬のものは大正期の頃まで、釜谷のものは戦後、昭和二十年代の終わり頃までムラ人たちに共同で使用されていた。その構造は、製炭

用の窯と同様に斜面の土を掘り取り、そこに高さ三～四尺、一間四方程度の石積みの窯を築き、その上に底を竹のスノコで張った一間四方で、高さ二尺ばかりの板囲いのある木の枠をおいたものである。木枠の正面の板は取りはずしができるようになっており、ここからヒエ穂を出し入れするようになっている。深瀬の場合には間口一間半、奥行三間ほどのカヤ葺きの小屋を作り、その奥にホホシガマを構築し、カマの前の土間にはカチウスなどをおいて脱穀作業を行った。

ヒエやアワをホホシガマで乾燥するときは竹のスノコの上にムシロを敷いてその上に摘みとったヒエ穂をのせ、下から約十二時間ないし一昼夜ほど火を燃やし続け、幾度かヒエ穂をつかみ返しながら徐々に乾燥させる。このときにはなるべく太い薪材を使う。細い薪材は炎が大きくなってヒエ穂をこがすおそれがあるからだという。こうして乾燥させたヒエ穂は、手で穂をむしると穀粒が簡単に落ち、一皮むけてしまうようになる。この種のホホシガマは、深瀬・釜谷の共同ガマのほか、尾添川流域では東荒谷にも一基あったという。

また、この東荒谷をはじめ、各ムラの出作り地では出作小屋の近くにカヤで屋根と壁をつくった簡単な小屋を建て、その中に幅七～八尺、深さ四～五尺ほどの穴（ジロ）を掘り、その上に丸太を三～四本並べてスノコを張ったホホシガマをつくり、そのジロで薪を燃してヒエ穂の乾燥を行った。およそ一俵分ほどのヒエをスノコの上にのせ、穴の中でバイタ（薪）や木炭をくべて弱い火を焚き続ける。こうして、ときどきヒエ穂を手でまぜかえしながら二～三日間するとヒエ穂が乾燥したという。

② 以上がホホシガマによるヒエ穂の乾燥法であるが、そのほか出作小屋のアマでヒエ穂を乾燥させる方法がある。この地域の出作小屋は、かっては柱がなく、屋根を直接地面に置いた合掌造り＝根葺きの家屋（ネブキゴヤ、次章の図3、五〇四頁参照）だった。この種のコヤの多くは、広間（オエ）一つの単室構造で、床は板敷きではなく、土間に厚く葉を敷きつめ、その上にムシロを敷いていた。オエの中央には大きな炉（ジロ）があり、その真上

に当たる部分は、七、八尺四方ほどが、竹のスノコ張り（ジジキ）になっていて、その上にススキで編んだ簀を置き、そこにアマへ運び上げたヒエ穂を積み上げ、ジロで薪（バイタ）をたいて乾燥させたという。この場合、ヒエ穂の乾燥には二、三日から四、五日要したといわれている。

その能率をよくするため、ネブキの出作小屋のジロの真上四尺ばかりのところの桁から桁に三、四本の丸太をわたし、そこにスノコで底を張った六尺ないし九尺四方で、深さ二尺ほどの大きな木枠をおき、その中にヒエ穂を入れ、ジロで薪を燃やし、ヒエ穂を乾燥させることも少なくなかった。尾口村では一般にこの種の出作小屋の桁から桁に丸太をわたしてつくったヒエ穂の乾燥台のことをアマボシとよんでいる例が少なくない。また、東二口の一部では、この種の乾燥台を四尺ほどの高さにあるところからチューアマとよんだりもしている。我々が「東二口における出作りの分布とその変動」を調査した際に、とりあげた出作農家の大半はこのチューアマを用いるか、あるいは出作小屋の付近に別棟の粗末なホホシゴヤを建て、その中に穴（ホホツガマ）をつくってヒエ穂を乾燥していたといわれている。

③　ところが、東二口の出作農家のうちでも、久司又右衛門氏や盛口久三郎氏、谷口十衛門氏のように、一カ所にかなり定住的に居住し、また大規模な出作りを営み、家屋も合掌づくりのネブキの小屋ではなく、二階ないし三階建てのカヤ葺の建ち上げの家屋をもつような農家では、板張りの床の上に四隅に車のついたアマボシダイ（丸太で木枠を組み、スス竹を編んだものを敷いた大型の移動式乾燥台。次節の図4、四七九頁参照）を組み立て、ジロの上にそれを据え、火を燃やしてヒエ穂の乾燥を大々的に行っていたようである。このほか尾添においても一部の農家でアマボシダイを用いて一晩がかりでヒエ穂の乾燥を行っていたともいうが、この種のアマボシダイを用いてヒエ穂の乾燥を行う慣行は、尾口村においては、隣村の白峰村のようにひろく分布していたものではないようである。

この村におけるヒエ穂の乾燥法としてひろく行われていたのは、さきにも述べたように、ホホシガマによる乾燥法と小屋の桁の上にアマボシ(あるいはチューアマ)をつくって乾燥させる方法であったといえる。

6　脱穀と調整・貯蔵

乾燥の終わったヒエ穂は、脱穀(ホモラシあるいはホームラセ)しなければならない。それにはヒエ穂を大きな木臼の中に入れて杵で搗く方法とムシロの上で叩く方法とがある。例えば釜谷では、上述のようにホホシガマでヒエ穂を乾燥した後、乾いた穂をテゴにつめて土間におろし、土間においてある大型の木臼(カチウス)の中に、その穂をうつし横杵(カチギネ、餅つき用のキネと同型のもの)で穂を搗いて脱穀(ホモラシ)する。カチウスに入れて一度にホモラシする量は二斗ほどといわれている。このあとヒエ穂は箕ですくって目の粗いヤツメ(あるいはヤツメカゴ)にいれてふるい、さらにケンドンにかけて大きなゴミをとる。その後、もう一度カチウスにいれて杵でよくついた(ウスガチ)あと、トーミにかけてヒエの実(モレビエ)とヌカとカスを選別する。モレビエはマスを使って計量しながらヒョウ(俵)に入れてゆく。米なら四斗俵になる同じヒョウにモレビエは五斗入る。このヒョウのほかカマスに入れることもあり、ヒエの貯蔵はこの五斗俵やカマスを板倉(尾添では二間×三間の板倉を出作小屋の付近に建てることが多かった)や土蔵に入れて貯えたという。

またムシロの上に乾燥したヒエ穂をひろげて棒で叩いて脱穀する方法も尾口村ではひろく行われていた。例えば東荒谷では五～六人が、それぞれタチバイとよぶ長さ六尺ほどの棒をもってヒエ穂をよく叩いて脱穀作業を行った。そのあと、目の粗さの異なるメカゴやケンドンを用いてよくふるい、それをさらにトーミにかけて選別してヒエの実をとり出し、これをヒョウに入れて貯えたという。このやり方とよく似た脱穀法は、東二口・瀬戸・尾添など各ムラでも行われていたようであるが、白峰村でひろくみられるヨコヅチを用いて数人の人たちが屋内で脱穀作業(ヨコヅチガチ)を行う慣行は、尾口村ではほとんどみられない。この村ではウスガチを行う以外は、バイを用いてムシロの上にひろげたヒエ穂を打つ方法がひろくみられたのである。

ヒョウに入れて貯えられたモレビエは、食用に供する前に、とり出して精白する。その方法は、まず石臼（ヒキウス）でヒエノミをよくひく。ヒエノミは三つ四つに割れるが、これをフルイ（細かい網目のトオシ）にかける。下に落ちたヒエノミをとり、フルイの上に残ったものをトーミにかけ、あおってヒエノミとヌカとメンジャ（実がほとんど入っていない微細な粒）に選別する。これらのヒエノミをもう一度ヒキウスでひき、フルイにかけ、さらに残ったものをトーミで選別して、ヌカやメンジャをとり除いてゆく。こうした過程をくり返して最後に残されたのが上等のヒエノミであるが、以前は、上等のヒエノミばかりを食べるのは上層の人たちだけで、貧しい人はヒエノミに大量のメンジャを混ぜて食べていたという。なお、ヒエの調理法などについては次章を参照されたい。

五　アワバタ以後の経営——輪作第二年目以降の焼畑経営

1　アワバタの経営——主として第二年目のナギハタ

この地域では初年目にヒエ（あるいはソバ）を栽培した焼畑の第二年目にはほとんど例外なくアワが作付される。そのためには、まず八十八夜の頃に前年に穂刈りしたまま耕地面に残されているヒエの茎（ヒエガラ）に火をつけて焼き払う。このときも斜面の上の方から点火する。そのあと播種にかかるが、アワの播種量は反当たり一・五升（尾添）から四升（東二口・ただし女性）程度。播種後に平鍬などで浅耕・覆土するのは、ヒエと同じである。アワの栽培品種として尾添や釜谷などで記憶されているのは、モチアワではナカボ（もっともよくつくった）、ネコデ（味がよくない）、ムコダマシやネコマタなど。ママアワとよぶウルチアワではセトアワ・カナヅチあるいはキネフリなどがあったという。

播種以後のもっとも重要な農作業は、やはり除草と間引きで、第二年目の耕地で行われるその作業は、ヒエよりも一層大変なようである。ヒエの除草は二回しかやらないと答えた人でも、アワの除草については三回は必要だと述べているほどである。草とりに入るたびに間引きの作業も一緒にやっておく。

アワの収穫はヒエの収穫を終えたあと、十月の下旬ごろに行われる。ホツミガマで穂の下を刈り、腰につけたエンゴやフゴやドウランに入れ、さらにそれをテゴやエゴに入れて自家にまで運搬してくるのはヒエの場合と同じである。その後もヒエと同じくホホシガマやアマボシで乾燥させたり、ムシロにひろげて二〜三日間天日で乾燥させる方法がとられるが、ヒエと異なってアワは芒が多いため、東二口や尾添などではホホシガマやアマボシでアワを乾燥させるのは危険が多く、あまりやらなかったといわれている。脱穀はおもにカチウスで搗く(二人一組のことが多い)ことが多く、精白作業にもカチウスを用いることは少なくないが、その他にカラウスが使われたこともある。この精白のプロセスではやはりケンドンやフルイなど網目の大きさの異なる各種のトオシが使用された。

2　マメバタの経営——主として第三年目のナギハタ

焼畑の第三年目には多くの場合ダイズ・アズキなどの豆類が栽培される。釜谷では三年目の焼畑で相対的に土地条件のよいところにはダイズを作付し、条件のよくないところにはアズキ(在来種)をつくることが多かったという。その播種期は七月上旬頃(半月生の頃が多い)とされるが、尾添ではこれより先の五月中旬から六月にかけて三年目の焼畑耕地の一部にトウモロコシ(アビキリ)を少し蒔いておくことが多かったという。豆類は十一月に入って、アズキは根こぎするが、ダイズ(マメ)はマメコクバエという短い棒を使い、もぎりとって収穫する(尾添)。その収穫中に雪がきて雪の中で豆類の収穫をすることも少なくなかったという。収穫したマメは、ムシロの上にひろげて乾燥させ、タチバエという棒で叩いてカラを落とす。そのあとメカゴでふるってからトーミにかけてゴミをとり、カマスに入れて保存する。ダイズは味噌や豆腐の原料として用いられるなど用途が広かったので、以前はアズキよりもかなり多く栽培されていた。

3　第四年目のウエビエ栽培

さきにも述べたように、この地域の焼畑は第四年目になるとソバやエゴマなどを栽培する若干の耕地があるほか、栽培を放棄する耕地が多い。だが、条件のよいところでは四年目にヒエの移植栽培が行われることが少なくない。四年目にもなると一般に焼畑耕地の周囲からは雑草が烈しく侵入し、その結果、耕地の面積は初年目の三分の一から四分の一程度に小さくなるが、この雑草の侵入からとり残された耕地中央部のやや肥沃な部分にヒエ苗(東二口ではイエモンとよぶ)が移植されることが少なくない。

ウエビエを行うためには五月上中旬頃に家の近くの常畑の一隅に苗床をつくっておいてヒエの種子を蒔く。その時期はカマシ(シコクビエ)を播種する時期と異ならない。苗床に蒔くヒエの品種は焼畑に播種する一般のヒエの品種と異ならないが、苗床にはワラ灰やジロ(イロリ)の灰、あるいは蚕の糞などを施肥しておくことが多い。このヒエ苗が三～五寸ほどに成長した頃を見計って四年目の焼畑耕地(ナギハタ)の条件のよい部分に移植する。ヒエ苗五～六本を一束にし、斜面の上方に向かって葉先を傾けるようにして植付けてゆくが、植付けた苗の三分の一ほどは立枯れすることが多かったという(釜谷)。

また、植付けの際の畝の有無については尾添ではナギハタにヒエを植付けるときには畝をつくらずに植えるので、それをヒラユイとよんでいたという。しかし、東二口や五味島・釜谷では、アジャリ・ヨモグサ・オロなどの草を肥料に用い、畝をつくることが少なくなかったという。ただし、畝の有無がどの程度の頻度で現れ、その条件が具体的にどのようなものかは必ずしも明らかではない。植えビエの栽培期間は条件の良いところでも二年以内であったという(五味島)。

また、ナギハタにカマシ(シコクビエ)やアワの移植栽培を行う例は、この村ではほとんどみることができない。

表10　釜谷地区　Y氏・一般農民の林野経営(終戦前後の頃)

ナギハタ(焼　畑)	2カ所	2～3反	いずれも地区の共有林内(ヒエ10俵以上収穫)
メグラバタ(常　畑)	1カ所	3　反	1反：ヒエ 1反：マメ・シコクビエ・トウモロコシ 1反：野菜・サツマイモ
炭　山	1カ所	50～60俵、釜1基、地区の共有林内	
薪・柴材の採取	私有の山林と共有林の一部を利用		

養蚕その他の活動については不明。

六　出作りの経営単位とその貸借関係

集落の付近に平坦面が乏しく、水田・常畑にめぐまれない尾口村の各ムラでは、大部分の農家は山地斜面の林野を種々な形で利用することによって生計をたててきた。主食物であるヒエ・アワやマメなどの生産の場にあてられるナギハタ、同じヒエ・アワ・マメをはじめ、ムギ類や野菜あるいはアサなどの生産の場にあてられる常畑(センザイバタ、メグラバタ、ムシバタなど)、あるいは養蚕の基礎になる山グワの栽植地や木炭の原料を供給する炭山、さらには出作小屋や家で消費される薪材や柴材を採取する雑木林など、この山村の住民にとっては、昔からその生活を維持するための経済活動の場の大部分は、山地斜面の林野に求めざるを得なかった。

また、彼らはこのように各種の用途にあてる林野を、各家族ごとにそれぞれセットにして保有することによって、その生計を維持してきたわけである。例えば表10は、標準的な規模の林野経営を行い、しかもその経営の大部分を自己の所有する林野ではなく、ムラの所有する共有林内において展開していた例である。また表11は、より大規模な林野利用を自己の所有する林地内において展開している大土地所有者の一例である。このように、経営規模や土地所有形態などに若干の差異はあるが、とにかく土地利用形態の異なった幾種類かの山林と耕地を組み合わせて一つの林野経営の単位ともいうべきものが、この山村地帯では、各農家ごとに形成されていたことは間違いない。

表11　尾添地区　I氏・地主の林野経営(昭和初期の頃)

ナギハタ	毎年ヒエ10俵ほどとれる規模のものをつくった
ムシバタケ	出作小屋付近に約8反余。ヒエ15俵、アワ5俵、マメ5〜6俵、ヤマグワ、その他野菜類を収穫
ハタケ	在所(集落の付近)。アサ3〜4升蒔、大束4釜分収穫。トウモロコシ、その他
炭　山	カマ3基分を他人に焼かせた。そのあとをナギにする場合が多かった

養蚕は母村の家で行っていた。

しかも、焼畑にしても、製炭にしても、それらを営みつづけるためには毎年新しい林地を伐採しなければならない。したがって、安定した林野経営を行うためには、かなりの年数にわたって焼畑や製炭をはじめ各種の林野利用を行い得るだけの林地を確保することが望ましい。少なくともかなりの面積の林地の確保がないと安定した林野経営を行うことは不可能である。

だが、表11のように、焼畑をはじめすべての林野利用を自己の所有する山林内で行うという例は、この村ではそう多くない。村人たちの大部分は、焼畑耕作をはじめ各種の林野経営を自己の所有する山林内で行っていたのではなかった。この地域の各ムラには、古くからオヤケ(東二口・釜谷)あるいはオヤッサマ(尾添)などとよばれる比較的多くの山林・耕地を所有する地主が数戸ずつ存在する。山林をもたない村人あるいは山林を所有していてもその面積が十分でない村人たちは、これらの山林地主の所有する林野や各区(ムラ)の所有する共有林の一部を、一定の年季を限って借地して林野経営を行っていたわけである。

このように一般の農民が、地主あるいはムラから年季を限って土地(ムッシあるいはアラシ)を借りうけることを、この地域では「山を請ける」または「ムッシ(アラシ)を請ける」といい、土地を貸すことを「山を卸す」あるいは「ムッシ(アラシ)を卸す」と称してきた。この場合、借地の期限は十年から二十年あるいは二五年までの年季のものが多く、二五年以上の例はきわめて少なかったようである。

また、借地代は一般には「山手」とよばれていたが、これには一年毎に金納する年貢型のものと、年季の分をひとまとめに前納する型式のものとが存在し、後者の場合には一度に支払う金額がかなり大きくなる。したがって、かつては農民相互間で掛金を出し合った頼母子講などで、その資金をまかなったことも少なくなかったという。

なおこの場合、古くから白山山麓の地域には、「ムツシ一作卸」あるいは「アラシ一作売渡」というように、「ムツシ（あるいはアラシ）一作」という言葉がよく使われてきたが、この「一作」というのはある年限内における特定の林野の土地利用権の一切を指す意味で用いられてきたようである。一作卸関係の近世文書にはほとんど例外なく「年季内者御勝手次第御支配可被成候」という言葉が添えられているように、土地を請けたものは、その年限内はその土地の利用権の一切を享受したのである

つまり一作卸しの土地を請けた農民は、その期間内は焼畑耕作をはじめ、製炭原料材や薪材・柴材の伐採、山桑その他各種の林産物の採取など、あらゆる林野利用活動をその土地で行うことが可能であった。ということは、この「一作卸」で請けた土地こそ、前に述べた各種の林野利用形態をセットにした林野経営の単位に当たるものであった。そうした林野経営単位を設定した農民は、その土地の中の適当な場所に出作小屋を建て、それを中心に一定の年季の期間、出作りの生活を営んだのである。図3は、十年年季で一作卸の土地を請けた場合の林野利用形態を模式的に示したものである。

東二口の出作農家である道下家では、明治後期にアツバリにある盛口・山崎両氏の共有するアラシ八枚分を請け、そこに出作小屋を建て、その周りにセンザイバタをひらくとともにナギハタを営み（最盛期にはヒエ三六俵・アワ五俵を収穫）、同時にその土地に山桑を一〇〇〇本ほども栽培し、薪材や柴材の採取も行った。当時、東二口では一作卸しの年季はほぼ十二年と決まっていたようだが、このアツバリの山は大きく十二年間では利用しきれなかったので、この土地はもう五年「後請け」して、計十七年間出作りをつづけていたという。つまり道下家は

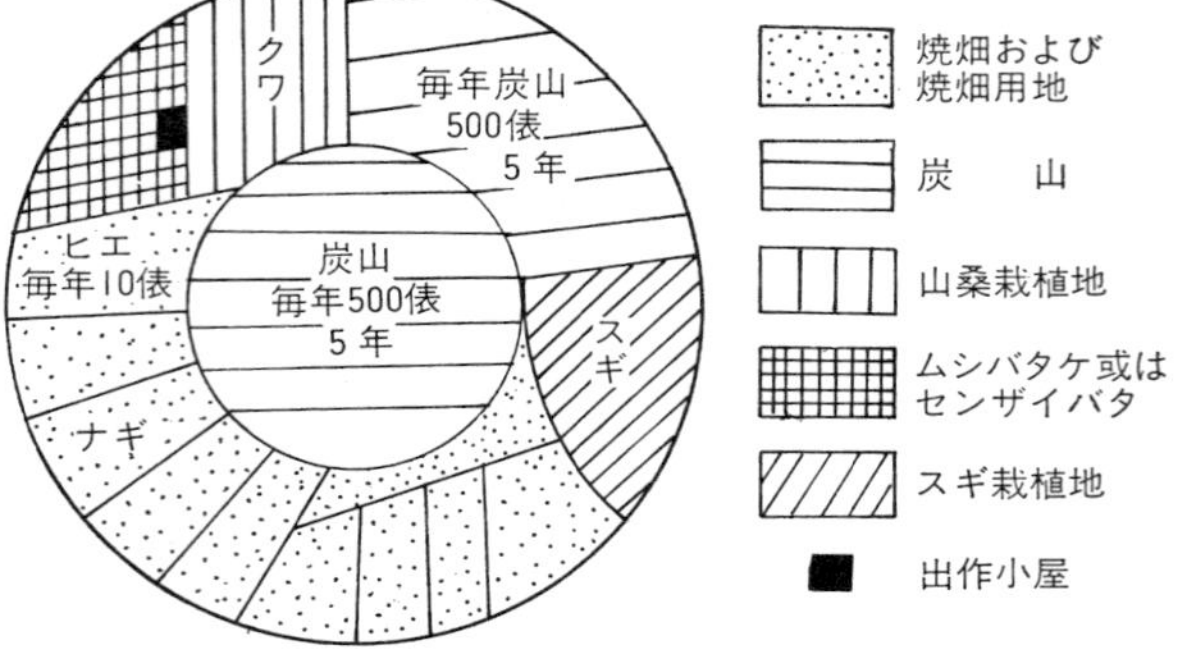

ヒエ10俵×10年、炭500俵×10年のほかに、山桑や杉の栽植地がある。
上記のような各種の林野野利用の可能な林地をセットにして一作卸で請け、農民は林野経営を行っていた。

図3　10年年季の林野経営単位（一作卸の模式図）

このアツバリの地で請けたアラシ八枚分の土地をうまく利用区分し、順序よく伐採して利用することによって、十七年間生計を維持することができたわけである。

なお、ここで「後請け」というのは、年季の終わった土地でも、土地条件が良好で、なお数年間、焼畑などの土地利用が可能と判断された場合、通常の年季の半分ほどの期間だけ、借地の期限を延長して同じ土地を借りつづけることをいう。この場合、その山手（年貢）は通常の二分の一ほどだったという。

その後、この道下氏はアツバリの土地での出作りを終わり、大正中期頃にセンノバラにあるムラの共有地のアラシ三枚分を二一年季で請けたが、このときにはムラに対して山手（年貢）を毎年二〇円ずつ納めたという。卸した土地に対する土地代は、前述のように毎年分納する型式と全額前納の型式があるが、いずれにしても、その価額は、土地の広さ、年季の長さとともに、土地の諸条件（母村からの距離、傾斜の緩急や肥沃度、日照条件や植生条件など）によって大きく左右されたようである。

右の例とほぼ同じ大正中期頃、尾添の亀ノ平（カメンジャラ）にある毎年ヒエ二〇俵ほどの収穫が予定される焼畑適地（アラシ）二〇年分と、毎年六〇俵分ほどの製炭原料を十年ほど供給できる炭山を含んだ土地の二〇年季の山手（全額前納）が四〇〇円だったといわれている。また、オリハラにあった同じく毎年十二～十五俵程度のヒエの収穫可能な焼畑用地十年分と毎年五〇〇俵の製炭が可能で、それを十年間継続できる炭山を含んだ土地の十年季の山手が二〇〇円だったという実例もある。

尾口村における出作り経営は、「一作卸し」という形で地主から借りうけた、このような林野経営のためのまとまった土地(ムッシ)単位を基礎にして、古くから展開してきたものであり、一作卸しの慣行とそれを基礎にした出作り経営は、製炭と焼畑農耕がほとんど消滅する昭和三五年ごろまで、つづけられていたということができるようである。

第二節　ヒエの加熱処理技法とその用具

はじめに

ヒエは特徴の著しい雑穀である。まず、その分布が日本列島を中心とした東アジア地域に限られていること、低湿地や高冷地によく適応し、比較的粗放な栽培にもよく耐えることがその特色としてあげられる。このヒエについては、最近の研究によると、少なくとも縄文時代前期後半以降、東日本のかなり広い範囲で栽培されていたと想定され［例えば吉崎、一九九五］、それが日本列島で栽培化された可能性も高いといわれている［阪本、一九八八］。また、その粗放栽培に耐えるという性格から、ヒエはわが国ではかつて広く営まれていた焼畑農耕の主穀作物の一つ、とくに高冷地の焼畑作物として重要な機能を果してきた。さらに東北地方、とくに北上山地を中心とした冷害常襲地域においては、伝統的な畑作物として農民の生活を支えてきたことはよく知られる通りである。

だが、柳田國男が「稗の未来」という論文の中で「稗を精げることは手のかかる作業で、是を一つの欠点とも見ることが出来る」〔柳田（一九三九）、一九六二〕と述べているように、ヒエはイネやコムギのように、頴果（穀実）が頴の部分から容易に剥脱しない。つまり脱稃が容易でなく、それにつづく搗精作業も容易でない。そのことがヒエを栽培・利用するための大きな障害の一つになっていることは柳田が指摘した通りである。それを容易にするために脱穀・調整のプロセスで加熱処理するいくつかの技法が、各地で工夫されてきた。本稿ではその代表的なものの若干例を紹介し、かつて東北日本、あるいは日本列島のナラ林帯の食文化を特色づけるうえで大きな意義を有していたヒエ栽培文化の一端にふれることとしたい。

(1)　九州山地の事例

九州山地中央部の山地斜面ではかつて焼畑農耕が広く営まれていた。とくに比較的高位の斜面では、ヒエを主作物とするヒエ―アワ・ヒエ―大小豆―里芋というような輪作型をもつ焼畑が営まれていた〔佐々木、一九七二(a)〕この種の典型的な焼畑村の一つ五木村では、穂刈りしたヒエは天日で乾燥させたあと、必要に応じてアマ（あるいはアマダ）とよぶ大型の竹龍（写真8）に入れて火力乾燥を行っていた。大島暁雄氏によると〔大島、一九七三〕ヒエ穂をそのままアマに入れ、屋敷の庭に径五〜六センチの杭を打って約二尺ほどの枠組みをつくり、その上にアマをのせて（地上六〇センチほど）、下から弱火を焚いて乾燥させる。母屋と別の火の屋を持つ家では、そこのカマドにアマをのせて乾かすことも行われていた。これらの作業をヒエコガシという。ヒエは手でさわってサラサラになるまで乾かすが、一日にアマ二杯ほど乾燥させたといわれている。

その後、ヒエを筵に移し、シャーツツ（手槌）で叩いて脱粒し、竹製の篩でふるい、箕を用いてゴミとヒエノミ（頴果）を選別する。ヒエノミはヒキウスにかけて殻（外頴や内頴など）をとって精白し、そのあと箕と金網製のカナブリイ（金飾）にかけて精選し、さらに再度ヒキウスにかけ、同様の工程を経て食用に供するといわれている。つまり、ここでは脱穀と精白の予備作業としてヒエコガシが行われているのであり、同様の作業は同じ九州中部の焼畑地域である五家荘でも営まれていたという。

この種の大型の竹籠を用いて収穫したヒエ穂を火力乾燥する慣行は、宮崎県の椎葉村でもみられる。そこではヒエの火力乾燥（ヒエコウカシ）には写真9のような竹籠（アマ）が使われる。ヒエチギリボーチョウで穂刈してヒエグラで貯えていたヒエ穂をこのアマに入れ、土間にあらかじめ築かれたアマンドヨ（アマのカマンド。幅一二〇センチ、奥行九〇センチ、高さ約八〇センチ）の上に置いて火を焚いてヒエ穂を乾かす。二時間ほどしてヒエ穂か

写真8　五木村のアマ（大島暁雄氏提供）
90 × 95 cm、高さ 35 cm。竹製で胴と底とは別作りで底は丸竹のスノコに作られ、取り外すことができる。1日でアマ2杯分ほどのヒエを乾かすことができる。

写真9　椎葉村のアマ（椎葉秀行氏蔵）
ヒエコウカシ（ヒエの脱穀）に使用する専用の竹製の大籠。この大籠を随時に庭につくったアマンドヨの上に置き火を焚いて乾かす。直径 124 cm、高さ 35 cm、網目 2.5～3.0 cm。（網底から左右に突出した棒をテドリという）

らホゲ(湯気)が出なくなると「ナオス」という作業をやる。アマの上半部のまだ十分に乾いていない穂をいったん箕やバラの上に移し、前にヒエ穂をアマに入れる作業のときに自然に脱粒したモミ(頴果)を、アマの下半分に残った熱いヒエ穂の上に入れてよくかきまぜる(これをモミヤクという)。こうして混入したモミの乾燥した頃を見計らって、二人でアマのテドリをとってムシロの上にかえす。空になったアマにはさきに箕やバラにとっておいた未乾燥のヒエ穂をもう一度入れ、また約二時間ほど乾燥させてコウカシの作業は終る。

その後、乾燥させたヒエ穂とモミを乾いたムシロの上にひろげてドンチ(横ヅチ型の穂叩き具)で、よく叩いて脱穀する。それをモミトオシでふるってヒエノモミと殻(ヒエノカブソ)を選別し、さらにこのモミを手箕で風選(サビ)して軽いシイラなどを除く。それを石臼で磨て、箕でサビて残ったものをカラウスで搗いて精白していた。唐臼の使用以前には、堅杵と臼を用いてヒエ搗きを行っていたというのである。

以前に筆者が調査を行ったこのような椎葉村日添のヒエコウカシとヒエ搗きの実態については、最近、佐々木章氏が『おばあさんの山里日記』(一九九八)で詳述しているが、作業の要点は上述の筆者の調査例と変わらない。

同様の竹や樹皮でまわりを作って底を竹で編んだアマとよぶ容器にヒエ穂を入れ、カマドの上で乾かし、そのあとカラサオで脱穀することは四国の祖谷地方でも行われている[武田、一九五五]。さらに同種の大型の竹籠で穂刈りしたヒエ穂を火力乾燥させる慣行は、韓国の済州島でも行われていた。同島中部の新村城邑里で調査したところによると、戦前には旧暦九月頃に穂刈りしたヒエ穂を大きな竹籠(*kori* 約1m×1m×1m)に入れ、下から火をたいて乾燥させ、そのあと穂首をとり、村で共有する碾磨(*molbange*)で脱穀・精白を行っていたという。作業課程の詳細は不明だが、九州山地のそれと同様の大型の竹籠を用いるヒエ穂の火力乾燥が行われていたことは間違いないようである。

ところが、同じ九州山地の焼畑地帯でも、宮崎県の西米良村ではやや異なった加熱処理が行われている。民族文化映像研究所編『西米良の焼畑』(一九八六)によると、そのプロセスは次の通りである。

収穫したヒエ穂を天日で乾燥させて、穂からヒエノミを落す脱穀作業を「穂あやし」とよぶが、それは次のような手順で行われていた。①まず庭いっぱいムシロを敷きその上にヒエ穂をひろげてよく乾燥させる。②乾燥したところで足で踏んだり、メグリボウ(カラサオ)などで叩いて穂から実(モミ)を離す。③その実をアラドオシ(篩)にかけて選別し、④ヨソリ(箕)で風選(サビ)して実だけにする。

そのあと精白作業(こしらえ)を行うが、ここではまず①ヒエの実を鉄製のオオガマ(ヒラガマともいう)でよく炒り、モミガラ(外側の外穎・内穎など)をはがれやすくする。②炒ったヒエモミを碾臼(回転用の木の把手のついた石臼)にかけて精白する。この作業をヒエズリという。③ヒエズリしたヒエを箕で風選してモミガラやゴミを飛ばし、④さらに目の細かいフルイにかけ、精白ヒエを選び出す。フルイに残ったヒエは、もう一度ヒエズリを繰り返して精白するのだという。

ここで注目すべきは、大量のヒエ穂を積み上げて火力乾燥するのではなく、天日乾燥させたヒエ穂を叩いて脱穀させ、その穎果を大鍋に入れて炒った上で精白する工程をとっていることである。いまのところ、この「炒る」という加熱処理法の存在は、管見の範囲では九州山地では西米良の事例を知るのみである。しかし、中部山地では岐阜県の白川村などに炒る工程を伴う加熱処理の例をみることができる。

(2)　中部山地の事例

福井・岐阜・石川・富山の県境一帯の山地――以前に私が「飛濃越山地」とよんだ山地――には、かつて大きな焼畑の集団があり、ヒエ―ヒエ・アワ―大小豆(アワ・ヒエ)というような輪作がみられ、ヒエ栽培の比重が非常に大きかった[佐々木、一九七二(a)]。なかでも岐阜県大野郡白川村では、江馬三枝子氏によると[江馬、一九七五]、「へ夜なべ」でちぎったヒエ穂を木の大臼に入れて三人がかりで搗き、箕であおってヘエモレ（ヒエモミ）にする。それを精白するには、まず大きな甑にモミを二斗ほども入れて蒸し、それを大釜にとって炒りながら乾かすと、実（穎果）に裂け目が入る。これをバッタリ（水唐臼）が動く搗屋に入れてゆっくり搗くと、夕方に入れたものが翌朝には精白されているという。細江村あたりでは蒸すと炒るの過程を同時に行う方法もみられた。大鍋の底に水を少し入れ、そこへヒエモミを入れて混ぜかえすと実に割れが入る。それを蓆に広げて乾かし、バッタリで搗いて精白することが行われていたという。

いずれにしても、ヒエの穎果を蒸して炒る、この工程はインド亜大陸の焼米チューラや日本古来のヤキゴメの製作過程と酷似していることが注目される［＊1］。しかし、飛濃越山地のヒエ作地帯の加熱処理法としてば、炒るやり方よりもヒエの穎果を蒸すか、ヒエ穂をアマとよぶ大型の容器に入れて火力乾燥をさせる方法が広くみられた。

宮本常一氏の『越前石徹白民俗誌』（一九二四（一九七四所収））によると、ヒエはその実をとって大きな鍋でまず蒸し、天日で乾燥させる。そうすると殻がとれやすくなるので、それをバッタリで搗く。バッタリがない家では四人の者が立臼で手杵を用いて搗いたという。なお、ここでもヒエの実を蒸さないで煎ったこともあるというが、その例は多くはないようである。この場合には石臼で皮をとり、粉にしたこともあるという。

しかし、この飛濃越山地――なかでも白山麓を中心とした地域でもっとも注目されるのは、大型のアマボシ（乾燥台）を用いる火力乾燥法であろう。白山麓におけるそれについては、すでに拙論「アマボシ考――白山麓のヒエ穂の火力乾燥法」（『日本民俗風土論』一九八〇(b)で、その形態や機能について詳論しており、また橘礼吉氏の『白山麓の焼畑農耕』（一九九五）にも詳細な説明がある。したがって本稿では詳しい説明は省略するが、その最も大型なものとしては図4や写真10に示したような大きなアナアマボシが使われていた。竹の簀の子を底にした大き

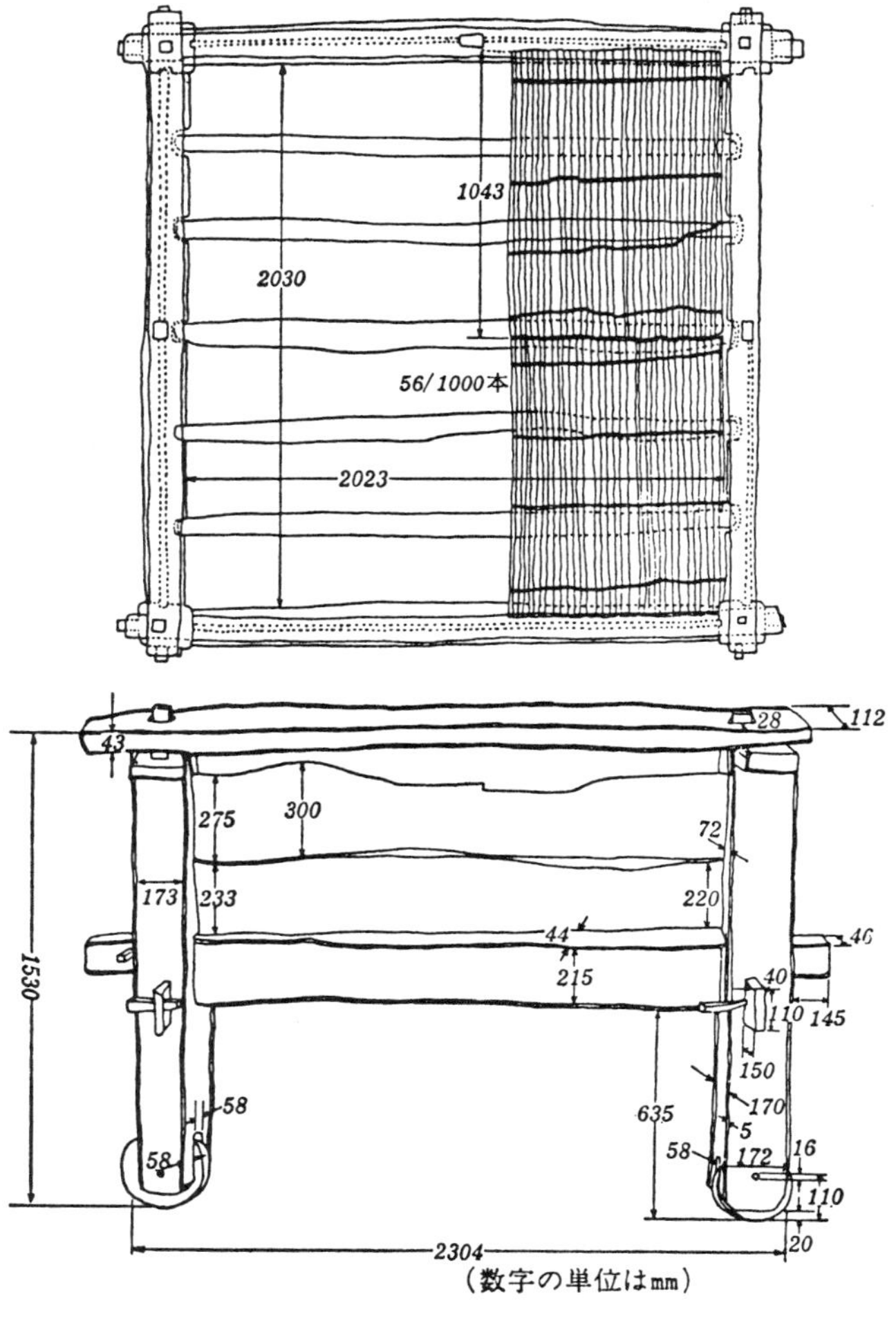

図4　白山麓のアナアマボシ(石川県立郷土資料館蔵)

タテ・ヨコ約230cm、高さ約153cm。四角の柱は17cm角で柱の下に木車がつけられて移動できる。柱の中央に太い梁があり、この梁にタルキ(直径8～9cm)が5本かけられ、その上にスス竹で編んだ簀が2枚のっている。柱には溝があり、それに沿って数枚のアマボシ板がはめ込まれ、大きな箱型の木枠(乾燥箱)ができ上る。その容量は約2.5m^3、石数に換算して13.9石に達するという。このアナアマボシは白峰村大道谷で使われていた。

な箱型の木枠(タテ・ヨコ約一三〇センチ、深さ六〇センチ余の一種の乾燥箱)の中へ収穫したヒエ穂を入れ、下から大きな薪で火をたいて乾燥させる。アナアマボシの場合には家屋のイロリの床下にあらかじめ大きな穴(底と側壁を石組みにし、深さ約一二〇センチほど)をつくっておき、この穴で火をたく。これに対し、ジロアマボシは板敷の広間(オミャア)にあるジロ(イロリ)の上にアマボシを移動させ、ジロの火床で薪をたいて乾燥させるものである。アナアマボシと構造は同じだが、それに比べて乾燥箱の下の足が長く、床面から簀までの高さがアナアマボシより二〇センチ~五〇センチほど高い。

これらのアマボシを用いて乾燥作業(ホホシ)を行うにはヒエ穂をアマボシの箱にほゞ一杯入れ、そのためにはヒエ穂を二階にとりつけた滑車(ホホシグルマ)などを使って屋根裏(アマ)に揚げておき、それをホホシアナ(平常はクマザサの簀が敷かれている)からアマボシの箱の中へ落し込む、太い薪で火勢を調節しながら一昼夜ほど燃やしつづける。その間に乾燥の度合いを平均化するため、男がアマボシの箱に入り、中のヒエ穂を上下に反転させ、中央と周縁の穂をよくまぜ合わす作業をする。

写真10　白山麓のアナアマボシ

こうして一昼夜にわたるホホシ作業が終ると脱穀(ホガチ)に移るが、脱穀を行う場所も、白山麓ではジロのある広間(オミャア)の一部が使われる。大型の木臼にホホシしたヒエ穂を入れ、三人位で横杵でそれを搗くウスガチ、あるいはヨコヅチ(直径約一〇センチ、長さ三〇センチほどの丸太の中央に直角に柄をつけたもの)、またはソリバイやバイという脱穀棒を用い、床面のムシロの上に広げたヒエ穂を多人数で叩くヨコヅチガチ(あるいはバイガチ)で脱穀(ホガチ)する。

その後、網目の大きいヤツメカゴや金属製の細かい網目のケンドウシなどの篩でふるい、稃つきのヒエ（ガラビエ、玄稗）をトウミで風選すると未熟実（ミヨシ）と外側の護頴（ドウヌカ）が除かれ、狭義のガラビエ（モレビエ）がとれる。「アマボシで熱くして臼で搗くと、外側のドウヌカがはずれ、ゴキヌカ（内頴・外頴）をかぶったガラビエができる」［橘、一九九五］ということになる。

しかし、白山麓の地帯では蒸煮の技術が、ごく最近まで見られなかったため、精白するにはガラビエを石臼でひいて穀実を割り、何度か目の細かい篩を通してゴキヌカを除く方法で精白していた。ただし、橘礼吉氏によると、旧新丸村小原では、屋内での火力乾燥と屋外の天日乾燥の双方でヒエ穂を乾かしていたが、天日乾燥では十分乾かないため、ガラビエを鉄鍋で炒ってから石臼でひき割り、ゴキヌカをとっていたという。だが、この種の炒る工程は、白山麓では必ずしもポピュラーではなかったようである。

ところで、大型のアマボシによる屋内火力乾燥を行う際には、前述のアナアマボシの場合、その箱に入れられるヒエ穂は脱穀して五斗俵で七〜八俵分、その穀実の重量だけで約一〇〇貫前後、それに茎や穂とそれに含まれる水分、さらにアマボシの自重などを加えると、ヒエ穂を満載したアマボシの全重量は一五〇貫（五六〇キロ）をはるかに超えると思われる。これだけの重量を四本の柱の下の木製の車で支え、ジロからホガチの場所へアマボシを移動させるのは大変である。そのためにはそれだけの重量に耐えうる頑丈な板敷の施設が不可欠なことはいうまでもない。

しかし、白山麓の出作り農家の多くに板敷の広間が普及するのは、それほど古いことではない。最近まで使われていた出作り農家の大部分は図５に示したようにジロ（炉）のある広間（オミャア）が分厚い板敷になっているが、建築当初はオミャアが土間で板敷でなかったというものも少なくない。また戦前に廃絶した古い出作り小屋の中には根葺きの合掌づくりの建物で、オミャアが土間（土座）形式だったものが少なくないといわれている。白山

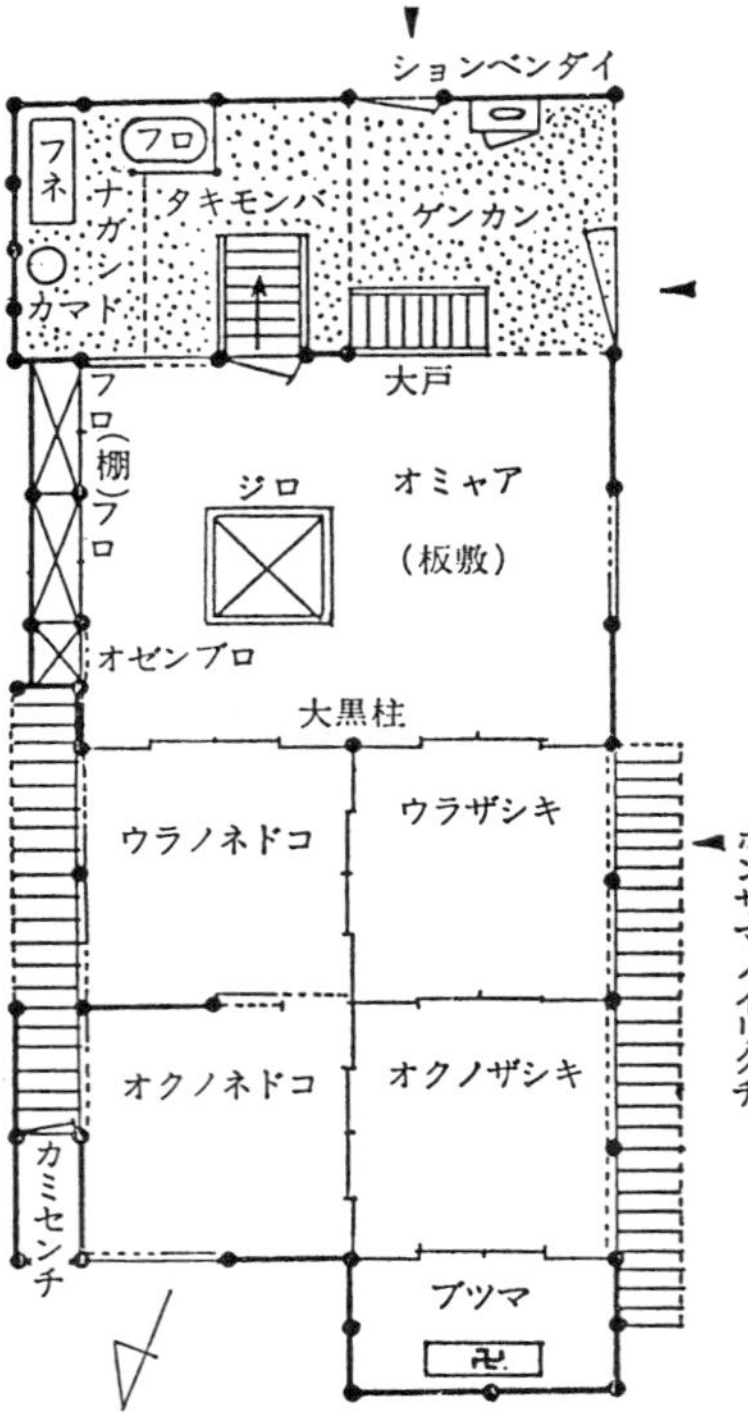

図5　複室構造の大型の出作りの家屋（白峰村河内谷のＴ家）〔石川県立郷土資料館、1978による〕
中央のジロのある広間（オミャア）が丈夫な板敷になっている。

麓において出作りの経営が最盛期を迎える江戸時代末頃を中心に、養蚕が盛んになることとも関係して、出作小屋の大型化がすすめられ、図5のような複合構造の出作小屋が出現する。それに伴いオミャアを土間から板間へ変更する例がふえ、大量の養蚕棚が組立てられるように、家屋構造に一種の進化がみられたことは間違いない［佐々木、一九八一(e)］。

このような家屋の大型化、頑丈な板間の発生とともに、大量のヒエ穂を急速に乾燥させる装置として大型のアマボシが開発されたと考えられる。この場合、ジロアマボシをさらに大型化したアナアマボシはアマボシの進化の極点に立つものと考えられるのである。

では、アマボシが開発される以前にはヒエ穂の乾燥はどのように行われていたのだろうか。

白山麓の例では、詳しい事例の紹介は省略するが、根葺き・土間形式の出作り小屋あるいは母屋のジロの上の天井裏（アマ）に竹のスノコを張り、その上にヒエ穂をひろげて乾燥させていた。またジロの上の少し低いところに丸太を二本横にわたし、その間に竹のスノコを張り、その上にススキやクマザサを編んだ簀を敷いてヒエ穂を乾燥させたという例も少なくない。いずれにしても、このやり方では乾燥にはかなりの時間がかかる。ところが、熱効率をよりよくするため、アマ（天井裏）のスノコの周りを箱状の板で囲んだり、ジロの上にアマバリという特殊な構造を設け、その側面を板で囲うなどある種の技術的進化がみられた。

他方、中部山地のその他の例では、イロリの上に大きな火棚を吊し、そこでヒエ穂の乾燥を行っていた事例が少なくない。例えば秋山郷では太いシナの縄で吊した大きな火棚（クド）にヒエ穂（あるいはアワ穂）を山積みにし、イロリで火をたいて一日で乾かし、そのあとバヤ（長いタチバヤと短い手バヤの二種類がある）という脱穀棒で叩いて脱穀したという［山田亀太郎・ハルエ、一九八三］。

同じような大型の火棚による雑穀類の乾燥は文政十一年（一八二八）に秋山郷を旅した鈴木牧之の『秋山記行』の中にもみえている。同書によると［鈴木・宮、一九七一］、民家の広間の中央には大きなイロリがあり、その上には「大いなる火棚《くど》」がある。それは「八、九尺の二本の木を大いなる縄にて釣下げ、其上に茅簀を敷、粟穂を山の如く積上げ干置事、是まで度々村毎に見たるものしかり」とある。アワ穂・ヒエ穂を大型の火棚の上で乾燥させ、そのあと毎夜、男たちが裸体で穂から実を叩き落す作業を屋内でしていたというのである。

同じようにイロリの上の火棚でヒエ穂を乾燥させる作業は、岐阜県の徳山村でも行われていた。『美濃徳山村民俗誌』［桜田、一九五一（一九七四所収）］によると、収穫したヒエ穂はアマ（ここではイロリの上に吊した火棚のこと）にあげて干し、乾しあがると穂を横槌で叩き、手箕にかけてヌカをとっていた。だが、その後、熱効率をよくするためイロリの囲りにホイロという板を三方に立て、この上にアマ（火棚）と箕をのせ、その上でヒエ穂を乾燥させるよう改良したという。

さらに紀伊山地の大塔村篠原などでは天日で乾燥させ、カラサオで共同で脱穀する方法のほか、胴がケヤキの樹皮、底が竹のスノコでできたアブリとよぶ容器（直径約六五〜六〇センチ、深さ約四五センチほど）にヒエ穂を入

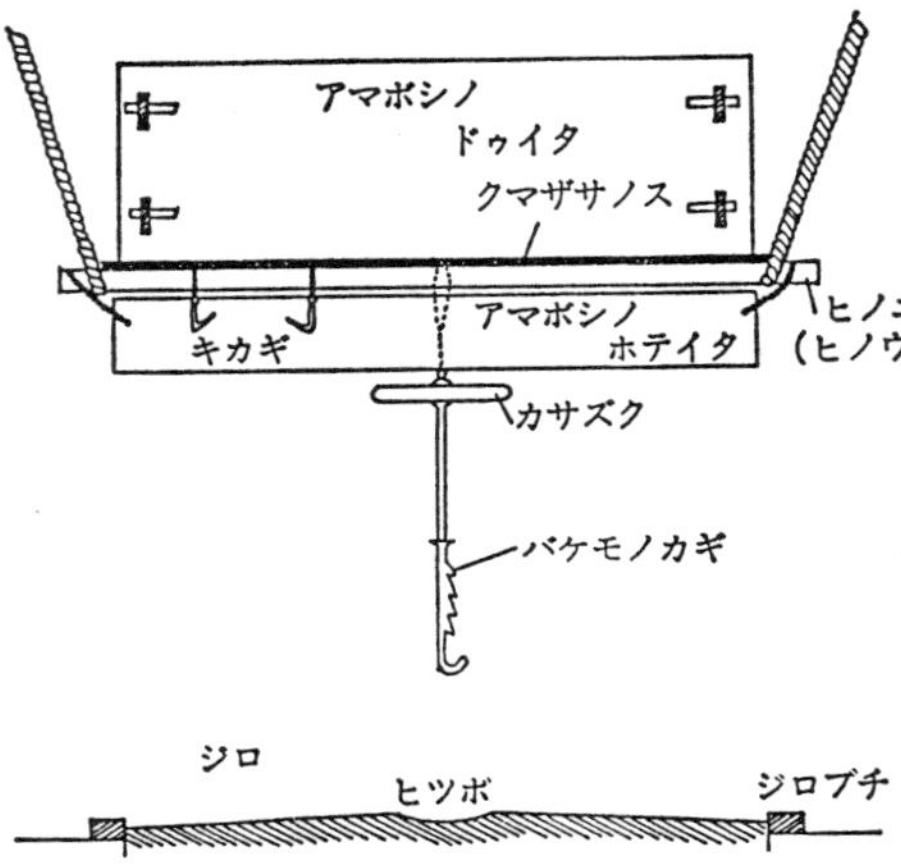

図6　新丸村・小原で使用されていたツリアマボシ
〔橘・伊藤、1976による〕
ツリアマボシの原型はイロリの上に吊り下げられていた火棚で、火棚の周りにドゥイタを立ててヒエ穂の収容量をまし、火力の分散を防ぐホテイタを吊るし火力の集中を防ぐカサズクを吊るすなど工夫がこらされている。タテ128 cm、ヨコ129 cm、深さ41 cmほど。

れ、イロリの上に吊して乾燥を行っていた〔竹井・小林・阪本、一九八一〕。また安倍川上流の静岡市大川地区でもアマズとよぶ同様の円形容器（深さ約三尺、直径約二・五尺）をイロリに吊してヒエ穂を乾かすことが行われていた〔橘、一九九五〕。

要するに、家屋の天井裏（アマ）や大型の火棚の上にヒエ穂を積み上げて乾燥するやり方からその周囲を板で囲うようになったこと、また火棚に代りイロリの上に吊す大型容器を用いるようになったことなどの進化がみられたわけである。白山麓の一部にみられる乾燥箱をイロリの上に吊すツリアマボシ（図6）もこの種の技術的進化の一つであり、こうした進化の延長線上で、出作農家の大型化、板敷広間の普及に伴って、大量のヒエ穂を効率よく処理できるジロアマボシが生み出され、さらに大型のアナアマボシにまでヒエ穂の火力乾燥用具の進化がみられたと私は考えている。

(3)　北上山地の事例

昭和九年（一九三三）の全国のヒエ栽培面積約三・四万町歩の約六三％は東北地方に分布し（次に多いのは北海道の約二二％）、その大半は岩手県から青森県東部の北上山地の地域に集中していた。山口弥一郎氏〔山口、

表12　東北諸県の主要市郡別ヒエ栽培面積

単位：町歩

県・郡名	昭和9年	明治43年
福島県	144.1	659.0
南会津郡	67.6	180.6
西白河郡	50.7	191.4
宮城県	15.0	389.6
本吉郡	6.3	285.5
山形県	4.8	—
	昭和9年	大正5年
秋田県	62.6	291.8
鹿角郡	44.7	131.2
北秋田郡	32.0	115.2

県・郡市名	昭和9年	大正5年
岩手県	15,628.9	18,164.4
岩手郡	2,711.6	2,228.5
柴波郡	73.6	129.5
稗貫郡	244.3	550.3
利賀郡	310.3	858.9
気仙郡	817.3	1,635.8
上閉伊郡	1,400.0	1,696.2
下閉伊郡	2,937.2	2,955.7
九戸郡	4,039.3	4,713.5
二戸郡	2,998.4	3,296.0
青森県	5,868.9	7,617.1
八戸市	568.5	—
上北郡	1,579.7	1,564.3
下北郡	69.2	436.2
三戸郡	3,641.0	5,542.1

明治43年あるいは大正5年に100町歩以上のヒエ栽培面積をもつ郡市を掲載した。(山口弥一郎「東方地方の稗」所載の資料による)

一九七三〕によると、その集中地域はほぼ年平均気温一一度の等温線に囲まれた地域と一致し、冷害による凶作に襲われやすい畑作卓越地域に当るという。当時の東北諸県の主要郡市別のヒエ栽培面積は表12の通りで、最大は岩手県九戸郡の約四〇四〇町歩(全耕地の約三〇%、畑地の三六・六%を占める)、ついで青森県三戸郡の約三六四〇町歩、岩手県二戸郡の約三〇〇〇町歩、岩手郡の二七〇〇町歩とつづき、北上山地の北部に大きな集中地域が形成されていた。さらに下閉伊郡、上閉伊郡と東海岸沿いにヒエの栽培地域は広がり、とくに下閉伊郡ではヒエの栽培面積は全耕地の三五%、畑地の三八・七%を占めるのに対し、稲作水田の面積は全耕地の僅か九・五%に過ぎず、当時、下閉伊郡ではヒエが主要作物であったことがよくわかる。他方、同じ岩手県でも柴波、江刺、胆沢、東・西盤井郡のような北上川流域の水田地帯にはヒエ栽培はほとんど見られない。また、宮城県以南の東北地方南部および奥羽山地以西の秋田・山形両県のヒエ栽培面積は小さく、北上山地に畑ビエが多いのに対し、西部の地域では水田で栽培する田ビエが卓越していたとされる〔山口、一九七三〕。しかも、明治四十三年（一九一〇）あるいは大正五年（一九一六）と昭和九年（一九三四）のヒエ栽培面積を比較すると西部の諸地域では激減している。これに対し、北上山地北部を中心としたヒエ作集中地域では、その間の減少率は僅かで、岩手郡や青森県上北郡ではヒエの栽培面積は漸増の傾向すら示している。

右のような事情を勘案して、本稿では、このあと北上山地の事例を中心に述べることとする。

一般に北上山地の常畑で栽培されるヒエは、ヒエ―ムギ―大豆という二年三作の形で輪作されるのが基本的で［＊2］、下閉伊郡のヒエの作付面積が畑地の三八％余を占めるというのは、このような輪作が広く行われていることをよく示している。耕起に当っては、この地域特有の踏み鋤が用いられ、播種に当っては、ボッタマキ（ボッタフリ）と称し、人糞と種子をよく混ぜ合わせて、畝の溝に播く。その後、二～三回の除草を経て、九月中旬頃に根刈りで収穫し、一〇束ほどのヒエ束をまとめていわゆるヒエシマをつくり一ヶ月ほど乾燥させるという。

このヒエ栽培のプロセスの詳細な検討は、改めて別に論ずることとし、本稿での主題は、収穫後の脱穀・調製過程における加熱処理についての分析である。脱穀のやり方は、北上山地北部では臼を伏せたり、横にしてそれにヒエ穂を叩きつけて脱粒させ、篩を通し、手箕や唐箕で風選する例がきわめて多い。こうして得たヒエカッチヤ（玄稗）は大型の組立て式の箱（キッツ）あるいは小屋に作りつけた大型の貯蔵容器セイロの中に入れて蓄えられる。それを精白する前には加熱処理を行うが、それには大別して「ムシビエ」と「ヒボシビエ」の二種があるという。

高橋九一氏は二戸（福岡）付近の事例を中心に、「蒸すために必要な道具はヘコシキ（稗甑）で、一石二斗位入る四角いもの（図7）と円いコガ（写真11）の二種、これを三斗釜の上にのせる。火を焚くのは女が受け持ち、一日に三コシキを蒸す。蒸した稗は筵一枚に六升位広げ、二日間位日乾しする。この取扱いは男の役である。乾燥したものはセイロウに貯蔵しておく」［高橋、一九七〇］という。

写真11　コガ（名久井文明氏提供）
岩手郡玉山村中日戸で1950年頃まで使用していたもの。ヤダ煮釜の上にのせ、穴の部分をブドウ皮で作った小さなスダレを置き、ヒエを入れて蒸す。直径約80 cm、高さ約42 cm。

図7　ヘコシキ（高橋、1970による）
底の穴の上にムシロを敷き、ヒエを入れ、土間のカマドの上に据えられた三斗釜の上に置いて蒸す。1石2斗ほど入る大きさ。

さらに、「火力で稗を乾燥する方法は、初雪が早く、積雪期間の長い奥羽山麓の豪雪地帯で行われる方法である。秋は日が短い上に、乾し場となる外庭は霜柱が立ち、天候が定まらないため日乾しが難しく、火力乾燥をしなければならない。……火力で乾燥する場合、稗を入れるためドゥカイタが必要である。長さ四尺、巾一尺二寸、深さ二寸位に穿った自家製、材料はサワグルミ（カワグルミ）で一枚に五升位入る。これを炉の中に四本柱を立てた上に一〇枚とか、二〇枚とかを積み重ね、下に火を焚いて乾燥させるという方法である」。このドゥカイタが倒れて大火事になったこともあり、その危険を避けるため「特にムロを設けているところもある。一間半に二間、四方壁で、いわば小型の土蔵といったようなもので、これに棚を設け、稗を入れたドゥカイタを並べて火を焚き乾燥させるというものである」［高橋、一九七〇］と述べている。

北上山地を中心とするヒエの加熱調製法とその用具の特色は、この高橋報告でその概要は尽されている。山口弥一郎氏の『二戸聞書』にも「稗の実は大きな蒸籠に入れて蒸し、夜に筵を敷いてよく干してから搗く。……又ひぼしと言って原稗をそのままむろに入れ、火で干して精白するのもある」［山口、一九七四］と記され、加熱処理に二つの類型のあることを示している。だが、その加熱処理のプロセスをもう少し検討すると、そこにはいくつかのバリエーションのあることが注目される。

表13は岩手県立博物館（編）『岩手の雑穀』（一九八九）及び文化庁文化財保護部（編）『北上山地の畑作習俗』（一九九五）の二資料および筆者の玉山村での調査結果などをもとに、ヒエの加熱処理過程の概要をまとめたものである。

まず、蒸す過程の詳細については二戸市石切所の例では「蒸す前にまず水を入れたハギリ（桶）にヒエを入れ（洗って）砂をとる。エジャル（柄笊）でヒエをすくい上げ、コシギ（甑）に移す。コシギは大きな桶製で一石二斗入った。コシギは庭の隅にあったトナ煮釜にのせたが、この時トナ煮釜とコシギの間には、藁製の八寸幅位のワラダという輪を入れて蒸気が逃げないようにした。コシギの底には十文字に組んだ木か笊を置き、その上に莫蓙を敷いてからヒエを入れた。このような仕掛のコシギで五つも六つも蒸した」という〔岩手県立博物館、一九八九〕。写真11は岩手郡玉山村で、一九五〇年頃まで使われていた同様の桶製の甑（コガ）で、ヤダ煮釜の上にのせ、穴の部分はブドウの皮製の小さなスダレでふさぎ、ヒエを入れて蒸したという。玉山村では、このほかセイロで貯えていたヒエカッツァをとり出して、まずハンギリで洗い、釜（スエガマ）の上に枠型のコシキを置いて蒸す。あるいはトナ釜の中に十文字に組んだ木枠を置き、その上にスダレ状のものを敷いた上に麻や藁で編んだものを置き、そこへヒエを盛り上げ、ムシロなどで蓋をして蒸したという。この種の一種の蒸し器を用いる加熱処理法の分布は表13にみる通りかなり広い（事例①②④⑪⑫⑭⑮⑰⑳㉒㉓）。

ところが、このような蒸し器を用いる加熱法のほか、玉山村（事例⑬）では、釜に三分の一量ほどの湯を沸かし、そこへヒエを直接入れて長いヘラでかきまぜ、ムシロやカマスで蓋をして「蒸す」（実際は短時間煮る）こともよく行われていたという。そのあとアゲザルでヒエをムシロの上に揚げて、天日で乾燥させるか、トウカに入れ、炉の上などで乾燥させ、バッタリで搗き、唐箕や箕で風選して精白作業を行ったという。この種の蒸し器を用いず

表13　北上山地におけるヒエの加熱処理法

郡名	町村名	事例番号	ヒエの加熱処理技術の概要	資料
九戸	軽米	①	オモシはトナガマにセイロを置いてヒエを蒸し、シラボシは天日乾燥。	**61
〃	種市	②	オモシッペイを蒸すには角形のセイロを使った。	*29
〃	山形	③	ヒエを蒸すには釜に水を入れヒエカッツァを直接入れて掻き回した。炉の上にヒエ棚を組立て、その上にトウカを10枚位重ねて乾かした。	*29
〃	久慈	④	ヒエを水洗いし、箱型のキッツに入れてトナ釜で蒸し、天日で乾燥。	*95
		⑤	炉干し(炉の四隅に支柱を立てヤグラ組みにし、トウカにヒエを入れて乾燥)とムロを用いた乾燥がある。	**23
		⑥	蒸さずに天日のみで強く乾燥させるものもあり。味が良い。	**23
		⑦	ヒエを蒸すには釜に水を入れヒエカッツァを直接入れて掻き回した。	*29
〃	葛巻	⑧	ヒエを蒸すには釜に水を入れヒエカッツァを直接入れて掻き回した。	*29
		⑨	炉の上にヒエ棚を組立て、その上にイタトウカを10枚位重ねて乾かした。	*29
		⑩	ムロは昭和の初期頃から作られた。	*29
二戸	二戸	⑪	ハギリ(桶)でヒエを水洗いしたあと、トナ煮釜にコシギをのせて蒸す。筵にひろげて天日乾燥。	*25
岩手	松尾	⑫	ヘエカッツァをまず洗い、ヤダ釜の上にコガをのせ、中にワラダを敷き、ヒエを入れて蒸す。そのあとは天日乾燥させた。	*29
〃	玉山	⑬	釜に湯をわかし、ヒエを直接入れ、長いヘラでかきまぜる。ムシロに広げ天日で乾かすか、イロリの上のヒエ棚で乾かす	*** ***
		⑭	ヒエカッツァをハンギで洗い、釜の中に十文字に組んだ木組みを置き、その上に麻布などを敷いてヒエを蒸す。	
		⑮	水を入れた煮釜の上にコガをのせ、ヒエを入れて蒸す。 蒸さないでトウカに入れ、ヒエ棚で乾かすこともある。白くてうまい。	*92 ***
下閉伊	岩泉	⑯	ウムシ(蒸して搗精)とシラボシ(天日乾燥)の2種あり。	**128
〃	川井	⑰	トナ釜に井の字型の木組みを据え、多孔の板を置き、ワラダを敷いてヒエを蒸す。	*90
		⑱	ヒエを蒸すには釜に水を入れ、ヒエカッツァを直接入れて掻き回す。	*29
		⑲	炉の上にタナヤを組みその上にトウカを10枚位重ねて乾かした。	*29
稗貫	花巻	⑳	台所の釜の上にフカス(木製箱型の蒸し器)をおいて蒸した。	*29
〃	大迫	㉑	穂刈りしたヒエ穂をカゴにトウカを敷いて、その上に入れ、炉の上に吊るして乾燥させた(カゴボシ)。その後、脱穀。	**171
		㉒	セイロで蒸して天日乾燥する。ムシビエは少ない。	**172
気仙	住田(世田米)	㉓	煎る方法、蒸す方法、煮る方法がある。詳細不明。トナ煮釜に格子をはめ、その上にワラダを敷き、ヒエを盛り上げて蒸す。	**211 *91

*岩手県立博物館、1989の記述による。
**文化庁文化財保護部、1995の記述による。
***佐々木の実態調査資料による。
数字はページ。

写真12　火乾し棚（名久井文明氏提供）
九戸郡山形村内間木で1956～57年頃まで使用されていたもの。湾曲した木の股（その間隔約142 cm）を支柱に利用している。両支柱の間は約156 cm。この火乾し棚を炉の上に立て、両支柱の間に角材（3～4 cm角）をわたし、その上にヒエを入れたトウカを積み上げ、乾燥させる。

釜の湯の中へ直接ヒエを入れて加熱する方法は、表13によるとこの岩手郡の玉山村のほか、九戸郡の事例、③の山形、⑦久慈、⑧葛巻、下閉伊郡の⑱川井などの市町村で報告されている。乾燥の方法はいずれも、炉の上にヒエ棚（タナヤ）を組み立て、その上にトウカ［＊3］を一〇枚余重ねて乾かしたという［岩手県立博物館、一九八九］。

この種の直接湯の中で加熱する一種の煮沸法がもっとも原始的な原稗の加熱処理法と思われるが、北上山地中北部のヒエ作卓越地帯には、前述のように各種の蒸し器（セイロ、コシキ、コガなど）を用いる比較的高度な加熱処理法が広く分布している。恐らく両者の中間をなすものが、玉山村や川井村、気仙郡の住田町（事例㉓）などにみられるトナ釜の中に木製の格子をはめ、その上に多孔の板やワラダ、麻布などを敷き、ヒエを蒸す方式ではないかと考えられるが、その間の進化過程を確証するものはない。

さらに蒸した後のヒエの乾燥については、ムシロの上に広げて二日ほど天火で乾燥させる方法とイロリの上にヒエ棚を組んで乾かす方法がある。写真12は九戸郡山形村で昭和三十二～三十三年（一九五六～五七）頃まで使われていた「火乾し棚」で、炉（一七六・〇センチ×一一一・五センチ）の上にこれを立て、浅い箱型のトウカにヒエを入れてそれを一〇枚以上もこの枠組みの上に重ね、その上にムシロをかぶせて乾燥させたという［岩手県立博物館、一九八九］。

この乾燥法では棚が倒れて火事になる危険性が高い。そのため昭和初期頃から、図8に示したような別棟の土蔵式のヒエムロを設け、大量のヒエを安全に乾燥させる農家が多くなったという。図８に示した事例の隣家のムロも同様な構造で、そこではトウカを入れる棚は七段、一段に五升入りのトウカ（九一×五六センチ）を二枚ずつ置き、一回で一石余のヒエを一昼夜火を焚いて乾燥させたという。その後はバッタリや水車で搗いて精白するが、バッタリによる精白は一昼夜で約二斗一升ほどとされるので、一石余を乾燥させると、精白には一週間近く要することになるという［文化庁文化財保護部、一九九五］。

いずれにしても、この種のムロの設置は、そのほとんどが昭和に入ってからの新しい事実であるが、全国的にみても珍しい常設で大型のヒエの火力乾燥装置が、北上山地北部のヒエ作卓越地域に誕生したことは注目に値する。だが、その命脈は余り長くはなかったようである。

ところで、表13をもう一度みると、事例㉑の早池峰西麓の大迫町黒森では、根刈りしたヒエを家の中でもう一度鎌で穂切りした後、アワの乾燥に用いる柴木で編んだ円形の龍（直径一・二〜一・五メートル、高さ三〇〜六〇センチ）の底にトウカを敷いてヒエを入れ、炉の上に吊して火力乾燥させたという［文化庁文化財保護部、一九九五］。このカゴボシのほか、馬釜にセイロウ（蒸籠）を置いて蒸し、ムシロで天日乾燥させる蒸稗もつくられたが、味が劣るので、ここでは蒸稗はあまり作らなかったという。この穂刈りしたヒエをカゴボシする方法は、既述の紀伊山地や安倍川上流の山村で樹皮と竹製の円形容器にヒエ穂を入れ、炉の上に吊して乾燥させる方法と酷似している。いまのところ、東北地方におけるこの種の事例は、この大迫町の例のみであるが、穂刈りしたアワを乾かし籠に入れて乾燥させる事例は和賀郡の沢内村や湯田町でも報告されている［岩手県立博物館、一九八九］。今後の比較検討が期待されるところである。

さて、このように北上山地にはヒエを「蒸して乾燥させる」加熱処理——つまり典型的なパーボイル加工法［＊4］——が広く分布しているが、そのほかにも既述のように、蒸す工程を伴わないで天日や火力で乾燥させるのみ

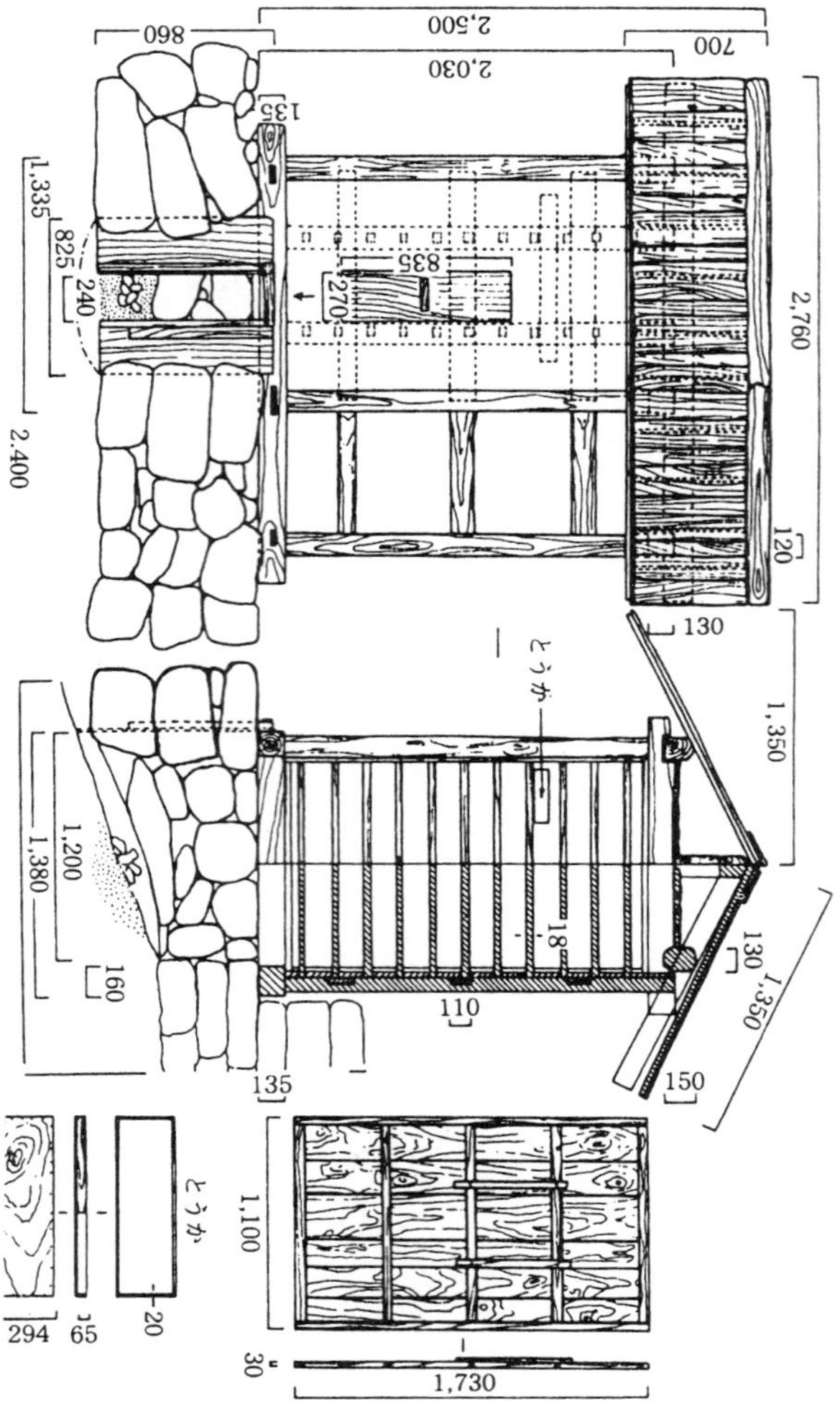

図8　ムロ(名久井、1986による)

久慈市山根町端神に現存する岩泉市太郎氏のムロ。1938年に築造され、1956年頃まで使われた。間口1間弱(138 cm)、奥行約1間半(240 cm)。クリ材を用い、三方を土壁で囲い、内部にはトウカを並べる棚を10段設け、正面に板戸をはめるようになっている。床下は石組みで焚口を設け、火を焚いてトウカに入れたヒエを乾燥させる。図の右端に示されたトウカは、このムロで使用された浅い箱型のもの。

のヒエの加熱処理法も各地でみられる。この場合蒸すことの理由としては「蒸さないと皮がよくむけない」（玉山村）、「蒸してから搗くのは皮がむけ易いから」（花巻市）など、脱稃が容易であることがまず強調されている。蒸すことによって穎などの稃（籾殻）の部分がややひろがり、その後、急に乾燥させると胚乳が縮まって籾殻との間のすき間が大きくなり、脱稃の効果が大きくなると思われる。しかし、このほかにムシビエ（オモシ）は、蒸す工程を伴わないヒボシビエ（シラボシ）に比べ、精白に当って搗き減りが少なく、飯にすると味はよくないが量が増えると一般にいわれている［文化庁文化財保護部、一九九五］。

これらの事実が、蒸す（加水・加熱）プロセスを伴うパーボイル処理法を、北上山地のヒエ作卓越地域に広く分布せしめる要因となったものと思われる。他方、蒸さないシラボシのヒエには量は増えないが、「白くて美味」という価値づけが行われ、それがこの種の技術が伝承される基礎になったと考えられるのである。

むすび

以上の検討の結果、わが国の主要なヒエ栽培地域には、ヒエの脱穀・調整に伴い、その地域に特有な加熱処理法が行われていることがわかった。その目的の第一は、すでにくり返し指摘したように、ヒエは他の穀類に比べて脱稃が容易でない作物である。それを克服するため、加熱処理によってパーボイル効果を期待することがまずあげられる。そのほかヒエは比較的冷涼な地域で栽培されるため、収穫後、屋外で脱穀・調製・精白する日時が乏しく、家屋内での火力乾燥を必要とするという事情もある。このような条件がヒエの加熱処理を生み出す背後にあることは間違いないが、その技法に大きな地域差のあることがまず問題として注目される。

加熱処理法の類型の第一は、あらかじめ脱穀させた玄稗を蒸し（加水・加熱）たあと、天日あるいは炉（またはその発展型としてのムロ）の火力で乾燥させる典型的なパーボイル処理で、この技法は若干のバリエーションを伴いながら、北上山地にひろくみられる。このパーボイル処理技法がいつ、どのようにして北上山地に広がったのか。それは一切不明だが、ヒエ作卓越地域の形成の問題とも絡んで、この問題の解明は今後の大きな研究課題の一つということができる。

これに対し、九州・四国山地を中心とする西南日本においては、典型的なパーボイル加工の例はなく、むしろ穂刈りしたままのヒエ穂を大籠に入れてカマドの上などで乾燥させる方法が広く分布している。これは西南日本型のヒエの火力乾燥法と名づけうるもので、同種の乾燥法は済州島でも認められるが、両者の関係は今のところ全く不明である。

ところが、近畿以東の中部日本では、ごく一部の地域で蒸煮して天日乾燥するというパーボイル型の加熱処理や加水・加熱したあと釜で炒るチューラ型の加熱処理法がみられるほか、イロリの上に専用の籠を吊したり、あるいはイロリの上の天井裏(アマ)や大型の火棚でヒエ穂を乾燥させるなどの技法が広い分布を示し、さまざまなヒエの火力乾燥法がみられる。その中から、白山麓のヒエ作卓越地帯においてジロアマボシやアナアマボシなど大型のアマボシ台が開発され、それが特異な発達をとげたことが注目されるのである。

これらの大籠や大型の火棚、あるいはアマボシなどを用いて大量のヒエ穂を火力乾燥すると、積み上げられたヒエ穂の内部が高温・湿潤になり、パーボイル的効果を生み出すことは間違いない。しかし、大型のアマボシを発達させた白山麓の地域を含め、西日本の各地では蒸煮を伴う典型的なパーボイル技法のみられるのはごく一部の地域に留まり、それが大規模に展開することは遂になかった。つまりヒエの加熱処理法には、典型的なパーボイル技法をもつ東北日本とそれを伴わない中部以西の西日本との間で、大きな地域差が生み出されてきたということができる。その要因はいったい何なのか。残念ながら、それを解く手掛かりすらいまのところ見出されていない。将来の大きな研究課題というべきであろう。

次にややマイナーな問題ではあるが、加水・加熱処理の技法の中で、加水した原稗を炒る典型的なチューラ型技法が、九州山地の西米良村や飛騨の白川村その他にみられる。日本古代のヤキゴメの技法とも共通するこの種の加熱処理法が点々と分布することの意味は何か。この点も将来問わねばなるまい。また北上山地南部の表13事例㉓では、詳細は不明だが、蒸す方法、煮る方法とともに煎る方法のあることが報ぜられている。ここにもチューラ的技法が伝えられていたのかもしれない。いずれにしても、典型的なパーボイル技法が卓越する北上山地周辺には、この事例㉓のほか、㉑のカゴボシのような別種の火力乾燥法のみられることは注目されてよい。本報告では北上山地の事例に限られたが、東北地方のその他の地域、あるいは関東地方の諸事例などとの比較が将来必要であろう。

また、日本列島北部の先住民であるアイヌの間にも古くからヒエやアワ栽培の伝統があり、ヒエ穂やアワ穂はイロリの上に吊された二段になった火棚の下段にのせて乾燥させ、その後、竪臼と竪杵で脱穀・搗精したという［アイヌ文化保存対策協議会、一九七〇］。こうした比較民族学的な資料も参照し、今後の研究の展開が図らねばならないが、本稿ではとりあえず手許に集め得た範囲の資料にもとづく考察にとどめおくことにしたい。

注

＊1　中尾佐助氏によると「チューラは、まず籾を二～三日間水に漬けて軟くし、数分間熱湯で煮る。その後、それを広口の土鍋あるいは鉄鍋で炒って、モミガラが割れるまで加熱する。さらにそれを臼に入れて杵で搗いて扁平な粒に仕上げる。その後で風選してモミガラを除く」とあり、日本のヤキゴメも同様の工程で加熱加工されたものとしている［中尾、一九七二］。

＊2　北上山地のヒエの大部分は常畑で栽培されている。北上山地に広く分布する《アラキ型》の焼畑では大豆—アワ（大豆腿）—大豆（アワ—ヒエ）—大豆—アワ—ヒエ—ソバというような輪作形態が一般的で、そこでは大豆とアワが主作物をなし、ヒエの栽培量は少ない［佐々木、一九七二(a)］。

＊3　トウカ（ドウカイタ）はクリなどを材料としたヒエの乾燥用に用いられる木製の箱状容器。サワグルミ、クリ、マツなどを浅くくり抜いたもの、その板を組み合わせたものなどがある。長さ一メートル前後、幅三〇～五〇センチ、深さ六～七センチほどで、一枚五升入りが標準。かつてはサワグルミやケヤキ、カツラなどの樹皮でつくったカバトウカ（現存例では約八〇センチ×六〇センチ）が多かったという。炉で乾燥する場合、下段におくトウカの裏にブリキを張りつけることもある。

＊4　中尾佐助氏によると「パーボイル加工は、籾をまず水に漬け、吸水させた後に短時間蒸し、それを天日で乾燥させる。その籾を常法により精白する」。その効果は「虫害、変質などを低下させ、貯蔵能力を高めるほか、粒の外層に多いビタミン類が内部に浸みこみ、栄養上良好な効果があるといわれている。また籾の固い品種では精白が容易になる」という［中尾、一九七二］

第十三章　山民の生業と生活・その生態学的素描——白山麓と秋山郷

[解　説]

国立歴史民俗博物館では、昭和五十六年に創設された直後から、いくつかの共同研究のプロジェクトが立ちあげられた。当時、民俗研究部長であった坪井洋文氏を代表とする「畑作農村の民俗誌的研究」もその一つで、「日本民族文化=社会を畑作農耕を軸とした視点から調査・分析し、非稲作村落である畑作を軸とする村落の生活様式の独自性を抽出し、その民俗を体系的に捉えること」を目的とするものであった。この共同研究は昭和六十年度に終了し、『国立歴史民俗博物館研究報告第18集』(一九八八年三月刊)が、その成果報告書にあてられることになり、その総論の一部として一九八六年に執筆したのが、この「山民の生業と生活・その生態——白山麓と秋山郷」である。

坪井さんと私は同じ世代で、昭和三十年代初め頃からのお付き合いがあり、日本文化の基層には稲作を基軸とする文化のほかに、畑作を基軸とする非稲作文化が存在するに違いないという問題意識をともに抱いて研究の交流をすすめてきた。私の『稲作以前』(一九七一)、坪井さんの『イモと日本人』(一九七九)は、こうした問題意識を実証すべくまとめたものだが、私たちの新しい考えは、日本文化=稲作文化論の大きな伝統の前に、当時なお学界では少数意見に過ぎなかった。坪井さんが主宰した共同研究は、そうした状況の中で、非稲作村落の生活様式の独自性を見出し、従来よく研究されてきた水田稲作村落のそれと対比し、非稲作村の民俗的(文化的)特色を明らかにすることをめざしたものということができる。

私の報告論文は、私自身が長年に亘り調査してきた白山山麓の村々のデータと十九世紀初期の貴重な民俗採訪録である『秋山紀行』の記述を重ね合わせながら、山民の特色を分析したものである。それは山地を生活の舞台とする山民の生業と生活の特色は、きわめて複合的な多様性を有する点において平野の水田稲作民のそれと類型を全く異にするものであることを、文化生態学的な視点から論証したものといえる。この論考は日本文化の基層を構成する非稲作文化の具体的な特色を、ヒエを主作物とする焼畑農耕を営む山民たちの生活文化の中に求めようとしたもので、私の山村研究の一つの到達点を示したものということができる。

この論考は『国立歴史民俗博物館研究報告集』に掲載された後、拙著『地域と農耕と文化――その空間像の探求』（一九九八）に収録したが、その後書肆が廃業し、同書が絶版となったので、改めてここに収録することとした。収録に当たっては出作農家長坂家のコヤバの図や幸田清喜氏による出作りの土地利用図その他を「白山麓の出作り――その盛衰と実態」（『石川県尾口村史』第三巻、一九八一）の中から新たに採録したほか、ヒエの脱穀・調整のプロセスとそれに伴うヒエの呼称の分化及びヒエの調理法と食品の特色については、大幅に加筆・修正し、ヒエをめぐる民俗分類の実態をより正確に記載することにつとめた。

なお前章の「ヒエ栽培をめぐる覚書」においてヒエを主題とし、その栽培と調整をめぐる特有の問題をとりあげ、さらに本章においてもヒエを主作物とする焼畑地帯の山民の生業と生活の特色をとりあげ、その中に伝承されてきたヒエをめぐる民俗文化の実態の解明につとめてきた。

このようにヒエにこだわったのは、それなりの理由がある。ヒエは日本列島の北部でおそらく縄文時代に栽培化されたと想定される唯一の穀作物であり、それは伝統的に東日本から東北日本を中心とした地域の非稲作文化を支えてきた主作物である。言葉を換えれば、ヒエはわが国独自の雑穀農耕文化の中心的役割を演じてきた作物であり、ヒエをめぐる民俗文化の特色は、わが国における非稲作文化の伝統の形式に少なからぬ影響を与えたと考えられるのである。

この論文集の最後にヒエをめぐる農耕の技術と文化にやや集中して触れたのは、このような視点を有していたからである。

（二〇一一年十一月十七日・八十二才の誕生日に当たって）

はじめに

『山と猟師と焼畑の谷』〔山田亀太郎・ハルエ（述）、志村俊司（編）、一九八三〕という秋山郷に生きた猟師、山田亀太郎氏夫妻のライフ・ヒストリーを記録した興味深い本がある。その冒頭のところで山田氏は次のように述べている。

「オラ鉄砲一丁、鋸一丁、鍬一丁でもって冬は猟師、夏は木挽と百姓で一生暮した人間だ。……学校なんていかなかったから、字は知らないけれど、まあ鉄砲ぶちだけは、十七、八の頃からさんざやったから、山だけはみんな覚えた。」……「まあ鉄砲ぶちといえば本当の金《かね》とり（稼ぎ）だったから、秋になってもうやり始めたら最後、春四月一杯は、年によっては五月半ばまではやったからね。」……「まあクマ専門で、クマ専門と言っても、クマは大体二月に入っなかったら駄目だけど、それまではウサギをとり、テンをとり、バンドリ（ムササビのこと）を、それから昔は、あれがまだとってよかった頃だからカモシカとりね。」……「それでクマが終れば、もうゼンマイ採り、ウド、ワラビなんでもやって、それが終れば百姓だ。昔は田圃なんてなものはなかったから焼畑で、粟、稗、蕎麦だ。それを何町歩も荒して（耕作して）、焼畑ってのは大きくやんねえと食っていかれねえ。まあ陽気でもよかったらいいんだ。それが陽気でも悪いったら何町歩やったって春までに食っちまう。春までもたねえんだ。」「そうしてまた一時の手間（時間）でも無駄にしねえで、……オラまあ木挽でもあったから夏は木挽をして、百姓をして、その合間にやるんだが、クロモンジ（クロモジ）の木を採るとか、キワダ（キハダ）の皮を土用になれば剥ぐとか、シナ（シナノキ）の皮を剥ぐ、タケノコを採る、イワナを釣る、こんだ秋になればキノコを採る。オラが若い時分の頃なんてものは……銭になるもんなら何だってやって暮してたんだ」。

引用が少し長くなったが、この山田亀太郎氏の「オラが一生」についての口述は、伝統的な山民の生活の特色をみごとに示している。水田稲作という単一の生業軸に生活文化が収斂する傾向の著しい稲作農民に対して、山民の場合には、この例にも示されたように、狩猟・焼畑・木材加工・採集その他ときわめて多様な生業を営み、その生活文化の特色が、特定の生業軸に収斂しないという点に大きな特色がある。この点が稲作文化に対する非稲作文化の大きな特色の一つであろう。

この点に関して、山田亀太郎氏の「山」という語の用法がきわめて広いことに注目し、さきの書物の編纂者である志村俊司氏は、おおよそ次のように述べている〔山田亀太郎・ハルエ、志村俊司(編)、一九八三〕。

亀太郎さんはヤマという言葉を非常に広い意味に使っている。山地の地理、地形はもちろん、狩猟の場や狩猟そのものもヤマとよび、焼畑もヤマとよんでいる。森や林もヤマであり、「ヤマをやる」はクマとりをすることであり、「ヤマを知る」「ヤマを覚える」「ヤマを習う」は山の地理、地形などを知る、覚えるとともに、狩猟もその中に含まれるという。おそらくは採集などについての知識を知る、覚えることも「ヤマを知る、覚える」という中に含められていたと思われる。

このように広い意味で用いられるヤマという言葉は、山地で営まれる山民の生業・生活が、きわめて多様な展開を示すことと深く関係している。しかも、この山地で展開される多様な生業・生活活動の背後には、山を支配し、山地での諸活動をみそなわす山ノ神が存在することを山民たちは深く信じているのである。「天狗っていうが、オレ(は)山の神様だと思ってるんだ。……山の神様というのは、山へ入るというと信心しるんだから、そうして頼るんだから、みんな信心しるんだ」と山田亀太郎氏も述べている〔山田亀太郎・ハルエ、志村俊司(編)前掲〕。

山地を舞台として生業・生活活動を営み、平野の水田稲作文化とは別の生活様式の伝統を保持している人たちと思うのである。

を「山民」とよぶなら、その生活文化の特徴は、右に紹介した山田亀太郎氏の言葉の中に象徴的に示されている

本稿では、このような山民の生活文化の特徴について、白山麓の事例を中心に、一九世紀初頭の信越地方の貴重な民俗採訪録である『秋山記行』［＊1］、その他の民俗誌資料を適宜参照しながら、いくつかの考察を加えることにしたい。その場合、山民の生活文化は非稲作文化として特色づけられるものと考え、それを平野の稲作文化と対置し、両者はもともと類型を異にする文化であるとする考え方［＊2］にもとづき、所論の展開を行うこととしたい。

こうした立場に立って白山麓の地域をみると、まず問題になるのは、この地域における出作りの成立と山民の問題である。

第一節　白山麓における出作りと山民

石川県の白峰村を中心とした白山麓一帯は、広く「出作り」を行う地帯として知られてきた（図1）。周知のように、白峰、桑島などのいわゆる出作り母村（地下《じげ》）に本居をもつ農家の多くが、かつては山腹斜面にそれぞれ出作小屋をもち、春にはそこへ移住し、晩秋の時期には出作小屋から母村に帰る生活を営んでいた。彼らは出作小屋に滞在する期間には、小屋の周囲にある常畑（ケヤチ、センザイバタ）の耕作を行うとともに、付近の山腹斜面（ムツシ）に広く焼畑（ナギハタ）を営み、ヒエ、アワをはじめ、ソバ、大豆、小豆、エゴマなどの自給的な作物栽培を行っていた。このほか、ムツシに栽植した山桑を利用する養蚕あるいは山地斜面の雑木林を利用する製炭業を営み、これらが少なくとも幕末・明治初期頃以降の伝統的な生業の中心になっていた。

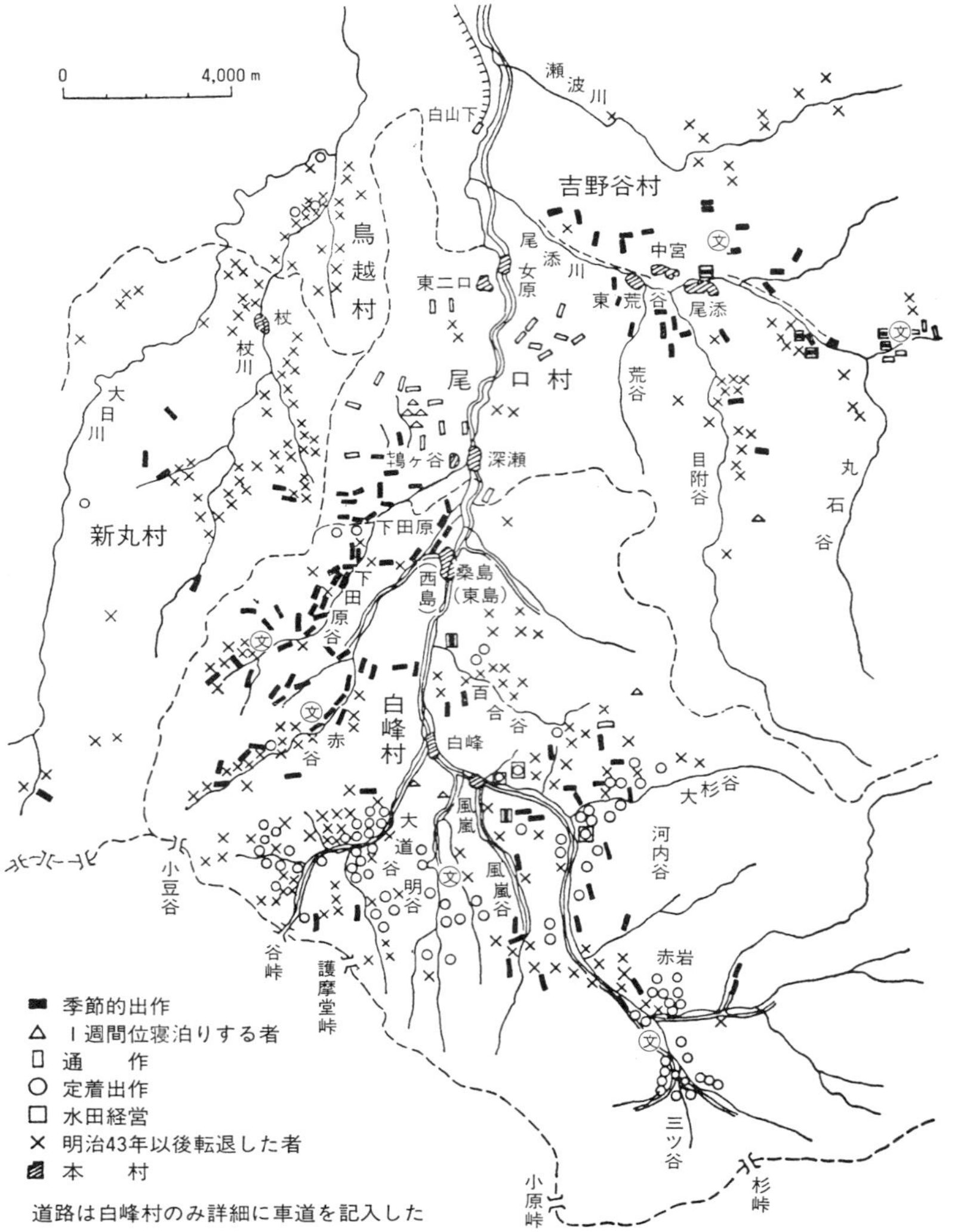

〔注〕 本図の凡例に「定着出作」とあるものは本論でいう「定住出作り」と同じものである。

図1　戦後の出作り分布図（幸田、1956による。一部修正）

このような白山山麓地域を特色づける出作りの実態と山地斜面の土地利用の特徴については、田中啓爾・幸田清喜氏の古典的研究［田中・幸田、一九二七］にはじまり、加藤助参氏［加藤、一九三五］、幸田清喜氏［幸田、一九五六］、加藤惣吉氏［加藤、一九七二］、橘礼吉氏［橘、一九七三］などのすぐれた研究があり、私自身も過去の諸報告に私自身の調査結果を加え、総括的な報告を行ったことがある［佐々木、一九八一(e)］。

こうした従来の研究の中で、出作りの形態については、春・秋に出作地と母村の間を往復する「季節的出作り」と母村には住居をもたず、出作地で越冬し、常住する「永住的出作り」（「永久的出作り」「定着的出作り」ともよばれる）の二つの形態が区別された。そうして、この出作りの起源については、一般に母村（ジゲ）における人口圧の結果、まず季節的出作りが営まれるようになり、それが次第に定住化して永住的出作りが形成されたと説かれてきたのである［＊3］。

しかしながら、これらの出作りをめぐる従来の研究は、その多くが白峰村ないし白山麓全域をその対象としたものであり、一、二の例証はみられても、地域内の小地域をとりあげ、出作農家一戸一戸の動きを的確に捉えたものは少ない。そのうえ、手取川の谷間に成立した牛首、島（桑島）の両集落が早くから政治的・文化的な優越性を有していたため、従来はその母村の立場から出作農民をみて、その立場から出作りの起源を考えてきたということができる。谷間に成立した地主たちの住むいわゆる母村の立場からみる視点は、山民のそれではなく、政治的・社会的に優越した平野の稲作文化を中心とする視点に通ずるものである。したがって、そこから導き出された結論については、いまいちど山民の側に立脚点を移し、その立場から、個々の事例の再検討を行い、出作りの起源の問題をめぐり再考する必要があると考えるのである。

そのため出作りを営む山民たちの具体例を、いくつか次に示してみることにしよう。

事例①　尾田敏春家　尾田家はもとは白峰村大道谷五十谷のチュウの山（海抜約八二〇メートル）にあった。文

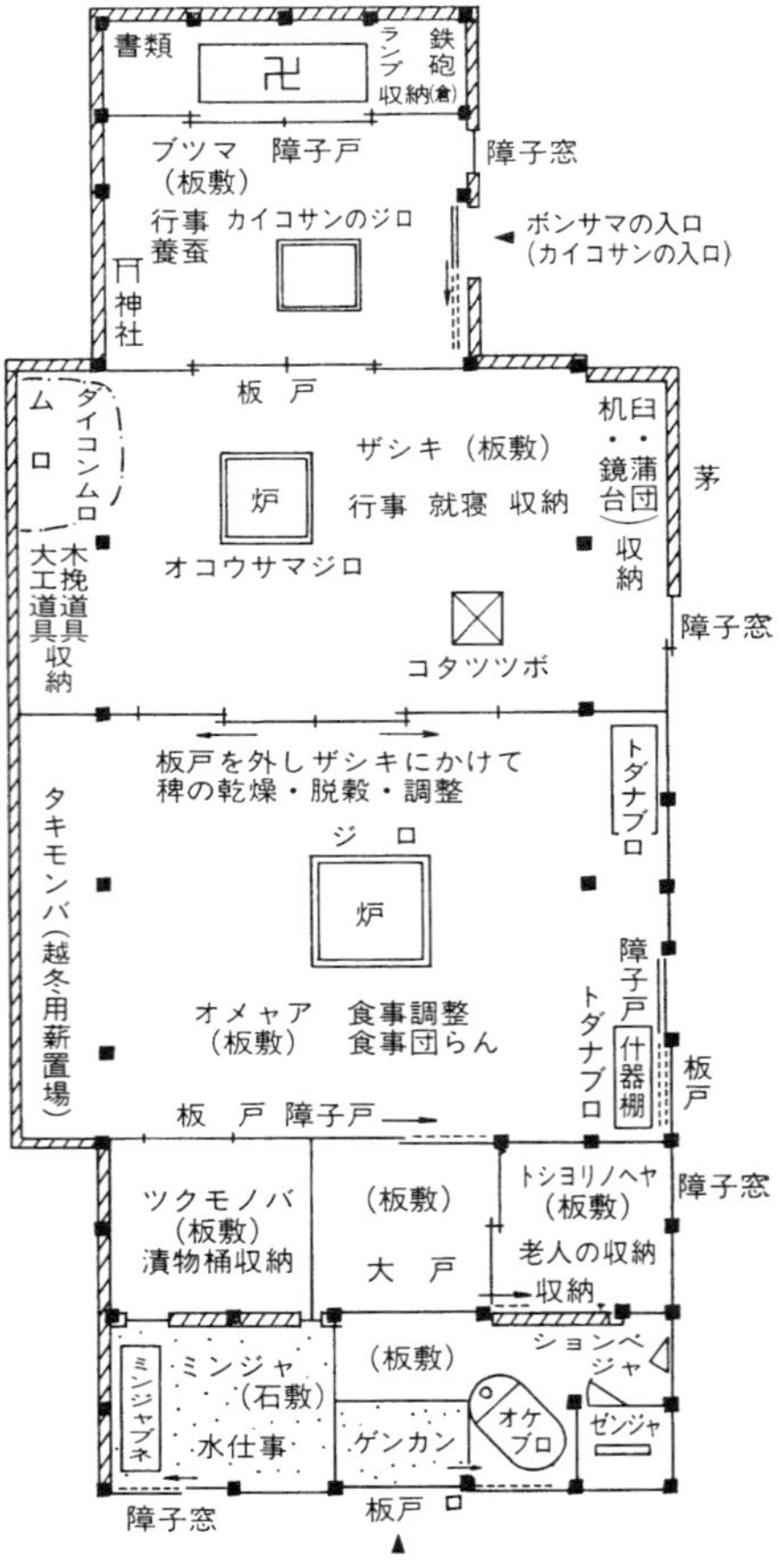

図２　尾田敏春家の間取りと住まい方
（橘、1975による）

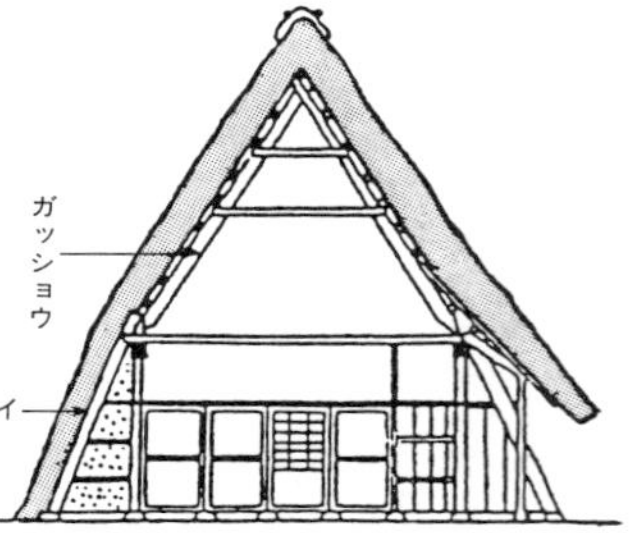

図３　尾田敏春家の断面図
（橘、1975による）

久二年（一八六二）に同じ五十谷にいた永住出作り北右衛門の次男忠次郎が分家したものとされている。分家当時は永住出作りだったが、それがいったんジゲに屋敷を借りて季節出作りになったのも、経費がかさばるということで再び出作り地で越冬する永住出作りにもどった。五代目敏春氏になって昭和四十年にジゲに家屋を購入して季節的出作りとなり、同四十五年それを廃止し、出作りの生活を終ったという。

この尾田家の出作小屋は、図2・3に示したように、ネブキのコヤ（地面にガッショウとよぶ屋根を直接置いた形式の家屋。柱と壁をもった家屋はタチアゲ構造の「ウチ」という）と形態的に似ているが、正確にはナバイゴヤとよぶ特殊な構造をもつものである。この家屋を精査した橘礼吉氏によると「普通の出作り住居アシアゲの骨組みを建て、次にナバイという追合掌風な支え木を側面より補強して、ナバイと屋根組みの合掌部を茅で葺いた」ものという［橘、一九七五］。創建の当初はザシキとオミヤアの仕切りはなく、ひとつづきの広間（オミヤア）で、そこは板敷ではなく、いわゆる「ドドのウチ」、つまり床のない地床型の家屋で、土間に厚く（一二〜一五センチほど）カヤを敷き、その上に筵を敷いて生活していたという。それが板敷に変るのは三代目の忠松氏が昭和二十二、三年頃に改築して以後のことだという。

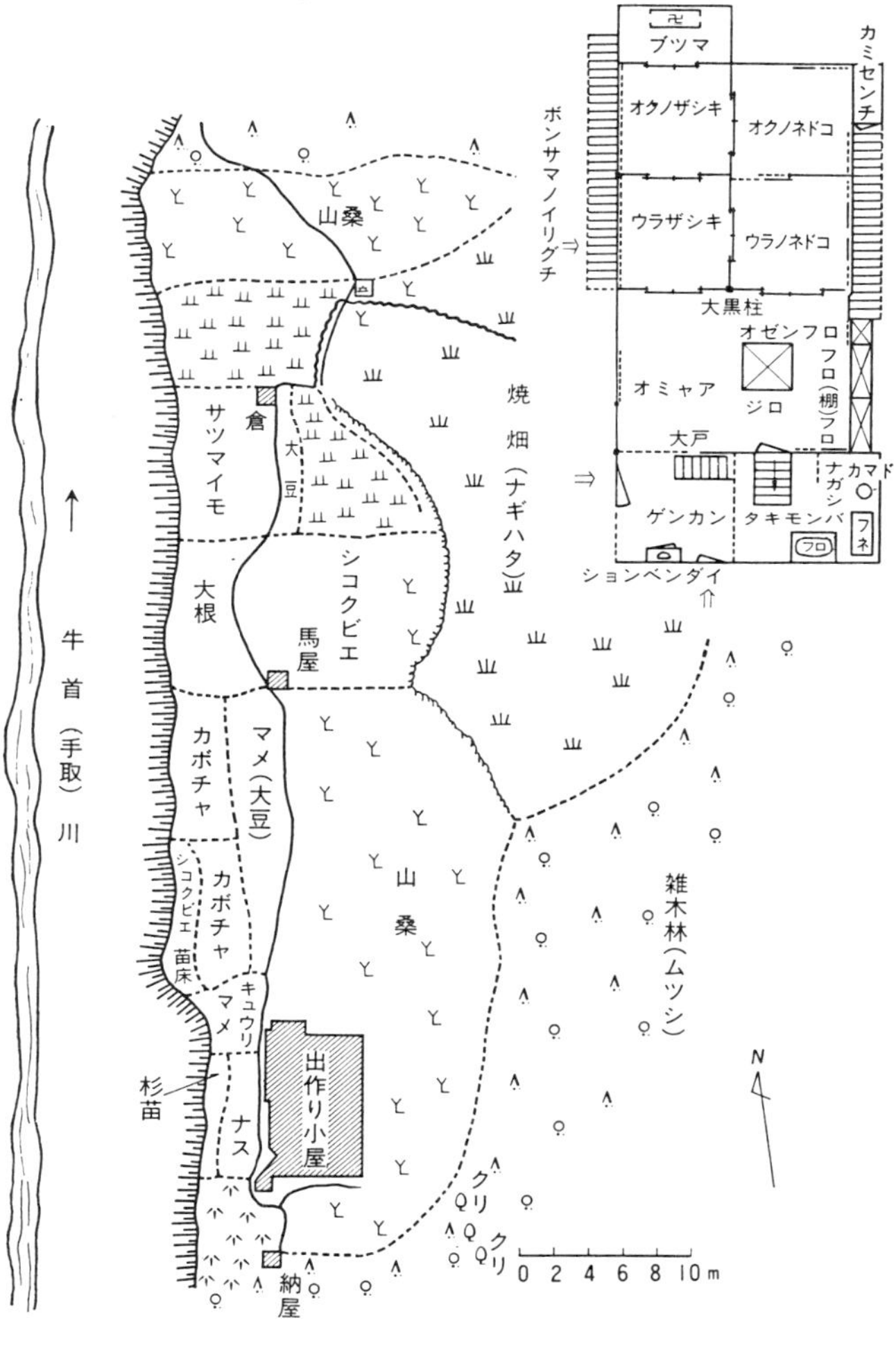

図４　藤部与三家のコヤバ（佐々木、松山の計測による）。
右上は出作小屋の平面図（橘、1973による）

写真１　藤部家のオモヤとケヤチ
（1964年夏の景観）

写真２　長坂吉之助家の出作小屋
２階建て平入りの大型の出作小屋である。

事例②　藤部与三家　藤部家は白峰村河内谷（海技高度約六八〇メートル）にあった永住的出作りで、その立地点は手取川右岸の河岸段丘上にあり、コヤバは南北約八〇メートル、東西約一〇〜二〇メートルほどの細長いもので、出作小屋はコヤバの南の端にあった（図４）。この家はもともと新丸村杖の藤部孫兵衛家の分家といわれ、祖父の代は根倉、風嵐に居住し、父の代（明治の中期頃か）にこの河内谷に移住してきたという。それ以前、この地には織田利右衛門の分家、小三郎家が二代にわたって居住していたというから、このコヤバの歴史はかなり古い時代にまでさかのぼる。現存していた出作小屋は合掌づくり広間型五間どりの大型のもので、正確な建築年代は不明だが、民俗資料緊急調査の報告書『白山麓』〔石川県立郷土資料館、一九七三〕によると、一八世紀中頃とされている（写真１）。なお、このコヤバは水利の便が非常によく、藤部氏が入植する以前から水田がひらかれ、ヒエ田として利用されていた。それを昭和二十五年春から稲田につくり変え、昭和四十五年まで利用していたという。

事例③　長坂吉之助家　大杉谷に沿う白峰村苛原《えらはら》（海技約七五〇メートル）に現存（昭和六十年春現在）する大型の出作農家である（写真２）。初代（先々代）与次郎氏は、もと尾口村尾添の目附谷の奥に屋敷地をもつ永住出作農家であった。それが江戸時代末のある時期に山を越してこの地に入植してきたが、それ以前にこの地には新谷平蔵という人物が屋敷地をもっており、それを買取ったのだという。しかし、その屋敷は明治四年（一八七一）に火災にあい、翌年新しく家を建てた。これが現在の家で、そのとき先代の与一氏は五歳であったという。その当時にはジゲには家はなく、家族の全員がこの苛原に定住して越冬していた。それがジゲに家を求めて、永住出作りから季節出作りに変ったのは明治時代の末頃以後のことだという。同家は広間型五間どりの大型のもので、出作小屋には珍しい二階建平入りの構造をもち、かつては一階と二階にイメダツ（蚕棚）を数多く組み、養蚕を盛んにやっていたという（図5・6）。

この例でもわかるように、出作農家といわれるものの中には、母村から直接出作り地に展開したものではなく、出作り地から出作り地へとかなり広い範囲にわたって移動したものが少なくないことがわかる。

事例④　出作り農家の行動と交替　現在、苛原地区に隣接する大空《おおぞら》地区に残存している愛宕フジ家も、古くは蛇谷の奥に永住していたものが、大正末期～昭和初期頃に現在の地に移住してきたという。また苛原の永吉清正家も昭和初期に他からこの地に来往し、一九六〇年頃まで出作り地に定住して越冬していた。だが、その後、季節的出作農家に転化し、ジゲに住み、デヤマ（出作り）するようになった。同じく大杉谷の奥にいた藤部折松家も一九四〇年頃までは永住的出作農家であったが、その後、季節的出作りに変っている。その他にもこうした例は少なくない。また同じ出作り地域（例えば苛原地区）内でも屋敷地を移動させたり、またその移動に当っては、転出した他家の出作小屋を買取ったりする出作農家の移動と交替の例は、この地区内でも数戸以上を数えることができる。

このような出作農家の移動と交替に伴い、出作農家の家屋の形式についても変化があった。かつては合掌づくり、地床式で広間型単室構造のネブキのコヤが多かったようだが、その後、次第にタチアゲ構造の広間型複室構

図５　長坂吉之助家の出作り小屋
（橘、1973(a)による）

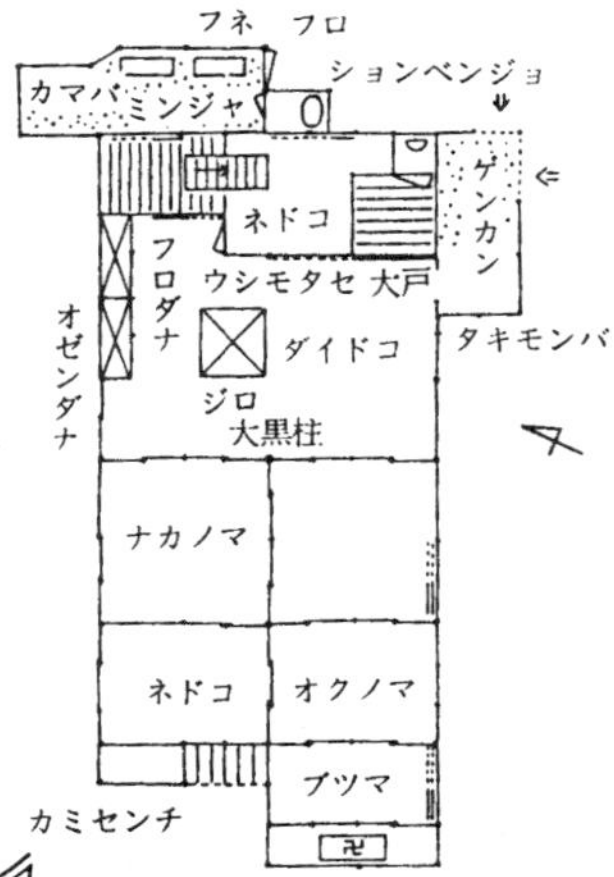

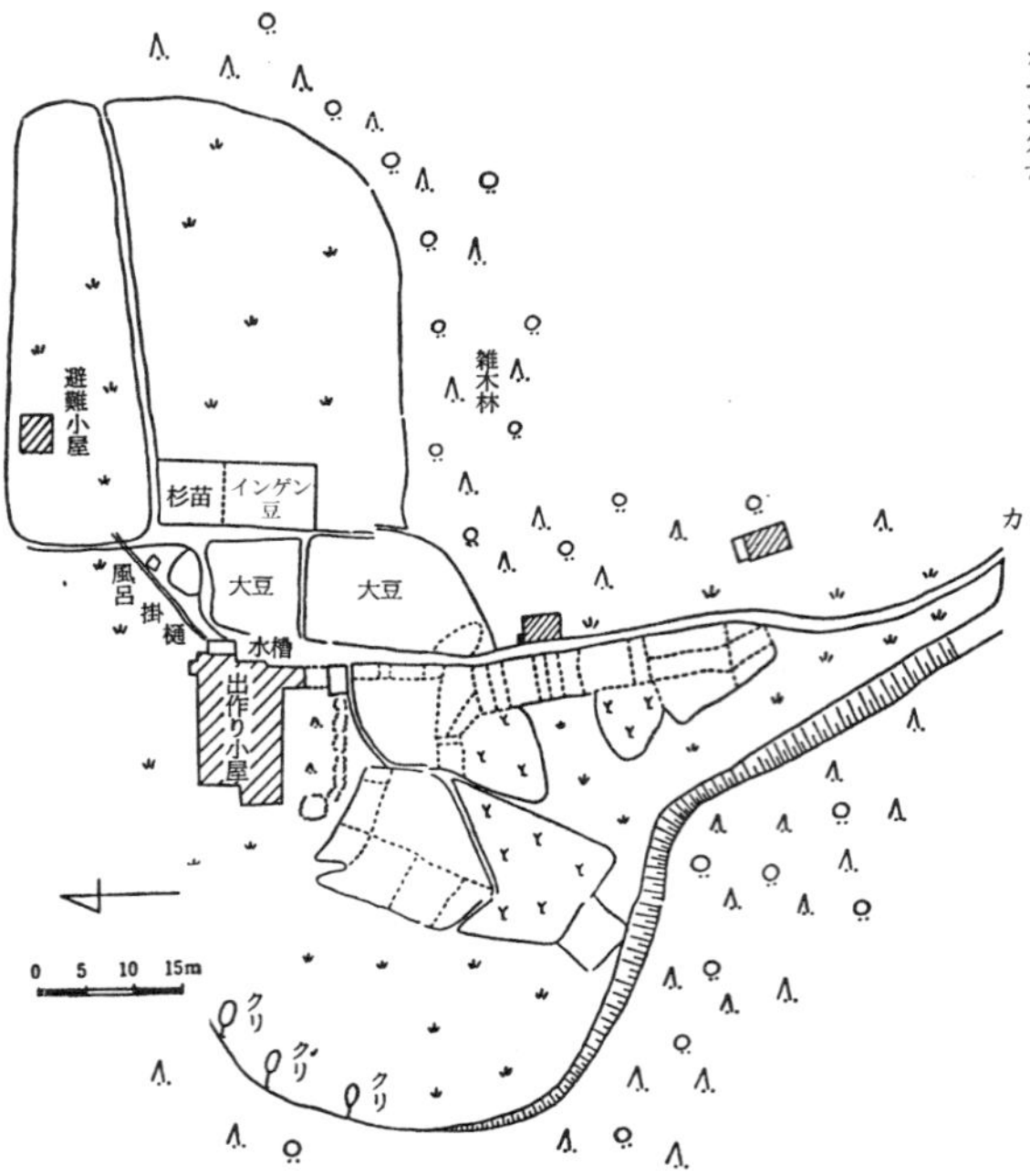

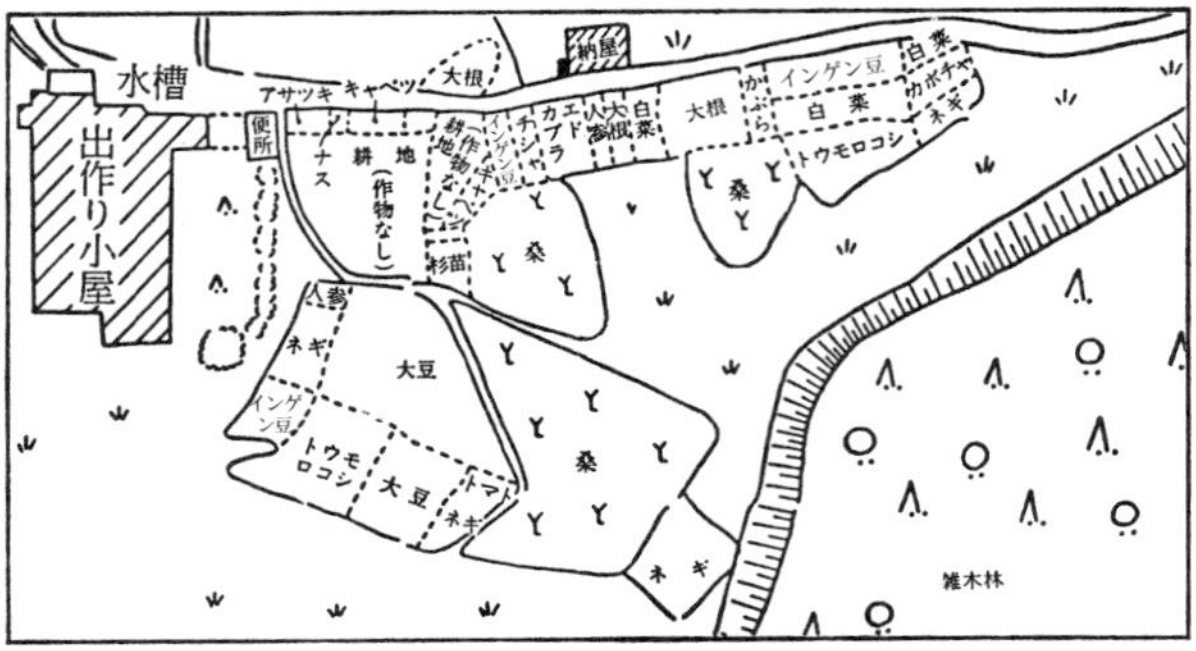

図６　長坂吉之助家のコヤバとその主要部（佐々木、1973による）
調査の時点（1972年）では吉之助夫婦だけがケヤチの一部を耕作し、ケヤチの東北部と西部には耕作放棄された荒地（草地）が拡がっていた。だが、1965年まではケヤチの全面を耕作し、蔬菜や豆類のほか、ヒエやシコクビエ、モロコシなども栽培していたという。

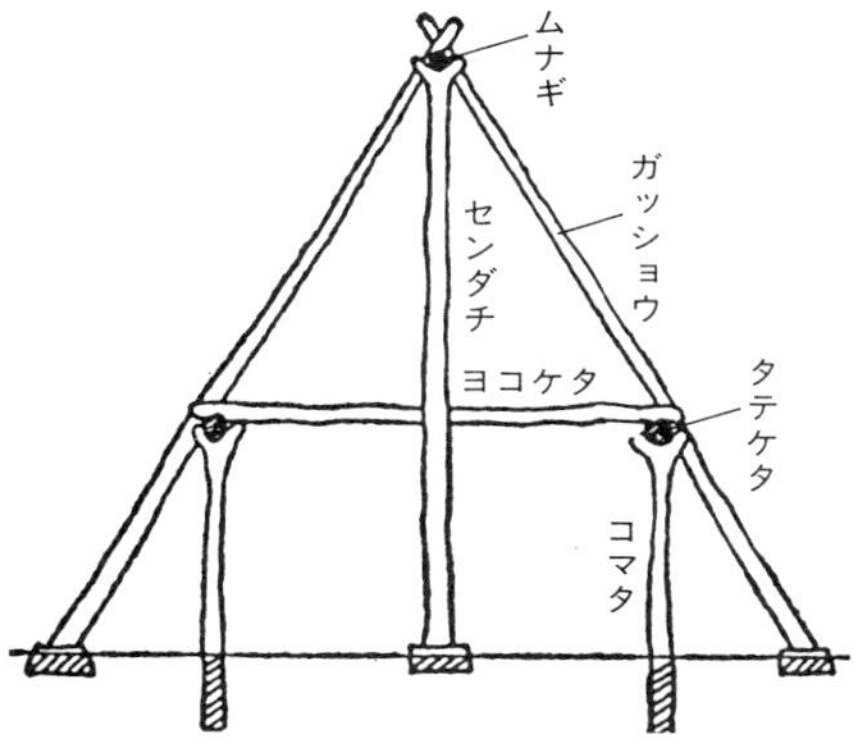

図７　ネブキのコヤの構造
（尾口村東荒谷、橘、1979による）

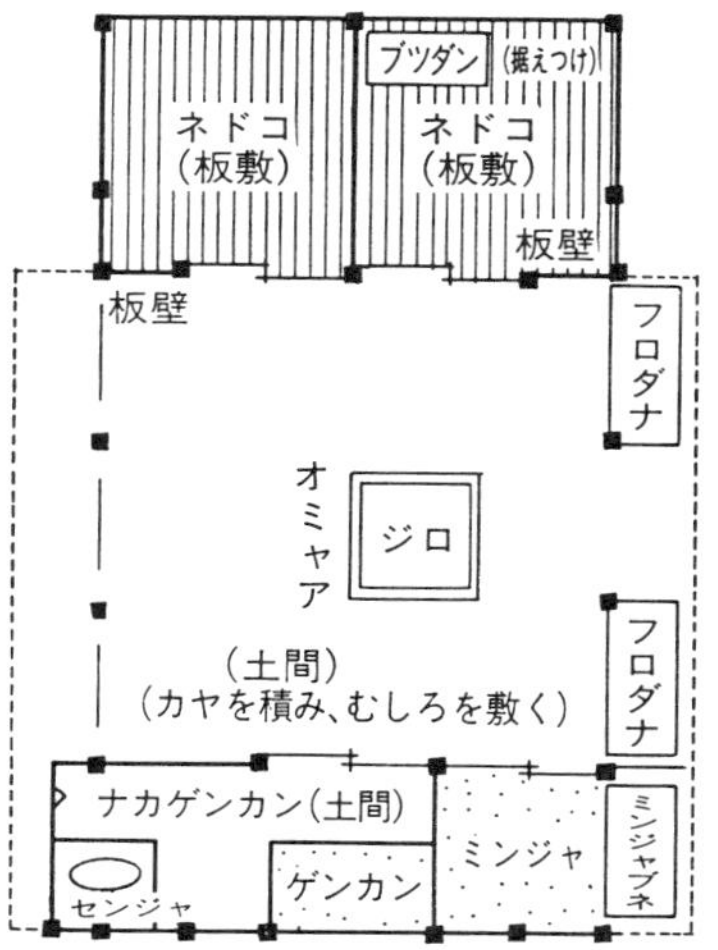

図８　北俣谷の出作小屋（セイハチ）復元推定図。
合掌づくりのネブキのコヤ。間取りは上記の通りの広間型三間どり。ネドコは板敷だが、オミャアとナカゲンカンは土間（地床式）でカヤを厚く敷き、その上にムシロを敷いていた。合掌が接地する部分と部屋の関係の細部は不明。……で示しておいた。

造の大型の出作小屋に変ってきたと考えられる。

しかし、この種の合掌づくり、地床式のネブキのコヤは、白山麓では尾口村の東荒谷地区で、出作小屋として一九七〇年代頃まで残存し、実際に使われていた。図7はそのネブキのコヤの構造を示したものだが、このコヤは合掌の間口が三間、奥行きが四間ほどの大きなもので、広間（オエ）の中央には炉（ジロ）があり、床には厚くカヤを敷き、その上にムシロを敷いた土座住まいの家屋であった。

また、白峰村でも大杉谷の支流北俣谷の上流部には、かつては数戸の出作小屋が存在し、その中には「セイハチ」「コシンニョモン」などの屋号をもつ人たちが、やはり図8に示したような大型のネブキのコヤに居住していたことを、筆者はそのコヤ跡の実態調査によって確認している。しかも、これらの人たちはいずれも、出作り地に定着し、そこで越冬するいわゆる「永住的出作農家」であったことが注目されるのである。

つまり、古くさかのぼればさかのぼるほど、奥地の出作農家は、そのほとんどがいわゆる永住的出作農家であったようである。しかも、その中にはさきの長坂家や尾田家その他のように、はじめは越冬型の永住的出作農家だったものが、その後、ジゲに屋敷をもつようになり、季節的出作農家に転化したという例が少なくないのである。

ということは、季節的出作り→永住的出作りという、従来、定説化されてきた出作農家の進化図式については、そのまま肯定するわけにはいかなくなる。むしろ、事例としては逆のケースが多くみられるわけで、白山麓の地帯には、もともと焼畑を営み、採集・狩猟活動を行う山民が広く散在し、ネブキのコヤをつくって、そこで越冬する生活を営んでいたと考えられる。彼らは、かなりの期間一カ所に定住したあと、その住居を移動させるが、その範囲は尾根を越え、谷をつめて白山麓のかなり広い範囲（白峰を中心に半径十数キロほど）に及んでいたと思われる。

この落葉広葉樹林におおわれた白山麓の地域一帯は、かつてはまさに「山民の世界」であり、もとは谷間の母村（ジゲ）とは無関係に、彼らはその生活を営んでいたと考えられる。このような山民が谷間のジゲとの関係を密にせざるを得なくなるのは、おそらく近世的な経済的・社会的秩序が確立し、その秩序の中へ山民たちが組み入れられて以後のことと思われるのである。

白峰村の旧家、織田家に残る「白山麓十八ケ村留帳」［白峰村史編集委員会（一九五九）、所収の文久三年（一八六三）頃の記録］には、

「村方過当之人家相続仕候義者、全ヶ場広ニ而案ニ渡世可仕義ニ無之、先牛首村四百八拾軒之処、百軒程ハ年分村方ニ居通し、貳百程者春八十八夜頃一家内引連出作所ヘ罷出、冬十月末ニ至り村方ヘ立戻、残り百八拾軒余ハ諸方奥山小屋舗住、年分打通しニ住居いたし、当村人別与申迄ニ而、年中一両度村方ヘ罷出候義ニ而、家内女童共本村を不存（以下略）……」とある。

当時すでに季節的出作りといわゆる永住的出作りの二つの形態が牛首村には存在していたことが明らかであ

写真３　『秋山記行』にみる同地方の民家。
地床式、茅葺き、茅壁の民家で、写真１の白山麓のネブキのナバイゴヤ型式の出作小屋と形態がよく類似している。

るが、このうち「諸方奥山小屋舗住、年分打通しニ住居いたす」人たちは、年に一、二度ジゲへ出てくる程度で村体制の中に必ずしも十分に組み入れられていなかったのではなかろうか。彼らこそ、山民本来の生活様式の伝統をよく保持する人たちだったということができる。

文政十一年（一八二八）旧暦九月、信越国境の山村地帯、秋山郷を採訪した鈴木牧之は、その地の山民の生活様式の諸特色を、その著『秋山記行』（天保二年刊）の中に刻明に記録している。当時、秋山郷には、さきほどの事例①に示した白山麓のナバイゴヤとよく似た形態の掘立柱でカヤ葺き、カヤ壁、地床型の民家が広く分布していた（写真３）。その実態は次のように記されている。

「白屋（くさのや）二軒、壁と云ふもなく、茅をもて〔圍ひ〕、四方の柱壹本も見えず。……此家の内壁を見るに、横に三尺位づゝ隔て、細木のはつ敷を柱に入て、芳簀《よしず》を立に結附《ゆひつけ》、外面は圖の如く茅にて柱壹本も見えず、飛び〳〵に窓も甚少〔く〕て數もなし。佛壇と見え、縄を以《もちて》板を釣り下げ、古き佛絵の掛軸一二幅かけ、

写真４　秋山地方の広間型地床式民家の内部（『秋山記行』による）
大きなイロリとアワを積み上げた火棚が目に立つ。床はムシロ敷きで曲物のイヅミや臼と竪杵、折敷や食器類、ヒエやアワを入れたカゴらしいものがみえる。

太神宮の御祓・恵比壽・戸隠の札も張り見へたり。抑《そもそも》秋山の惣村々、四五十年以前迄は皆掘立《ほったて》家にて、剰《あまつさえ》柱に貫穴《ぬきあな》抔もなく、又ある木の先きに丸木の桁を渡し、貫は細木を縄にて結附《つけ》ぬるも、……自然に村里の風俗行届きて、近頃新しき家は大小に限らず地幅を居ゑ、昔の俤《おもかげ》の茅壁こそ面白し」という。

これらの伝統的な家屋の建築には木材とともに、大量のカヤや樹皮などの結縛材が使用されていたことが注目される。さらにこの種の地床式広間型、おそらく三間どりの家屋の内部の構造と使用例については、みごとなスケッチとともに、牧之は次のようなくわしい記録を残している。

「土間住居ながら、座敷と見えたる纔の間、殻《かち》椽にして、又、其傍、閨か、もの置處かして、九尺四方の入口に古筵一枚垂れ、勝手は所せき迄取り散し、臺所も一つに続いて、切れ筵を敷。地爐は五尺四方位にして、八九尺も有ぬべしと思ふ大なる割《われ》木を、鍋不相應に焚く」。

写真４のように白山麓でいう「オミヤア」、あるいは

「オエ」つまり広間（勝手）の部分には床がなく、土間に直接カヤを積み、その上にムシロを敷いた地床式住居だが、奥の座敷とネドコに当る部分は『記行』の他の箇所に「揚床と見えしを」とあるので、この部分のみは床が張られていたらしい。つまり、間取りとしては図8に示した白峰村の広間型三間どりの出作小屋と基本的に同じであったと考えられる。

この秋山の民家の広間の中央のイロリの上には「大なる火棚《くど》」がある。それは「八九尺の二本の木を大なる縄にて釣下げ、其上に茅簀を敷《しき》、粟穂を山の如く積上げ干置事、是まで度々村毎に見たるもしかり」と述べられている。その後、夜になると「昨夕より今宵迄、先に記せし大なる干棚のうへの粟穂を家内の男女が落す躰。取りわけ男は赤裸に、此寒冷も少しも厭ふ気色なく叩き落し、……彼の爐中の大火炎々として明るく、暫くありて……四角なる唐箕にかけ、大なる叺に入れ、其跡の火棚〔には〕、宵の内に扱《もぎ》し粟穂を中高に盛り上げ、是は又翌朝より三時の食を焚《たき》し大火に干揚げ、翌《あす》の晩の仕事とかや」と記している。屋内で雑穀類（『紀行』には「粟」と記載されているが、この地域の焼畑の主作物はヒエで、おそらくアワ穂よりもヒエ穂を火棚で乾燥することが多かったと思われる）の火力乾燥と脱穀作業が夜を徹して行われたことがいきいきと記録されている。

このような大型のイロリをもつ広間で、穂刈りした大量のヒエやアワ穂の乾燥（パーボイル加工）・脱穀を行う慣行は、白山麓、秋山郷などを含めた中部山地の地域で、かつては広くみられたものである〔佐々木、一九八〇(b)〕。それは生育期間の短い高冷地の自然に適応した、雑穀栽培技術の特徴の一部を構成する重要な慣行だということができる。この地域の広間型の家屋は、このように主穀作物（主としてヒエ）の乾燥、脱穀、貯蔵、調理の場としての機能をもつことによって、伝統的に山民の生業と生活に深くかかわり、大きな役割を果たしてきたということができる。

表1　五人家族で年間必要と考えられる雑穀の量（尾口村）

	ヒエ	アワ	シコクビエ	その他の雑穀
釜谷	10〜15俵	4〜5俵	一俵	ほかに購入米　4〜5俵
五味島	15	5	2	ソバ1.5俵、他に購入米2〜3俵
東二口	10以上	3〜4	1〜2	
女原	15	5〜6	2	キビ（モロコシ）2俵

第二節　山民とその生業——資源の開発・利用の多様性

さて「里人などの往来は稀」と記された秋山郷や「諸方奥山小屋舗住」と記録された白山麓の山民たちの生業形態の特色は、いったいどのようなものであったろうか。

一般にこの地域の典型的な山民は、山地斜面の林野をさまざまな形で利用することによって生計をたててきた。彼らは稲作水田を所有しないため、主穀生産の場としては大規模な焼畑とやや規模の小い常畑を営み、ヒエ、アワ、シコクビエ、ソバなどの雑穀類を栽培し、それに依存して生活していた。白山麓の尾口村で筆者が調査したところによると、伝統的な食生活を維持するために必要と考えられていた食糧の量は表1に示したとおりである。

成員五人の一標準家族に換算し、ヒエ五〜七・五石（五斗俵で一〇〜一五俵）、アワ二〜二・五石（四〜五俵）、シコクビエ〇・五〜一石（一〜二俵）ほどを年間に必要としていたようである。加藤助参氏が昭和初期に、白峰・尾口両村の雑穀栽培農家二九戸を抽出調査した結果によると、これらの農家では年間にヒエ六・九四石（五斗俵、約一四俵）、アワ一・九八石（約四俵）、シコクビエ〇・八六石（約一・七俵）を生産していたという［加藤、一九三五］。この数値は筆者が尾口村で調査した数字ともきわめてよく一致するものである。白山麓の山民の日常的な主食が、雑穀類とくにヒエに大きく依存していたことがよくわかる。そのほか山民の生業活動としては、有用植物の採集とその加工、狩猟、養

表2　中部山地における焼畑の主要輪作形態

県名	村名	地区名	火入れの時期	焼畑の輪作形態 初年　2年目　3年目　4年目　5年目とそれ以降	休閑期間	資料
石川	白峰	河内谷・苛原	月旬　月旬 5・下〜6・中	ヒエ—アワ—ダイズ/アズキ—アワ—アズキ（ヒエ・アワ・シコクビエ・ソバ）	30〜50年	佐々木高明1964年調査
〃	尾口	鴇谷	5・下〜6・中	ヒエ—アワ—ダイズ/アズキ＜アワ/ソバ—アズキ	40〜50年	佐々木高明1975年調査
〃	〃	女原	5・中〜5・下	ヒエ—アワ—アズキ/ダイズ＜ヒエ—アズキ（6年目エゴマ）/ソバ—エゴマ	25〜30年	〃　〃
〃	新丸	小原	5・下〜6・上	ヒエ—アワ—ダイズ—アズキ—シコクビエ (アズキ)(ダイズ)(ヒエ)(6年目サトイモ、エゴマ)	30年	橘礼吉〔1976〕
福井	五箇	打波	5・下〜6・上	ヒエ—アワ—ダイズ/アズキ—アワ—アズキ (エゴマ)　(シコクビエ)		加藤助参〔1935〕
岐阜	石徹白	上在所	5・下〜6・下	ヒエ—ヒエ—ヒエ—　アズキ　休閑 （アワ・アズキ・アズキ）	30〜50年	佐々木高明1961年調査
〃	白川	木谷	秋にアラヤキ 春4月にオキヤキ	ヒエ—ヒエ/アワ—アワ/アズキ/ダイズ—アズキ/エゴマ/(ソバ)—ヒエ	50年	江馬三枝子〔1975〕
〃	坂上		6	ヒエ—アワ—ヒエ—豆—エゴマ	20〜30年	林　魁一〔1939〕
長野	秋山郷	小赤沢	旧3月下旬	ヒエ—アワ—エゴマ—アワ/ソバ—ダイズ/(アワ)		鈴木牧之『秋山記行』（1829年調査）

備考　3年目以降に作付されるアワやヒエなどをコナアワ、コナビエとよぶことが多い。
　　　4年目以降に作付されるヒエ、シコクビエは原則的に移植栽培されることが多い。

白山麓をはじめ飛濃越山地の焼畑はナギあるいはナギハタと称され、上掲の表に示したように春焼きの主穀生産型の焼畑は、いずれも初年目にヒエ、2年目にアワ、3年目に豆類を栽培するのが基本型となっている。このタイプの輪作型は地域的にもかなり広い範囲で営まれており、歴史的にもかなり古くまで遡ることができるようである。この≪ナギハタ型≫の焼畑はヒエを初年作物とするきわめて安定した輪作型を有する点が特徴的である。

蚕、製炭、各種の木材加工等々の活動が山地斜面で多岐にわたって営まれていたのである。

　これらの山民の生業活動の中で、その中心になるのはいう迄もなく焼畑農耕である。白山麓を中心に営まれる焼畑は、一般にナギハタとよばれている。この《ナギハタ》型の焼畑の特色については、すでに他の箇所〔佐々木、一九七二(a)、佐々木、一九七九(a)〕で詳論しているし、また石川県郷土資料館におられた橘礼吉氏によってもくわしく例証されている〔橘、一九七七〕。したがって、詳細な説明は省略するが、この地域でもっともひろく営まれていた焼畑の類型は五〜六月頃に火入れし、ヒエを初年作物とするヒエナギであった。そこでは初年目にヒエを栽培したあと、二年目にアワ、三年目にダイズあるいはアズキを栽培するのが一般的で、四年目以後にはヒエの移植栽培を行うほか、豆類やエゴマ、ソバなど各種の作物が焼畑耕地の土壌条件に応じて栽培されていた（表2参照）。この《ナギハタ型》の焼畑では、例えば伐採した樹木を切揃えて積上げ「焼きシロ」をつくり、火入れの際にもイブリで「焼きシロ」を一つずつ引き下ろして焼くという他の地域にはない非常に労働集約的な焼畑造成技術がみられる。また、作物構成の点でもヒエ、アワを連作し、雑穀生産への傾斜の著しいことが特色となっている。さらに、休閑期間も二〇～三〇年あるいはそれ以上に及び、焼畑としては比較的安定した経営形態を示し、このナギハタ型の焼畑が白山麓における山民の主食糧を供給する手段として、重要な役割を演じてきたことはすでに明らかにしたところである。

　秋山郷の焼畑も、ほぼこれと同じ特色を示すもので、そこを旅した鈴木牧之も道すがら「山林を焼払った山畑が連々と果てしなき程につづく」景観を目にしている。その焼畑の具体的な農耕プロセスについても、次のようなかなりくわしい記録を残している。

「大木《ち》原を畑にするには、前の年、手透次第に、小木《ち》は伐り捨に倒し置、斧も及ぬ大木は、太とひ所の皮さへ剥《むけ》ば立枯となり、或木《ち》の根に斧にて疵《ちず》附けるもあり。左様して其翌年三月下旬、雪消《ちい》次第に、日和續《つづい》たうへ、風上より火を附るに、先年伐り倒たる小木の枝々が焚《たち》附になり、一面に大火となり、燃て大小の枝迄火燃上り、果は生木の大樹《ち》原に留る。此灰がこやしと成り、其年稗を蒔き、其翌とし粟、其又翌年荏《え》、又翌としより順々に、栗或蕎麦、又は大豆、何れ栗勝《がち》に作る事十年、又は地元能《い》い處は十五七年皐《をか》もの作ると、其うへは地元が痩るから捨置《すてお》くと自然に茅野となる。其茅さへ、纔の村故刈立《かりたて》てられず、年々寝倒れ、其中にも立枯の枝もない大木《ち》が、見なった通り立てあるはづだ。斯十年前後茅野にして荒したうへ、又、茅に火を附燃《つけもやす》と、又、茅の灰がこやしとなり、蒔初めの年は前に云ふた通りにて稗にて、翌としよりはこやしも仕立られず、少しづゝ何れ畝なしに種を蒔く。此地、胡麻・麦杯は更に出来ず。小屋掛は雪《ゆちちい》消次第に懸け、休み處にいたし、七八月時分猪・猿の類が澤山出《でかう》て喰荒す、晝は女、夜は男が番して、狗《いぬ》を連れて置に、獣さへ見ると叺追往也《ほえおいゆく》。」

ヒエ―アワ―エゴマ（油荏）―アワあるいはソバ―ダイズ―（アワ）という雑穀生産に著しく傾斜し、輪作期間のかなり長い焼畑が、当時、秋山郷で大規模に営まれていたことがわかるのである。

この種の主穀生産型の焼畑（白山麓の表現ではヒエナギ）のほか、白山麓などでは、七～八月に火入れするソバナギ、六～七月頃に火入れするナナギとよばれる小規模な焼畑のタイプがある。前者ではソバのほかヒエ、アワ、ダイズ、アズキなどが、後者ではダイコン、ダイズ、アズキ、ササゲ、カブなどが栽培されていた。いずれにしても、ヒエ、アワおよびダイズ、アズキなどの生産の比重が高いことは前にも指摘したとおりだが、このような雑穀類とともに古い時代には秋山郷の例でもわかるように、油料作物としてのエゴマ（油荏《アブラエ》）の生産量が少なくなかった。焼畑の作物構成の中に重要な要素としてこの種の油料作物を伴うことは、いわゆる《雑穀栽培型》の農耕文化の一つの特色だということができる。

この地域の山民にとって焼畑とともに、主食生産の場として重要な役割をもったのは、出作小屋の周辺（コヤバ）にひらかれたケヤチ（白峰村）、ムシバタケあるいはセンザイバタ（尾口村）などとよばれる常畑耕地である。その規模は大きなものは七～八反に及ぶが、多くの場合、二～三反程度の大きさを有し、ヒエ、シコクビエの移植栽培を行うほか、トウモロコシ、キビ、モロコシなどの雑穀類、各種の豆類やイモ類、野菜類などの栽培を行う。このほか、常畑耕地の縁辺部では山桑の植栽を行い、アサなどの栽培もかつてはかなり大規模に行われていた（例えば図4、五〇五頁参照）。山桑は養蚕用に、アサは自給用の衣料原料としてきわめて貴重であった。

このように白山麓の地域では、焼畑（ナギハタ）と常畑（ケヤチ）を中心として雑穀類を中心とする農業生産が行われていたが、焼畑の生産は、後にもう一度くわしく説明するように年により豊凶の差が大きく、一般にきわめて不安定であった。それを補うためにも、また、生活のための各種の資材を入手するためにも白山麓の山民にとって、落葉広葉樹林帯に広く自生する有用植物の採取活動はきわめて重要な生業活動の一つであった。

中でも野生食用植物の採集と貯蔵は、古くから山民の生業活動の一部をなしていたもので、もと嶋村（白峰村桑島）の庄屋であった磨屋《うすや》五郎兵衛家旧蔵文書の中にある藩政期の「御触」にも次のような記載がある［白峰村史編集委員会、一九五九］

　御触
一、わらび
一、くすね
是者凶年之節、夫食助成ニ可相成品ニ候へ者、作所刈先者格別、其余猥り豊年之砌堀（ママ）取不申、飢歳之備ニ可致候事

とあり、さらにつづけて、一、ならの実、一、とちの実、一、かやの実、一、くりの実、なども「右同断之義ニ而……」とある。

ワラビやクズは凶年の時の食料の助けとなるから、豊年には猥りに掘りとらず、飢饉に備えておくこと、楢、栃、栗、かやの実なども同様でむしろ、それらを保護・育成すべきことを命じている。そのほか、「くみ、やまのいも、かたこ」などについても「常々心懸けて植付、あるいは囲い置き申すべきこと」としている。

しかも、これらの野生食用植物は単なる救荒食ではなく、山地斜面で生活を営む山民にとっては、日常的な主食糧の一部を構成するものであったことは注意しておかねばならない。松山利夫氏の研究によると［松山、一九八二］、白峰村において食用に供したことの確実な伝承をもつ有用植物は表3に示したように、少なくとも一七科三〇種に達するという。しかし、その中で食糧として重要性をもったのは、トチ、クリ、クルミ、ドング

表3 白山麓で採集の対象とされてきた植物(松山、1982による)

地方名*	和名	学名
ババユリ	ウバユリ	*Cardiocrinum cordatum*
カタクリ	カタクリ	*Erythronium japonicum*
◎ヤマカンピョウ	オオバギボウシ	*Hosta sieboldiana*
◎アサツキ	アサツキ	*Allium schoenoprasum*
キノシタ	モミジガサ	*Cacalia delphiniifolia*
◎フキ	フキ	*Petasites japonicus*
◎モチグサ	ヨモギ	*Artemisia vulgaris* L. var. *indica*
ヤジロウ	オヤマボクチ	*Synurus pungens*
カタハ	ウワバミソウ	*Elatostema involcratum*
オロ	アカソ	*Boehmeria tricuspis*
◎イラ	ミヤマイラクサ	*Sceptrocnide macrostachya*
クズフジ	クズ	*Pueraria thunbergiana*
ドングリ	コナラ	*Quercus serrata*
ブナ	ブナ	*Fagus crenata*
◎クリ	クリ	*Castanea crenata*
◎トチ	トチノキ	*Aesculus turbinata*
ガヤ	カヤ	*Cephalotaxus* spp.
イチイ	イチイ	*Taxus cuspidata*
◎クルミ	オニグルミ	*Jugluns mandschurica* var. *sieboldiana*
リョウボ	リョウブ	*Clethra barbinervis*
ソバナ	ソバナ	*Adenophora remotiflora*
ママコ	ハナイカダ	*Helwingia japonica*
◎ワラビ	ワラビ	*Pteridium aquilinum*
◎ゼンマイ	ゼンマイ	*Osmunda japonica*
イタドリ	イタドリ	*Polygonum cuspidatum*
◎ウド	ウド	*Aralia cordata*
◎ボウダラ	タラノキ	*Aralia elata*
◎クグミ	クサソテツ	*Matteuccia struthiopteris*
ヤマノイモ	ヤマノイモ	*Dioscorea japonica*
◎アザミ	アザミ	*Cirsium* spp.

学名は牧野富太郎『牧野新日本植物図鑑』(1973)による。
＊地方名が二つ以上ある場合も一つに限った。
◎印は現在もかなりの頻度で採集・利用されるものを示す。

表4　明治中期頃の白峰村の林産物と農産物

	品　目	生産量
「白峰村林野副産物」による	クリ	400 石
	トチ	680 〃
	クルミ	10 〃
	ドングリ	—
	ホシワラビ	350 貫
	ヤマノイモ	500 貫
	ゼンマイ	500 荷
村統計による	コメ	110.2 石
	アワ	360 〃
	ヒエ	3400 〃
	ソバ	210 〃
	シコクビエ	752 〃

シコクビエのみ明治 32 年の産額。

表5　トチの実の年間使用量の例

地　域	使用量	調査時期
岐阜県坂上村	5〜6 人家族で 1 年に 4 斗俵で 4〜5 俵	1949
同	10 人家族で 1 年に 7〜8 俵	1938
岐阜県白川村（中切）	20〜30 人家族で餅に搗いて 1 年中きらさぬ	1925 頃
岐阜県徳山村	多く用いる家で 1 年に 20 俵	1935
愛知県富山村	多い家で 1 年に 3〜4 俵	1949
長野県堺村（秋山）	1 戸平均 5 斗〜1 石	1951

（千葉、1966 による）

リ（ナラノ実）などの堅果類であったことは間違いない。白峰村役場に保管されている明治二十七年の「白峰村林野副産物」によると、そのおもなものは表4に示したとおりで、クリ、トチなどの堅果類の生産量は、ヒエの約1／3に達している。ただし、ここに示されたのは、役場が記録し得た生産量のみで、おそらく奥地の出作り地帯では、ここに示された数量をはるかに上廻る堅果類（この統計に出てこなかったドングリ、すなわちナラノ実も含めて）が採集され、食糧のかなりの部分がそれに依存していたと考えられるのである。

飛騨の白川村でも事情は同じで、例えば同村の木谷では大正期の終り頃までトチの実の共同採集が行われ、その実を平等に配分し、一戸当り二石ないし二石四斗にも達したといわれている［松山、一九八二］。また表5は千葉徳爾氏が示した中部日本の山村におけるトチの実の使用量で［千葉、一九六六］、美濃の徳山村などでは年間に一戸当り八石ものトチの実を消費していたことが知られる。

いずれにしても、伝統的な山民の生活にとりトチの実をはじめとする堅果類の採集が、食糧確保のうえできわめて重要な営みであったことは間違いない。白峰村の明治八年の物価をみても、コメは一石当り四円、アワは三円五〇銭もの値段を示していたのに対し、ソバは一石当り二円、ヒエは一円、トチは九〇銭、ナラは七〇銭、クリは一円五〇銭となっている。トチが主穀作物のヒエとほぼ等価を示していることは、当時、トチやナラなどの堅果類が、主食糧源としてヒエと同じような地位を有していたことが推察されるのである。

このように堅果類の採集は、山民にとり農耕と同じように重要な意味をもつものであったが、雑穀類の収穫も堅果類の採集も、ともに秋の時期に集中する。食糧の乏しくなる夏が端境期となるわけで、この夏をのり切るため、白山麓の山民たちは、かつては六月末から七月にかけて谷あいのやや湿ったところに群生するウバユリの採集を盛んに行っていた［松山、一九八二］。その鱗茎から大量の澱粉が得られるためである。こうして山地のさまざまな環境を利用して資源の開発を行い、食糧の端境期をのり切る工夫を山民たちは試みてきたわけである。

食糧のみではない。生活に必要な各種の資材も、彼らは落葉広葉樹林の自然の中から採集していた。燃料や建築用資材（カヤや結縛用のネソとよばれる樹皮類などを含む）、製炭用原料などを獲得するのはもちろん、例えばシナの樹皮やブドウ蔓あるいは湿地に自生するガマなどを採集・加工してハバキを編み、タミノ、セナカアテ、ドウラン、テゴなどをつくったり、カエデ・イタヤカエデ・ハゼなどの樹皮をはぎとり、加工してカゴ、ソウケ、ヘゴなどの容器類をつくってきた［天野、一九七三(b)］。また、ドウランやテゴの製作にはクロモジの木の輪を底にあてがうし、クロモジはカンジキの輪その他にもよく使われる。いずれも林野から採集する植物資源である。

このほか、かつては衣料原料もその多くを林野から採集していた。『秋山記行』の小赤沢の項には「寒中の寒き時分は切れ布子《ブウドウ》を着、其うへに網衣《あみぎぬ》をも着る。此網ぎぬは、山より刈来たるイラといふ草にて織ると、里の商人は蝋袋にするとて買ふ」とある。網衣は編布（アンギン）のことで、渡辺誠氏によると、編布というのは「アミアシに支えられたケタ（目盛板）に、糸をまきつけたコモヅチをぶらさげ、これを前後にもじり編みして編みあげてゆくもの」で、それはハバケや炭俵をつくるやり方と基本的には同じ編み方だという［渡辺、一九八四］。それはヒやオサを使う平織以前の古い技術や伝統を伝えるもので、編布の痕跡は縄文時代の中期にまでさかのぼり得ると渡辺氏は指摘している。その材料は山地に自生する多年生の草本であるイラあるいはオロ、つまりイラクサ科のアカソなどで、その茎の繊維をすき分け、木の台の上でよく叩き、やわらかくしてよりをかけ、タテ糸やヨコ糸に使うわけである。もちろんアサが常畑で栽培されるようになって以後は、アサが編布や織布の材料に多用されたことはいう迄もないが、かつてはアカソだけではなく、各種の野生植物の繊維が編布の原料として利用されたと考えられる。例えばカラムシ（野生のものは野マオとよぶ）やミヤマイラクサなどイラクサ科の幾種類かの草本やクワ科のコウゾやカジノキなどの低木類、その他の樹皮や植物繊維などが、古い時代には山民たちにより広く採集され、加工されて衣料原料として用いられていたに違いない（写真5）。

写真５　編布を着た秋山郷の女
（『秋山記行』より）

つまり、衣・食・住のあらゆる面にわたって山民たちは林野の自然（資源）をきわめて多面的に利用し、生活していたということができる。しかも、時代をさかのぼるほど、その利用の範囲が一層広かったと推定されるのである。おそらくアサ栽培や木綿の導入、養蚕が隆盛になる以前には、野生の衣料原料の利用度はずい分広かったとみて差支えない。この点は木材加工についてもいうことができる。山村への商品経済の影響が大きくなり、それに伴って木挽きや木地師など専門的技術者による大量生産が行われる以前には、山民の多くは冬季などに臼・鉢・盆・板・鍬柄などの加工を行い、曲物《まげもの》の製作などを行っていた。その材料もまた林野に求めたわけである。「栗・稗・荏」などの農産物のほか、「木鉢、木鋤《こずき》、樫・桧・松の盤、桂板、椢桧《さわら》・白木の折敷《おしき》、秋は干茸、しな縄（シナノキの樹皮で作った縄）」などが秋山郷の特産だと『記行』は述べているが、白山麓などでも事情はほぼ同じで、多様な林産物の採集とその加工、利用が山民の手により広く行われていたとみてよい［＊4］。

このようにして山民の採集活動は、山地の植物的自然の広い範囲に及ぶが、そのほか彼らは狩猟によって動物的自然（資源）の利用も積極的に行ってきた。白山麓についていえば［天野、一九七三(a)］、シカやイノシシは明治中期頃にはその姿をほとんどみなくなったようだが、その後はウサギ（ワナやシブタを投げて捕獲）やテン（ワナ、ガンドバサミなどを使用）あるいはカモシカなどを捕獲してきた。しかし、この地域でもっとも重要な狩猟の形態はクマ狩りであったという。それには木や岩のウロ（穴）にいるクマを火でイブリだしたり、狩猟者自身が穴に入ってさそい出して槍などで仕止める狩猟法もあるが、一般にはテッポウモチ、タチキリ、セコなど合わせて二十四～二十五人が一団となって行う巻き狩りの方法で捕獲されたという。白峰村の出作り地帯などでは、クマの捕獲後、カワハリを行ったのち、タチとよばれる内臓を獲物をとった方角の木の枝にかけ、山ノ神に捧げる慣行もあったという。

しかし、日本の山民が伝統的に狩猟の対象としたもっともポピュラーな動物はシシ、つまりシカとイノシシであり、かつてはかなり大量に捕獲できたようである。中部山地の例ではないが、四国山地の吉野川源流地帯に位置する山村、寺川（現本川町寺川）の宝暦年間（一七五〇年代）の民俗誌として著名な『寺川郷談』には、次のような記載がある。

「大雪ふれば村人鹿を取によしとて悦ぶ也。今年は取分大猟にて、越裏門、寺川にて、猪、鹿、玲羊、能凡三百疋余取れ、旧冬より翌正月迄肉に飽みちたり」と。

この寺川もやはり雑穀栽培型の焼畑（キリハタ）を主要な生産手段とする山村であったが、享保十三年の「寺川家敷掛切畑割」によると、当時の寺川の家数は二五戸。越裏門もほぼ同じ程度と考えられるから、シカ・イノシシなど三〇〇余頭に及ぶという、その捕獲量は大へんなものである。この数値は特例に属するものではあるが、それにしても、山民たちが動物的自然の中から得ていた資源の量（肉のみでなく毛皮、角、胆、その他も含む）は、かなりの量に達していたらしい。それは、この寺川の例などによっても推測しうるところである。さらに狩猟だけではなく、アユ・イワナ・ウグイ・マスなどの淡水魚の漁撈（川狩）も動物資源の利用の一つとして大きな意義を有していた山村も少なくない。しかし、ここではそのくわしい説明は省略する。

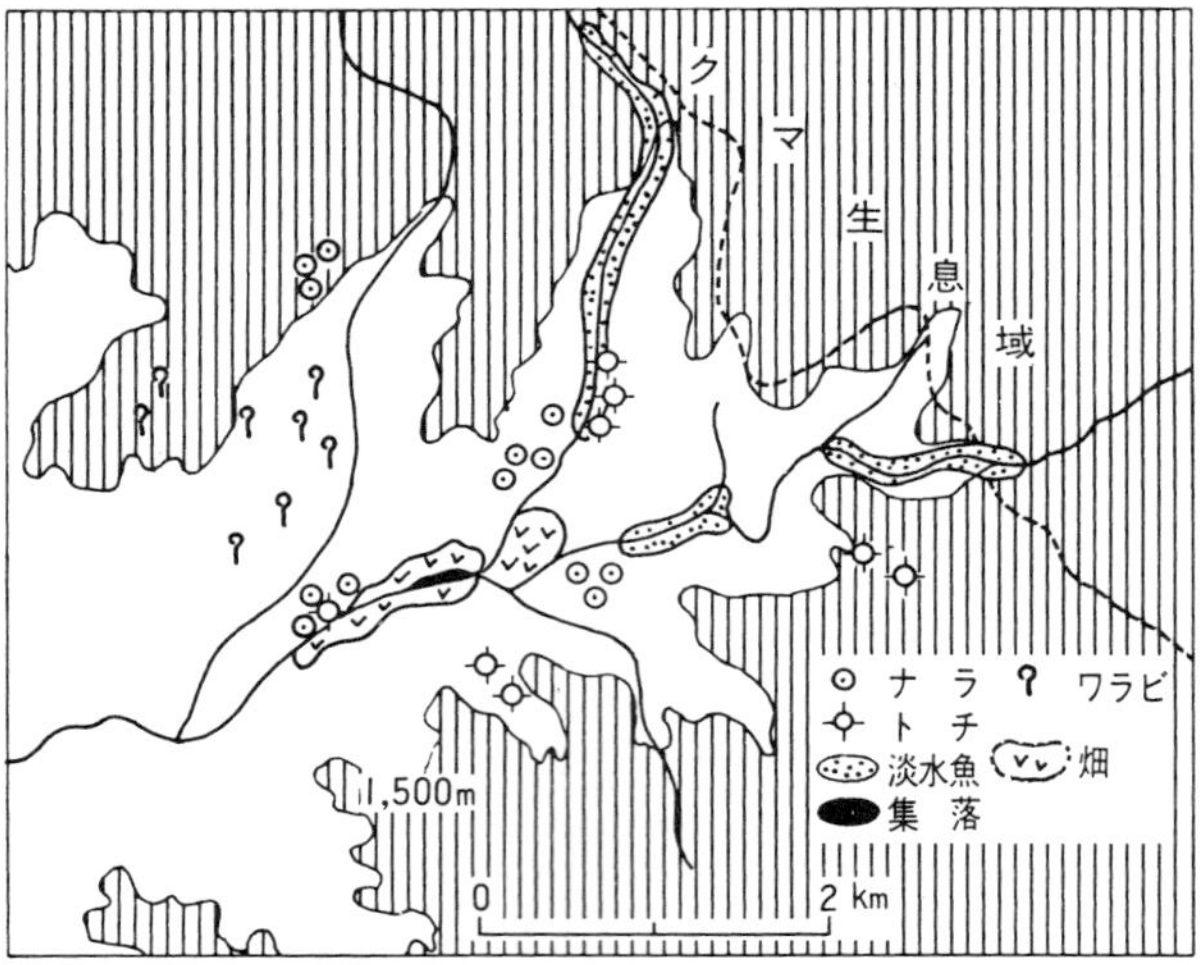

図9　山村における資源開発地の分布（野麦地区の例）
（松山、1986による）

『斐太後風土記』の統計学的な分析を中心に飛騨地方の山村研究を行った松山利夫氏によると［松山、一九八六］、乗鞍山麓の野麦（現岐阜県高山市高根町）では、一八七〇年当時（戸数三八戸、人口一四五人）、畑地で生産されるヒエとソバ、林野から採集し、加工したワラビ粉、それに自生のトチおよびナラの実などが必需食糧であったという。しかもワラビ、トチ、ナラのニッチェは相互に異なり、これらの資源の開発にはかなりはっきりした規則性がみとめられるという。すなわち「集落に接して、もっとも密度が高く資源量の大きい常畑耕地が位置する。これにつづいて農作物につぐ必需食糧であるトチとナラの開発地が分布する。さらに外側にワラビの集中的な採集地が配列される。これらの植物資源の開発地の外縁に、イワナなどの淡水魚とツキノワグマの捕獲地が分布する。この資源の開発空間は河川に沿って帯状に配列し、その位置は年による変化がほとんどなかった」というのである（図9参照）。しかもこの野麦の「資源開発空間home range sizeは半径五キロメートル以内で完結する」ものと推定されている。機械的に計算すると一戸当り平均二平方粁（二〇〇ヘクタール）余の広さということになるのである。山民の資源利用空間が、その中に多様な自然を含み、かつ農民のそれに較べ著しく広いことがわかる。

白山麓の村むらでも前述のように、主食物（雑穀類）や野菜、エゴマ、アサなどの生産の場である焼畑や常畑、養蚕のための山桑の栽植地や木炭の原料を供給する炭山、それに各家で消費される薪材や柴材を採取し、さらには食糧となるトチやナラの実あるいは各種の生活資材の原料などを採集する雑木林など、各種の用途にあてられる耕地と林野が存在する。山民の家族は、これら各種の耕地や林野をセットとした林野経営の単位を保有することによって、はじめてその生計を維持することができたわけである。

田中啓爾氏に師事し、ごく初期から白山麓の出作り研究を行ってきた地理学者の幸田清喜氏は、戦後、白峰村の桑島から赤谷の地内に季節的に出作りしていた山口家の例によって、この種の林野経営単位の実例を具体的に示している。総計一〇町歩の山口家が経営する林野の土地利用形態の詳細と、それを地図化したこの資料（図10及び表6）は、管見の及ぶ範囲で、白山麓におけるある特定の出作り農家の林野経営単位の実態を具体的に図表化して示した唯一のデータといえる。

この図と表に幸田氏は次の如き簡単な解説を加えている。

「出作りの土地利用形態は、季節出作りと定着出作りとで別に変わらない。出作り土地利用を形式化すると

表6　出作り土地利用図（図10）の説明

番号	種別	面積（反）	摘要
1	宅地と常畑	2	経営は図10の拡大図
2	常　　畑	.2	ヒエ、カボチャ、サツマイモ
3	桑　　畑	.7	まゆ15貫
4	〃	.2	
5	水田跡地	.6	40年前水田放棄
6	薙　　畑	1	本年より耕作（ヒエ）
7	〃	1	前年より耕作（アワ）
8	〃	1	一昨年より耕作（アズキ）
9	杉植林地	1.5	薙畑の古畑に作年植林、約380本
10	小　　柴	1.5	昭和24～26年薙畑
11	草 生 地	2.0	〃 25～27 〃
12	〃	1	〃 23～25 〃
13	〃	1	〃 22～24 〃
14	杉 植 林	.3	〃 21～23 〃 約80本
15	小　　柴	1.8	〃 19～21 〃
16	〃	.4	〃 21～23 〃
17	〃	.2	昭和18年頃薙畑
18	雑 木 林	2.5	昭和4年頃薙畑
19	雑木伐採中	1	来年薙畑造成の予定
20	採 草 地	.4	
21	〃	.1	部落有林の採草地　緑肥
22	杉　　林	1.5	30～40年生自然林
23	杉植林地	.4	〃　植林
24	栗　　林	.5	1年おきに結実、収量は約7斗
25	杉 植 林	.3	25～40年生　約70本
26	雑 木 林	.6	
27	炭 材 林		約900俵の木炭が製炭できる
28	〃	80	
29	〃		
30	〃		

赤谷、山口芳行家
家族10人、うち労働人口（15～60歳）は6人、ただし世帯主は公務員。土地所有面積約10町（台帳面は8町）で作り農家の平均的規模のものである。

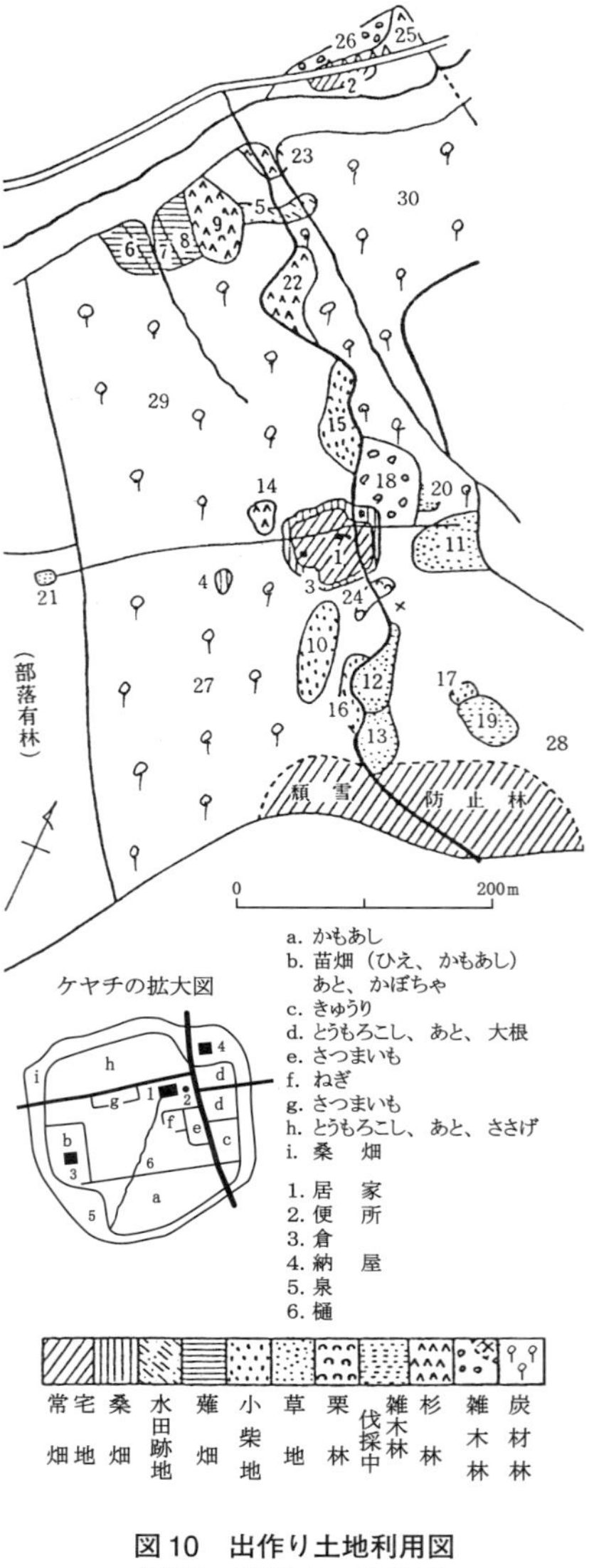

図10　出作り土地利用図
（幸田、1956を一部修正）

次のようになる。居家（ウチ）は常畑内の一隅にあり、たいてい防風・防雪林をもつ。常畑（キャチ）をかこんで山桑畑がある。上部斜面にも下部斜面にも植えられている。桑畑に介在しあるいはその上下に採草地があり、屋根葺用、肥料および炭俵製造用として不可欠である。トチは稀で、採草地の上限にある栗林が年間の副食を供する。薙畑は一般に上方斜面に広く、家から二〇〇メートルくらいの高さまで行い、また下方斜面にも小規模に行われる。炭がまは比較的家に近く雑木林の中にある。頽雪防止林が薙畑上にあり、最頂部は国有地の原始林になっている。」［幸田、一九五六］。

いずれにしても白山麓の山民たちは、このような林野経営の単位を設定し、その土地の中で最も適当な場所――雪崩などの災害の危険性がなく、生活に便利な平坦地（ジャラあるいはダイラ）を選んで出作り小屋を建て、その周囲に常畑耕地を拓く。この出作り小屋とその周囲の常畑耕地をあわせて、白山麓の村々ではコヤバと呼ばれ、これが山民たちの生活の拠点となっていた。

ところが、歴史時代を通じ村落社会の階層分化のすすんだ白山麓の村々では、焼畑をはじめすべての林野利用を自己の所有する山林内で行うという例はそう多くはなかった。この地域の各ムラには古くからオヤッサマあるいはオヤケなどとよばれる地主が存在していた。山林をもたない村人、あるいはその面積が十分でない村人たちの多くは、これらの山林地主の所有する林野や各区（ムラ）のもつ共有林の一部を一定の年季を限って借地し、林野資源の利用を行っていたのである。このように一般の農民が、地主あるいはムラから年季を限って土地（ムツシあるいはアラシ）を借りうけることを、この地域では「山を請ける」または「ムツシ（アラシ）を請ける」とよび、土地を貸すことを「山を卸す」あるいは「ムツシ（アラシ）を卸す」と称してきた［佐々木、一九七九(a)］。

この場合、古くから白山麓の地域では、「むつし一作卸」あるいは「あらし一作卸」というように、《むつし（あるいは「あらし」）一作》という言葉がよく使われてきた。この「一作」というのは、ある年限内における特定の林

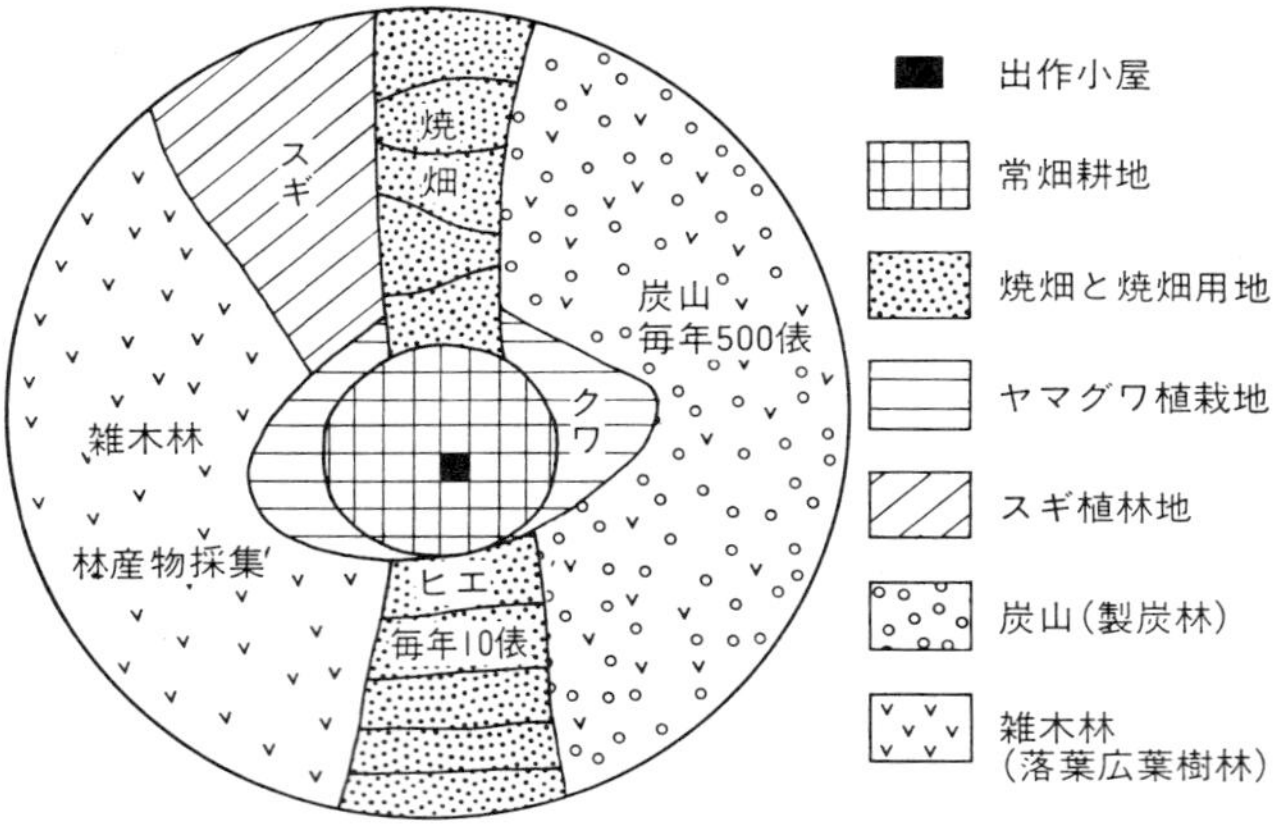

図11　10年年季の1作卸の林野の利用模式図（尾口村の土地利用をモデルとした）

野（領域）の土地利用権の一切を指す意味で用いられてきたようである。一作卸関係の近世文書類には、ほとんど例外なく「年季内者御勝手次第御支配可被成候」とか、「其方勝手ニ支配可成候」という言葉が添えられていた。土地を請けたもの（林野を借りたもの）は、特別の制限条件が付けられない限り、その年季内はその土地（林野）の利用権の一切を享受し得たのである。つまり一作卸の土地を請けた山民は、その期間内は焼畑（常畑）耕作をはじめ、製炭原料や薪材の伐採、堅果類・山桑その他各種の林産物の採集など、あらゆる林野の利用活動を、その土地で行うことが可能であった。ということは、白山麓の山民にとって、この一作卸で請けた土地は、年季の期間中、彼らの生計を維持するために必要な第一義的な資源利用空間であったことを意味する。第一義的といったのは、この他に共有地において堅果類やワラビなどの採集、その他が行われることがあり、また狩猟や川狩は一作卸の土地とは関係なく、より広い領域を舞台に行われたからである（図11）。

　このように白山麓の山民は一作卸で請けた林野を主な舞台にして、その生業活動を展開してきたわけだが、年季が終れば、他の山を請け、出作小屋を移動させることも少なくなかったようである。いずれにしても、山民が各種の生業活動を営み、その生計を維持するためには、農民の場合と異なり、きわめて多様な資源の開発とその利用が必要であり、そのためには広い林野（山）が確保されねばならなかったのである。白山麓における「一作卸」の慣行は、こうした山民の生業活動の特性と密接にかかわって生み出されてきた社会的な仕組みであり、それは山民の生活文化の特色をきわめて象徴的に示すものだということができるのである。

第三節　山民の生活文化の特性——非稲作文化の視座から

白山麓および秋山郷を中心とした山民の生業と生活のエコロジカルな特色は、前節までに述べたとおりである。とくに衣・食・住をはじめ、その生計を維持してゆくための資源の開発と利用の仕方については、平野の水田稲作農村のそれと比較して大きな違いのみられることを注目してきた。稲作農村の場合には、改めて事例は提示しないが、その生業と生活の中軸にあるものは明らかに水田稲作農耕そのものである。その生計を維持してゆくための資源の開発・利用の焦点は、《稲作水田》という著しく人工的な環境を維持・管理し、その有効利用をはかる点に集中しているとみてよい。水利・灌漑の実施、厩堆肥の作製と投入、苗代・田植・除草などの特有の作業を伴う水稲栽培、水田裏作の実施、藁の利用と加工、その他……。典型的な水田稲作農村の資源の開発・利用の特徴は、《稲作水田》の有効利用に著しく収斂した mono spetctrum な特色をもつということができる。

これに対し、前節までに述べてきた山民の資源の開発・利用の形態は、広い林野を舞台に焼畑や常畑での雑穀栽培をはじめ、各種の有用植物の採取とその加工・利用、あるいは狩猟などを中心に、きわめて多方面にわたり、複合的な特色を示している。それは、著しく broad spectrum な特徴をもつということができる。山民の生業・生活の生態学的な特色は、このような資源の開発・利用の多様性・複合性に求めることができることは確かである。

では、このような山民のもつ資源の開発・利用の形態の著しい多様性・複合性を生み出した背景は、如何なるものであろうか。私はさきに『縄文文化と日本人――日本基層文化の形成と継承』（一九八六）の中で山民文化について論じた際、この問題にふれ、山民の生業・生活の複合的な構造を生み出す要因として、次の三つの条件をあげたことがある。その第一は、山民の生活においては、農民の世界における《水田稲作》のような中核となる生業の体系が存しないこと、その二は山村の生業・生活に利用される空間のサイズが大きく、農民のそれに較べ、その自然条件が著しく多様なこと、第三は、これらの自然を利用する人間の側の認知の体系がきわめて精細で多彩なことがあげられるのである。

①　このうち、まず第一の点については、農民の文化が稲作文化であるのに対して、山民の文化は非稲作文化として特徴づけられる。そのことは本論のはじめにも記したとおりだが、非稲作文化には水田稲作のような中核となる生業の存しないことがその大きな特色ということができる。白山麓や秋山郷の例でも述べたように、多くの山村では焼畑が主たる食糧（その中心はヒエ・アワなどの雑穀類）の生産の場となっている。しかし、焼畑農耕は、水田稲作農耕などに較べると、一般にその生産性はかなり低い。さらに重要な点は、焼畑では豊凶の差が著しく、収穫の安定性が非常に低いことである。

橘礼吉氏は、白山麓のある出作農家の明治中期から大正末期に至る期間の年次毎の雑穀の収穫量を示す貴重な記録を発見して報告している［橘、一九八二］。それによると、この農家は白峰村桑島に常住し、小赤谷上流の三右ヱ門山（海技七六〇メートル）へ季節的出作りを行い、焼畑農耕を営んでいたもので、イロリの火棚（特製のアマ）で収穫した雑穀の穂を乾燥させ、屋内で脱穀作業を行った際、その数量を記録したものである。その資料の中からヒエの総収量とアラハタ（焼畑の初年目）で収穫したヒエの収量、常畑で栽培したウエビエの収量、およびアワ（主として焼畑で栽培）の四種類の総収量を抜き出し、グラフ化したのが図12である。

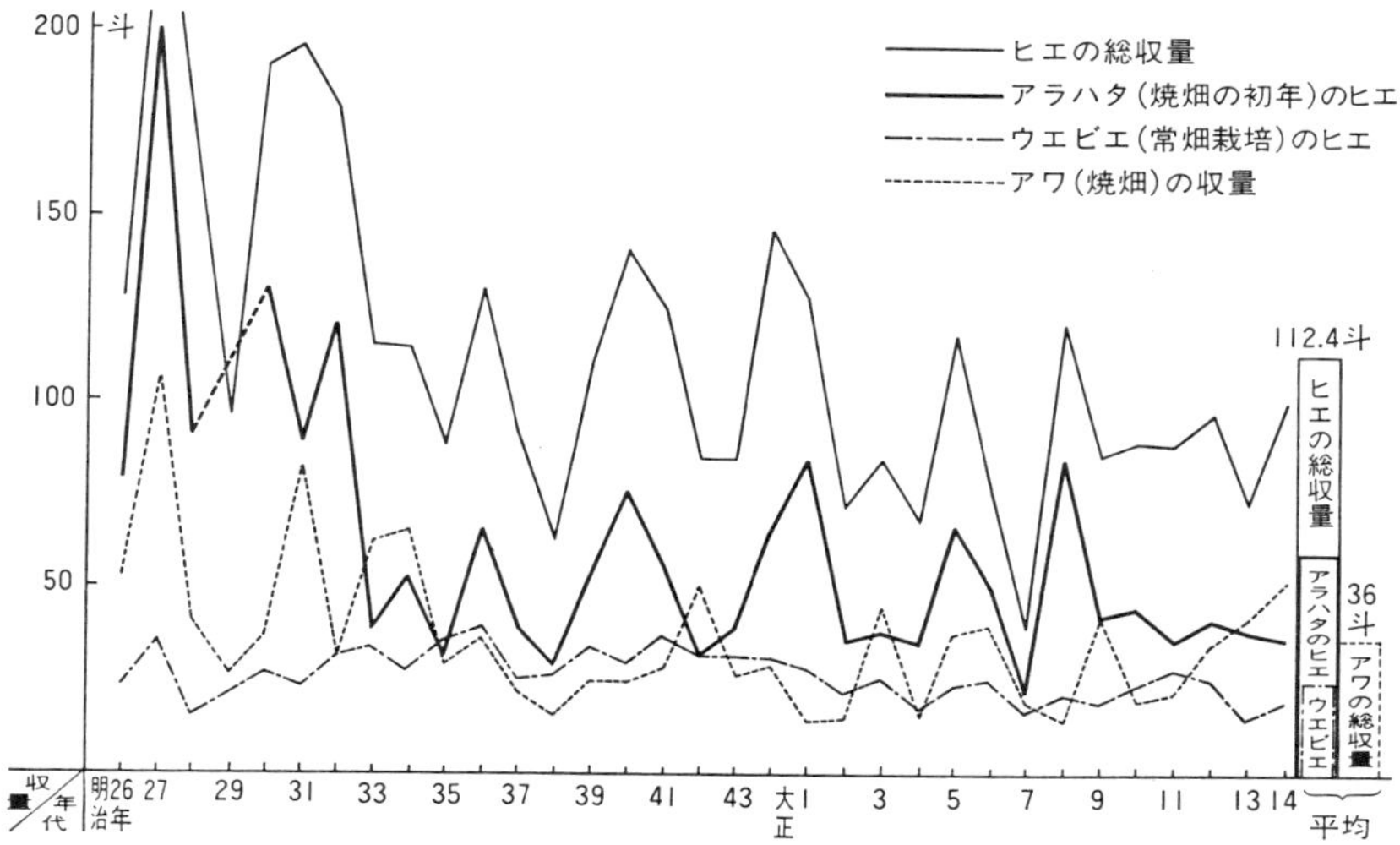

図12　白山麓のヒエとアワの収量の年次変化（明治26〜大正14年）
〔橘、1982の資料を佐々木が図化したもの〕

アラハタ（焼畑初年目）のヒエの収量は、明治二十七年と大正七年の極大・極小値を除いても、その振幅はかなり大きく、凶作の年は豊作の年の１／４以下の収量しか示していない。焼畑のアワの収量についても傾向はほぼ同じである。これに対し常畑のウエビエの収量の年次的変化をみると、その振幅は焼畑のそれに較べかなり小さい。試みに焼畑と常畑のヒエの収量の年次変化の標準偏差を求めると前者が三六・七に対し、後者は六・七五を示すにすぎない。つまり、焼畑における雑穀の収穫は、常畑のそれに較べて著しく不安定なことがわかるのである。常畑の雑穀との比較ではなく、水田における稲の収量と比較すれば一層その差が著しくなることは明らかである。

　橘礼吉氏によると、この記録を残した出作農家の三〇余年にわたる間の平均年収量は、ヒエが一八・七俵（約九・四石）、アワが六俵（約三石）、シコクビエが一・七俵（約〇・九石）になるという。この数値はさきに掲げた白山麓（尾口村）における雑穀の年間必要量の推計値（表１、五一四頁）をやや上廻っている。おそらく焼畑の収穫が著しく不安定なため、常に必要量をかなり上廻る生産量を確保する努力が、この出作農家においてもつづけられた結果とみることができる。そうした努力にもかかわらず焼畑に依存する山村の生活の基盤は弱く、気候の不順がつづくと、かつては廃村に至るケースも少なくなかったようである。例えば『秋山記行』にも「大秋山とて川西に八軒あったが、四十六年以前、卯の凶年(天明八年)に飢死して、一軒なしに盈《こぼ》した」と凶作による全村潰滅の事実が記されている。

このように焼畑は、山村における主たる食糧生産の場ではあるが、豊凶の差が著しく、それだけでは山村の生活を支えきれるほどの生産力をもたないのが普通である。したがって、山民の世界において焼畑の生業体系全体の中に占める比重は、農村地帯で水田稲作が占める比重に較べればはるかに小さい。そのことが他の生業活動の占める比重を大きくすることになるわけである。山民のもとでは、焼畑を含む畑作のほかに、各種の林産物の採集・加工や狩猟その他さまざまの生業活動が重要な役割を演ずることは、すでにくり返し強調してきた通りである。山民の世界において資源の開発・利用が複合化し、多様化した第一の条件は、このような点に求めることができる。

② 次に、これらの生業活動が営まれる山村の生活空間は、その大きさと自然の多様性において、平野の農村とは較べものにならない豊かな特色を有している。福田栄治氏は、吉野山地における調査の経験にもとづき、伝統的な山村の環境構造の特色を、サトヤマ—ウチヤマ—オクヤマ—ダケという垂直的な構造をもつものとして、象徴的に捉えようとしている[*5]。

サトヤマというのは、集落とその周辺の常畑を含む低位斜面の地帯のことで、白山麓の例ではジゲのムラとその周辺ということになるだろう。ウチヤマは焼畑や桑園、薪炭林などがあり、トチやクリ、クルミ、ドングリなどの堅果類やクズ、ワラビ、ウバユリなどの野生のイモ類、その他各種の林産物の採集を行う、かなり人手の入った二次林地帯のこと。白山麓の例でいえばムツシやアラシなどとよばれ、山民たちが地主から「山」を請け、既述の「一作卸」の対象となるような林野の大部分が、この類型に入るものと思われる。

オクヤマは、さらに海技高度の高い山地で、多くは林相のよい森林地帯をなし、大型の用材の伐採やシカ、クマ、カモシカなどの中大型獣の狩猟の場となるところである。白山麓では海技高度一〇〇〇メートルのあたりに、いわゆる「作り境い」とよばれる地帯があり、それより海技高度の高い山地斜面は典型的なブナ林帯となり、出作地帯ではなくなっている。この「作り境い」より高い山地斜面の一帯がオクヤマに当ると思われる。さらにこのオクヤマより高いところがダケで、奈良県の吉野・北山地方などでは、ここは人手のほとんど加わらない深い森林地帯をなし、カミの世界と考えられているという。白山麓の場合には、ブナ林帯を越えると、ダケカンバやヒメコマツなどがあらわれ、植生のうえではむしろ林相は貧弱になるが、白山山系の稜線に近くなり、伝統的にはやはりそこがカミの世界と考えられていたことは間違いない。

このように福田栄治氏が、吉野山地をモデルにして考えたサトヤマ―ウチヤマ―オクヤマ―ダケという環境構造のシェーマは、白山麓の事例にも十分適用するものであり、日本の伝統的山村の環境構造の特徴をかなりうまく説明する原理になると思われる。ここに示された山民の環境構造の特徴は、河谷の低地から山腹斜面をへて山頂に至る山地の自然条件――地形的条件のみではなく、ファウナやフローラを含むすべての自然条件――が、きわめて変異に富むことを背景に生み出されてきたことはいうまでもない。当然のことながら、山民のもつ資源の開発と利用の複合性・多様性は、このような山地の自然そのものの多様性と対応して生み出されてきたものなのである。山民の有するこうした環境構造の特色は、相対的に自然条件が均一で、ムラの領域が狭く、一般的にその境界が明確な平野農村と較べ、ムラ（生活）の領域がきわめて広く、多様性に富む点で基本的に相異するものであることが注目されねばならない。

③　さらに、山民の世界では、自然そのものが多様性をもつだけではなく、その自然を認識し、それを利用する人間の側の認知の体系も精細をきわめることが多い。例えば福井勝義氏は、四国山地の一部で一九七五年頃まで焼畑を営んでいた高知県池川町椿山《つばやま》の調査を行った際、ヤマに対する呼び名三五三例を収集し、その詳細な分析を行っている［福井、一九七四］。

ここではヤマに関する基本語が約七〇あり、その半数以上が地形を表す語で占められている。また基本語を修飾する形容詞の数は非常に多いが、その中でも地形・生活・植物に関するものが断然多く、村人たちがヤマを極めて細かく分類・認知していることがわかるという。だが、それとともに、冬でも日の当たる「ヒノジ」と冬は陰になる「カゲジ」、また村から遠く、かつては焼畑のヒエ作地帯であったタカテ（ケタヤマ）と集落のまわりにあるチカヤマ（コーマエ）という、それぞれ対の概念が椿山のムラでは重要な意味を持っている。このようにヤマについての村人の知識が、ヒノジ／カゲジとタカテ／チカヤマという二つの対立概念で整理され、「焼畑という生業と密接に結びついて、むらびとの生活に生かされている」と福井氏は指摘している。

この椿山の例によってもわかるように、伝統的な生活を営む山民たちは。山の地形や植生をはじめ、その自然の特徴を精細に把握し、山を細かく分類・認知するとともに、その詳細な知識にもとづいて、焼畑農耕を中心とする伝統的な生業と生活を自然にうまく適応させていることが注目されるのである。

このように山民の世界では山の自然に対する認識体系が発達しているだけではなく、その生活文化のさまざまな面にわたって平野農村のそれとは異なる認識や分類の体系が整えられてきた。その一例として白山麓の山民の主食糧であったヒエの脱穀から精白までのプロセス（図13）とそのプロセスの各段階に応じたヒエの呼称の分化およびそれらを材料とした多様な食品の名称を整理してみると表7のようになる。ヒエをめぐる民俗分類（フォーク・タクソノミー）がよく発達していることがわかる。ここでは詳細な説明は省略し、その大要を示すと、次のよ

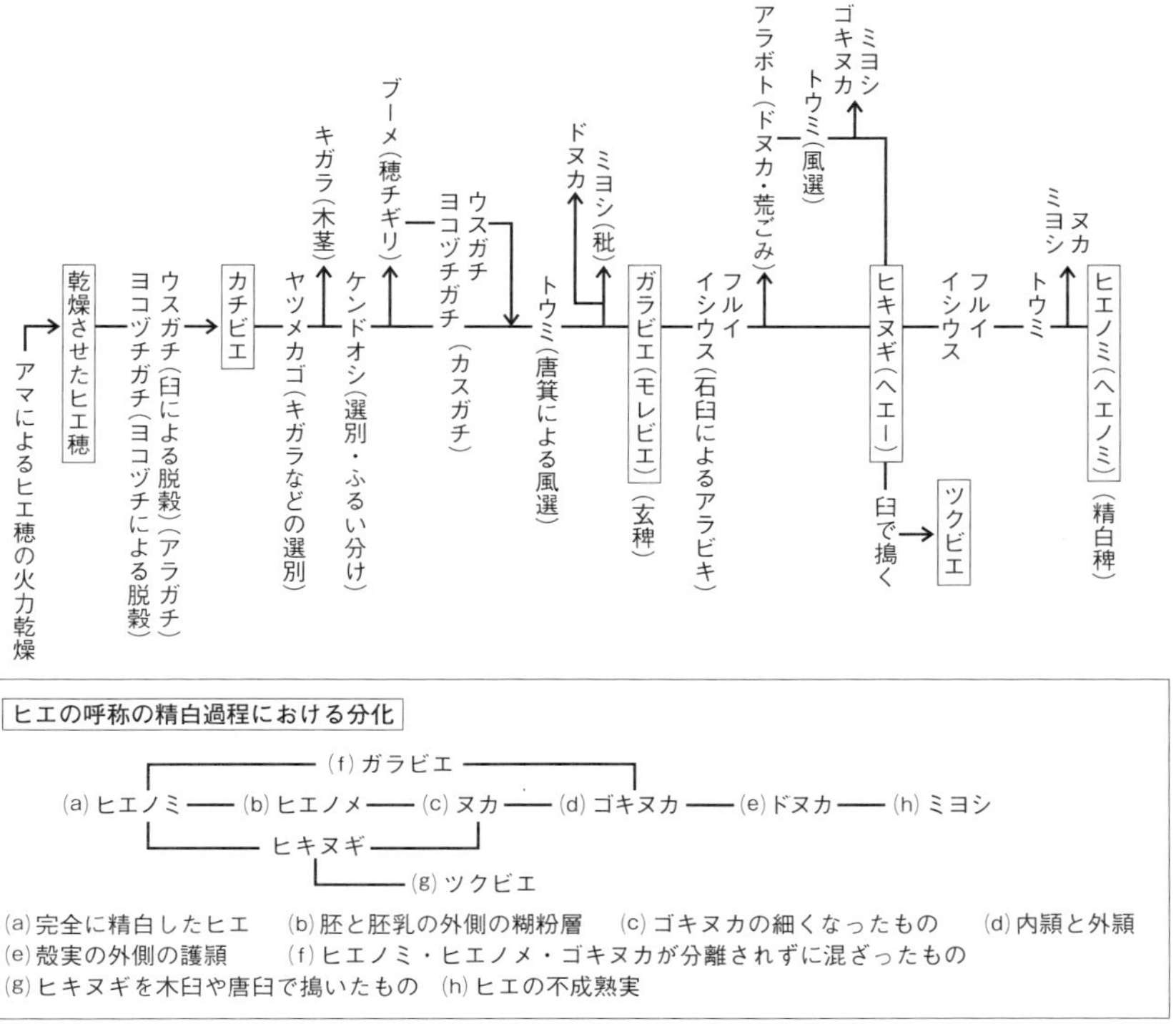

図 13　白山麓におけるヒエ穂の脱穀・調整過程(天野、1973 による。一部修正・補筆)

表 7　ヒエの調理法と食品の呼称(橘、1983 による)

食品の種類	食品の呼称	調理法の概要	石臼での挽き方 原料となるヒエの粉の状態
1　炊飯	ヘエノミのイイ ツクビエのイイ	湯立法で炊き、炊きあがる前に上下ひっくり返して蒸しあげる	アラビキ ゴキヌカをはずすため、石臼で荒く挽き割ったもの。粉と粉の中間。
2　粥	ヘエノミガユ	湯立法で粥を作る	
3　粉餅	コモチ	湯・水で練り固めて蒸し、横杵で搗いて餅にする	コマカビキ アラビキしたヒエノミを、石臼でさらに挽き、細かくしたもの。ザラザラの粉
4　団子	ヘエノミダゴ ヘエノメダゴ ヌカダゴ	湯で練り、種々の形に固めて蒸し、団子にする	
5　炒り粉	ミヨシイリコ	粉をそのまま食べる。 粉を湯で練って食べる	コナビキ アラビキしたヒエノミを、石臼で丁寧に挽き完全な粉にしたもの
6　粘え	ヘエネバエ	味噌汁の中へ入れ、粉粥状にする	

基本的には稃つきのヒエであるヒキヌギを石臼でよく挽いて、それを粉砕し、その粉を原料として調理する。その石臼による粉砕にはアラビキ、コマカビキ、コナビキの三種がある。

うに言うことができる。

大型のイロリの上で（アマを用いて）乾燥させたヒエ穂は、前にも記したように臼（ホガチウス）と杵、あるいはヨコヅチを用いて屋内で脱穀（アラガチ）される。脱穀されたヒエがカチビエで、まず、脱粒した穀粒と穀粒（ツベア）をつけたままの穂軸（キガラ）などを選別しなければならない。この作業をトオシと呼び、目の大きなヤツメカゴや針金で細く目を編んだ篩《ふるい》（ケンドオシ）が用いられ、残ったキガラなどは、もう一度二次的な脱穀（カスガチ）が行われる。その後、選別された穀粒をトウミ（唐箕）にかけて風選したのがガラビエ（モレビエともいう）である。ガラビエは穀実の外側の護頴（ドヌカ）や内頴・外頴（ゴキヌカ）をつけたままの稃つきのヒエ（米の籾米《もみまい》に当たる）で一般に「玄稗」とも呼ばれ、五斗俵に入れ長期間保存されるのも、収量の単位として用いられるのもこの玄稗である。

次にはガラビエを石臼でひきわり、ふるいにかけてドヌカなどのアラボト（荒ゴミ）をとるとヒキヌギになる。このヒキヌギは稃（内頴・外頴、ゴキヌカ）つきのままのヒエの穀粒で、これをもう一度石臼でよくひきわり、目の細かいスイノーなどでふるい分け、トウミで風選して、ヒエノメ（胚など）、ミヨシ（未成熟果）やゴキヌカなどをとるとヒエノミ（精白稗）が得られる。この間の作業は大へん手間のかかるもので、しかも、稃つきのヒキヌギからヒエノミをとると三割程度にまで減量してしまうといわれている。このため、白山麓などの伝統的な山民の食生活では、ハレの食事や幼児・老人食などにはヒエノミを用いるが、一般にはヒエノメやヌカをとらないヒキヌギが主食糧として用いられてきた。ヘエー（ヒエ）といえば、このヒキヌギをさすという例が少なくない。

さて、このヒエの調理法と主な食品の特色については表7に示した通りだが、その調理は、脱穀・精白の作業にもまして手のかかるものである。ヒエを調理するためにはヒキヌギやヒエノミそのままではなく、すべてもう一度石臼で挽き割しなければならない。そのうえで、まずアラビキの程度に破砕されたヒエを煮え立った湯の中へ入れ、ゴロギャとよぶ柄の長い木製杓子でよくかきまぜて炊き上げるのがヒエイイ（ヒエ飯）である。七、八分に炊き上がったところで、ゴロギャで上下ひっくり返して蒸しあげる必要がある。とくにヒキヌギを調理する場合にはよくかきまぜないとヌカとヒエノメとヒエノミの比重が異なり、これらが分離するのでうまく炊き上らないという。

この種の食品はイイ（飯）とよばれてはいるか、その実態は粒食であるコメの飯とはかなり異なるもので、粉食の一種とみた方がよい。むしろ類例としては、東アフリカのウガリをはじめ、アフリカ、インド、ヒマラヤなどの雑穀栽培民の主食である水分のなくなるまで煮つめたアラビキガユと類似しており［佐々木、一九八四(d)］、典型的な雑穀食の特色を示している。

さらに石臼でアラビキしたヒエ（ヒキヌギ）をもう一度細かくひいて、そのザラザラした粉を原料とし、それにつなぎ材としてモチグサやナラノコザワシなどをまぜて練り固め蒸し上げたのがヒエノミダゴやヌカダゴ（形によってヘッタラダゴ、ホウトダゴともよばれる）である。ゴキヌカを原料としたヌカダゴは不味いものだが、貧しい白山麓の山民のポピュラーな日常食の一つであった。それはアワやアズキのカユ、あるいは野菜や山菜を大量に入れた雑炊（ミソズあるいはゾロ）の中に入れて食べるのが普通であった。

『秋山記行』にも「汁椀に里芋・大根様のものこまかに、味噌汁にて煮たるを味ふに、其下に、六、七分位の厚き小判形《な》りの堅き灰色のものあり。我等あたりの粉な餅の如く、是必ず秋山の粟餅ならんと、一口味ふに咽へ通らず……予〔が〕推量には、糠ながら挽きし粟餅ならん」とある。この食品は、大豆をひいて殻もとらずに固めた豆腐であった可能性もあるが、むしろ白山麓のヌカダゴに当るアワあるいはヒエのダンゴであった可能性が少なくない。当時、秋山郷でもヌカダゴが常食の一つとなっていたことは間違いないようである。その他『秋山記行』には稗餅、トチ餅などの記録も少なくない。

このほか、白山麓ではヒエノミを細かくひいた穀粒で前述のヒエノミダゴをつくり、それを臼と横杵を用いてもう一度よく搗いてつくるのがコモチで、これもよく食用に供された。コモチは、かなり長期に亘って(冬季に二〇日以上)保存のできる食品で、しかも、ダコなど他の食品より粘り気が多く、(粘り気をますためモチグサ・ヤジロ・トチノミ・ナラノコザワシを必ず混入)味も良い。粳種の雑穀粉から作られたコモチが、モチ澱粉を用いてつくった食品と類似する特徴をもつ点が橘礼吉氏によっても、注目されている[橘、一九八三]。

いずれにしても、白山麓をはじめとする山村地帯では、ヒエをはじめアワやシコクビエ、ソバなどの雑穀類は、基本的にすべて粉食の技術体系の中で調理・加工されてきたわけである。この点が雑穀栽培を主とする山民の食文化の大きな特徴の一つということができるが、それは粒食を基本とする米食の体系とは明白に異なる特徴を示すものだということができる。

また、図13(五三五頁参照)に付した「ヒエの精白過程における呼称の分化」によっても、白山麓の地域では、脱穀・精白の過程で識別されるヒエの穀粒の状態について、大へんくわしい分類の体系ができ上っている。これは表7(五三五頁参照)に示した調理と食品の分類体系ともよく対応するものである。この地域で雑穀類の調理という資源利用のための文化の体系が、上述のように、きわめてユニークな形をとってでき上っているのは、ヒエをはじめとする雑穀類の認知と分類の体系が、山民たちの間で整った形でつくり出されていることと深く関係すると思われるのである。われわれは、この点を見落してはならない。

山民のもつ資源の開発と利用の複合性・多様性は、山民文化の中にある自然環境をはじめ、作物や衣・食・住などに関するきわめて精細な認知・分類の体系の存在を背景に生み出されてきたことはいう迄もない。しかも、その認知・分類の体系は、明らかに稲作農民のそれとは異なる独特ものなのである。このような独特の価値体系を有し、それを基礎に特有の生業と生活の特色が生み出されてきている点に、山民のもつ非稲作文化が、水田農民のもつ稲作文化と対比しうる特性を見出せるように私は思うのである。

以上、白山麓と秋山郷の事例を中心に、山民の生業と生活の特性について、いくつかの考察を加えてきた。本稿では論題の一部にも示したように、主として生態学的な視点に限ったため、衣・食・住などの生活様式や資源の開発・利用の特色などがおもにとりあげられてきた。

だが、山地を舞台にその生業と生活を展開してきた山民たちは、その生業・生活活動の背後に「山をうしはく」山ノ神の在存を信じ、山ノ神への崇敬と畏怖を軸とする世界観を構成し、山中の奥深くには「異界」のあることを感じてきたと考えられる。その神観念や世界観の特色は、山民文化の中枢をなすものであり、その特色を平野の稲作農耕民のそれと対比して検討することが、次の重要な研究課題だと考えられる。しかし、その問題についての私の考え方の概略は、すでに前著『縄文文化と日本人——日本基層文化の形成と継承』（一九八六）の中で示しており、さらにくわしい検討を加えることは、この小稿の範囲を越えるものである。

その後、筆者は『山の神と日本人——山の神信仰から探る日本の基層文化』（二〇〇六）を上梓し、改めて山ノ神をめぐる諸問題について広い視野から考察を加えた。山ノ神の問題については、同著を参照して頂くとして、本稿は一応ここで筆をおくこととしたい。

（一九八六・一〇・二六初稿・二〇一一年一〇・三〇改定稿）

注

＊1　本稿で引用する『秋山記行』は、鈴木牧之、宮栄二（校注）、『秋山記行・夜職草』（東洋文庫、一八六）、平凡社、一九七一所収のものによる。『秋山記行』の書誌的説明は同書の「解説」を参照されたい。

＊2　この考え方の形成のプロセスとその意義については、さし当り、次の二書『イモと日本人』〔坪井、一九七九〕、『縄文

文化と日本人』〔佐々木、一九八六(a)〕を参照されたい。

＊3　田中・幸田両氏の初期の論考で述べられて以後、ある種の定説として説かれてきた従来の出作り起源の説は、昭和初年に在村した浅野不加之翁の説によったものと思われる。同翁は遺稿「村誌乃原稿」の中で出作り発生の原因を母村(ジゲ)における人口増加と食糧不足に求めている。これに対し、近世経済史に詳しい若林喜三郎氏は、まずその人口増加の条件、とくにこの山村で大きな戸口を維持しえた条件を明らかにすべきだとしている〔若林、一九六二〕。

いずれにしてもジゲにおける人口増加→季節的出作り→永久的出作りという従来の出作り起原論は、戸数の大きな母村の存在を前提とし、その立場からある種の図式論を先験的に適用したにすぎず、母村と関係がなく、山地を舞台に広い範囲で生活を営んでいた山民の生業と生活の実証を伴ったものとは言い難い。山民の多くが、後に母村に家屋をもち定住するようになり、いわゆる永久的出作りから季節的出作りに変化した例の少ないことに、私はとくに注目したいのである。

＊4　文久三年(一八六三)九月、幕府勘定方役人の岡本弥市郎が白山麓の村々を巡検した際、その糺問に対する答申の中で、桑島では農産物は「ひへ(稗)、あわ、蕎麦、かもあし(シコクビエ)」などが主で、作間余業は「男女共両度の蚕飼を第一とし」「男山稼、くわ捧・くらほね・こすき・むろとり」つまり山稼と各種の木材加工を行い、「女者、おろかせうみ、秋ハならノみ、とちくりひろひ、春ハくすねほちり」つまり、イラや麻の糸とりや木の実やワラビあるいはクズなどの塊根の採集を行っていたことを述べている〔白峰村史編集委員会、一九五九〕。

＊5　福田栄治は国立民族学博物館における共同研究でこのアイディアを発表している。

文　献

＊著者自身の文献は後掲「佐々木高明著作目録」に掲載した。

日本語文献

アイヌ文化保存対策協議会（編）、一九七〇『アイヌ民俗誌』、第一法規出版。

青葉　高、一九八一『野菜——在来品種の系譜』、法政大学出版局。

——一九八八「野菜の系譜——地方品種の来た道」、佐々木高明・松山利夫（編）『畑作文化の誕生——縄文農耕論へのアプローチ』、日本放送出版協会。

赤澤　威・南川雅男、一九八九「炭素・窒素同位体に基づく古代人の食生活の復元」、『新しい研究法は考古学になにをもたらしたか』、クバプロ。

秋篠宮文仁（編著）、二〇〇〇『鶏と人——民族生物学の視点から』、小学館。

秋葉　隆、一九三七「オロチョン民具解説——大興安嶺東南部オロチョン族踏査報告（3）」、『民族学研究』、三巻一号。

秋道智彌、一九九〇「狩猟」、大林太良・杉田繁治・秋道智彌（編）『東南アジア・オセアニアにおける諸民族文化のデータベースの作成と分析』、国立民族学博物館。

天野　武、一九七三「白山山麓の焼畑耕作と民具」、『民具マンスリー』、六巻四号。

——一九七三(a)「狩猟」、石川県立郷土資料館『白山麓——民俗資料緊急調査報告書』。

——一九七三(b)「手工諸職（白峰村）」、石川県立郷土資料館『白山麓——民俗資料緊急調査報告書』。

網野善彦、一九八〇『日本中世の民衆像——平民と職人』、岩波書店。

アルセーニエフ・長谷川四郎（訳）、一九六五『デルスウ・ウザーラ——沿海州探検行』（東洋文庫55）、平凡社。

安藤広太郎、一九五一『日本古代稲作史雑考』、地球出版。

石井克己、一九九〇「黒井峯遺跡（群馬県子持村）」、『古墳時代の研究2 集落と豪族居館』、雄山閣出版。

石川県立郷土資料館、一九七三『白山麓』、民俗資料緊急調査報告書、四号。

石川恒太郎（編）、一九六〇『椎葉村史』、椎葉村。

石川日出志、一九九二「関東台地の農耕村落」、『新版古代日本8 関東』、角川書店。

石毛直道、一九七八「ハルマヘラ島・ガレラ族の食生活」、『国立民族学博物館研究報告』、三巻二号。

石毛直道(編)、一九八五『論集　東アジアの食事文化』、平凡社。

石田英一郎、一九五八『日本民族の起源』、平凡社。

――一九六一「永遠の日本人――日本民族文化の起源論によせて」、『石田英一郎全集3』(一九七〇)、筑摩書房。

――一九六三「偉大な未完成――柳田における国学と人類学」、『石田英一郎全集3』(一九七〇)、筑摩書房。

――一九六七「歴史民族学の限界――日本民族文化起源論をめぐって」、『文化人類学ノート(新版)』、ペリカン社(後に『石田英一郎全集4』、筑摩書房、一九七〇に所収)。

――一九六九「日本文化論」、『石田英一郎全集3』(一九七〇)、筑摩書房。

――一九六一「永遠の日本人――日本民族文化の起源論によせて」、『石田英一郎全集3』(一九七〇)。筑摩書房。

――一九六三「偉大な未完成――柳田における国学と人類学」、『石田英一郎全集3』(一九七〇)、筑摩書房。

――一九六九「日本文化論」、『石田英一郎全集3』(一九七〇)、筑摩書房。

石田英一郎(編)、一九六六『シンポジウム　日本国家の起源』、角川書店。

石田英一郎・泉　靖一(編)、一九六八『シンポジウム　日本農耕文化の起源』、角川書店。

石田英一郎・岡　正雄・江上波夫・八幡一郎、一九四九「日本民族＝文化の源流と日本国家の形成」、『民族学研究』、一三巻三号(後に『日本民族の起源』、平凡社、一九五八に所収)。

――一九五八『日本民族の起源――対談と討論』、平凡社。

泉　靖一、一九三七「大興安嶺東南部オロチョン族踏査報告」、『民族学研究』、三巻一号。

今西錦司・吉良竜夫、一九五三「生物地理」、福井英一郎(編)『自然地理Ⅱ(新地理学講座4巻)』、朝倉書店。

今村啓爾、二〇〇一「狩猟採集生活の時代」、『原史東南アジア世界(岩波講座 東南アジア史1)』、岩波書店。

岩田慶治、一九六六『日本文化のふるさと――東南アジアの稲作民族をたずねて』、角川書店。

岩手県立博物館(編)、一九八九『岩手の雑穀――北部北上山地にコメ以前の文化を探る』、(財)岩手県文化振興事業団。

印東道子、一九九九「オセアニアの食物調理法」、中尾佐助・秋道智彌(編)『オーストロネシアの民族生物学』、平凡社。

印南敏秀・神野善治・佐藤賢治・中村ひろ子(編)、二〇〇二『もの・モノ・物の世界――新たな日本文化論』、雄山閣。

上田正昭、一九七六『倭国の世界』（講談社現代新書423）、講談社。

上田正昭・佐々木高明・樋口隆康・上山春平・直木孝次郎（共著）、一九七六『古代史への視点』、朝日新聞社。

上山春平（編）、一九六九『照葉樹林文化――日本文化の深層』、中央公論社。

上山春平・佐々木高明・中尾佐助、一九七六『続・照葉樹林文化――東アジア文化の源流』、中央公論社。

江上波夫、一九六七『騎馬民族国家――日本古代へのアプローチ』（中公新書）、中央公論社。

江口　司、二〇〇八『柳田國男を歩く――肥後・奥日向路の旅』、現代書館。

NHKスペシャル「日本人」プロジェクト（編）、二〇〇一～二〇〇二『日本人はるかな旅』（全五巻）、日本放送出版協会。

エバーハルト・白鳥芳郎（監訳）、一九八七『古代中国の地方文化――華南・華東』、六興出版。

江間三枝子、一九七五『飛騨白川村』、未来社。

江守五夫、一九八六『日本の婚姻――その歴史と民俗』、弘文堂。

――一九九〇『家族の歴史民族学――東アジアと日本』、弘文堂。

大島暁雄、一九七三「五木村の焼畑耕作と用具」、『民具マンスリー』、六巻四号。

大塚柳太郎、一九八四「パプア低地・ギデラ族の栄養と適応」、白石秀夫・鈴木継美（編）『栄養生態学――世界の食と栄養』、恒和出版。

大塚和義、一九八八『草原と樹海の民――中国・モンゴル・草原と大興安嶺の少数民族を訪ねて』、新宿書房。

大林太良、一九六一(a)『日本神話の起源』、角川書店。

――一九六一(b)「フィリピンにおけるタロ芋栽培――フィリピンに塊茎類栽培文化は存在したか？」、『東洋文化研究所紀要』、二二。

――一九七三『稲作の神話』、弘文堂。

――一九七七『邪馬台国――入墨とポンチョと卑弥呼』、中央公論社。

――一九七九「日本民族起源論と岡正雄学説」、岡　正雄（編）『異人その他』、言叢社。

――一九八四『東アジアの王権神話――日本・朝鮮・琉球』、弘文堂。

――一九八六(a)『日本神話の系譜――日本神話の源流をさぐる』、青土社。

――一九八六(b)「歴史民族学（文化史）」、日本民族学会（編）『日本の民族学1964～1983』、弘文堂。

――一九九〇『東と西　海と山――日本の文化領域』、小学館。

――一九九一(a)『北方の民族と文化』、山川出版社。

――一九九一(b)「広域間の移動――大語族の移動」、岡　正雄・江上波夫・井上幸治(編)『民族とは何か』、山川出版社。

――一九九二『正月の来た道――日本と中国の新春行事』、小学館。

――一九九六「日本民族の起源」、ヨーゼフ・クライナー(編)『日本民族学の現在――1980年代から90年代へ』、新曜社。

――一九九九「オーストロネシアの文化複合」、中尾佐助・秋道智彌(編)『オーストロネシアの民族生物学』、平凡社。

大林太良(編)、一九九四『異人その他(岡正雄論文集)』、岩波書店(岩波文庫)。

大林太良・杉田繁治・秋道智彌(編)、一九九〇『東南アジア・オセアニアにおける諸民族文化のデータベースの作成と分析』、国立民族学博物館。

岡　正雄、一九五六「日本民族文化の形成」、『図説日本文化史大系　第1巻』、小学館(後に「異人その他」一九七九に所収)。

――一九五八(a)「二十五年の後に」、石田英一郎・江上波夫・岡　正雄・八幡一郎『日本民族の起源――対談と討論』、平凡社(後に『異人その他』一九七九に所収)。

――一九五八(b)「日本文化の基礎構造」、『日本民俗学大系　第2巻』、平凡社(後に『異人その他』一九七九に収録)。

――一九七九『異人その他――日本民族=文化の源流と日本国家の形成』、言叢社。

奥田　或・岡田　謙・野村陽一郎、一九四一「紅頭嶼ヤミ族の農業」、太平洋協会(編)『大南洋――文化と農業』、河出書房。

尾口村史編纂専門委員会(編)、一九七九、一九八一『石川県尾口村史』、第二巻、第三巻、尾口村役場。

小野重朗、一九七〇『農耕儀礼の研究――南九州における発生と展開』、弘文堂。

笠原安男、一九七九「雑草の歴史」、沼田真(編)『雑草の科学』、研成社。

――一九八〇「埋蔵種子分析による古代農耕の検証」、古文化財編集委員会(編)『考古学・美術史の自然科学的研究』、日本学術振興会。

――一九八二「出土種子からみた縄文・弥生期の稲作」、『歴史公論』、八巻一号。

――一九八三「鳥浜貝塚(第六次発掘)の植物種子の検出と同定について」、鳥浜貝塚研究グループ(編)『鳥浜貝塚――縄文前期を主とする低湿地遺跡の調査3』、福井県教育委員会・若狭歴史博物館。

――一九八四(a)「埋蔵種子分析による古代農耕の検証(2)――菜畑遺跡の作物と雑草の種類および渡来経路」、古文化財編

集委員会（編）『古文化財の自然科学的研究』、同朋舎。

――一九八四（b）「鳥浜貝塚（第七次発掘）の植物種子の検出と同定――とくにアブラナ類とカジノキおよびコウゾの同定」、鳥浜貝塚研究グループ（編）『鳥浜貝塚――縄文前期を主とする低湿地遺跡の調査4』、福井県教育委員会・若狭歴史博物館。

――一九八四（c）「鳥浜貝塚（第六・七次発掘）のアサ種実の同定について」、鳥浜貝塚研究グループ（編）『鳥浜貝塚――縄文前期を主とする低湿地遺跡の調査4』、福井県教育委員会・若狭歴史博物館。

笠原安夫・武田満子、一九七九「岡山県津島遺跡の出土種実の種類同定の研究――日本各地遺跡間の残存種実の比較とそれから見た農耕の伝播と形態の推定」、『農学研究』、五八巻三・四号。

片山一道、二〇〇二『海のモンゴロイド――ポリネシア人の祖先を求めて』、吉川弘文館。

加藤九祚（編）一九八四『日本のシャマニズムとその周辺――日本文化の原像を求めて2』、日本放送出版協会。

加藤定子、一九八九「シベリアの衣服――ナナイ（族）の魚皮衣を中心に」、『古代日本海域の謎Ⅱ――海からみた衣と装いの文化』、新人物往来社。

加藤晋平、一九七八〜一九八〇「北方農耕覚書――縄文農耕・北の視点（⑥⑦⑧⑨）」、『季刊どるめん』、一九・二一・二二・二四・二五号。

――一九八〇「縄文人の動物飼育――とくにイノシシの問題について」、『歴史公論』、六巻五号。

――一九八五『シベリアの先史文化と日本』、六興出版。

――一九八八「シベリアの先史農耕と日本への影響」、佐々木高明・松山利夫（編）『畑作文化の誕生――縄文農耕論へのアプローチ』、日本放送出版協会。

――一九八九「東北アジアの自然と人類史」、三上次男・神田信夫（編）『東北アジアの民族と歴史』、山川出版社。

加藤助参、一九三五「白山々麓に於ける出作の研究」、『京大農業経済論集 第一輯』。

加藤惣吉、一九七三「生産・生業（白峰村）（尾口村）」、石川県立郷土資料館『白山麓――民俗資料緊急調査報告書』。

金関丈夫、一九五五「八重山の古代文化」、『民族学研究』、一九巻二号。

蒲生正男ほか、一九七〇「シンポジウム・岡学説と日本民族＝文化の系統起源論の現段階」、『民族学からみた日本（岡正雄教授古稀記念論文集）』、河出書房新社。

唐津市教育委員会（編）、一九八二『菜畑遺跡――唐津市菜畑字松円寺所在の縄文・弥生時代稲作遺跡の調査』、『菜畑遺跡――唐津市菜畑字松円寺所在の縄文・弥生時代稲作遺跡の調査〈分析・考察編〉』、唐津市教育委員会。

菊地俊彦、一九七六「オホーツク文化に見られる靺鞨・女眞系遺物」、『北方文化研究』、一〇巻。

君島久子（編）、一九八九『日本民間伝承の源流――日本基層文化の探求』、小学館。

金芳漢、一九八五「韓国語と日本語の関係」、馬淵和夫（編）『日本語の起源』、武蔵野書院。

金元龍・西谷 正（訳）、一九八四『韓国考古学概説（増補改訂版）』、六興出版。

金田章裕、一九八五『条里と村落の歴史地理学的研究』、大明堂。

熊谷 治、一九八四『東アジアの民俗と祭儀』、雄山閣出版。

熊倉功夫・杉山公男・榛村純一、一九九九『緑茶文化と日本人』、ぎょうせい。

熊本県教育委員会、一九七四『五家荘の民俗』、熊本県教育委員会。

クライナー、J、一九九六「日本民族学・文化人類学の歴史」、ヨーゼフ・クライナー（編）『日本民族学の現在――1980年代から90年代へ』、新曜社。

クライナー、J（編）、二〇一二『日本民族の源流を探る――柳田國男『後狩詞記』再考』、三弥井書店。

黒潮文化の会（編）、一九七八『黒潮列島の古代文化』、角川書店。

黒田日出男、一九八三「中世農業技術の諸相」、『講座日本技術の社会史1』、日本評論社。

幸田清喜、一九五六「白山の出作り」、『現代地理講座二、山地の地理』、平凡社。

甲元眞之、一九九〇「燕の成立と東北アジア」、田村晃一（編）『東北アジアの考古学』、六興出版。

―――一九九一「東北アジアの初期農耕文化」、横山浩一先生退官記念事業会（編）『横山浩一先生退官記念論文集Ⅱ 日本における初期弥生文化の成立』。

粉河昭平、一九七九「縄文時代の栽培植物」、『考古学と自然科学』、第一二号。

国分直一、一九七〇『日本民族文化の研究』（考古民俗叢書7）、慶友社。

―――一九七六『環シナ海民族文化考』（考古民俗叢書15）、慶友社。

―――一九九二『日本文化の古層――列島の地理的位相と民族文化』、第一書房。

国分直一・佐々木高明（編）、一九七三『南島の古代文化』、毎日新聞社。

後藤　直、一九八二「弥生文化成立期の朝鮮半島」、『歴史公論』、八巻一号。

――一九八四「朝鮮半島における稲作のはじまり」、『考古学ジャーナル』、No.２２８。

古文化財編集委員会（編）、一九八〇『考古学・美術史の自然科学的研究』、日本学術振興会。

――一九八四『古文化財の自然科学的研究』、同朋舎。

小山修三（編）、一九九二『狩猟と漁労――日本文化の源流をさぐる』、雄山閣出版。

阪本寧男、一九八四「雑穀類の系譜」、『歴史公論』、一〇巻六号。

――一九八八『雑穀のきた道――ユーラシア民族植物誌から』、日本放送出版協会。

――一九八九「ユーラシアのアワとキビの系譜」、『文明のクロスロード』、九巻一号。

阪本寧男（編）、一九九一『インド亜大陸の雑穀農牧文化』、学会出版センター。

崎山　理（編）、一九八六『越語資料』、国立民族学博物館。

――一九九〇『日本語の形成』、三省堂。

桜田勝徳、一九七四「美濃徳山村民俗誌」（初版一九五一）、『日本民俗大系　第五巻』、角川書店。

佐々木章、一九八四「焼畑山地土壌のプラント・オパール分析――宮崎県椎葉村向山」、古文化財編集委員会（編）『古文化財の自然科学的研究』、同朋舎。

佐々木史郎、一九八五「トナカイ飼育の歴史」、『民博通信』、三〇号。

――一九九八『おばあちゃんの山里日記』、葦書房。

――一九九一「アムール川流域とサハリンにおける文化類型と文化領域――レーヴィン、チェボクサロフの「経済・文化類型」と「歴史・民族誌的領域」の再検討」、『国立民族学博物館研究報告』一六巻二号。

佐藤洋一郎、一九九二『稲のきた道』、裳華房。

佐藤洋一郎・藤原宏志、一九九二「イネの発祥中心地はどこか――これからの研究にむけて」、『東南アジア研究』、三〇巻一号。

鹿野忠雄、一九四六(a)「インドネシアに於ける雑穀――特に稲粟耕作の先後問題」、『東南亜細亜民族学先史学研究１』、矢島書房。

――一九四六(b)「紅頭嶼ヤミ族の粟に関する農耕儀礼」、『東南亜細亜民族学先史学研究１』、矢島書房。

上海市文物保管委員会、一九七八「オオムギの起源」、『週刊朝日百科世界の植物』、七二号。

白峰村史編集委員会(編)、一九五九『白峰村史』下巻、白峰村役場。

杉本尚次(編)、一九八四『日本のすまいの源流――日本基層文化の探求』、文化出版局。

鈴木牧之・宮　栄二(校注)、一九七一『秋山紀行・夜職草』(東洋文庫186)、平凡社。

住谷一彦、一九七九「岡正雄『古日本の文化層』――或る素描」、岡　正雄『異人その他』、言叢社。

高取正男、一九六〇「古代の山民について」、『史窓』、一六(『民間信仰史の研究』、法蔵館、一九八二に所収)。

高橋隆平、一九四七「大麦品種の分類と地理的分布に関する研究 第15報」、『農学研究』、三九巻。

高橋隆平・山本二郎、一九五一「大麦品種の分類や地理的分布に関する研究 第15報――小穂脱落型と栽培大麦の系統発生」、『農学研究』、三九巻三号。

高橋隆平、一九七七「オオムギの起源」、『週刊朝日百科世界の植物72 文化を生んだ栽培植物』、朝日新聞社。

高橋　護、一九九二「縄文時代の籾痕土器」、『考古学ジャーナル』、№355。

高橋九一、一九七〇「稗つくりの民具」、『民具マンスリー』、三巻九号。

高谷好一、一九八五『東南アジアの自然と土地利用』、勁草書房。

竹井恵美子・小林央往・阪本寧男、一九八一「紀伊山地における雑穀の栽培と利用ならびにアワの特性」、『季刊人類学』、一二巻四号。

武田　明、一九五五『祖谷山民俗誌』、古今書院。

竹村卓二(編)、一九八六『日本民俗社会の形成と発展――イエ・ムラ・ウジの源流をさぐる』、山川出版社。

橘　礼吉、一九七三「住生活(白峰村)」、石川県立郷土資料館『白山麓――民俗資料緊急調査報告書』。

――一九七五「白山麓出作り住居の原型ネブキ小屋について(一)(二)」、『加能民俗研究』、三・四号。

――一九七七『白山麓小原　生活と民具(薙畑慣行の部)』、自家出版。

――一九八二「白山麓の焼畑における雑穀収量――白峰村桑島杉田敏雄家の事例」、『加能民俗研究』、一〇号。

――一九八三「白山麓の焼畑地域における雑穀料理(一)」、『加能民俗研究』、一一号。

――一九八四「白山麓の焼畑地域における雑穀料理(二)――石川県白峰村とその周辺のアワ・カマシ料理」、『加能民俗研究』、一二号。

――一九九五『白山麓の焼畑農耕――その民俗学的生態誌』、白水社。

田中啓爾・幸田清喜、一九二七「白山山麓に於ける出作地帯」、『地理学評論』、三巻四・五号。

田村晃一、一九八九「中国東北地方の歴史と文化――先史・古代」、三上次男・神田信夫（編）『東北アジアの民族と歴史』、山川出版社。

――一九九〇「高句麗の積石塚」、田村晃一（編）『東北アジアの考古学』、六興出版。

千葉徳爾、一九六六『民俗と地域形成』、風間書房。

中国社会科学院考古学研究所（編著）・関野　雄（監訳）、一九八八『新中国の考古学』、平凡社。

塚田松雄、一九七四『花粉は語る――人間と植生の歴史』、岩波講座。

都出比呂志、一九八九『日本農耕社会の成立過程』、岩波書店。

坪井洋文、一九七九『イモと日本人――民俗文化論の課題』、未来社。

――一九八二『稲を選んだ日本人――民俗的思考の世界』、未来社。

――一九八六『民俗再考――多元的世界への視点』、日本エディタースクール出版部。

寺澤　薫、二〇〇〇『王権誕生（日本の歴史２）』、講談社。

トゥコルコク、Ｂ・Ａ・斉藤晨二（訳）、一九八一『トナカイに乗った狩人たち――北方ツングース民族誌』、刀水書房。

外山秀一、二〇〇六『遺跡の環境復原――微地形分析、花粉分析、プラント・オパール分析とその応用』、古今書院。

鳥浜貝塚研究グループ（編）、一九七九『鳥浜貝塚――縄文前期を主とする低湿地遺跡調査１』、福井県教育委員会。

――一九八〇～一九八七『鳥浜貝塚――縄文前期を主とする低湿地遺跡調査２～６』、福井県教育委員会。

直木孝次郎、一九七三『倭国の誕生（日本の歴史１）』、小学館。

中尾佐助、一九六六『栽培植物と農耕の起源』、岩波書店。

――一九六七「農業起原論」、森下正明・吉良竜夫（編）『自然――生態学的研究（今西錦司博士還暦記念論文集１）』、中央公論社。

――一九七二『料理の起源』、日本放送出版協会。

――一九八三「東アジアの農耕とムギ」、佐々木高明（編）『日本農耕文化の源流』、日本放送出版協会。

中尾佐助・秋道智彌（編）、一九九九『オーストロネシアの民族生物学――東南アジアから海の世界へ』、平凡社。

中尾佐助・佐々木高明、一九九二『照葉樹林文化と日本』、くもん出版。

中川原捷洋、一九八五『稲と稲作のふるさと』、古今書院。

中村慎一、一九八六「長江下流域新石器文化の研究――栽培システムの進化を中心に」、『東京大学文学部考古学研究室紀要』、五号。

中村　純、一九六七『花粉分析』、古今書院。

――一九八〇『花粉分析による稲作史の研究』、古文化財編集委員会（編）『考古学・美術史の自然科学的研究』、日本学術振興会。

――一九八二「花粉分析からみた縄文から弥生」、『歴史公論』、八巻一号。

――一九八四「古代農耕とくに稲作の花粉分析学的研究」、古文化財編集委員会（編）『古文化財の自然科学的研究』、同朋舎。

名久井芳枝、一九八六、『実測図のすすめ』、一芦舎。

那須孝梯、一九八一「縄文人は栽培ソバを食べた？」、『科学朝日』、四一巻六号。

西田龍雄、一九七八「チベット・ビルマ語と日本語」、『岩波講座 日本語12』、岩波書店。

――一九八〇「チベット語・ビルマ語と日本語」、大野晋（編）『日本語の系統』（現代のエスプリ別冊）。

西田正規、一九八〇「縄文時代の食糧資源と生業活動――鳥浜貝塚の自然遺物を中心として」、『季刊人類学』、一一巻三号。

――一九八一「縄文時代の人間・植物関係――食糧生産の出現過程」、『国立民族学博物館報告』、六巻二号。

新田栄治、一九九五「東南アジアの農耕の起源」、梅原 猛・安田喜憲（編）『農耕と文化（講座 文明と環境 第3巻）』、朝倉書店。

日本考古学協会（編）、一九六一『日本農耕文化の生成』。

野本寛一、二〇〇四『山地母源論1――日向山峡のムラから』、岩田書院。

萩原眞子、一九八九「アムール川・沿海州地域の人・生活・衣服」、森 浩一（編）『古代日本海域の謎Ⅱ――海からみた衣と装いの文化』、新人物往来社。

――一九八九「民族と文化の系譜」、三上次男・神田信夫（編）『東北アジアの民族と歴史』、山川出版社。

橋本征治、二〇〇二『海を渡ったタロイモ――オセアニア・南西諸島の農耕文化論』、関西大学出版部。

橋本萬太郎、一九七八『言語類型地理論』、弘文堂。

――一九八三「ことばと民族」、橋本萬太郎(編)『漢民族と中国社会(民族の世界史5)』、山川出版社。

橋本萬太郎・鈴木秀夫、一九八三「漢字文化圏の形成」、橋本萬太郎(編)『漢民族と中国社会(民族の世界史5)』、山川出版社。

畑井 弘、一九八一『律令・荘園体制と農民の研究――焼畑・林田農業と家地経営』、吉川弘文館。

埴原和郎(編)、一九九三『日本人と日本文化の形成』、朝倉書店。

早川孝太郎、一九七七「花祭(後篇)」、『早川孝太郎全集 第二巻』、未来社。

原田信男、一九八五「日本中世における肉食について――米社会との関連から」、石毛直道(編)『東アジアの食事文化』、平凡社。

――二〇〇五「日本の田畑と焼畑について」、『季刊東北学――特集〈稲作以前〉再考』、二期二号。

春成秀爾、一九九〇『弥生文化の始まり』、東京大学出版会。

――一九九五「熊祭りの起源」、『国立歴史民俗博物館研究報告』、60。

樋口清之、一九七五「古墳文化と大和政権」、林屋辰三郎ほか(編)『歴史の視点』、日本放送出版協会。

樋口隆康、一九七一『日本人はどこから来たか』、講談社。

広瀬和雄、一九九一「耕地と灌漑」、『古墳時代の研究4』、雄山閣出版。

福井勝義、一九七四『焼畑のむら』、朝日新聞社。

福田アジオ、一九八八「近世初期山村一揆論――北山・椎葉山・祖谷山」、『国立歴史民俗博物館研究報告』、18。

――二〇一二「世界民俗学構想と遠野物語」、『歴史と民俗:神奈川大学日本常民研究所論文集』、28。

福本雅一、一九七八「臨海水土志訳注稿」、国分直一(編)『論集・海上の道』、大和書房。

藤 則雄、一九八四「過去二万年における沖積低地の古環境変遷」、古文化財編集委員会(編)『古文化財の自然科学的研究』、同朋舎。

藤井知昭(編)、一九八五『日本音楽と芸能の源流――日本文化の原像を求めて3』、日本放送出版協会。

藤下典之、一九八四「出土遺物よりみたウリ科植物の種類と変遷とその利用法」、古文化財編集委員会(編)『古文化財の自然科学的研究』、同朋舎。

藤原宏志、一九八二「プラント・オパールからみた縄文から弥生――縄文晩期から弥生初期における稲作の実証的研究」、『歴史公論』、八巻一号。

藤原宏志・松谷暁子・梅本光一郎・佐々木章、一九八〇「プラント・オパール分析法及び灰像法による古代植物遺物の研究」、古文化財編集委員会（編）『考古学・美術史の自然科学的研究』、日本学術振興会。

古野清人、一九七二『高砂族の祭儀生活』、『古野清人全集 第一巻』、三一書房。

文化庁文化財保護部（編）、一九九五『北上山地の畑作習俗』（無形の民俗文化財記録第三八集）、国土地理協会。

文物編集委員会（編）、関野　雄（監訳）、一九八一『中国考古学三十年』、平凡社。

堀田　満、一九八三「イモ型有用植物の起源と系統——東アジアを中心に」、佐々木高明（編）『日本農耕文化の源流』、日本放送出版協会。

堀田吉雄、一九八〇『山の神信仰の研究』（増補・改訂版）、光書房。

前川文夫、一九七三『日本人と植物』、岩波書店。

前田保夫、一九八〇『縄文の海と森——完新世前期の自然史』、蒼樹書房。

松谷暁子、一九八一「長野県大石遺跡で出土したタール状炭化種の同定について」、『長野県中央道埋蔵文化財包蔵地発掘調査報告書』。

——一九八四「走査電顕像による炭化種実の識別」、古文化財編集委員会（編）『古文化財の自然科学的研究』、同朋舎。

——一九八八「ソ連ポリツェ文化出土の炭化粒」、佐々木高明・松山利夫（編）『畑作文化の誕生——縄文農耕論へのアプローチ』、日本放送出版協会。

松永満夫、一九七七「大石遺跡アワ類似炭化種子」、『季刊どるめん』、一三号。

松本　豪、一九七七「大石遺跡で発見された炭化種子について」、『季刊どるめん』、一三号。

松本信広、一九七一『日本神話の研究』（東洋文庫１８０）、平凡社。

——一九七八～七九『日本民族文化の起源』（全三冊）、講談社。

松山利夫、一九七二「トチノミとドングリ——堅果類の加工法に関する事例研究」、『季刊人類学』、三巻二号。

——一九七三「コライとタコトワン——ルカイ族のサトイモ加工法」、『季刊人類学』、四巻二号。

——一九七七「野生堅果類、とくにトチノミとドングリ類のアク抜き技術とその分布」、『国立民族学博物館研究報告』、二巻三号。

——一九八二『木の実』、法政大学出版局。

――一九八六『山村の文化地理学的研究――日本における山村文化の生態と地域構造』、古今書院。

馬淵東一、一九七四(a)「ブヌン族に於ける獣肉の分配と贈与」、『馬淵東一著作集第一巻』、社会思想社。

――一九七四(b)「中部台湾および東南アジアにおける呪術的・宗教的土地所有権」、『馬淵東一著作集第二巻』、社会思想社。

――一九七四(c)「粟をめぐる高砂族の農耕儀礼」、『馬淵東一著作集第三巻』、社会思想社。

三上次男、一九六六『古代東北アジア史研究(東北アジア史研究2)』、吉川弘文館。

三品彰英、一九七〇～七四『三品彰英論文集 一～六巻』、平凡社。

宮本常一、一九六八『山に生きる人びと(日本民衆史2)』、未来社。

――一九七四『越前石徹白民俗誌』(初版一九二四)、『日本民俗誌大系 第七巻』、角川書店。

民族文化映像研究所(編)、一九八六『西米良の焼畑』、西米良村教育委員会。

村上恭道、一九八七「東北アジアの初期鉄器時代」、『古代文化』、三九巻九号。

村松一弥(編訳)、一九七四『苗族民話集』、平凡社。

文部省科学研究費特定研究「古文化財」総括班、一九八二『シンポジウム縄文農耕の実証性』。

安田喜憲、一九七九「花粉分析」、鳥浜貝塚研究グループ(編)『鳥浜貝塚――縄文前期を主とする低湿地遺跡の調査1』、福井県教育委員会。

――一九八〇『環境考古学事始――日本列島二万年』、日本放送出版協会。

――一九八三「堆積物の各種分析からみた最終氷期以降の気候変動」、吉野正敏(編)『気象研究ノート』一四七号(「日本とその周辺の古気候復元」)、四七～六〇。

――一九八五「環日本海文化の変遷――花粉分析学の視点から」、『国立民族学博物館研究報告』第九巻四号。

――一九八八「縄文時代の環境と生業――花粉分析の結果から」、佐々木高明・松山利夫(編)『畑作文化の誕生――縄文農耕論へのアプローチ』、日本放送出版協会。

安本美典、一九八五『日本語の起源を探る』、ＰＨＰ研究所。

柳田國男、一九〇九『後狩詞記――日向国奈須の山村に於て今も行われる猪狩の故実』(『定本 柳田國男集 第二七巻』、一九六四、筑摩書房に所収)。

――一九三四『民間伝承論』。

――――一九五二「海上への道」(一)、(二)、(三)、『心』、五巻一〇～一二号、平凡社。

――――一九五九『故郷七十年』、のぢぎく文庫(『定本柳田國男集別巻三』、一九六四に所収)。

――――一九六一『海上への道』、筑摩書房(『定本柳田國男集第一巻』、一九六三に所収)。

――――一九六二「稗の未来」『定本柳田國男集第一四巻』、未来社。

柳田國男・安藤広太郎・盛永俊太郎、一九六九『稲の日本史　上・下』(復刻)、筑摩書房。

藪田嘉一郎、一九六八「白水郷考」、金関丈夫博士古希記念委員会(編)『日本民族と南方文化』、平凡社。

山口英男、一九九二「農耕生活と馬の飼育」、『新版古代日本8関東』、角川書店。

山口裕文・河瀬眞琴(編著)、二〇〇三『雑穀の自然史――その起源と文化を求めて』、北海道大学図書刊行会。

山口弥一郎、一九七三「東北地方の稗」『山口弥一郎選集第七巻』、世界文庫。

――――一九七四「二戸覚書」(初版:一九四三)、『日本民俗誌大系第九巻』、角川書店。

山崎純男、二〇〇七「弥生文化の開始――北部九州を中心に」、広瀬和雄(編)『弥生時代はどう変わるか』、学生社。

山田隆治、一九六九『ムンダ族の農耕文化複合』、風間書房。

山田亀太郎・ハルエ(述)、志村俊司(編)、一九八三『山と猟師と焼畑の谷――秋山郷に生きた猟師の詩』、白日社。

山田悟郎、一九九二「古代のソバ」、『考古学ジャーナル』、No.３５５。

山田悟郎・椿坂恭代、一九九五「大陸から伝播してきた栽培植物」、北海道開拓記念館(編)『北の歴史・文化交流事業・研究報告』、北海道開拓記念館。

吉崎昌一、一九九二「古代雑穀の検出――考古植物学的調査の展開」、『考古学ジャーナル』、No.３５５。

――――一九九五「日本における栽培植物の出現」、『季刊考古学』、五〇号。

――――一九九七「縄文時代の栽培植物」、『第四紀研究』、三六巻五号。

吉田集而、一九九〇「地炉石焼」、大林太良・杉田繁治・秋道智彌(編)『東南アジア・オセアニアにおける諸民族文化のデータベースの作成と分析』、国立民族学博物館。

――――一九九九「発酵パン果の謎」、中尾佐助・秋道智彌(編)『オーストロネシアの民族生物学』、平凡社。

吉田集而・堀田　満・印東道子(編)、二〇〇三『イモとヒト――人類の生存を支えた根栽農耕』、平凡社。

吉野正敏(編)、一九八三、「日本とその周辺の古気候復元」、『気象研究ノート』一四七号。

立命館大学探検部バタン諸島学術調査隊（編著）、一九七一『バタン島の自然と文化――その調査と記録』、立命館大学探検部。

劉茂源（編）、一九九六『ヒト・モノ・コトバの人類学』、慶友社。

レーヴィン（著）、香山陽坪（訳）、一九六〇「北シベリアおよび極東におけるソヴェートの民族誌的研究」、『民族学研究』、二四巻一・二号。

若林喜三郎、一九六二「村民のはたらき」、白峰村史編集委員会（編）『白峰村史』上巻。

渡辺　誠、一九八四「編布の歴史」、『染織』、四五号。

渡部忠世、一九七〇「タイにおける〝モチ稲栽培圏の〟成立」、『季刊人類学』、一巻二号。

――一九七七『稲の道』、日本放送出版協会。

――一九八三『アジア稲作の系譜――蓬莱米と在来米』、法政大学出版局。

渡部忠世・生田　滋（編）、一九八四『南島の稲作文化――与那国島を中心に』、法政大学出版局。

外国語文献

雲南省歴史研究所、一九八〇『雲南少数民族』。

董学増、一九八三「試論吉林地区西団山文化」、『考古学報』、一九八三年第四期。

郭大順・馬沙、一九八五「以遼河流域為中心的新石器文化」、『考古学報』、一九八五年第四期。

河北省文物管理処・邯鄲市文物保管所、一九八一「河北武安磁山遺址」、『考古学報』、一九八一年第三期。

呉錦吉、一九八二「江南幾何印文陶〝文化〟応是古代越人的文化」、百越民族史研究会（編）『百越民族史論集』、中国社会科学出版社。

江西省歴史博物館・貴渓県文化館、一九八〇「江西貴渓崖墓発掘簡報」、『文物』、一九八〇年第一一期。

黒龍江省文物考古工作隊、一九七九「密山県新開流遺址」、『考古学報』、一九七九年第四期。

――一九八〇「黒龍江肇源白金宝遺址第一次発掘」、『考古』、一九八〇年第四期。

――一九八一「黒龍江寧安県鶯歌嶺遺址」、『考古』、一九八一年第六期。

瀋陽市文物管理弁公室、一九七八「瀋陽新楽遺跡試掘報告」、『考古学報』、一九七八年第四期。

瀋陽市文物管理弁公室・瀋陽故宮博物館、一九八五「瀋陽新楽遺址第二次発掘報告」、『考古学報』、一九八五年第二期。

浙江省文物管理委員会、一九六〇「呉興銭山漾遺址　第一、二次発掘報告」、『考古学報』、一九六〇年第二期。
張泰湘、一九八六「黒龍江省的原始社会考古学研究」、『史前研究』、一九八六年第一期。
中国社会科学院考古研究所内蒙古工作隊、一九八五「内蒙古敖漢旗興隆窪遺址発掘簡報」、『考古』、一九八五年第一〇期。
中国社会科学院考古学研究所(編)、一九九一『中国考古学中碳十四年代数据集、1965~1991』、文物出版社。
中国植被編輯委員会(編著)、一九八〇『中国植被』、科学出版社。
斐安平、一九八九「彭頭山文化的稲作遺存与中国史前稲作農業」、『農業考古』、一九八九年第二期。
福建省博物館、一九七六「閩侯曇石山遺址第六次発掘報告」、『考古学報』、一九七六年第一期。
福建省博物館・崇安県文化館、一九八〇「福建崇安武夷山白岩崖洞墓清理簡報」、『文物』、一九八〇年第六期。
文物編輯委員会(編)、一九九〇『文物考古工作十年　一九七九~一九八九』、文物出版社。
李紹達、一九八〇「関干磁山・斐李崗文化的幾箇問題——従莪溝北崗遺址縁起」、『文物』、一九八〇年第五期。
李友謀・薛文灿、一九九二『斐李崗文化』、中州古籍出版社。
遼寧省文物考古研究所、一九八六「遼寧牛河梁紅山文化〝女神廟〟与積石塚群発掘簡報」、『文物』、一九八六年第八期。

Artschwager, E. and Brandes, E. W. 1958. Sugarcane: origin, classification, characteristics and description of representative clones, *USDA, Agr, Handb.* No.122.
Barrau, J. 1958. Subsistence Agriculture in Melanesia. Bernice P. *Bishop Museum, Bulletin*, 219.
Bayard, D. T., 1970. Excavation at Non Nok Tha, Northeastern Thailand, 1968: An Interim Report. *Asian Perspectives*, XIII.
Bernatzik, H. A., 1947. *Akha und Meau: Probleme der angewandten Völkerkunde in Hinterindien*, Wagner'sche Univ.-Buchdruckerei.
Black, L., 1973. The Nivkh (Gilyark) of Sakhalin and Lower Amur. *Arctic Anthrop.* X-1.
Burkill, I. H. 1935. *A Dictionary of the Economic Products of the Malay Peninsula, I. II.* Crown Agents for Colonies.
Clark, J. G. D., 1952. *Prehistoric Europe: The Economic Basics.* Cambridge University Press.
———, 1972. Star Carr: a case study in Bioarchaeology. *An Addison Wesley Module in Anthropology* 10.
Conklin, H. C. 1957. *Hanunóo Agriculture: A Report on an Integral System of Shifting Cultivation on Philippines.* F.A.O.
———, 1980. *Ethnographic Atlas of Ifugao: A Study of Environment, Culture and Society in Northern Luzon.* Yale University

Press.

Darby, H. C., 1956. The Clearing of the Woodland in Europe. In *Man's Role in Changing the Face of the Earth*, W. Thomas (ed.). The University of Chicago Press.

Eberhard, W., 1968. *The Local Cultures of South and East China*. E. J. Brill.

———, 1977 (1st ed. 1955). *A History of China* (revised edition). University of California Press.

Freeman, J. D., 1955. *Iban Agriculture: A Report on the Shifting Cultivation of Hill Rice by the Iban of Sarawak*. Her Majesty's Stationery Office.

Fürer-Haimendorf, Ch. 1938. Through Unexplored Mountains of the Assam-Burma Border. *Geogr. Journ.* 91.

Geddes, W. R., 1954. *The Land Dayaks of Sarawak: A Report on Social Economic Survey of the Land Dayaks of Sarawak*. Her Majesty's Stationery Office.

Harlan, J., 1972. Agricultural Origins: Centers and Noncenters. *Science* 174.

———, 1975. *Crops and Man*. American Society of Agronomy and Crop Science Society of America.

Harlan, J., Dewet, J., and Stemler, A. (ed.), 1976. *Origins of AfricanPlant Domestication*. Mouton Publishers.

Heine-Geldern, R., 1923. Südostasien. In, Buschan, G. (hrg.), *Illustrierte Völkerkunde, II. Erster Teil*. Strecker und Schröder.

Hutton, J. H. 1968 (1st published 1921). *Sema Naga*. Bombay, Oxford Press.

Ishige, N., 1980., *The Galela of Halmahera* (*Senri Ethnological Studies No. 7*). National Museum of Ethnology, Osaka.

Izikowitz, K. G., 1951. *Lamet: Hill Peasants in French Indochina*. Ethnografiska Museet, Göteborg.

Kauffman, H.-E., 1934. Landwirtschaft beiden Bergvölkern von Assam und Nord-Burma, *Zeit. F. Ethnologie* 66.

Koyama, S., 1978. Jomon Subsistence and Population. *Senri Ethnological Studies*, No. 2.

Kroeber, A. L., 1938. *Cultural and Natural Areas of Native North America*. University of California Publication in American Archaeology and Ethnology, Vol. 38, University of California Press.

———, 1939. *Cultural and Natural Areas in Native North America*, University of Calif. Press.

Kruyt, N. A. and Kruyt, A. C., 1970. *The Baré Speaking Tradja of Central Celebes* (*Easten Tradja*), 3rd Volume. J. K. Moulton, Trans., New Heaven, Human Relation Area.

Kunstadter, P., 1978. Subsistence Agricultural Economies of Luá and Karen Hill Farmers, Mae Sariang District Northwestern Thailand. In *Farmers in the Forest: Economic Development and Marginal Agriculture in Northern Thailand*. P.

Kunstadter, E., Chapman, C. and Sabhasri, S. (eds.), The University Press of Hawaii.
Laboratory of Quaternary Palynology and Laboratory of Radiocarbon. Kweiyang Institute of Geochemistry, Academia Sinica, 1978, Development of Natural Environment in the Southern Part of Liaoning Province during the Last 10,000 Years, *Scientia Sinica*, XXI(4) : 516-532.
Levin, M. G. and Potapov, L. P. (ed.), 1956. *The Peoples of Siberia.* University of Chicago Press.
Mills, J. P., 1937. *Rengma Naga.* Bombay, Oxford University Press.
Murdock, G. P., 1959. *Africa, its Peoples and Their Culture History.* McGraw Hill.
———, 1968. The Current Status of the World's Hunting and Gathering Peoples. In Lee, R. B. and Devore, I. (eds.), *Man the Hunter.* Aldine Publishing Co.
Obayashi, T., 1991. The Ethnological Study of Japan's Ethnic Cultures: A Historical Survey. *Acta Asiatica*, 61.
Rahmann, R., 1952. The Ritual Spring Hunt of Northeastern and Middle India. *Anthropos* 47, 871-890.
Sakamoto, S., 1987. Origin and Dispersal of Common Millet and Foxtail Millet. *JARQ*, Vol.21.
Sauer, C. O., 1952. *Agricultural Origins and Dispersals.* The American Geographical Society.
———, 1956. The Agency of Man on the Earth. In, Thomas, W. (ed.), *Man's Role in Changing the Face of the Earth*, The University of Chicago Press.
Schlippe, P., 1956. *Shifting Cultivation in Africa: The Zande System of Agriculture.* Routledge & Kegan Paul.
Shebalina, M. A. and Sazonova, L. V., 1985. *Root Crops: Brassicaceae Family - Turnip, Fodder Turnip, Swede, Radish.* Agropromizdat.
Simmonds, N. W., 1959. *Bananas.* Longmans.
Takahashi, R. 1955. The Origin and Evolution of Cultivated Barley. *Advance in Genetics* 5.
Werth, E., 1954, *Grabstock Hacke und Pflug : Versuch einer Entstehungsgeschichte des Landbaues*, Eugen Ulmer.
Yen, D. E., 1972. *Origin of Oceanic Agriculture.* Archaeology and Physical Anthropology in Oceania.
Yoshida, S., 1980. Cultivated Bananas among the Galela. In, Ishige, N. (ed.), *The Galela of Halmahera (Senri Ethnological Studies No. 7)*. National Museum of Ethnology, Osaka.

佐々木高明著作目録

一九五三　（論文）「北米乾燥地域に於ける原始農耕生活――特にホピ族の場合」、『人文地理』、五巻一号、二五～四一頁。
一九五四　（所収）「南アメリカ」、『世界地理民族誌』、姫岡　務・藤岡謙二郎（編）、朝倉書店、二四六～二六一頁。
一九五七　（論文）「南米における焼畑農業についての二、三の考察」、『人文地理』、九巻三号、一～二三頁。
一九五八　（所収）「林業村における社会生活の変容――高見村杉谷部落の場合」、『河谷の歴史地理』、藤岡謙二郎（編）、蘭書房、二四九～二六〇頁。
一九五九　(a)（所収）「ラテンアメリカ（アメリカの集落）」、『世界の集落（集落地理講座４）』、木内信蔵・藤岡謙二郎・矢嶋仁吉（編）、朝倉書店、三五三～三九三頁。
(b)（論文）「中部アンデスにおける村落共同体の地理的意義」、『史林』、四二巻一号、五一～七八頁。
(c)（論文）「北但馬山地における焼畑農業経営とその変容過程」、『地理学評論』、三二巻一〇号、一～一三頁。
一九六一　（論文）「焼畑におけるイモ栽培についての覚書」、『人文』、第七集、四〇～七七頁。
一九六二　(a)（所収）「西アフリカ」、『アフリカ（新世界地理９）』、織田武雄（編）、朝倉書店、一九〇～二二八頁。
(b)（論文）「南九州山村の焼畑農業経営 上――焼畑経営隔絶山村の地理的分析・その１」、『立命館文学』、二一〇号、二四～四〇頁。
一九六三　(a)（所収）「熱帯農業――焼畑と水田」、『産業地理学の諸問題（上）』、山口平四郎（編）、柳原書店、一七～四九頁。
(b)（論文）「南九州山村の焼畑農業経営 下――焼畑経営隔絶山村の地理的分析・その１」、『立命館文学』、二一一号、四一～七〇頁。
一九六四　(a)（所収）「村落社会――村落を構成する社会集団とその機能」、『離島の人文地理』、藤岡謙二郎（編）、大明堂、二一七～二五〇頁。
(b)（論文）「南九州の山村社会の構造とその変化――焼畑経営隔絶山村の地理的分析・その２」、『立命館文学』、二三三号、五九〜八九頁。

一九六五（a）（所収）「近郊農業の衰退」（坂本英夫と共著）、『大都市近郊の変貌』、京都大学地理学教室（編）、柳原書店、三〜四九頁。

（b）（所収）「アメリカにおける民族地理的研究の発達――文化領域理論の発達を中心に」、『民族地理（上）』、今西錦司・姫岡　務・藤岡謙二郎・馬淵東一（編）、朝倉書店、一八〜三〇頁。

（c）（論文）「焼畑農業の研究とその課題」、『人文地理』、一七巻六号、六六〜九二頁。

（d）（論文）「焼畑農耕民の村落の形態と構造」、『人文学報』、二一号、七九〜一二八頁。

（e）（論文）「民族分布のエコロジー」、『海外事情』、一二巻一〇号、六二〜七〇頁。

（f）（論文）「パーリア族の焼畑耕地とその造成技術――インド半島北部の焼畑農耕民の農業技術に関する調査報告・その1」、『民族学研究』、三〇巻一号、一五〜三七頁。

一九六六（a）（所収）「焼畑農業の研究とその課程――焼畑の地域地理学への一試論」、『文化人類学』、蒲生正雄・大林太良・村武精一（編）、角川書店、一六三〜一八九頁。

（b）（所収）「東南アジアの焼畑の輪栽様式と人口支持力――東南アジアの焼畑の作物構成と生産力に関する生態学的試論」、『人間――人類学的研究（今西錦司博士還暦記念論文集）』、川喜田二郎・梅棹忠夫・上山春平（編）、中央公論社、三九一〜四二一頁。

（c）（論文）「わが国における焼畑の地域的分布　上」、『立命館文学』、二五三号、一〜四八頁。

（d）（論文）「パーリア族の焼畑作物とその栽培技術――インド半島北部の焼畑農耕民の農業技術に関する調査報告・その2」、『民族学研究』、三一巻二号、八三〜一〇六頁。

（e）（論文）「わが国における焼畑の地域的分布　下」、『立命館文学』、二五六号、三四〜七六頁。

一九六七　（論文）「パーリア族の精霊（ゴサイン）と焼畑農耕儀礼――インド未開焼畑農耕民のカミとその供犠についての調査報告」、『立命館文学』、二六五号、四七七〜五三四頁。

一九六八（a）（単著）『インド高原の未開人――パーリア族調査の記録』、古今書院、二四〇頁。

（b）（論文）「わが国の焼畑作物とその輪作形態　上」、『立命館文学』、二七四号、一二〜四四頁。

一九七〇

(c)(論文)「わが国の焼畑作物とその輪作形態　下」、『立命館文学』、二七五号、四一～七〇頁。
(d)(論文)「わが国の焼畑経営方式の地域的類型　上」、『史林』、五一巻四号、九一～一三八頁。
(e)(論文)「わが国の焼畑経営方式の特色――とくにその経営技術の分析を中心として」、『立命館文学』、二七八号、一～四〇頁。
(f)(論文)「わが国の焼畑経営方式の地域的類型　下」、『史林』、五一巻五号、七八～一二九頁。

一九七〇

(a)(単著)『熱帯の焼畑――その文化地理学的比較研究』、古今書院、四一二頁。
(b)(論文)「シコクビエと早乙女――田植の起源についての一仮説」、『季刊人類学』、一巻一号、四二～七三頁。
(c)(論文)「バタン島のヤム芋栽培・その技術と儀礼――立命館大学バタン諸島学術調査報告の中から」、『立命館文学』、三〇五号、四四～七〇頁。
(d)(論文)「中部ネパールの民家と生活」、『都市住宅』、三一号、七四～七七頁。

一九七一

(a)(単著)『稲作以前(NHKブックス147)』、日本放送出版協会、三一六頁。
(b)(編著)『バタン島の自然と文化――その調査の記録』、立命館大学探検部フィリピン・バタン諸島学術調査隊、立命館大学探検部、一二四五頁。
(c)(共著)『日本人のこころ――文化未来学への試み』、梅棹忠夫・加藤秀俊・小松左京・米山俊直(共著)、朝日新聞社、一二一七頁。
(d)(所収)「日本の基層文化」、『日本総論(日本の文化地理18)』、木内信蔵(編)、講談社、七二～八七頁。
(e)(所収)「対馬の焼畑――わが国のムギ作型焼畑の特色とその系統についての覚書」、『織田武雄先生退官記念 人文地理学論叢』、織田武雄先生退官記念事業会(編)、柳原書店、一二二五～一二三八頁。
(f)(所収)「中部ネパールの民家と生活」、『住まいの原型I』、泉　靖一(編)、鹿島出版会、二七七～二八九頁。
(g)(論文)「バタン島の民家と生活――その歴史的変遷をめぐって」、『都市住宅』、四〇号、七一～七六頁。

一九七二

(a)(単著)『日本の焼畑――その地域的比較研究』、古今書院、四五七頁。
(b)(論文)「文化地理学と境界領域研究――一つの素描的考察」、『地理』、一七巻一号、六三～七〇頁。
(c)(論文)Socio-Economic Structure and the Custom of Stubble Grazing in Farm Village in Central Nepal. In, R. L.

Singh (ed.), *Rural Settlements in Monsoon Asia: Proceedings of IGU Symposia*. Varanasi and Tokyo. The National Geographicl Society of India, pp.129–140.

（d）（論文）「文化としての食物と食事――人間にとっての食事とは何か」、『アジア文化』、九巻一号、五二～六〇頁。

（e）（論文）「日本人による戦後の東南アジア・南アジアの探検と調査」（松原正毅と共著）、『探検と冒険（朝日講座2）』、朝日新聞社、二三六～二六八頁。

一九七三（a）（共編）『目でみる人類学』、京都大学人類学研究会（編・代表）、ナカニシヤ出版、一六〇＋十三頁。

（b）（共編）『南島の古代文化』、国分直一（共編）、毎日新聞社、二〇七頁。

（c）（共著）「バタン島の民家と生活――その歴史的変遷をめぐって」、『住まいの原型Ⅱ』、吉阪隆正ほか（共著）、鹿島出版会、一二四～一四一頁。

（d）（所収）「木の実の食事文化」、『世界の食事文化』、石毛直道（編）、ドメス出版、六〇～八一頁。

（e）（論文）「沖縄本島における伝統的焼畑農耕技術――その特色原型の探求」、『人類科学』、二五号、七九～一〇七頁。

（f）（論文）「モチとイモと照葉樹林文化と」、『総合講座 日本の社会文化史』、月報1、講談社、三～六頁。

一九七四（a）（共著）『学研の図鑑・日本の地理Ⅰ自然とくらし』、鈴木泰二・浮田典良（共著）、学習研究社、一六〇頁。

（b）（共著）『風と流れと――暮らしの中世と現代』、林屋辰三郎ほか（編）、朝日新聞社、三一〇頁。

（c）（論文）「世界を描く――地図・空間描写の実像と虚像〔グラフィック・コミュニケーションの系譜（3）〕」、『グラフィケーション（富士ゼロックス）』、九三号、二一～二五頁。

一九七五（a）（論文）「稲作以前――日本農耕文化の原点を探る」、『続・日本古代史の謎』、上田正昭ほか（共著）、朝日新聞社、七～四八頁。

（b）（所収）「二つのバタン島漂流記――鎖国下における通航の記録とその民族誌的意義」、『地域と交通』、山口平四郎先生定年記念事業会（編）、大明堂、三〇五～三三五頁。

一九七六（a）（共著）『続・照葉樹林文化――東アジア文化の源流』、上山春平・中尾佐助（共著）、中央公論社（中公新書438）、二三八頁。

(b)(共著)『古代史への視点(朝日ゼミナール)』、上田正昭・樋口隆康・上山春平・直木孝次郎(共著)、朝日新聞社、三三三九頁。
(c)(編著)『インド・ヒマラヤ(民族探検の旅3)』、梅棹忠夫(監修)(編著)、学習研究社、一五五頁。
(d)(所収)「南島における畑作農耕技術の伝統――その特色と原型の探求」、『沖縄――自然・文化・社会』、九学会連合沖縄調査委員会(編)、弘文堂、二五～四〇頁。
(e)(所収)「東部山間の村々」(森島充子と共著)、『近世の歴史と景観(宇治市史3)』、林屋辰三郎・藤岡謙二郎(編)、宇治市役所、二七三～三九三頁。
(f)(論文)「ルカイ族の焼畑農業――その技術と儀礼についての調査報告」(深野康久と共著)、『国立民族学博物館研究報告』、一巻一号、三二一～三二五頁。

一九七八
(a)(編著)『ベルリン世界民族博物館(世界の博物館12)』、講談社、一七八頁。
(b)(所収)「モラウニの慣行とその背景――中部ネパールの水田村における農業経営と刈跡放牧慣行・その事例研究」、『探検・地理・民族誌(今西錦司博士古稀記念論文集3)』、加藤泰安・中尾佐助・梅棹忠夫(編)、中央公論社、三五一～四〇八頁。
(c)(所収)「『李朝実録』所載の漂流記にみる沖縄の農耕技術と食事文化」、『歴史地理研究と都市研究(上)』、藤岡謙二郎先生退官記念事業会(編)、大明堂、四一四～四二三頁。
(d)(所収)「地図と歴史と環境認識の変遷」、『環境と文化――人類学的考察』、石毛直道(編)、日本放送出版協会、二三八～二七六頁。
(e)(論文)「新粟のチマキと豊猟の占い――ルカイ族・パイワン族のアワ祭り抄」、『国立民族学博物館研究報告』、三巻二号、二一九～二五八頁。

一九七九
(a)(所収)「尾口村の第一次産業　焼畑・出作りと焼畑経営の技術」、『石川県尾口村史(資料編・第二巻)』、尾口村史編纂専門委員会(編)、一五三～二〇一頁。
(b)(論文)「ハルマヘラ島北部、ガレラ族の焼畑耕地とその土地利用」、『季刊人類学』、一〇巻四号、三一～四四頁。

一九八〇
(a)(編著)『東南アジア　カラー百科　目でみる世界の国164』、TBSブリタニカ、一九〇頁。

(b)（所収）「アマボシ考——白山麓のヒエ穂の火力乾燥法」、『日本民俗風土論』、千葉徳爾（編）、弘文堂、三五五〜三九〇頁。
(c)（所収）「ハルマヘラ島北部、ガレラ族の焼畑作物——作物構成の特色とその歴史的性格」、『日本民族文化とその周辺　歴史・民族編』、国分直一博士古稀記念論集編纂委員会（編）、新日本図書、七二六〜七五六頁。
(d)（所収）Agriculture. In Ishige, N.(ed.), *The Galela of Halmahera: A Preliminary Survey*(*Senri Ethnological Studies No. 7*), pp. 141-180.

一九八一
(a)（共著）『新・日本語考——ルーツと周辺』、大野　晋・森　浩一・江上波夫・吉田敦彦（共著）、朝日新聞社、二一八頁。
(b)（所収）「茶と照葉樹林文化——東南アジア北部山地における茶の原初的利用形態の探求」、『茶の文化——その総合的研究（第2部）』、梅棹忠夫（監修）、守屋　毅（編）、淡交社、三〜三二頁。
(c)（所収）「空間認識の原像——民族地理的序説」、『地表空間の組織』、立命館大学地理学同攷会（編）、古今書院、一四〜二二頁。
(d)（所収）「第一次産業の展開」（宇野文男と共著）、『石川県尾口村史（第三巻・通史編）』、尾口村史編纂専門委員会（編）、四五五〜四七九頁。
(e)（所収）「白山麓の出作り——その盛衰と実態」、同前、六二七〜六七三頁。
(f)（所収）「手取川ダムと尾口村」（矢ヶ崎孝雄と共著）、同前、八四〇〜九三一頁。
(g)（論文）「東南アジアにおける農耕形態の展開」、『熱帯農業』、二五巻三号、一二九〜一三五頁。
(h)（論文）「マイクロ・アーケオロジーへの期待」、『季刊人類学』、一二巻四号、一三一〜一三四頁。
(i)（紀行）「雲南紀行 日本民族の深層に影おとす照葉樹林文化のふるさとを行く」、『週刊朝日』、一月一五日増刊、朝日新聞社、二二一〜二二七頁。

一九八二
(a)（単著）『照葉樹林文化の道——ブータン・雲南から日本へ（ＮＨＫブックス４２２）』、日本放送出版協会、三三五頁。
(b)（所収）「民族学と考古地理学」、『総論と研究法（講座考古地理学1）』、藤岡謙二郎（編）、学生社、九一〜一〇一頁。

(c)（論文）「茶の文化史――食べる茶から飲む茶へ」、『郵政』、三四巻三号、二〇～二三頁。

(d)（論文）「照葉樹林帯の住いと器――ハンギング・ウォールと漆器のことなど」、『民博通信』、一六号、三九～四六頁。

(e)（論文）「東南アジアにおける農耕形態の展開」、『熱帯農業』、二五巻五号、二二九～二三五頁。

一九八三

(a)（編著）『日本農耕文化の源流――日本文化の原像を求めて』、日本放送出版協会、五〇六頁。

(b)（所収）「稲作以前の生業と生活」、『稲と鉄――さまざまな王権の基盤（日本民俗文化大系3）』、森　浩一ほか（編）、小学館、五七～一三〇頁。

(c)（編集）『週刊朝日百科　世界の食べ物128　果物とナッツの文化』、朝日新聞社、一九七～二二四頁。

(d)（所収）「青木文教師とそのチベット将来資料」、『国立民族学博物館蔵青木文教師将来チベット民族資料目録（国立民族学博物館研究報告別冊1）』、長野泰彦（編）、国立民族学博物館、一七三～一八三頁。

(e)（論文）「バタン島のシイラ漁業とその社会的意味」、『えとのす』、二一号、本文一三八～一四二＋写真一二二～一二五頁。

一九八四

(a)（編著）『雲南の照葉樹のもとで――国立民族学博物館中国西南部少数民族文化学術調査団報告』、日本放送出版協会、三三三頁。

(b)（所収）「日本海諸地域の基層文化」、『古代の日本海諸地域――その文化と交流』、森　浩一（編）、小学館、四九～六六頁。

(c)（所収）「南島の伝統的稲作農耕技術」、『南島の稲作文化――与那国島を中心に』、渡部忠世・生田　滋（編）、法政大学出版局、二九～六六頁。

(d)（所収）「世界の伝統的主作物とその利用」、『栄養生態学――世界の食と栄養』、小石秀夫・鈴木継美（編）、恒和出版、二五～六三頁。

一九八五

(a)（共編）『生と死の人類学』、石川栄吉・岩田慶治（共編）、講談社、三七一頁。

(b)（共著）『古代学への招待I』、岸　俊男・樋口隆康（共著）、大阪書籍、二二五頁。

(c)(所収)「イネと日本人――稲作文化と非稲作文化の間」、『登呂遺跡と弥生文化――いま問い直す倭人の社会』、大塚初義・森　浩一(編)、小学館、三五～六四頁。
(d)(論文)「日本文化の東・西――日本文化起源論へのアプローチ」、『立命館文学』、四八三号・四八四号、九八～一二八頁。

一九八六
(a)(単著)『縄文文化と日本人――日本基層文化の形成と継承』、小学館、二六七頁。
(b)(所収)「東アジア農耕文化の類型と展開」、『日本人の起源――周辺民族との関係をめぐって』、埴原和郎(編)、集英社、八五～一〇五頁。
(c)(所収)「倭人と南からきた文化――焼畑農耕文化と水田農耕文化」、『日本人誕生(日本古代史1)』、埴原和郎(編)、集英社、八九～一二六頁。

一九八七
(a)(共編)『週刊朝日百科 日本の歴史39 稲と金属器』、佐原　眞(共編)、朝日新聞社、一九二頁。
(b)(共編)『文化人類学事典』、石川栄吉・梅棹忠夫・大林太良・蒲生正男・祖父江孝男(共編)、弘文堂、九三五頁。
(c)(所収)「稲作文化の伝来と展開――照葉樹林文化と日本の稲作」、『アジアの中の日本稲作文化――受容と成熟(稲のアジア史3)』、渡部忠世(編)、小学館、三九～九六頁。

一九八八
(a)(共著)『畑作文化の誕生――縄文農耕論へのアプローチ』、松山利夫(共著)、日本放送出版協会、三八六頁。
(b)(論文)「東南アジアの焼畑における陸稲化現象――その実態と類型」、『国立民族学博物館研究報告』、一二巻三号、五五六～六一二頁。
(c)(論文)「稲作文化の伝来と展開」、『季刊自然と文化』、二〇号、一〇～一九頁。
(d)(論文)「山民の生業と生活・その生態学的素描――白山麓と秋山郷(共同研究「畑作農民の民俗誌的研究」)」、『国立歴史民俗博物館研究報告』、一八集、三一～三三頁。

一九八九
(a)(単著)『東・南アジア農耕論――焼畑と稲作』、弘文堂、五一七頁。
(b)(共編)『文化地理学』、大島襄二・浮田典良(共編)、古今書院、四〇三頁。
(c)(論文)「はるかなり、ライスロード」、『ネクステージ』、三号、五二～五九頁。

一九九〇
(a)(共著)『シンポジウム　弥生文化と日本語』、大野　晋・小沢重雄・大林太良・佐原　眞(共著)、角川書店、二〇六頁。
(b)(論文)「国立民族学博物館の創設と経営――その思想と実践」、『民族学と博物館(梅棹忠夫著作集第15巻)』、中央公論社、五九五～六一四頁。
(c)(共著)「稲作文化の起源と展開」、『シンポジウム弥生文化と日本語』、佐原　真・大林太良・大野　晋・小沢重男、角川書店、六八～八七頁。
(d)(所収)「東南アジア・オセアニアの生業形態と物質文化の分布――「生態環境と文化複合」という課題に沿って」、『東南アジア・オセアニアにおける諸民族文化のデータベースの作成と分析(『国立民族学博物館研究報告』別冊11)』、大林太良・杉田繁治・秋道智彌(編)、二三七～二七一頁。
(e)(所収)「中国西南少数民族文化与日本的基層文化」、『西南中国諸民族文化の研究――日中合同研究集会報告』、中国西南民族研究学会・国立民族学博物館(編)、一～八頁。

一九九一
(a)(共編)『日本文化の源流――北からの道・南からの道』、大林太良(共編)、小学館、四五一頁。
(b)(単著)『日本史誕生(日本の歴史1)』、集英社、三三六頁。
(c)(所収)「稲作文化の成立と展開――弥生文化のアジアでの位置づけ」、『弥生文化――日本の源流をさぐる』、大阪府弥生文化博物館(編)、平凡社、七三～八一頁。
(d)(所収)「従稲作看苗瑤文化」、『西南民族研究』、中国西南民族研究学会(編)、貴州民族出版社、三二六～三二九頁。
(e)(論文)The Wa People and their Culture in Ancient Japan: The Cultures of Swidden Cultivation and Padi-Rice Cultivation. *Acta Asiatica, Bulletin of the Institute of Eastern Culture* 61: 24-46.
(f)(論文)「民具の比較民族学――東南アジア・オセアニアを中心に」、『歴史と民俗』、八号、七～三一頁。

一九九二
(a)(共著)『照葉樹林文化と日本』、中尾佐助(共著)、くもん出版、二四一頁。
(b)(所収)「ナラ林文化の展開――北からの文化の道」、『謎の王国・渤海』、中西　進・安田喜憲(編)、角川書店、三二一～六一頁。
(c)(論文)「黒潮の道――南島の島々を北上した文化」、『季刊大林』、三五号、三四～四一頁。

一九九三（d）（論文）「農耕文化の異なる論理――二つの事例から」、『農耕の技術と文化』、一五号、二五～四一頁。

一九九三（a）（編著）『民族学の先駆者――鳥居龍蔵の見たアジア』、国立民族学博物館、一一六頁。

（b）（編著）『農耕の技術と文化』、集英社、六九三頁。

（c）（単著）『日本文化の基層を探る――ナラ林文化と照葉樹林文化（NHKブックス667）』、日本放送出版協会、二五三頁。

（d）（共編）『日本文化の起源――民族学と遺伝学の対話』、森島啓子（共編）、講談社、三〇五頁。

（e）（所収）「民族学と考古学からみた日本人」、『モンゴロイド地球を動く』、第6回「大学と科学」公開シンポジウム組織委員会（編）、九一～一〇四頁。

（f）（所収）「ナラ林文化考――東北アジアの基層文化の文化生態学」、『日本人と日本文化の形成』、埴原和郎（編）、朝倉書店、一〇七～一三〇頁。

（g）（所収）「畑作文化と稲作文化」、『日本列島と人類社会（岩波講座日本通史1）』、網野善彦・朝尾直弘（編）、岩波書店、二二三～二六三頁。

一九九四（a）（共編）『縮刷版　文化人類学事典』、石川栄吉・梅棹忠夫・大林太良・蒲生正男・祖父江孝男（共編）、弘文堂、九三五頁。

（b）（所収）「北からの文化――ナラ林文化とその特色」、『風土が証すもの（日本人のルーツを探る――歴史探求講座3）』、大林太良（監修）、日本通信教育連盟生涯学習局、三一～一三頁。

（c）（論文）「照葉樹林帯の食事文化」、『調理科学』、二七巻三号、三五～四一頁。

（d）（論文）「根栽農耕文化と雑穀農耕文化の発見――中尾佐助博士の農耕文化の大類型区分をめぐって」、『農耕の技術と文化』、一七号、一〇四～一三三頁。

一九九五（a）（所収）「農耕文化の異なる論理――熱帯林の破壊とコメ問題」、『農耕空間の多様性と選択――農耕の世界、その技術と文化I』、渡部忠世（監修）、大明堂、一一～二八頁。

（b）（論文）「多文明の時代のアジア――西欧と非西欧の対立の中から」、『季刊あうろーら』、創刊号、一二一～一四九頁。

一九九六（a）（所収）「国立民族学博物館の特色と活動」、『日本民族学の現在――1980年代から90年代へ』、ヨーゼフ・クライナー（編）、新曜社、一六～二六頁。
（b）（所収）「東アジアにおける二つのナラ林帯――その文化史的意義を考える」、『ヒト・モノ・コトバの人類学（国分直一博士米寿記念論文集）』、劉茂源（編）、慶友社、三一七～三三〇頁。
（c）（所収）「苗族の稲作とモチとナレズシ――台江県梅影村における調査を中心に」、『中国貴州省苗族の民俗文化――日本と中国との農耕文化の比較研究』、福田アジオ（編）、文部省科学研究費補助金研究成果報告書、三三一～五一頁。

一九九七（a）（単著）『日本文化の多重構造――アジア的視野から日本文化を再考する』、小学館、三三四頁。
（b）（共著）「アイヌ文化を考える視点――歴史的展望にたって」、『アイヌ語が国会に響く（萱野茂・アイヌ文化講座）』、萱野　茂ほか（共著）、草風館、二〇～三五頁。
（c）（論文）「焼畑の恵みとその限界――森林で営まれる農耕の実態」、『森林文化研究』、一八巻、一九～三六頁。

一九九八（a）（単著）『地域と農耕と文化――その空間像の探求』、大明堂、三四八頁。
（b）（翻訳）『照叶树林文化之路――自不丹・云南至日本』、云南大学出版社、一八五頁。
（c）（論文）「雲南省剣川県海門口遺跡出土の炭化穀粒をめぐって――それはヒエではなく、アワであった」（松谷暁子・李昆声・阪本寧男と共著）、『国立民族学博物館研究報告』、二二巻四号、八〇三～八二七頁。
（d）（論文）「アイヌ民族の歴史と文化――その特色と文化振興への道」、『月刊文化財』、四一五号、四～一〇頁。
（e）（訳著）『照葉樹林文化之路――自不丹・雲南至日本』、雲南大学出版社、一八五頁。

一九九九（a）（単著）『照葉樹林帯の食文化――日本文化のルーツを探る（作陽ブックレット10）』、れんが書房新社、六三頁。
（b）（所収）「照葉樹林文化と日本の緑茶文化」、『緑茶文化と日本人』、熊倉功夫・杉山公男・棒村純一（編）、ぎょうせい、一四～二二頁。
（c）（論文）「多文化・多文明の世紀・日本文化の可能性を考える」、『NIRA政策研究――NIRA設立25周年記念特集』、一二巻三号、五～八頁。
（d）（論文）「アイヌ新法の誕生とその意義を考える」、『学士会会報』、八二三号、六五～七一頁。

二〇〇〇（a）（単著）『多文化の時代を生きる――日本文化の可能性』、小学館、二三八頁。
（b）（論文）「日本の稲作農耕のはじまり」、『公庫月報（農林漁業金融公庫）』。
（c）（所収）「雲南・シップソーンパンナを行く――鶏のふるさとで」、『鶏と人――民族生物学の視点から』、秋篠宮文仁（編）、小学館、二五三頁。

二〇〇一（a）（単著）『縄文文化と日本人――日本基層文化の形成と継承（講談社学術文庫1491）』、講談社、三三五頁。
（d）（所収）「根栽農耕文化と雑穀農耕文化の発見――照葉樹林文化論を生み出した「農耕起源論」の枠組み」、『照葉樹林文化論の現代的展開』、金子　務・山口裕文（編）、北海道大学図書刊行会、四三七～四六九頁。

二〇〇二（a）（論文）Studies of Vegeculture in Japan: Their Origin and Development. In, S. Yoshida, and P. J. Matthews (eds.), *Vegeculture in Eastern Asia and Oceania (J CAS Symposium Series, National Museum of Ethnology 16)*. pp. 1-15.
（b）（所収）「ヒエの加熱処理法とその用具」、『もの・モノ・物の世界――新たな日本文化論』、印南敏秀・神野善治・佐野賢治・中村ひろ子（編）、雄山閣、二九四～三一七頁。
（c）（論文）「多文化時代の到来と日本文化の役割」、『日本食品工業倶楽部『フードロビー30周年記念号』』、四二～四六頁。

二〇〇三（a）（単著）『南からの日本文化（上）――新・海上の道（NHKブックス980）』、日本放送出版協会、二八二頁。
（b）（単著）『南からの日本文化（下）――南島農耕の探求（NHKブックス981）』、日本放送出版協会、三一一頁。
（c）（共編）「稲作のはじまり」、『週刊朝日百科　日本の歴史37　稲と金属器（新訂増補）』、佐原　真（共編）、朝日新聞社、一九六～二〇二頁。
（d）（所収）「根栽農耕文化論の成立と展開――オセアニア・東南アジアの文化史復元に関する若干の問題」、『イモとヒト――人類の生存を支えた根栽農耕』、吉田集而・堀田満・印東道子（編）、平凡社、二六九～二八八頁。

二〇〇五（a）（論文）「「稲作以前」再考――稲作文化と非稲作文化の追及」、『季刊東北学』、二号、三九～五二頁。
（b）（論文）「地域の時代と伝統文化――伝統文化の再生とその意義を問う」、『地域政策研究』、三〇号、七～一〇頁。
（c）（論文）「焼畑農耕民の山の神――山の神信仰とその展開」、『社叢学研究』、三号、二一～二〇頁。

二〇〇六 (a)（単著）『山の神と日本人――山の神信仰から探る日本の基層文化』、洋泉社、二五一頁。

(b)（所収）「「照葉樹林文化論」――中尾佐助の未完の大仮説」、『照葉樹林文化論（中尾佐助著作集 第6巻）』、金子務ほか（編）、北海道大学出版会、七六三～七九一頁。

(c)（所収）「新説・山の神考」、『山岳信仰と日本人』、安田喜憲（編）、ＮＴＴ出版、三一七～三五七頁。

二〇〇七（単著）『照葉樹林文化とは何か――東アジアの森が生み出した文明（中公新書１９２１）』、中央公論社、三三二頁。

二〇〇八（論文）The Origins of Japanese Ethnic Culture: Looking Back and Forward. In H. D. Ölschleger (ed.), *Theories and Methods in Japanese Studies: Current State and Future Developments: Papers in Honor of Josef Kreiner.* V&R unipress.

二〇〇九 (a)（単著）『日本文化の多様性――稲作以前を再考する』、小学館、二五五頁。

(b)（単著）*La estructura multiple de la Cultura Japonesa: Repensado la cultura japonesa desde una perspectiva asiatica.* El Collegio de Mexico Traducion: Virginia Meza.

(c)（論文）「戦後の日本民族文化起源論――その回顧と展望」、『国立民族学博物館研究報告』、三四巻二号、二一一～二二八頁。

二〇一一 (a)（単著）『改訂新版 稲作以前――教科書がふれなかった日本農耕文化の起源（歴史新書24）』、洋泉社、三八〇頁。

(b)（所収）「民博をつくる――その思想と実践」、『梅棹忠夫――知的先覚者の軌跡』、特別展「ウメサオタダオ展」実行委員会（編）、千里文化財団、八四～九三頁。

二〇一二（所収）「『後狩詞記』の背景をめぐる比較民族学――モンスーン・アジアの焼畑農耕民社会における狩猟」、『日本民族の源流を探る――柳田國男『後狩詞記』再考』、クライナー・ヨーゼフ（編）、三弥井書店、八六～一〇九頁。

初出一覧

＊本書各章は以下に掲げる論文を元に再編したものである。本書に掲載するにあたり、各章に解説・補説・補論を加え、内容にも加筆・改変を加えた。

第一章『稲作以前』からの出発――研究の原点をふり返る

〔書き下ろし〕

第二章　戦後の日本民族文化起源論――その回顧と展望

〔『国立民族学博物館研究報告』、三四巻二号、二二一～二二八頁、二〇〇九〕

第三章　日本農耕文化の源流をさぐる

第一節〔『日本農耕文化の源流――日本文化の原像を求めて』、日本放送出版協会、二一～一五頁、一九八三〕

第二節〔『畑作文化の誕生――縄文農耕論へのアプローチ』、松山利夫(共編)、日本放送出版協会、一～二二頁、一九八八〕

第四章　東アジアの基層文化と日本

〔『日本文化の源流――北からの道・南からの道』、大林太良(共編)、小学館、一一～八一頁、一九九一〕

第五章　畑作文化と稲作文化――日本農耕文化の基層を作るもの

〔『日本列島と人類社会(岩波講座日本通史第1巻)』、岩波書店、二二三～二六三頁、一九九三〕

第六章　稲作の始まり

〔『週刊朝日百科37新訂増補日本の歴史・原始・古代7・稲と金属器』、朝日新聞社、一九六～二〇二頁、二〇〇三〕

第七章　照葉樹林帯にその文化の特色を探る

第一節・第二節〔『照葉樹林帯の食文化(作陽ブックレット10)』、作陽学園出版部、一九九九〕

第三節〔『週刊朝日』、一九八一年二月一五日増刊、朝日新聞社、二二一～二二七頁、一九八一〕

第八章　初期の照葉樹林文化論――一九七〇年代の論説

第一節・第二節〔「照葉樹林文化と稲作の系譜」『古代史への視点（朝日ゼミナール）』、上田正昭ほか（共著）、朝日新聞社、六八～一二三頁、一九七六〕

第三節〔「モチ文化の発見」『総合講座　日本の社会文化史』、月報1、講談社、三～六頁、一九七三〕

第九章　ナラ林文化をめぐって

第一節〔『月刊みんぱく』、八巻九号、一五～一七頁、一九八四〕

第二節〔『日本人と日本文化の形成』、埴原和郎（編）、朝倉書店、二〇七～二三〇頁、一九九三〕

第三節〔『ヒト・モノ・コトバの人類学（国分直一博士米寿記念論文集）』、慶友社、三一七～三三〇頁、一九九六〕

第十章　根菜農耕文化論の成立と展開――オセアニア・東南アジアの文化史復元への寄与

〔『イモとヒト――人類の生存と支えた根栽農耕』、吉田集而ほか（編）、平凡社、二六九～二八八頁、二〇〇三〕

第十一章　モンスーンアジアの焼畑農耕民社会における狩猟――『後狩詞記』の背景をめぐる比較民族学

〔『日本民族の源流を探る』、クライナー・ヨーゼフ（編）、三弥井書店、八六～一〇九頁、二〇一二〕

第十二章　ヒエ栽培についての二つの覚書

第一節〔『石川県尾口村史（第二巻・資料編）』、尾口村、一五三～二〇一頁、一九七九〕

第二節〔『もの・モノ・物の世界』、印南敏秀ほか（編）、雄山閣、二九四～三一七頁、二〇〇二〕

第十三章　山民の生業と生活・その生態学的素描――白山麓と秋山郷

〔『地域と農耕と文化――その空間像の探究』、大明堂、二七一～三一〇頁、一九九八〕

あとがき

本書は佐々木高明先生ご自身により、多くの著著・論文の中から選ばれた一三編からなる論文集である。学術論文から啓蒙的な随筆まで幅広く多くの著作を残されており、ひと昔前ならば著作集が刊行されたのであろうが、現在ではそれが難しくなり、各論文にご本人による解説をつけて一冊に納める形になった。国立民族学博物館の館長を退かれた後も、幾つかの組織の世話をされて忙しい日々を送ってこられたが、それらの仕事から次第に解放されていかれたなかで、ぜひとも残したい論文にしぼって本書の構成を考えられたのではないかと推測している。そのために内容的には重複がみられる。

先生の研究は外国文献サーベイと国内の焼畑研究から始まり、海外調査が困難な一九六〇年代初めに、川喜田二郎氏（当時東京工業大学）のネパール・インドのフィールド調査にお声がかかり、大きな成果を上げられた。私の大学院の時に人文地理学会例会で沢山のスライドを使ったパーリア族の調査報告が行われたのを記憶している。

その頃から、京大人文科学研究所分館で行われていた今西錦司氏の研究会に加わり、中尾佐助氏と出合い、照葉樹林文化論を取り入れて、民族学に傾斜していかれた。その仕事が評価されて、梅棹忠夫氏が主導した国立民族学博物館設立の中核として参画することになった。同時期には京都大学教養学部に文化人類学教室が新設されることになり、アメリカ留学された農業経済学出身の米山俊直氏との調整が行われたという。海外（国際）学術研究調査の枠が拡大するとともに、民博から多くの調査隊を派遣する中心となり、フィールド・ワークを続けてこられた。とくに、一九八〇年、最初の中国訪問団に加わり、同国への学術調査への扉を開けるという大きな功績を残されている。結果として、大学にあっては不可能な、頻繁に長期にわたる海外調査ができるという恵まれた研究環境を構築されて、素晴らしい成果をあげてこられた。

主軸となる研究テーマは、焼畑が一九五七年、照葉樹林文化が一九七八年、日本の基層文化が一九九四年からと移行している。著書としてはそれぞれ四、八、十四編となる。一九七一年に出版された『稲作以前』（三冊目の著書、三〇版を重ねたという）によって当時のご本人の言葉で「異端の学説」を発表して以来、次々に論を展開されてこられたが、最後に出版された著作が洋泉社の歴史新書として復刻された『改定新版稲作以前――教科書がふれなかった日本の農耕文化の起源』（二〇一一年二月、佐藤洋一郎氏の解説がある）であることに、五〇年以上にわたる活発な研究活動と研究者としての名誉が集約されていると思う。高度経済成長の中で消えゆく焼畑を研究することから始められて、海外での多くのフィールド・ワークをこなされる中から日本文化の源流の追求につなげることは、当時ご本人でも、また学界においても想像できない世界であった。その研究が市民権を得るに至ったことに畏敬の念を覚える。また、先生の強みの一つには考古学に詳しいことである。苦学されていた時期に、京大文学部の旧陳列館に出入りされていたことが生かされているのではないかとも想っている。最近、別のジャンルの書物には考古学者として紹介されていたのである。長年の研究に対しては多くの評価を受けてこられたが、二〇〇四年の南方熊楠賞の受賞を最も喜んでおられたことを記しておきたい。

本書に収められた論文の各章のまえがき・解説はこの本のために新たに書きおろされた。すべてに日付が記されてはいないが、最も古い記載が二〇〇八年であり、二〇〇七年十一月に『照葉樹林とは何か』（中公新書）が出版された後に準備を始められたのではないかと推測している。最終の十三章は『国立歴史民俗博物館研究報告』（一九八八）所収の論文であるが、図表も含めて徹底的に加筆修正されていた。その作業を終えられた解説には二〇一一年十一月十七日、八二歳の誕生日と記されていたし、最終の原稿は十一章補論の十二年四月二十日である。

現役時代に多くの著書が出版（共著を含めて五十一冊）されたが、その担当者が皆退職してしまって出版社とのつながりがないということを話された。そこで小生のか細い関係の中から、関西の出版社が連絡を取りやすいと思い、海青社の宮内さんにお話して、引き受けて下さることになった。初めて三人で打ち合わせをした折、偶然にもかつてナカニシヤ書店から出版した文化人類学の教科書の際の担当者であったことが分かった。また、第三部、日本の山村文化の校正は、先生の卒業生の一人であり、民博でも一緒に仕事をされていた松山利夫さんに依頼するように、との先生のご指示もあり、手伝ってくださり正確を期すことができた。

さて、最後に専門分野（都市地理学・商業地理学）の異なる私がなぜ本書の出版に係ったかの経緯を記しておくのが良いであろう。京都大学文学部地理学科に進学した一九六二年春に先生は教養部地理学科（主任 藤岡謙二郎先生）の助手から母校の立命館大学に赴任された。十年という年齢差は微妙に素敵な距離感であると思うのだが、ある夜、後任助手の小林健太郎さん（故人）に誘われて洛西、太秦（太子道）のお宅に伺った。その時の話の内容はもちろん記憶にないが、アットホームな楽しく、有益な時を過ごした。それをきっかけに、厚かましくも、たびたび一人で夜遅く伺うことになっていった。奥様はじめ小さかったお子様方にも大変迷惑をおかけしたことになる。今思えば、後に民博に赴任した一年後輩の端信行君（ともに探検部に所属）と前年五月の連休に岐阜県徳山村の出作り地帯を歩いてきたことが、先生との距離を近くしたのかもしれないとも思う。それから大学院時代にかけて、論文やリポートで行き詰まった時に気楽に話をして、適切かつ厳しいアドバイスも受けたし、小生の初めての外国行き（ペルー等）に際しても見どころを示唆して下さった。そのアドバイスを実行できていたら、またその後展開されてきた都市人類学という分野に気付けば文化人類学に向かったかもしれないと思うが、当時は求められたハードルの高さからそれを断念した。他方、資料や写真の整理方法などその後の研究者として必要な技能を教えていただいたことは有難いことであったと思っている。

私の最初（一九六〇年代末）の就任地は改組されて間もない埼玉大学教養学部地理学科であった。隣の研究室が文化人類学教室（川田順造さんが抜けた直後、友枝啓泰さん一人）であり、授業の手伝いもしていた。そのため、先生に集中講義をお願いし（石川先生にも非常勤講師に来ていただいた）、快く引き受けて下さった。そこからは文化人類学の研究者が多く育っていった。現民博館長の須藤さんはその第一期生にあたる。

実は先生が民族学博物館に移られてご多忙になられてからは、ほとんどお会いしていなかった。復活したのは二〇〇四年からである。それは文化地理学を専門とする後輩の久武哲也君とその二月に地人書房の石原さんを偲ぶ会の席で、戦後初期の京大地理学教室の大学院出身者、岩田慶治、石川栄吉、佐々木高明氏らが民族学に移ったことを地理思想史の立場から調べたいが、面識がないとのことであった。それなら手伝えるよといって、その夏、東京で最初に石川先生から、他の何人かとともに半日話を伺ったが、翌年春に亡くなられた。その夏に佐々木先生のお宅で二人で聞き取りを始めたが一回では終わらなかった。しかし、その秋に彼は病に倒れて翌年に亡くなり、その続きは出来なくなった。結果として先生のお仕事関係の膨大なデータが小生の手元に残り、それ以降たびたび先生とお会いするようになった。

いつ先生が論文集を出版したいといわれたのかは記憶にない。先生との出会いにより、なんとか研究者として歩めたことと、これまでに大変お世話になったことに対する感謝の気持ちで、著作集の出版をお手伝いできることの喜びを感じつつ作業を進めてきた。お元気であったらこの内容をもとに、会話がはずんだろうにとの心残りがある。出版社側の事情から校正に手間取り時間が流れた。

結局、十二年十一月にお会いしたのが最後になってしまい、本書をお元気なうちに刊行出来なかったことは、慙愧の念に堪えない。

二〇一三年八月　　　寺阪　昭信

佐々木高明（SASAKI, Komei）

■ 略　歴

1929年11月17日　大阪府にて出生
1952年　3月　立命館大学文学部地理学科卒業
1952年　4月～1953年5月　京都市立伏見高等学校講師・教諭
1955年　3月　京都大学大学院文学研究科修士課程修了
1958年　3月　京都大学大学院文学研究科博士課程単位取得退学
1959年　4月　京都大学助手（教養部）
1962年　4月　立命館大学講師（文学部）
1965年　4月　立命館大学助教授（文学部）
1970年　7月　文学博士（京都大学）
1971年　4月　奈良女子大学助教授（文学部）
1972年　5月　奈良女子大学教授（文学部）
1974年　6月　国立民族学博物館教授
1993年　4月～1997年3月　国立民族学博物館長
1997年　7月～2003年3月　（財）アイヌ文化振興・研究推進機構理事長
1998年　4月～2006年3月　ガレリアかめおか（生涯学習施設）館長（非常勤）
2013年　4月4日　逝去（享年83才）

■ 主な受賞・受章

1988年　8月　大同生命地域研究奨励賞
1995年　5月　1994年度今和次郎賞
1996年　5月　中国雲南省社会科学院栄誉院士
1997年10月　第13回NIRA政策研究東畑記念賞
1998年　4月　紫綬褒章
2003年　4月　勲3等旭日中綬章
2004年　4月　第14回南方熊楠賞（人文の部）

The Origins of Japanese Ethnic Culture

日本文化の源流を探る《にほんぶんかのげんりゅうをさぐる》

発行日――――――2013年11月1日　初版第1刷
定　価――――――カバーに表示してあります
著　者――――――佐々木　高　明
発行者――――――宮　内　　久

海青社
Kaiseisha Press
〒520-0112　大津市日吉台2丁目16-4
Tel.（077）577-2677　Fax（077）577-2688
http://www.kaiseisha-press.ne.jp
郵便振替　01090-1-17991

● Copyright © 2013　● ISBN978-4-86099-282-8　C1039　● Printed in JAPAN
● 乱丁落丁はお取り替えいたします